# ライシテ、道徳、宗教学

## もうひとつの19世紀フランス宗教史

*L'histoire religieuse au miroir de la morale laïque*

伊達聖伸
DATE Kiyonobu

勁草書房

「宗教」を理解しようとする学問は、その対となるものの理解にも努めなければならない。

タラル・アサド

「目に見えるライシテ」がすべてのライシテなのではない〔……〕。それは、国家が一種の妥協によって法的枠組みを定め、教会に場所をあてがうという、たんなる空間の「社会的還元」ではない。ライシテとは、何よりも私たちの社会の「全面的な革命」なのであって、何物もまた何人たりともその影響をまぬかれない。それは宗教的なものに対する新しい「人間の関係」を打ち立てるものなのである。

エミール・プーラ

「選びな……どっちにするかは自由だよ」

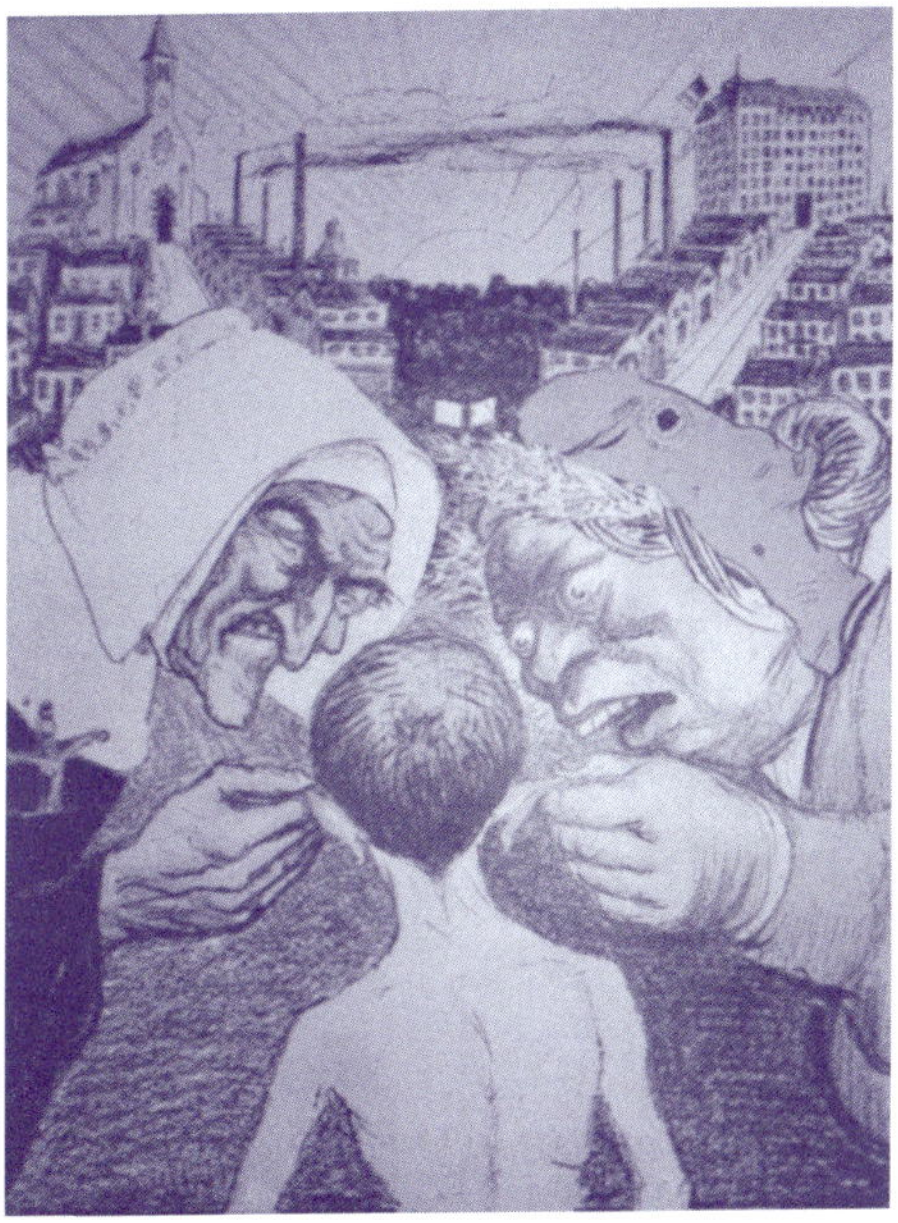

左の耳をとらえているのは，怖い顔をした修道女で，その先に見えるのはカトリック教会だ．右の耳をとらえているのは，共和国の象徴フリジア帽をかぶったマリアンヌで，同じくらい怖い顔をしている．その先にあるのは，「自由・平等・博愛」の三色旗がはためく兵営だ．いたいけな子どもの耳——そして心——には，どちらの「教義」が吹き込まれるのか．

教育における「二つのフランス」の争いを象徴したこの図において，カトリックと共和派は対極的なものとして描かれる一方，同列に位置づけられてもいる．同じ争いの土俵に立つことで，宗教が政治的に，政治が宗教的に見えてくる．

「親愛なる友よ，ではごきげんよう．子どもたちが違いに気づかないとよいですな」

第三共和政以前，公立小学校の教師は，しばしば司祭の手伝いをしていた（または余儀なくされていた）．小学校教師が「自立」すると，司祭はこの「裏切り行為」を根に持って，公立校に通う児童の公教要理（カテキスム）や初聖体を拒んだ．ところが，こうした競合的な敵対関係の一方で，融和的な共犯関係も存続した．学校から教会に向かう生徒に付き添う教師もいた．この絵では，小学校教師と司祭が仲良く握手している．
宗教教育とライシテによる教育．これら2つの教育は，相容れないもの，正反対のものと見なされがちで，そのようにしばしば表象されてきたが，よく見ると両立可能，いやまったく同じ場合さえあった．だとすれば，2つの教育の関係をどう考えればよいのだろう．

# ライシテ、道徳、宗教学

——もうひとつの一九世紀フランス宗教史

## ●目次

## 第Ⅱ部　ライシテの道徳の確立と伝播

# 凡例

一　コント、ルナン、デュルケム、ベルクソンの著作、およびフェリーの言行録からの引用には、略号を用いている。略号が指示する書名については、巻末の「引用資料・文献」を参照のこと。

一　ベルクソンの主要著作からの引用については、慣例に倣い、単行本のページ数と全集版のページ数を併記した。

一　引用文中の傍点部分は、特に断り書きのない場合は、原著者による強調である。引用者が強調した傍点は、その旨を記した。

一　邦訳があるものは随時参照した。訳者に敬意を払いつつも、文脈や必要に応じて訳文は適宜変更した。

# 序論

## 一 本書の課題

本書は、道徳の領域と宗教研究の領域の関係に注目しながらフランス一九世紀の歴史をたどることにより、「ライシテ」と「宗教」（あるいは「宗教性」）の関係を批判的に考察しようとするものである。

「ライシテ」（laïcité）という言葉は、現時点では標準的な日本語として定着していない。だから、最初から耳慣れない単語が出てきたことに戸惑う読者もいるかもしれない。この言葉について、ここでいきなり十全な説明を与えることは難しいが、大まかながら本質的と思われることを述べて、あらかじめ理解を促しておこう。

ライシテという言葉は、日本語では「非宗教性」「政教分離」「世俗性」などと訳されているが、なかなか一語で表現しきることはできない複合的な概念である。なるほど、「非宗教性」という訳語に対応するように、ライシテは「政治権力の脱宗教化」を前提としているし、「政教分離」の訳語の通り、「教会と国家の分離」を重要な柱としている。一方、「世俗性」のニュアンスには幅があって、ライシテは「宗教に代わる近代社会の包括システム」として正統的な力を持つが、「宗教に対して好戦的な世俗主義」として現われることもある。前者について言えば、世俗性が権威を持つことになるのは、まさに「私的領域における自由な宗教的実践」と「諸宗教に対する平等」を保障するからだ。このときライシテは、宗教の自由と平等を理念とし、寛容さを特徴とする。これに対し、後者の場合には、ライシテは宗教排除の原理として機能しかねない。このように、ライシテには、互いに矛盾しうる要素も孕まれている。また、すでに示唆したように、この言葉にずばり対応する訳語はなかなか他言語に見つからない。このようなことになるのも、まさにこの言葉がフランスの歴史と密接にかかわりながら生成してきたからだ。なかでも、一九世紀がひとつの大きな鍵を握っている。おそらくは本書の進行につれて、ライシテのさまざまなニュアンスが次第にはっきりしてくるはずである。

したがって、ここでの「ライシテ」の説明はこれくらいにとどめておこう。今度は、ライシテと「宗教」（あるいは「宗教性」）の関係を批判的に考察するとはどのようなことかを述べていく。

フランスでは、厳格な政教分離体制が敷かれているとよく言われる。この言明を裏書きするような例には事欠かない。数年前に制定された法律は、ムスリム子女が公立校でスカーフやヴェールを着用することを禁じている。実際この国では、宗教が公的領域に現われることに対し、他の近代社会と比べてもかなり強い反発がある。その歴史的背景をさしあたり簡潔に述べるなら、最終的に実権を握ることになる共和派が、大革命以来およそ一世紀にわたって、さまざまな分野でカトリックとの争いを繰り広げ、宗教を公的領域から排除したからということになるだろう。宗教は私的領域に限定され、公的領域は宗教との縁を断ち切ったライシテの価値観によって覆われている、というわけだ。

なるほど、このような見方は、大筋としては間違っていないのかもしれない。だが、この見方は図式的で、現象の表面しかなぞっていないというのが、筆者の見解である。とりわけ、宗教の理解がこれでよいだろうかと問いかけたい。この図式によると、宗教の輪郭はあたかもつねに自明とされているかのようだ。そして、宗教の私的領域への封じ込めは、まるでひとつの実体的な対象が、周囲に影響を及ぼすことなく単独で空間を移動していくかのように語られている。だが、実情は異なっている。政治的・社会的に影響力を振るっていた宗教を私的領域に還元しようと思えば、必然的に宗教の質は変わるし、政治も深い影響を受けるよりほかない。政教関係が組み替わるときには、さまざまな作用と反作用が起こるはずなのだ。

この複雑な力学に注目すると、ライシテと宗教の関係は一筋縄ではいかなくなる。なるほど、一九世紀を通じて、社会の諸領域におけるヘゲモニーは、一般にカトリックから共和派の手へと移っていく。だが、これは宗教の衰退と言えるのか。「世俗的」な（はずの）共和派は、カトリックの後釜を務めることで、「宗教的」になっている面もあるのではないか。

「世俗主義についての人類学」を提唱するタラル・アサドは、「宗教的なもの」も「世俗的なもの」も「本質的に固定的なカテゴリーではない」と述べている。「世俗的なものとは、それに先行するとされる宗教的なものと連続しているわけでも、単純に断ち切れているわけでもない」。世俗性は、歴史的には宗教との関係から生まれているが、宗教とは異質なものとして自己を規定し、そこから反転して宗教を再定義する力にもなる。世俗性とは、それまで宗教が人びとの思考や感じ方や振る舞いを規定する一個の全体であったのと同じ意味で、「近代の生活におけるある種の行動、知識、感性を寄せ集めた一個の概念」なのである（Asad 2003＝二〇〇六・三〇―三一）。

アサドの提言を敷衍して言えば、世俗社会における宗教の位置を見定めるだけで、宗教と世俗の関係を論じ終えたつもりになってはいけない。世俗性そのものを、宗教からの連続と断絶において具体的にとらえる必要があるのだ。

筆者が本書で試みるのは、アサドの言葉を借りて言えば、フランス一九世紀をフィールドとした「世俗主義についての人類学」である。これを「ライシテについての宗教学」と言い換えてもよいと思う。宗教学は、宗教について研究する学問だが、誰の目にも宗教であることが自明なものを対象とするより、むしろ普通は宗教とは異なるカテゴリーに分類されるようなものを取りあげ、それと宗教との接点に注目するほうが、かえって「宗教とは何か」という問いに鋭く迫れることもあるはずだ。

誤解を避けるためにあらかじめ断っておこう。「ライシテについての宗教学」は、ライシテ体制における個別宗教（カトリック、プロテスタント、ユダヤ教、イスラームなど）への言及を含むものではあるが、主たる関心は、ライシテの価値観に即して構築される一大建造物を宗教的なものとのかかわりにおいて検討することにある。これはライシテと宗教を恣意的に混同するものではない。本書が試みるのは、ライシテへの道を歩む過程で、「宗教」がどのように位置づけ直されたのかを見届けながら、新しく形成されてきた諸価値にも注意を払い、後者を「宗教性」の観点から見直し、分析を加えることである。言い換えれば、「宗教」概念の歴史的形成をあとづけつつ、そのような「宗教」に還元されない「新たな宗教」または「宗教性」の生成を指摘し、その諸相を理解するための枠組みを与えようとするものである。

ここまで、「ライシテについての宗教学」の一般的なイメージを提示し、ライシテと宗教（性）の関係を批判的に検討することの意味について説明してきた。本書では、その具体的な実践の場として、「道徳」の領域と「宗教研究」の領域の関係に注目する。

一九世紀前半のフランスでは、道徳と宗教は切り離せないという通念のほうが支配的であった。だが、次第に両者を分離する考えが有力になってくる。そして一八八二年のフェリー法によって、公立小学校のライシテが定められ、カトリックの道徳は「ライックな道徳」(morale laïque)、すなわちライシテの道徳に取って代わられる(「ライック」は「ライシテ」の形容詞形)。もちろんこれは、表向きは宗教ではないとされる。しかし、その建前は疑ってかかってよい。いずれ本書で明らかにするように、たしかにこの新しい道徳は、従来の「宗教的道徳」とは異質だが、にもかかわらず、さまざまな点において「宗教的」と言えるからである。

だが、どうして私たちはここで「宗教的」という判断をすることができるのだろうか。第三共和政当時の普通の感覚では、そのようには受け取られていなかったとしたら、なおさらこの問いは意味を持つはずである。どうして今日の宗教研究では、ライシテやライシテの道徳の宗教性を問題にしうるのか。このような視点を持つことが当時の宗教研究において難しかったとしたら、それはなぜなのか。問われているのは、宗教研究の歴史的条件である。

ところで、宗教研究の歴史性に注目するときに見えてくることがある。それは、一九世紀という時代が、神学的な宗教研究から科学的な宗教研究への転換を果たした時代でもあったということだ。この転換は、道徳の主導権がカトリックから共和派へ移ることに対応している。フランスの高等教育において、カトリックの神学部が廃され、宗教学が制度化されるのは一八八〇年代であって、ライシテによる道徳教育が公立小学校に導入されるのと時期を同じくしているのだ。このことは、何を暗示しているのだろうか。

宗教から道徳を自律させること、宗教に科学のメスを入れること、これらは等しく一九世紀の「宗教批判」の潮流のなかにある。そしてこの二つの企ては、第三共和政が基盤を固めはじめる一八八〇年代に、制度的に確立される。この時点で一方にあるのは、初等教育において多くの子どもに教えられる精神的支柱であり、他方にあるのは、高等教育のなかで少数の専門家によって営まれる知的営為である。この点から眺めると、道徳と宗教研究の「領域」はいかにも別個のものである。だが、二つの領域は最初からそうはっきり分かれていたものなのか。むしろ、宗教批判のなかで混ざり合っていた諸要素が次第に具体的な形を取りはじめたと言ったほうが、実情に即しているのではないか。一九世紀には、さまざまな領域で宗教批判の動きが起こったが、それらは不動の境界のそれぞれの内部での出来事というより、むしろこの動きが政治・道徳・科学・宗教などの諸概念の社会的布置を変え、そうしたなかで道徳の領域も宗教研究の領域も「再定位」されていったのではないだろうか。

本書の仮説は、のちにライシテの道徳と科学的宗教学という別個の形を取るものが、最初は宗教批判のなかで交じり合っており、それが次第に分かれていったというものだ。二つの領域がまだはっきりと分かれていなかった頃の宗教研究は、新しい時代の道徳を宗教的な調子で構想することと結びついていた。だが、一九世紀後半の宗教研究は、そのようなことをやめた。なぜ、いかにして、このような変化が起こったのか。

本書はこの問いに対し、「ライシテの道徳をhistoire religieuseに組み込む」ことによって答えようとしている。フランス語の《histoire religieuse》は、「宗教学」と「宗教史」の二重の意味を帯びうる言葉である。したがって本書は、言説のうえでは宗教とされない道徳を宗教学的研究の対象とする一方で、「対象」たる「ライシテの道徳」と研究の「立場」である「宗教学」の同時的形成を一九世紀フランス宗教史において再構成しようとするものである。

## 二　用語の説明

カトリックを中心とする宗教的な世界観から、ライシテの原理に即した近代的な世界観へ。この大きな転換のなかで、道徳のあり方と宗教研究のあり方はどう変わったのか。そこにはどんな断絶があり、どんな連続性があったのか。それを具体的に知るためには、「ライシザシオン」(laïcisation)、すなわちライシテへと向かう動きにぴったりと身を寄せて議論する必要がある。本書はしたがって、道徳と宗教研究という二重の「ライシザシオン」に注目しつつ、ライシテの道徳と宗教学という二つの「領域」がどのように画定され、どのような発展をたどったかを再構成しようとするものだ。以下では、今傍点で強調した二つの言葉に説明を加えながら、本書の目的と立場をいっそう明確にしたい。

まず、「ライシザシオン」という言葉だが、これをどう日本語にしたものだろうか。代表的な訳語は「非宗教化」というものだが、本書の立場からすると、ライシザシオンは往々にして新たな宗教性を形成するベクトルにもなっているため、この訳語では混乱を招く。その点、「脱宗教化」という訳語なら、「脱構築」(デリダ)が解体と構築の両方を指し示すように、宗教批判が新たな宗教性の構築にもかかわっていることを喚起でき、一定のメリットがあるが、それでも完璧とはいかない。おそらく一番誤解が少ないのは、「ライシザシオン」とそのまま表記することだが、馴染みの薄いカタカナ語の連発は避けたい。もっと日本語として一般的な言葉としては「世俗化」があるが、こちらは普通「セキュラリザシオン」(sécularisation)の訳語として定着している[1]。そして、実は「ライシザシオン」と「セキュラリザシオン」には一定の違いがある。そこで、これら二つのカタカナ語をしばし宙吊りにしたまま、両者の差異を探ってみよう。

ベルギーの宗教社会学者カーレル・ドベラーレは、「セキュラリザシオン」(「世俗化」)を制度・社会・個人の三つの側面に分け、制度レベルのそれを「ライシザシオン」(訳書では「非聖化」)に対応させている。つまり、「政治」や「教育」など、それまで宗教の傘下にあった制度が構造的に独立し、機能的な分化を遂げる動きが「ライシザシオン」とも呼ばれるセキュラリザシオンである。これに対し、宗教集団が近代的な社会生活に適応するようになったり(社会レベル)、個人が宗教的な実践から離れたり(個人レベル)することは、「セキュラリザシオン」ではあるが、ライシザシオンではない(Dobbelaere 1981＝一九九二)。

ジャン・ボベロによれば、ライシザシオンは「国家」の政治的覇権の確立と結びついており、そのとき国家は教会と「全面的に争う」傾向がある。これに対してセキュラリザシオンは、「宗教的なものが社会的な妥当性を徐々に、相対的に失っていく過程」であって、そのときに政治と宗教は必ずしも正面衝突しない(Baubérot 1994)。これをカトリック諸国とプロテスタント諸国の違いに対応させて、ヨーロッパの国々をライシザシオンの論理が優勢なケースと、セキュラリザシオンの論理が優勢なケースに分けてみせたのが、フランソワーズ・シャンピオンの論考である(Champion 1993)。また、パトリック・カバネルは、ライシザシオンは政治の力によって比較的短期間で行使される(フランスの場合は革命期や第三共和政初期)のに対し、セキュラリザシオンは長期に及ぶ現象だと言っている。他方でカバネルは、二つの概念の区別は有効だが、現実には両者はしばしば混ざり合うとも言っている。実際、ライシザシオンは「セキュラリザシオンの激化や結果であることもある」(Cabanel 2004: 97)。

このように、理念型としてのライシザシオンとセキュラリザシオンは、区別されるところと相補的なところがある。このことを踏まえながら、フランス一九世紀における道徳の変化や、神学から宗教学への転換を扱うときの用語を考えると、やはり「セキュラリザシオン」よりも「ライシザシオン」のほうが適しているだろう。フランスは伝統的にカトリックの国であるし、それに共和主義的道徳も宗教学も、一八八〇年代という短期間に共和国の主導によって、紛争的な状況のなかで制度化されているからだ。ただ、制度化のためには準備段階があるし、制度化がもたらす結果は、制度レベルのみには限定されない。このように考えるなら、制度化には哲学的・思想的そして社会的・文化的な前提と帰結がある。その意味では、道徳と宗教研究のライシザシオンは、セキュラリザシオンの波のなかにあるとも考えられる(2)。それでも、制度化以前の動きや制度化の帰結としてのさまざまな現象は、制度化をハイライトとする流れのなかで叙述することができるだろう。

先取りして言えば、このような立場が、本書の構成にも表われている。すなわち、本書はいわゆる制度化のみを扱うのではなく、その前提となる思想史的な流れを確かめようとしている。また、制度化によってライシテにまつわる諸価値がどのように伝播され、実践されたかも探っている。これらはみな、「ライシザシオン」という歴史のうねりのなかでとらえられよう。

以上のことを述べたうえで、本書では、やはり「ライシザシオン」の表記をなるべく用いないようにしたい。「ライシテ」については、日本語に既存の一語で表わすことがどうしても困難であるし、カタカナ語として日本語になってほしいとの思いもあるのでそのまま用いることにするが、それに関連する言葉もすべてカタカナ表記というのでは、いかにも極度に専門的（あるいは衒学的）な印象を与えてしまう。それは筆者の望むところではない。そこで、「ライシテへと向かう動き」、「ライシテの推進」などと表現を工夫したり、文脈によっては、「宗教からの分離」などと言い換えたりする。「脱宗教化」という言葉も用いるつもりだ(3)。なお、こうした措置を取るのは、「ライシザシオン」表記の連発を避けるためであって、全面的な使用禁止をみずからに課すものではない。効果的と思われる箇所では、うるさくならない程度に用いたい。

同様のことは、「ライシテ」の形容詞である「ライック」という言葉にも当てはまる。本書は、「ライックな道徳」に多くの論述を費やすことになるが、「ライック」という語の連発を避けるために、あえて「ライシテの道徳」と記すことを基本にする。「カトリックの道徳」との対比において語る場合には、「新しい道徳」や「共和主義的道徳」などの言い回しも利用できるだろう。

ひとまず日本語表記の問題はここで切り上げよう。そして、ライシテへと向かうフランス一九世紀の時代の流れを、できるかぎり広く眺め渡してみよう。それはひとつの巨大なうねりであって、部分的に重なり合いもするさまざまな領域——法体系、学校、教育、道徳、習俗、人間の精神構造、歴史認識、知の体系全般、宗教研究、都市の時空間、医療、死、芸術、文学など——を襲った一大潮流である。この観点から言うならば、本書は、ライシテへと向かう動きが、「道徳」の領域と「宗教研究」の領域においてどのような形を取ったのかを描き出そうとするものである。

ところで、今挙げた二つの領域は、いつでも互いに独立した別個のものととらえてよいのだろうか。むしろこの二つの領域は、一九世紀の脱宗教化の動きのなかで、「科学」「道徳」「宗教」「政治」などの諸概念の布置が組み替わることによって、「誕生」したのではないか。別の言い方をするなら、「道徳」と「宗教研究」の二つの領域は、最初からその外縁が確定していたわけではなく、ライシテへと向かう動きのなかで新たに「分節化」されたのだというのが、本書の仮説である。

ここで言う「領域」(domaine) は、社会学者ピエール・ブルデューの用語である「場」や「界」(champ) を連想させるかもしれない。議論がやや抽象化してしまうが、この観点から説明を加えておこう。先を急ぐ読者は、この節の残りを読みとばしても構わない。

ブルデューによれば、社会に分化をもたらす動きは、さまざまな自律的な「場」の成立を促し、そこで得られる知の様態を規定する。それぞれの「場」は、固有の規則にしたがって、世界を独自の見方でとらえようとする(だから、たとえば「政治界」と「学問界」の宗教概念は同じではないだろう)。またブルデューは、分化によって生まれるそれぞれの「場」の形成は、「ある視点の制度化」にかかわっていると述べている(Bourdieu 1997: 119–120)。

このブルデューの「場」や「界」の理論との関係において、私たちの言う「領域」を位置づけるなら、「場」はおもに視点にかかわるのに対し、「領域」はむしろ対象にかかわると言えるだろう。たとえば、道徳という概念について、さまざまな「場」は異なる見解を表明する。「宗教界」の語る道徳、「科学界」が扱う道徳、「政治界」から見た道徳には違いがあるだろう。だがこれを逆から眺めるなら、道徳という概念は、「宗教界」「科学界」「政治界」の緊張関係や、個々の「場」の動向を力学的に反映しながら、ひとつの「領域」をなすものとして編成されている。

そう考えれば、「場」と「領域」の区別は絶対的なものではない。制度化をともなう分化の動きによって、さまざまな場が成立するのと、ある領域が再画定されることとのあいだには、決定的な違いよりも、むしろ深い関係がある。

実際、本書で示すように、「道徳の領域」と「宗教研究の領域」が、フランス一九世紀のある時点を境に特徴的な仕方で分節化されるようになることと、さまざまな「場」の形成の動きが出てくることは対応している。そのような動向のなかで、やがて「政治界」は、宗教と道徳は不可分だという主張を退けつつ、道徳を宗教から切り離していくだろう。そのような道徳概念は、「科学界」の道徳概念と共通部分を持ちながら、完全に同じものではないだろう。一方、宗教研究の領域は、それまで混ざり合っていた道徳の領域から、分離独立する形で析出してくる。そして、神学と科学の争い——あるいはこう言ってよければ「宗教界」と「大学界」との争い——のなかで、科学的な宗教研究が、政治の後押しを得ながら制度化される。こうして「宗教学」は、いわゆる「神学」とも、一九世紀前半の「科学的宗教研究」とも一線を画したところに成立し、この学問に固有の「場」における内部抗争を通じて発展していくだろう。

以上、用語について説明しながら、本書が叙述しようとする「道徳の領域と宗教研究の領域に注目した二重の脱宗教化」の意味を少しずつはっきりさせてきたつもりである。それでも、問題の限定の仕方が不十分で、対象があまりに広大だという印象を読み手に与えているかもしれない。

そうだとしたら、その原因のひとつは、フランス語の「モラル」(morale) という言葉が、いわゆる日本語の「道徳」よりずっと幅のある言葉だということとも関係しているかもしれない。とりわけ一九世紀のフランスでは多様な意味を担っていて、「道徳教育」(éducation morale) はもちろん、「道徳衛生」(hygiène morale)、「道徳療法」(traitement moral)、「道徳連帯」(solidarité morale)、「精神科学」(science morale) などの言葉は、互いに区別されながら部分的に重なり合っていた (Michaud éd. 1993; 北垣 二〇〇五)。

他方、宗教研究の領域も、非常に大きな広がりを持っている。それを隅々まで照らし出そうというのであれば、教会史や神学的な議論にも通暁していなければならず、大学制度の歴史なども事細かに押さえておかなければならないだろう。

あらかじめ断っておけば、筆者にそこまでの能力はないし、また本書はこのような広範な問題をすべて扱うものではない。すでに示唆しているように、本書の第一の関心は、ライシテに関連する諸価値の宗教的な次元を明らかにすることである。この観点に立つとき、道徳の領域についての研究の焦点は、やはり学校での道徳教育に当てることができるだろう。実際、近代の学校は、いわゆる宗教とは異なる宗教性について検討するのに特権的な場所のひとつである。学校で教えられるライシテの道徳は、カトリックの道徳からの切断をはかっているが、別の面から言えば、少なからぬ宗教的要素を受け継ぎつつ、それを刷新している。本書で明らかにしていくつもりだが、この道徳は、十分に宗教的と感受されうる代物なのである。他方、宗教研究の領域について言えば、本書の関心は、神学的な議論や神学者たちが近代性とどう格闘したかよりも[4]、新たな学問である宗教学の科学的な方法とそこに潜むある種の宗教性に向けられている。

## 三　先行研究と本書の位置、本書の用いるテクスト・史料と方法

繰り返しを厭わず言えば、本書が目指すのは、ライシテの道徳と宗教学の形成を同時にたどりつつ両者の関係を示すことである。また、そのことを通じ、（過去および現在の）宗教学・宗教史の方法を見直すことである。この課題は、これまでの研究とのかかわりにおいてどのように位置づけられるだろうか。

筆者の考えでは、本書が遂行しようとする「ライシテについての宗教学」は、法学的な研究というより、歴史社会学的・思想史的なアプローチを取る。ライシテと言えば、何よりも政教関係にかかわるのだから、法律の問題であると受け取られるのは不思議ではないし、法学的な観点から研究が深められることの意義は改めて強調す

るまでもない。例をいくつか挙げれば、フランスではジャン・ブシネスクやモーリス・バルビエ、日本でも大石眞や小泉洋一の研究があって、これらは法制上のライシテの歩みやその基本構造、問題点などを解き明かしている。また、教育分野に特化した一九世紀の法制史的研究としては、小山勉の業績がある（Boussinesq 1994; Barbier 1995; 大石 一九九六、小泉 二〇〇五、小山 一九九八）。しかし、本書の関心から言えば、いわゆる法学的アプローチでは、ライシテ体制における「宗教」の含意が、個人の良心の自由や私的領域での礼拝の自由ということに限定されがちで、ライシテに即した諸価値そのものの宗教性を問うことは難しい(5)。

これに対し、歴史社会学や思想史のアプローチならば、「宗教は私的領域の営み、公的領域はライシテ」という分離図式自体に一種のイデオロギーが混入されていないかという観点に立ち、公的な価値を宗教性の観点から見直し、この図式自体の生成を宗教史的に扱うことが、より自覚的に遂行されよう（もちろん「歴史社会学的研究」や「思想史的研究」と銘打っていれば十分なのではなくて、研ぎ澄まされた批判意識に裏打ちされている必要がある）。フランスでも、このような研究はけっして多くはない。それでも、高等研究院（ＥＰＨＥ）第五部門（宗教学）に「ライシテの歴史と社会学」の講座を開いたジャン・ボベロや、宗教社会学者のダニエル・エルヴュ＝レジェの研究は、法的な意味を越えたところでライシテをとらえており、その価値の宗教性を視野に入れている（Baubérot 1990; Hervieu-Léger 1999）。「宗教からの脱出」という鍵概念を用いた宗教史を構想するマルセル・ゴーシェも、近代国家の宗教的側面を鋭く指摘できる理論的枠組みを提出している（Gauchet 1985; 1998＝二〇一〇）。

日本語による先行研究としては、カトリックと共和派の抗争に注目して一九世紀のフランスの宗教史をたどった谷川稔（一九九七）や、文学テクストの読解を通してフランス社会がカトリックから解放されていく過程を描き出した工藤庸子（二〇〇七）の著作がある。これらは、共和派とカトリックの争いに焦点を当て、フランス共和主義の特質を明らかにしようとしている。ライシテの生成を意識しながら一九世紀のフランス宗教史を叙述する邦語文献自体が少ないなか、読みやすい文章で大きな見晴らしを与えてくれる快著である。本書もこれらの著作から多くの示唆を得ているが、本書の一番の問題関心はライシテの諸価値を宗教性の観点から分析することにある。また本書は、社会史のみならず、思想史にも踏み込んでいこうとするものである。

ライシテの道徳が思想史のなかでいかに形成されてきたかを論じた研究としては、ジョルジュ・ヴェイユの古典的研究をはじめ、フィリス・ストック＝モートンやロランス・レッフェルの要を得た研究がある（Weill [1929] 2004; Stock-Morton 1988; Loeffel 2000）。また、個々の思想家や政治家における道徳を扱った研究には、大小さまざまなものが存在する。さらに、第三共和政のもとでどのような道徳教育が行なわれていたかについても、教育史の分野を中心に、かなりの研究蓄積がある。これらについては、ここでは逐一列挙しないが、本論のなかで言及・引用されるであろう。

他方、フランスにおける宗教学の誕生を再構成した研究としては、七月王政期についてはミシェル・デプランの業績があり、第三共和政初期に創設された高等研究院の宗教学部門については、創設一〇〇周年に際して当時の教授たちが編んだ著作が代表的である（Despland 1999; Baubérot et al. 1987）。また、フランスに特化した研究ではないが、日本語にも訳されているハンス・キッペンベルクの著作などが参考になる（Kippenberg [1997] 1999＝二〇〇五 ; Molendijk & Peis eds. 1998）。日本でも、宗教学の成立を歴史的に再構成したり、近代的な宗教概念や宗教学の方法を見直す研究は盛んである（磯前 二〇〇三、島薗・鶴岡編 二〇〇四など）。

本書は、以上のような先行研究の細かな内容に立ち入って疑義を差し挟むことはあまり考えていない。むしろその成果を積極的に取り入れつつ、新たな地平を切り開こうとしている。そうした観点から言えば、ここで言及したライシテの道徳についての研究、宗教学の見直しについての研究は、道徳の領域と宗教研究の領域をあらかじめ区切っているように見える。これに対し、本書が試みるのは、二つの領域の生成を力学的にとらえることである。ライシテの道徳と宗教学を組み込んだ、もうひとつの一九世紀フランス宗教史を描き出すことである。

それにしても、なぜこのような課題なのか。ここは私的なことを記す場ではないが——それは「あとがき」に取っておこう——、筆者がどのような経緯でこの課題に行き着いたかを交えながら述べていくほうが、わかりやすくなるかもしれない。

そもそも筆者が「ライシテの道徳」に注目したのは、宗教学の研究を続けてきた者として、この道徳が宗教からの脱却をはかりながら、きわめて「宗教的」な代物であると思えたからだ。近代化を突端で担ってきた代表的な国のひとつであり、ライシテを打ち立てた国であるフランスが、いわば根底的な部分で宗教ならざる宗教によって支えられていたとしたら、どうだろうか。そこでまず、第三共和政によって導入された道徳が、いかなる意味において宗教的と言えるのか、というテーマに取り組んだ（このようにして、本書の第Ⅱ部に当たる部分が最初にまとまった形を取った）。

次なる課題として浮上してきたのは、このライシテの道徳が、いかなる思想潮流のなかで発展してきたかを明らかにすることだった。ところで、筆者には、この道徳の漸次的形成をたどるという問題関心だけでなく、そのような課題に宗教学の観点から取り組んでいる自分自身の視点を、メタレベルで問い直したいという考えもあった。そのような事情から、ライシテの道徳の形成史を描く研究と、宗教学の成立を再構成する研究（およびそれを通じて宗教学の方法論を再検討する研究）の双方に導かれつつ、一九世紀の著述家たちが書いたものを読み進めていった。すると、ある者たちは、ライシテの道徳の形成のためには重要な役割を果たしているのに対して、宗教研究を学問的に前進させることには比較的縁が薄く（コンドルセ、クザン、フェリーなど）、別の一群の者たちは、宗教学者ではあってもライシテの道徳の理論家ではない様子がわかってきた（ビュルヌフ、ヴェルヌ、レヴィユなど）。そうかと思えば、道徳の領域と宗教研究の領域の双方で重要な役割を演じている者たちもいる（コント、キネ、デュルケムなど）。いったい、これらの論者をどのように関係づければよいのだろうか。

試行錯誤を続けるうちに、やがて研究「対象」たる「ライシテの道徳」の形成と、それを扱う「立場」としての「宗教研究」の形成が、一九世紀フランスという固有の歴史のなかで同時進行している様子が見えてきた。そして、二つの領域はおそらくある時点までは明確に分け隔てられていたものではなく、また分離以後も一部の思想家においては二つの秩序はどこかで合流するものなのだろう、と考えるようになった。

だが、こうしてある程度見晴らしがよくなってきたとはいえ、一九世紀にはさまざまな思想の潮流があり、そして道徳や宗教の問題をめぐっては、大勢の論客が途方もなく膨大な著述を残している。それらをすべて正面から相手にするなど、考えるだけで気が遠くなる。だからといって、個々の著述家のテクストの内部に分け入ることなく、表面をなぞるだけで二重の脱宗教化の動きを描き出すような議論は、説得力に欠けるだろう。

解決策と思われたのは、本書の命題にとって最重要と考えられる人物について詳細に論じつつ――この際、誰を最重要と見なすかは、誰を周辺的と見なすかとのかかわりのなかで選択を迫られるわけで、それは本書の命題に照らして十分自覚的に遂行されなければならない――、同時に鳥瞰的な視点からそうした人物を適切に位置づけるような叙述をすることだ。内在的な哲学的方法と、流れのなかでとらえる思想史的方法を、うまく組み合わせることと言ってもよい。しかし、筆者の見るところ、いわゆる哲学や思想史の枠組みだけでは、なお不十分である。それでは、ライシテの道徳や宗教学が実際にどう制度化され、実践されたかが見えてこないからだ。

そこで本書では、さまざまなテクストや史料を用い、いくつかの方法を有効に組み合わせていきたい。

まず、道徳と宗教研究の領域が判然とは分かれていなかった状態から互いに別々のものになっていく過程を描き出す際には、重要な著述家のテクストを主要な素材とし、思想史的な手法を用いて整理しよう。しかし、表面的な整理だと、著作家たちの言説が時代状況や社会環境に還元されてしまうおそれがある。それを避けるために、概観と綿密な検討をうまく組み合わせよう。そして、対象となる思想家を限定して詳細な分析を加える際には、テクストとがっぷり四つに組み、それぞれの論客の全体的な仕事において道徳と宗教研究がどのような位置を占めているかを明らかにし、彼らが道徳と宗教研究の二重の脱宗教化にどのように関与したのかを提示する。この課題に応じるに際して、私たちは個々の論者の思想が時期によってどう変化したかを厳密にあとづけるよりも、彼らの思想の大づかみな全体像を示すことにより多くの意を用いるつもりだ。

ライシテに基づく道徳教育の成立と宗教学の制度化を再構成するにあたっては、法律の条文や議会での議論、政治家の言説をしばしば参照する。これらのなかには、繰り返し編集され、研究者のあいだではよく知られた二次文献も含まれている。必要な場合にはもちろん一次史料にまで遡るが、ここでの目的は、知られていなかった事実を掘り起こして新たに提示することより、道徳と宗教研究の領域で実現されたライシテの特徴を浮き彫りにすることである。方法論的には、歴史学や社会学の手法を用いる。

道徳と宗教研究の領域におけるライシテの制度的確立を再構成したなら、今度はライシテの原理が実践の場にどのように適用されたのかを見届ける必要がある。ここではさまざまな史料を用いることになるから、あるいは最も歴史学らしく見えるところかもしれない。もっともそれは、対象を厳しく限定した歴史実証主義というより、歴史社会学の印象を与えるはずだ。ライシテの道徳がどのように伝播されたかを論じるには、古文書館で得られる史料や当時の雑誌論文が一次資料となるが、さらに重要なのは、小学校教師や生徒たちが使っていた教科書およびノートである。

宗教学がどのように営まれ、展開していったかを示すには、当時の宗教学者たち――一九世紀後半に活躍したが、今日ではほとんど忘れられている――の著作や雑誌論文がおもな素材となる。ところで、私たちは宗教学の歴史を叙述するに際して、あたかも「宗教学」という「枠」が自明であるかのような前提に立つのではなく、フーコーが「考古学」とか「系譜学」と呼ぶ観点に立ちたい。すなわち、当時の研究者の発言や記述を宗教学の内側から解釈するだけではなく、そこで行なわれた議論を時代の全体的な知的状況に結びつけ、またその意義や帰結が政治的な場にどう現われたかも問うつもりである。

このように、準備段階、制度化、実践への適用という順を追った分析は、先に示唆した通り、「脱宗教化」のプロセスに対応している。ところで、本書の探求は以上に留まるものではない。というのも、ライシテへと向かう動きのなかで、いわば刷新された社会環境は、従来とは異なった社会的条件となって現われ、今度はその地平において、宗教の再定義という課題や新しい宗教（性）の誕生といったことが起こってくるはずだからである。実際、道徳と宗教研究の脱宗教化がひとまず完遂されたと言える時期に、道徳と宗教を新たな地点で合流させようとする動きが、まさに近代的な宗教研究の最先端において見られるようになる。このような観点から、本書の最後では、デュルケムとベルクソンという、二人のビッグ・ネームのテクストを読む。ここでは当然、哲学や思想史の方法に負う部分が大きくなる。

以上述べてきたように、私たちの研究はいくつかの方法論――とりわけ思想史、哲学、歴史学、社会学のそれ

――に依拠している。けれども、別の観点から言えば、今日これらの学問分野は、ある程度互いに浸透しあい、溶けあっている。したがって、本書の依拠する方法を一言で表わすなら、「系譜学的人類学」(généalogie anthropologique) と呼ぶことができるかもしれない。あるいはたんに――ただし含蓄ある意味において――「宗教(史)学」(histoire religieuse) と言ってもよいだろう。

## 四　本書の構成

一般に系譜学的研究は、影響力のある代表的な論者の言説分析を中心とする。ライシテの道徳と宗教学の発展を再構成しようとする本書も、やはりそのような者たちの言説を中心に取りあげる。ただ、言うまでもなく、ライシテの道徳や宗教学は、ひとりの人物ないしごく一握りの思想家たちによってできたものではない。一九世紀フランスという、ある固有な歴史的文脈のなかで、さまざまな思想潮流がひとつの束をなすことによってできたものである。

本書の第I部は、このような観点から、のちのライシテの道徳と宗教学につながるような流れを取り出すことにあてられる。そのために、まず、一九世紀前半の宗教批判の諸潮流について地勢図を作成することからはじめたい。ネオ・カトリシズムや折衷主義から自由主義あるいは社会主義まで、さまざまな思想潮流に属す論者たちが、どのように道徳を宗教から切り離し、宗教を科学的に論じるようになっていったかを、思想史的な手法で提示する。この作業を行なっていくうちに、私たちは実証主義の登場に立ち会うことになる(第1章)。

実証主義は、一九世紀前半の思想潮流のなかでは、「遅れてきた」学派であり、それに先立つさまざまな流派を批判しつつ「総合」する位置にある。また、道徳と宗教研究の二重の脱宗教化を描くという本書のモチーフに照らすとき、特に実証主義を綿密な分析の対象とすることは、理に適っているだろう。実際、実証主義には、他の学派にも増して、宗教を「科学的」に研究する土台を築こうとする意識があるし、また新たな「道徳的」(さらには「政治的」)秩序を創設しようとする野望もある。ビッグ・ネームは、言うまでもなくオーギュスト・コントだ。そこで、コントのテクストを注意深く読んでいく(第2章)。

ところで、コントが晩年に人類教を創設すると、弟子たちの重要な一部は師のもとから離れてゆく。端的に言ってこれは、コントがこうあるべきと想定した科学と政治の関係が、信憑性を喪失したことにかかわっている。この「決別」は、コントと弟子たちのあいだで起こったことではあるが、広い文脈に置き直せば、一八四八年の二月革命から一八五二年の第二帝政樹立へと至る流れのなかで、若者たちが味わった政治的失望の経験と深くつながっている。このような状況で、実証主義はコントの手から離れつつ、時代潮流として一般化する。他方で、宗教に対する社会の視線が、がらりと変わりはじめる。第二帝政下の表舞台では王権と教権が結びつきを強めていくが、楽屋裏ではさまざまな反教権主義的な思想潮流が渦巻き、将来の政治秩序を宗教的な調子で思い描くことをやめる。こうして宗教は、目立って私事化の度合を強めていく。それと歩調をあわせて、道徳は宗教から「独立」したものと考えられ、それまで学者のために取っておかれていたカントの道徳が、「民主化」されはじめる。それから、この時期のフランスの科学者たちは、自国の科学的研究が、他国に遅れをとっていることに危機感を抱きはじめる(第3章)。

一九世紀半ばの識者のなかで、本書の主題である二重の脱宗教化を成し遂げた者、すなわち、宗教の科学的研究を進展させる一方、カトリック教会の説く道徳と異なる道徳を提示した者として焦点を当てるべきは、エルネスト・ルナンだろう。実際この宗教史家は、宗教研究を専門化して制度化へのはずみをつけるとともに、宗教とは無縁の道徳で政治を組織するよう主張している。ルナンはしばしば実証主義者だと目されているが、実際のところ、彼の実証主義はコントのそれとは似ても似つかない。端的に言うと、科学と政治の関係がすっかり変わっているのだ。この二人の違いを明らかにすることによって、なぜ一九世紀後半という時期に、ライシテの道徳が政治界あるいは教育の分野で導入され、宗教学が学問界ないし科学の分野で制度化されたのかが、見えてくるはずだ(第4章)。

本書の第Ⅱ部では、第三共和政初期の道徳の領域を扱う。ライシテの基本的構造、そして小学校に導入されたライシテの道徳の具体的内容を提示し、それらを宗教性の観点から分析する。

そのためにまず、公教育大臣として公立小学校のライシテを定めた、ジュール・フェリーの思想と行動に注目する。彼は熱心なコントの読者で、みずから実証主義者を名乗っていたが、実際のところは、元来の実証主義にさまざまな屈折と歪曲をもたらしている。それがいかなるものであるかを示しつつ、フェリーがいかに道徳と宗教を弁別したのかを探る。

次に注目するのは、一九〇五年の政教分離法である。ここにおいて、一八八〇年代以来のライシテ推進政策が、ひとつの到達点を迎える。一八八〇年代のライシテの道徳は、なお唯心論的傾向を強く引きずっていたが、一九〇五年の政教分離法は、共和派全体が左傾化するなかで確立されている。したがってここには、宗教からさらに距離を取ろうとする共和派の関心を窺うことができるのだが、私たちはそれを踏まえたうえでなお、一九〇五年法に体現されたライシテが「宗教的」と言えるとしたら、それはいかなる意味においてであるかと問いただしたい。フェリー法と政教分離法の検討は、「オフィシャル」な道徳とライシテの姿を浮かびあがらせようとするものだ。それは「宗教」ではないとされているが、ある種の「宗教性」を強く宿しているというのが、本書の見立てである。

ところで、まさに当時の共和派のなかで、ライシテの道徳の宗教性を進んで支持した人物がいる。自由主義的プロテスタント出身の、フェルディナン・ビュイッソンである。初等教育局長の地位にあって公教育大臣を支えたこの人物は、表立ってフェリーを批判してはいないが、ニュアンスの異なる道徳を提示している。フェリーとビュイッソンを比較することで、政治家が唱えたライシテの道徳も一枚岩ではないことが見えてくるだろう（第5章）。

次なる課題は、こうして政治の場で道筋のつけられた方向性が、どう現場に移されたかを検討することである。これによって、法制化と適用のあいだ、もしくは理念と実践のあいだの距離をはかりたい。もっとも、私たちの主題にとってより重要なのは、公立小学校で教えられたライシテの道徳がカトリックの道徳とどう違っているのかを示し、その宗教性をさまざまな角度から照らし出すことである。分析の主要な素材となるのは、道徳の教科書と生徒たちが記したノートだが、当時の小学校で道徳が教えられていたのは、実は狭義の「道徳」の授業時間においてだけではない。学校生活そのものが、きわめて道徳的に組織されていたのである。それに、とりわけ農村部においては、学校そのものが、周囲の社会生活や人びとの行動規範に大きな影響を与えた機関であり、習俗の脱宗教化を推し進める役割を担った。小学校におけるライシテの道徳やその宗教性を論じるにあたっては、このような広がりも視野に収めておく必要があるだろう（第6章）。

続いて本書の第Ⅲ部では、宗教研究の領域に光を当てる。第三共和政初期における宗教学の制度化を再構成しつつ、制度化された宗教学が、一九世紀前半のように、将来の政治秩序を宗教で彩ることができなくなった理由を考察する。また、当時の宗教学には、同時代のライシテの道徳を研究対象に組み込むことが困難であったことを示しつつ、では、どうして今日の私たちは、ライシテの道徳を宗教学の対象としうるのかと自問したい。

具体的には、まず、コレージュ・ド・フランスに宗教史講座が設けられ、高等研究院の第五部門として宗教学部門が設立された経緯を、共和派とカトリックの「二つのフランス」の争いの文脈において描き出す。それを通じて、カトリックの神学部で行なわれていた宗教研究と、これら新たな機関における宗教研究の違いを明らかにする。その際、後者においては、自由主義的プロテスタントの数が多いことに注意が向けられるだろう。他方、この時代の宗教学が、一八三〇年代の七月王政期にひとつの盛りあがりを見せた科学的宗教研究とどう異なっているのかを示したい。そのために、一九世紀前半の宗教研究者と一八八〇年代に制度化される宗教学に従事した学者（特にモーリス・ヴェルヌとアルベール・レヴィユ）において、「政治的行動」の意味が違っていることに注目する（第7章）。

次いで、高等研究院の第五部門で行なわれた宗教研究が、どのような方法論上の緊張関係のなかで発展していったかを述べる。具体的には、モーリス・ヴェルヌの歴史実証主義、アルベール・レヴィユおよびジャン・レヴィユの宗教進化論を比較したうえで、デュルケム学派（アンリ・ユベールとマルセル・モース）がもたらした影響力の大きさをはかる。ここで起こっているのは、宗教学という学問界の内部における覇権争いである。その様子を記述しながら、この学問分野が、政治界の提示する「宗教」と異なった宗教概念を提示することができたかを検討する。これは、制度化された宗教学が、当時の政治体制に対してどのような批判力を有しえたのか、あるいは有しえなかったのかを問うことにつながっている（第8章）。

この探究は、一九世紀から二〇世紀への転換点に私たちを連れて行く。この時期に、一九世紀の最後の四半世紀に営まれていた方法論とは違ったアプローチで、宗教的なものを扱う動きが出てくる。今、「宗教」と名指す代わりに「宗教的なもの」と言った。ここで問題となっているのは、私的な領域に属するものと規定された教会や教団のような「宗教」でも、近代において乗り越えられたとしばしば信じられた過去の「宗教」でもなく、ライシテの価値観に覆われるようになった同時代の生活においてもなお観察される現象――とはいえその輪郭は明確ではなくぼやけている現象――のほうだからである。

私たちはここで、一九世紀前半とも、一九世紀後半とも違った時代の空気を呼吸しはじめるようになる。とりわけ認識の地平を刷新したのは、人類学的・社会学的な観点と、哲学的・心理学的な観点である。本書の第Ⅳ部では、これら二つの流れをそれぞれ代表するエミール・デュルケム（第9章）とアンリ・ベルクソン（第10章）のテクストを検討しながら、宗教の科学的研究がいかなる新展開を遂げたのか、宗教的なものと道徳的なものがいかなる再会を果たしたのかを見定めたい。

以上のように、本書はフランス革命期から二〇世紀初頭という、かなり広い時期をカバーしている。しかも、ベルクソンが道徳と宗教の問題を正面から扱った『道徳と宗教の二源泉』の出版は、一九三二年である。だから、この著作の意味を深く考えるには、本当は一九三〇年代の知的・精神的状況にこの書物を置き直す必要があるだろう。だが、本書は第一次世界大戦後の時代状況について、特別に筆を割くことはしない。歴史学の慣例では、大革命が起こった一七八九年、もしくはナポレオン戦争が終結した一八一五年から、第一次世界大戦が勃発した一九一四年までが、「一九世紀」とされるが、フランス思想史の文脈では、ベルクソンの死（一九四一年）をもって、一九世紀の終わりとする見方もある。実際ベルクソンは、一方では、二〇世紀の思想空間を拓いた哲学者と見なされるが、他方では、一九世紀を総合する思想家としても位置づけられる。一九世紀に焦点を当てる本書では、後者の立場から叙述することになる。なお、筆者の見立てでは、ベルクソンが本格的かつ明示的に道徳と宗教の研究に乗り出したのはかなり遅い時期だとしても、彼の哲学にはかなり早い段階から「道徳的なもの」と「宗教的なもの」があると事後的に見出すことは可能ではないかと思う。この論理については、ベルクソンを論じるところで改めて詳述する。ここで指摘しておきたいのは、本書の主題、すなわち一九世紀における道徳と宗教研究の二重の脱宗教化という枠組みのなかで、ベルクソン哲学の宗教性を語ることは可能であり、またそれは重要なことだろうということだ。

本書は四部構成を取っているが、各部の冒頭に道案内のようなものを設け、末尾には各部ごとの結論を付している。本書の概要を手早くつかむには、この序論、本書全体の結論、そしてこれらの短い文章を最初に読んでいただくのがよいと思う。

同時に、各章はさしあたりそれ自身で完結しているので、興味のある章だけを読んでいただいてもよいと思う。そこから他の章にも触手が伸びて、行間ならぬ「章間」を読んでいただければ、なおありがたい。おそらく本書には、ある場所から入って別の場所に抜けるような通路もあるはずなので、そこから見ると、明示的な全体像とは若干趣の異なる風景が立ちあがってくるかもしれない。

(1) 古野清人は「ライシザシオン」に「平俗化」の訳語を当てている。これは「セキュラリザシオン」＝「世俗化」と対にして使える点で悪くないが、やはり現在の日本語としてあまり通りのよい言葉ではなく、使いにくいうらみがある。
(2) 別の観点からまとめ直すなら、狭義の「ライシザシオン」は制度化にかかわるが、広義のライシザシオンは「セキュラリザシオン」に連結する。これを敷衍して言えば、狭義の「ライシテ」は法制上の諸規則に相当するが、広い意味では近代的な諸価値全般を指し示しうる。この観点からライシテを研究する場合には、さまざまな哲学上の議論、そして人びとの振る舞いや精神的態度も研究対象となるであろう。

（3）「セキュラリザシオン」と置き換え可能な場合には、「世俗化」という言葉を用いることができるだろうが、本書において頻出する語ではない。

（4）「ライシテ」という新たな状況にカトリックがどのように対峙し、適応したかについては、特にエミール・プーラの業績がある（Poulat [1962]1996, 1997 etc.）。

（5） 念のため断っておくが、法学的アプローチではこのようなことはできないと言っているわけではない。ただし、そのためには、法学のフィールドそのものを歴史的に位置づけなおすような「外」からの視点が必要であろう。

# 第Ⅰ部　胚胎期のライシテの道徳と宗教の科学的研究

## ——二重の脱宗教化

ライシテの文化〔……〕に宗教的な基盤を取り戻してやること。それは、その構成的な性質を浮かびあがらせることである。ライシテは、自然主義、生気論、ユマニスム、そして科学主義のブリコラージュであり、とりわけ妥協のイデオロギーである。それは、民主主義社会の相反する諸傾向を総合しようとするもので、よく知られているように、それがフランスに根づくには大きな骨折りが必要だった。

ピエール・マシュレ

実証主義は本質的に哲学と政治とからなり、両者は必然的に切り離せない。この概論において、宗教はいつでも、人間のあらゆる部分がしかるべく整えられたときに、集合的であると同時に個人的な人間の存在に固有の、十全な調和の状態として特徴づけられるだろう。

オーギュスト・コント

一八四八年以降、宗教問題はより内面的になる。

レイモン・ルノワール

キリスト教が高尚な魂の持主たちを引きつけたのは、あらゆる外形を取り除いた宗教の魅力によるものである。

エルネスト・ルナン

一九世紀には、さまざまな領域で脱宗教化の動きが見られる。それは道徳の領域と宗教研究の領域についても言える。一八八〇年代には、ライシテの道徳が将来の市民を育成するために初等教育の現場で教えられるようになる一方で、宗教学が高等教育の枠組みのなかで制度化される。片方は多くの者の精神形成に関係しているが、もう片方はひと握りの専門家にしかかかわっていない。この観点からは、道徳の領域と宗教研究の領域は異なる二つの領域であるように見える。ところが、一九世紀前半に書かれたものを丹念に読んでいくと、道徳の領域と宗教研究の領域は、そこまではっきり分かれていなかったという印象を受ける。

そこで、次の問いが立てられる。道徳の脱宗教化と宗教研究の脱宗教化は、いかなる歴史的条件のもとで進展したのだろうか。いかなる時点より、いかなる理由によって、二つの領域は別々のものと感受されるようになったのか。

本書の第Ⅰ部は、この問いに答えようとするものである。私たちの見立てでは、一九世紀半ばにひとつの大きな変化が起こっている。これ以降、宗教の社会的有用性という通念――フランス革命以降も長いあいだ共有されていた通念――に大きな疑問符がつけられるようになり、他方では、科学的な研究の専門分化が一段と進むようになる。このような事情を背景に、「科学」「道徳」「宗教」「政治」といった諸概念の内実や相互関係が変わるのである。

鳥瞰的な観点からの叙述と、綿密で具体的な分析とを組み合わせて、このことを示していこう。第1章では、一九世紀前半の宗教状況を概観して、実証主義が登場する時代背景を明らかにし、第2章で、オーギュスト・コントの体系の具体的分析に移る。第3章では、一九世紀半ばの変化を広角的に映し出し、第4章で、エルネスト・ルナンに焦点を合わせる。第1章と第3章はマクロな観点、第2章と第4章はミクロな視点であり、どちらのレベルにおいても、一九世紀前半と半ば以降が対照的にとらえられている。

コントとルナンの比較対照を通して見えてくるのは、道徳の脱宗教化と宗教研究の脱宗教化を支えている条件の変化である。この変化を前提にして、一八八〇年代には、ライシテの道徳が初等教育に導入され（第Ⅱ部）、宗教学が高等教育の枠内で制度化される（第Ⅲ部）。

# 第1章　一九世紀前半の宗教状況

ライシテあるいはライシテの道徳の「起源」を求めるとしたら、どこまで時代を遡ることができるだろうか。「ライシテ」「ライック」という言葉は、ギリシア語「ラオス」(*laos*) に由来し、これは「人民・民衆」の意味ですでにギリシア語聖書に現われている。中世においては、「聖職者」(clercs) に対する「俗信徒」(laïcs) の意味で使われ、やがて世俗的な市民生活に属するものを指すようになった。

政治史的には、とりわけ以下の出来事が、のちのライシテの展開にとって重要だ。一三世紀末から一四世紀初頭にかけて、フィリップ端麗王と教皇ボニファティウス八世が対立した。これは、ガリカニズム（フランス教会独立主義）の嚆矢となった。一五九八年のナントの勅令によって、良心の自由に価値が認められた。一七世紀から一八世紀にかけての絶対王政下では、神授権をもとに、主権国家の概念が強化された。

道徳と宗教の関係をめぐっては、一六世紀の時点でモンテーニュが両者の不可分性を問いただしている。ピエール・ベールは、無神論者の社会も道徳的でありえると主張しており、フォントネルは、宗教が道徳性を獲得したのは事後的だと述べている。こうしてすでに啓蒙の世紀には、宗教と道徳を概念的に区別する思想が十分に発達していた。

以上の経緯を踏まえると、ライシテの道徳の歴史をどこから書きはじめるべきかという問いに、自明な答えがあるわけではない。それでもやはり、フランス革命期をひとつの特権的な起点と見なすだけの理由はある。ライシテの諸要素は前から存在していたとしても、それらがひとつにまとまった形で問題が提起されたのは、このときが最初だからである（Baubérot 2000: 7-8）。ライシテの道徳がきわめて一九世紀的な問題であるのも、それが革命後の社会をいかにまとめあげるべきかという差し迫った課題に応じようとしていたからだ。

宗教の科学的研究にも、いわば「遠い起源」と「近い起源」がある。古代における聖典の編纂も、ある意味では宗教研究と言えるであろうし、中世において神学は「神の学問」（science divine）であった。近世のプロテスタントが聖書をテクストととらえ、批判的な分析や読解を行なうようになったことは、宗教研究の歴史のなかで重要な変化である。それでも、普通は、近代的な宗教学は一九世紀半ばに――とりわけマックス・ミュラーの名をもって――はじまったと見なされている。

では、近代的な宗教学は、それまでの宗教研究とどこがどう違っているのだろうか。また、フランスの宗教学は、この国の歴史的文脈に固有の特徴を有しているのだろうか。このような問いに応じるにも、革命期を意識して記述をはじめるのがちょうどよい。そうすれば、一九世紀の知的パラダイムを啓蒙の世紀のそれとの対比において特徴づけることができ、フランスにおける近代的な宗教学の「誕生」を支えた諸条件が見えてくると思われるからだ。

本章では、大革命後のフランスの、宗教をめぐる知的・政治的状況を整理し、どのような歴史的条件においてライシテの道徳と宗教の科学的研究が発展してきたのかを叙述する。これは実際には非常に複雑な課題だが、なんとか手際よく料理したい。

まず、一九世紀の宗教批判が一般に一八世紀のそれをどう継承し、どう乗り越えようとしていたのかを探る。一九世紀的な要素として特に重要なのは、東方の宗教についての知識や情報が拡大したこと、そして宗教的な感情や宗教の社会的有用性が再評価されたことである。続いて、道徳の脱宗教化と宗教の科学的研究がどう進んだのかを略述する。このとき、「宗教」という概念がどのように変化したのかに注意を払いたい。そのうえで、一九世紀前半の宗教批判の諸潮流を整理し、次章で焦点を当てるコントの実証主義がどのような文脈で登場してきたのかを明らかにする。

実際に本章の課題に取りかかる前に、今述べた最後の点、つまりさまざまな立場の宗教批判が存在すること、なかでも実証主義に注目することについて言い添えておく。

のちのライシテにたどり着くような思想は、ひとりの思想家やひとつの学派から生まれたのではない。ジョルジュ・ヴェイユの古典的研究によれば、大きく分けて四つの哲学的潮流が、ライシテというものの考え方を推し進めた。ガリカニスムの立場に立つカトリック、自由主義的プロテスタント、理神論者、そして自由思想家ないし無神論者である（Weill [1929] 2004）。この分類はバランスが取れているだけでなく、「二つのフランスの争い」にニュアンスをつけている点でも有益である。というのも、ライシテの歴史は、「共和派」対「カトリック」、または「非宗教」対「宗教」という、単純な二項対立で理解されがちだからだ。ヴェイユの分類は、カトリックの一部がライシテの論理を推し進めたことに注意を向けている。プロテスタントと理神論者の存在も、ライシテの論理は宗教的信仰に反するものではないことを示唆している。自由思想家や無神論者も、宗教をめぐる議論に積極的に関与し、自分たちに固有の教義と儀礼を遵守する場合には、十分に宗教的と言えるところがある。ピエール・マシュレによれば、自由思想は「結局のところ宗教的思考の近代的形態にほかならない」（Macherey 1991:

20)。

このように、ライシテというものの考え方は、一九世紀の宗教史のいわば内側から発達してきたのであって、最初から宗教に対して外在的であったわけではない。これはすでに、ライシテにまつわる諸価値の宗教性を予感させるものであるだろう。

ともあれ、のちのライシテにつながる動きが複合的である以上、個々の学派や思想家がどのような形でライシテの道徳の構築と科学的な宗教研究の発達にかかわったのかを、ひとつひとつ検証していく必要がある。ただ、この二重の脱宗教化を最も自覚的に推し進めたのは、やはり実証主義だと思われる[1]。そこで本章では、この学派の出現に焦点を合わせるような仕方で他の潮流を整理するという手段を取っている。

## 一　一八世紀から一九世紀の認識の地平へ

啓蒙主義の「知性」からロマン主義の「感性」へ。一八世紀から一九世紀への移行はしばしばこのように語られる。もちろん細かく見ていけば、このような単純かつ本質主義的な図式でばっさりと切れるわけではない。それでも、二つの時期のあいだで知的・精神的・社会的なパラダイムが大きく変わっていることは確かだ。ここでは、碩学アイザイア・バーリンの議論を手がかりに、両者の違いを大づかみにとらえることからはじめたい。

バーリンによれば、啓蒙主義のパラダイムでは、世界や人間に統一性を与えるような唯一の真理が存在すると信じられていたという。ただし、人間は普通その断片を手にすることができるだけで、残りの真理は隠されている。だからこそ、それを新たに見出すことが課題ともなった。そうした真理は、個々人が編み出すものではなく、万人が共有できるものとして発見されると考えられていた。それゆえにまた、人間に普遍的と見なされていた理性や、進歩の観念への信頼が高まった。

　これに対し、ロマン主義のパラダイムでは、差異や独自性が評価される。個々人が自分の内を見つめることを通して、その人にとっての真理が発明される。そして、みずからの定めた大義に殉ずることがひとつの美徳ともなった。（Berlin [1965]1999＝二〇〇〇）。

　ここでは、一八世紀と一九世紀の認識の違いを大雑把につかまえておくことが目的なので、ヨーロッパ各国のロマン主義の特徴や、変化の起こった具体的な時期は問わないことにする。たとえば、フランスのロマン主義はイギリスやドイツより遅れて起こったとされるが、少なくとも一八世紀と一九世紀を並べて比較してみれば、理念型レベルで啓蒙主義とロマン主義の違いは見て取れる。また、フランス革命の時期にはすでにロマン主義的と言えるような熱狂が見られるが、革命期は一般に啓蒙主義の延長で理解されており、フランスのロマン主義と言えば、一八三〇年頃の文学が想定されることが多い。そのため、フランスでは政治的革命とロマン主義革命（さらには産業革命）の時期がずれているとしばしば見なされるが、広い観点に立てば、これら二つ（あるいは三つ）の革命は、あるひとつの大きな時期に属していると見なすことも可能である。

　このような大局的な観点から、革命後の社会を特徴づける点をいくつか挙げてみよう。それまで人間は隠れた真理の発見に努めていたとすると、今後は自分自身で価値を発明するようになっていく。集合体レベルで考えると、これは人間の政治社会が自律性を獲得することに関係している。革命は主権を、神授権という他律的なものから一般意志という自律的なものに移行させた。こうして、人間を超えるものを抜きにして人間の社会を再びまとめあげることが、きわめて一九世紀的な課題となる。個人レベルでは、価値や信仰の個人化・内面化がいっそう進んでいくことになるだろう。したがって、他律性から自律性への移行は、統一性から多様性へという流れにも対応している。そしてこれは、個人のレベルだけでなく知のレベルでも起こっていて、人間の知識の範囲は急速に拡大し、その内容は多様で細分化したものになっていく。

科学的な発見については、すでに一八世紀にさまざまなものがなされており、それは人類の調和的な発展はどこまでも続くとの期待を、いやがうえにも高めていた。だが逆説的にも（あるいは理の当然として）、その期待の高まりのさなかに、ひとつの認識論的な危機が訪れる。あまりに急速に知識が拡大されると、それをどう処理するかという問題が生じてくる。もはやたんに知識や情報を得るだけでは不十分で、それらを解釈学的に再構成することが不可欠になったのである（Gauchet 1988: 12–13）。

知識の急速な拡大は、研究の領域分化と専門化にもつながる。そして専門的な研究に従事すれば、ますます増大する科学の成果全体を見渡すことが難しくなる。こうした知の混乱は、知と徳の関係にも影響した。啓蒙主義の認識の地平においては、科学の進歩と道徳の発達はひとまとまりのものとして理解される傾向があったが、ロマン主義の地平においては、もはや二つの調和は自明ではない。シャトーブリアンの友人ド・フォンターヌは、啓蒙主義の流れに連なるイデオローグを「自然科学の進歩と道徳の進歩をいつも混同している」と批判している（Cholvy 2003: 26）。

知の混乱、科学と道徳の関係の脱自明化は、歴史意識の誕生とも関係している。歴史の視点は、さまざまな段階や地域性を設定することにより、雑多な知的獲得物に統一的な見方をもたらそうとする。また、歴史に即した思考法は、自律的な人間の集合体の企てに合致する。人間の運命は、もはや神によって定められたものではなく、人間自身がみずからのことを知り、自分自身を制御することによって、みずから切り開いていくものとなる。自己分析に歴史は欠かせない。ジョルジュ・ギュスドルフの言葉を借りれば、歴史は一九世紀の人間の「存在の係数」となったのだ。「現在においてはたらいているさまざまな力の系譜（lignes de force）を明らかにしなければならない。過去の探究の目的は、現在の状態を明らかにし、よりよい将来のために調整を行なうことである」(Gusdorf 1960: 335-336)。歴史を知ることは、たんなる教養や博識の証明ではなく、再帰的な自己確認の作業である。それはすぐれて実践的な反省で、現在および将来の社会的・政治的な秩序構想に結びついている。

このように、一九世紀の歴史意識は、知の体系に枠組みを与え、人間の集合体を再組織するという二重の役割を果たしていた。ところで、こうした歴史意識は、宗教（性）とはどのような関係にあるのだろうか。マルセル・ゴーシェによれば、「歴史」の価値化は「宗教からの脱出」と「宗教の再発明」の共存をもたらすという(2)。「一方で、この上なく大胆かつ理路整然とした思弁の努力が、歴史性――人類が自分自身を形成し、自分自身のことを意識するプロセスとしての歴史性――の発見を、最後まで推し進めようとする。他方、歴史性を推し進める努力そのもののうちに、人間の行動を外から規定するような意味の体系が、宗教的な風貌を帯びて再び現われてくる」(Gauchet 1998: 26＝二〇一〇・四五―四六)。このように、一九世紀を特徴づける歴史意識は、それまでの宗教を解体しながら、その一部を養分として再利用し、新たな宗教性を構築するような動きを担っていた。

## 二　「宗教」概念の変化

認識の地平が変化するのにともない、宗教についての言説も変わっている。ここまで、一九世紀のエピステモロジーの新しさとして、「人間の集合体の自律化」と「知の多様化」を特に挙げた。この二点をそれぞれ宗教に絡めて言えば、「道徳と宗教の分離」、そして「宗教の複数性」という主題で現われてくるだろう。

もちろん、道徳と宗教を別々に考えたり、宗教を複数形で語ったりするようになったのは一九世紀が最初ではない。そのような傾向は、少なくとも宗教改革の頃から存在した。だが、その頃の議論は一部のユマニストに限られていたし、宗教の選択もキリスト教の内部に限定されていた（宣教師たちが発見し伝えたヨーロッパ外の宗教の価値はほとんど認められなかった）。これに対し、いまや道徳と宗教の関係を問うことは革命後の政治と社会を考えるうえで喫緊の課題となり、またキリスト教世界の外部にある宗教についての知識も増してきた。

以下では、革命期から一九世紀前半にかけて、道徳と宗教研究の領域がどのようなものであったかを手短かに再構成する。まず、革命期の公教育論において道徳と宗教の関係がどのようにとらえられていたのかを確認し、次に、宗教研究を取り巻く環境の変化について述べる。そうして「宗教」言説の変化を浮かびあがらせていく。

## ◇革命期の公教育論における道徳と宗教の関係

フランス革命期の公教育論については、議会で行なわれた議論を要領よくまとめたものがある（Baczko [1982] 2000; コンドルセ他・阪上孝編訳 二〇〇二）。これらを参照しながら、革命議会で道徳と宗教の関係がどのように論じられたのかを見ておこう。

革命の指導者たちは、カトリックの影響を排除した公教育を組織しようとした。一七九一年一〇月、立法議会に公教育委員会が設けられ、翌年四月、コンドルセ案が報告された。理性に基づく教育を主張するこの案は、道徳と宗教の分離を唱えている。

学校や学院で教えられる道徳の原理は、自然な感情と理性に基づいた、万人共通のものであるだろう。〔……〕道徳をあらゆる特定の宗教の原理から切り離し、公教育では宗教による教育はいかなるものも認めないことが絶対に必要〔である〕。（Baczko［1982］2000: 197; cf. 阪上編訳 二〇〇二・四九）

コンドルセは言う。なるほど、宗教から分離された道徳の観念は、民衆の手に届かないところにあると危惧する向きもあるかもしれない。だが、まさに公教育によって、民衆はそれを理解するようになる。「宗教の原理」は、各宗教の聖職者が教会や寺院で教えればよい。「理性の原理」のみに基づくのが学校の道徳である。

コンドルセ案には、すでに公教育の脱宗教化という論点がある。また、教育の無償も提唱されている。つまり、第三共和政下で確立される公教育の三原則（無償、義務、ライシテ）のうち、すでに二つが出揃っている。では、義務教育についてはどうか。コンドルセは、公権力は公教育を組織する義務を負うとしたが、義務教育そのものは警戒した。理性に基づく教育が行なわれるには、教育機関は宗教的権威からはもちろん、政治的権威からも独立していなければならないと考えたからだ。コンドルセ案は、知育偏重と受けとめられ、やがて革命議会の議論は徳育重視の方向に移っていく(3)。

一七九二年一二月、国民公会でロムが行なった報告では、知育と徳育の双方の重要性が強調されている。「公教育は知識と美徳の源泉であるから、いわゆる知育（instruction）に属するものと徳育（éducation）に属するものとを含む」（Baczko［1982］2000: 272; cf. 阪上編訳 二〇〇二・一二〇）。そして徳育は、身体教育（éducation physique）と道徳教育（éducation morale）を含むという。

子どもは身体教育によって身体を鍛え、身体の健康、体力、技能、敏捷さを身につけるだろう。そして道徳教育によって、共和主義者としての習俗と習慣を発達させる。私たちは、同胞や義務や祖国に結びついた美徳の実践に多くの魅力を見出すという貴重な感覚を、子どもに学ばせるであろう。（Baczko［1982］2000: 283; cf. 阪上編訳 二〇〇二・一三九）

さらに、ロム案の翌日に提出されたラボー・サン＝テチエンヌの国民教育案では、「〔知的な〕公教育」（instruction publique）と「国民教育」（éducation nationale）が区別され、後者のほうが重視されている。ロベスピエールが読みあげたルペルティエの国民教育案（一七九三年七月）も、「真に全員のものである国民的な徳育」を「少数の人びとにしか有益になりえない」知育に優先させている。またルペルティエ案は、すべての子どもたちに徳育を行き渡らせるべく、「国民学寮」の開設を提案している。

私は諸君が次のように布告することを要求する。すなわち、男児については五歳から一二歳まで、そして女児については一一歳まで、すべての子どもは差別も例外もなく、共和国の費用で共同で育てられ、平等という聖なる法律のもとで、全員が同じ衣服を着用し、同じ食事を取り、同じ教育と同じ配慮を受けること。（Baczko［1982］2000: 351; cf. 阪上編訳 二〇〇二・一七七）

このように徳育が強調されるにしたがって、初等教育の義務化も政策構想に組み込まれていくわけである。だが、この試みはうまくいかなかった。逆に、一七九五年のドヌ案あたりから、議論のトーンが変わってくる。民衆のための初等教育より、エリート養成に重点が置かれるようになったのだ。革命政府の指導者たちが構想した公立小学校がほとんど機能していなかったこと、そこへ宗教系の小学校が復権してきたことが関係していよう。

一八〇一年、デストュット・ド・トラシーは、現状では学識階級の教育に力を注ぎ、民衆教育はひとまず諦めるべきだと主張している。この路線は、ナポレオンの政策に反映されるだろう。民衆教育を求める声が再び盛りあがるのは、一九世紀半ばを過ぎてからのことである。

以上概略をたどってきた革命期の公教育計画について、ドミニク・ジュリアはこう言っている。「ジュール・フェリーが、無償、ライシテ、義務の小学校を法によって組織し、実現することになるものは、多かれ少なかれ、革命の指導者たちがその言説のなかで夢想したものなのである」(Julia 1981: 6)。このように、第三共和政下で日の目を見るものが、ある意味では革命期にすでに出揃っている。より正確に言えば、革命期の議論は、その後の教育改革の際に共和派が繰り返し参照する「祖形」となった。

## ◇宗教研究の新動向

宗教研究の領域に議論を移そう。一八世紀末から一九世紀初頭にかけて、この領域における知は急速に増大した。

まず、東洋の聖典がもたらされ、フランス語に翻訳される（英語やドイツ語にも訳されている）。それまで未知だった文字の解読がはじまる。アンクティル＝デュペロンは、一七七一年にゾロアスター教の聖典『アヴェスタ』を翻訳出版し、一八〇一年には（ペルシア語から）『ウパニシャッド』を訳している。シルヴェストル・ド・サシは、一七九三年にササン朝ペルシアの碑文を解読した。エジプトのヒエログリフがシャンポリオンによって解読されたことは有名だ。

これらの活動は、オリエント研究を行なう制度の創設と並行していた。一七九五年、パリに東洋語学校が開設され、今名前を挙げたシルヴェストル・ド・サシは、一八〇六年よりアラビア語講座を担当している。コレージュ・ド・フランスにも、オリエント研究のための講座が数多く設置された。一七八三年にアラビア語（ド・ペルセヴァル）、一八〇六年にペルシア語（サシ）、一八一五年に中国語（アベル・レミュザ）とサンスクリット語（アントワーヌ＝レオナール・シェジー）、一八三一年にエジプト学（シャンポリオン）といった具合である。

オリエント研究のための協会や雑誌も作られた。一八二一年にパリにアジア協会が設立され、(4) 翌年より機関紙『アジア雑誌』の刊行がはじまる。

その気になれば、ここまで挙げてきた例をもっと細かく見ておくことも、さらに別の例を積み重ねることもできよう。だが、ここで指摘しておきたいポイントは、一九世紀初頭の宗教研究が、キリスト教以外の宗教を対象に組み入れていること、それらを文献学や言語学の手法で扱っていることである。

さらに、七月王政期には比較的自由な宗教批判の空気が生まれた。知的・政治的な条件が整って、ルイ＝フィリップの王政下では宗教の科学的研究がひとつの活況を呈した。この点について、ミシェル・デプランは多くの事例を素材にして論じている（Despland 1999）。象徴的な例を挙げれば、フランスではイギリスやドイツに比べてインド研究が立ち遅れていたが、一八三三年に『マヌ法典』が訳された。コレージュ・ド・フランスのサンスクリット語講座を担当したウジェーヌ・ビュルヌフは、フランスのインド研究を躍進させた。

このようにして、一九世紀前半のフランスでは、東洋の諸宗教についての知識が一大コーパスを形成するようになった。しかもそれは、言語学・文献学を生業とする一部の専門家だけでなく、もっと裾野の広い人たちの関心を集めていた。アジア協会には、サシやシャンポリオンのような碩学だけでなく、エミール・リトレなどの若き文献学者、ヴィユマンやクザンなど政治力のある文学者、哲学者もいた。ウジェーヌ・ビュルヌフのインド研究は「広い読者層に訴え、彼の本は教養人や芸術家に読まれ」ていた（Schwab 1950: 103）。バルザックは『サクンタラ』や『マヌ法典』に親しんでおり、彼の小説の登場人物ルイ・ランベールは「東洋の聖典が私たちの聖典に先行する」ことを認識している。

東洋の諸宗教は、西洋キリスト教の感性にとって「異教」であった。それらの宗教に興味を抱くことは、キリスト教の「真正さ」を揺るがす側面があった。一九世紀の詩には、東洋のさまざまな言葉が取り入れられている。それらは一般によい意味で用いられている。ユゴーの有名な言葉がある。「ルイ一四世の時代、私たちはヘレニスト（ギリシア学者）だったが、今ではオリエンタリスト（東洋学者）である」。

このように、一九世紀におけるオリエントへの関心は、西洋キリスト教的な価値観からの脱出を含意していたのだが、エドワード・サイードとともに、むしろ西洋は東洋の異質性を自分たちの同一性に回収してしまったのではないかと問うことも重要だ。よく知られているように、「オリエンタリズム」という言葉は、もともと東洋学や東洋趣味を表わしていたが、サイードはこの言葉を用いて、西洋が東洋を表象する仕方を問題化した。オリエント研究は東洋世界を支配するような言説からできていて、「劣った東洋」を鏡に西洋の自己同一性が保持され強化されたという命題を提出した（Said 1978＝一九九三）。当時の言説がすべてこの構図から一歩も抜け出ることができなかったと主張したら、やや言い過ぎの感があるが、少なからぬ論者に「優れた西洋／劣った東洋」という二分法が見られることは事実であり、のちに見るように、進化論の影響を受けた多くの宗教学者たちもこの構図に沿って宗教を分類している。

なお、サイードの観点は、学問研究が政治や外交・軍事と無縁でないことを思い出させてくれる点でも有益である。事実、エジプト研究の進展はナポレオンのエジプト遠征の「おかげ」であるし、パリのアジア協会はオルレアン公から財政援助を受けていた。オリエント研究は国家事業だったのである（Schwab 1950: 90）。

以上、宗教研究の新動向について述べてきたが、特にもう一度注意を喚起しておきたいのは、当時の宗教研究は一握りの専門家だけでなく、もっと広い読者の関心を集めていた点である。それは、当時の宗教研究が「純粋な知的興味[5]」としてなされていたのではなく、「社会運動」や「政治的行動」と有機的に結びついていたことを示している。

### ◇啓蒙主義者の宗教論

ここまで、革命期の道徳教育論と一九世紀前半における宗教研究の新動向を概観しながら、「宗教」をめぐる言説が変化する様子を示してきた。まだ触れていない重要な論点として、啓蒙思想家の宗教論と、革命期の政教関係の変遷も押さえておこう。一八世紀から一九世紀への変動のなかで、宗教概念がどう変容したのかが、いっそう明らかになるはずだ。

アンシャン・レジーム下では、カトリックが国教であった。これは国家がカトリックに従属していたわけではなく、むしろ神授権や国家理性《レゾン・デタ》の考え方により、すでに絶対主義国家のほうが宗教を従える立場にあった。ただ、国家とカトリックは強く結びついており、宗教的多元主義は認められていなかった。

国家とカトリックの結びつきは、啓蒙主義を代表する哲学者たちの批判の的となった。モンテスキューは、『ペルシア人の手紙』（一七二一年）で同時代のフランス社会を痛烈に風刺する一方、思弁性の強い自然的宗教では不十分だという認識から、宗教が社会生活のなかで果たす役割に注目している。彼は、宗教をカトリックから独立させたところで機能主義的に理解すると同時に、さまざまな社会に対応するさまざまな宗教があるという観点に立っている。これは、宗教を軸に社会を再構成するという視点や、歴史上の諸宗教を研究する態度につながるだろう。

カトリック批判の急先鋒はやはりヴォルテールであろう。「一七〇〇年に及ぶ歴史において、キリスト教団がなしたのは悪のみだ」（一七六七年七月五日付フリードリヒ二世宛）。聖書のなかには、数多くの矛盾や「非道徳的」な点がある。ヴォルテール自身は唯物論者でも無神論者でもなく、自然的宗教の神を信じる理神論者であったが、やがて彼の名は反教権主義の代名詞となり、唯物論者や無神論者の言説に組み込まれていくだろう。

モンテスキューとヴォルテールの議論を簡単に紹介しただけで、啓蒙主義の宗教批判の特徴について結論めいたことを述べるのは無理があるが、指摘しておきたいポイントは、当時の哲学者の大部分は理神論者で、カトリックを道徳性の観点から批判していたということである。宗教そのものを全否定する考えは稀で、カトリックとは別の次元で宗教を道徳的に彫琢し直すことが主要な課題であった。

この観点から、ルソーの宗教批判をやや詳しく見ておきたい。というのも、このジュネーヴ生まれの思想家は、カトリック批判を繰り広げただけでなく、新しい社会の道徳体系を「市民宗教」の名において語っているからである。さらにルソーは、ロマン主義の先駆者というにふさわしく、宗教を内面化している。社会化された宗教と私事化された宗教は、ルソーにおいてどのように構造化されているのだろうか。彼の思い描いた政教モデルは、実際のライシテとはどのような関係にあるのだろうか。

宗教の内面化のほうから確認しておこう。ルソーは『エミール』（一七六二年）のなかにある「サヴォア人の司祭の信仰告白」において、社会で伝統的な権威をなしている既存の宗教を批判している。このような宗教は、自然から与えられた本来の善良さを歪めるものである。ルソーが評価するのは、自然に適った理性と感情の純粋な表出である。こうしてルソーは、「制度」としての宗教を告発し、「内面的な礼拝」(culte intérieur) を称賛する。

他方でルソーは、『社会契約論』(一七六二年) において、純粋に内面的な礼拝としての「人間の宗教」は「よい」宗教ではあっても、それのみで社会に統合をもたらすことはできないとし、「純粋に市民的な信仰告白」としての「市民宗教」(religion civile) を提唱する。

注目すべきいくつかのポイントがある。第一に、「人間の宗教」と「市民宗教」が領分を異にしながら両立していることである。これは、公と私の明確な分離によって可能になっている。

第二に、しかしながらこの公私の分離は、政治と宗教の分離には対応していない。むしろルソーは、近代社会にふさわしい政治宗教を思い描いている。政治の領域に明示的に宗教が持ち込まれている点に注意したい。

第三に、カトリックとの関係である。市民宗教は「制度」として構想されているように見えるが、それはカトリックによる「司祭の宗教」とは一線を画している。実際ルソーは、自然人の善良さを損なわないよう、市民宗教の教義を単純で項目の少ないものにしようとしている。それは寛容を旨とし、社交性の感情によって守られる。

第四に、にもかかわらず、市民宗教には不寛容な面がある。実はルソー自身は「市民宗教」を「市民の宗教」(religion du citoyen) から区別し、外部に対して排他的、内部に対して圧制的という後者の欠点を克服したものが前者だと規定する。それでも、市民宗教においても「主権者は、それを信じないものは誰であれ、国家から追放することができる」(Rousseau [1762] 1964: 468＝一九五四・一九二) など、暴力に転化しかねないところがある。

ルソーの構想した政教モデルを図示すれば、**図1**のようになるだろう。これとライシテの関係について述べておく。まず、私的領域での宗教的自由が認められている点において、ルソーのモデルはライシテの先駆をなす。だが、政治と宗教がしっかりと結び合わされている点では、ライシテに背く印象を与える。また、市民宗教の暴

**図1　ルソーの政教関係モデル**

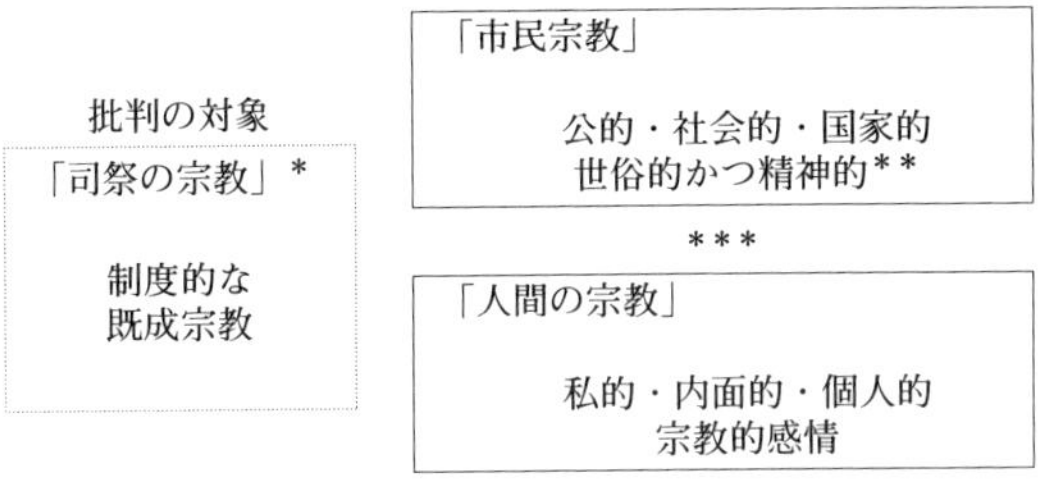


*ルソーは制度的な既成宗教を批判しているが，これらが他宗教に対して寛容であるかぎりにおいてその存続を認めている。

**市民宗教は既成宗教とは一線を画したところに構想されているが，これは世俗的なもの（le temporel）と精神的なもの（le spirituel）を分離するものではない。むしろルソーは政教一致を思い描いている。このため，ルソーの市民宗教は，のちに実現されるライシテと微妙な関係にある。というのも，普通ライシテは諸宗教のみならず宗教そのものからも独立していると考えられているからで，このとき市民宗教はライシテの論理に背いているように見える。他方，ライシテの論理にもいくつかの宗教的側面が含まれていると考えられ，このとき市民宗教の概念はそれらを指摘・分析するのに有益である。

***ルソーの政教関係モデルでは，公私がきっぱり分離されている。これはのちのライシテにつながる一要素である。

力的側面は、宗教的多元主義を困難にするから、宗教的自由を尊重する意味でのライシテからは遠ざかる。だが、ライシテには、国民の精神形成の一元化を目指して既存の宗教を弾圧するような側面もある。そのときには、ライシテと暴力的な市民宗教は重なりうる。

このように、ルソーの市民宗教とライシテの関係は複雑だが、市民宗教という概念は、ライシテやそれにまつわる価値の宗教性を分析するのに有用である(6)。以下の叙述では、革命期に二転三転する政教制度のなかで、ルソー流の市民宗教がどのような形で見られたかについて触れられるだろう。また、もっとずっと先では、第三共和政期のライシテの道徳や一九〇五年法が市民宗教といかなる関係にあるかが検討されよう。

**◇政教関係の変化**

実際の革命の動乱で、政教関係はどのように変化したのだろうか。「宗教」はどのように位置づけ直されたのだろうか。

フランス革命の革命たるゆえんは、やはり主権が国王から国民に移った点にあると言えるだろう。それは、政治と宗教の関係にも一大転換をもたらした。旧体制下では、政治権力の正統性はいわばこの世を超えた高みからやってきていた。ところが、革命は主権を人間の高さに持ってきた。主権は市民の自由な意志の表現として、いわば下から構築されるものになった。他律的な主権から自律的な主権に切り替わったと言ってもよい。「人と市民の権利の宣言」(一七八九年八月)第三条には、主権が国民に由来することが明記されている。これは神授権を否定し、政治権力を宗教から切り離そうとするもので、ライシテへの決定的な一歩が踏みだされている。だが、これによって主権が完全に宗教性を失ったと結論づけるのは早急だ。人権宣言は、「最高存在の前で、かつその庇護のもとに」謳われていて、この至高の存在は、神の超越性は喪失しているにせよ、あらゆる超越性を剝ぎ取られたものではない。

また、人権宣言第一〇条には、「何人もその意見のために、たとえそれが宗教上のものであっても、安寧を脅かされてはならない」とある。この条文は、旧体制下では認められていなかった信教の自由を定めたものと解釈することができる。これもライシテへの重要な一歩だ(7)。だが、ここでの信教の自由の保障は条件つきのもので(「その表明が公序を乱さぬかぎり」)、いつ迫害に転化してもおかしくなかった。それに、同条文が謳っているのは個人の「良心の自由」であって、長いあいだ集団的な「礼拝の自由」は妨げられた(これは、革命政府が、旧体制下で力を持っていた中間団体を一掃しようとしたことに関係している)。

一七九〇年七月には、聖職者民事基本法が制定された。同法は、カトリックを国教に定めた一五一六年の政教条約を破棄するとともに、カトリック聖職者の国家公務員化をはかるものであった。政府としては、司祭が革命原理に同化し、市民の社会化を後押しすることを期待したのである。この法律はカトリック内部に亀裂をもたらし（宣誓僧と拒否僧の対立）、拒否僧は激しく弾圧された[8]。

一七九三年秋以降は、いわゆる「非キリスト教化」[9]が活発化し、宣誓拒否僧はもちろん、宣誓僧、プロテスタント、ユダヤ教徒と、すべての既成宗教が迫害された。これは、革命そのものの神聖化と連動していた。一一月には「理性の祭典」がパリのノートルダムで祝われ、翌年六月にはロベスピエールの主催する「最高存在の祭典」が執り行なわれた。これら二つの革命的礼拝は、前者が理性重視で後者がより徳育的という違いはあるが、カトリックに取って代わる宗教的国民祭典という点では共通している。特にロベスピエールは、最高存在の超越性と霊魂の不死性を強調し、この革命的宗教を恐怖政治に結びつけた。これはまさに、不寛容を特徴とする非カトリック的な政教一致であり、ルソーの市民宗教の特徴に合致する。もちろん、ルソーによれば、市民宗教は寛容で、良心の自由を保障するようなものだから、ロベスピエールはルソーの意図を捻じ曲げている。だがこれ以降、フランス人の記憶のなかで、市民宗教という言葉は、ルソーと同時に――あるいはそれ以上に――ロベスピエールの名を喚起するものとなるだろう。

ロベスピエールが失脚すると、それまで結びつけられようとしていた宗教と国家は、切り離されようとする。政府としては、国庫を圧迫していた宣誓僧への俸給を廃止したかったし、カトリックの一部は政治の介入を嫌っていた。こうして一七九五年二月、ボワッシー・ダングラの主導で、教会と国家を分離する政令が出された。国家はいかなる宗教にも俸給を支払わない、礼拝の自由を保障するなど、ここにはすでに一九〇五年法に見られるライシテの基本条件が顔を覗かせている。とはいえ、やはりここでの礼拝の自由は、実際には個人の内面に限られており、宗教集団に権利を与えるものではなかった。そして現実には、宗教は個人レベルに還元されるどころか、王党派の支援を受けてカトリックが復権してくる。結局、この最初の政教分離は六年ほどしか続かなかった。

ナポレオンは、政治と宗教の分離ではなく、宗教の政治的利用を選んだ。「私は、宗教のうちに受肉の神秘ではなく、社会秩序の神秘を見ている」との言葉通り、宗教を神と人間との関係ではなく、人間関係の絆を強化するものとしてとらえている。ナポレオン法典の起草者の一人で、教皇庁とのコンコルダ締結に力を尽くしたポルタリスもまた、宗教が道徳や習俗の面で果たす役割に期待を寄せている。彼は、法律を補完するものとして宗教を見ており、「法律は人の腕を止めるだけだが、宗教は人の心を管理する」とか、「法律が対象とするのは市民だが、宗教は人間を丸ごとを相手にする」などと述べている。

コンコルダは一八〇一年七月にナポレオンと教皇ピウス七世とのあいだに結ばれ、翌年四月に付属条項が加えられた（これはフランス政府が一方的に追加したものである）。国際政教条約を国内向けにアレンジしたこのコンコルダ体制は、一九〇五年法が制定されるまで、ほぼ一世紀のあいだフランスの政教関係を規定し続ける。もちろん、フランス一九世紀は政体が目まぐるしく変わる時代で、そのたびに政治と宗教の関係はしばしば変化するのだが[10]、大枠は一定している。その基本構造を押さえておこう。

コンコルダの前文には、カトリックを「フランス市民の大部分の宗教」と認める記述があり、国家とカトリック教会の結びつきは再び強化された。だが、コンコルダ体制は、宗教的多元主義にも道を開いている。事実、付属条項によってプロテスタント（ルター派および改革派）が、そして一八〇八年三月の政令によってユダヤ教が公認されている。

ライシテの歴史において、コンコルダ体制をどう評価するかは、フランスの研究者のあいだでも意見が分かれている。教会と国家の分離をライシテのメルクマールと考えると、一七九五年にいったん政教分離が実現されているだけに、この体制は革命期から「後退」しているように見える（Pena-Ruiz 2005: 53–55, 106; Barbier 1995:

36）。だが、コンコルダ体制もライシテの進展に沿っているとする見方も有力だ。ジャン・ボベロはこのような観点から、コンコルダ体制へと至る革命期全体をライシテへの第一段階ととらえている（第二段階は第三共和政初期、第三段階は現代）。ボベロは第一段階の特徴を三つ挙げている。第一に、制度のうえでの断片化。宗教はかつてのような全体的な包括性を失い、政治は超越的な宗教を参照する必要がなくなり、それまで宗教の影響下に置かれてきたさまざまな制度が自律性を獲得しはじめる。もっとも、第二の特徴として、宗教は公認されており、とりわけその道徳的な役割によって、社会にとって有用だと見なされている。そして第三に、人びとの道徳的な社会化は、複数の公認宗教に担われると考えられている。カトリックがフランス人の大多数の宗教として他を圧倒しているとしても、「法律上はすべての公認宗教は平等」である（Baubérot 1990: 44）。筆者も、革命の前後で政教関係は不可逆的な変化を遂げており、コンコルダ体制はすでにライシテへと向かう動きのなかにあると考える。

## 三　宗教批判の諸潮流

ここまで、革命期を経て宗教概念と政教関係がどのように変化したかを述べてきた。次に、一九世紀前半の宗教批判の諸潮流を整理しておこう。

本書の立場からすると、革命後の社会における知の多様化と政治の混乱に、最も一貫した観点から解決をもたらそうとしたのはコントの実証主義で、これが一九世紀前半の宗教批判の潮流を「総合」する位置にある。神学的な伝統主義、形而上学的な自由主義、折衷主義的な唯心論を退けたところに、コントは実証主義の位置を確保しているので、私たちもそれに倣う形で、以下では伝統主義的なカトリック（次いで自由主義的なカトリック）、革命の理念に突き動かされた自由主義者[11]（イデオローグ、プロテスタント系自由主義者、自由を唱えた歴史家や文学者）、クザンを中心とした折衷主義者の順に見ていく。そのうえで、サン＝シモンの思想を取りあげる。これはサン＝シモン主義や社会主義の母胎であると同時に、実証主義のルーツでもある。以下の叙述では、各学派がどのような形で道徳の脱宗教化と宗教の科学的研究の発展に「貢献」しているかという観点から、各々の宗教批判の特徴を手際よく拾いあげていきたい。

## ◇カトリック伝統主義

フランス革命後の社会的混乱を前にして、伝統主義的なカトリックの論客は、社会には絶対に宗教が必要だと主張した。ガリカン（フランス教会独立主義者）のルイ・ド・ボナルドは、社会というものは本質的に宗教的で、人間のしたがうべき法は神によって与えられており、人間がみずから憲法を作ることはできないと述べた。ジョゼフ・ド・メーストルは、ウルトラモンタニスム（教皇権至上主義）の立場から、社会の紐帯は宗教的精神によってしか強化されないと述べ、革命と自由を糾弾した。フェリシテ・ロベール・ド・ラムネーは、のちにカトリック自由主義に転じるが、もともとは王党派のウルトラモンタン（教皇権至上主義者）だ。『宗教的無関心についての試論』（一八一七―二三年）では、世俗的権力を精神的権力に従属させるよう強く求め、ガリカニスムの立場に立つ伝統主義者をも困惑させた。

反動的な理論家たちの基本的な主張は、社会に再び秩序と安定をもたらすことができるのは、カトリック教会のみだというものだ。このような保守的な考えは、もちろん進歩派の主張とは相容れず、その点ではライシテへの動きに反している。だが、彼らも「時代の子」である。ボナルドの主張は理性と歴史意識に支えられており、そのガリカニスムは、教皇権に対してフランスの権利を唱える点において、ライシテの考えにつながる。革命を「神の罰」ととらえ、フランスの「再生」を望むド・メーストルにも、歴史意識がある。ラムネーも、政治を宗教に従属させるという理想——かつてなら可能だったかもしれない理想——が、革命後の復古王政ではやはり実現できないことを納得したからこそ、教会の将来を自由主義に求める方向に転じたのだろう。

### ◇ネオ・カトリック

このように考えれば、反動的な伝統主義者の傍らに、革命の遺産や成果を積極的に取り入れた「ネオ・カトリック」がいることも不思議ではない。革命後という近代的な地平におけるカトリック信仰は、いかなる特徴を備えているのだろうか。

ピエール＝シモン・バランシュは、「自由」には反対したが、「進歩」の思想は取り入れた。歴史には宗教的な意味があり、その目的は神の摂理を徐々に実現することである。バランシュは、このように歴史性を導入することで、変化に満ちたこの世と永遠なる神の世界との矛盾を調停しようとした。キリスト教が社会道徳の役割を果たすことで、フランスが神の摂理の実現に向かうことを期待した。

シャトーブリアンも、旧体制への回帰を夢見たりはしなかった。彼は正統王朝派ながら、歴史の進歩の観念や自由の概念を受け入れ、『キリスト教精髄』（一八〇二年）では、良心の自由をキリスト教の精神そのものだと位置づけた。シャトーブリアンは、このようにカトリック信仰を内面化することで、その近代的な再定義をしているのだ。

興味深いのは、ここですでに政治と宗教の分離が起こっていることだ。王政復古下で大使や外務大臣を歴任したシャトーブリアンは、当然この政権を支持したが、宗教で政治を正当化しようとはしなかった。彼は、キリスト教を「脱政治化」し、理性と自由という新たな地平で再興しようとしたのである（もっとも後年、そのように新しく生まれ変わったキリスト教を「再政治化」すべきことも提唱してはいる）。

王政復古の望みが断たれ、自由主義的傾向を強めてからのラムネーも、ネオ・カトリックのうちに含めることができるだろう。ラムネーは一八三〇年、ラコルデール、モンタランベールとともに雑誌『アヴニール』を創刊した。彼らは、現状に見合ったカトリックのあり方を求め、「良心の自由ないし宗教の自由」を確保するために、「教会と国家の完全な分離」を唱えた（一八三〇年一二月七日号）。カトリックの論客が、一九世紀の前半に、ライシテを先取りする主張を展開しているのである（cf. Bruley éd. 2004: 53）。

教会と国家の分離によってラムネーが望んだのは、カトリック教会の再生にほかならなかったが、教皇は彼を破門にした。するとラムネーは、精神的権力のありかを教皇に求めることをやめ、民衆にそれを求めるようになる。いつでも彼はキリスト教の名において宗教を語っているが、一八四八年の二月革命の頃になると、その「社会的ネオ・カトリシズム」は、民主的で共和主義的なユマニスムとほとんど区別がつかなくなるだろう。

### ◇イデオローグ

以上のように、カトリックも革命後の社会に多かれ少なかれ適応していく。だが、やはり啓蒙哲学の直接的な遺産継承者は、革命期から第一帝政期にかけて権勢を誇った「イデオローグ」である。この呼称は、デステュット・ド・トラシーの唱えた「観念学」（イデオロジー）――人間の精神の機能についての科学――をナポレオンが皮肉ったことに由来する。本来ならば知の領域に留まるべき学問が政治的であること、一時はナポレオンと友好的な関係にあったのに、彼の権威主義を批判するようになったことが、皇帝の揶揄の対象になったのである（Eagleton 1991＝一九九六・一二五―三七）。

イデオローグの宗教批判は、宗教が引き起こしてきた「悪」を告発するところが特徴的である。ジャン＝バティスト・セーは、宗教によって人間の習俗は改善されなかったと述べ、トラシーは宗教を迷信に貶めている（Garnham 1988: 167–173）。ヴォルネーは、戦略的に神話と宗教の境界線を消し、カトリックの教義の価値を低くしている。もし彼らに「信仰」と呼べるものがあれば、それは理性によって進歩や自由を信じることであっただろう。

イデオローグの宗教批判は、宗教的権威に従属しない人文科学の樹立という問題意識とつながっていた。彼らは、物質的な秩序だけでなく、人間精神の秩序も科学的に扱われなければならないと考えていた。カバニスが肉体と精神の関係を追究したのも、ヴォルネーが事実と経験に基づく道徳科学を構想したのも、このような意識に支えられていた。

なお、ヴォルネーは、中近東を訪れ、現地の知識をフランスにもたらしたことでも知られている。『エジプトとシリアの旅』（一七八七年）は、ナポレオンのエジプト遠征のいわばガイドとなり、『廃墟』（一七九一年）や『言語哲学研究』（一八一九年）と並んで、若い世代に読まれた。ヴォルネー自身はイデオローグの枠に収まる存在だとしても、これらの著作はやがてロマン主義的な感性を刺激することになるだろう。

### ◇王政復古下におけるプロテスタント系自由主義者

イデオローグの唱える自由は理性偏重で、宗教に対する評価は全般的に低い。王政復古下で活躍した自由主義者の宗教観は、これとは趣を異にしている。それは、革命に由来する価値を重んじつつ、正統派カトリックの外部にある宗教的感情を評価しようとするものだ(12)。

プロテスタント系の論者が特に目を引く。たとえばスタール夫人は、イデオローグの自由主義を不十分と見なし、ルソー的な宗教的感情を評価している。

一時スタール夫人の愛人だったバンジャマン・コンスタンもプロテスタントだ。イデオローグとは一線を画し、宗教的感情を人間に普遍的に内在するものと位置づける。そして、恒久的な宗教的感情と、歴史のなかで絶え間ない変化にさらされる宗教の形式を区別する。

> 教義、信念、実践、儀礼。これらは内的感情が取る形式であり、やがて感情が内側から食い破る外皮である。〔……〕人間は、自分自身の声を聞けば十分なのだ。人間は、千の声で語りかけてくる自然に耳を傾ければ、必然的に宗教に至る。(Constant［1824–1831］1999: 43)

コンスタンは、内面と形式を区別することで、たんに感情を称揚したり思弁を連ねたのではない。歴史的事実も観察している。つまり彼の宗教研究は、情熱的であると同時に事実を相手にした忍耐強いもので、それが一方で唯物論的な宗教観、他方でカトリックへの批判になっている。ただしコンスタンは、正面からカトリックに挑みかかったのではなく、歴史のなかに現われた多神教を論じることで批判を匂わすという、手の込んだ戦略を取っている。まず、多神教を祭司のあるものと自由のあるものに二分する。エジプトやインド、ペルシアの宗教は聖職者の特権階級があるから前者、ギリシアの宗教は聖職者の媒介が不要だから後者に分類される。この図式からコンスタンは、教会組織が宗教的感情の自由な迸りを妨げていることを示唆する。また彼は、慎重にも、声を張りあげて主張してはいないが、政治と宗教を分離する必要性も喚起している。以上のように、コンスタンには、信仰の内面化、宗教的多元主義、政教分離の主張などが窺える。これらはライシテへと向かう動きに合致している。

フランソワ・ギゾーも王政復古下の自由主義を代表するプロテスタントで、政教分離の発想を持っている。ソルボンヌで歴史学を講じ、キリスト教を高く評価したが、それはこの宗教が現世的なものと精神的なものとを分けている点においてである。そして彼は、良心の自由を革命の成果のひとつに数えあげることで、キリスト教とフランス革命の双方を称える語り方に成功した。ギゾーの自由主義はこのようにキリスト教的なもので、フランス社会が脱キリスト教化を遂げることは望んでいなかった。ルイ＝フィリップの治世下では、自由主義的な王政の実現に努め、彼の名を冠したギゾー法は宗教的な道徳教育を重視している。同様に、彼の宗教的自由主義は、超越性を否定するものではなかった。ギゾーには、信仰から遠ざかるように見える時期もあるが、最終的にはキリスト教徒としての自覚を深めている（Kirschleger 1999）。

### ◇ユマニスムと宗教、あるいは文学者や歴史家の共和主義的自由論

キリスト教とフランス革命を調停するギゾーの試みは、他の自由の論客（歴史家や文学者たち）の関心を引いた。彼らは、キリスト教を批判しながら同化吸収し、ユマニスムを基軸として近代的な諸価値を謳いあげた。彼らの活動は王政復古下ですでにはじまっていたが、より活発になったのは七月王政になってからで、その影響は

一九世紀後半の共和主義に深く及んだ。ここでは、特に著名なヴィクトール・ユゴー、エドガー・キネ、ジュール・ミシュレの三人について、それぞれの宗教批判の要点を簡潔に述べておく。

ユゴーは、カトリック王党派が支配的な情勢のなかで、キリスト教詩人として出立している。もっとも彼には、自分が依拠しているのは文学的な精神的権力であって、制度的な精神的権力ではないという意識があった。(13) 事実、ユゴーの宗教を典型的なキリスト教信仰から演繹するのは難しい。むしろそれは、預言者をいただくユダヤ＝キリスト教の伝統に近代詩人を接木するものだ。いわば詩人という聖職者の立場から、人間世界の事物を神の名において聖別しようとしたのだ。ポール・ベニシューの指摘にしたがえば、ユゴーは人間の運命と神の秩序、歴史的なものと超越的なものを意図的に混同している（Bénichou [1973] 1996: 383–385）。自由の理念の思想的源泉はまだ乏しい。詩人は想像力による理想世界を作りあげることで、この欠如を埋めようとした。自由の思想の威信はひとえにこの創造にかかっていたと言える。創造のためには、古典主義的な明晰さや美や静謐さを揺さぶり、夢想や恐怖や醜悪さを取り入れた新たな価値を発明する必要がある。こうして詩人は、迷信や民間信仰、中世的な世界観や非キリスト教的な神話、東洋の宗教など、より広範な宗教的事実に関心を向けていく。しかもユゴーには、詩人としての発見を自分自身の魂の救済に用いるというより、むしろ民衆に伝え、先導しようという政治的・社会的な関心があった。

自由主義的な傾向を共有していた歴史家もまた、キリスト教の伝統を相対化した。『諸宗教精髄』（一八四二年）を著したキネは、キリスト教を人間の歴史に組み込んでいる。これはヘルダーの歴史哲学の影響を受けて書かれたもので、終末論的なキリスト教史観は棄却され、キリスト教はさまざまな宗教との比較において位置づけられている。もっともキネは、人間の歴史を良心の自由の発展として描き出しており、他宗教に比べてはるかに高い評価をキリスト教に与えている。このように、キリスト教を相対化しつつ特権化するという歴史の描き方は、以後長いあいだ支配的となり、一九世紀後半の宗教史家たちにも深い影響を与えるだろう。これに対し、宗教史研究を通じて、同時代の社会に適した新たな宗教を求めるという姿勢は、キネの時代に特有のものである。

宗教は人間のあらゆる活動の根幹にあると考えたキネは、当時の社会にふさわしい精神的権力のあり方を求めた。神はつねに生きており、しかも「今後は、教会と一緒というより、むしろ俗なる世界（monde laïque）とともに」生きていくだろう（Quinet［1844］1857: 208）。キネによれば、フランス革命はキリスト教を否定するものではなく、福音書を具現するのが民主主義である。革命後の社会に必要なのは、キリストをこの世に降臨させ、教会の頸木から民衆を「解放」することである。それによってフランスは、文字通りローマ以上に「カトリック」的に、つまり「普遍的」になるだろう。

さらにキネは言う。革命後の社会は「新たな生活の基盤となる社会的道徳」を必要としている。それは個々人の宗教的自由を保障すると同時に、社会構成員に共通する信仰でなければならない。そして公教育こそが、「異なった教義を一般的な意識に結びつけ、まとめあげる」ことができる（Quinet［1843］1857: 325）。ここには、教会組織から独立しつつも宗教的な社会道徳を、公教育によって伝播するという考えがはっきりと見られる。これは、一八八〇年代の唯心論的なライシテの道徳を先取りするものだ。キネにおいては、宗教史を論じることと、新たな社会道徳のあり方を提示することが、きわめて自然に同居している。

キネと親交を結んでいたミシュレも、キリスト教とフランス革命の関係を問い直している。ミシュレは、古い形態のキリスト教を迷信扱いしているが、イデオローグとは異なり、キリスト教が近代世界にもたらしたものを評価し、この宗教の今後の可能性を考えている。キリスト教の「よい」面には、理性、自由や道徳性、人間の尊厳、意志などがある。ミシュレはヴィーコの影響を受けて、これらの価値を個人の内面というよりも人間の集合体に結びつけて、人間集団にはみずから歴史を作る能力があると考えた。ミシュレは、こうして民衆史としての宗教史を構想し、また歴史から神の介入という視点を排除した。

ミシュレによれば、このような歴史叙述を支える二つの柱は、哲学と文献学である。「哲学は理性によって真理を見つめる。文献学は現実を観察するもので、これは事実と言語の科学である。哲学の理論は事実の確実性のうえに基づいていなければならず、他方、文献学は哲学から理論を借りて、事実を普遍的で永続的な真理にまで高める必要がある」(Michelet [1827], cité dans Gauchet 1988: 172)。もっとも、ミシュレ自身はごく少数の専門家しか読めないような言語を次々とマスターしたわけではなく、むしろその成果を取り入れるという形を取った。このような態度は、世代がひとつ下の歴史家の目には、いかにも哲学的で少しも文献学的でないと映るだろう。

ともあれミシュレは、民衆が徐々に自由を獲得する過程として歴史を描き、この観点からフランス革命を高く評価した。フランスの栄光は、あたかも神を称えるかのように称賛された。ところでこの歴史家は、一八三〇年頃までは理性や自由などの価値をむしろキリスト教の深化だと見なしていたが、やがて両者をきっぱりと区別するようになる。これは宗教の破棄を意味するのではなく、むしろカトリックに代わる近代的な諸価値の聖化を意味している。一八四〇年代、彼は反教権主義を代表する歴史家として、人類の過去に共感を寄せ、民衆の可能性に希望を託す。それはひとつの宗教にまで高まった。これはたんなる隠喩ではない。実際ミシュレは、フランス革命は「新たな宗教の創設」をもたらしたと述べている。カトリックと革命派の争いは、宗教と非宗教の争いではない。それは、いわば一九世紀に土俵を移した宗教戦争なのだ。

## ◇折衷主義

二月革命前夜まで進めてしまった筆をここでいったん戻して、自由主義的傾向を有したもうひとつの系譜である理神論的なスピリチュアリスム（唯心論）、とりわけクザンの折衷主義の基本的内容を確認しておこう。

ルソーの『告白』に「感覚的道徳」を見出し、意識の事実を反省する心理学的方法に依拠したメーヌ・ド・ビランは、伝統的なカトリックとは違った地平に新たな形而上学の地平を切り開いた。ビランの影響を受けたロワイエ＝コラールは、イデオローグが権勢をふるっていた時代のなかで、宗教の重要性を強調している。ソルボンヌの哲学史教授だったロワイエ＝コラールは、こうして哲学と宗教の融和をはかった。王政復古下では議員になり、右翼に対しては革命の成果や国家の権利を守ろうとし、左翼に対しては大学をはじめとする全国の教育機関の宗教的性格を守ろうとした。

ヴィクトール・クザンはロワイエ＝コラールの姿勢を引き継いで、哲学と宗教を調停することにより新たな精神的権力を樹立しようと企てた。クザンによれば、啓蒙主義の哲学者たちは古い信仰を破壊しただけで、新しい信仰を提示しなかった。しかるに、社会を組織するには精神的な支柱が欠かせない。それをクザンは哲学史と常識の総合に求めた。この折衷主義は復古王政の警戒するところとなり、彼のソルボンヌの講義は停止された。講義が一八二八年に再開されたとき、クザンは哲学と宗教の関係を次のように述べている。ここには、カントの「単なる理性の限界内における宗教」がいかに変奏されたかが示されている。

> 哲学は、宗教の姉妹であり〔……〕信仰を破壊するものではない。哲学は、信仰を明るく照らし、豊かにする。それは、信仰を象徴の薄暗がりから純粋な思考の偉大な光のもとへ、そっと引き上げるものなのだ。（Cousin [1828], cité

dans Weill［1929］2004: 66)

哲学と宗教をこのように関連づけることによって、クザンは巧みにも、宗教の重要性を強調しつつ哲学の優位を確保する。そして、民衆には宗教が必要で、エリートには哲学があると論を進める。道徳についても同じことが言える。民衆は宗教的道徳によって形成されなければならないが、教育水準の高い子弟は哲学的道徳を学べばよいというのが、クザンの考えだ。

エリートと大衆のあいだに障壁を設けるやり方は、第三共和政下で教えられる民主的な道徳の発想とは食い違う。それでも、道徳の脱宗教化の歴史においてクザンの折衷主義が果たすことになる役割は大きい。この王政復古下の自由主義者は、七月王政下では「哲学の教皇」として君臨し、大学をはじめとする公教育体系全般に支配的な影響を及ぼすことになる。フェリー法に基づいた小学校の道徳教育プログラム（一八八二年）を執筆することになるのも、クザンの弟子筋に当たる理神論的な哲学者である。

### ◇サン＝シモンとその周辺

サン＝シモンは、一八一〇年代半ば頃までは政府が産業活動に極力介入しないことを求める自由主義者だったが、やがて新時代にふさわしいシステムの構築による社会の再組織化を説くようになる。これは、旧弊的なシステムと手を切るものであると同時に、自由放任を批判して、政治や社会についての体系的な理論の必要性を訴えるものである。

サン＝シモンは、『産業者の教理問答』のなかで次のように述べている。「みなさん、私たちは『コンセルヴァトゥール』や『ミネルヴ』がけっして勝ちえなかったような大きな信頼とともに登場しています。なぜなら、私たちはひとつのシステムを産み出しているからで、これがフランスに平和を再建することができる唯一の政治体系なのです」(Saint-Simon［1823-1824］1966: 147＝二〇一・二三七)。

『コンセルヴァトゥール』は王党派の雑誌（寄稿者にルイ・ド・ボナルドやシャトーブリアンがいた）、『ミネルヴ』は自由主義者の雑誌（バンジャマン・コンスタンが中心人物のひとり）である。つまりサン＝シモンは、一方でカトリック王党派が古い秩序に執着し、他方で自由主義者が社会を体系的にとらえることができない状況のなかで、新たな産業社会を平和裏に組織し、フランス革命後の混乱した「過渡期」を終わらせることができると宣言したのである。これは折衷主義の解決法とも異なっている。社会秩序の再建を哲学と宗教との調停に託したクザンに対し、サン＝シモンは産業社会にふさわしい秩序を新たに創り出そうとしているからだ。これは、前者が民衆のことをほとんど気にかけなかったのに対し、後者の関心が「最も貧しく最も数の多い階級」である産業者に向かっていることと無縁ではない。

新たなシステムに一貫性を与えるものとして、サン＝シモンは重力の法則に注目し、この法則を物理現象だけでなく社会現象や精神現象にも当てはめようとした。そして彼の主張によれば、この法則の普遍性と恒久性は、形而上学的な思弁からではなく、事実の観察から導かれている。「私たちの仕事の目的は、形而上学者の推論を排して事実を据えることだ」(Ibid. 35-36＝三八)。

この「実証主義」的態度により、サン＝シモンはこれまで「憶測」にすぎなかった政治学を「観察された事実」に基づく歴史科学にすることを企てる。他方で、神をこの世の秩序に導き入れようとする（彼の考えでは、神の法則とニュートンの法則は矛盾せず、神もまた重力の法則にしたがう）。「真のキリスト教は、天上においてのみならず、地上においても人びとを幸福にしなければならない」(Saint-Simon [1825] 1966: 147-148＝二〇〇一・二七七)。これは神の否定ではなく、キリスト教の「地上化」を意味している。そして「新キリスト教」の要諦は、「人間は互いに兄弟として振る舞わなければならない」という唯一の原理に還元される(Ibid. 108＝二四七)。この原理に照らすと、カトリックは「物質的」にすぎ、プロテスタントは「再組織化」の意識を欠いていて、どちらも「異端」である。

サン＝シモンは、キリスト教的な道徳を拒否するわけでも、道徳の神的性格を否定するわけでもない。だた、彼の「道徳的宗教」は超越性を喪失して、(生活が困難な人びとをおもな救済対象とする)人類愛に変貌している。「宗教は最も貧しい階級の境遇をできるかぎり早く向上させるという偉大な目的に向かって、社会を牽引しなければならない」(Ibid. 117＝二五〇―二五二)。サン＝シモンの道徳は、キリスト教の名において語られているから、後年のライシテの道徳とは区別すべきだが、道徳を地上化し、民衆を気づかい、新たな原理で社会の再組織化をはかった点は、道徳の脱宗教化の歴史にとって画期的である。

サン＝シモンの思想は、その新しさと独創性により、いくつかの思想潮流や社会活動の母胎となった。部分的に重なる三つの主要な流れを取り出すなら、サン＝シモン主義、社会主義、コントの実証主義となるだろう。

サン＝シモンの死後、彼の残した宗教的な予言は知的な人びとの関心を引きつけ、七月王政下でひとつの盛りあがりを見せた。彼らは、師が「啓示」した「真理」の布教を使命とし、バザールとアンファンタンという二人の「教皇」を頂点とする「教会」を中心に、社会の将来像を思い描いた。これは、一九世紀前半の新宗教の一典型であり、それまでの伝統宗教とは手を切りながら、産業社会にふさわしい宗教になることを目指している。二人のうち、バザールは個人の感情を尊重し、アンファンタンは宗教の社会的有用性を強調したと言われている

(Charléty [1931]1965: 58＝一九八六・七一―七二)。

サン＝シモン自身には、精神的権力と世俗的権力を分ける発想が見られるが、サン＝シモンの宗教の担い手たちは、新たな権力が二つの力を併せ持つことを望んでいる。「宗教的秩序と政治的秩序とのあいだに今日設けられている区別はなくなるだろう」(*Doctrine de Saint-Simon. Exposition*: 70, cité dans Bénichou 1977: 309)。

なお、サン＝シモン主義はおもに名士や知識階級を相手にしており、民衆には受け入れられなかった。これらの点において、サン＝シモン主義はコントの実証主義や社会主義と袂を分かつ。

結果的にサン＝シモン主義は、マイノリティ宗教の枠を抜け出すことなく、内部分裂を繰り返して失敗に終わる。だがこの宗教運動は、サント＝ブーヴ、シャルル・ルヌーヴィエ、ピエール・ルルー、イポリット・カルノーなど名のある人物を、少なくとも一時期は引きつけたものだ。七月王政下、さらには第二帝政下における産業社会の推進は、サン＝シモン主義の影響を抜きにして考えることはできない。

サン＝シモンから派生する第二の流れに社会主義がある。サン＝シモンは、自由主義的な経済体制に異を唱え、貴族、法律家、金利生活者、役人から公共財産の管理運営の権限を奪って、産業者の手に渡そうとしている。一九世紀前半のフランスの社会主義者たちは、多かれ少なかれ彼の考えに影響を受け、新しい宗教運動を起こしている。「ファランステール」(共同社会)を唱えたことで有名なシャルル・フーリエは、新たな真理を示したと豪語したサン＝シモンとは一線を画そうとしているが、この人物のことを強く意識していることは明らかだ。「社会主義」という言葉の生みの親、ピエール・ルルーは、サン＝シモン主義のよき理解者であった。ルルーの主宰していた『グローブ』(一八二四年創刊)は、最初は折衷的な自由主義の趣が強かったが、やがてサン＝シモン主義の機関誌となる。のちにルルーはサン＝シモン主義者と決別するが、彼の社会主義のルーツにサン＝シモンの姿があることは疑いない。

サン＝シモンを母胎とする第三の流れが、コントの実証主義である。若きコントは一時期、サン＝シモンのもとで秘書としてはたらき（一八一七―二四年）、多くのものを吸収している。精神的権力と世俗的権力の峻別や、一五世紀頃にひとつの大きな分水嶺を見る歴史観、実証主義という新たなシステムを樹立することで社会の混乱に終止符を打とうとする態度などは、コントがサン＝シモンから学んだものと言ってよい。もっとも、コントはやがて新たなシステムの原理を重力の法則に還元してしまう師の態度に不満を抱き、師のもとを去り、より精緻な体系の樹立を企てることになるだろう。

ここまで、一九世紀前半の宗教批判を学派別にまとめながら進んできた。もっとも、このような整理は必ずしも妥当とは言えないところがある。たとえば、ここではビランをすっかりクザンの流れに引き込んでしまったが、それはおそらくビランの読解として適切ではなく、フランスのスピリチュアリスムを矮小化してしまうおそれがある。また、保守か革新か、折衷主義か実証主義かという分類では、トクヴィルのような重要な思想家をうまく位置づけることができず、取りこぼしてしまう。だが、本書では、道徳と宗教研究の二重の脱宗教化においてとりわけ重要な実証主義が、いかなる思想的な地勢図のなかで登場したのかをはっきりさせるべく、以上のような整理の仕方をあくまでひとつの見方として採用した。実際、実証主義は、伝統主義、自由主義、折衷主義との関係において位置づけられるとき、それが何を目指しているのかがよくわかる。そして、コント自身がまさにそのような語り口で実証主義の意義を訴えている。

次章では、ここまでのパノラマレンズをズームレンズに切り替えて、コントがいかなる意味において道徳と宗教研究の脱宗教化をもたらしたのかを、詳しく見ていくことにしよう。

（1）一九世紀半ば以降に台頭してくる自由主義的プロテスタントも、道徳と宗教研究の二重の脱宗教化にとって重要な存在である（第3章、第5章第三節、第7章、第8章を参照）。

（2）「〜からの脱出」（sortie de〜）という表現は、ここでその両義性をいかんなく発揮している。つまり、「内から外に出る」とか「ある状態に留まることをやめる」というニュアンスが強いときには、人間の集合体がもはや宗教の傘下に収まらなくなったことが強調され、逆に「〜に由来する」「〜の出身である」のニュアンスで用いれば、宗教（的なもの）の残存と反省的な再構成が示唆される。

（3）フランス語で「教育」を意味する言葉には、enseignement, instruction, éducation があるが、教育の主眼を知識の伝達に置く場合には「知育」（instruction）、教育の目的が心の涵養をも含む場合には「徳育」（éducation）としばしば使い分けられる。

（4）もっとも、アジア協会はすでに一八世紀末よりカルカッタに存在していた。なお、一八二三年には、ロンドンにも同協会が開設されている。

（5）ミシェル・デプランは、このような社会的・政治的な関心の有無を当時のフランスの宗教研究とドイツの文献学の特徴の違いに数えあげている（Despland 1999: 126）。

（6）筆者は別のところで、アメリカ型の市民宗教とフランス型の市民宗教を比較しながら市民宗教を構成する諸要素を抽出し、フランスの歴史のなかでいかなる意味での市民宗教が見られたかについて、革命期、第三共和政初期、現代の事例を通して分析している（伊達 二〇〇七）。

（7）一七八七年に容認されたプロテスタントは一七八九年に被選挙資格を与えられ、ユダヤ教徒は一七九一年に市民権を付与された。

（8）松嶌明男は、ここに革命政府の宗教政策の矛盾点が現われていると指摘する。すなわち、革命政府は個人のレベルで良心の自由を保障しておきながら、カトリックの宣誓僧を公的に優遇することで、信教の自由や宗教的多元主義の前提となるべき宗教宗派間の平等を切り崩しているのである（松嶌 二〇〇三・一六二）。
(9)　ユダヤ教徒も迫害を受けているため、この呼称の妥当性を疑う意見もある。
(10)　王政復古下で、カトリックは「国教」に返り咲く。一八一四年の憲章は、礼拝の自由を定めているが、諸宗教の平等は尊重していない（カトリックとプロテスタントの聖職者は俸給を受け取っているが、ユダヤ教のラビは除外された）。七月王政下においては、カトリックは「フランス人の大部分が信じている」宗教と規定され、諸宗教の平等は改善される（一八三一年二月の法律により、ラビも俸給を受け取れることができるようになった）。一八四八年憲法は、カトリックの地位については特に述べず、諸宗教の平等を再確認している。第二帝政下では、カトリックは国教でこそなかったが、帝政との結びつきを強めていく。
(11)　ここに分類される「自由主義者」とは、自律的な抽象的個人に価値を置く自由の論客一般を指し、共和主義的自由をも含むもので、近年の政治哲学で復興が進んでいる、いわゆるフランス・リベラリズムの思想家（コンスタン、ギゾー、トクヴィル）よりも、広い意味で用いている。三浦信孝編（二〇一〇）を参照。
(12)　フランスの「自由主義」は、王政復古下と七月王政下で台頭してくるが、それは経済的側面にかぎられたものではなく、政治的自由、宗教的自由、良心の自由など、他のさまざまな側面も覆うようなものであった。
(13)　ポール・ベニシューによれば、一八世紀中頃より文学を中心とした新たな精神的権力が形成され、一八三〇年の七月革命とともに最盛期を迎えるという（Bénichou［1973］1996）。

# 第2章　オーギュスト・コントの宗教史と実証主義的道徳

前章では、大革命後のフランス社会が、知の体系の再整備を迫られていたこと、そして社会の再組織化を目指していた様子を描き出した。この二重の課題に正面から取り組み、最も一貫した答えを与えようとしたのが、オーギュスト・コントの実証主義である(1)。本章ではまず、コントが新たな知の体系と社会秩序の構築という二重の関心を抱いていたことを確認し、前章後半で紹介したさまざまな思想潮流よりも実証主義が「優れている」と彼が考えた理由を、彼自身の言葉によって明らかにする。そのうえで、コントがいかなる意味で宗教研究の科学化と道徳の脱宗教化に貢献したのかを論じる。その際、コントが宗教や道徳について明示的に論じた部分を断片的に抜き出すのではなく、人類教の体系全体のなかで宗教史と実証主義的道徳がどのような位置を占めているかという観点を見失わないようにしたい。

## 一　コントの二重の挑戦

コントは、その処女論文と言ってよい『社会再組織に必要な科学的作業のプラン』(一八二二年)のなかで、

「今日の社会は、精神的な面でも世俗的な面でも崩壊状態にある」（Plan: 68＝七二）と書いている。これは、当時のフランス社会が知的にも政治的にも混乱していたことを示す証言である。コントは、このような認識に立って、知の秩序の再構築と社会秩序の再建という世紀の課題に乗り出す。このとき彼は、性質の異なる二つの秩序に対し、サン＝シモンのように、ひとつの原理を一挙に当てはめようとはしなかった。コントの提案は、政治や社会の問題を忍耐強く知の問題として処理することであって、しかるべき手続きののちに知の問題から政治や社会の問題に移ることができるとした。よって最初の課題は、新たな知の体系ないし精神的権力の構築である。

ここに見られる知と政治の関係、精神的なものと世俗的なものの関係はまた、思考と行動、理論と実践の関係に対応している。一方でコントは、二つの秩序のあいだに対応関係があると考える。すでに彼は一八一七年に執筆された文章のなかで「あらゆる社会体制は哲学的体系の応用である」と書いている（cité dans Arbousse-Bastide 1966: 5）。有名な「三段階の法則」では、神学的段階、形而上学的段階、実証主義的段階が、それぞれ軍事的体制、法制的体制、科学的・産業的体制に対応させられている。だが他方、コントは哲学的体系と社会体制を混同せず、両者を別のものとして考えている。「あらゆる人間の営為は、思弁的であるか行動的であるかのどちらかだ。よって、人間にとって確かな知識を分ける場合に最も一般的なのは、それらを理論と実践に区別することだ」（CPP I: 50）。そしてコントは、理論を実践に先立つものとして位置づける。だが、理論の目的は、純粋な理論化にあるのではない。実践に結びつけることが目的なのだ。

実証哲学の目指すところは、まさにこの種の理論化を達成することであった。コントが実践的な関心を手放すことはない。だから彼が『実証哲学講義』で展開した理論を、その活動の後半期において『実証政治体系』で実践に応用したことは、前々からの宣言を実行に移したことなのだ。コントは一貫している。たしかに彼の仕事は、

「科学哲学」の構築に費やした前半期と、「人類教」の整備に取り組んだ後半期に大きく二分される。だが、それはコントの実証主義の変質を意味しない。理論から実践への移行は、むしろ最初からプログラミングされていたのであって、まったく予期せぬ転換だったわけではない。とはいえもちろん、すべてが初期のプログラム通りだったわけではない。特にクロチルド・ド・ヴォーというひとりの女性との出会いと別れを通して「感情」の重要性を発見したことは、コントにとって予期せぬ出来事だったはずだ。ここで確認しておきたいのは、コントが最初から最後まで、理論と実践の有機的な関係を意識していたということである。

### ◇実証主義の利点、あるいは他の思想潮流の批判

コントがたえず関心を抱いていたのは、いかに新たな知的・道徳的な秩序を打ち立て、フランス革命後の長引く社会の混乱に終止符を打つかであった。ところで、前章で見たとおり、この関心はさまざまな論客や学派に広く共有されていた。だがコントによれば、新たな秩序を築くという課題に対し、カトリック伝統主義も、革命の遺産を受け継いだ自由の思想も、クザン流の折衷主義も、有効な解答を与えることはできないという。コントはこれらの学派を退け、実証主義をいわば「第四の道」として提示する。

伝統主義的カトリックに対する批判から見ていこう。コントによれば、彼らは理論面では神学的体系に、実践面では封建制度に固執している。なるほど、理論面から言えば、神学的状態は「人間の知性にとって必然的な出発点」だ。だが、そこから人間の精神は「絶対的な知識」へと導かれ（Ibid.: 3）、そうした知識は今日では多くの科学の成果と齟齬をきたしている。同様に、実践面では、神学的な知性と結びついた封建制度がますます通用しなくなっている。王や神授権の理論家たちは空しくも旧体制の再建を企てているが、もはやそんなことは不可

能なのだ。「望むと望まざるとにかかわらず、人は自分の世紀に属している。文明の進行に最も強く反抗していると自任している人でさえ、知らず知らずに文明の進行の抗しがたい影響に従い、この流れに協力している」(Plan: 50＝五四)。だから、カトリック伝統主義者たちの抵抗はそもそも矛盾しており、効果的でないことは明らかだ。

とはいえコントは、カトリック伝統主義者たちをまったく取るに足らない相手と一蹴しているわけではない。むしろ彼は、社会の再建の必要性を強く訴える点で、ボナルドやド・メーストルを評価している。それに、のちに見るように、コントはカトリックが歴史的に果たした役割の重要性を認識しているし、実証主義の体系は思いのほかカトリックの体系と似通っている。このように、コントとカトリックの関係には両義的なところがあるので、ニュアンスをつけて理解しておくべきだろう (Petit 1998)。

反動的な傾向を持つ国王側の人たちの対極には、人民ないし人民主権の理論家たちがいる。彼らも彼らなりに、新たな知の形態や社会体制を構想している。だが、コントの見るところ、こうした自由の論者たちの思想は形而上学的で、知的な秩序を再建することはできない。なるほど彼らはさまざまな領域で自由な検討を行ない、優れた科学的成果をあげている。だがそれは、旧い知の体系を破壊するにとどまっており、得られた成果は互いに関連づけられず、かえって知の無秩序を増大させている。行動面でも、批判の原理を提示しているだけで、それは封建体制を破壊するのには役立っているが、組織的な原理たりえていない。要するに、この反神学・反封建の精神は「純粋の批判精神」であり、「再組織の基礎とはなりえない」(Plan: 52＝五六)。

端的に言えば、コントは形而上学的精神を告発することで、イデオローグからの切断をはかっている。一八世紀の哲学者たちの見方に連なるトラシーやカバニスは、純粋な感覚から知識が得られると考えているが、コントによれば、このような経験論は抽象以外の何物でもない。事実が事実として現われるのは、それらの事実を関係づける知の枠組みにおいてなのだ（cf. Macherey 1989: 22–23）。イデオローグたちにはこの枠組みについての考察が決定的に欠けている。さらにコントは、イデオローグが科学の名において精神を身体に還元する傾向を批判している。もっともコントは、いわゆる精神の身体に対する優位を主張したのではなく、静学的アプローチと動学的アプローチの組み合わせを提案している。静学的に見れば、精神現象や道徳的現象は肉体的現象にしたがっているが、動学的に見れば、このような還元は不適切である。

では、いわゆるイデオローグ以外の自由主義的潮流に対するコントの視線はいかなるものだったのだろうか。プロテスタント系の自由主義者たちについて言えば、彼らは宗教を内面化している点において、コントの観点とは相容れない。ユゴー、ミシュレ、キネなど共和主義的な自由の傾向を有した文学者や歴史家について言えば、コントの目には、彼らの理論的源泉は十分に豊かでなく、体系化には不十分と映ったことだろう（逆にこうした自由主義者の目には、コントの理論はあまりにドグマ的に見えたはずだ）。

要するに、反動的な見解も、破壊しかもたらさない批判的な見解も、一九世紀の社会生活を支えるだけの現実的な力を持たない。では、これら二つの傾向を調停しようとする折衷主義はどうか。いや、この「混ぜ合わせ」の思想は、「実際政治のメカニズム」によって支配的な勢力となっているのであって、本質的な組織力を持ち合わせていない（Plan: 57–58＝六一―六二）。この「第三の衝動」は、退歩の原理と否定の原理をともに受け入れることで矛盾に陥っており、現在の危機を永遠化している（Discours: 53–55＝一八九）。

さらにコントは、折衷主義が精神的な事象を研究する際に、内観や思弁などの心理学的方法に依拠している点を批判する。「人間の精神はあらゆる現象を直接観察できるが、自分自身に固有なものについてはそのかぎりではない」（CPP I: 29）。コントに言わせれば、心理学は「神学が最後の変貌を遂げたもの」であって、確実に観察できる現象を対象としていない(2)。人間の精神を実証的に扱うには、人間の精神が生み出した作品や具体的な行動のように、観察可能なものを対象にしなければならない。逆に言えば、実証主義はこのような諸事実の観察を通して、人間の精神の現実に至ろうとする。

コントはまた別の観点から、折衷主義を批判する。それは、クザンの学派が哲学をエリートのために取っておき、民衆教育に無関心な点である。たしかにコントは、組織されていない人民を否定的に見ているが、それは民衆蔑視の表われではない。むしろそこから民衆教育の必要性が生じてくるのである。この点はあとからまた触れたい。

以上のように、反動的な立場も、批判一辺側の立場も、折衷主義的な中間派も、みな無力だとコントは言う。必要なのは、さまざまな知識に調和を与えるとともに、これからの政治秩序の基盤となるような「新たな総合理論」だ。ここに実証主義の挑戦がある。

そもそもこのような新たな総合理論を提唱したのはサン＝シモンで、コントは実際この人物に多くを負っている。だが、若き秘書は師とは違った総合理論を組み立てようとしている。サン＝シモンの実証主義は、あらゆる現象を重力の法則という絶対的な唯一の原理によって説明しようとするもので、いかにも一神教的なユートピアの匂いがするのに対し、コントは多様な現象のあいだの還元不可能性から出発する。サン＝シモンが唯一の真理の観念にとりつかれ、科学の真理を性急に社会変革へと応用したとすれば、コントは真理の複数性を認め、それらが知的な体系のなかで互いに有機的な関連を結ぶようにし、そうした辛抱強い理論化の作業ののち、はじめて実践に移ることができると考えた。

それにしても、真理の複数性とはどのようなことを指しているのだろうか。一方で、それは歴史の観察を通じて了解される。たとえば、地動説が真理となれば、天動説は錯覚として退けられる。けれども、それまでは天動説が真理だったことは歴史の事実である。このように、真理は時と場に応じて――もっと正確に言えば人間の精神の発達にしたがって――変化する。他方で、真理の複数性は、観察対象と諸科学の視点の関係から了解される。たとえば、化学における真理は、ある程度までは生物学にも適用できる。だが、生命は有機化学によって説明し尽くされるわけではない。生物学はまた別の法則にしたがっているというわけだ。

## ◇三段階の法則、科学分類の法則、歴史的方法

このように、コントは人間の精神の発達をたどりながら、その各段階における真理を救い出すとともに、確固とした科学的法則にまで高まったものを、整合的に配置し関連づけようとした。この課題は、「三段階の法則」と「科学分類の法則」という、互いに包含しあう二つの法則にまとめあげられた。それぞれの法則の具体的な内容と両者の関係についての詳しい説明は他の研究に譲り（Macherey 1989; Laubier 1974; 清水 一九七八など多数）、ここではぜひとも注意すべき点に絞って述べておく。

まず、人間の精神は必然的に神学的、形而上学的、実証的の各段階を順に歩んでいくというのが三段階の法則であるが、神学的・形而上学的精神は、実証的精神に乗り越えられることで消滅するというよりも、実証主義の地平においてきちんと自分の位置を見出すことができるということである。各段階はいわば相互浸透している。たとえば神学的段階では、「想像」が「観察」よりも支配的だが、そこでもすでに「観察」という実証的精神の特徴は芽生えているし、実証的段階に至って、想像は観察に席を譲って消えてしまうのではなく、むしろいっそ

う精緻にはたらくことができる。

これに関連して、実証主義は人間の精神の歴史的な歩みを総合的な観点から評価しようとする。先ほど挙げた天動説と地動説の例に示唆されているように、実証的精神は、科学的法則に照らせば馬鹿げて見えるような過去の「真理」を「虚妄」として捨て去るよりも、むしろ当時の認識の地平において「真理」だった様子を再構成しようとする。

その場合に印象的なのは、神学的精神の有していた組織力をコントが高く評価している点だ。これに対し、抽象性と破壊性を本質とする形而上学的精神は、あまり評価されていない。たしかに形而上学的精神は、神学的精神の維持の不可能性を決定づけたことにより、歴史的な意義を持っている。だがそれは、かつての神学的精神を上回る組織力を備えた実証的精神によって、早く克服されるべきものとして位置づけられている。

もうひとつ指摘しておくべきは、実証的精神は、絶対的な知識や第一原因を求める神学的・形而上学的な態度を放棄し、観察される諸現象のあいだに法則を見出すことを使命としている点である。実証的な知識は、人間を超えたところにある体系（到達不可能な絶対や神秘）ではなく、私たちの認識に対応している点で相対的（relatif）である。またそれは、断片的事実のかき集め（極端な経験論）ではなく、相互に関連づけられる法則に支えられている点において関係的（relatif）なものである。

このため、科学的な諸法則は「客観的」に見える宇宙の秩序にではなく、「主観的」な人間の秩序に結びつけられる（Discours: 23–24＝一六四―一六五）。もちろんこの「主観」は、個人主義的・心理学的なものではなく、社会的・歴史的な人類の観点のことである。

このようにして、実証主義は「人間科学」ないし「社会科学」として立ち現われる。人間や社会を相手にするこの科学は、一方で、それ自身が実証科学の新たな一分野（「社会物理学」もしくは「社会学」）として確立されようとしている。他方でこの科学は、既存の諸科学の自律性を尊重しつつ、それらを人間や社会という新たな統一的観点から位置づけ直すことを課題としている。

この統一的な観点は、諸科学をしかるべく分類することによって得られる。なるほど、コントにしたがえば、私たちの知識は必然的に神学的段階、形而上学的段階を経て、実証的段階へと至る。だが、私たちの知識は、現象の本性に応じて非常に多様である。だから、ある分野における知識は早く実証的段階に到達するとしても、別の分野の知識は違った速度で歩んでいる。ある科学の実証的段階への到達と、別の科学のそれとのあいだには、タイムラグがあるのだ（CPP I: 14）。より単純で抽象性の高い科学が早く実証的段階に達し、複雑で具体的な科学の歩みは遅い。このような基準に沿って、コントは諸科学を数学、天文学、物理学、化学、生物学、社会学に分類する。そして最後の科学である社会学を実証的段階に引き上げることによって、実証哲学という新たな統一的な体系のなかで諸科学を関係づけようとする。

ここで注意したいのは、この科学的体系を数学から社会学までたどると、ちょうど科学の歴史の歩みを振り返ることになっている点だ。また、科学がますます複雑なものになるにつれ、観察の対象と観察の主体（人間）の距離がどんどん縮まり、人間の介入の効果が増大していくことも重要なポイントだ。社会学では、観察の対象と観察の主体が一致しさえする。すると、実証主義とは、人間にみずからの歴史の歩みを振り返らせ、現状についての意識を高めさせる科学だということが見えてくる。先取りして言えば、この地点において理論から実践への道が開かれる。

## 二　宗教史としての実証哲学、科学と政治のあいだの実証主義的道徳

以上の論述から、実証哲学が「科学史」（もっと正確に言えば「諸科学の歴史」）であることは納得してもらえよう。だが、それは「宗教史」でもある、ということは自明ではあるまい。そこで以下では、実証哲学と宗教史の関係を明らかにする。そのうえで、コントの宗教史と道徳科学の関連を探り、さらに実証的道徳と第三共和政下で確立されるライシテの道徳との関係を吟味したい。

### ◇宗教史としての実証哲学

実証哲学が宗教史を扱っていることは、神学的段階としてフェティシズム、多神教、一神教が論じられ、形而上学的段階として自然的宗教ないし理神論に筆が割かれている点から明らかである。まずはこれらの内容を簡潔に提示しよう。この作業は、駆け足で済ませた三段階の法則の説明を補足することにもなるだろう。

二つの点にあらかじめ注意を促しておきたい。第一に、コントは宗教の教義の側面だけ、あるいは教会組織の側面だけを見ているのではなく、まさに知的認識と社会組織の関係を観察の対象に据えている点である。第二はすでに述べたことの繰り返しだが、精神の各段階は浸透しあっており、乗り越えられた段階は消滅するのではなく、新たな段階でも別の形で生き延びるということである。

コントは、宗教史のはじまりにフェティシズムを置く。これは、有神論的な宗教史理解に異議を唱えるものである。コントによれば、フェティシズムとは、「いまだ不完全」な「原初の理性」に探り当てられる神観念の萌

芽ではない。それは、人間が外界に対して示す最初の「全体的な反応」なのだ。人間は、最初の内発性にしたがって周囲の世界を直接的に眺め、世界は自分たちの生命と本質的に同じものによって活気づけられていると理解する（CPP V: 24）。

フェティシズムは最初の全体的な反応なのだから、それは、思考の側面だけでなく、行動の側面にもかかわっている。そもそも外界を自分たちに引きつけて秩序の構成をはかること自体、人間の最初の行動の表われなのである。ただ、このフェティシズムの段階では、思考の抽象度が十分に高くなく、精神的な仕事を専門にする人びとがまだ社会のなかにはっきりとは現われていない。そのため、社会体系の整備が不十分で、社会がある一定の限られた区域を越えて広がることはない。

たしかにこの段階では、突拍子のない理解や行動と思われるものに出くわすことが少なくない。だがコントは、ここにおける「私たちの知性と活動の最初の目覚め」（Ibid.: 58）を高く評価している。この最初の刻印は、形而上学的思考においても、科学的な探究においても消えることはないとコントは主張する。

フェティシズムの次に支配的になるのが、多神教である。これが神学的段階の最も主要な形態であり、時期的には古代全体をカバーする。フェティシズムの知性においては、感情の割合が大きいが、多神教の知性においては想像の力が優勢となる。もっとも、そこでも感情は伏在しているし、観察から得られた事実を法則にまとめあげる推論の力も伸びてくる。このように、神学的段階における想像力は、科学的予見につながるものであり、神学と科学は最初から全面的に対立したりはしない（Ibid.: 105）。

多神教の精神が行動面で示す特徴は、意志的に外界にはたらきかけ、変化をもたらそうとする点にある。知的な仕事に専心する者が社会のなかに現われ、指導的な階級を構成するようになり、社会組織はより安定感のあるものになる。だが、多神教の社会では「精神的権力」と「世俗的権力」が混同されたままで、社会や国家への忠誠が道徳的規範の究極となる。このため、多神教の政治体制は、本質的に他の社会に対して好戦的である。

コントによれば、道徳が政治に従属していたこのような状況に一大転換をもたらしたのが、西欧中世の一神教である。画期的だったのは、精神的権力と世俗的権力の分離である。

> カトリックの社会的な卓越性は、何と言っても、いわゆる政治権力から分離独立したところに純然たる精神的な権力を打ち立て、それまで本質的に道徳が政治に従属していたところを逆転させ、できるかぎり道徳を政治に浸透させていった点にある。（Ibid.: 263）

コントはこのように述べて、中世カトリックに体現された一神教の社会体制を高く評価する。(3) その黄金期は、一一世紀から一三世紀にかけてである。知の面では、抽象性が高度に発達し、堅固な体系が作られる一方、信仰の形式がある程度均質化して、多くの者に共有された。これは社会組織の面で、中世カトリック世界が古代ローマに勝る広い領土と多くの人口を獲得したことと深くかかわっている。しかも、ローマ帝国は拡張の際には暴力に訴えざるをえなかったが、カトリックの信仰は平和的な手段で広まりうるとコントは見ている。(4)

こうして軍事活動が相対的に後退し、代わって自由な産業活動が表舞台に出てくるが、まさにその自由な活動ゆえ、一神教の社会体制が少しずつ揺らいでいく。知識の面でも、一神教の知的体系は、物質の秩序も人間の秩序も唯一の絶対的な真理という観点からとらえることに固執するため、次第にさまざまな科学の成果と齟齬をきたすようになる。

このようにして、ひとつの社会組織が危機を迎える。形而上学的段階は、新たな社会組織が形成されるまでの過渡期である。コントの語る形而上学の特質は批判の精神であり、これは秩序の解体には力を発揮するが、代わりの秩序の建設には不向きである。

神学的段階における「神性」の概念は、形而上学では「実在」の観念に置き換わっている。もっとも、形而上学においても絶対を求める態度や起源および目的＝終末（fin）を問う姿勢は維持されており、神秘の対象の名前が「神」から「自然」になった（だけだ）と言うこともできる。形而上学的哲学の具体例は、理神論や自然的宗教、さらには革命思想である。

コントの指摘によれば、形而上学は個人の権利を唱えるあまり、社会的な人間の果たすべき義務を見失っている。たしかに個人の権利の獲得は歴史的に見て慶賀すべきことかもしれないが、人間というものがあまりに個人レベルに抽象化されている。

時代的には、形而上学的段階は、近世・近代に相当し、宗教改革から啓蒙主義を経て大革命後の社会にまで影響を与えている。コントは、形而上学の批判精神が同時代の知的・社会的混乱の元凶であると見ており、ルターやカルヴァン、ルソーなど、宗教改革を進めたプロテスタントや啓蒙主義者の一部にかなり手厳しい評価を下している。

実証主義の企てとは、このような形而上学的段階の危機を終わらせ、神学的段階において見られたような知と社会組織の調和を、科学と産業という新たな地平で実現することにほかならない。

以上のように、実証哲学はフェティシズム、多神教、一神教、自然的宗教といった宗教的事実を歴史の観点から取り扱っている。だがこの意味では、宗教史は神学的・形而上学的状態を説明するものであって、社会学の一部を占める以上のものではない。

そこで別の観点から考えてみよう。人間の精神史を総合的に評価しようとする実証主義の企ては、自分自身を精神史の突端に置いて、精神の歩み全体を包摂しようとする試みである。このとき実証的精神は、神学的・形而上学的精神の延長線上に位置づけられる。実際、ここまで見てきたように、実証哲学のなかで扱われている宗教史をたどっていくと、実証的段階に行き着くようになっている。これは、実証的精神が神学的・形而上学的精神からの切断をはかっている事実と食い違うように見えるかもしれないが、矛盾していない。実証的精神は、長いあいだ神学的・形而上学的精神のなかで育まれ、そこから抜け出てきたものなのだ。だからそれは、宗教的精神と無縁のものであるどころか、宗教的精神を完成する最終形態なのだ。不変の科学の法則も、よく観察すれば、最初の時代の宗教的な観念が長い歴史のなかで変化し、改められたことによって得られている。このような視点に立てば、人間の精神史全体が「宗教的」だと言えることになるだろう。宗教史は、いわゆる神学的・形而上学的精神の状態を記述するだけでなく、実証的精神の時代をも包み込んでいるのである[5]。

そして、コントの宗教史は、思考の様態のみにかかわるものではなく、社会組織のあり方にも関係している。もし人間の社会がつねに宗教を土台としてきたのであれば、新たな社会にも宗教という支えが必要であろう。コント研究者のジュリエット・グランジュによれば、ここにあるのは旧来の諸宗教の「凋落」と新たな宗教の「必要性」のあいだのジレンマだ（Grange 2000: 146）。課題はまさに、「歴史上知られている人間社会全体が根本的に宗教的だという性質」と「精密な科学の上に成立している産業社会」のあいだにいかなる折り合いをつけるかにある。「人間社会の総体的な発展を考えるなら、〔産業社会にふさわしい政治的・社会的形態は〕広い意味でのひとつの宗教でしかありえない」（Grange 1996a: 137）。

ここにおいて、理論が実践に応用されようとする。知の体系と社会制度の関係を歴史的に検証する宗教史としての実証哲学が、実証政治体系としての人類教に包摂される瞬間である。このとき実証哲学は、人間の知と感情と行動を統べる包括的な人類教のなかで、知的な「教義」の位置づけを得ることになるだろう(6)。

ここで、コントの宗教史の特徴をまとめておこう。

まずそれは、宗教研究の脱宗教化をもたらしている。もっと正確に言うと、彼は神学者の視点ではなく、実証主義者の観点から宗教史を描き出している。なるほど、彼は中世のカトリックを高く評価しているが、それは当時の状況のなかで知的体系と社会組織の調和をもたらすことができたからであって、いわゆるカトリックの護教論とは関係ない。また、コントが実証哲学を人類教へと展開したことは、いったん脱宗教化された宗教研究を再宗教化することのように見えるかもしれないが、これは神学への回帰ではなく（ただしそう受け取った弟子はいた）、あくまで実証主義の地平において、科学理論を政治的実践に移すことを意味していた。もっとも、次の世代の歴史家たちは、政治への関心を直接的に示す態度は「非科学的」だと感じるようになるだろう。

次に、コントは心理や推論の観点から宗教にアプローチするのではなく、知的認識と社会組織のつながりに現われる観察可能な精神の歴史を描いた。たしかに後期コントは感情を重視するが、それは知識や行動と連動しているものであり、心理学的な個人の心情とは異なっている(7)。これは、プロテスタントや自然的宗教の観点からの宗教理解に対するコントの評価が低いことにも関係する。彼の宗教論は同時代のそれと比較してもかなり特異なものであって、たとえば宗教学を科学の一分野として打ち立てたとされるマックス・ミュラーならば人間による「無限の認識」を問題にするところを、コントは人間が「外界と結ぶ全体的な関係」に注目している（Canguilhem［1968］1989: 96）。

最後に、コントは三段階の法則を説明するのに適合的な宗教については多くの筆を割いているが、そうでないものはあまり論じていない。これに関連して、コントの議論は、具体的な史料に即して展開されているものではなく、集められた歴史的事実の論述とそれらを位置づける哲学的枠組みの構築とのあいだに有機的な関係を成立させながら進んでいく。コントは当時の文献学者たちによる専門性の高い研究の成果に無知ではなかったし、エジプトやインド、中国などの宗教的事実もきちんと考慮に入れているが、自分自身は文献学的な宗教研究を行なわなかった。このような宗教史は、次の世代の宗教史家の目には、あまりに哲学的で科学性に乏しいと映るだろう。

## ◇実証主義的道徳の位置――科学と政治のあいだ

コントの宗教史の特徴をまとめたところで、道徳の位置を見定める作業に移ろう。コントは道徳を「第七の科学」と呼んだり、政治の観点から語ったりする。愛他主義と同義で用いたり、教育と結びつけたりする。以下では、このように多義的で一見混乱した印象を与えるコントの道徳論を解きほぐし、一貫した視点からとらえ直したい。それと同時に、宗教史と道徳科学の関係を明らかにし、コントの実証的道徳とのちのライシテの道徳の関係について検討する。

まず、改めて述べるまでもないかもしれないが、コントが道徳を打ち立てようとしているのは実証主義の地平だという点を確認しておく。「実証主義的道徳は、形而上学的道徳からだけでなく、神学的道徳からも区別される」(SPP I: 93)。ここで神学的道徳とあるものは、カトリックの道徳と同一視してよい。それは、歴史のある時期において大きな役割を果たしたが、今日の状況においては、建設途上の実証主義的道徳を妨げる有害なものである (CPP VI: 491-493)。他方、形而上学的道徳に該当するのは、理神論者や唯心論者の主張する道徳だ。コントに言わせると、理神論者や唯心論者は「啓示も礼拝もなく、聖職者もいない宗教によって、道徳だけを確立すること」を夢見ているが、そこには社会性の観念が決定的に欠けている。これに対し、実証的道徳は、既存の宗教とは違った人間の地平に「善の習慣的な実践」を定めようとする（CPP VI: 492-495）。それは、もはや神に由来する絶対的なものではなく、あくまで私たちの身体的条件と環境的条件に応じた相対的なものである。このように「はっきりと示された道徳が啓示された道徳よりも必然的に優れていることは、神の愛（amour de Dieu）をついに人類の愛（amour de l'Humanité）に置き換えた点にまとめられる」（SPP I: 356）。

このような実証主義的道徳は、「第七の科学」または「最終科学」と呼ばれる。『実証哲学講義』全六巻の完成によって、第六の科学である社会学が確立した。ひとつの科学的体系ができあがった今、新たな課題はその応用である。「人間科学の構築を必須の前提としたうえで〔……〕人間の技法（art humain）を直接研究すること」（SPP IV: 230）が道徳科学である。社会学の導入により、諸科学がひとつの体系のなかで互いに関連づけられるようになったのと同じように、人間の実生活において実証哲学が効果を発揮するようになるには、道徳の導入が不可欠である。

このように、道徳は理論を実践へと関連づける。それは「科学の終着点にして技法（art）の源泉」（SPP III: 5）である。あるいは、「哲学の目的にして政治の出発点」（SPP I: 91）である。

なるほど、社会学においても人間は観察者であると同時に観察対象であって、主体と客体の距離はすでに十分近かった。だが、道徳学では主体と客体は「完全に一致」（SPP IV: 230）する。そして、今やコントの体系のなかでこの実践的な科学が最も重要なものとなる。なぜなら、それは単に理論と実践をつなぐ橋ではなく、両者を根底から支えつつ媒介するものだからだ。道徳は理性、感情、行動という人間が持つ最も主要な三つの傾向のうち、「人間の全存在のなかで真に卓越した部分」である感情と特に密接にかかわる。それは、理性的な科学・哲学を位置づけ直し、行動的な技法・政治への回路を開くことによって、三重の存在である人間に「真の統一と調和」をもたらしてくれる（SPP I: 8–13）。

ここで一歩立ち止まり、道徳科学と宗教史の構造的な関係を確認しておこう。実証的道徳は、科学的な研究（宗教史）と社会的な実践（宗教的な政治）を、分節化しつつ統合していることがわかるだろう。

先に進もう。実は道徳そのもののなかにも、いわば理論的な面と実践的な面とがある。「理論道徳」は、社会学を前提としたうえで「人間を直接研究」する「真の人類学（anthropologie）」（SPP II: 437）である。これに対して「実践道徳」は、人類教の礼拝と結びついている。

理論道徳から見ていこう。道徳を理論的に研究するには、それに先立つ諸科学を修め、改変可能性（modificabilité）についての一般原理を了解している必要がある。この原理を「人間の秩序」に適用するには、人間を二つの方向から理解しておくのがよいだろう。「ひとつは集合的、もうひとつは個人的なもので、片方は社会的存在、もう片方は道徳的存在を構成している」（Ibid.: 432）。したがって、道徳科学は個人の面から見た人間の科学である。もっと正確に言えば、それは社会的なものと個人的なものの関係を探る科学である。というのも、コントにとって人間を個人として研究することは、唯心論者のような心理学的研究を意味しているわけではないからだ。社会から切り離された個人は抽象以外の何物でもない。コントの道徳科学の対象は「あくまで集合的価値の担い手であるような個人」である（Grange 2002: 32）。

そしてコントの道徳科学は、特に人間の感情をつかさどる中枢器官のはたらきに注目し、「脳の生活の内容」と「脳と身体の関係」に関心を抱く。このとき道徳は、医学に近づく。実際コントは「病気」に注目し、私たちの肉体と精神が「正常」な状態ではどのように機能するかを知ろうとしている。

　このような道徳研究は、具体的な個々人の身体と精神を対象にしているが、この個々人は社会から切り離された存在ではなく、社会を映し出す鏡なのだということを繰り返し強調しておく。コントは人間を社会の方面から検討したり、個人の方面から検討したりすることはあるが、公と私をきっぱり分けることはしない。公的な道徳と私的な道徳の分離もない。コントの道徳は、個人的な諸現象に対する社会的な反応の総体を指すと同時に、社会的なものを前にした個々人の言動の諸傾向――さらにその改変可能性――を指すものである。

　今、改変可能性ということを仄めかした。道徳科学は、あるがままの人間の分析で満足するのではなく、その人間をよい方向へ向けようともする。コントの道徳が、理論にとどまらず、実践道徳でもあるゆえんである。

　コントは、人間には愛他主義の本性が備わっているが、普通は利己主義の本能のほうが強いと見ている。だから自然の傾向にしたがっていれば、人は自分の感情に負けてしまうし、この種のエゴイズムを根絶することはできない。だが、それを共感によって少しずつ克服していくことは可能であるし、そのことが重要だ。「道徳の技法」(art moral) の要点は、「できるかぎり利己的な衝動よりも共感の本能を、個性よりも社会性を優勢にする」点に存する。このとき道徳は、利己主義から愛他主義への通路である。

　実践道徳とは、なかなか変更できないように見える条件や運命に抗して、善を実現しようとすることである。人間は、人間を規定している生物学的条件をはみ出す超人のようなものになることはできないが、今ここという自分の生きている環境において、もっとよく生きるための手がかりを見つけることができるし、そうすべきでもある。ここにも、絶対主義を排して相対主義に徹するコントを認めることができる。

人間という偉大な生物は、現在知られている他のあらゆる存在よりも優れてはいるが、それでも自分という存在は不変の法則に従属していて、いかなる意味においても絶対的な満足や絶対的な安心感を得ることはできないと認識している。人間に外在するものであれ、内在するものであれ、人間の現実を支えている諸条件はみな危険にさらされうるもので、それは人間の主要な能力の源である道徳性や理性についても例外ではない。このような蓋然性に満ち、つねに可能性に開かれた環境のなかで、私たちは尊厳を持って生きる力を見出さなければならないのだ。(SPP I: 354)

人間に定められた限界のなかで自分の条件と運命を変えていくような実践を支え、習慣づけるのが、人類教の礼拝である。ここにおいて道徳は、人類教という宗教になる。このとき道徳と宗教は同義だろうか。ほとんど重なりあってはいるが、完全にというわけでもない。というのも、図式的に言うと、実証的道徳は人類教の感情の部分に対応していて、思考と行動の面はそれぞれ実証哲学と実証的政治の領分だからだ。だが現実には、道徳は思考と行動の面にもかかわっている。だから正確には、道徳は理性的・感情的・行動的な三重の存在である人間全体を、感情という最も重要な側面から支えている。

このように道徳は、理論と実践の根底にありながら、両者を分節化する。ところで、このような道徳がうまく機能するには、精神的権力と世俗的権力が分離されていなければならない。歴史上は、中世のカトリックが精神的権力を独立させ、道徳教育を広めた。今や実証主義がこのモデルに倣い、独立した精神的権力を作りあげ、その道徳を広めるための教育に従事すべきである。しかも実証的道徳は、神の名において「絶対的」に教えられるカトリック道徳とは違って「相対的」なものだから、人間同士の尊重と共感のなかで教えられ、学ばれるべきものだ。コントはこのような道徳教育によって社会が再建されることを期待した。

以上、コントの道徳の多様性に一貫した意味を与えるよう努めてきた。その過程で、この実証的道徳と宗教史はいかなる関係にあるか、いかなる意味において第三共和政下の道徳を先取りしているかという二つの問いにも、すでにある程度は答えてきた。ここで改めてまとめておこう。

宗教史と実証的道徳は、親密な関係にある。一方は知的、他方は感情的で区別はされるが、有機的につながっていて、そのつながりは理論と実践の関係に対応している。これら二つの科学は、扱う対象を理性で囲い込んだり、過去の事実だけを相手にするのではなく、変化を導く技法にも大きな関心を寄せている。興味深いのは、コントが社会学と道徳をまとめて「聖なる科学（science sacrée）」（SPP IV : 229）と呼んでいることだ。この表現は、実は当時神学部で教えられていた科目（要するに神学）と同じ言葉である。ということは、コントは人間の観点から、この言葉の意味を書き換えようとしているのだ。コントの「聖なる科学」は、いわゆる神学から遠く隔っている。他方、それは社会変革を目指している点で、のちに制度化される宗教学ともずいぶん趣を異にする。

コントの実証主義的道徳は、はっきりとカトリック的道徳に対置されている。そして、道徳と神学（ないし形而上学）の結びつきを断ち切ろうとしている。この点において、実証主義的道徳は明らかに道徳の脱宗教化の流れのなかに位置している。またそれは、教育を通じた社会の再建をはかる点において、のちのライシテの道徳の先駆をなしている。実際、共和主義的道徳の確立と伝播を推進した最重要人物ジュール・フェリーを魅了したのが、この論点である。もっとも、実証主義者を自任するフェリーが導入した道徳は、コントの実証主義的道徳とは異なっている。この点は、第５章第一節で詳しく論じることになるだろう。

## 三　人類教における教育の位置、国家と宗教の関係

ここまでコントの宗教史と実証的道徳の内容、および両者の関係について論じてきた。その過程で、教育や政治の話題にも触れた。以下では、コントの教育に対する考え方を論じ、コントが思い描いた政教関係をモデル的に取り出したい。

### ◇人類教の基本構造

だが、これら二つの課題に先立ち、まずは人類教の基本構造を確認しておこう。そのほうが、話がわかりやすくなるはずだ。

コントが宗教史を描き出す際、知的認識と社会組織の関係に注意を払っていたことはすでに述べた。人類教では、そこへさらに感情が加わる。コントはこのように人間を知・情・意の三重の存在と見なし、それぞれを人類教の教義(dogme)・礼拝(culte)・体制(régime)に対応させ、これら三つの項の調和の観点から宗教を考える。なかでも感情が重要で、これは思考と行動を根底から支え、全体に調和をもたらしている。

コントは、さらに二つのレベルの調和を想定する。第一に、歴史的な観点からの調和である。コントの論じる宗教は、複数形ではなく、定冠詞つきの宗教である。宗教がどのように「実現」されているについては「さまざまな段階」があるが、それはやはりひとつのものだとコントは考える。「宗教は、最初は自発的なもの、次に霊感を受けたもの、それから啓示されたものになるが、ついには提示されるものとなる」(SPP II: 7)。これは、実

証主義的宗教がそれに先立つ宗教史の歩みを捨て去るのではなく、むしろその歩みを最終的に完成することを示すものでもあるだろう。

第二に、個人的なものと社会的なものの調和である。コントは宗教を個人的な側面から語ったり、集合的な側面から論じたりすることはあるが、私的領域と公的領域がまったく別物であるかのような分け方はしない。宗教は個人の存在の内側を整え、そのような個人を他の人びとへと結びつけるものなのだ。このとき「宗教」（religion）という言葉は、「再度結びつける」という語源的な意味に触れる。それは「内側を結び、さらにそれを外側に結びつける（lier le dedans et le relier au dehors）」（Ibid.: 18）。

以上のような複合的な意味で調和的な宗教が、今その拠り所を「神」ではなく「人類」に求めようとしている。「人類」（Humanité）とは、「人類を崇める人たちから構成される、相対的で改変可能、完成可能性に開かれた存在」（SPP I: 354）である。この相対性は、他律的で絶対的な神を拒む自律性を示している。人類は、完全に人間の地平でとらえられている。

だがそれは、人間の物質的な再現ではなく、むしろ私たちの理想が投影されたものである。だから、人類という存在は、完全に私たちに依存しつつ、ある意味では私たち自身より優れており、一種の独立性と一定の超越性を有してさえいる。だからこそ、人類は「新たな偉大な存在」とか「新たな相対的な神」という異名も持つ。繰り返すが、これは絶対への回帰ではない。「コントは、超感覚的なものを取り除き、人間を自分自身に立ち返らせることにより、感覚可能な与件のただなかに、決定されていないものがあることを浮かびあがらせたのである」（Grange 1996a: 40）。

過去の超越的な神々は私たちの手の届かないところにいたが、実証主義が向きあう神的なものは心の涵養によって交流可能である。生者は愛する故人や偉大な死者たちを日々の礼拝によって生かし、またそれによって生者は感情を育て、自分たちの歴史的な位置を自覚する（伊達、二〇〇八を参照）。コントによれば、私たちは愛すべき死者たちとの交流により、感情を純化し、思考を明晰にし、行動を確たるものにすることができる。そしてこれは教育が目指すべきところでもある。

**◇教育論の位置と内容**

コントは一八二二年の段階で『普遍的教育論』を執筆すると宣言している。そのような書物は実際には書かれなかったが、彼は最初から最後まで教育の問題に関心を抱き続けた（Arbousse-Bastide 1957）。というのも、教育体系の構築と精神的権力の再建は相関的だからだ。

ただ、初期コントと後期コントとでは、ニュアンスの違いが認められる。最初彼は、実証哲学の完成はおのずと教育改革を導くと考えていたようだが、やがて実践的な提案をするようになる。その際に目を引くのは、民衆（労働者）や女性に呼びかけていること、知性だけでなく感情教育の重要性を訴えていることである。

コントは、『社会再組織に必要な科学的作業のプラン』（一八二二年）では、新たな精神的権力の担い手として、社会のなかで少数ながら、理論形成の力を持った「学者の階級」に期待を寄せている（Plan: 71–72＝七四―七五）。だが、『実証哲学講義』（一八三〇―四二年）の最後のほうになると、精神的権力は本質的に「民衆」的なものだと述べている（CPP VI: 539–540）。コントは、学者たちがある領域では豊かな知識を持っているのに（あるいはそれゆえに）、普通の生活に適応できていないことに警戒感を抱いているのだ。『実証精神論』（一八四四年）における「いわゆる学者たち」は、「盲目的で分散的な専門分化」と「あらゆる一般的観念に対する嫌悪の情」のために、むしろ総合的な実証的精神の樹立を妨げる障壁として描かれている（Discours: 78–79＝二〇九）。『実証政治体系』（一八五一―五四年）では、もはやコントは「形而上学的な経験主義」や「貴族的な利己主義」を脱することのできない「指導階級」を信用せず、「良識」や「総合的な観点」を持った労働者や女性のほうを向いている（SPP I: 3–4）。コントによれば、労働者は現実に対する本能と統一感覚を持ち、「細かい思考を全体的な視点に従属させる」ことができる（Ibid.: 130）。女性は感情を中心とした全体的な精神を持ち、共感の能力と社会性において男性よりも優れている。

こうしてコントは、一般性と感情を土台にした「普遍的教育」を構想する。もちろんこれは、高度で専門的な教育の拒否ではない。コントが望んでいるのは、全員が共通の教育の基盤を持つことだ。そうすることによって、誰もが科学の知識に馴染むことができ、また専門家が全体的な視点を見失うのを予防することができる。

この教育は、三段階の法則を人間の成長段階に適用したものになっている。七歳までは、子どもの感情を家庭で育てることが重要だとされる。七歳から一四歳までのあいだも家庭教育が中心で、想像力を育てながら心と知性を発達させることが重視される。そのあとで、抽象的な知性を磨くことに主眼が置かれ、いわゆる知育（instruction）の要素が入ってくる。こうして子どもは、家庭で育まれた愛情を土台に公的な生活への準備をはじめる(8)。

教育の内容についてはどうか。コントは『実証哲学講義』がそのまま知識教育の素材になると考えた。その哲学体系をわかりやすく伝える努力もしている。『実証精神論』は、民衆に天文学の哲学を解説する目的で執筆されたものだ。また人類教の内容をくだいて説明するために、『実証主義の教理問答』（一八五二年）を書いている。

このようにコントは、誰もが実証主義に基づいた一般教育を受けることができるようにと考えた。なるほど、カトリックはあらゆる社会階層に宗教教育を施そうとしているが、教育内容は非合理的だ。革命期の教育計画には、教育の平等という理念が含まれていたが、抽象的な議論にとどまった。必要なのは、あらゆる社会階層を対象とした合理的で具体的な教育だ。ここには、当時のユニヴェルシテ体制やクザン流のエリート主義に対する批判が込められている。また、第三共和政下で実現される公教育の無償とライシテ、そして教育の義務につながるものが認められる。

では、コントの説く普遍的教育と第三共和政下の公教育を同一視してよいか。たしかに、民衆教育と道徳教育を重視する点は共通している。だが、違いもある。精神的権力と世俗的権力を分けて考えるコントは、教育をつかさどるのは精神的権力であり、世俗的権力は「教育については参考程度の影響しか行使することができない」と述べている（CPP VI: 483–484）。それにコントは、教育の自由を尊重している。「子どもたちは親の信念に反したり、親の協力が得られない状態で育てられたりはしない」（SPP I: 181）。要するにコントは、国家という政治権力によって強制される可能性のある教育を警戒している。コントの考えでは、公教育の組織を担当するのは、国家という世俗的権力ではなく、実証主義教会という精神的権力である。この点が、第三共和政下の公教育との違いである。

### ◇国家論、国際関係論、政教関係論

すでに何度か注意を喚起してきたように、コントは、精神的権力と世俗的権力の分離が決定的に重要だと主張する。これは第三共和政下のライシテと同じものだろうか。コントは政治と宗教の関係をどのように考えているのだろうか。

コントは、精神的権力と世俗的権力の分離を条件としたうえで、かなり強い権限を政治に与えている。精神的権力はあくまで「純粋な調整役」だ。「世俗的権力だけが指導力を持つ。それは一個の人格から発し、活動を展開させる。根本的な秩序はそこからできる」(SPP I: 335)。このような見方をするコントが望ましいと考える政体は、反動的な王政や帝政でもなければ、(彼の感覚では)無政府主義的な民主政でもない。コントは「共和主義的精神」(Ibid.: 66) を評価するが、彼が支持するのは個人の権利と普通選挙に基づく民主的共和政ではなく、「専制的共和政 (république dictatoriale)」(Frick 1990: 45) である。すぐに付け加えておくべきは、コントは「専制」という言葉を否定的な意味で用いてはいないことだ。これは、際限なき政治権力を意味する言葉ではなく、精神的権力と世俗的権力の相互牽制と相互支持を指す言葉である。

ちなみにコントは、議会制民主主義に否定的で、強力な政治指導力を望んで一八五一年のルイ・ナポレオンのクーデタを支持した時期がある。この政治家が実証主義に改心して、形而上学的時代に終止符を打つことを期待したのだ。この淡い願いは裏切られ、やがてコントはナポレオン三世をこきおろすようになる。

したがって、コントが実証主義の政治的表現を「専制的共和政」に求め、政治権力に強力な執行権を与えたことは事実だとしても、同時に彼は「政治を道徳に従属させること」(SPP I: 330)、世俗的権力を精神的権力の監視下に置くべきことを説くのを忘れてはいない。

それに、コントの想定する国家の大きさはそれほど大きくない。近代的な中央集権国家は大きすぎ、暴力的な傾向を持っていると彼は見ていた。市民が自発的に愛着を抱き、世俗的権力が正常に機能するには、地方程度の大きさが望ましい。こうした都市国家のような規模であれば、自由な産業活動や哲学的な思考は容易に国境を越えて広がるだろう。個別的な都市生活と、普遍的な精神生活がうまく調和するだろう。

コントによれば、社会生活には大きく三つの様態がある。感情と愛を育む家庭生活（家庭社会）、実践と行動にかかわる国家における生活（政治社会ないし市民社会）、そして理論と知性をつかさどる実証主義教会の領分での生活（宗教社会）である。「人はみな同時に、感情によって特定の家族に、行動によってある都市に、そして知性によって何らかの教会に属している」（SPP II: 341）。コントは、都市生活の具体性と重要性を強調しているが、それだけでは普遍性に到達することはできないと考えている。「人間をとりわけ結びつけなければならないのは、都市という共同行動のための重要な機関に対してであるが、つねにその都市というものは、家庭によって準備され、教会によって補われるものと考えておく必要がある」（Ibid.）。それぞれの都市が多くの家族を内に含んでいるように、教会は複数の都市にまたがって広がる。

コントの語る普遍性は、ヨーロッパ規模であったり、世界規模であったりする。三段階の法則の普遍性を語るときは、ヨーロッパの外部にも目が向けられるが、新たに作られる精神的権力の普遍性に関して言えば、議論は基本的にヨーロッパに限定されている。コントは、大革命後の社会の危機はフランスだけの問題ではなく、ヨーロッパ全体の問題だと考えている。国家を超える精神的権力が大事なのも、もしそれが世俗的権力と結びついていた場合、「純粋に国家的な試み」しかなされないからだ（CPP VI: 496–499）。コントは、八人のフランス人、七人のイギリス人、六人のドイツ人、五人のイタリア人、四人のスペイン人、それから六人の「エリート女性」からなる「西洋実証主義委員会」を考案している。将来的には「一二人の植民地のメンバー」も加わるだろう。

ここにコントのフランス中心主義、西洋中心主義を見るのは、あまりに容易なことだ。「遅れた私たちの兄弟」に対する「賢明で寛大な介入」まで提案しているのだから、植民地主義につながる拡張主義だとさえ言いたくなるかもしれない。だが、あまり性急な結論を引き出さないようにしよう。コント自身、同時代のフランスがアルジェリアに対して行なっている「介入」を批判しているからだ。「賢明で寛大な介入」とは、「神学的ないし軍事的な拡張主義」とは一線を画す。それは、「つねに相対的で、独断に陥らず、熱心だがこれ見よがしでない」ものなのだ。

たしかにコントの物言いは、誤解を招きかねない。たとえば次のような言明だ。自発的な衝動を体系のなかに位置づけることなく放っておくと「部分的な逸脱、ひどい遅れ、重大な非一貫性」を招くから、「政治」による「連続的な介入」が不可欠である（SPP I: 8）。ジュール・フェリーのような、実証主義者を任ずる植民地主義者が喜んで飛びつきそうな一節だ。だがコントは、進歩の強制や暴力による介入は認めていない。介入はあくまで平和的に、相手の「自然な歩み」を「正確に評価」しながら行なわれなければならない。

ここまで、コントの国家論から国際関係論の方向に議論を進めてきたが、もう一度、精神的権力と世俗的権力の関係という地点に立ち戻ろう。コントが思い描く政教関係をモデル的にまとめ、コンコルダ体制およびライシテ体制の構造と比較しよう。

人類教は、実証的道徳という感情を土台にしながら、思弁的部分に相当する宗教史としての実証哲学と、行動的部分に該当する実証的政治とが、互いに牽制しつつ支え合う格好で成り立っている。精神的権力は思想面、世俗的権力は実践面をつかさどる。精神的権力は、一般性を特徴とする普遍的教育によって作り出される。人間という存在を「集合的であると同時に個人的なもの」と考えるコントは、宗教を私的領域に封じ込めたりしない。かといって、宗教は国家的なものでもない。くどいようだが、精神的権力と世俗的権力は別物だからである。実証主義的宗教は、都市のなかに存在するのではなく、都市と並んで、または複数の都市を包摂する形で存在する（図２）。

**図2　コントの政教関係モデル**

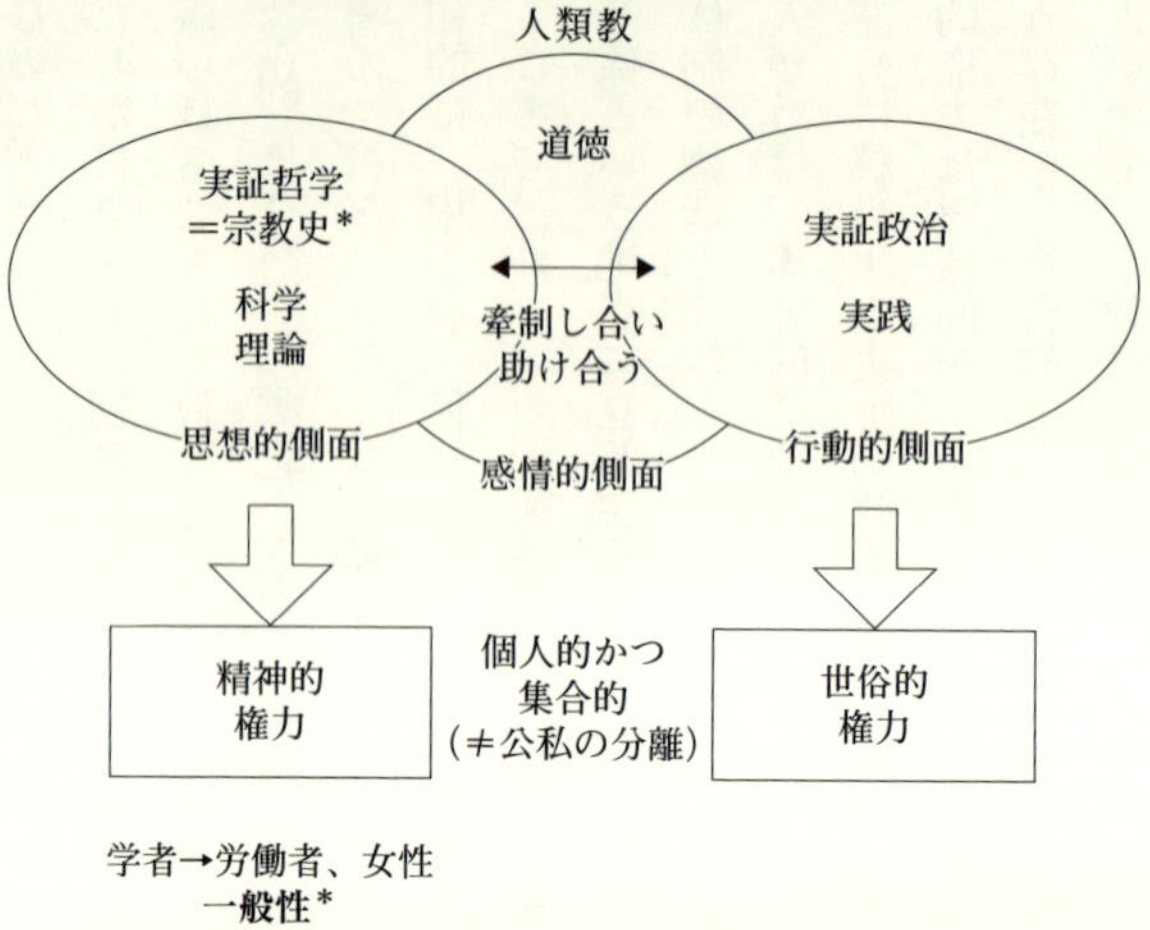


*このような宗教史は，19世紀半ば以降，「科学的」とは見なされなくなる。

これは、コンコルダ体制の政教関係とは異なったモデルである。コンコルダ体制は、国家の卓越性を強調しながら、諸教会（とりわけカトリック教会）に公的地位を与えている。ジュール・シモンの言い方に倣えば、それは「国家の教会に対する支配と国家における教会の優位」によって特徴づけられる。これに対し、コントの実証主義教会は、国家から独立している。

他方、コントの政教関係モデルはライシテ体制のそれとも異なる。なるほど、コントは宗教教育に当てられている国家予算の廃止を求めるなど（SPP I: 182）、ライシテを先取りする主張もしている。だが、のちに見るように、実際に確立されるライシテは、良心の自由と礼拝の自由を私的領域で保障するために、公と私を切り離すのに対し、コントはこの分割を採用しない。それから、第三共和政は諸教会との分離だけでなく宗教そのものとの分離を目指すが、コントの唱える分離は精神的権力と世俗的権力の分離であって、宗教と政治の分離ではない[9]。

このように、コントの政教関係モデルはかなり特異なものだ。それは、とても堅固な構造をしているが、実際には日の目を見なかった。もしコントの悲劇なるものがあるとすれば、それは人類教を唱える時期が遅すぎたということかもしれない。一九世紀前半には、サン＝シモンの新キリスト教など、旧来の宗教と違った地平に作られた新宗教が一世を風靡した。ピエール・ルルーも、コントとは違ったやり方で、人類教を提唱した。だが、一九世紀半ばを境に状況は一転する。コント研究者ミシェル・ブルドの言葉を借りるなら、コントは『実証政治体系』を書く前に浩瀚な『実証哲学講義』を著したために「機を逸した」のである。「一八三〇年と異なり、一八五〇年には、宗教問題はすでに時代の空気ではなくなっていた」(Bourdeau 2003: 6)。

次章では、この一九世紀半ばの転換をパノラマレンズでとらえたい。本章を終えるにあたってさらに論じておきたいのは、コントの直弟子たちが、師の実証主義をどう解釈したのかという点だ。弟子たちは、コントの衣鉢を継いで宗教研究や道徳科学に従事したのだろうか。いや、そこにはむしろ断絶がある。この断絶に注目することで、一九世紀前半と後半の宗教状況の違いも次第に浮かびあがってくるだろう。

## 四　コントの弟子たち

コントの死後、弟子たちは二つに分裂する。第一に、エミール・リトレを中心として、グレゴワール・ウィルボフ、シャルル・ロバン、ルイ・アンドレらが集まったグループである。彼らは、人類教の提唱は実証哲学と矛盾するとの立場に立った。(10) リトレは一八六〇年代の著作で、実証哲学を政治に応用するコントの態度を批判している (Littré [1862]1864)。こうして、実証主義から実践道徳の要素が後退していく。一八六七年、リトレとその同人たちは、百科全書的な科学としての実証主義を広めるべく、『実証哲学』という雑誌を刊行した。

第二のグループは、ピエール・ラフィットを中心とするもので、そこにはジョルジュ・オディフラン、エミール・コラ、ウジェーヌ・ロビネらがいる。彼らは人類教を支持し、「真の実証主義者」を自任した。彼らの関心は、後期コントをさらに発展させることで、一八七八年に創刊された『西洋評論』は、理論的・科学的な傾向の強いリトレらの『実証哲学』に比べ、実践的・政治的な色合いが強い。

以下では、これら二つのグループにおいて、コントの実証主義がどのような変化を蒙ったのかを検討する。(11)コントと直弟子たちのあいだ、さらに彼らと第三共和政初期の政治家のあいだで、実証主義の意味や、科学と政治の関係がどう変質しているかを跡づけてみよう。そうすれば、第三共和政下で確立されるライシテの道徳と宗教学を規定している枠組みが、次第にはっきりと見えてくるだろう。

## ◇リトレとその同人たちにおける科学と政治

エミール・リトレは、プロテスタントの家庭に生まれ、医学の勉強をしながら、古代語と文献学を修めた。サンスクリット語をビュルヌフのもとで学び、シュトラウスの『イエスの生涯』を訳している。博識な彼の関心が宗教史にも及んでいる点に注意しておこう。

コントの実証哲学に出会ったのは一八四〇年のことだ。リトレは、諸科学を関係づけ、相反する原理を調停する科学分類の法則に魅了された。一八四四年には、『ナショナル』に実証哲学を紹介する六本の記事を書いた。コントの名が世に知られるようになったのは、リトレのおかげと言っても過言ではない（Gouhier［1931］1997: 206）。生涯を通じて生計の苦しかったコントを財政的に支えたのも、リトレである。政治的には、早くから共和主義の立場を固めていた。

リトレは、一八五〇年の段階では、理論を実践に応用しようとするコントを支持している[12]。リトレは、コントが精神的権力と世俗的権力の分離を唱えたことをよく認識しており、第二帝政が二つの権力を混同していただけに、師の考えに忠実であろうとしたのだと思われる。だが、やはり両者のあいだには、政治的態度の違いと世代の違いがあった。個人主義を形而上学的（破壊的で非組織的）と見なしたコントは、普通選挙に反対だったが、共和主義者リトレは、既成事実化した普通選挙――二月革命によって男子普通選挙が実現された――に一定の価値を認めている。一八四八年の段階でコントが望ましいと考えた政体は「進歩的な専制」であったが、一八七〇年代のリトレは「議会共和政」の役割に期待している。リトレは、第三共和政初期のいわゆる「日和見主義」[13]が、「秩序と進歩」の両立という実証主義の目的に適っていると見た。

リトレは、普通選挙を既成事実として認めるが、同時にそれを警戒視している。平等を保障する共和国は、「保守的」ないし「貴族的」である必要があるとリトレは考えている。「民主主義における貴族階級は、明晰さ、能力、権威を持つすべての者から構成される。それは、大地主、大工場主、軍事・行政に従事した経験を持つ者、学者、弁護士、医者、公証人、傑出した職人などである」(*Philosophie positive* 1879-2: 549)。このような人びとが、共和国の精神的権力を構成する。つまり、精神的権力と世俗的権力は、コントの場合のように互いに独立性を堅持しているのではなく、精神的権力をつかさどる者（そこには学者も含まれる）が、世俗的権力の内部に位置を見出しているのである（**図3**）。

次に、リトレとその同人における科学、とりわけ道徳科学の位置を確認しておこう。コントは道徳を科学理論と政治的実践のあいだに位置づけたが、リトレ陣営の実証主義者は道徳をあくまで客観的な科学の範疇で扱おう

**図3　リトレの政教関係モデル**

共和国（≒世俗的権力）

貴族階級（≒精神的権力）
「学者」も含む
→「科学」に従事（「道徳科学」「宗教学」は
　他の科学と並ぶひとつの学問分野）

とした。実際、彼らの雑誌『実証哲学』の目的のひとつは、科学的方法を知と道徳の領域に適用することであった（Loeffel 2000: 89–94）。このとき道徳科学は、実践的な特別な科学というより、他の科学と横並びに扱われる諸科学の一分野となる。ウィルボフは、一八八二年の法律によって小学校に導入された道徳教育を評価しながらも、その理神論的傾向を批判している。

リトレ自身について言えば、彼は科学万能主義者というより不可知論者で、あらゆる現象を科学に還元する代わりに、科学の対象を限定することを選んだ。こうしてリトレは、実証科学から実証的政治を排除した。だからといって彼は、専門的に特化した科学の一分野に閉じこもったわけではない。諸科学を通覧し、政治動向にも気を配るだけの広い視野を持ち合わせていた。『実証哲学』は、諸科学が専門化と分化を遂げて独自の学問として成立しはじめる時代にあって、そうした動向に棹差し、個々の科学の発達を後押しする一方、アクチュアルな政治問題を議論する場でもあったのだ。だが、科学と政治は、もはやコントの場合のように有機的に関係づけられてはいない。リトレは「政治」の領域と「社会学」の領域に区別を設けている（Nicolet 1982: 206）。

アクチュアルな政治問題のなかで、とりわけ議論の対象となったのが教育問題である。リトレとその同人たちは、若い世代の知がいっそう科学的になることを望んでいる。そのため中等・高等教育の路線は比較的はっきりしている。一般的な科学教育を重視し、文芸的な大学教育からの脱脚が唱えられている。一方、初等教育については、コントが家庭での感情教育の重要性を強調し、早期の知的教育は不適当と考えていたこともあり、リトレ陣営のなかでも意見の食い違いがあった。それでも宗教的道徳教育に代えて実証主義的道徳を導入すべきこと、将来の科学教育の基礎となる態度（観察、理解、考察など）を教えるべきことについては、ほぼ一致している。

このような意味において、リトレ一派は教育のライシテに賛成だったと言うことができる。彼らはまた、教育の無償と義務という考え方にも賛同していた。では、彼らは教育の義務・無償・ライシテを定めたフェリー法を諸手を挙げて歓迎したのだろうか。

答えは微妙である。そもそもリトレは、精神的権力と世俗的権力の分離を唱えたコントを意識して、国家による教育を警戒し、教育の自由を唱えていた。だが次第に、国家が教育の領域で影響力を振るうことを認めざるをえなくなっていった。

高等教育の自由についての法律（一八七五年）の帰結を例に出すのがよいだろう。リトレははじめ、この法律により、実証主義に基づく私立の高等教育機関（つまりカトリック教会からも国家からも距離を保った教育機関）が多く建てられるだろうと期待した。だが現実的には、この法律により躍進を遂げたのはカトリックである。そこでリトレは、教権主義に対抗する国家に大きな役割を認め、実証主義は共和国の学校に体現されているのだと理解するようになっていった。

リトレたちが、いかなる意味でライシテの道徳の先駆者だったかについてまとめておこう。第一に、彼らは科学を通して実証的道徳を樹立しようとした。これは神学的・形而上学的道徳から切断をはかるもので、道徳の脱宗教化に確実な一歩を進めたものである。たしかにコントの議論の痕跡は窺えるが、彼らの道徳科学はもはや政治を対象とはしていない。それでも、彼らによって道徳が科学の対象とされたことは重要で、それは次の世代の社会学者たち（デュルケムやレヴィ＝ブリュールなど）の議論を準備することになるだろう。第二に、リトレとその同人たちは、教会からも国家からも距離を保った実証主義者に教育を主導させる立場から、次第に教育の権限を国家に委ねる立場にシフトしていく。これは、共和主義的・国家的なライシテの道徳を受け入れることを意味すると同時に、コント理論からの逸脱を表わしている。

本書のテーマにとっては、リトレ一派が宗教の科学的研究をいかに推進したかという点も重要だ。リトレは、コントの人類教は退けたが、文献学を基盤に独立した学問分野として宗教学を建設しようとするモーリス・ヴェルヌの試みは支持している（*Philosophie positive* 1879, repris dans Vernes 1880: 331–345）。リトレの目には、コントは客観的方法と主観的方法を混同しているが、ヴェルヌは一貫して客観的方法を用いていると映ったのだ。リトレ一派にとって、宗教学・宗教史学とは、他の学問と並ぶひとつの学問分野であり、道徳科学や政治と結びつくものではなかった。

## ◇ラフィットとその同人たちの理想と現実

ラフィットとその同人たちは、コントの教えに忠実であろうとしたが、同時代の政治的現実を受け入れてもいる。こうして「正統派」も、コントの実証主義を変質させている。以下では、ラフィット陣営が宗教学の発展に貢献したかどうか、第三共和政下のライシテの道徳にいかなる態度を取ったかを検討する。

ラフィットは、客観と主観に新たな総合をもたらす仕事をコントは完遂しなかったと考え、それを自分自身の課題とした。だが、哲学史的に見てこの人類教の司祭が認識論の問題を洗練したとは言えない。ラフィットの活動の中心は、政治的な提案や、宗教的な実証主義の布教であった（Petit 2003: 86）。

ラフィット一派は、宗教学の発展に貢献することはできたのだろうか。ラフィットは、コントよりも東洋の世界について詳しい研究をしている。実際彼は、一八六一年に『中国文明全体についての一般的考察』を著わし、一八八二年の講義ではイスラームを論じている。東洋文明の精神状態が、三段階の法則のどの段階にあるかを見定めることが主要な関心だったようである。ただし、ラフィット自身は文献学に通暁していたわけではなく、そのような研究を用いながら——たとえば中国研究についてはアベル・レミュザの『新アジア論叢』（一八二九年）からの引用が見られる——考察を加えるというのが彼の研究スタイルだった（Haac 1998）。これは一九世紀後半の「科学的」宗教研究の最前線からすると、時代遅れに見えるものであった。

ラフィット一派の政治的態度を検討しよう。彼らは、第二帝政に敵意を抱いている。これは、リトレ陣営とラフィット陣営が一致を見せる点のひとつである。一八六九年の選挙では、ラフィット側のロビネはリトレと手を組んでフェリーを応援している。

第三共和政になると、ラフィット陣営は共和派左派に近づき、特にレオン・ガンベッタと親密な関係を築く。一八七二年には、リトレらの『実証哲学』に対抗して『実証政治』を創刊し、同時代の政治問題を論じた。だが翌年、検閲によりこの雑誌が廃刊に追い込まれると、ラディカルな主張は次第に和らげられていく（この時期ガンベッタも徐々に中道化し、「日和見主義」の代表格と見なされるようになる）。この態度の軟化は、それまでラフィットを支持してきた者の一部を失望させ、一八七七年には数人の同士がラフィットのもとを去っている。一八七〇年代半ば、リトレ一派はすでにフェリーら穏健共和派と友好的な関係を築いていたが、ラフィット一派は、「民主主義でも反動主義でもなく、集産主義でも協同組合主義でもないという、ほとんど隔離状態の狭き道」を歩むことを余儀なくされた（Wartelle 2001: 144）。政治的な野望を抱きながら、なかなか政治の領域に足がかりを見つけられないジレンマを抱いていた。

一八七八年に『西洋評論』が創刊され、出版活動を通した政治運動が再び開始されると、雑誌はコントへの忠誠を誓いながらも、より現実的な方向性を強めていく。このため、ラフィット陣営のなかでも、論じるテーマによって意見の違いが目立ってくる。

たとえばシャルル・ジャノルは、コントがアルジェリアへの介入に異議を唱えていたことから、植民地主義に反対し、トンキンへの派兵は問題外だと述べている（山下 一九九六・二三七）。ロビネもまた、「チュニジア、コンゴ、スーダン、そしてとりわけトンキンと安南といった新たに侵略した地域」からフランス軍を撤退させるよう求めている（*Revue occidentale* 1883: 294）。これに対してラフィットは、フェリーの植民地政策を追認している。

教育もまた、ラフィット陣営が理想と現実のあいだで引き裂かれることになったテーマのひとつである。ラフィットとその同人たちは、コントの教育理念に倣い、小さな子どもの教育は家庭内で、とりわけ母親の愛情の庇護のもとでなされるべきだと主張していた。しかるに、フェリー法とそれにともなう教育プログラムは、子どもたちを早くから学校に通わせるものだった。ラフィットたちは、初等教育の無償とライシテには賛成だったが、教育の義務は国家の教義の押しつけで、国家が教育権を握るのは精神的権力と世俗的権力の分離という原則に反すると考えた。またラフィット一派は、教育プログラムの知的な傾向に難色を示した。七歳までは子どもはフェティシズムの段階にあり、一四歳までは想像力を重点的に育てるべきだと考えていた彼らからすると、小学校のプログラムは百科全書的な傾向が強かった。道徳教育についても、ラフィットたちの考えでは、それは家庭で行なわれるべきものであった。たしかに学校でも、道徳は「第七の科学」として教えられるべきだが、それは中等教育においてでよい。また道徳教育は、国家主導ではなく、国家から独立した精神的権力によってなされる必要がある。

では、ラフィットたちは、独自の道徳理論を洗練することができたのだろうか。彼らは、「真の道徳」はすでにコントによって作られており、あとはそれを実践に移せばよいと考えていた。そのため、道徳科学の構築に力を傾けたリトレ陣営とは異なり、道徳を理論的に鍛える必要をあまり感じなかったようである（Loeffel 2000: 101）。

ラフィットとその同人たちは、少なくとも理論面では、フェリー法によって導入されたライシテの道徳に満足できなかったはずだ。一八八一年八月二一日の日付を持つパリ実証主義協会の綱領は、国家主導の宗教・哲学・道徳を警戒し、義務教育を退けているからだ。

だが現実には、ラフィットとその同人たちは、フェリーを批判するどころか、実証主義者を自任するこの公教育大臣にますます接近していく。とりわけ一八八二年末のガンベッタの急逝以降、フェリーが実証主義を基盤に安定的な社会を組織しようとしている姿勢を評価する声が目立ってくる。フェリーもまた、実証主義の精神を称え、「正統派」の実証主義者たちを優遇した。ラフィットが、一八八〇年よりソルボンヌで講義を行なうようになったのは、フェリーとのつながりがあったからだ。教職面では生涯不遇をかこち続けたコントとは対照的に、ラフィットはやがてコレージュ・ド・フランスの科学史講座を担当することになるだろう。

たしかに、厳密な意味での実証主義と政府の共和主義のあいだには多くの違いがあった。だが、第二帝政や教権主義と闘うなどの点で両者は一致できた。共和派は、教育と国家の分離という「正統派」実証主義者の主張は聞き入れなかったが、すでに教会と国家の分離を考慮に入れはじめていた。共和派にしてみれば、精神的権力と世俗的権力の分離をこのように読み替えることは可能だった。

やがて、ラフィット陣営から公教育を批判する声はほとんど聞こえなくなり、逆に国家的な道徳教育を支持する論調が現われてくる。ラフィットの同人のひとり、ペリクレス・グリマネリは、子どもは初等教育において国家への義務を学ばなければならないと述べている。それは家庭内の教育とも、人類の観念とも矛盾するものではない。愛国主義は「家庭と人類のあいだの不可欠な媒介項」だと論じられている（Loeffel 2000: 105）。

このように、コントに忠実であろうとしたラフィット陣営も、リトレ陣営に負けず劣らず、実証主義に変化を加えている(14)。

本節では、リトレとラフィットの言動を対照させつつ、コントの実証主義がどう変質したのかを述べてきた。本書の関心にしたがって、要点を二つにまとめておく。ひとつは、教育の権限が人類教教会という精神的権力から政治という世俗的権力に移り、この流れのなかで公立校のライシテの道徳ができるのだということである。もうひとつは、宗教学・宗教史学が人類教の一部であることをやめ、他の科学と並ぶひとつの独立した学問分野となる方向に歩みを進めたことである。

この二つの動きは、コントとその弟子のあいだで起こったことであると同時に、もっと大きな社会変動に対応している。このあたりの事情を、もっとふくらみをもたせて示すことにしよう。そこで次章とそれに続く第4章では、前章と本章で論じたこととの比較を意識しながら、一九世紀半ばから後半にかけての宗教状況を描き出し、その時代を生きたルナンの「実証主義的」な宗教研究と道徳論の内容を検討したい。

(1) ジョルジュ・シャベールの研究は、精神的権力の再建という一九世紀前半に固有の課題のなかにコントの実証主義を位置づけている（Chabert 2004）。
(2) それゆえコントの実証哲学の体系に、いわゆる「心理学」は含まれていない。これと同様、「経済学」も独立した科学として位置を占めてはいない。これは、経済現象を社会現象の全体から切り離してはならないとコントが考えていたことによる。したがって、ある意味では、「経済学」は「社会学」に包含されている（清水 一九七八・一二八―一四一）。
(3) コントにとっては、中世カトリックが一神教の特長を最もよく表わしているため、多くの紙幅が論述に費やされているが、ユダヤ教やイスラーム、あるいは他の時代のキリスト教はあまり論じられていない。精神的権力と世俗的権力の分離が見られないイスラームは、彼の目には、まだ機の熟していないうちに一神教になったものと映っている（CPP V: 333）。
(4) もちろんこれは原理上の可能性であって、カトリックの拡張を無条件で平和的と認めているわけではない。現にコントは、インドとアメリカの植民地事業に、カトリックの堕落形態を見ている（CPP V: 273）。
(5) アルブス＝バスティッドが述べているように、たしかに『実証哲学講義』では「宗教的精神」(esprit religieux) という言葉は「神学的精神」に近い言葉として使われており、これを「実証的精神」と結びつけることは難しい。だが、コントは「信仰」「至情」「宗教」などと訳せる foi という言葉を用いて、知と精神を関連づける一般的条件を指し示しており、これは実証的段階にも当てはまる（Arbousse-Bastide 1966: 11, 15, 30）。
(6) カンギレムは、コントの企てに宗教史と科学史の接合を見ている（Canguilhem [1968] 1989）。私たちの観点からこれを敷衍して言えば、諸科学が次々と実証的段階に達していく歴史を描く実証哲学は、それ自身が丸ごと、知的認識の発展をたどる宗教史になっているのである。
(7) コントの着眼点は、いかにもキリスト教中心主義的な当時の一般的な宗教史の見方を転倒させたようなところがある。たしかにコントは、人間の精神史を発展的に描き出している。だが彼は、知の側面が発達しすぎると、感情の面がおろそかになるとも考えていた。コントは、その意味でキリスト教に代表される一神教を、フェティシズムが合理的な抽象化を遂げたものとしてとらえている。それは、当時の宗教史家が一般に考えていたように、宗教的精神が「純化」したものではなく、むしろ「弱まったもの」なのである（Chabert 2004: 256）。

(8)　コントのいう公教育は、いわゆる学校教育に限定されない。人類教の公的礼拝も、広い意味での公教育である。

(9)　では、コントの政教関係モデルは市民宗教に該当するか。なるほど、コントの人類教は市民宗教のひとつのヴァリエーションという印象を与える。人類教の公的礼拝と私的礼拝は、ルソーの言う市民宗教と人間の宗教に該当するように見えるだろう。ジュリエット・グランジュも、ルソーに言及しながら、「実証的宗教は、人間の宗教であると同時に市民の宗教であると言いうる」と述べている（Grange 1996a: 410）。だが、つまるところ、コントの人類教とルソーの市民宗教は同じものではない。グランジュはこうも明言している。実証主義的宗教は「市民宗教ではない」。なぜなら、ルソーの市民宗教は公的領域で政治と宗教を結びつけているのに対し、人類教は「世俗的な意味での政治権力から必然的に独立したもの」でなければならないからである（Grange 1996b: 165）。精神的権力と世俗的権力の分離は、ルソーにとっては、キリスト教がもたらした「不幸な結果」だが、コントにとっては、中世カトリックが残した最大の功績である。

(10)　ジョン・スチュワート・ミルとコントの五年に渡る交信は、すでに一八四六年に途絶えている。リトレは、人類教の提唱後もしばらくコントのもとにとどまったが、師がルイ・ナポレオンのクーデタを支持するのを見て、一八五一年末に実証主義協会を去っている。

(11)　リトレ陣営とラフィット陣営を対照させながら、当時の社会学のあり方を明らかにした日本語による先行研究として、山下雅之（一九九六）のものがある。

(12)　興味深いことに、リトレは、一八五〇年の著作で、「共和国への献身」（dévouement）を「新しい信仰」（foi nouvelle）と位置づけている。「宗教」は過去の人たちのものだが、「理念」は近代的なものだ。それは「もはや超自然的な存在に訴えることのできないひとつの宗教」である。リトレは、共和国はこのような意味で宗教的なのだと言っている（Littré 1850: 86, 98）。

(13)　日和見主義（opportunisme）とは、基本原理がなく、行き当たりばったりな政治を指す蔑称。フェリーやガンベッタなど、第三共和政初期の共和派が日和見主義者と呼ばれている。実際には、彼らに基本原理がなかったとは言えないが、たしかに彼らは急激な変革を断行するより、妥協点を求め、さらなる改革のためには他日を期すという態度を取った。

(14)　一八九〇年代にはシャルル・モラスが、コントから着想を得つつコントを歪めることになるだろう。モラスは、コントが個人主義を批判しカトリックを高く評価している点を利用し、ナショナリズムの観点から実証主義とカトリックの融合をはかっている（Sutton 1994: 19–54）。コントの議論を都合よく利用するのでなく、コントのテクストを内在的に読む態度はむしろ稀である。数少ない幸福な例外を求めるとすれば、アランの名を挙げることができるかもしれない（Muglioni 1995: 133–148）。

# 第3章　一九世紀半ばの宗教状況——科学と政治の分化、宗教の内面化

一九世紀前半のフランスでは、将来の政治秩序の構想はいつでも宗教的な調子を帯びていた。強硬的なカトリックも、革命の成果を受け継ぐ自由の論客も、折衷主義者も実証主義者も、この点ではみな一致していた。すでに私たちは、実証主義の到来を跡づける目的で、これらの思想潮流の分類と整理を行なっている（第1章）。今度は、一九世紀半ばの宗教状況について理解を得るために、同じような手法を用いて、二月革命前夜から第二帝政にかけて、どのような思想的・政治的運動が見られたのかを概観しよう。さまざまな学派にまとまりを与えていた宗教的熱狂は、政治に対する深い失望へと変わっていくだろう。

この変化は、本書のテーマにとって大変重要なものである。というのも、この変化にともない、科学、道徳、政治、宗教の関係が大きく組み替わっていくからである。フランス革命の継承者を自任する者たちは、もはや将来の政治秩序を宗教的な調子で構想することをやめるだろう。それにつれて宗教は脱政治化され、いっそう内面化の傾向が進む。代わりに新たな道徳概念が彫琢され、宗教的なレトリックに訴えることなく市民を結びつける原理が探究されていく。それと同時平行で、科学と政治の分化が進む。一九世紀半ばから後半にかけて、学者の資質は新たな規準ではかられるようになり、政治的関心を科学に直接持ち込む態度はもはや「科学的」とは見な

されなくなる。

本章の目的は、やや大きな視点に立って、世紀半ばのこの大きな変化を描き出すことにある。道徳、宗教、科学、政治といった重要な諸概念の布置が変わり、新たな網の目が編み出されていくなかで、道徳の脱宗教化と宗教の科学的研究が進展していくことになる。

## 一　転換点としての二月革命

七月王政下では、政治的・宗教的にある程度自由な雰囲気が生まれていた。この時代の空気は、エリート主義的な立場から哲学と宗教の融合をはかったクザンの立場に都合がよく、折衷主義はいわば政府の御用学問としてその地歩を固めていた。だがそれは、カトリック側と共和派側の双方から批判を招くことになる。単純化すると、カトリックはクザンのユニヴェルシテに自分たちの教会を対置し、人民の理論家たちは折衷主義のエリート主義的傾向を告発した。「敵の敵は味方」ということがある。ともにクザンの「講壇哲学」を向こうに回したことが、両者が手を組むきっかけになった。

さらに決定的な要因として、いわゆる「社会問題」(question sociale) があった。七月王政下で進展した経済的自由主義は、労働者・無産階級の生活を深刻にし、貧困問題が目を引くようになってきた。カトリックの一部はこの問題に積極的に取り組み、「社会的カトリック」の流れをつくる。(1) フィリップ・ビュシェは、アソシエーション的なつながりが利己的な個人主義に対抗する力を持つことに注目し、カトリックが社会的使命を果たすよう呼びかけている。

司教たちは、社会主義や共産主義の教義そのものには反対だったが、「社会問題」の重要性は十分意識しており、「労働者協会」の結成に強く抵抗はしなかった。パリ大司教のドニ・アッフルは、貧困問題に取り組む必要から、ビュシェと連絡を取りあっている（Cholvy et Hilaire éd., 2000: 68–69）。強硬的なカトリックも、個人主義的な自由主義に敵意を抱いていた点では、社会的カトリックと通じるところがあった。

そして自由主義的カトリックは、保守的カトリックと社会的カトリックのあいだを取り持ちながら、社会問題に取り組んでいく。フレデリック・オザナムは、自由主義的カトリックの雑誌『アヴニール』で貧困問題を論じていた経済学者シャルル・ド・クーの弟子だが、貧者や病人の社会的・宗教的救済を目指した聖ヴァンサン・ド・ポール会の設立者として知られている。

このように、カトリックは、内的多様性を抱えていたが、社会問題ではある程度の一致を見せていた。

非カトリック系の論客もまた、民衆の社会的役割に注目し、社会問題を宗教的な調子で論じていた。「社会主義」という言葉の生みの親と言われるピエール・ルルーは、クザン流のエリート主義と手を切りながら、哲学と宗教の融合をはかり、民主主義的な「人類教」を創設し、カトリックに対峙した。前章で検討したコントの実証主義的宗教も、このような時代状況で提唱されたものである(2)。七月王政に批判的な自由の論者も民衆に希望を託し、二月革命前夜のコレージュ・ド・フランスには、ミシュレやキネの予言的な声が響いていた。

したがって、非カトリック系の社会主義者、共和主義的な自由の論客、そして社会的ないし自由主義的なカトリック（さらにはカトリック強硬派の一部）は、互いにかなり異なった背景を有した思想潮流であるにもかかわらず、社会問題の点では意見の重なりを見せ、七月王政を打倒するために手を組むことができた。こうして、社会的カトリック、キリスト教的社会主義、ユマニスム的な宗教、これらをひとつに括ることができるような一大アマルガムが形成された(3)。

それゆえ、思想的立場を変えたり、複数の思想潮流にまたがる論客が存在するのも、ゆえなきことではない。有名どころでは、第1章で言及したラムネーがいる。ルルーが最初サン＝シモン主義者だったことも触れておいた。ビュシェはサン＝シモン主義からカトリックに改宗している。フーリエ主義者だった聖職者もいる。民主主義的で自由な社会に宗教が不可欠であるという通念は、一八三〇年代から一八四〇年代にかけて広く共有されていた。そして、宗教的な人類愛を志向する時代の空気のなかで、二月革命が勃発した。

## ◇共和派とカトリックの蜜月関係？

以上のような経緯のため、一八四八年の革命は、一七八九年の大革命や一八三〇年の七月革命とは異なり、反教権主義的な暴力をともなうものではなかった。第二共和政の誕生には、キリスト教と民主主義的自由を調和させる期待が込められていた。カトリック教会は諸手を挙げて共和政を迎え入れ、共和国を象徴する「自由の木」の植樹祭典には、カトリック司祭が立ち会って祝別した。

だが、この蜜月関係も長くは続かなかった。七月王政を転覆させるのに一致団結した「共和派」だが、磐石な一枚岩というには程遠かった。ルイ・ブランのような社会主義者は、社会的な共和政を目指したが、これは穏健共和派の反対を招いた。六月にパリの労働者の武装蜂起が鎮圧されると、もはや社会的な共和国の構想は不可能になる。六月蜂起のさなか、アッフル猊下が凶弾に倒れたことは、カトリック教会と社会的共和派の破局を象徴するものだ。これ以後、社会主義革命に対する警戒感が高まり、反動勢力が盛り返してくる。皮肉にも、二月革命の「成果」である（男子）普通選挙によって大統領に選出されたのは、ルイ・ナポレオンであった。彼は一八四八年憲法が禁じていた再選の野望を抱いて、一八五一年一二月二日のクーデタを起こし、翌年ナポレオン三世として皇帝に即位する。

この一連の出来事は、政治と宗教の関係、そして社会と精神的権力の関係を大きく変えることになる。なるほど、人目を引く舞台上では王権と教権の新たな同盟が演じられている。だが、この結託は高くついた。カトリックの政治化は、帝政に反対する者たちの反感を買い、彼らはこれ以降、政治と宗教を結びつける試みを断念する。舞台裏を覗けば、宗教の脱政治化・内面化が進んでいる。まさにこの動向と連動して、宗教から独立した道徳が考案され、新たな社会的・政治的紐帯としての期待を背負っていく。楽屋にまで目を凝らしてみよう。一八四八年以前の文学者や学者に見られた政治的・宗教的熱狂は幻滅に変わり、宗教性が別の形を取りはじめようとしている。楽天的で行動的な「詩人」に代わって、悲観的で孤独な「芸術家」が登場する。「学者」が直接的な政治行動を起こす機会は激減する（Bénichou 1977; 1992）。

## 二　反教権主義の形成と「独立した道徳」

教育の領域でも「反動化」が進む。かつてサン＝シモン主義に傾倒した公教育大臣イポリット・カルノーは、初等教育の無償と義務を目指して法案を提出した(4)。だがこの法案は、カトリックや保守的なブルジョワの反発を招き、カルノーは辞任に追い込まれた。代わって公教育相に任命されたのは、王党派のアルフレッド・ド・ファルー伯爵で、カトリックの教育権が拡大された。ファルー法と呼ばれる一八五〇年三月一五日法は、初等教育では、ギゾー法に謳われていた宗教教育の重要性を再確認し、中等教育では、「教育の自由」を保障した。この

「自由」に含意されているのは、ユニヴェルシテの一元的体制を逃れた私立学校の伸張と発展である。修道会は社会的な影響力を強めた。

このような状況に危機感を抱いたユゴーやキネの当時の発言には、第三共和政下で実現されることになるライシテの姿がすでに仄見えている。

ユゴーは、最初から反教権主義者だったわけではないが、いまや真っ向から教権主義的カトリックを批判する。一八五〇年一月一五日、議会の演壇に立った彼は、こう述べている。「私はライックな国家を望んでいます。〔……〕教育に関して、国家はライックであるよりほかなく、それ以外はありえないのです」。ユゴーは、教育の自由を容認するが、私立学校での教育も国家の監視下に置くべきだと主張する。「教会の宗教教育」には同意するが、「ある党派の宗教教育」には反対する。そして、教会と国家の分離は「教会の利害関心にも国家の利害関心にも適う」と述べる。「教会の領分は教会に、国家の領分は国家にあるのです」。

キネもまた同じ時期に『民衆教育論』（一八五〇年）を著わし、ライシテに基づく教育の優位を主張している。「個別的な教会は、いかなるものであれ、フランスの魂ではない。小学校教師は、聖職者よりも普遍的な教義を持つ。なぜなら彼は、カトリック、プロテスタント、ユダヤ教徒みんなに語りかけ、同じ市民的な信念へと導くからだ。〔……〕今日、ライックな社会は、教会よりも多くの真実を保有している。だからこそ、そこでの教育は、教権主義の教育から独立していなければならない」。キネの議論には、国家から諸宗教への俸給および補助金の停止、教会と国家の分離、教育の無償化、学校のライシテなど、第三共和政下で実現されるライシテに直結する論点が含まれている。

一八五一年一二月二日のクーデタが起こると、ユゴーもキネも亡命を余儀なくされる。カトリックの復権は、ガリカニスムの枠組みにおいてのみではなく、ウルトラモンタニスムも巻き返した。この動向自体が、反教権主義の潮流を育てた。一八四八年以前の反教権主義は組織立ったものではなかったが、第二帝政下の反教権主義は打倒すべき相手を前にして「大義」を獲得した。反教権主義は、より体系だって一貫したものになるのである(Rémond [1976] 1985: 123–127)。帝政に反感を抱く者たちは、フランス社会のなかで圧迫を受けながら、あるいは亡命の地において、互いに手を結び、ライシテの実現に向けた闘争を準備する。

反教権主義者のなかには、理神論者・唯心論者もいれば、唯物論者・無神論者もいた。理神論者や唯心論者は、宗教や精神性の重要性を主張し続けたが、教権主義に対する敵意をむき出しにして、宗教を脱政治化していった。唯物論者や無神論者は、数としては多くなかったが、宗教そのものを呪う言葉を吐いた。いずれにせよ、もはや政治を統御するようなものとしての宗教が語られることは少なくなる。それと同時に、宗教から切り離された道徳が彫琢されてくる。もっとも、筆者の見るところでは、この道徳にも宗教性は付きまとい続けるのではあるが。

以下では、当時の道徳論の内容を学派別に紹介する。クザンの弟子筋の論客からプルードンまで、立場はそれぞれ異なるが、宗教から独立した道徳の確立を目指す点は共通している。

## ◇クザンの弟子たち

エコール・ノルマル出身で、クザンの影響を受けたエティエンヌ・ヴァシュローは、道徳は啓示宗教から独立していると考えた。道徳はもともと人間の本性に備わっており、超自然的な概念や超越的な形式による権威づけは不要である。

ヴァシュローは『民主主義』（一八六〇年）のなかで、民主主義と宗教は両立しないと述べている。一八四〇年代であれば、民主主義に宗教は欠かせないという論調のほうが支配的だったのだから、状況の変化の唐突さが窺えるというものだ。ヴァシュローは、科学が発達すれば、諸宗教は消えていくと考える。だが、それは宗教の消滅を意味しない。宗教は心理学的な側面において救い出されようとしている。

ヴァシュローは、『宗教』（一八六九年）においてこう述べている。「宗教的感情は魂の欲求ではなかろうか。〔……〕諸宗教（les religions）は消えゆくとしても、宗教（la religion）自体は永遠なのではなかろうか」（Vacherot 1869: 7）。東洋はさまざまな宗教に縛りつけられているが、西洋のキリスト教は「宗教の最終形態」（la dernière des religions）であり、それは結局のところ良心という道徳的理念と溶けあう（Ibid.: 348）。東洋と西洋の対比も興味深いが、ここで指摘しておきたいのは、キリスト教が個人の良心のレベルに引きつけられ、脱政治化されていることだ。「真にキリスト教的な魂は、政治生活の意見や利害関心に関与せずにいることが可能である」（Ibid.: 375）。

またヴァシュローは、道徳教育の抜本的改革を唱えている。「良心と理性の道徳は、いかに単純で初歩的なものとして構想されていても、いまだに国の指導者や多くの哲学者から、学校に通う児童の知性の範囲外にあると判断されている」。だが、「真の民主主義」を確立するためには、「人文科学に基づく道徳教育」による「民衆教育」を実現しなければならない（Ibid.: 431）。この道徳は、キリスト教の道徳に取って代わり、国民全体をまとめあげるものとなるだろう。このように哲学的・科学的な教育を民衆にまで普及させようとする点において、ヴァシュローはクザンの道徳の民主化を企てている。

カントの著作の多くを仏訳したことで知られるジュール・バルニも、ノルマリアン（エコール・ノルマル出身者）で、クザンの折衷主義の民主化を企てている。

バルニは、国家と特定宗教の結びつきは、民主主義に不可欠な良心の自由と矛盾すると第二帝政を批判し、スイスに亡命した。彼の考えでは、道徳原理は合理的な人間の意識に宿っており、自然や超越的な形而上学のなかにあるのではない。道徳を見出し、確立するには「自分の内面へと下り、みずからを認識すれば十分だ」。むしろ形而上学的な体系のほうが、道徳の観点から判断を下されるものなのだ。要するに、道徳は「いかなる神学的教義からも、いかなる宗教からも独立している」(Barni [1868] 1992: 36-37)。

宗教と道徳を分離することで、バルニは宗教を脱政治化し、道徳を政治化する。「道徳は政治と密接に分かちがたく結びついている。これはとりわけ民主主義の政治について言える。私の定義によれば、それは平等のなかの自由を特徴とする」(Ibid.: 43)。

「クザン左派」に位置するバルニがここで目指しているのは、合理的道徳の民主化であり、言葉の十全な意味における「道徳のライシザシオン」である。つまり、道徳を脱宗教化しつつ、それを民主主義社会の構成員に共有させるという方向性が打ち出されている（第1章の冒頭で述べたように、「ライシテ」の語源の「ラオス」には「人民・民衆」の意味がある）。

民衆のほうに向かうという、クザンには見出しがたい態度が、弟子たちには見られる。一八三〇年の世代は普通選挙を知らなかったが、一八四八年の世代はそれ（ただし男子のみ）を知っている。民衆教育が重要になった事情の一端はここにある。[5]「子ども」も「民衆」もあらゆる可能性を秘めているのだから、その精神をしかるべく目覚めさせる必要がある。さもないと、普通選挙はかえって権威主義の登場に好都合となるかもしれないからだ（ルイ・ナポレオンが大統領に選ばれたように）。

ジュール・シモンやアメデ・ジャックもクザンの弟子筋だ。二人は、『思考の自由』（一八四七―五一年）を創刊し、「自由思想家民主協会」の設立にかかわった（シモンが会長、ジャックとバルニが副会長）(6)。クザンが一八六七年に死去したとき、ポール・ジャネは『両世界評論』に師の業績を回顧する論文を寄せ、クザンがもたらした「脱宗教的な哲学教育」を高く評価している（Janet 1867, repris dans Janet 1885: 475）。ジャネはクザンの衣鉢を継ぎながら、「すべての精神、とりわけ若者の精神に届く」道徳を追求している（Janet 1870）。ジャネのなかで、道徳と宗教の関係はどうなっているのだろうか。ジャネは、既存の宗教でも、非宗教的な原理でもない、一種の自然的宗教にのっとった新たな社会の組織化を提案している。

もし神の観念があまりに貧しく冷淡なものと化して、人間をひとつの共通の感情のうちにまとめあげることができなくなっているのだとしたら、神観念は空虚だと白状して、無神論者の手に武器を渡すほかない。私たちは全力を挙げてこの種の結論を拒む。私たちが信じてやまないのは、いつの日か真の宗教が、これまで人がさまざまな方向から封じ込めたと思っていた狭い型を破り、独自の寺院や公会議、そして信者を得ることなのだ。（Janet 1872: 499）

宗教がこのような再生を遂げ、新たな紐帯となるためには、まずは内面化される必要がある。道徳についても同様で、それは内面的な宗教から霊感を受け取るべきであり、外面的な宗教の上に打ち立てられるものではない。「外面的なものは、いかなるものであれ、道徳性の基礎とはなりえない。私たちが善をなすことが義務なのは、ある卓越した力が望むからではなく、私たち自身が不可避的に望むからなのだ。それゆえ、私たちの義務は外側からではなく、内側から来る」（Janet［1874］1894: 219–220）。このように、ジャネは道徳と宗教を泰然と分かつというより、宗教と道徳をまず内面化することを説き、それによって両者が内側から再生することを期待している。

クザンの弟子たちは、ライシテの道徳の歴史に欠かせない登場人物だ。理論だけでなく、政治的にも重要な役割を担っていくからだ。ジュール・シモンはのちに公教育相や首相を歴任するし、ポール・ジャネは一八八一年には師範学校、翌年には小学校の道徳プログラムを執筆する。なお、彼らの合理的で理神論的な道徳論の系譜には、アンリ・マリオンやガブリエル・コンペイレなど、さらに若い世代のノルマリアンが連なっている。

### ◇ルヌーヴィエの新批判主義

折衷主義的カント派とは違う系譜のカント哲学者、シャルル・ルヌーヴィエのことを忘れないでおこう。最初サン＝シモン主義に傾倒し、コントの実証主義によってそこから抜け出したルヌーヴィエは、つねにクザン一派から距離を取り続けていた。第二共和政期には、高等科学文部研究委員会の事務局にあって、『人間と市民の共和主義便覧』（一八四八年）を執筆した。そこでは、キリスト教と共和国の原理を調停し、社会主義的な方向性を与えることが説かれているが、やがて彼はキリスト教が自由主義、民主主義、社会主義と相容れないことを身をもって知る。こうしてルヌーヴィエの主張は、キリスト教的な調子を帯びたものから共和主義的なものへと転換し、個人主義と連帯の調停という課題に関心を移していく。ちょうどその時期に起こった一八五一年一二月のクーデタは、ルヌーヴィエを自分自身に立ち帰らせ、政治領域から撤退させる（Blais 2000: 23）。ルヌーヴィエは政治に関心を抱き続けるが、もはや直接的な政治行動に訴えることはなくなり、書斎で共和主義哲学の構築に従事する。そこで彼が発見したのがカントである。

ルヌーヴィエの目に、クザン派のカント解釈は理想主義的で思弁的にすぎると映った。ルヌーヴィエはカント哲学に「政治的な射程」を見出している（Ibid.：111）。純粋理性と実践理性の乖離を、実践的な道徳によって埋めようとしたのである。ルヌーヴィエは、『道徳の科学』（一八六九年）において、道徳を「純粋に合理的なもの」と位置づけ、「非合理的」な宗教からの切断をはかっている。だが、これは宗教そのものの否定ではない。なぜなら、合理的な道徳が宗教的になる可能性があるからだ。

合理的な原動力に宗教的な原動力が加わる場合がある。それは、合理的な主体が、自分自身に対する義務と世界を前にして命じられる義務とを調停するとき、義務を〔……〕自分自身に引きつけて理解するだけでなく、義務というものは、自分がそれに依存していることを認めざるをえないような、諸現象を導く力または何らかの一般的秩序から命じられているのだ、という信念が加わる場合である。このとき、世界に対する義務、自分自身に対する義務は、たんに合理的であるばかりでなく、宗教的なものとなる。(Renouvier [1869] 2002, t. I: 63)

一八七〇年代になると――この時期は、政体こそ共和政でありながら、政治的ヘゲモニーがカトリックの手にあった――、ルヌーヴィエは、教育改革から政教分離まで、ライシテ実現に向けた政策措置について突っ込んだ議論をしている。それはあたかも、その後の展開の予見であるかのようだ。とりわけルヌーヴィエは、「いかなる宗教からも独立した道徳」を国家と結びつけ、国家は「あらゆる事柄にわたり、あらゆる宗教に対し、道徳的な卓越性」を保有していなければならないと述べている（*La Critique philosophique*, 1876, t. I: 243–244, cité dans Gauchet 1998: 65＝二〇一〇・八二）。コントとの違いに注意を促しておきたい。コントにおいては精神的権力に無縁であるべき国家が、ルヌーヴィエにおいては正当な道徳的権限を獲得している。

なお、ルヌーヴィエは、一八六八年に『哲学年報』（のちの『哲学批評』）を創刊したことでも知られている。共同編集者のフランソワ・ピヨンは、宗教的道徳は私的なものだと述べている。キリスト教と仏教を同列に置き、政治と市民の領域とは別物だとしている。「仏教の道徳とキリスト教の道徳を基本要素に分解すると〔……〕驚くべき類似性がある。それは以下の点だ。仏教とキリスト教の美徳はまったく私的なものである。女性的とさえ言いたい〔当時、女性には公的な役割がほとんど与えられず、女性の位置は家庭というのが相場だった＝引用者註〕。仏教もキリスト教も、男性的な美徳、軍事的・政治的・社会的な美徳を知らない。聖人は生んだが、けっして市民を作らなかった」(*L'année philosophique*, 1869: 405)。

### ◇自由主義的プロテスタント

自由主義的で唯心論的なもうひとつの流れは、フェルディナン・ビュイッソン、フェリックス・ペコー、ジュール・ステーグらに代表される自由主義的プロテスタントに求められる。彼らは、教会の道徳を形式的で権威主義的だと批判し、内面的で人間的な「真の」道徳を唱えた。その道徳は、ライックであると同時に宗教的である。

　自由主義的プロテスタントの流れは、本書のテーマにとって特に重要な思想流派である。この学派は、実証主義と並んで（ただし別のニュアンスにおいて）、道徳のライシテの推進と宗教研究の科学化の双方で大きな役割を演じているからだ。本書ではこのあと、ビュイッソンの道徳論を検討するし（第5章第三節）、制度化されたばかりの宗教学における自由主義的プロテスタントの存在感の大きさを確認するだろう（第7章、第8章）。

　それにしても、自由主義的プロテスタントは、どのような経緯で思想的・政治的な舞台に登場してきたのだろうか。一九世紀前半のフランスのプロテスタントは、二つのグループに大別される。ひとつは、啓蒙哲学の遺産を受け継ぎ、キリスト教をユマニスムに近づけることに意を用いた自由派《リベラル》である。もうひとつは、シュライエルマッハ流のロマン主義的感情に基づき、プロテスタント教会の再生を目指した福音派《エヴァンジェリスト》ないし復興派《リヴァイヴァリスト》である。

二つのグループはマイノリティ宗教として結束し、ニュアンスの違いはあっても、大きな対立は見られなかった(Encrevé 1986: 1056)。

だが、一八五〇年を境に状況が変わる。この年は、エドモン・シェレルの小冊子『批判と信仰』が出た年であり、シェレルの友人ティモテ・コラニによって『神学・キリスト教哲学雑誌』(通称『ストラスブール雑誌』)が創刊された年である。シェレルはもともと復興派の家庭の出であったが、チュービンゲン学派の影響を受け、文献学と聖書釈義の研究に従事する。シェレルは、コラニの雑誌に寄せた論文のなかで、聖書の真実性は、テクストに内在するとされる神の霊感によるのではなく、人間の宗教的意識によると述べている(Encrevé 1985: 97)。このような見解は、フランスのプロテスタントの一体性のみならず、キリスト教信仰の意味をも揺るがしかねないものだ。

一八五〇年代の自由派と福音派の対立は、プロテスタントの内部紛争という趣が強かったが、一八六〇年頃から、自由派はその基本的な主張や態度を一般化して、活動の場を広く政治や学問の世界に求めるようになる。一八五九年に書かれたペコーの『キリストと良心』には、のちにフォントネー＝オ＝ローズの師範学校校長となる著者の政治的関心が窺える(もっともこの本自体は、プロテスタント内部にはスキャンダルを巻き起こしたが、一般にはあまり読まれなかった)。『ストラスブール雑誌』を活動拠点にしていたアルベール・レヴィユは、ルナンの口利きもあって、一八五九年からは『両世界評論』にも論文を書くようになる。これは、レヴィユの読者がプロテスタント神学者からもっと幅の広い読者層へと拡大されたことを含意している。

ここで指摘しておきたいのは、自由主義的プロテスタントがこのように活動の範囲を広げていくとき、政治の世界か学問の世界かの選択を迫られているように見えることだ。シェレルとコラニについて言えば、二人ともやがて神学を捨てて政治活動に入っている。シェレルはジュネーヴを離れてヴェルサイユに落ち着き、「共和主義陣営において無視できない役割」を果たす（Ibid.: 98）。コラニは一八六九年に雑誌の出版をやめ、以後はガンベッタの協力者となる。一世代前であれば、コンスタンやキネのように（ともにプロテスタント系の論者である）、学問と政治の世界で二足のわらじを履くことも可能であったろう。だがいまや、二つの世界はかけ離れており、一種の分業が成立している。ペコーやステーグは、政治の舞台で道徳のライシテを推進した人物と見なされているが、宗教学の推進者ではない。逆にアルベール・レヴィユやエドゥアール・ルスは、学者であって政治家ではない。つまり、自由主義的プロテスタントの影響力が目立ちはじめる時期は、道徳の領域と宗教研究の領域がはっきり分かれはじめる時期に重なっているのだ。

ただこの見方でいくと、ビュイッソンの場合はどうなるだろうか。この政治家は、一六世紀の宗教史で博士論文を書きあげ（一八九一年）、ソルボンヌで教育学講座を担当した（一八九六―一九〇二年）、立派な「学者」でもあるからだ。実際、デュモン牧師という人物は、一九一六年にビュイッソンを迎えた講演で、彼の博士論文が「宗教学」にもたらした功績を評価している（Buisson 1916: 6）。それでもこの論文のインパクトは、ビュイッソンが学校教育の面で果たした役割に比べれば、ずっと小さなものである。なるほど、ビュイッソンは政治家にして学者と言えるかもしれない。だが、この物言いには、そもそも政治の世界と学問の世界は別だという前提がある。コンスタンやキネの時代には、二つの世界を隔てる壁はそこまで高くなかった。ビュイッソンは、二つの世界の区別がはっきりしてくる時代に属している。だから彼は、まずは政治家であり、あくまでしかるのちに、付随的に学者でもあるというわけだ。

ともあれ、第二帝政の時代に話を戻すと、自由主義的プロテスタントが内部の神学論争を越えてその影響力を広げようとしていたとき、ビュイッソンはスイスのヌシャテルに日々を送っていた。博士論文を準備しながら、同じく亡命中だったキネやバルニと親交を結び、ペコーやステーグとも知り合い、教育問題に対する意識を高めていく。一八六九年にはヌシャテルに「自由主義教会」を設立し、プロテスタント以外にも広く信者を募っている。第三共和政が樹立されると、フランスに帰国し、ライシテの道徳の確立と普及に取り組んでいく(7)（第5章第三節参照）。

◇実証主義者

道徳の問題に関して、実証主義者は一枚岩ではない。唯心論的な道徳を唱える者もあれば、道徳の科学的研究を提唱する者もあり、道徳の問題を特に提起することなく科学的研究に従事する者もあった。すでに私たちは、コントの直接の弟子たちのうち、ラフィットとその同人は道徳を人類教の基盤に置き、リトレとその同人は科学の枠組みで道徳を扱おうとした点を確認した（第2章第四節参照）。

ところで、一九世紀半ばから後半にかけて、実証主義はコントとその弟子という範囲を越え、いわば時代の精神となって広まっていく。ルナン、テーヌ、クロード・ベルナール、ゾラなどは、コントの直接の弟子でもなければ、弟子たちのあいだの争いにも無関係だが、一般に実証主義者と括られる。彼らの研究態度や道徳観を細かく見ていけば、実はかなり違いがあるのだが、たしかに反教権主義的傾向を共有していた点では一致する。このような反教権主義的傾向は、晩年のコントやラフィットの宗教的実証主義よりも、人類教を切り捨てたリトレの実証主義にはるかに近い。

今述べたことは、実は『一九世紀世界大百科事典』（一八六四—七六年）の編者として知られるピエール・ラルースの見方をそのままなぞるものだ。ラルース自身、一九世紀後半の実証主義の潮流に分類される人物で、晩年のコントを批判しながら、リトレを支持している。ラルースは、時代精神としての実証主義を通俗化して広めた最重要人物と言っても過言ではないので、『世界大百科事典』において道徳がどう扱われているかを見ることにより、当時の実証主義者の道徳論の典型を探ってみよう。

反教権主義的な言説は、『世界大百科事典』のここかしこに散りばめられている。興味深いのは、ラルースは生まれついての反教権主義者ではなく、もともとカトリック信者と自己認識していたにもかかわらず、ある時点から反教権主義へと大きく旋回していることだ。かつて科学的理性とキリスト教信仰の調停を目指していた者が、いまや両者はけっして相容れないと声高に主張するのである。

「道徳」の項では、キリスト教の道徳の超自然的性格と「極端かつ不自然」な禁欲的傾向を批判している。「犠牲の道徳、純潔の道徳、あらゆる人間的感情に対する神秘的な諦念。キリスト教の道徳の起源にあったのはこのようなものだ。この道徳は〔……〕廻廊の神秘的な沈黙のなかでますます誇張された」。ラルースは、このような道徳から抜け出すことは容易なことではないと指摘する。「哲学的理性は長いあいだ信仰に従属し、手なずけられていたので、あえて宗教的道徳に対する全面闘争は挑まなかった。このような妄信的な敬意は、今日でも完全には消えていない。教義の束縛から自由になった精神の持ち主は少なくないが、それでも進んでキリスト教の道徳の奴隷であり続け、深い考えもなくそれを称えることしかしていない」(Larousse éd. 1866–1876, t. 11: 530–540)。だが、道徳の原理は理性的な意識に求められる。このことをもっとアピールしていかなければならない。ラルースは、この大義のもとに、異なる哲学的流派をひとつにまとめあげようとする。

〔宗教から〕独立した道徳（morale indépendante）はカントによって樹立された。それを借用したのがプルードンだ。また、この道徳でもってひとつの刊行物が作れると考えた勇気ある出版業者たちは、その考えをプルードンから借りてきた。この道徳は、カントの道徳論と同じく、あらゆる教義の外部に、さらには神観念の外部に打ち立てられており、カント理論からの隔たりは、いくつかの些細な点に限定される。プルードン主義者は、カントのように、人間の尊厳を尊重して道徳を基礎づけている。彼ら自身は、オーギュスト・コントとの類似性を拒否し、コント流の愛他主義（共感の原理）をはっきりと批判しているが、実はコントと同じように、彼らの議論から、そしてあらゆる人間の議論から、〔……〕第一原因や目的原因を斥け、経験のみに依拠して道徳を確立しようとしている。（Ibid.：540）

このようにラルースは、カントの道徳も、コントの道徳も、プルードンの道徳も、その亜流の道徳も、「独立した道徳」とひとまとめにしている。

### ◇アナーキスト、フリーメーソン、自由思想家

アナーキズムの理論家プルードンは、宗教に関する実に豊かな知識を持ちながら、教会の道徳を痛烈に批判した。『革命の正義と教会の正義』（一八五八年）は、自由な革命と権威主義的な教会を対置している。プルードンによれば、カトリック教会は垂直的な秩序によって組織されており、貧しい者への配慮がない。しかるに課題は、平等者のあいだに水平的なきずなを実現することだ。そのための正義は各人の意識のなかにあり、断じて教会のなかにはない。

一八六一年の著作ではこう述べている。「宗教が人間を作るのでもなければ、政治体系が市民を作るのでもな

い。まったく逆であって、人間が宗教を作り、市民が政府を作るのである。同様に、生活や社交の諸規則は、形而上学や理念や弁神論から引き出されるのではなく、良心が悟性を統御するのである。〔……〕正義はあなたのなかにあるのだ」(Proudhon 1861, cité dans Pierrard 2000: 88)。このアナーキストは、教会に背を向けて、民衆に向きあう。セレスタン・ブグレは、この二重の意味において、プルードンを「ライシテの道徳の一番確かな先駆者」と評している (cité dans Pierrard 2000: 85)。社会的性格を強調したプルードンの道徳は、のちのレオン・ブルジョワの連帯主義や、ジャン・ジョレスの社会主義にも影響を与えるだろう。

一九世紀半ばから後半にかけて、信仰をまったく持たない唯物論者や無神論者は少数派であった。最も戦闘的な反教権主義者も、フリーメーソンや自由思想の綱領を信奉していた点では、熱烈なカトリック信者に負けず劣らずの「信仰者」であるとも言える。

フランス大東方会（フリーメーソン）の歴史は一八世紀まで遡るが、「自由思想」という表現は一九世紀半ばに生まれたばかりの言葉だ。反教権主義者はロッジや協会に通いながら、思想的立場を固めていった。このような集会は、ここまで論じてきたさまざまな学派——立場は違うが教権主義に対抗して新たな道徳を構想する点では一致する——の論者たちが出会う場となった。出版活動も同様の役割を果たした。

### ◇「独立した道徳」を目指した出版活動・社会活動

第二帝政期の反教権主義を代表する雑誌は、『ル・シエークル』である。学識のある者たちはむしろ『ジュルナル・デ・デバ』を好んだ (Weill [1929] 2004: 162-163)。もっと急進的（それゆえ短命）だったものに、『自由思想』（一八六六年）、『新思想』（一八六七―六九年）、第二次『自由思想』（一八七〇年）、『無神論者』（一八七〇年）

などがある（Lalouette 2002: 228–229）。

こうした出版物は、当然ながら当局からにらまれた。それゆえ、政治をあからさまに批判することは一般に差し控えられた。検閲は一八三〇年の憲章によって廃止されたはずだったが（cf. Krakovitch 1997）、出版物の性質や内容についての事前申告がしばしば要求され、雑誌に関しては扱う主題により保証金額が違っていた。そのため、当時の政府に不満を持つ者は、直接的に政治を語るよりも、哲学的・科学的な主題を選びながら批判を示唆する戦略を取ることが多かった。権威帝政と呼ばれる一八五〇年代に比べれば、自由帝政期の一八六〇年代には状況の「改善」が見られるが、基本路線が大きく変わったわけではない。出版をめぐるこのような条件が、将来の政体構想の仕方と関係していることは確実視してよいだろう。すなわち、政治を正面から語り即座に政策実現を目指すことを控え、低い声で政治思想を構築するやり方である。哲学や科学の語り口を借りることで、非政治的に政治を仄めかす戦略と言ってもよい。このような条件は、ライシテの道徳の理論的洗練はもちろん、科学的な宗教研究の進展とも無縁ではない。第二帝政下の科学の発展は、一八四八年世代の脱政治化と関係しているからだ。この点は、またあとで論じる。

ともあれ、当時の出版物のうち、道徳の脱宗教化に関して特に言及しておくべき雑誌がある。その名もずばり、『独立した道徳《モラル・アンデパンダント》』（一八六五―七五年）である。この雑誌を主宰したのは、かつてのサン＝シモン主義者でフリーメーソンのアレクサンドル・マッソルで、二人の共同編集者もフリーメーソンであった。明らかにフリーメーソン系の雑誌だが、唯心論者のバルニやヴァシュロー、新批判主義のルヌーヴィエなどが参加している。ビュイッソンによる自由主義的プロテスタントの宣言書も、この雑誌に再録されている。細かく見ていくと、執筆者の主張にはニュアンスの違いがあるが（たとえば、マッソルはルヌーヴィエがカントに倣って道徳の分析に形而上学的な仮説を再導入していることに難色を示している)、大きく見れば、この雑誌はさまざまな学派の出会いと共闘の場であった（Ognier 1998)。

この雑誌においてマッソルは、「教権的で神秘的なあらゆる保護から解放された」道徳教育、すなわち「ライックな道徳教育が可能になった」と明言している（*Morale indépendante*, n°251, 22 mai 1870)。一八八二年に小学校の道徳教育のプログラムを執筆する者たち――彼らはフリーメーソンではなくクザン流の唯心論の伝統に連なっている――も、これと同じことを述べるだろう。

第二帝政期に創設された反教権主義的な結社や協会のうち、特筆すべきは教育連盟であろう。共和主義者のジャン・マセによって一八六六年にフランスに設立された同団体は（ベルギーでの創立は一八六四年)、民衆教育の実現に向けてカトリック教会に対する闘争を開始した。普仏戦争敗北後、マセは教育の無償・義務・ライシテを求める請願書を発し、一〇〇万近く集めた署名を国民議会に提出している。

### ◇カトリックの反応

第二帝政に不満を抱く者たちは、以上のような出版活動や社会活動を通して、教会と国家の権威に対抗した。唯心論者から自由思想家まで、実にさまざまな思想流派に属する者たちが、「教会の道徳」に「独立した道徳」を対置することで一致団結した。共通しているのは、道徳と宗教を分離する考え方だ。

これに対してカトリックは、道徳と宗教が分離不可能だと主張する。それまでは、道徳と宗教の結びつきは比較的自明であったが、いまやそれを改めて正当化する必要がカトリック側に生じたのである。

『道徳神学事典』（一八四九年）のなかで、「道徳と宗教を分離するなど、私たちには恐るべきことだ」と述べるピエロ神父は、明らかに「敵」の存在を意識している。この神父は実際、こう書いている。「私たちの敵対者は〔……〕道徳を宗教から分離することを望んでいる。その理由は、歴史を見れば、非人間的で珍妙な礼拝が山ほどあり、退廃し堕落した神々がごまんといるからだという」。だが「この推論はかなり奇妙である」。なぜなら、「私たちが道徳と宗教の結合を要求するとき、語られているのは真の宗教のみだからだ」。神父は言う。道徳は、時代に左右されない「不変の土台」を持たねばならない。そこで、絶対に「不謬の権威」が必要だ。だから「道徳の真の基礎」は「キリスト教の教義」に求めるべきである（Pierrot 1949: cols. 11–17）。

クロヴィス・ピナール神父の考えも、ほとんど同じである。彼は、『カトリック教会の教義、道徳、規律、歴史に対する通俗的な反論の事典』（一八五八年）という、なかなか意味深長なタイトルの事典の執筆者である。神父は公教要理の問答形式を用いつつ、「キリスト教の道徳は人が言うほど常軌を逸したものか」という問いに、「キリスト教の道徳の卓越性」をもって答えている。「宗教なしでもキリスト教的な道徳が実践できるか」という問いに対しては、逆に次のような問いを投げかける。「宗教があってこそ私たちはその道徳を知るというのに、どうしてそんなことがあろうか」。「だから宗教に頼ることなしに、〔……〕道徳を実践できるなどとは思わないように」（Pinard 1858: cols. 1003–1013）。

ピナール神父は、防戦一方ではなく、理性が生んだ「悪」の指摘も忘れない。「これまで理性（*raison*）の名のもとに、その権利要求の口実のもとに、最も不条理な（*déraisonnables*）ことが言われ、なされてきた」（Ibid.: col. 1205）。この告発は、カトリックが理性をまったく受け付けなかったことを意味するのだろうか。いや、この点はニュアンスをつけておく必要がある。たしかに近代の価値を全否定する強硬派は一部に存在したが、一般にカトリックは理性の価値をある程度認め、いかにそれと折り合いをつけるかに意を用いていた。一九世紀の世界から完全に隔絶して生きることなど不可能であったし、カトリック内部に一種の世俗化が起こることは避けえなかった。一九世紀のフランス・カトリックに、信仰を補強するものとしての理性を重んじるトマス主義（トミズム）の興隆が見られたのは、何ら驚くべきことではない。

なるほど、教皇ピウス九世が「誤謬表《シラブス》」（一八六四年）を発し、「真の」カトリック信仰は、進歩や科学や自由と相容れないと宣言したことは有名だ。フランスでこのあからさまな反近代路線を打ち出したのは、『ユニヴェール』を主宰したルイ・ヴィヨーである。ウルトラモンタンの彼は、カトリックの価値と革命に由来する価値は両立不可能だと述べている。教権主義も反教権主義も、しばしばこの図式に沿った発想をしていたとは言えよう。だが、カトリックの言論も、多かれ少なかれ時代の潮流に巻き込まれざるをえなかった点に注意しておきたい。カトリックのなかにもリベラルな一派はあり、そこではライシテにつながる発想さえ生まれている。

ソルボンヌ大学のカトリック神学部長アンリ・マレが、一八五〇年から一八五一年の講義に選んだ主題は、「教会と国家の法的・政治的分離」である（もっとも彼は、道徳面では教会と国家が「自由のうちに、そして自由によって」結びつくことを望んでいる）。

マレによれば、教会と国家の関係には四つの類型がある。第一に、国家が教会を従わせ、教会の精神的権力を「従順な道具、控え目な奉仕者」として利用する場合。第二は、逆に教会が国家を従える「教権政治」型。第三は、「二つの権力が区別され、それぞれに固有の領域を持つ」場合。ただし、実際には「両者は親密に結びつき相互依存している」。だから「教会法が国家の法となる。国家は公認宗教を持ち、教会は政治権力を持つ」。大革命前のアンシャン・レジームがこのタイプに分類される。だがこの型は、「一八三〇年憲章と一八四八年憲法により、完全に廃棄されてしまった」。そこで残るのは、第四の型しかない。すなわち、国家が「もはや公認宗教を持たない」体制である。「魂の自由がそのあらゆる広がりにおいて宣言される。良心、思考、礼拝は自由であり、それ自身のためにある」。教会は政治権力であることをやめ、「精神的な手段のみを用いて魂にはたらきかける」。「だから、教会と国家のあいだには政治的分離がある」。ただし、マレによれば、「両者のあいだには道徳的結合がありえるし、またそうでなければならない。つまり教会は、その行動においては完全に自由で、説得によるはたらきかけしか行なわないのだが、キリスト教的・宗教的信仰を魂のうちに再建し、みずからに必要な権威を再興することができる。いまやその権威は、自由な信念、人間の自発的な賛同のみに基礎を置いている」(Maret [1850–1851]1979: 96–97)。

このようにマレは、自由主義的な見地から、政治面での教会と国家の分離を認めるのだが、道徳と宗教の分離には抵抗する。ある意味でライシテの論理に沿い、人間の尊厳や理性を進んで認めるマレだが、それはやはりトマス主義の枠内においてであり、強調されるのは「啓示と信仰の必要性」である（Maret 1856）。彼にとって「独立した道徳」の発想はおぞましい。マレは、無神論者や自由思想家（カトリック神学者にしてみれば問題外）についてはあまり語らないが、折衷主義的な哲学者の神観念を激しく批判する。マレによると、彼らは「キリスト教の神概念に別の神概念」を対置するが、これは「言葉の濫用」であって「同じ言葉のうちに正反対の考え」が隠れている。神の意味を明確にすることなく、その名を援用するだけで、どうして道徳を基礎づけたことになるだろうか。彼らが必死に構築しているものは、「基盤なき建造物」となるほかない。道徳に宗教をくっつけるのではなく、宗教を道徳の根本に据えなければならないのだ。「公的道徳も、私的道徳も、その唯一の基礎となるのは、神観念である」（Maret 1850: XVII–XVIII）。

このように、一方で国家のライシテにつながる主張を展開しているリベラルなカトリックが、他方ではライシテの道徳の基本的な発想（道徳と宗教の分離）を否定している。ここから、次のようなことが言える。反教権主義陣営を形成する呼び水となった非妥協的な教権主義的カトリックのなかに、自由主義的な傾向を持ったカトリックは必ずしも含まれない。だが、リベラルなカトリックも、道徳と宗教の分離には反対する。反教権主義者にしてみれば、教権主義的カトリックも自由主義的カトリックも同類だろう。たとえば、マレと同じくパリの神学部教授であったシャルル・フレッペルは、信仰と科学の調和をはかるなど、ある程度カトリック内部の近代化を体現していたが、のちに見るように（第5章第一節）、この「自由主義者」は、一八八〇年代の教育改革の際には、議会のなかで最も代表的な「教権主義者」として共和派の向こうを張るのである。

ともあれ、いまや二つの相反する意見がぶつかりはじめていることを確認しておこう。反教権主義者は道徳と宗教の分離を唱え、カトリックは両者が分離不可能だと主張する。この状況は新しい。なぜなら、（道徳と宗教を分離する思想上の試みは以前からなされてきたとしても）一九世紀前半においては、宗教の社会的有用性と道徳的役割は、伝統主義的カトリックからフランス革命の継承者まで、ほぼ自明のこととされていたからだ。以後、道徳と宗教は分離可能か不可能かという問いは、政治や社会の秩序と運営を考えるときの核心的な争点となる。この問いは、二〇世紀に入ってからも、宗教とライシテの関係を根本から問い直す試金石であり続けるだろう。いずれにせよ、一九世紀後半の大局的な流れとしては、道徳から宗教的な調子が抜け落ちていき、政治的・社会的な調子を強めていく。それと同時に、宗教（的なもの）の個人主義化に拍車がかかる。この傾向は、実は宗教の科学的研究の発展とも無縁ではない。

## 三　宗教研究の科学的発展と脱政治化

今、宗教（的なもの）の個人主義化ということを言った。誤解を生まないように急いで付け加えておくが、これは宗教の制度上の私事化ではない。制度的に見ると、この段階——一八五〇年代から七〇年代——では、現状維持（コンコルダ体制）でなければ、むしろ私事化とは逆の動き（政治の領域におけるカトリックの進出）が起こっている。私たちがここで語る現象が見られるのは、精神の領域である（cf. Boutry 1991）。

一八四八年の革命に希望を託していた者にとって、最初の興奮に続いて起こった一連の出来事——社会的共和国の失敗から第二帝政の到来まで——は、政治に対する失望をもたらすに十分だった。彼らは、自分自身に向きあうことを余儀なくされた。ある者は、政治への新たな通路として、哲学や科学という迂回路を開拓した。別の者は、芸術のための芸術という旗印のもとであれ、科学という名の実験室に引きこもるのであれ、政治そのものから距離を取るようになる。こうして、文学や科学と政治とのあいだに溝ができる。

一九世紀半ばに文学の領域で起こった断絶とは何だろうか。これは、文学史家が長らく関心を抱き続けてきた問いである。あるフローベール研究者は、ユゴーとフローベールの政治に対する態度の違いから、一九世紀前半の文学と後半の文学を隔てるものを照らし出そうとしている。「ユゴーは少なくとも文学と同じくらい政治を好んでいる。〔……〕フローベールはこのような芸術観にまったく賛同しない。逆に彼が芸術家に勧めるのは、この世の外への撤退であり、一般に彼は政治への関与を拒んでいる」（Poyet 2001: 237–238）。フローベールは、教権主義も反教権主義も支持しない。『ボヴァリー夫人』を読めば、司祭ブールニジアンも薬剤師オメーも等しく俗物として描かれている。

大局的に見れば、ユゴーとフローベールのあいだの断絶は、一八三〇年の世代の文学と一八四八年の世代の文学の違いと考えてよい。宗教的感情を政治的野望と結びつけ、万人に向かって語りかけようとした「詩人」に代わり、自分自身の文学的救済を第一の目的とする「芸術家」が登場してくる（Bénichou 1992;［1973］1996）。この転換は、いわゆる文学史家のみの関心事ではなく、近代文学における宗教性を社会史の観点から理解したいと考える者の興味も引く。ユゴーやラマルティーヌのような一八三〇年代のロマン主義者が、政治的なものと宗教的なものを文学において融合したのだとしたら、政治的な失望を味わった次の世代のロマン主義者において、その宗教的なものの行方はどうなるのか。

このような巨大なテーマを扱うことは筆者の現在の能力を上回るし、本書の主要な課題から逸れることになる。だが、たとえばボードレールからマラルメを経てヴァレリーへと至る詩人の系譜を文学における宗教性の行方という観点から見直すとしたら(8)、それは本研究と多くの問題関心を共有するだろう。他にも、ユイスマンス、プルースト、アランなど、互いに系統はずいぶん異なるが、一九世紀後半から二〇世紀初頭にかけての時期には、政治から距離を保った作家が多く登場している。彼らは宗教（性）とも独特の関係を有していて、既存宗教の枠組みからはみ出したり、それに背を向けたりしながら、文学的営為そのものに宗教性を見出しているようなところがある。このような文学の宗教性を社会史的に分析するには、政治との関係を考慮に入れることが不可欠だろう。あえて乱暴な見通しを立てるならば、一九世紀前半の「政治参加型」の文学は、世紀半ばから大きく後退し、世紀末のドレフュス事件とともに復権する。このとき、ゾラのように文学から政治への通路をかなり直接的に見出す作家もいれば、政治状況を意識しながらもやはり文学の領域にとどまり続ける者もいるだろう。いずれにせよ、文学者は自分自身の精神的権力に依拠して同時代の社会を解釈し、それをみずからの文学活動に投影していくことになるだろう。

一九世紀半ばに政治、文学、宗教の関係が大きく変わったことは、科学の地位にも影響を与えずにはいなかった。これは、精神的な覇権の変動に関係している。『「知識人」の誕生』の著者、クリストフ・シャルルは次のように述べている。「〔一八世紀の〕「文人」、〔一八三〇年の世代の〕「詩人」、〔一八四八年の世代の〕「芸術家」は、啓示宗教の聖職者のモデルに取って代わろうとしていた。一八五〇年代から六〇年代以降、宗教に代わるものとして登場するのは科学である」（Charle 1990: 28＝二〇〇六・二八〔強調引用者〕）。つまり、カトリックから独立した精神的な覇権が、政治や社会に背を向けた「芸術家」から、アカデミックな「学者」ないし「科学者」の手に渡る。こうして科学は威信を高め、宗教と正面から争うようになる。

もっとも当時のフランスでは、最先端の科学に基づく研究を遂行するだけの環境が整っていなかった。この頃クロード・ベルナールが、実験器具がなくて満足な実験ができない「学者の苦悩」を語ったのは有名だ。一八六〇年代の自由帝政期になると、公教育大臣ヴィクトール・デュリュイが近代的な教育改革を推進する。なかでも、近代科学のための研究・教育機関である高等研究院が一八六八年に創設された。

こうして科学が着実な歩みで発達してくると、それまで支配的だった世界観とさまざまな齟齬をきたすようになる。「先史時代」の発見は、人類の歴史を約六〇〇〇年と見積もる聖書の年代学の維持を不可能にした。ダーウィンの『種の起源』（一八五九年）は、一八六二年に仏訳版が出た。訳者クレマンス・ロワイエは論争的な序文を付し、ダーウィン自身の説を踏み越えて、進化の法則を人類にも適用している。

こうして一九世紀後半には、宗教による世界観と科学による世界観とが、かつてなかったほどの規模で、全面的に衝突する。テーヌは、二つの世界観の対立をこう述べている。「一方は信仰により、他方は科学によって描かれた二つの絵画は、ますます似ても似つかぬものになっている。一方は有無を言わせぬ断定と規律の引き締めにより、他方は増大する発見と実用的な応用により、二つのものは別々に、しかも反対方向に展開している」(Taine [1890, 1893] 1986: 685)。興味深いのは、テーヌはここから科学を絶対の高さにまで引き上げていることだ。よくテーヌは実証主義者の一角と目されているが、彼の科学絶対主義は、観察される諸現象の相対性を強く意識したコントの実証主義とは大きく異なっている。それは、「科学」という新たな装いを施した形而上学的な還元主義である。テーヌはルナンとも異なる。のちに論じるように、ルナンの場合は、科学と宗教を正面衝突させるというより、宗教的精神と科学的精神の調和をはかっているからだ。

したがって、宗教と科学の対立にはニュアンスをつけておく必要がある。たしかに認識論的な地平においては、宗教のものの見方と科学のものの見方は互いに異なっている。だが、実生活において、科学者がみずからの従事する科学的研究と宗教上の信念とを矛盾なく調停していることは、当時においては珍しくない。「科学者は実験室に入るとき、宗教的信念をドアのところに置いていき、出るときにまた持っていく」と評したのは、エミール・ブートルーである (Lalouette 2002: 236–238)。科学的研究における「客観性」と宗教的信念の「主観性」を両立させることは、十分可能であった。

こうした主観と客観の線引きの問題は、宗教の科学的研究においては、他の科学にも増してデリケートな問題となりうる。宗教学は真に科学的と言えるのか、それは結局のところ主観的な信仰のカムフラージュではないのか。実を言えば、これは宗教学に長く付きまとうことになる問いで、今日の私たちにまで及んでいる。この問いの有効性が長期に渡るものだとして、では、一九世紀後半における宗教の科学的研究に特徴的な点とは何だろうか。

一九世紀前半の宗教研究と比較した場合、二つの大きな変化を指摘することができる。それは、脱政治化と専門化である。

宗教研究が科学的だと目されるためには、政治的態度を捨てることが要求されるようになった。すでに一八四五年の段階で、クザン派の哲学者エミール・セセは、ミシュレの『司祭、女性、家庭』には「多くの重大な誤り」が見られると批判している。この本は、明確な政治的性格を有した「暴力的なマニフェスト」だが、哲学とは「あらゆる暴力を断念」し「中立的」で「正当」なものでなければならない（*Revue des Deux Mondes*, février 1845: 377–408）。たしかにセセは、厳密な科学の観点からというより、折衷主義の立場からミシュレをあげつらっているのだが、ここには、研究に政治的野心を直接持ち込むことは、哲学的・科学的な正確さを損ねるという議論が含まれている。こうして、科学と政治の関係が変わりはじめる。

この転換の大きさをはかるには、たとえばコントが科学と政治を有機的に結びつけようとしていたことを思い浮かべて対比的にとらえる必要がある。二つの秩序の関係は、ずっと非直接的なものとなる。科学者は政治から距離を取ることを余儀なくされ、科学は政治的には「目立たない」武器となる。「一八四八年以降、普通選挙体制において右翼のカトリック有権者の影響力が増大するのを見て、学者たちは実証主義に撤退し（あるいは自分自身に閉じこもり）、別の戦闘を準備する」（Despland 1999: 101）。

たしかに学者のなかには、科学の成果を利用して政治的な闘争を行なおうとした者もいた。だが、むしろここで指摘しておきたいのは、科学の秩序と政治の秩序が分断されたことで、学者は自分の研究をしていればよく、その成果は政治とは関係ない、という思考回路が生まれたことだ。いずれにせよ、科学者に要求されたのは、科学者の資格においては、政治的意見を括弧に入れ、対象領域の限られた研究に従事することである。こうして専門的な知識と能力が求められ、文献学を修めずして宗教学者になることはできなくなる。

たしかに以前と同じように、文献学に依拠しなくても、宗教批判の言説を紡ぐことはできよう。だが今後は、この条件をクリアせずに、科学の名にふさわしい宗教研究を行なうことは不可能になる。フランスの宗教史家は、ドイツの文献学と歴史学に親しみ、複数の古代語を修めていく。この分野の専門家になるための道は狭い。

先に私たちは、エティエンヌ・ヴァシュローの『宗教』（一八六九年）を取りあげた。この本は、宗教についての哲学的著作ではあっても、当時の科学的な水準を満たすものではない。著者自身がそのことを意識している。「本書は、学殖豊かな作品というわけでも、考証に基づく批判的な著作でもない。聖書釈義の分野でフランスの科学にまだなすべきことがあるのなら〔……〕、それは、私たちよりも適任であるルス氏、ルナン氏、アヴェ氏などの学者に任せよう」（Vacherot 1869: I）。ヴァシュローは、こう述べることによって、自分が文献学者でないことを暗に白状している。そして普通、私たちはこのカント派の哲学者のことを、一九世紀後半の宗教学者だとは見なさない。

同様に、プルードンも宗教学の生みの親だとは考えられていない。ところで、彼には文献学的な学識がなかったわけではない。それどころか、この驚くべき独学の人は、ヘブライ語を自分で習得し、旧約聖書を原典で読むことができたという。ではなぜ、彼の名は宗教学の歴史のなかで忘却に付されているのだろうか。それはきっと、この社会主義者が、アカデミックな制度から離れたところにいたからだ。そしてそれ以上に、活版印刷工として労働者の世界に身を置いていた彼が、あまりに論争的なものの書き方をしたからだ。政治的な意見を括弧に入れることは、彼にはできなかった。プルードンのスタイルは、キリスト教を研究しながらこきおろすというもので、当時の宗教史家が一般に（神学者の宗教観を糾弾はしても）研究対象である宗教を尊重していたのと対照的である。またプルードンは、宗教の個人主義化の流れに同調しなかった。プルードンにとって「宗教的感情」とは理念の内面化ではなく、「自我の外在化、意識の人格化」であり、「そこから生じる高等な存在が人間に霊感と行動の指針を与える」という（Proudhon 1896: 18）。プルードンの物言いは、時代に逆行している。そして彼は、宗教の内面化という点で時代の波に乗っているルナンの「利己的」な態度をこう批判する。「ルナン氏は〔……〕正義や改革、政治的行動をほとんど信じていない。彼が好むのは、自分の心に閉じこもって殻を閉ざし、みずからの孤独な理念によって生きることだ」（Ibid.: 317）。非常に的確な指摘である。だが、このプルードンの対抗言説が、一九世紀後半の言論界で支配的になることはないだろう。

要するに、宗教の科学的研究を遂行するにあたって、ヴァシュローには文献学が欠けており、プルードンには政治の要素が多すぎた。文献学に依拠し、政治から十分に距離を取ること。一九世紀後半の科学的な宗教研究に課されたこの二重の条件を満たしたビッグ・ネームこそ、エルネスト・ルナンである。彼は、宗教を私事化しながら宗教の科学的研究を推進する一方、歴史状況のなかで、公的領域における新たな道徳的紐帯を模索している。したがってルナンは、宗教研究の歴史とライシテの道徳の歴史を相関的にとらえようとしているこの研究にとって、要となる位置にいる。次章ではこの人物に焦点を当て、彼のなかで科学、宗教、道徳、政治がどのような関係に置かれているのかを検討しよう。

(1) 「社会的カトリック」(catholicisme social) とは、キリスト教の伝統的な「愛徳」(charité) という概念が、労働者階級の生活条件を向上させる関心と結びついて、一九世紀に新たな側面を獲得したものと理解される。なお、「社会的カトリック」という言葉そのものが定着するのは一八九〇年頃で、一九世紀半ばには、「キリスト教的政治経済」(économie politique chrétienne)、「愛徳的経済」(économie charitable)、「キリスト教社会主義」(socialisme chrétien)、「カトリック社会主義」(socialisme catholique) などの言葉が使われた (Duroselle 1951: 68–69)。

(2) ルルーも「人類教」という、コントの宗教とまったく同じ名称のものを唱えるのだが、ルルーに言わせるとコントの「人類教」(およびサン＝シモン主義者の宗教) は、「キリスト教の馬鹿げたパロディ」でしかなかった (Le Bras-Chopard 1986: 50)。

(3) ジャン＝バティスト・デュロセルによれば、「社会的カトリック」(catholicisme social) よりも「キリスト教的社会主義」(socialisme chrétien) のほうが広義であり、両者は区別される。これは、一八四八年以前の社会主義全般が「キリスト教に結びついた慣用句」を多用していたことに関係している (Duroselle 1951: 13)。

(4) 教育のライシテについては、カルノーはキリスト教教育の縮小をためらった。共和政の公教育大臣だった彼は、キリスト教道徳協会 (Société de la morale chrétienne) の会員でもあった。

(5) このような民衆観は、マルクスの思想と無縁ではない。アルチュセールに連なるピエール・マシュレによれば、「子どものような民衆は、巨大でありながらまどろんでいるという、その精神的権力の潜在性という事実により、潜在的な知の持ち主にして、あらゆる可能な真実の担い手ないし受容者であり、さらにはその保護者であるというような神秘的な形象」が、一九世紀半ばに生まれてくる (Macherey 1991: 8)。

(6) 「自由思想」(libre pensée) には、唯物論的・無神論的側面もあるが、クザンの弟子の折衷主義者たちは、理神論的・唯心論的立場を代表した。第二帝政下で自由思想の協会を創設するのは難しく、一八五〇年代にはベルギーで多くの関連団体が生まれ、それが一八六〇年代の自由帝政の時期にフランス国内で運動が盛りあがるときの土台となった。一口に自由思想家と言っても実際には多様だが、それでもフランス社会から権威主義的なカトリックの影響力を取り除こうとした点は共通している（Lalouette [1997] 2001）。

（7）当時の自由主義的プロテスタントの言動をプロテスタントの文脈から理解する際に重要なのが、一八七二年の教会会議である。このとき正統派は将来の牧師に信仰告白の義務を課そうとしたが、自由派は反発し、双方に亀裂が生まれた。教義のうえで両者が一定の合意に達するのは一九世紀末で、このときプロテスタント信仰と近代科学を調停する役割を果たした中心人物が、オーギュスト・サバティエである（Carbonnier-Burkard et Cabanel 1998: 145-154）。

（8）この点で参考になりそうないくつかの書誌情報として、Pommier（1948）, Marchal（1988）, Gifford（1989）など。

# 第4章　エルネスト・ルナンの宗教史と政治的発言

本章では、エルネスト・ルナンの著作の分析を通して、彼の宗教史の特徴と基本構造を解明する一方、彼が学問研究と政治的発言の関係をどう認識していたのかを明らかにする。その過程で、この歴史家が宗教をどのように（再）定義したのかも見えてくるだろう。それは、彼の道徳観と相関的であるはずだ。これらの点を検討することで、ルナンが宗教研究の発展と道徳の脱宗教化にどのように関与したのかを示していく。

## 一　時代のなかの宗教史家

そもそもルナンは、どのような経緯で宗教史家になったのだろうか。簡単に言ってしまえば、聖職者になるための道を歩んでいた途中で、合理的な聖書釈義やドイツの神学に出会い、信仰が維持できなくなって宗教史家に転身したのである。ただしその際、キリスト教を丸ごと棄却したわけではない。超自然や奇跡を排除すれば、この宗教は依然として道徳的であるという見解を持ち続けた。そして、キリスト教を科学的な宗教史の観点から研究することを生涯の課題とした。

ルナンの宗教史には、時代の刻印がくっきりと押されている。そこには、二月革命とそれに続く一連の出来事に衝撃を受けた「四八年世代」の人間が、世紀半ばの変化をどう受け止めたのかがよく表われている。そうした点に注意しながら、以下ではルナンの宗教史の主要な特徴を、互いに関連する三つの観点から指摘したい。

### ◇文学的なものの最小化

ルナンはまず、文学的なものと科学的なものを区別し、自分自身を科学の側に位置づけようとする。たしかにサン＝ニコラ・デュ・シャルドネの小神学校時代には、ミシュレの歴史に「陶酔」し、「ユゴーとラマルティーヌが私の頭をいっぱいにした」こともある。この小神学校は、文才による教育を重んじたデュパンルーが主催していたもので、そこにはロマン主義文学が大手を振って入り込んでいたからだ（SEJ: 812-813＝上一六二―一六四）。だが、サン＝シュルピスの神学校に進むと、まったく別の雰囲気が支配していた。分校イシーの「慎ましやか」な教師陣は、「この世のことにまったく無知」で、伝統的な神学教育を守っていた。「私は近代文学の存在していることを忘れた。〔……〕私たちは、もはや現代に立派な作家がいるはずがないと考えることにあまりにも慣れてしまっていたので、はなから同時代のあらゆる著作を軽蔑していた」（Ibid.: 847＝下五〇―五一）。

実を言えば、ルナンの散文は文学的との評判もあったのだが、彼自身はこうした風評を好まなかった。彼の作品には文学的な戯曲と言ってよいものも含まれているが、自分が「文才をあてにしたことは一度もない」という。「文才が価値を持つのは、世間が子どもらしいからにすぎない。もし人びとが十分に強い頭を持っていれば、真理だけで満足するだろう」（Ibid.: 897＝下一三〇）。

ルナンは、このように自分のなかにある文学的要素を最小化することで、政治運動に直結するような熱狂的な文学や歴史と手を切ろうとしている。それと同時に、真理は科学の領分であって、文才とは無関係であることを示唆している。

ルナンの見るところ、「偉大な興奮はもはや役に立たない」。「一八四八年の革命に続いたさまざまな事件」は、彼に「理想と現実はまったく相容れない」ことを教えた。このときを境に、彼は「自分の理論的判断の正反対になるものを実際的な判断として採用する」という「風変わりな規則」に自分を慣らしたという（Ibid.: 783＝上一一七）。

こうした理論と実践の乖離は、実はこの歴史家における科学と政治の関係に対応している。一方でルナンは、研究においては理想主義を抱えておくことができると考え、政治が自由な科学の領域に介入することを拒否する。他方で彼は、学者として政治的提言を行なうことを自制しない。むしろ直接的に政治に関与しないぶん、「中立的」な発言ができるとさえ思っている。これは、知識と行動の秩序を分けつつ両者を有機的に結びつけようとしたコントの姿勢と大きく異なっている。ルナンにおいては、政治と科学は有機的につながっておらず、政治的関心を科学に持ち込む態度は科学的でないと感受されている。

### ◇宗教的なものの私事化

以上述べてきたことは、第二の論点である宗教の脱政治化と内面化にも関係する。文才の時代の終焉は、「社会的な宗教」の時代の終わりを告げるものでもある。

ルナンは二月革命直後に執筆した『科学の未来』（出版は一八九〇年）で次のように述べている。「この半世紀のあいだヨーロッパに根を下ろそうとした宗教宗派（sectes religieuses）はみな、批判精神の前に滑稽で非合理的なものとなり、敗れ去った」（AS: 810）。一九世紀前半のフランスでは、宗教の社会的有用性が広く認められ、宗教的な社会運動が盛りあがりを見せたことを想起するなら、「私たちの世紀にはほとんど宗教的なところがない」とか、フランスは「世界のなかで最も宗教的でない国だ」というルナンの言葉は実情にそぐわない印象を与える。だが、こう述べることによって、彼はフランス革命後に生まれた新宗教に破産通告をしているのだ。「これ以降、宗教宗派は起こらない」という彼の言明とともに、私たちは一九世紀後半の宗教状況へと移行する。

それでは、宗教の将来はどうなるのだろうか。それは言葉の受け止め方によるとルナンは言う。「宗教を教義の体系と理解するなら」、それは「いつか消えてなくなる」。だが、「確信を献身で、信仰を犠牲で補うような、熱を帯びた信念」という意味なら、「人類が永遠に宗教的であることは間違いない」（Ibid.: 812–813）。このように、ルナンは宗教の政治的・社会的側面や形式性を否定しながら、個人の内部において宗教を純化しようとする。いわゆる宗教の私事化（脱政治化・内面化）である[1]。

ルナン自身は、聖職者の道を諦めてなお宗教者たることを求めて、私事化を行なっている。神学者とは違った地平で、博識なキリスト教徒たるべく、科学的研究と宗教的信仰とを結びつけている。彼にとって、宗教史研究は失われた信仰の代償なのだ。この宗教史家は、「科学はひとつの宗教だ」と述べているが（Ibid.: 814）、これはテーヌのように科学を宗教の高みに引き上げて絶対化するというより、科学的精神と宗教的感情の融合を意味している。ルナンはこのような態度を「敬虔」（pieux）という代わりに「真面目」（sérieux）と呼んでいる（この語は彼の文章に頻出する）。言ってみればルナンは、世俗的な社会において科学的に真面目であるという新たな信仰形式を生み出したのだ。

科学者ルナンは、もはや神の摂理や人格の不死性などの神学問題にかかずりあうことはしない。その代わり、彼の従事する科学は、かつての宗教的信仰に匹敵する憧憬を抱かせるものでなければならない。先述のように、ルナンは科学から文学を取り除こうとしたが、科学を無味乾燥なものとして取り出そうとしたのではない。彼にとって科学とは、実在の素晴らしさに目を開かせ、美しい理想を抱かせるポエジーでなければならなかった。彼のなかで、このような理想主義的で審美的な科学観はずっと維持されていく。ただ、次の世代の歴史家の一部は、こうした態度を受け入れがたく感じるだろう。

ここで補足的に指摘しておきたいのは、ルナンが「科学への回心」を遂げて「科学的な信仰告白」を行なったことは、宗教的なものと科学的なもの双方の内面化を意味するように見えるが、ルナン自身は科学の普遍性を強調しているということである。つまり、彼の研究態度自体は非常に私的なのだが、研究の成果は万人に通用するものだとされる。別の言い方をすると、ルナンは宗教的なものも科学的なものも等しく脱政治化するのだが、宗教的感情は内面化されるのに対し、科学は客観的なものとして普遍化されようとする。

## ◇聖書釈義と文献学から一般史の構想へ

ルナンがこのような意味での「科学的」宗教史を思い描く際に依拠したのは、当時の聖書釈義と文献学である。ルナンがサン＝シュルピスの神学校に通っていた当時の院長は、東洋学者アントワーヌ・ガルニエであった(2)。聖書釈義に通暁していたこの老院長は、敬虔な信仰者というより博識な俗人という印象を若き神学生に与えていた(3)。当時のルナンが直接師事したのはアルフレッド・ル・イールで、十指に余る古代語と近代語を修めていたこの文献学者は、神学生ルナンにほとんどマン・ツー・マンでヘブライ語とシリア語を教え、この弟子の目をドイツの神学とドイツの聖書釈義へと開かせた。ル・イールの信仰は堅固で、文献学的な批判精神によって揺らぐことはなかったが、信仰と文献学の関係はルナンにおいてのっぴきならない問題となるだろう。

神学校時代のルナンは、コレージュ・ド・フランスにも足繁く通っていた。当時の大学諸学部は、ユニヴェルシテ体制に組み込まれて科学の動向にほとんど対応できていなかったが、コレージュ・ド・フランスの環境は、科学的研究により適していた。ルナンはこの学院で、インド学者ウジェーヌ・ビュルヌフから、文献学に基づいた歴史がいかに堅固なものであるかを学ぶ。ルナンは言う。ビュルヌフの歴史は「体系の精神によって思いつきで仕立てられたり、いわゆる哲学によってアプリオリな推測がなされたりする歴史ではなく、最も忍耐強く細部に細心の注意を払う研究に基づいている」。名前は明示されていないが、ここで槍玉にあがっているのはコントであろう。

またルナンは、ビュルヌフの研究は「ヨーロッパでせいぜい四人か五人しかついていけない」高度なものだと指摘し、「孤独のなか」で「自分だけが〔難解なテクストの〕秘密を握る」ような研究に強く魅かれている（QC: 121-126）。このように非常に専門性の高い歴史は、政治的熱狂の刻印を宿した歴史とは別のものである。

ルナンが『科学の未来』をビュルヌフに捧げたことは、師の後に続く意図の表われである。ただ、ビュルヌフは具体的なテクストの解明に集中し、安易な一般化を避ける態度を貫いたが、ルナンは一歩進んで、文献学の厳密な方法に基づきつつ、より一般的な歴史を構想する。

コレージュ・ド・フランスでルナンが師事したもう一人の人物は、ヘブライ語を担当していたエティエンヌ・キャトルメールであった。シルヴェストル・ド・サシの弟子で『アジア雑誌』などに数多くの論文を寄せていたキャトルメールは、セム人、フェニキア人、アラム人の歴史などオリエント研究に造詣が深く、ルナンの前に学問の世界を開いて見せた。ただルナンは、この東洋学者がさまざまな言語を別々に取り扱うにとどまり、「語族」という比較文献学の視点を導入していないこと、また聖書釈義に関しては当時の最先端の手法を意識的に避けているることに物足りなさを覚えた。ルナンに言わせると、キャトルメールは「理性的な神学者」で、コレージュ・ド・フランスで「ヘブライ、カルデア、シリアの文学」という講座を受け持ちながら、神学部の「聖書」講座と同じ内容の話をしている（Ibid.: 130）。

ルナンは、こうして師たちが古いテクストの内容の解明にとどまり、また文献批判の聖書への適用を躊躇していたところを踏み越えて、比較文献学を提唱し、キリスト教にも文献学のメスを入れた宗教史を思い描く。当然ルナンは、これを神学の観点から扱われる宗教の歴史とは異なるものと位置づけている。それが基盤としているのは超自然への信仰ではなく、理性と批判精神だからである。

ルナンはまた、自分の描く宗教史は、哲学や心理学の観点からの宗教論とも異質だと述べている。たしかに彼は、宗教の価値を判定する人間は何よりもまず心理学者でなければならないと言って、クザンの哲学に一定の評価を与えている。だが、人間の本質を思弁だけでとらえても議論は抽象的にとどまるから、人間が産み出した具体的な言語と宗教を相手にするべきだという（AS: 948）。

さらに文献学は、一九世紀前半の宗教史叙述――ルナンの目から見てあまりに文学と政治の要素が多すぎる――と決別するものでもある。ルナンの宗教史はル・イールやビュルヌフやキャトルメールに由来するものであって、キネやミシュレやサン＝シモンから出てくるものではない。その一方、ルナンの宗教史はけっして対象範囲を小さく限定するものではなく、一九世紀前半のロマン主義的な宗教史に負けず劣らず壮大である。ルナンにとって歴史とは、人間の精神を包括的かつ審美的に扱うことのできる科学であり、「一九世紀の真の哲学」である。そして、人間の精神史の特権的対象となるのが宗教にほかならない。

諸宗教の比較研究が、堅固な批判の土台に築かれたあかつきには、それは人間の精神史の最も美しい主題として、神話の歴史と哲学の歴史のあいだに位置を見出すだろう。宗教は哲学のように、人間の思考の必要性に答えている。また神話のように、人間の天分のうち自発的で本能的な行動の大部分をカバーしている。〔……〕宗教は、人間を知るのに最も適した手段なのだ。(Ibid.: 945)

しかも、このような宗教史は、まだほとんど手つかずの状態で新たな研究領域として広がっている。ルナンの見るところ、これまで宗教は真に歴史的な観点からは扱われていない――特にキリスト教は。「敬意や臆病があれこれの原因となり、突破を妨げている。ここに自由がなければ、合理的な議論はない」。「イエスの歴史も、ブッダやムハンマドの歴史と同じように、自由になる」必要がある(Ibid.: 945-957)。

ここで注意したいのは、ルナンは「諸宗教」を扱うと豪語しているが、主要な関心事はやはり「キリスト教」の科学的研究だということである。言い換えると、彼は諸宗教をまんべんなく研究するわけでも、神学者のようにキリスト教だけで満足するのでもなく、この宗教と他の宗教の関係に興味を抱いている。

そこで彼の特権的な研究対象となるのは、キリスト教の「起源」の探究である。ルナンは、ある時期まで神学者を志していた者として、誰よりも自分がこの仕事に向いていると信じている。のちに彼はこう書いている。「ある宗教の歴史を描く際に必要なのは、まずそれを信じ(そうでなければ何によってその宗教が人間の意識を陶酔させ満足させたのかが理解できないだろう)、次にそれを絶対的な仕方では信じなくなることである。というのも、絶対的な信仰は本物の歴史とは両立不可能だからである」(VJ: 83 = 五八―五九)。

キリスト教を中心とする宗教史は、科学と道徳の両面からルナンを引きつけた。この研究は、まだ誰も本格的に取り組んでいないものとして、若き学徒の科学的野心を焚きつけると同時に、彼にとっての道徳的理想の精神的源泉に日常的に触れることを可能にした。ルナンは神学者であることをやめてもなおキリスト教徒であることを望んでいた。「私の心はキリスト教を必要としている。福音書は常に私の道徳であるだろう」(SEJ: 880＝下一〇四)。また、「信仰は消えても道徳は残る」(Ibid.: 892＝下一二二) とも言っている。こうしてルナンは、一方ではみずからの科学的研究の「客観性」を謳いながら、他方では研究対象に見出される「道徳性」に感化されながらみずからの理想を追い求めている。ここには、ルナンにおける科学と道徳の関係がかなりはっきり示されている。

ルナンの科学的研究は、このような道徳的支柱を得て、疲れを知らないものとなる。『科学の未来』で若き宗教史家はこう夢想している。「一九世紀のもっとも重要な書物の標題は『キリスト教の起源の批判的歴史』に違いない。私はこの賞賛すべき著作を実現する者でありたい。そして死や外的な運命に〔……〕妨げられないかぎり、それは私の円熟期の仕事となるだろう」(AS: 950–951)。彼はこの自分への約束を果たしたと言える。実際彼は、一八六〇年代より『キリスト教の起源の歴史』を書き出し、これを完成している。

## 二　ルナンの宗教史の基本構造

『キリスト教の起源の歴史』は全七巻、足かけ二〇年に及ぶ著作である。ほかにもルナンは、宗教の歴史について実にさまざまな文章をものしている。それらは非常に膨大なもので、そこには一見矛盾する言明も少なからず含まれている。それゆえ、彼の宗教史を微に入り細にうがちながら再現することは、とても骨の折れる作業である。だが、その基本構造を取り出し、いくつかの重要なテーマについて検討を加えるだけなら、作業はぐっと楽になる。実際、ルナンの宗教史叙述を支えている図式と問題関心はさほど複雑ではない。彼は、キリスト教のなかで最もキリスト教的なものとは何かに興味があり、それがこの宗教を他宗教から分かつものだと考えている。それを当時の人文科学の手続きにしたがって示そうとする。ずばり、言語学の手法である。

## ◇「言語的人種」と宗教

同時代の少なからぬ論者と同じように、ルナンは人類を分類するのに「人種」の概念を手がかりにする。当時この言葉には、今日のようなショッキングな響きはない。ルナンは身体的特徴によって人種を類型化するのではなく、言語的特徴に注目する。「こうして、人類の集団を分割するのに、言語がほとんど完全に人種に取って代わった。もしくは「人種」という言葉の意味が変わった。血統よりも、むしろ言語や宗教、法や習俗が人種を作ったのである」(HPI: 32)。そしてこの「言語的人種」の観点から、セム人とアーリア人――両者は身体的には似通っていることがある――を別々の人種に分類する。(4)

一八五〇年代のルナンは、言語の研究にいそしんでいる。それはあたかも、一八六〇年代から執筆される宗教史の方法論を、あらかじめ確立しておくために設けられた期間であったかのようである。それにしても、なぜ言語なのか。それは、言語こそが、人間の精神の偉大な叙事詩のはじまりの扉を開ける鍵だと思われたからである。「言語仮に言語の分類それ自体が人類の起源を解き明かすものではないとしても、そこに近づくことはできる。「言語を深く研究することは、いつでも人間の精神の起源を扱うための最も効果的な手段であるだろう」(OL: 39)。また言語は、習俗の刻印を宿したものとして、宗教に直結するものと思われた。言語の分類は、そのまま宗教の分類につながると考えられた。ルナンにとって言語学とは、「人種」を「科学的」に決定し[5]、「宗教史」の「科学的」な叙述を可能にするものであった。

## ◇神話と宗教の関係──多神教的なインド＝ヨーロッパ語族と一神教的なセム語族

ルナンが宗教をどう分類したかを検討するにあたり、ルナンにおける神話と宗教の関係を把握することからはじめよう。彼にとって、神話は「組織されていない宗教」であり、曖昧さや矛盾を抱えた自然崇拝である。これに対して（組織された）宗教は、聖典や具体的資料を備えており、科学的な研究により適している。「宗教」に属するのは、ユダヤ教、キリスト教、イスラーム教、パールシー教、バラモン教、仏教など「アジアの偉大な諸宗教」であり、これに対置されるのが、ギリシア人やゴール人の「多神教の神話」である。「実を言えば、〔多神教の神話における〕崇拝は、ほとんど宗教の名に値しない。そこには啓示の観念が根本的に不在である。それは詩情豊かな象徴で表現される純粋な自然主義である」（AS: 953）。ここにはすでに「アーリア語族／セム語族」「多神教的西洋／宗教的東洋」の二分法的図式が透けて見える。

ルナンは、宗教を科学的研究の特権的対象に据え、神話をひとまず科学の対象外に置いている。これは、アーリア人よりセム人を評価していることの表われだろうか。もちろんそんなことはない。セム人の栄光は逆説的で、称えられつつ烙印を押されるのだ。どんなトリックが、それを可能にするのだろうか。

ルナンは、セム語と印欧語の言語構造の違いに注目する。動詞の活用が十分に発達していないセム語は、時制を支配する能力も叙法の多様性もない。接続詞や統辞法にも欠け、倒置文を作ることができない。屈折もなく、全体として単純で、砂漠の無味乾燥を思わせる。これに対し、印欧語は、豊かな文法と統辞法を備え、自然現象をその複雑で多様な状態において理解することができる（Olender 1989: 89–95＝一九九五・八七―九三）。

ルナンはここから、二つの「言語的人種」の宗教の違いを本質主義的に引き出してくる。インド＝ヨーロッパ語族は、多神教の言語によって、世界の豊かさをそのままに理解することができる。現にその投影である神々の名前は実に多様である。印欧語は哲学と科学の言語であり、それを用いる者たちは、想像力や発明の精神、思考の自由を持つ。これに対し、セム語族は、彼らの言語に柔軟性が欠けているように、狭く凝り固まった精神構造をしている。彼らは本質的に一神教的であり、また自分たちの宗教的伝統に縛られたままで、進歩の観念を知らない。「科学や哲学〔の言葉〕は〔……〕ほとんど〔セム族に〕無縁であった。けれども彼らはつねに、いわば優れた本能とともに、特殊な感覚とともに、宗教の言葉を聞いた」（HLS: 144–145）。

## ◇ユダヤ人の位置

宗教の本質が、多神教的思考構造よりも一神教的思考構造に求められるならば、人類は宗教に関してセム人に多くのものを負っているはずだ。ルナンは実際そのように考え、「全人類の共有財産」である聖書をもたらしたヘブライ人を高く評価し、彼らの宗教を研究することは「宗教研究の共通の土台」だと述べている（DC: 909）。

ルナンによれば、「異常な迷信だらけの未開宗教」から「純粋な宗教」への移行が決定的に成し遂げられたのは、「イスラエルのただなかにおいて」である。そこで宗教はどう変わったのか。ルナンは、神がいけにえを持ってくるのをやめるよう命じているイザヤ書第一章のくだりを引きながら、ユダヤ教とともに「道徳が宗教に入った」と述べている。「宗教は道徳的になったのだ。重要なのはもはや供物を捧げることではない。心のあり方や魂の正直さこそが、真の礼拝である」(Ibid.: 910-912)。

このような観点から、ルナンはユダヤ人を高く評価する。だが、彼らの功績はここまでである。「私に言わせてもらえば、イエス・キリスト以降のユダヤ人は、聖典を保存する役にしか立たなかった。〔……〕ユダヤ教は、発酵を促すパン種をもたらしただけだ」(QC: 239-240)。

ルナンの見るところ、セム語が世界の変化に対応できないように、セム人の宗教も歴史のなかで停滞するほかなく、ユダヤ教はすでにその歴史的使命を終えている[(6)]。ユダヤ人とその宗教はこうして過去に固定され、古めかしい史料が文献学的「解剖」の対象となる。これは、インド＝ヨーロッパ語族の持つダイナミズムの対極にある。「ユダヤ人は実生の若木にすぎず、そこにアーリア人種が花を咲かせた」(MA: 1143)。

もはや明らかであろう。ルナンはユダヤ教を評価するが、それはそこからキリスト教が出てきたからであり、そのかぎりにおいてでしかない。「キリスト教を掘り下げたければ〔……〕ユダヤ教を研究すべきである」(DC: 909)。ルナンのユダヤ教研究は、キリスト教への関心を映す鏡なのだ。

## ◇進化論的な宗教史とキリスト教の位置

『イエスの生涯』(一八六三年)の第一章で、ルナンはキリスト教に行き着くまでの宗教史を駆け足でたどっている。あまりに簡潔で、かなり乱暴な議論だが、それゆえにルナンがキリスト教を他宗教との関係においてどう位置づけているかがよくわかる。これまで述べてきたことと重複する部分もあるが、確認しておこう。

ルナンは人間を本質的に宗教的なものと見る。「人間は、動物と区別されたときから宗教的であった」。だが、この卓越せる天分も、最初は「粗雑な形式」しか取ることができなかった。そして今も、世界にはそのような宗教が残っている。未開宗教に対するルナンの露骨な蔑視は、今日の私たちの通常の感覚に少なからぬ衝撃を与えるはずのものだ。

この感情〔自然のうちに人間や現実を超えたものを見る感情〕は、何千年ものあいだ、世にも奇妙な仕方でさまよった。多くの人種において、この感情は、呪術師に対する粗雑な形式の信仰という域を出ることはまるでなかった。このような信仰は、今なおオセアニアの一部に見出される。ある種族において、宗教的感情の行き着く先は、殺戮という恥ずべき情景である。これがメキシコの古代宗教を性格づけている。他の地方、とりわけアフリカにおいては、フェティシズム、すなわち超自然力を持つとされる物質的対象に対する崇拝を超えることはまったくなかった。（VJ: 85＝六〇）

その後、中国、バビロン、エジプトなどの「輝かしい文明」は、「宗教にいくらか進歩をもたらした」。だが、中国は「一種の凡庸な常識」に達しただけで、「人類の大潮流の方向づけにはいかなる影響も与えなかった」。バビロニアとシリアの宗教は、「その基底にある珍妙な好色を脱することはけっしてなかった」。エジプトには「形而上学的な教義」と「高度な象徴主義」があったが、やはり人類の信仰がやってきたのはエジプトからではない。これらの宗教には「迷信的性質」という致命的「欠陥」がある。「幾世紀にも及ぶ専制主義に抑圧された人種」から偉大な道徳思想が生まれるはずはない。

このように未開宗教、古代宗教の多くを切り捨ててから、ルナンはこう述べる。「魂の詩、信仰、自由、正直、献身は、二つの偉大な人種とともに世界に現われる。インド＝ヨーロッパ族とセム族だ。人類を作ったのはある意味で彼らである」（Ibid.: 86–87＝六二）。しかし、インド＝ヨーロッパ族は、多神教から逃れられず、自分の力で一神教を生むことができなかった――それでもルナンは、彼らが憂愁や慈愛、想像力や真面目な性質など、「道徳と宗教の本質的な条件」を備えてはいたと書き加えている。そこで、「人類の宗教を作った光栄を担うのは、セム族である」(Ibid.: 87＝六三)。ルナンは進んでセム人の「優越性」を語る。だが、先に示唆したように、セム人の宗教に対する高い評価は、そこから出てきたキリスト教にいっそう高い評価を与えるためのものである。

### ◇ユダヤ教、キリスト教、イスラームの関係

ルナンは、「キリスト教の最初の世代は本質的にユダヤ的である」ことを認めている(DC: 914)。だが、「イエスはユダヤ教の継承者ではない。それどころか、彼の事績を特徴づけるのはユダヤ的精神からの断絶である」とも明言している(VJ: 369＝三七一―三七二)。この見方にしたがって、キリスト教はセム系のラインから切断され、印欧系の歴史に接続される。

このようにキリスト教の場所をユダヤ教とは別の次元に確保したあと、ルナンがユダヤ教を継承する宗教として位置づけるのがイスラームである[7]。ルナンは、ユダヤ＝キリスト教的な一神教を「アラブの趣味」に合わせたこの宗教を、頭ごなしに否定するわけではない。実際彼は、ムハンマドをかなり高く評価しているし、イスラームに「寛容」で「開いた」側面があることを意識している。一二世紀まではヨーロッパのほうが、アラブ・イスラーム世界より哲学や科学の領域で劣っていたことも認めている。だがルナンは、哲学や科学がアラビア起源ではなく、ギリシアに由来すると付け加えることを忘れない。さらに、イスラームは一二世紀以降、哲学と科学の面でまったく進歩を見せず、狂信主義に堕落したと述べている。「とりわけ中世後期以降、イスラームの国々で道徳性と知性がひどく低下したことは、いつも私を嫌な気分にさせた」(QC: 134)。

このとき以来、キリスト教的西洋とイスラーム世界にはまったく共通点がないとルナンは言う。「セム的精神の恐るべき単純性」に特徴づけられたイスラームは、「ヨーロッパを完全に否定したもの」である（HMV: 333）。ところで、この「乗り越え不可能」な違いを前にしてルナンが提案するのは、イスラームの異質性をそのまま西欧の外部にとどめておくことではなく、この宗教に近代的精神を注入し、改革をもたらすことである。「イスラーム教徒をその宗教から解放することが、なしうる奉仕として最良のものである」（DC: 963）。この「人道的」で「有益」な提案は、植民地への介入の論理となるだろう。

ルナンと植民地主義の問題にはまた立ち戻ることにして、ここではユダヤ教とイスラームがまとめられ、キリスト教と区別されている点を確認しておこう。たしかにこれら三つの一神教はすべて「セム民族」のあいだに生まれたもので、「同じ幹の三つの枝」ではある（HLS: 145）。だが、ルナンによれば、キリスト教は精神の「自由」と「開放性」に特徴づけられており、「文字通りセム的なものというわけではない」（cité dans Olender 1989: 96–97＝一九九五・九五）。

### ◇ルナンのイエス像

ルナンは、宗教的なものを内面化した人物としてイエスを描いている。『イエスの生涯』のここかしこで読者が出会うのは、聖職者や形式的な実践を有害で無駄なものとして退け、純粋な心と感情、内なる自由を称揚するイエスの姿である。イエスの神は内在的な存在である。「神は外側にあって彼に話しかけているのではない。彼は神のうちにいる」（VJ: 132＝一一二）。そしてイエス自身は神ではなく「比類なき人間」である。「比類なき人間」。これは一八六二年のコレージュ・ド・フランスの開講講義で口にされ、一大スキャンダルを巻き起こした言葉である。『イエスの生涯』の出版は、その余韻が残るなかでの出来事だった。これ以後ルナンは、正統的なカトリック陣営から完全に締め出されることになる――断固たる反教権主義者と見なされるようになるわけでもないが。

なお、心情と形式の対比は、ルナンの想定するキリスト教とユダヤ教の違いに対応している。「神は心のみを見るのであってみれば、身体のみにかかわる実践や清めの儀式など何の役に立つのか。伝統はユダヤ人にとって極めて神聖なものだが、純粋な感情に比べれば何物でもない」（Ibid.: 139＝一一九）。ここにはまた、精神の優位と身体の蔑視が典型的に見られよう。ルナンによれば、キリスト教は精神を高める宗教、「高き魂」の持ち主たちの宗教である。彼はイエスが行動の人であったことも忘れずに述べているが、ルナンのイエス像には主知主義的傾向が強い。

もうひとつ指摘しておきたいのは、ルナンはイエスが政教関係について永遠の真理を示したと考えている点だ。「カエサルのものはカエサルに、神のものは神に返すべし」という言葉で、イエスは「何か政治とは無縁のもの、暴力の国の真ん中に魂の避難所を創り出したのだ」（Ibid.: 161＝一四三）。イエスは政治と宗教を別の領域ととらえ、「政治を無意味なもの」と公言し、「人間は市民以前のもの、市民以上のもの」だという「真理」を世に知らしめた。ルナンはこのようなイエス像を提示することで、同時代の社会に対して政教分離の必要性を暗に訴えている。

### ◇キリスト教史の概略

ルナンによれば、キリスト教の精神はイエスに集約される。では、イエス以後のキリスト教史の流れはどのようにとらえられるのだろうか。キリスト教の本分は、あくまで宗教の内面化にあると考えるルナンにとって、教会はイエスの教えに背いている。

興味深いのは、ルナンは教会の精神をユダヤ教的と見なし、それをペテロに代表させる一方、パウロには行動と布教の情熱を見出し、「最初のプロテスタント」と評価していることである。

ローマ教会は〔……〕パウロ派の定礎によるものではなく、エルサレム教会と直接的に結びついたユダヤ＝キリスト教が創設したものである。ここは一度もパウロの領分とはならないだろう。〔……〕ローマ教会はいつでも禁欲的、司教的な性格を持ち続け、パウロのプロテスタント的傾向と対立するだろう。ペテロがその真のリーダーとなる。そして、異教的な古いローマの政治的精神と階層秩序の精神が浸透したローマ教会は、新たに真のエルサレムになるだろう。教皇の街、重々しい階層秩序の宗教の街、物質的な秘跡の街〔……〕。それは権威の教会になるだろう。(SP: 817–818＝七四)

もっともパウロ自身、権威にしたがうべきことを説いているし、彼がユダヤ教会から離れたことはなかった。そのためルナンのパウロ評価は両義的で、「パウロの果たした役割はイエスに比べればずっと低い」などと述べている (Ibid.: 1089＝三六九)。そうかと思えば、こうも言っている。「パウロの手によってキリスト教はいかに完全にユダヤ教から断絶したことか。イエスもそこまで遠くには行っていなかった」(Ibid.: 1029＝二九六)。これは一見矛盾するが、少なくとも言えるのは、ルナンはイエスとパウロのタイプの違いを認めながら、両者を評価していることである。魂の清らかさを価値化し、真善美の理想を体現したのがイエスだとすれば、激しい布教の情熱を持っているのがパウロである。

このイエスとパウロの対比は、ルナンとコントの違いを際立たせる。コントは、パウロをカトリック教会の創設者と見なし、この使徒の持つ体系の構築力を評価している。これに対してイエスの名は、コントの著作においい、ほとんど奇妙なくらいに不在である。他方、ルナンにとって、宗教史上の最重要人物はイエスにほかならない。パウロは、イエスの精神の布教者として高く評価されるが、ユダヤ教会の影響を脱していないと語られるときには評価が低くなる。単純化して言えば、キリスト教のなかでコントが重視しているのは教会で、ルナンにとってそれは内面の自由である。

ともあれ話を戻せば、ルナンのキリスト教史は、ユダヤ教からの漸次的離陸として描かれており、両者が遂に完全に手を切るところまでが再構成されている。彼は言う。パウロの時代までは、キリスト教とユダヤ教の親近性が見られたが、すでに一二五年より、キリスト教の起源がユダヤ教であることを否定しようとするグノーシス主義の影響によって、ユダヤ教がキリスト教の「敵」だと考えられるようになった。そして、マルクス・アウレリウスの時代に、双方の乖離がますますはっきりしてくる。三世紀には、グノーシス主義の流れを汲むアレクサンドル学派がこの流れを推し進めた。そして、コンスタンティヌス帝のキリスト教公認により、ユダヤ教とキリスト教は完全に分離する（DC: 915-918）。これによって、キリスト教はヨーロッパに決定的に根を下ろし、アーリア人の歴史と一体になる。このことは、キリスト教が国家と直接的な関係に入るようになったことも意味する。宗教の真髄は純粋に内的な礼拝にあると考えたルナンにとって、中世のカトリックは、非難の対象ではあれ、大がかりな論述の対象ではない(8)。

それに比べて、ルナンはプロテスタントにかなり好意的である。彼は若い頃ドイツの聖書釈義や神学に学び、そこに「高い宗教的精神と批判精神」の融合を認めた。プロテスタントであれば、哲学者でありながらキリスト教徒でいられるのにと残念に思うこともあったという（SEJ: 866＝下八〇）。また、彼の妻コルネリー・シェフェルはプロテスタントであった。もっとも、ルナン自身は最終的には改宗しないし、フランスを新教国にすることも非現実的だと考えている。

「公認教会の設立は、すでに自由な国においては、自由の条件でありえよう。だが、中央集権的な国において公認教会を設立すれば、それは逆に自由を侵害する」（QC: 277）。このような認識を示しつつ、ルナンはフランスの歴史的・社会的条件に即して宗教の自由を確保する道を模索する。

### ◇将来の宗教――キリスト教の改革

「近代社会の宗教の将来」と題された一八六〇年の論文で、ルナンは「もし宗教に将来があるとすれば、それはどんな将来だろうか」という問いを立てている。この問題意識は、『科学の未来』（一八四八年の革命直後に執筆）での議論と重なっているが、改めて一八六〇年の論文に沿いながら見ていこう。

ルナンはまず、既存の宗教の外部に新たな宗教が生まれるだろうかと問い、はっきり否と答えている。おまけに彼は、フランス革命以降に見られた社会運動を宗教的なものとは見なさない。「サン＝シモン主義のような企ては、ひとつの誤解に基づいている。それは、福利や産業など、まったく宗教的でないものに宗教の名をあてがおうとしている。〔……〕革命派の企ても同じように誤っている。革命はまったく世俗的な事実であり、とどのつまりその要諦は民法典である」（QC: 242–243）。ルナンは、革命的興奮や社会的沸騰を宗教的とは言わないのである。私たちの見立てでは、一九世紀前半のフランスで宗教の社会的有用性に疑問符がつくことはまずなかった。だが、ルナンに言わせると、その頃宗教の名で語られていたものは、実は宗教と言える代物ではなかったのだ。

　では、既存の宗教のうち、どの宗教に将来を託すことができるだろうか。このような問いを立てて、ルナンはキリスト教以外の宗教をすべて退けている。彼は三つの一神教のうち――その他の宗教は最初から相手にされない――、ユダヤ教とイスラーム教は神権政治という「嘆かわしいシステム」を維持しているという。これに対し、キリスト教は、二つの権力の分離のおかげでこの害悪をまぬかれている。「精神的なものと世俗的なものの分離」という、「ユダヤ人社会とムスリム社会はほとんど考えつかなかった」この原理こそ、「キリスト教的ヨーロッパの救い」である。ここに、「セム族／インド＝ヨーロッパ族」の二分法的図式が維持されていることは言うまでもない。ルナンは臆面もなく「ゲルマン原理」の優越性について語る。権力を行使する者に権力を委ねるこの原理は、「個人の権利」を確固たるものとして打ち建てた。「私たちの望みは、各人が自分の信仰告白（symbole）を持つことだ。私たちはあまりに強い結合を恐れている。それは自由を妨げかねないからだ」（Ibid.: 241）。

　ルナンによれば、このように政治の外に自由を確保するキリスト教のみに将来がある。だがこの宗教も、大きく変わらなければ生き残れないだろう。では、「キリスト教の改革」（Ibid.: 239）の要点は何か。それは、個人の内面の自由を保障する新たな政教体制を構築することだ。それによって「人類の宗教コード」（Ibid.: 235）が変われば、宗教は永続するだろう。

　世界は永遠に宗教的なものであるだろう。広い意味でのキリスト教は、宗教の最終形態なのだ。キリスト教は、かぎりなく変わる可能性を秘めている。公的に組織されたキリスト教は、国民教会の形態であろうと、教皇権至上主義の形態であろうと、みな消滅する運命にある。自由で個人的、そして内側に無数の多様性を備えたキリスト教。最初の三世

紀に見られたようなこのようなキリスト教こそ、ヨーロッパの宗教の将来だと思われる。（Ibid.: 272）

ところで、ヨーロッパ内部にもプロテスタント系の国とカトリック系の国がある。ルナンは言う。プロテスタント国なら、必ずしも教会と国家を分離しなくとも、自由で個人的なキリスト教徒たりえる。だが、カトリック優位のコンコルダ体制が敷かれているフランスでは、「自由が奇妙にも忘却」されており、「人間の精神の側面がまったく理解されていない」（Ibid.: 259）。それゆえフランスでは、教会と国家の分離が必要なのだという理路がここに開かれる。

こうしてルナンは、二重の意味でライシテを推進している。というのも、ライックな（非神学的な）手法で宗教を研究しながら、宗教のライシザシオン（政治や社会の秩序に属さない宗教の創設、宗教の内面化・自由化）を提言しているからだ(9)。

## ◇ブルターニュ――ノスタルジーの特権的な場所

このように、ルナンの宗教研究は、宗教的精神の近代化という関心とリンクしていた。そして、どれだけ近代的であるかが、過去の宗教を評価するときの指標となっている。では、この宗教史家を「近代的精神と同化し、当時の最先端の科学で宗教を切った人」というイメージでとらえておけばよいだろうか。そうとは言えないところがある。ルナンは、権威的で形式的と映る宗教に対しては近代の側に立って批判するが、実は近代性自体に対しても批判的であり、過去や滅びゆく宗教へのノスタルジーも見せている。その特権的な場所が、生まれ故郷のブルターニュである。科学者を自任するルナンだが、この土地について語るときは、情熱のままに筆を運んでいる（Balcou 1992; White 1993）。

ブルターニュに足を踏み入れるや、「突如として大変急激な変化が感じられる」とルナンは言う。そこは世界の他の地域から切り離された別世界である（EMC: 252）。そこに暮らす人びとは、ヨーロッパが未開だった時代の世界を保持している。彼らは何より名誉を重んじ、理想主義的で審美的、そして道徳的である。これほど産業や商業に不向きな者たちはいない。時代についていけないことは明らかだ。だが「せめて、別の世界の生き残りの人たちにどうか寛容の心を持っていただきたい」（SEJ: 761＝上八〇）。

ここにもまた、セム的なもの（商才豊か）とアーリア的なもの（理想主義）の対立を見て取ることができる。過去に縛りつけられたはずのユダヤ人の精神が、このときばかりは近代的なものに反転されている。もっともルナンは、基本的にはユダヤ人もブルトン人も過去に属する民族と見なしている。一方は史料が存在するため「科学的研究」の特権的対象となり、他方はもっと自由な「ロマン主義的語り」を許す対象となる。

もうひとつ指摘しておきたいのは、ルナンのなかでは、古きよきブルトン的感性と近代的なキリスト教とが、その歴史的な距離にかかわらず、比較的なめらかにつながっていることだ。それは、ブルトン人もキリスト教徒も、優美さや貞潔の美徳を備え、ともに理想主義的で審美的、道徳的だと見なされているからである。

さらに注目すべきは、高度な専門的知識を有した歴史家として文化貴族然とし、普段は民衆から距離を取っているルナンが、ひとたびブルトン的感性の説明が問題となるや、ブルターニュの民衆の代弁者となることである。実際に民衆のなかに分け入っていったわけでもない彼が、ブルトン精神とは何かを語るのである。

### ◇自己に回収される他者――オリエンタリズムという問題

ルナンはユダヤ人とブルトン人を過去に封じ込め、一方を「解剖学的」な研究の対象とし、他方を「抒情詩的」な語りの対象とする。これら二つの過去に属する対象は、一九世紀の脱キリスト教的ヨーロッパを生きるルナンに自尊心や慰めを与える鏡のような役割を果たしている。

ルナンの心構えがそもそもこのようなものだったとすれば、ブルターニュやオリエントに出かけて、現実を発見するというより、前から知識として得ていたものを現地で確認するだけだったとしても不思議ではない。これは、エドワード・サイードが「オリエンタリズム」と呼んで批判している表象の仕方に該当する。

実際サイードの筆はルナンに対しても割かれている。ルナンは、オリエント研究を開始した第一世代の業績をもとに、オリエンタリズムの言説を確固たるものとし、堅固な知的体系を築いた第二世代の大立者と目されている。サイードは、ルナンがセム族という範疇を設け、「西洋」対「東洋」の図式を作りあげ、西洋の知的・精神的支配を正当化するやり方に注目している（Said 1978: 130–148＝一九九三・上三〇一―三三九）。

この知的・精神的支配は、政治的・軍事的支配とも直接的につながっていた。ナポレオン三世は一八六〇年、オスマン・トルコ帝国の衰退に乗じ、現地で「迫害」を受けているキリスト教徒を「保護」する名目で、軍隊をパレスティナに派遣している。このときルナンは「公式考古学調査団」として同行した。この旅行が、聖書の読書を完成する。彼は、「原文と場所の鮮やかな一致」に感激し、眼前に繰り広げられる福音書の世界を「第五福音書」と形容している（VJ: 79＝五四）。イエスの時代とルナンの時代が、およそ一九〇〇年の時で隔てられていることにもお構いなしである。そのあいだに何かよくない変質が認められるとすれば、それは「異教徒」のせいである。「イスラームが聖地のいたるところに持ち込んだ何やら汚らしく嫌なものを別にすれば、ナザレの町は、イエスの時代には、おそらく今日の町と大差なかった」（Ibid.: 99＝七五）。

ここまで、ルナンの宗教史の基本構造を提示してきた。その過程で、彼の学問研究が当時の政治状況とかかわりを持っていたことが、一度ならず浮かびあがってきた。科学的研究のなかに政治的な位相が認められるわけだ。ところで、ルナン自身は科学からできるかぎり政治の要素を取り除こうとしていたのではなかったか。それでも彼は、政治的な発言を行なうことをみずからに禁じていたわけではない。では、ルナンのなかで科学的研究と政治的発言はどのような関係にあったのだろうか。そして、具体的にはどのような提言をしているのだろうか。これらを解明することが、次節の課題である。

## 三　科学的研究と政治的提言の関係

ルナンは、科学と政治が別の領域に属すと見ている。科学のなかに、道徳的理念が入り込むとしても、政治的興奮の占める場所はない。したがって、この学者の政治に対する態度は、一世代前の哲学者や文学者、歴史家たちのそれとは大きく異なる。彼らにおいては、科学研究と政治運動とがしばしば直接的につながっていたからだ。ただしこのことは、ルナンが政治的発言を行なうことを妨げない。

ここに見られるのは、学者と政治の関係の変化である。学者は、政治運動を直接的に導くことなく、政治的な意見を述べられるようになった。ルナンは社会の情勢に応じてみずからの利害関心をしばしば表明するが、彼の政治的態度を特徴づけているのは「非行動」である。

以下ではまず、ルナンの政治に対する基本的態度を提示する。そこにはいくらかの変化ないし発展が見られる。

すなわち、第二帝政下における彼の政治的主張は、国家が科学の振興に力を尽くすよう求めることにほぼ限定されていたが、普仏戦争後は、さまざまな政治的提言を行なっていく。そこで次に、その具体的内容を三つの点に絞って検討する。第一に、政治と宗教の関係。第二に、ルナンにとっての理想の政体と、共和国における道徳の位置。第三に、彼の教育改革構想である。ルナンがライシテの道徳を作ったとは一般には考えられていないが、彼が科学と政治とを分節化するやり方は、ある意味で、第三共和政における宗教学とライシテの道徳の関係を先取りしている。

### ◇政治に対する基本的態度

若きルナンの野心を焚きつけたのは、眼前に大きく開けた科学の世界であって、政治の世界ではなかった。一八四八年の革命の際、彼は共和派にも王党派にもつかなかった。既存の秩序を揺るがした共和派を嫌悪する一方、金権政治の袋小路に陥っていた七月王政の瓦解は当然と考えていた。フランスを救う道は、政治ではなく科学にある。『科学の未来』でルナンが国家に求めているのは、科学の庇護と研究の自由の尊重である。

個人では、観測所を設立したり、図書館を作ったり、大がかりな科学施設を建てることはできない。だから国家が科学に対し、観測所や図書館、科学施設を設けなければならない。個人だけでは、研究できなかったり、研究成果を発表できなかったりすることがある。国家が補助金を出すべきである。〔……〕国家はしかるべき研究者に対し、不都合な欠乏を強いることなく、落ち着いて仕事を続けるのに必要な手段を何らかの形で提供しなければならない。（AS: 927–929）

そしてルナンは、科学は完全に自由な条件のもとでしか存在しないから、国家は「科学を規制管理するいかなる権利も」持たないと述べる（Ibid.: 930）。つまり彼は、国家に財政援助を求めつつ、科学の内容への介入を拒んでいる。ルナンにとって政治とは、科学の財政支援をするものであり、二次的な重要性しか与えられていない。

そうはいっても、ルナンはルナンで、フランス革命後の社会がきわめて不安的な状態にあることを認識している。その原因は、社会の再組織化のための諸原理が互いに矛盾している点にある。ではこの現実を前に、ルナンはコントのように、科学に基づいた政治論を構築しようとするのか。答えは否である。ルナンは、さまざまな政治的議論の調停は、政治自身の責務だと考えている。

このように考えるルナンにとって、権威主義的な体制のうちに普通選挙制度を抱え込んだ第二帝政の環境は、さほど居心地が悪くなかったはずだ。名門貴族の出でもなければ民主主義者でもなかったこの科学者は、一八六〇年代の自由帝政時代に推進された近代的な科学振興政策に一定の満足を示している。そして彼は、帝政がもっと分権化を進め、より自由な活動がさまざまな領域で発展することを期待している。

ここで触れておくべきエピソードがある。ここまで、政治は科学者の仕事ではないと考えているルナン像を提示してきたが、実は第二帝政末期の一八六九年、ルナンはフランスが内外の政治的危機に見舞われていることから、セーヌ・エ・マルヌ県より国会議員に立候補している。その際、友人に書き送った手紙には、「私はこの期に及んで、あまりに自分の趣味と怠惰に耳を傾けていることは許されないと思った」とある（一八六九年三月八日付）。

政治家になる決意をしたルナンは、政治から距離を保ってきたルナンと一見矛盾する。だが、そのあいだにはやはり、ルナンの政治に対する基本的態度が維持されている。実際彼は、自分を政治家と位置づけておらず、学者としての「中立的観点」と「精神の独立性」をアピールしている。

この選挙の際に作成されたパンフレットには、いくつかの政策提言が収められており、ルナンの政治に対する考えがよくわかる（cité dans Strauss 1909: 295–299）。ルナンはまず、自分の政治スタンスは伝統主義でも急進主義でもないと言う。「私はいかなる党派にも属さない」。自分の望みは、革命による政体の変更ではなく、「政変なしで最も深い変革」を実現することである。この段階でルナンは、共和政の可能性を考慮に入れていない。

次にルナンは、進歩の観点から、民衆の公教育の発展を支持すると述べている。基本的にルナンは精神貴族で、民衆教育よりも高等教育における自由な研究の進展のほうに関心を抱く人間なのだから、この主張は興味を引く。最後にルナンは、あらゆる領域で自由が展開することを望んでいる。科学の自由は言うまでもなく、出版の自由、集会の自由、結社の自由、そしてとりわけ宗教の自由を要求している。「現段階で私が望むのは、聖職者は教会の指導に専念して、市町村の問題や政治にかかわらないということである。将来的には、教会と国家の分離を望んでいる」。

選挙の結果は落選であった。一八七八年には上院議員になる話が持ちあがったが、これは早期に頓挫し立ち消えになった。結局ルナンが政界に入ることはなかった。ルナン自身、政治家という称号は自分にふさわしくないと考えていた節がある。その一方、アカデミズムの象牙の塔から、学者の資格で政治問題について語る権利は保持している。行動せずに発言するこの政治的態度は、現象として新しい。彼の政治的発言は、普仏戦争の敗北後、より目立ったものとなり、世論にも少なからぬ影響を与えることになるだろう。

こうして一八七〇年という年は、ルナンにとってひとつのターニング・ポイントとなる。たしかにこれ以降も研究の自由を主張し続けているのだから、原則的な立場は変わらない。だがこの歴史家は、このときを境に、国民統合を可能にするものは何かを真剣に求め、祖国が緊急の改革に取り組むよう声を大にするようになる。いまや、愛国主義がはっきりとルナンの思考のなかに入ってくる(10)。

### ◇政治的なものと宗教的なものの分離——ライシテの先駆

祖国は危機に瀕している。宗教は何か積極的な役割を果たすことができるだろうか。理論家ルナンの答えは、否である。宗教は、政治の秩序から独立しているべきだからである。だが、政策提言者ルナンは、教会と国家の分離の実行を急がせようとするわけではない。

理論家ルナンが政治と宗教を分けるやり方は、外面と内面、あるいは公と私の分離に対応している。これは、コントが精神的権力と世俗的権力を区別したやり方とは大きく異なる。コントにおいては、二つの権力の違いは、理論をつかさどるか実践をつかさどるかの役割上の違いであって、両者は区別されながらも、有機的に協力する関係にあった。また、公と私のあいだに明確な分割線は設けられていなかった。これに対し、ルナンにおいては、理論と実践の関係はもはや有機的ではなく、互いに矛盾する。また、精神的権力は私的領域に、世俗的権力は公的領域にかかわっている。

このように、政治と宗教の分離を公私の分離に対応させている点で、ルナンの構想する政教関係は、実際のライシテの姿にかなり近づいている。「ルナンには、ほぼライシテと言えるものがある。それは、行政上の見せかけの宗教を純化し、各人にみずからの信仰を選ぶ自由、またそれを信仰告白するのに十分な自由を委ねるものだ」(Barret 1992: 60–61)。

第二帝政が崩壊していくのを前にして、宗教の自由に対するルナンの考えは変わったのだろうか。原則は変わらない。一八六九年の講演で彼はこう述べている。

社会の将来の進歩は、国家の管理下にあるものを、私的な〔民間の〕主導性に委ねられた自由な枠組みに移していくことにかかっていよう。たとえば宗教は、かつては国家のものであった。今日それはもはやそうではないし、日増しに完全に自由なものとなっている。(RIM: 527)

けれども政策提言者ルナンは、この理論をただちに実行に移すことは考えていない。教会と国家の分離を断行すれば、カトリックの激しい反発を招くことは必至で、国民統合の大きな妨げとなるだろう。彼は、『フランスの知的・道徳的改革』(一八七一年)において、自分の提案する改革は「聖職者の協力がなければうまくいかない」と述べている。

私たちの理論的原則は、もはや教会と国家の分離でしかありえない。だが実践は理論通りにはゆくまい。これまでフランスには、カトリックか民主主義かという対極的な選択しかなかった。両極のあいだを絶え間なく揺れ動きながら、けっして落ち着くことができずにいる。〔……〕両者を、悔い改めさせねばなるまい。間違った民主主義と偏狭なカトリックはともに、フランスに必要なプロイセン流の改革、つまり堅固で厳粛な合理的教育を妨げるからだ。私たちはカトリックに対して、ある奇妙な状況にある。私たちは、それとともに生きることもできなければ、それなしで生きることもできないのだ。(RIM: 399)

こうしてルナンは、理論面では〔カトリック〕教会と国家の分離という展望を明確に提示しながら、実践面ではその課題をとりあえず回避し、国民統合と教育改革が先だと訴える。

## ◇道徳とナショナリズム

まずは教育改革によって国民の意識を変え、しかるのちに教会と国家の分離を期す――このルナンの戦略は、はじまったばかりの第三共和政の戦略と同じに見える。ところで、精神貴族然としたこの学者は、一八四八年の革命のときには、共和派を嫌悪していたのではなかったか。一八七一年以降、彼は共和主義者になるのだろうか。この問いは、ルナンが王政や社会主義をどう評価していたかを浮かびあがらせるとともに、愛国主義やナショナリズムの問題に焦点を合わせるものである。ルナンは、新たな国民統合の原理を探し求めている。それは、彼の人種概念や道徳概念に変化をもたらさずにはおかないだろう。

理論家ルナンは、どんな政体を望ましいと考えていたのだろうか。自由を主張する彼にとって、王政復古は受け入れられない。とはいえ、文化貴族を気取る彼にとって、民主主義もけっして好ましいものとは言えない。さらに受け入れがたいのは、社会主義ないし共産主義の路線である。ルナンは、普通選挙を既成事実として受け入れたが、直接普通選挙を恐れていた。また、知や文化の面では自由主義を支持したが、経済的な自由主義は、人びとの物欲をあおり、貴族的な名誉の観念も道徳のかけらもないブルジョワを生むと感じていた。おそらく彼の趣味に最もかなう政体は、精神貴族たる学者による寡頭政治であっただろう。けれども現実家ルナンは、それが不可能であることをよく知っていた。

ここで忘れずに指摘しておきたいのは、ルナンの社会主義や共産主義への警戒感は、植民地政策の正当化と連動していたことだ。彼の考えでは、社会主義や共産主義の台頭を回避するには、国内の労働条件を向上させておく必要があり、その解決策は植民地にある。「植民地化しない国家は、結局のところは社会主義に、富める者と貧しい者の戦いに行き着く運命にある。優れた人種が劣った人種の国を征服し、そこに居を定めて支配することは、何ら良俗に反しない」(RIM: 390)。今日であれば、このような発言自体が良俗に反すると言うべきだが、ここには、「人種」についての「科学的」知見が政治の地平で応用されるという、「科学」と「政治」の危険な関係が見て取れる。

誕生したばかりの第三共和政は、ティエールによって指導され、権威主義的な色彩が濃かった。これはルナンにとって、自由主義的な帝政に勝るものではないにしても、教権主義が台頭し、王政復古の可能性も現実的だった一八七〇年代の状況では、最終的に支持するほかない政治形態であった。そして、一八七九年に王党派のマク=マオンが大統領の座を退き、グレヴィ大統領のもとで「共和派による共和国」が到来し、自由主義的な諸改革、なかでも教育改革を通した集合的アイデンティティの構築が開始されると、ルナンは共和国の積極的な支持者となる (Ragache 1993)。

この「遅れてきた共和主義者」は、一八八二年にソルボンヌで行なわれた「国民とは何か」と題された講演において、新しく国民統合を実現する原理を提示している。

この講演において、ルナンはまず、人間の歴史のなかでこれまでどのような集合形態があったかを概観し、国民というものが比較的新しいことを指摘する。そして、国民を統合するためには、何に基礎を置くべきかと問い、人間の社会に一定のまとまりを与えうるさまざまな概念を検討する。そのうえでルナンは、伝統的な王朝も、人種も、言語も、宗教も、利害の共通性(経済的集団)も、自然が設けた地理的な境界線も、国民統合の実現を担うものではないという。

ここで、ルナンが「人種」と「宗教」を退けている点に注目したい。まずは「人種」について。それまでのルナンが、あれだけ「言語的人種」にこだわって人間を分類していたのだから、この概念の破棄は、彼のなかで何かが変化したことを暗示している。おそらく、「言語的人種」に依拠していたのでは、インド＝ヨーロッパ族とセム族は区別できても、ヨーロッパ内部で区別を設けることが困難だったのだろう。また、民族概念に依拠したドイツの国民統合原理を批判する意図があったものと思われる。

次に「宗教」について。たしかにルナンは、キリスト教がかつての社会統合原理であったことを認めている。だがそれは、強制的な性格を持っているために、獲得された自由と両立できないと言う。「もはや国教は存在しません。カトリックでも、プロテスタントでも、ユダヤ教徒でも、あるいは宗教の実践は一切行なわなくても、人はフランス人、イギリス人、ドイツ人でありえます。宗教は個人的なものになりました。それは、個々人の良心の問題なのです」（DC: 902＝一九九七・五九〔強調引用者〕）。宗教は脱政治化され、個人化されている。

では、国民を作るものとは何か。それは、過去において共通の栄光を持ち、現在において共通の意志を持つことだ、とルナンは言う。「国民の本質とは、すべての個人が多くの事柄を共有し、また全員が多くのことを忘れていること」だ。恐るべき、しかし的確な洞察である。「忘却、歴史的誤謬と言ってもいいでしょう。それこそがひとつの国民の創造の本質的因子なのです」（Ibid.: 891-892＝四七―四八）。

いかなる過去を記憶し、いかなる過去を忘却するのか。その課題がのしかかるのが現在であり、国民は「日々の人民投票」によって共同生活の続行に合意を与える。そして、この意志と欲望により、国民は精神的なものとなる。

国民とは魂であり、精神的原理です。この魂、この精神的原理を形成しているのは、実は一体をなす二つのものです。

ひとつは過去に、そしてもうひとつは現在にあります。一方は、豊かな記憶の遺産の共有であり、他方は、現在の同意、共生の願望、共有物として受け取った遺産を運用し続ける意志です。(Ibid.: 903–904＝六一)

このように、ルナンにとって国民とは、政治の場で創造されるものである。それは、自然で物質的なものではなく、人工的で精神的・道徳的なものである。ここで強調しておきたいのは、ルナンがこの精神的な構成物を説明する際に、宗教的な語彙をいっさい用いていないことである。国民国家は一般に、独自の教義と儀礼を備え、創造されたさまざまな伝統を配置して、国民の意志と欲望を掻き立てるものだ。この一大装置は、機能主義的な観点に立つ宗教社会学者や、対象の切り出し方に批判的な感覚を持った歴史家はもちろん、当時を生きていた一部の者にとってさえ、十分宗教的と感受されうる代物である。しかしルナンは、けっしてこれを宗教的とは言わず、道徳的と形容する。

人間はその人種や言語、宗教の奴隷でもなければ、河川の流れや山脈の向きの奴隷でもありません。健全な精神と熱き心を持った人びとからなる大きな集合が、国民と呼ばれる道徳意識を創造します。この道徳意識が、共同体の利益のための個の放棄が要求する犠牲によってその力を証明するかぎり、国民は正当であり、存在する権利を持つのです。(Ibid.: 905–906＝六四〔強調引用者〕)

ルナンは明らかに、道徳を宗教から切り離そうとしている。しかもここでは、道徳を共同体の方に引きつけて、それは個人の犠牲も要求すると述べている。するとルナンは、道徳を公的領域に、宗教を私的領域に位置づけたということになるだろうか。この図式はわかりやすく、ついそう考えたくなるが、ルナンの道徳を公的なものとだけ理解することはできない。実際には、彼は道徳をさまざまな意味合いで用いている。

まずルナンは、「気高い人間」は道徳的だと考えている。このとき道徳は、人種的に決定される。つまり「道徳的な人種」と「非道徳的な人種」がいることになる。またルナンには、民衆をアプリオリに「非道徳的」と見なす傾向がある。この場合、ルナンの道徳は知的生活とほぼ同義である（Allier 1904: 218, 237-238）。

それから、ルナンがユダヤ教、キリスト教を中心とする一神教研究に従事したのは、それらの宗教には道徳性が見出せるからだった点を想起したい。彼は、学者の「道徳的生活」は研究対象に応じて決まると考えていた（EMC: 12-13）。この観点から言えば、道徳を宿した宗教と、非道徳的な宗教とが存在することになる。

もうひとつ忘れないでおきたいのは、ルナンにとって道徳は、キリスト教信仰が挫けたところになお見出されるものであったことだ。「信仰は消えても道徳は残る」。ここでの道徳とは、正統派の信仰や形式的な宗教から独立し、内面的な意識のなかで育まれる新たな理想主義のことである。一八五九年に彼はこう書いている。「道徳はきわめて真面目で真なるものであって、人生に意味と目的を与えるにはこれで十分である」（Ibid.: 11）。

このように、ルナンの道徳概念は多義的である。まとめるなら、彼は一神教、なかでもキリスト教を評価するときは、道徳と宗教を近づける。逆に、宗教が自由を抑圧するものとしてイメージされているときは、道徳と宗教を対置する。若い頃からのこうした用法に、いまや国民道徳の意味合いが加わってくる。普仏戦争後、彼が人類を「言語的人種」に沿って分類することを控えていくにつれて、「道徳」意識の重要性が強調されるようになる。そのときの道徳とは、個人的・私的なレベルにとどまるものではなく、むしろ公的でナショナルなレベルで語られる。そして、ルナンは国民道徳を宗教的と形容することはけっしてない。

このように見てくると、ルナンは、第三共和政が望んでいた道徳と宗教の関係——道徳を宗教から独立させ、もはや宗教的と形容されることのない道徳を国民統合の支柱とする――を完全になぞっていたと思われるかもしれない。だが、彼は共和主義的なライシテの道徳を無条件で歓迎したわけではない。事情はもう少し複雑だ。自由主義者ルナンは、国民統合の必要を強く感じながら、国家主導の国民道徳を警戒してもいたからだ。

## ◇教育改革

そこで、ルナンが教育改革についてどのような考えを持っていたのかを検討しよう。彼の基本的なものの見方を確認しておけば、社会の進歩はどれだけ国家のものを自由な個人や集団の手に委ねられるかにかかっている。理論家ルナンは、教育についても同様だと考えている。だが実際家ルナンは、現状では完全に自由な教育は無理だと認識している。そこで、国家の主導権と自由の領域のあいだでいかなる線を引くかが課題になる。

ルナンにとって重要なのは、国家が個人の自由を尊重し、個性の発展の条件を確保することだ。それゆえ彼は、国家が教育に関して個人の自由を妨げないよう望んでいる(11)。では、国家が教育において果たす役割は、消極的なものでしかありえないのか。いや、ルナンは、普仏戦争の敗北の原因が、フランス人の知性の弱さにあると指摘した論者のひとりであり、教育改革の急務を訴え、国家はそれを積極的に推進しなければならないと主張した。

それではルナンは、教育面でのこうした理想と現実のせめぎ合いをどう調停したのだろうか。「知育」と「徳育」の区別が鍵になる。「一方に知育（*instruction*）がある。これは、一定数の事実に基づく知識の獲得であり、若者の資質や能力に応じて多様である。他方に徳育（*éducation*）がある。この徳育は、万人に等しく必要なものであり、礼儀正しく正直で、気高い人間を作りあげる」（RIM: 534）。ルナンは、このような区別を設けたうえで、初等教育については、知育を国家に委ね、徳育を家庭に任せている。それゆえ彼は、公教育の無償化には賛成するが、義務化には難色を示している。

したがって、ルナンの見解は、共和国の主導者たちの見解――公立小学校は共和国の価値も教えるべきだと考える――とは異なっている。それでも、フェリー法を受け入れることに抵抗は示していないようだ。それはおそらく、この法律が、公教育の無償性を実現する一方で、私教育の自由の場も設けているからだ。それにルナンは、民衆教育が聖職者の手に委ねられること（カトリックによる私教育）を拒んでいない――聖職者たちが、高等教育において、科学の発展を妨げないかぎり。実際彼は、カトリック教会に向かってこう言っている。「私たちが教え、私たちが書いていることに口出ししないように。そうすれば私たちも、民衆については争うまい。大学やアカデミーにおける私たちの地位について、反論しないように。そうすれば、田舎の学校はすっかりお任せしよう」（Ibid.: 393）。

この発言は、ルナンの関心が初等教育よりも高等教育にあることを示している。[12]「とりわけ改革が急務とされるのは、高等教育においてである」（Ibid.: 395）と述べるルナンの論理のなかでは、全力を尽くして民衆の知識の底上げをはかるよりも、高度な近代科学を推進させることが重要なのだ。そうすれば、やがて民衆も少しずつ科学的な観念に馴染んでいくかもしれない。ルナンの自由主義は、必ずしも教育の民主化を望むものではない。「人間の精神はひとつの階梯であって、それぞれの段階が必要である。ある段階にとってよいことは、他の段階にとってよいわけではない。ある段階にとって有害なことは、他の段階にとってはそうではない。民衆には宗教教育を取っておこう。だが私たちのことは自由にしてもらおう」（Ibid.: 393）。このように教育の民主化を軽視するルナンの姿勢は、クザンの姿を思い起こさせる。そしてこれは、コントの唱えた普遍的教育からの後退であるように見える。

これに関連して、ルナンは一般性を軽蔑している。研究者であることを誇りにしていた彼は、「他人が発見したことを教えるのに生涯を費やすような人間」を軽んじている。彼の気に入るのは、「自分自身の発見を、ひと握りの人たち、志願者のなかから選ばれた何人かの専門家たちに伝える」ことである（Barret 1992: 144）。これもまた、コントとの違いを示す点である。もし、一九世紀後半において、ルナンがコントよりも多くの読者を獲得していたのだとしたら――少なくともルナンの『イエスの生涯』は物議を醸して版を重ね、一八七〇年には普及版も出されてより広範な人びとの手に渡っていた――、それは歴史の逆説であろう。

本章を閉じるにあたって、ルナンが科学的研究と政治的発言のあいだにどのような関係を打ち立てていたのかをまとめておこう。自由主義者ルナンは、宗教を個人化し、科学を発展させることを望んでいる。この点では、宗教史家ルナンと政治的提言をするルナンとのあいだには、一定の照応関係がある。だが、ルナンはしばしば理想と現実は相容れないと感じていた。実際彼は、教会と国家の分離を望ましいと考えながら、国民統合のために、カトリックによる民衆教育を認めていた。民衆のことを嫌いつつ、普通選挙を既成事実として受け入れ、最終的には共和主義者になった。彼は、アカデミズムの窓から政治の現実を批判するが、政治的発言に皮肉な調子を加えるのが限度で、その主知主義は非行動的であった。ルナンにとって、知的な活動と政治的な活動とは、二つのくっきり分かれた活動領域であって、うまくかみあっていない。こうして、コントにおいては存在していた科学的研究と政治体制の構想のあいだの有機的連動が、ルナンにおいては失われている。

そこで、これまでの論述において、一再ならず触れてきた二人の違いをより明示的にまとめ直してみよう。その作業を通して、一九世紀半ばに「科学」「道徳」「宗教」「政治」などの概念布置がどう変わったのか、道徳の脱宗教化と宗教研究の科学化にどのような方向性が与えられたのかを検討しよう。これが第I部の結論に相当する。

(1) たしかに最初期のルナンは、宗教の社会的価値を認めるような文章も残している。たとえば『若き日のノート』(執筆は一八四五年から一八四六年、出版は一九〇六年から一九〇七年)にある次の一節。「人生や生活に安心をもたらすもの、それは人びとが結合していることだ。〔……〕この内的かつ外的な紐帯がなければ、利己主義がホッブスの悪夢を実現するだろう。だから私は宗教的な人たちが好きなのだ。彼らは緊密に結ばれている」(CJ: 337)。だが、『科学の未来』以降のルナンは、宗教を脱政治化・内面化していく。

(2) 当時のサン＝シュルピスは、聖職者を養成する高等教育機関としてフランスで唯一のものだった(一八七五年以降にカトリック学院が創設されるまで)。

(3) ルナンは、ガルニエが馴染んでいたのは「今から百年ほど前のカトリックの世界で教えられていた聖書釈義」で、「最新のドイツ学派の仕事」には通じていなかったと述べているが、実際には、ガルニエはドイツの状況をよく知りながら、それが聖書の矛盾を突くものであることを恐れ、注意深く退けていたようだ(Laplanche 1992: 67–78)。

(4) ここには、『人種不平等論』のアルチュール・ド・ゴビノーとルナンの相違点と類似点が窺える。ゴビノーが「もっとも純粋な白人種」アーリア人を人種の頂点に、「三つの人種の混合」であるセム人を底辺に置くとき、むしろ注目されているのは身体的特徴である(Buenzod 1967)。ゴビノーとルナンの人間関係は良好だったというが——ルナンの妻とゴビノーは友人——、ルナンの側はゴビノーの考えは違うと思っていたようだ(Rétat 1995: vol 1, CCXLVIII)。現にルナンの「言語的人種」は、身体的特徴によって定義される人種概念からの脱却である。だが、言語学の観点からセム人とアーリア人の二分法を新たに確立し、アーリア人の優越性を唱えているのだから、同じ穴のむじなだとも言えそうだ。

(5) たとえばルナンはこう述べている。「現在の科学の状況では、セム諸語は人類のひとつの区分に対応するものとして考えられなければならないと思われる」(HLS: 144)。

(6) もっともルナンは、状況に応じて、ユダヤ教が自由主義という近代の精神を体現していると見なしている。一八八三年三月のユダヤ研究協会の講演会では、こう述べている。「過去において大いに役目を果たしたユダヤ教は〔……〕自由主義という近代精神の真の大義に力を尽くすだろう。ユダヤ人はみなリベラルだ。本質的にそうなのである」(DC: 922)。

(7) ルナンのイスラーム教観については、Barret (1992: 63–79) を参照。

(8) ルナンは、中世のキリスト教的政治体制が良心の自由を尊重しなかった、ユダヤ人が差別されていたと指摘している。そして、フランス革命がユダヤ人に「真の解決」をもたらしたことを評価している——もっともルナンのフランス革命評価は両義的で、革命の「過ち」も指摘している (Strauss 1909: 147–163)。ここには、ルナンが反ユダヤ主義のラインをどこで引いているかが窺える。ルナンは基本的にユダヤ人をインド＝ヨーロッパ民族に劣る民族だと考えているが、精神の自由が問題となっているときには彼らの権利も擁護する。

(9) 工藤庸子 (二〇〇三・四一五) の的確な指摘を参照。「ルナンは、制度的なレヴェルでの「非宗教性《ライシテ》」の理念に矛盾せぬ「個人の宗教」について、あるいはむしろ、それ自体がいわば脱宗教化《ライシゼ》されたキリスト教について、学問的な用語で語ることに成功した」。

(10) この点で、当時のルナンが、「軍事的プロイセン」と「科学的ドイツ」を区別し、前者を退けて後者を救い出そうとしたことは注目に値する。この区別を設けることによって、彼はドイツ文化に対する敬意を維持することができたという (Bonnerot 1992: 89)。

(11) ルナンは、フランス革命期の教育改革のうち、コンドルセ案より前に出され、実際には審議されなかったタレイラン報告が、公教育の体系化と教育の自由を両立させていると評価している。ルナンによれば、コンドルセ案ではすでに自由の要素が減っており、ナポレオンの教育体制では「教育の画一性」と「軍事的」特徴が自由を抑圧しているという。

(12) 中等教育改革に関するルナンの提言については、ここでは立ち入らない。レトリック教育から科学重視の教育に切り替えるべきだと主張していた点だけを指摘しておく。

# 第I部の結論　コントとルナンを隔てるもの——実証主義の変質

コントとルナン。二人は、しばしば「実証主義者」と一括りにされる。なるほど、二人は同時代のカトリックがもはや知的・道徳的権威を保ちえないと主張する点では一致している。だが、そもそも「実証主義」という言葉の含意自体が、コントとルナンではかなり違っている。コントの実証主義は、知的・道徳的あるいは科学的・政治的に一貫したひとつの大きな体系である。ルナンの実証主義は、これとは別のものだ。それは、道徳的に美化された学問の領域を作り出すもので、政治を直接的な対象とはしない。

コントの宗教史とルナンのそれとを対比的に示すには、後者がほぼ一世代年長の前者をいかに批判し、いかなる切断をはかったかを見るのが近道だ。もっともルナンは、コントを正当に評価していない。たとえばルナンは、コントの体系には「道徳、詩情、宗教、神話、これらが占める位置はまるでなく、これらはみな価値なき空想の産物」として片付けられているとか、コントは「過去の辛抱強い探究をみな無益なものと見なしている」などと述べている（AS: 848–849）。この物言いは、端的に間違っている。なぜなら、私たちが示したように、コントの体系は、十全な意味において、人間の精神の発展を辛抱強くたどった宗教史だと言えるからだ。おそらくルナンは、コントをきちんと読んでいない。それでもルナンは、宗教の「科学的」分析において、コントを大きく超えたと自負することができた。どうしてそのような自己意識が持てたのだろうか。いかなる戦略でコントの宗教史を過去のものにしたのだろうか。

ルナンの目に、コントの社会学的体系はあまりに無味乾燥なものと映った。繊細優美な人文科学に物理科学の方法を適用した「粗雑」なものだと思われた。「私は、オーギュスト・コントの誇張された名声を見るにつけ、一種の苛立たしさを覚えた。彼は、科学的な精神の持ち主がみな、二百年も前から、彼と同じくらいはっきり見ていることを、下手くそなフランス語で言い表わしただけなのに、第一級の人物に仕立てあげられていた」(SEJ: 845＝下四八)。「人間の精神史をやるには、大いに文芸的な教養が必要だ」と述べていたルナンからすると、コントには文体の魅力、文芸批評の能力、心理学についての知識が欠けていた。「コント氏の不幸は、体系をこしらえ、人間の精神のまっただなかにたっぷりと身を置くことをしない点にある」(AS: 848)。いかにも不当な批判だが、内面的な宗教理解をするルナンには、実際に観察可能なものだけを対象に据えたコントに不満を覚えたのだろうとは推測できる。

ルナンの宗教史における心理学的で審美的な側面は、言語学ないし文献学と結びついていた。人間の精神の歩みをきちんとたどるには、言語をよく知っていなければならないと彼は考えていた。東洋学者として数々の古語を修得したルナンからすると、コントはヨーロッパしか知らないのに人間に普遍的な法則を定めていると思われた。「要するに、コント氏は人文科学のことは何もわかっていない。文献学者でないのだから」(Ibid.: 849)。コントの宗教史は、ルナンにとって科学的とは言えない。

言語学と文献学の方法に依拠したルナンは、人類を「科学的」に二分することに成功したと思っている。コントは、人間の精神はすべて三つの段階を経過すると考えていたが、ルナンは二つの「言語的人種」というカテゴリーを設定し、一方を過去に封じ込め、他方に将来があるとした。

この違いは、二人の過去への眼差しの違いにも表われている。コントにとって、乗り越えられた段階は消失するのではなく、独特の形で保存される。実証的精神は、神学的・形而上学的精神を脱却したものではあるが、それを受け継ぐものでもあり、精神の歴史の各段階を知的・社会的条件に結びつけて、総合的かつ正当に評価しようとする。ルナンにとって、乗り越えられたものは決定的に過去に属するものとして固定され、研究あるいはノスタルジーの対象となる。

この対象の不動性によって、ルナンは諸宗教の静的なサンプルを手にしている。今後宗教は、実験室で物理や化学の実験をするように研究されるだろう。そして、宗教学は科学的なものとして公認されていくだろう。ここで言いたいのは、フランスにおける宗教学の制度化は、ルナンの流れを汲むものであって、コントの遺産を受け継ぐものではないということだ。一九世紀後半には、ルナンが描くような宗教史が主流となり、コントの宗教史は科学的な宗教研究として通用しなくなる。

コントにおいては、宗教史は人類教の知的側面に対応しており、それは精神的権力が主導する普遍的教育によって、学者だけでなく労働者や女性にも学ばれるべきものとされていた。これに対し、ルナンの宗教史は、専門家が職業として営むものである。その専門家は、自分の専門以外のことに無知であっても構わない。ルナン自身、「現実の生活について完全に無知」(Ibid.: 928) であることや、「実際的なことに関する完全な無能力」(SEJ: 728＝上二五) を、恥じるよりは自慢している節がある。

ところで、まさにこの種の学者の登場こそ、コントが危惧していたものであった。「私たちの知識のごく一部については、まぎれもない卓越性を示すにもかかわらず、人間の理性にとって実在する残りのすべての領域については、往々にして普通の人以下であるような人間。近代人はこのような人間を、けっして精神的指導者として仰ぐことはできないだろう」(CPP VI: 488)。

コントとルナンの宗教史の違いは、二人が思い描く科学と政治の関係の違い、政教関係の違いにも反映されている。コントは、科学（理論）と政治（実践）をひとまず区別し、二つの権力の分離に対応させた。しかしながら、この区別はただの対置にとどまるものではなく、最終的に両者がよりよい協力関係を結ぶことが期されていた。コントの宗教史（実証哲学）は、人類教の思弁の部分をつかさどるもので、それは行動の部分（政治）と有機的な関係を結んでいた。そして、思弁と行動の二つの部分は、感情の部分（道徳）によって支えられていた。これに対し、ルナンは科学（理論）と政治（実践）を完全に対置させてしまう。理念である科学と現実である政治とは、ともに支え合いながら歩くのではなく、別の領域に属しており、往々にして矛盾する。ルナンが望ましいと考える科学と政治の関係は、次のようなものだ。科学は「没政治的」な自由を享受して政治に従属せず、政治は科学に介入することなく財政的な援助をする。

ルナンが理論と実践のあいだに見出した溝は、公と私のあいだの分割に対応している。この公私の分割は、コントには見られないものだ。コントは世俗的権力と精神的権力を分けるが、これは公私の分離には対応していない。人間は、個人的かつ社会的な存在としてとらえられている。

コントの政教関係のモデルは中世のカトリックにあり、その構造を利用しながら実証主義の地平でもう一度新たな政教関係を構築しようとしている。これは、共和国のライシテとは構造を異にしている。実際、ライシテの典型は、諸宗教と公的機関の結びつきを断ち、私的領域で良心および礼拝の自由を保障する点にあり、これは公私の明確な区別を前提としている。そこへ行くとルナンは、世俗的権力と精神的権力の分離を公私の分離に対応

**図4　ルナンの政教関係モデル**

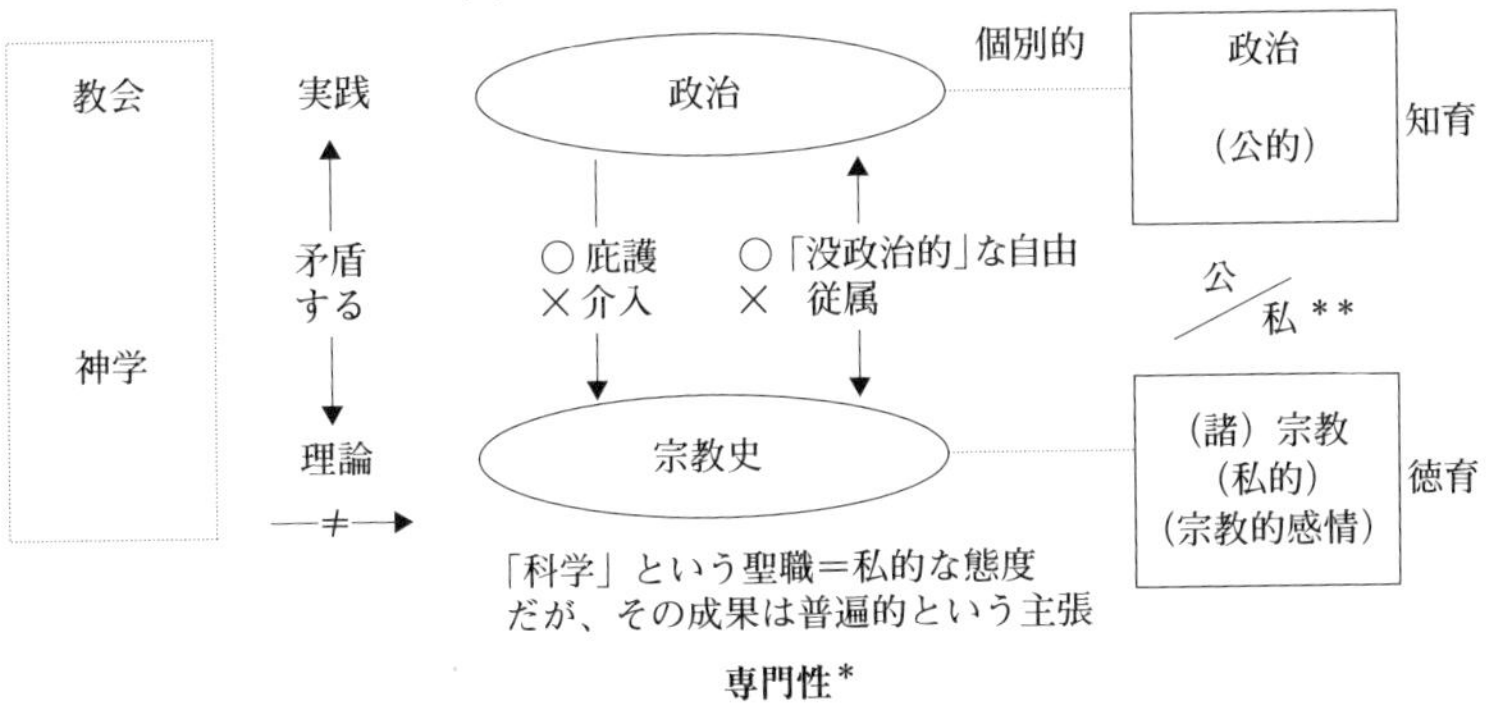


*この専門性の流れを汲んで宗教学はやがて制度化される。
**この公私の分離は，共和国のライシテの構造にかなり近づいている。

させている点で、ライシテのモデルに近づいている。それに彼は、実行に移すことは躊躇しながらも、理論上は教会と国家の分離を望んでいた。

このように、コントの政教関係モデルとルナンのそれとは、非常に異なっている。ところで、「政治」と「宗教」の関係が再定位されるとき、「道徳」の行方が問題となってくる。それらは相関的な概念だからである。コントの実証的道徳は、神学的・形而上学的道徳から区別され、実証宗教の根幹にあって政治を支えている。ルナンの道徳は、信仰のあとに残るもので、それは教会制度から独立している。初期ルナンでは、道徳の政治的な射程は見えにくいが、やがて道徳は国民統合の新たな原理として彫琢されていく。

なるほど、道徳論に関して、これら二人の「実証主義者」には大きな共通点がある。それは、両者とも非神学的な道徳を考案し、それに政治的な射程を与えている点である。そして二人は、この点において、ライシテの道徳の先駆者であると言える。

しかしながら、コントの全体的な体系における道徳の位置は、ルナンの場合とはまったく異なるし、第三共和政で導入されるライシテの道徳とも違っている。コントの道徳は人類教の基盤にあり、人間の思想と行動がうまくかみ合うための感情的な土台をなしている。この道徳はまずは家庭で、しかるのちに精神的権力の主導のもとで教えられることになっており、道徳教育が世俗的権力には委ねられていない。ルナンの道徳は、それが政治的な射程を獲得するようになってからは、第三共和政のライシテの道徳と実質的に重なっていると言える。それでも、ルナンは国家による道徳教育を警戒していた点を付け加えておく必要があるだろう。

以上示してきたように、コントの体系とルナンの体系において、「科学」「道徳」「宗教」「政治」などの意味合いや、相互の配置関係は大きく異なっている（ルナンにおけるこれらの関係を示す概念図として**図4**を掲げる。これをコントの政教関係モデル（一〇〇ページの**図2**）と比較参照のこと）。この違いを、たんに二人の趣味や性向の問題に帰すことはできない。両者の違いを通したところに見えてくるもの、それは一九世紀半ばに起こった大きな変化である。この変化が、「科学」「道徳」「宗教」「政治」などの諸概念の組み替えを引き起こしたのだ。それにつれて、何をもって宗教史とするかの意味が変わった。そして、第三共和政で実現されるライシテの道徳が占めるべき位置が見えてくる。

一九世紀前半においては、宗教研究と将来の政治的な秩序構想はしばしば結びついていたが、一九世紀後半においては、二つのことは別々に考えられるようになる。換言すれば、一九世紀半ば以降、宗教研究の領域と道徳の領域は、かなりはっきり分かれるようになる。そしてこの分離が、第三共和政におけるライシテの道徳の導入と宗教学の制度化の前提的な条件をなしているのである。

# 第Ⅱ部　ライシテの道徳の確立と伝播

私たちの宗教とはこのようなものだ。私たちには、知ったり広めたりすべき教義も信仰告白も公教要理もない。私たちにあるのは、ただひとつの宗教だ。それは、すべてのフランス人の知的な教養である。知性を放ったままにしておかないこと。これは、国家とすべての市民に課せられた責務である。

学校はまさに未来の神学校、私たち自身の神学校である。内に向かっては生活の試練に耐え、外に向かってはフランスへの奉仕の心構えができた、成熟した市民がそこから出てくるだろう。これは共和国の神学校であって、私の見るところ、義務、無償、ライシテという三つの必要性に応じている。

レオン・ガンベッタ

近代社会はキリスト教の娘であると言うとき、用いられている隠喩はやや過剰である。だが、近代社会がキリスト教の刻印を有していることは事実だ。その魂はキリスト教で、これが近代社会に理念、目的、霊感を与えている。

フェルディナン・ビュイッソン

ライシテによる道徳というものが考案されたわけだが、それは本質的にキリスト教の道徳とどう違うのだろうか。

ある小学校教師の証言

第Ⅰ部では、道徳の脱宗教化と宗教の科学的研究の発展が、どのような認識論的地平で起こったのかに迫ろうとした。一九世紀前半、道徳の領域と宗教研究の領域はかなり連続的で、未分化なところがあったが、後半に入ると分化が進む。ライシテに基づく道徳教育は、政治あるいは学校教育の場において導入され、宗教学はアカデミックな枠組みのなかで制度化されることになる。第Ⅱ部では、このように歴史のなかで再画定された道徳の領域に注目し、ライシテの道徳の制度的確立と公立小学校における伝播の様子を描き出す。

この企てにあたり、とりわけ意を用いたいのは、ライシテの道徳――およびライシテの価値体系全般――を宗教性の観点から分析することである。

なるほど、近代国民国家を支えた主要概念や儀礼体系などの一大装置を、「世俗宗教」と見なしてきた者たちはいる。カール・シュミットは近代の政治と神学の親近性を指摘しているし、アルチュセールは「国家のイデオロギー装置」という概念を用いて近代国家が宗教に負けず劣らずイデオロギー的であることを示している。クリフォード・ギアツも宗教の儀礼と国家の儀礼の類似性に注目している（Schmitt［1922, 1969］1988＝一九七一; Althusser 1976; Geertz 1980＝一九九〇）。

だが、タラル・アサドは、宗教と近代国家の類似に注目して「相互に対応する諸形式」を指摘するだけでは不十分だという。というのも、そこで宗教ないし宗教的とされるものは、往々にして近代的宗教概念から出発しており、その前提が十分批判的に問われていないからだ。アサドによれば、むしろ問われるべきは「差異として現われた結果」である。世俗的な諸価値は、神学的な言説に対置される過程で、新たな価値体系としての地盤を獲得するようになり、「宗教」もその地盤において再定位されているのだということを、総体的に理解する必要がある（Asad 2003: 189–193＝二〇〇六・二四八―二五二）。

重要なのは、新たな概念布置のなかで「宗教」がどのように位置づけられているのかを見極め、それと同時に、かつての体系と新しい体系の類似と差異、連続と断絶を具体的にとらえることである。

このような角度から、ライシテの道徳を中心に、ライシテに基づく価値の宗教性を問いただしてみよう。共和国の道徳は、言説上は宗教から独立したものとして考案されているが、実はさまざまな点において宗教的である。その諸相を明らかにしていきたい。

# 第5章　政治の場における「道徳」と「宗教」

第三共和政のはじまりの時点に身を置いてみよう。道徳と宗教を分離する議論自体は、それ以前からあるもので、別に新奇なものではない。だが、この議論が正当性を獲得し、実際に分離が達成されるのは、この時期なのだ。その際、道徳と宗教という二つの相関的な概念はどのように再定位されたのだろうか。ライシテに基づく道徳は、もはや宗教的とは言えない代物なのだろうか。もし逆に、この道徳が宗教的だと言えるとしたら、それはいかなる意味においてなのだろうか。

本章では、政治家の言動に注目して、これらの問いへの答えを探る。第一節では、ライシテに基づく道徳教育を導入した中心人物、ジュール・フェリーを取りあげる。第二節では、一九〇五年の政教分離法に行き着くまでの経緯をたどり、ライシテ体制における政治と宗教の関係を明らかにする。ライシテ体制において、教団としての宗教（cultes）と政治が混同されることはないが、宗教的なものとライックなものの区別がいつでも明確だとはかぎらない。政治家のなかにも、その点を認識していた者がいた。第三節では、このような観点から、フェルディナン・ビュイッソンを取りあげる。これらの議論を通して、ライシテの道徳やライシテにまつわる価値は、非宗教的なひとつの原理に還元されるものではなく、さまざまな相貌を持ち、宗教的と言える側面も有していることが見えてくるだろう。

## 一　ジュール・フェリーにおける道徳と宗教

ジュール・フェリーは、初等教育の義務と公立小学校の無償およびライシテを定めた人物としてよく知られている。フェリー法によって、それまでの宗教的な道徳教育はライシテに基づく道徳教育に改められた。だがこれは、Aがある日突然Bに取って代わられたというような話では済まない。なるほど、学校のライシテが、宗教のある面ときっぱりと手を切るものであったことは間違いない。しかし、フェリーによって公立小学校から宗教が完全に排除されたと言うなら、それは誤りである。かといって、宗教的な道徳とライシテによる道徳をまったく変わらないものと見ることも間違いである。フェリー法の意義を評価するには、二つの道徳の連続と断絶を正確に押さえる必要がある。

私たちがフェリーに注目するもうひとつの理由は、本書の第Ⅰ部で扱った実証主義との関連である。フェリーはコントの弟子たちと親交を結び、実証主義者を自称したが、それはいかなる実証主義だったのだろうか。以下の論述では、コントとフェリーを隔てるものを一度ならず目撃することになるだろう。

### ◇フェリーの共和主義を形作ったもの

ジュール・フェリーは、ロレーヌ地方ヴォージュ県のサン＝ディエに生まれた。先祖は代々カトリックだったが、祖父がフランス革命のときに革命派についており、父親はヴォルテール主義の自由思想家だった。ジュールの弟シャルルの証言によれば、この父親は「非宗教（irréligion）でありながら、とても深い魂の平和のなかで生きていた」とのことだ（Chevallier 1981: 76）。他方、母親は若くして世を去っていた。その代わり、ジュールとシャルルにはアデルという長姉がいて、この「小さな母親」から、少なからぬカトリックの影響を受けている。ある研究者によれば、ジュールは「姉の影響からはゆっくりとしか抜け出せなかったし、その刻印も完全に消えはしなかった」という（Reclus 1947: 12）。このような家庭環境――男が共和主義で女がカトリック――は当時のブルジョワ家庭の典型だが、将来共和主義を体現することになる人間が、このような家庭で育ったことは意味深い。この男は、父方から確固たる不可知論を受け継ぎながら、すべてのフランス人――当然そこには多数のカトリックも含まれる――のあいだに、コンセンサスを作りあげようとするだろう。

フェリーはパリ大学の法学部に入り、コンセイユ・デタ（国務院）の試験を受けようとするが、ちょうどそのときにナポレオン三世のクーデタが起こる。フェリー自身の言葉によれば、彼もまた「私たちの世代の人間を襲った大いなる政治的失望」（DOJF I: 586）の犠牲者であり、政治的行動からの撤退を余儀なくされている。サン＝ディエの郡長は、ヴォージュ県知事に宛てた報告書のなかで、同地の共和主義者たちは第二帝政になってから「強く自制し、自分たちのことをほとんど語らず、政治をする場合にも、非常に秘密主義的で不可解なやり方なので、外からは何も窺えない」と述べている（cité dans Chave 2005: 12）。若きフェリーは、このような環境でみずからの政治思想を練りあげていく。

フェリーは、直接的な行動に訴えることを控えながらも、政治には関心を抱き続けており、当時の学者が研究対象を脱政治化したのとは異なる地点にいる。フェリー自身、一八五七年に書いたもののなかで、「政治的無関心」や「利己主義」の蔓延を嘆いている（Barral 1985: 18）。このことは、フェリーの実証主義とルナンの実証主義、政治の場とアカデミックな場がまったく違うことを示唆している。[1] フェリー自身、自分は「熟慮よりも行動」に向いていると考えていたようだ（Rudelle 1996 t.1: 23）。

ともあれフェリーは、第二帝政の時期に、「同時代の社会を深く知る」べく、ペンを片手に多くの時間を読書に費やした（Barral 1978: 149）。彼がフィレモン・デロワザン（のちの上院議員でヴェルサイユ市長）とマルセル・ルロー（経済学者で一八六三年に夭逝）に導かれてコントの実証主義を知るのは一八五七年、二五歳のときである。フェリーは一八六七年に、「このような道徳的危機にあって、『実証主義総論』を読むことによって、大きな効果が生まれたことを覚えている」と書いている（DOJF I: 586）。では、フェリーの実証主義とはいかなるものなのか。それはコントの主張のいかなる点を重視したものなのか。

フェリーがコントと共有したのは、カトリックの道徳が揺らいでいるから、それに代わる新たな道徳の導入が必要だという問題意識である。一八七五年八月五日、フェリーはフリーメーソンのロッジで、自分を「偉大な思想家にして高名な師」コントの「控え目で慎ましやかな弟子」と位置づけながら、こう述べている。「神の愛を目的とする神学的道徳は、明らかに根本から揺らいでいる。〔……〕この神学的道徳は〔……〕もはや現在の社会の要求に応えていない。〔……〕神学的道徳と近代社会の乖離は、修復不可能である」（publié dans l'appendice de Chevallier 1981: 435–436）。ただしフェリーは、歴史のなかでカトリックが果たした役割に一定の評価を与えている。そして、古い道徳をただ粉砕すればよいと考えるのではなく、過去の遺産のうえに新たな道徳を打ち立てるよう唱えている。功利主義的な道徳を退け、社会秩序の再構成には組織的な道徳が必要だと訴えている。

これらの議論は、まさしくコントを思わせる。ただしフェリーには、コントの標語「秩序と進歩」よりも、「秩序と自由」のスローガンのほうが似つかわしい（Rudelle 1996 t.1: 30）。執行力のある政治的権力に対して思弁的な精神的権力を独立させたのがコントだとすると、フェリーはこれを政治と社会の関係に置き換えている節がある。フェリーは『両世界評論』に寄せた一八六二年の論文のなかで、国家が社会に規則を押しつけるよりも、社会の側から自然に形成されてくる規則を国家が追認する形を取るべきだと主張し、そのためには国家に向きあうことのできる自律的な社会の形成が必要だと述べている（Ozouf 2005: 18–19）。実際、第三共和政では、第二帝政では認められていなかった集会の自由や結社の自由が与えられる。それが国家の弱体化につながることはないだろう。

これに関連し、たしかにフェリーは、カトリック教会から精神的権力を奪取するというコントの問題意識を受け継いだが、実証主義教会が新たな精神的権力を握るという考えは共有しなかった。「ジュール・フェリーが一八四八年のうちで拒絶したのは、社会主義ないし社会主義的傾向を有したイデオロギー、博愛のレトリック、それから、潜在的か顕在的かを問わず、宗教的なメシア主義である」（Furet 1985: 8）。一九世紀後半の政治家で不可知論者であるフェリーが、政治や社会の統合を語る際に、もはや宗教に依拠することはない。彼は、弟に宛てた手紙のなかで「ルルドの愚行」（Ferry [1872]1914: 167）と書き記すなど、私的な場ではしばしば躊躇なく宗教をこきおろしている。もっとも、公的な場ではそのような振る舞いを全面的に差し控えている。カトリックの教権主義に対して敵意をむき出しにすることはあっても、宗教自体は尊重するという態度を取り続けるだろう。

このように、コントとフェリーをつなぐ線は直線ではなく、折れ曲がっている。両者の違いについては、本章のなかでさらに触れる機会があるだろう。ではフェリーは、リトレ陣営とラフィット陣営に分かれたコントの直接の弟子たちとはいかなる関係にあったのだろうか。ごく簡単に見ておこう（第２章第四節も参照のこと）。

フェリーは、リトレの文献学的なフランス語研究に接したときの感激をいとこに書き送ったり（ADV 40 J 65）、リトレが主宰する『実証哲学』に論文を寄稿したりしている。だがこれは、フェリーがリトレ陣営に与してラフィット陣営に対峙したことを意味しない。コントの遺言執行をめぐっては、コントの未亡人カロリーヌ・マッソンがリトレを通じて、またラフィット側のロビネがそれぞれフェリーの助力を求めているが、フェリーはいずれの要請も断って和解を勧めている。このように、コントの弟子のあいだの抗争に巻き込まれなかったことにより、フェリーは一八六九年に国民議会議員選挙に打って出たとき、リトレからもロビネからも支援を取りつけている。とはいえ、リトレ陣営とラフィット陣営がつねにフェリーの政策を支持したわけではない。リトレは、フェリーが一八七九年に下院に提出した法案の第七条（非認可修道院の学校運営と教育を禁ずるもの――後述）に反対しているし（Legrand 1961: 111）、ラフィットは、国家主導の初等教育がコントの教えと矛盾することに気づいていた。ラフィットがフェリーを積極的に支持するようになるのは、一八八二年にガンベッタが死去してからのことである。

このように、コントの弟子たちとフェリーのあいだには、完全な見解の一致があったわけではない。だが、大局的に見れば、フェリーはコントの弟子たちから一定の賛同を勝ち得ている。フェリーの実証主義は、このような大まかな合意を形成する態度によって特徴づけられている。ここには興味深い逆転現象が見られる。というのも、哲学者コントは他の思想的潮流（伝統的カトリック、革命的自由主義、折衷主義）を退けたところに実証主義の場を設けているのに対し、政治家フェリーはむしろ実証主義のなかに他の思想的潮流を包み込もうとしているからだ。

このような観点から、大革命の諸価値、自由主義的プロテスタンティズム、フリーメーソン、折衷主義をフェリーがどのように自分の政治思想に組み込んだのかを見てみよう。

フェリーは革命期に出された教育案のうち、コンドルセ案を非常に高く評価している。一八七〇年四月一〇日の有名な演説のなかでは、「近代社会にふさわしい教育体系を正確な理論と詳細さをもって作りあげた最初の人物こそコンドルセである」と述べている（DOJF I: 291）。だがこの賞賛は、フェリーのコンドルセに対する忠実さを示すものではない。コンドルセは教育を五段階に分けて考えていた――初等学校、中等学校、学院（全国各県に配置）、リセ（フランス全土に九校）、高等学術院――のに対し、フェリーはこう述べている。「コンドルセは〔科学を基盤として〕初等教育、中等教育、科学教育あるいは高等教育の三段階を積みあげた」（Ibid.: 293）。さらに重大なことは、コンドルセは公教育をあくまで「知育」の枠組みで考えているのに対し、フェリーはそれを「共和国の徳育」として解釈している（Coutel 1996: 969）。コンドルセは教育施設が政治権力から独立すべきだと主張するが、フェリーは国家の教育的役割を正当化する。「万人のための啓蒙」を推し進めたコンドルセに対し、フェリーは「教育を担う国家」の推進者であった（Nique et Lelièvre 1993: 72）。

とはいえ、国家が担う国民教育がつねに専制的であるわけではない。実際フェリーは、専制的な権力による徳育を強く警戒しており、第二帝政期のボナパルティスムや教権主義を退けるのと同じ論理で、絶対主義的な傾向を持つ革命期のジャコバン主義を批判している。この点でフェリーは、ジャコバン独裁を絶対主義の伝統に結びつけたキネの見方を共有しており、革命が過激化していく一七九三年を、一七八九年からの「逸脱」ととらえている。要するにフェリーは、ジロンド的な穏健共和派の観点から「革命の遺産」を再解釈することによって、「新たな国民的コンセンサス」を作りあげようとしたのである（Furet 1985: 20）。

次に、プロテスタント――とりわけ自由主義的プロテスタント――との関係である。フェリー自身はプロテスタントではなかったが、全般的にこの宗教の信者との関係は良好であった（Johnson 1985: 73–77）。妻のユジェニー・リスレルはアルザスのプロテスタント家庭に育ち、二人は民事婚で結ばれている。また彼は、すでに第二帝政期より、エドモン・シェレル、ティモテ・コラニ、アルベール・レヴィユらとの親交があった。第三共和政の公教育大臣時代に、フェルディナン・ビュイッソン、ジュール・ステーグ、フェリックス・ペコーに全幅の信頼を置いていたことは、よく知られた事実である。細かく見れば、不可知論者フェリーの実証主義と、自由主義的プロテスタントの唯心論のあいだに差異はあるのだが、教権主義的なカトリックを拒む点において両者は一致していた。自由主義的プロテスタントのように、宗教的感情の重要性を前面に押し出すことはしなかったとしても、フェリーはけっして宗教そのものを告発したりはしなかった。

フェリーが一八七九年にパリのプロテスタント神学部で行なった演説にも言及しておこう。この神学部は、普仏戦争の敗北の結果、ストラスブールから移転してきたもので、モントーバンにあったもうひとつのプロテスタント神学部よりも自由主義的な傾向が強かった。フェリーは、この神学部の自由な雰囲気を国家の自由と重ねている。「国家とあなたたちとのあいだに、不一致があるでしょうか。プロテスタントは、近代史における自由の最初の形式でありました。私たちの政治的福音、それはあなたたちのものでもあります。一七八九年の革命。その論理的発展であり必然的な結果が私たちの共和国ですが、この革命を部分的に成し遂げたのはあなたたちです。〔……〕私たちがあなたたちを頼りにしているように、どうか私たちのことを信頼してください」(DOJF III: 201)。学部長リヒテンベルジェは、共和国主導の自由を歓迎している。

フリーメーソンとの関係も見ておこう。身内ではフェリーの父親と叔父がフリーメーソンだったが、彼自身も一八七五年にリトレと一緒に入会している。彼はロッジでの演説で、「実証主義の正式な入会」を高らかに宣言し、これはたんなる偶然ではないと述べている。「実証主義がフリーメーソンに入ったということは、フリーメーソンはずっと前から、それと知らずに実証主義的だったのです」。両者の共通点として、フェリーは特に道徳についての考え方を挙げている。「社会の道徳は、人間の良心にその保障と基礎づけを持っている。〔……〕社会の道徳は、最終的に神学の松葉杖を捨てて、自由な歩みでこの世を踏破することができる。これがあなたたちの信じるところであり、あなたたちが長いあいだ抱いてきた直感です。そして実はこれこそが、実証主義の根底なのです」(DOJF II: 193–194)。この演説は喝采で迎えられ、フランス大東方会はフェリーに師範の証書を授けている。

最後に、フェリーと折衷主義との関係である。結論から言えば、プロテスタント系の唯心論と友好的な関係を築いたように、折衷主義の唯心論ともうまく折り合いをつけている。彼は一八六〇年代にクザンの弟子筋と知り合い、反帝政の姿勢を共有した。一八六九年の国民議会議員選挙の際、ジュール・シモンやエティエンヌ・ヴァシュローはフェリーを支援している。ところで、共和主義者が権力の座に就くと、フェリーと折衷主義者とのあいだの違いが浮かびあがってくる。とりわけシモンが公立学校において「神と国家に対する義務」を教えるべきだと主張するのに対し、フェリーは反論を挑んでいる。この点はあとでまた論じるが、最終的には妥協策が取られ、「神に対する義務」は法文中ではなくプログラムに書き込まれることになった。そしてプログラムを執筆したのは、これまたクザンの系譜に連なるポール・ジャネであった。フェリー自身を唯心論者と規定することは難しいが、フェリーの確立した学校のライシテは、非常に折衷主義の傾向が強かった。

以上見てきたように、フェリーはさまざまな思想潮流から着想を得て、自分自身の立場を築きあげている。ある意味で彼は、どの潮流に対しても異端であるが、それは彼の政治思想が不安定だったことを窺わせるものではなく、むしろ彼の政治家としての才覚を示している。哲学者にとって大切なのが、自分の思想を精確に表現することだとすれば、政治家に必要なのは調整能力だ。ライシテを支えるさまざまな思想には、互いに異なるところがあるにもかかわらず、フェリーはいわばオーケストラの指揮者のように、それらをひとつにまとめあげていくのである。彼は、反教権主義という演目を耳障りなく聴衆に聞かせるために、主題が宗教の否定へと流れていかないよう目を光らせている。

### ◇フェリー法制定の経緯とその要点

一八六九年の時点で、フェリーは次のように述べていた。「国家お抱えの聖職者や公的な教会が存続するうちは、フランスに自由はないだろう。国家と教会の結託は、国家にとっても教会にとってもよくない」(DOJF I: 191)。だが、ほどなくして彼が身をもって学ぶのは、性急な政教分離はかえって国を危険に陥れるということである。実際、パリ・コミューンのときに出された政令は、教会と国家の分離(第一条)、宗教に対する予算の廃止(第二条)を定めたが、これが引き起こしたのは教会権力の巻き返しであった。政体こそ共和政であれ、一八七〇年代は、保守リベラルなティエールと王党派のマク＝マオンという二人の大統領のもとで、かえってカトリックの政治的な影響力が強まることになった。

そこでフェリーはコンコルダのなかに、「教会と国家の関係という問題に対する最良の経験的な解決策」を見出していく(DOJF IV: 474)。これは、フェリーが政教分離の可能性を将来にわたって排除したということではない。いずれ機が熟せば再検討する心づもりはあっただろう。ただ、当時の状況では、分離と引き換えに教会に自由を与えることは、カトリックを活性化するおそれがあった。フェリーは、教会を国家のうちに抱え込んでおくほうがよいと考えた(2)。共和派のなかでもポール・ベールのような人物は、いささか露骨に、カトリックに規制を加える道具としてコンコルダを用いようとしたが、フェリーはこれに比べれば穏健で、国家の管轄下でカトリックに一定の自由を認めていたところがある（Mayeur 1985: 149–150）。

フェリーが相対的に寛容な態度を取ったのは、国民統合は自由を条件とすべきと考えていたからである。ただし（あるいはそれゆえ）、国を二分するような主張は断じて認めなかった。フェリーは、イエズス会に矛先を向けている。この団体は、共和国を真っ向から否定する教義を若い世代に教えていたからだ。一八七九年に公教育大臣に任命された彼は、ただちに法案を議会に提出する。非認可修道院のメンバーが教育と学校経営に携わることを禁じた第七条は、事実上イエズス会を標的としていた。この法案は、下院は通過したが上院で否決された。けれどもフェリーは追撃の手を緩めず、一八八〇年三月末に二つの政令を出し、イエズス会の解散と、非認可修道院の登録義務化を進めている(3)。このとき、官憲の動員により暴力も発生した。フェリーはこの強行措置を、教権主義は反共和主義的であるという理由によって正当化した。その代わり、共和国原理と両立するカトリックへの攻撃は全面的に差し控えた。カトリックはマジョリティだが教権主義はマイノリティであることを、フェリーはよく見抜いていた。一八八一年一月、上院での発言である。

> 私たちが現在置かれている状況というのは、ある種のカトリックに対して国の権利を守ることです。これは宗教的カトリックとは大変異なったものでありまして、政治的カトリックとでも言いましょうか（右翼からはどよめき、左翼からは「いいぞ」の声と喝采の拍手）。宗教的カトリックについては、これはフランス人民の大部分の意識を表明しているものですから、定められた政教関係にしたがって、保護を受ける権利があります。〔……〕私たちが望んだのは、反教権主義的な戦いであって、それは宗教に対する闘争では断じて、断じてないのです。（DOJF IV: 144–145）

このように教権主義を糾弾する一方で、フェリーは公立初等教育の再組織化を進めるべく、二つの法案を議会に提出する。ひとつは無償、もうひとつは義務とライシテにかかわるものであった。

最初の法案について、アンジェの司教でフィニステール県の代議士シャルル・フレッペルは、無償の公教育が成立すれば、教育の領域でカトリックの覇権が崩れることから、必死に反論を挑んでいる。だがフェリーは持論を展開し、初等教育の無償化は民主主義社会の条件であり国家の義務であると主張する。

なお、この主張は、コントの教えに反している。コントの考えでは、教育の担い手は国家ではなかったからだ。これに対し、フェリーが初等公教育の無償化を説くのは、教育を通した国民統合を実現するためであった。フェリーにとって無償化は――これは一八八一年六月一六日の法律によって確立される――義務とライシテという第二の法案と分かちがたく結びついていた。

第二の法案について、フェリーの前に立ちはだかったカトリックの代表格は、やはりフレッペルである。このアンジェの司教は、国民統合が課題なら、大多数のフランス人の宗教であるカトリックを基にして、社会的かつ精神的な紐帯を作りあげるべきだと主張する。これに対してフェリーは、それでは結果的に非カトリックの子弟を教育から排除することになると反駁する。公教育は宗教的に中立でなければならないというのが、フェリーの主張だ。これに対してフレッペルは、宗教的中立性の「危険」を指摘する。

小学校教師が宗教について沈黙を守ることが中立的な行為に相当すると考えておられる方もいますが、これはまったくの妄想です。一日に六時間も子どもを教えておいて、七年間ものあいだ神について語らないのなら、それはおのずと神は存在しないか別に気に留めなくてもよいのだと子どもたちに信じさせることになります。(*Journal Officiel,*

Chambre le 22 décembre 1880: 12678)

それでもフェリーは、他国の状況を見ても、公立校が特定の宗教と結びつくことはないと言って、学校の宗教的中立性は歴史的必然であると主張する（DOJF IV: 116)。

ところで、フェリーの言う宗教的中立性とは、具体的には何を指していたのだろうか。それは、宗教教育を公教育の必修科目から外すことであって、時間外であれば家庭の要望に応じて各宗教の聖職者が公立校で宗教教育を行なってもよいとフェリーは考えていた。それでもカトリック系の議員は、あくまで必修科目内で宗教教育を維持しようとした。あるいは、法案中の「道徳・市民教育」（第一条）の文言を「宗教的道徳と市民教育」に置き換えようとした。しかしフェリーは、「宗教的道徳」という表現があいまいで、学校に「宗派教育」が入ってくるおそれがあると批判し、道徳は「ただの道徳」でなければならないと述べている（Ibid.: 185–186)。

フェリーの宗教的中立性は、共和派からも批判されている。ポール・ベールの考えでは、授業時間外であっても聖職者は公立校に立ち入ってはならない。ジュール・シモンはむしろこれとは逆の方向で、必修の道徳教育のなかで神のことを教えるべきだと考えた。この唯心論者は、「教師は子どもたちに神と国家に対する義務を教える」という文言を法文中に書き入れるよう求め、右翼のほうを沸かせている（*Journal Officiel*, Sénat le 3 et le 5 juillet 1881: 1006–1007, 1026–1031)。劣勢であったカトリックがシモンの提案に飛びついたのは、状況からすれば理解できるが、よく考えれば奇妙なことである。というのも、シモンは自然的宗教の理論家で、宗教的感情に基づく道徳と、特定宗教（端的にはカトリック）の道徳を区別しているからだ。「道徳が実体宗教から独立していることと、神から独立していることは、別のことなのである」（Simon 1883: 259)。

シモンの主張に対してフェリーは、この区別は哲学者ならばいざ知らず、小学校教師や生徒の親たちにはつけられないとし、「神と国家に対する義務」という表現は「宗教的道徳」という文言よりも「危険なあいまいさ」につながると批判する（DOJF IV: 193）。だが、シモンの修正案が上院で可決され、法案が下院に戻されると、フェリーは妥協策を模索する。シモンの案では、聖職者が学校に入る権利が認められていたが、ベールはこれに断固反対を貫いた。結局この権利は却下されたが、代わりに、宗教教育のための曜日として日曜日のほかに木曜日が設けられ、その日は子どもたちの親の意向に沿った教育が自由に行なわれることになった。また、「神に対する義務」の文言は、法文中には書き込まれないことになった（それはプログラムに取り入れられる）。

こうして一八八二年三月二八日法が成立する。これは、一八三三年のギゾー法と一八五〇年のファルー法に謳われた「道徳・宗教教育」を「道徳・市民教育」（第一条）に変更するもので、公教育のライシテを規定している。また、六歳から一三歳のすべての男女は初等教育を受けなければならないと明記することで（第四条）、初等教育の義務を打ち立てている。（将来的に普通選挙に参加する）男子だけでなく（当時参政権のなかった）女子もこの義務の対象となったことは、共和派が女性たちを教会から引き離そうとしていたことを示唆している。それでも、この反教権主義的な法律は、宗教教育をそれなりに尊重している。宗教教育のための曜日が設けられているし、初等教育の義務は宗教系の学校によっても満たされるものだからだ。初等教育の義務化と公教育のライシテは、国家の教育独占を意味するわけではないのである。

### ◇フェリーによるライシテの道徳の宗教性

フェリー自身は不可知論者だったが、フェリー法によって導入された共和国の道徳は唯心論的傾向が強く、さまざまな宗教的な側面を持っていた。多角的に検証してみよう。

フェリー法に基づき、公立小学校での道徳教育のプログラムを執筆したポール・ジャネは、「宗教は道徳の基礎ではないが、道徳的生活の最良の一部である」(Janet [1874]1894: 293) と述べている。ジャネは、宗教を道徳に先行させるカトリックの見方を転倒しつつ、自由思想家や無神論者の態度を牽制している。道徳教育の最後の教えは「神に対する義務」だと考えるジャネにとって、学校と教会は、明確に分離されるべきものではあるが、相反するものというより、協力すべき関係にある。学校は、実体宗教からは自律しているが、一種の自然的宗教に連なっていて、「魂のなかに宗教的感情を目覚めさせる」ような教育が求められている (Ministère de l'Instruction Publique et des Beaux-Arts 1883: 288–289)。ジャネにとって、公教育のライシテとは、実体宗教からの独立を意味するのであって、宗教という言葉が自然的宗教の意味で用いられるならば、公教育はまぎれもなく宗教的なのである。

フェリー自身は、表立って自然的宗教の観点から公教育を語るわけではないが、国家に精神的な事柄をつかさどる権限を与えている点では、完全にジャネの観点を共有している。彼は小学校教師に宛てた有名な公開書簡のなかで、「宗教教育は家庭と教会に属し、道徳教育は学校に属する」と言って、宗教教育によって伝えられる「信仰」と学校教育によって伝達される「知識」を区別する一方、両者は相補的な関係にあると主張し、さらに、学校教育には知識の伝達だけでなく「国民的な徳育」も含まれると述べている (DOJF IV: 259–260)。また、別のところでは、「私たちが約束したのは宗教的中立性であって、〔……〕政治的中立性ではない」と述べている (DOJF IV: 353)。つまり国家の中立性とは、あくまで実体宗教に対する中立性を意味するのであって、国家が精神や道徳の問題から距離を取ることを意味するのではない。むしろ国家は、「国家の道徳」や「国家の教義」を掲げて、積極的に教育の領域に介入するのである（DOJF III: 66）。

精神的な事柄をつかさどる国家の「道徳」や「教義」は一種のイデオロギーであり、これを基にした国民統合が目指されている。私たちはここで「市民宗教」の問題系に触れている。フェリー法によって確立された学校のライシテは、市民宗教の一形態と考えることができるだろうか。

フェリー法が制定された時期には、国歌の制定や市民的な祝祭行事の組織化などが進められており、これらは少なからず革命期の祭典を髣髴させる。だが、第三共和政の指導者たちは、自分たちが組織した祝祭行事を「市民宗教」という用語でとらえることを意識的に避けている（Ihl 1996: 50–51）。当時は宗教の私事化が言説上で進行していたため、「市民」と「宗教」の二語が結びつきにくかったのだと思われる。また、当時の共和派にとって、「市民宗教」の語はロベスピエールの恐怖政治を思い起こさせるものであった。反ジャコバン主義者のフェリーは、教義や信仰の「強制」には否定的で、カトリックに自由を認める幅を持っていた。したがって、この人物を、ルソーを源泉とし、ロベスピエールを具体例とする不寛容な市民宗教の系譜に位置づけることは難しい。

では、フェリーが確立したライシテは、アメリカ型（もしくはイギリス型）の市民宗教に近づくところはあるだろうか。フランス型の市民宗教が、伝統宗教（カトリック）に取って代わる野望を抱いているとすれば、アメリカ型の市民宗教は「キリスト教に対立するものではなく、むしろ多くのものを共有している」とロバート・ベラーは指摘する。それは、教会とは「明確に分化」されたものであるが、教会と「ならんで」存在する（Bellah 1967: 1, 8＝一九七三・三四三―三四四、三五五）。この伝で行くと、フランスの公立校で教えられる「神に対する義務」は、個別の教会からは「明確に分化」されており、また公教育は教会での教育と「ならんで」行なわれるものとして位置づけられている。この意味では、ベラー的な市民宗教に近いのである。ただし、米仏の決定的な違いは、アメリカの公教育では聖書を共通の書物とし、神が道徳の基礎に置かれているのに対し、フランスの公教育では聖書が用いられず、神は道徳を完成すべく最後に登場してくる存在である。これは英仏の違いでもある。英国では一八七〇年のフォスター法により、「非宗派的だがキリスト教的」な公立小学校で、聖書講読に基づく宗教教育が義務化されているが（Mély 2004: 322）、フランスの制度はこれと構造を異にしている（Baubérot et Mathieu 2002: 252）。

このように、フェリーのライシテは、ルソー＝ロベスピエールの市民宗教にも、英米系の市民宗教にも合致しない。だが、ここから、ライシテに基づく道徳は市民宗教に該当しないと断定してよいものだろうか。市民宗教の意味を上記の二つの方向性に限定するのではなく、別の方向性でこの概念を用いる余地は残されているのではないだろうか。

世俗的権力である共和国が、私的領域における自由を保障しながら、公的領域における精神的権力を掌握したという事実に、もう一度立ち返って考えよう。一方でフェリーは、公教育を通じて、いざというときには国家に殉ずることのできるような市民を育成しようとしている。他方で、私的な領域では、彼らがいかなる宗教を信じていようと（あるいは信じていなかろうと）それは問わないとしている。この公私の分離に、道徳と宗教の分離を重ね合わせることができる。フェリーにしたがえば、道徳は公的で、宗教は私的なものである。宗教は複数のなかから選択できる（あるいは選択しなくともよい）いわば精神的オプションであるのに対し、道徳は国民統合を目的とするひとつの精神的イデオロギーであり、公的領域でこれにしたがうことは義務である（フェリーにおける政教関係を示すものとして、**図5**を参照）。どうしてこのような道徳が、市民宗教の観点からの検討をまぬかれることのできる代物でありえようか。たしかにフェリー自身は道徳と宗教を峻別しているが、批判的分析とは、こ

**図5　フェリーの政教関係モデル**

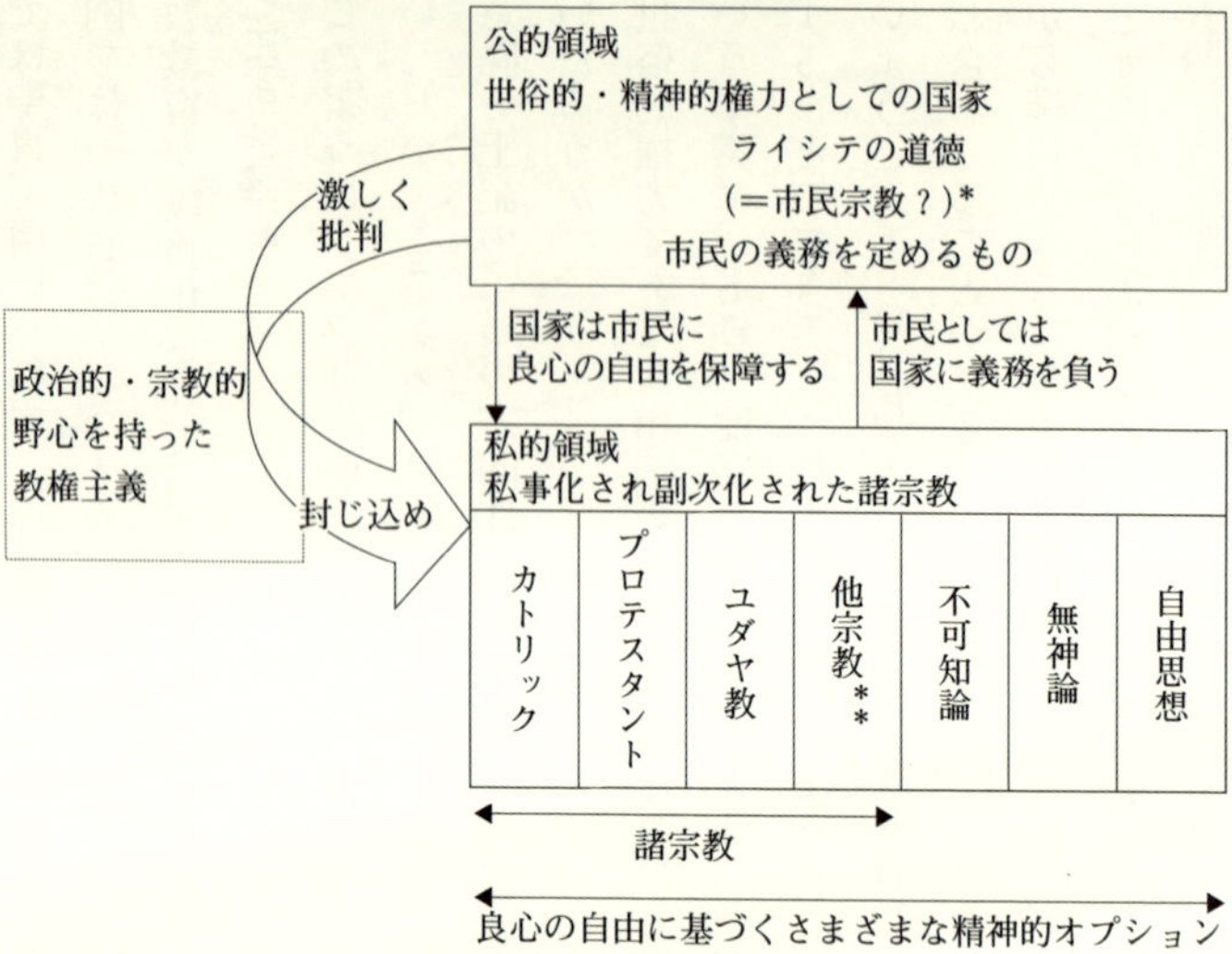


*当時の言説においては，ライシテの道徳は宗教ではないとされていた。しかし市民宗教という概念に依拠しながら分析を加えると，宗教的と感受される側面がなかったわけではない。

**あくまでこれは理念上のモデルであって，必ずしも当時の公認宗教以外に現実的な存在感を持つ宗教があったわけではない。

の場合むしろ、言説上は宗教とはされていない道徳に宗教性を探ることにあるはずだ。

宗教社会学者のダニエル・エルヴュ＝レジェは、「いかなる信念であれ、それが伝統の権威を引き合いに出して正当化されるならば、宗教的な形式化の対象となりうる」と述べている(Hervieu-Léger 1999: 23)。フェリーが企てたのは、まさにこの種の正当化であり、引き合いに出されたのは共和主義の伝統である。フェリーは、共和主義のなかのジャコバン的な要素を抑え、それを国民の大多数を占めるカトリックにも受け入れ可能な代物に仕立てあげることで、伝統を再構築しようとした。このように、過去と現在のあいだの連続性をダイナミックに作りあげ、社会の成員のコンセンサスを刷新することとは、再びエルヴュ＝レジェによれば、「宗教的信念の中軸」を構成しうる。たしかに、近代において形成された伝統をすべて宗教と同一視するのは行きすぎだろう。だがそこに「何らかの信念の表明」、「連続性の記憶」、「この記憶の権威づけと正当化」の三つの要素が認められるならば、伝統なるものに依拠した構築物を宗教に相当するものと見なしてよい――彼女はこう示唆している（Hervieu-Léger 1993: 125–129, 141–146）。そしてフェリーの唱えた道徳は、この三つの要素を満たしていると言える。

ここで特に「連続性の記憶」に関して指摘しておきたいのは、フェリーはまさに「私たちの父祖の道徳」を唱えていた点だ。彼はこれをキリスト教的な道徳に対置するよりも、むしろ新旧の道徳に調停をもたらすものとして提示している。樹立されるべき新たな共和主義的伝統は、カトリックとの共存を可能にするものでなければならなかった。そしてこれは、フェリーにとって、実現可能な課題であった。というのも、彼の目には、すでに大部分のカトリックは共和主義的だったからだ。「この国にいる熱心なカトリックの大多数は、党派を形成しているわけでも、議会という公の場に代表者を持っているわけでもなく、そのほとんどは共和派の候補に投票していると私は確信している」（cité dans Chevallier 1981: 353）。フェリーは、フランス人に必要な方向転換を示唆しているのであって、カトリックに根ざした過去を否定するよう説いているのではない。このとき旧来の宗教性は、そのままの状態で留まり続けはしないが、きれいに消え去るわけでもないだろう。

なお、フェリーがコンコルダ体制を維持し、教皇庁とのあいだに「ラリマン」と呼ばれる蜜月関係を演出したことも、当時のライシテが宗教的な印象を与えることと無縁ではない。フェリーには教会との抗争を避ける必要があったように、レオ一三世にはカトリックの利権を守っていく必要があり、コンコルダは双方にとって現実的な妥協点であった。

この体制は、とりわけ植民地という場において双方に「果実」をもたらすことになるだろう。ここではフェリーの植民地政策について詳述はしないが（詳しくは、Ageron 1985; 平野 二〇〇二などを参照）、植民地主義と宗教の関係は重要なので、ポイントを押さえておきたい。

フランスは、フェリーの首相在任中、チュニジアとアンナンを保護領国化し、マダガスカル、コンゴを制圧し、トンキン（ベトナム北部）に進出している。彼は植民地主義を経済、政治、人道の観点から正当化しているが、とりわけ「人道的」な側面においては、「優れた民族には、劣った民族に対する権利がある」、「劣った民族を文明化する義務がある」などと述べている（DOJF V: 218）。このような態度には、一方でコントの実証主義、他方でカトリックとの両義的な関係が表われている。

フェリーが進歩史観に立ち、「文明人」には「ムスリムの狂信」を改めさせる権利があると言うとき、彼はコントの説いた「強者の弱者に対する義務」に依拠しているつもりなのだろう（Nicolet 1985: 34）。またフェリーは、「人種」を固定的にはとらえておらず、「劣った人種」であっても教育によって進歩できると考えている。「私は外交の舞台で、ヨーロッパ使節、古くからの列強国の代表者の集まりに、褐色の顔や黒い顔が増えるのを認めても、笑ったりはしない。むしろ人類と文明の進歩に敬意を払うだろう」（DOJF V: 157）。これはある意味で、コントの教育論の影響を受けたものと考えられるが、そう述べることはどこまで妥当だろうか。コントにとって、西洋と東洋の融合は、平和的な手段によって実現されなければならなかった。彼はアルジェリアから軍隊を引き上げ、返還するよう求めている。このような提案は、フェリーには空想以外の何物でもなかった。ベルギーやスイスのような「小国」であればいざ知らず、「列強国」たるべきフランスに、そのような「理想政治」は不可能だ（Ibid.: 220）。ここでもコントとフェリーの見解には隔たりがある。

文明化の使命と宗教伝道という二つのミッションの関係は、かなり複雑である。一八八〇年前後、さまざまな反教権主義的な政策が講じられたために、フランス国内のカトリックは劣勢を強いられた。ところで共和派は、「反教権主義は輸出品目ではない」（ガンベッタの言葉ともポール・ベールの言葉とも言われる）と考えていて、宣教師の植民地進出を容認する構えでいた。ただしカトリックはすぐにその方向性にしたがったわけではなく、むしろ最初は政権与党の植民地主義そのものに反対する立場を取っていた。けれどもカトリックは、やがて共和派とのあいだの共犯関係を受け入れていく。一八九〇年には、アルジェのラヴィジュリ枢機卿が、教皇と連絡を取り合ったうえで、地中海に展開していたフランス艦隊の司令官を迎え入れている（「アルジェの祝杯」）。これ以降、カトリックは共和国の植民地政策に賛同していくようになるだろう(4)。

ここで指摘したいのは、フランスが国内的には社会制度の脱宗教化を進めていたまさにそのときに、対外的にはむしろカトリック国として映るようになっていったということだ。これもまた、フェリーのライシテに見られる逆説的な宗教的側面のひとつに数えあげられるだろう。この指摘には、植民地主義と結びついていたライシテが、「野蛮人」を「文明化」すると称して、しばしばみずからの「野蛮さ」を棚あげにしていたのではないか、という問題意識も含まれている。

## 二　一九〇五年法とライシテの基本構造

フェリー法に代表される一八八〇年代のライシテは唯心論的な傾向が強かったが、これは一八九〇年代より、個人主義と社会主義を調停しようとしたレオン・ブルジョワの連帯主義によって相対化された（Loeffel 2000: 127–166）。さらに一九〇〇年代初頭には、急進主義、社会主義、自由思想が台頭し、共和派全体が左傾化するなかで政教分離へと舵が切られることになる。この過程で、フランス共和主義はあらゆる宗教（性）の「くびき」から「解放」されたのだろうか。それともむしろ、唯心論からの脱皮を遂げたライシテにも、なお宗教性が認められるのだろうか。

以下ではこのような観点から、まずエミール・コンブの政策を検討する。そして、コンブの反教権主義的闘争と一九〇五年法の論理のあいだにはひとつの転換があることを指摘する。次いで、一九〇五年法によって、政教関係がどのように規定され、宗教概念がどう再定義されたのかを明らかにする。もし私たちが当時の言説の地平に立って政教関係を考えた場合、ライシテ体制における政治と宗教が混同されることはないだろう。だが、そこでの政治そのものに何らかの宗教性があるのではないかと問うことは、なお妥当であると思われる。というのも、国家のライシテは、かつてのカトリックのような包括性をみずから引き受けようとすることにより、それ自身が神聖視されるところまではいかないとしても、少なくとも称揚の対象にはなっているからである。

### ◇エミール・コンブと不寛容な市民宗教

一八九〇年代には、教皇レオ一三世がラリマンを呼びかけ、共和派にも「新精神」と呼ばれる融和的な動きが生じ、「二つのフランス」の関係はやや好転する。(5) だが、ドレフュス事件の再審をめぐって、ゾラが「私は告発する」（一八九八年一月）を『オーロール』紙に発表した頃から状況が変わりはじめ、(6) ドレフュス派と反ドレフュス派の対立は、ほぼライシテ陣営とカトリック陣営の争いの構図を取るようになる。(7)

一八九九年六月に権力の座についたルネ・ワルデック＝ルソーは、穏健共和派から社会主義者までを糾合した「共和国防衛」内閣を組織し、反ユダヤ主義的な国粋主義者やカトリックに対峙する。ガンベッタの流れを汲み、フェリーのもとで内務大臣を務めた経歴もある彼は、教会と国家の分離を断行するのではなく、コンコルダ体制を維持する姿勢を貫いた。「コンコルダ体制は長いあいだ修正されないようなものなのだから、行なうべきはそれを正確に適用することです。そして私たちは、いつでもコンコルダの精神を非常に寛容な意味において解釈してきました」（一九〇〇年一〇月、トゥールーズでの発言）。けれども、ここで言われている「正確な適用」や「寛容」の内実はいかなるものなのか。実は、ガンベッタの流れを汲むこの政治家は、次第に態度を硬化させ、コンコルダを「聖職者を管理するのに適した手段」と見なすようになる（Larkin［1974］2004: 83-86）。彼は、税金を納めていない修道会の数に注目し、そこからの取り立てで国庫を潤そうとしている。また、彼が「寛容」という言葉で理解していたのは、国家が教会に礼拝の自由を認めることではなく、教会が（市民でもある）信者の良心の自由を尊重すべしという意味であった。つまりワルデック＝ルソーは、「寛容」の名において、教会への圧力を強めたのである。「修道会は、個性を伸ばすアソシエーションではなく、個性を殺している。個性は生かされず、埋没してしまっている」。

ここから、アソシエーションと修道会を区別する論理が出てくる。前者は個性を尊重しているが、後者は抑圧しているというのだ。一九〇一年七月一日の結社法は、その前半部でアソシエーションにかなりの自由を与えているが、後半部で修道会に対する厳しい措置を定めている。そのため、この法律は「アソシエーションについての法律というより、反修道会的な法律として提示されることがある」（Lalouette et Machelon 2002: 13）。実際、アソシエーションに対しては認可申請の必要を撤廃した同法は、次のような条文を含んでいる。「いかなる修道会も、修道会運営の条件を定めた法律によって認可されなければ、結成することができない。また修道会は、国務院に提出される政令がなければ、いかなるものであれ新たな施設を建ててはならない。なお、大臣会議における政令により、修道会の解散や教会施設の閉鎖が命じられることがある」（第一三条）。

一九〇二年の総選挙で共和派連合が圧勝すると、急進派のエミール・コンブが首相となり、非合法の修道会や宗教施設に対する弾圧の火蓋が切って落とされる。コンブは組閣後すぐ、一九〇一年法以降に非認可で建てられた宗教施設を閉鎖する。次いで、法律の定める期間内に認可申請を行なわなかった修道会系学校の活動を停止させる。さらに、認可申請の手続きを簡略化するために、審査を下院のみで行なうよう制度を変更する。一九〇三年三月には、男子修道会の認可申請五四件がすべて退けられた。数ヵ月後に行なわれた女子修道会の認可の審査では、いくつかの観想修道会と慈善修道会は認められたが、およそ一〇〇にのぼる教育修道会の認可申請はひとつも通らなかった。

さらにコンブは、教育の自由を保障しているファルー法を廃止して、カトリックから教育権を取りあげてしまおうとする。これには、共和派内部からも反論の声が挙がった。クレマンソーは、それでは国家の暴政になってしまうと批判した。コンブは、ファルー法廃止は諦めたが、一九〇四年七月七日の法律を採択させ、修道会に対しあらゆる種類の教育を禁止した。これによって、多くの修道士や修道女は海外への「亡命」か、還俗を余儀なくされた（Cabanel et Durand éd. 2005）。

コンブの政策のロジックが極限まで推し進められていたら、国家による教育の独占が生まれていただろう。それでも、コンブの反教権主義は、宗教破壊と同義ではない。実はコンブは神学校を出ており、最後まで自分のことを唯心論者だと規定している。彼が構想したのは国家主導の「国民教会（Eglise nationale）」である（Mayeur 1991: 19）。これは、革命期の聖職者民事基本法やロベスピエールの宗教政策を髣髴とさせる。これはただの印象ではない。アナトール・フランスによれば、「信者」たちはコンブを「ジャコバン主義者」と見なし、そこに

「ロベスピエール」の再来を認めている（France《Préface》in Combes 1904: XXXI）。また、アルジェのカルメル会の修道女であるジャンヌ・ビベスコの証言によれば、コンブはルソーの市民宗教に自分の考えが要約されていると語ったことがあるという（Merle 1995: 418）。このようにコンブは、ルソー＝ロベスピエール的な不寛容な市民宗教の系譜に連なっている（Baubérot 2006: 215）。

この市民宗教の観点が、コンブをいわゆる自由思想家から区別している。コンブは一九〇三年一月二六日の演説で、ブランキ派の社会主義者で戦闘的なライシテを唱えるモーリス・アラールに向かって唯物論を否定し、聴衆を驚かせている。たしかに両者は教権主義に弾圧を加えようとする点では共通しているが、宗教を破壊すればよいとするアラールに対し、コンブは国家主導の精神的な教義の構築に関心を寄せている。「人民が、何世紀もの長きにわたって、宗教的観念によって育まれてきたのは、理由なきことではありません。〔……〕〔クローヴィスの洗礼以来〕一四世紀もの時間を一筆で消せるものではありません。それを消してしまう前に、まず何で置き換えるのかを知らなければなりません」。コンブはこの段階で、教会と国家を分離すべきときはまだ来ていないと判断している（Bruley éd. 2004: 97–98）。彼が政教分離へと舵を切るのは、一九〇四年九月四日に行なわれた「オセールの演説」以降である。

コンブの政策転換の背景には、次のような事情がある。まず、一九〇三年七月、近代化に一定の理解を示した教皇レオ一三世がこの世を去り、代わって教皇となったピウス一〇世のもとでヴァチカンが相対的に保守化したこと。次に、翌年四月、フランス大統領エミール・ルベがイタリア国王ヴィットリオ・エマヌエーレ三世を表敬訪問したこと（教皇庁は一八七〇年のイタリア王国によるローマ併合を非合法と見なしていたため、この訪問を挑発行為と受け取った）。そして七月七日、修道会に教育を禁じる例の法律が発布され、ついにフランスとヴァチカンの国交が断絶する（七月三〇日）。これによってコンコルダが無効となり、政教関係の再定式化が必要になった。したがって、政教分離への方向転換には、かなり状況依存的なところがある。他方で、この転換をやや長いスパンのなかで位置づける必要がある。構造転換を促すさまざまな要素は、少なくとも四半世紀来存在していたからだ。「花瓶が水でいっぱいのとき、溢れ出るには一滴でよい」とはジャン・ボベロの評である（Baubérot 1990: 53）。それまでコンコルダ維持を唱えていたコンブが、急に政教分離へと方針を変えることができたのも、その下準備はできていたからである。

それに、コンブの教権主義に対する厳しい姿勢は、コンコルダの枠組みでも、政教分離の枠組みでも、基本的にまったく同じである。一九〇四年一〇月に明らかにされたコンブの政教分離法案（宗教局長シャルル・デュメの発案に基づく）は、教会を国家の厳しい管理下に置こうとしている。この法案には、集団的な礼拝の自由はおろか、個人の良心の自由を保障する条項さえない。第一条では、「礼拝の実践や維持のための公的支出」、「宗教団体の聖職者にあてがわれていた俸給、手当、補助金、給付金」をすべて廃止すると宣言され、第一一条では、宗教団体が公的空間で示威集会を開いたり、（葬儀の場合を除き）祭礼の行列を組んだりすることが禁じられている。これは既存の宗教をできる限り非可視化するもので、もし目に見える形で宗教的なものが残るとすれば、それは国家の宗教性ということになるだろう。コンブの法案が良心の自由について何も触れていないのは、改めて明言する必要のない自明の獲得物ということなのか、それとも国家の精神的な教義が個人の内面の自由に優先することの暗示なのか。いずれにせよ、政教分離を唱えるコンブにおいても（コンコルダ維持を主張していた頃と同様に）、ルソー＝ロベスピエール的な市民宗教の論理が見て取れる。

## ◇自由主義的分離は宗教性をすべて私的領域に封じ込めたのか

コンブの非寛容な政策は、カトリックをはじめとする教会側の人間だけでなく、(8)少なからぬ共和派も不安にさせた。彼らは、コンブ案とは別の政教分離を模索している。

一九〇三年七月には、フェルディナン・ビュイッソンを委員長とし、アリスティッド・ブリアンを報告者とする委員会が設立され、ブリアンは同年四月に提出されていたフランシス・ド・プレサンセの案を詳しく研究している。(9)この案は、教会と国家の厳格な分離を謳う一方で、良心の自由と礼拝の自由を保障するもので、(10)社会党・急進社会党員五六人が連署していた。プレサンセ案に着想を得た委員会案の第一条では、良心の自由と礼拝の自由が謳われている。

世論も自由主義の方向に傾くようになった。レイモン・ポワンカレは、一九〇四年九月の『フィガロ』紙で、「〔政教分離は〕宗教戦争の熱気のなかで起こってはならない」と述べている。「政教分離は自由主義的なものでなければならない。私が言いたいのは、国家はその優越性を保持しつつ、市民が選ぶ宗教の実践を公正に保障しなければならないということだ」(Bruley éd. 2004: 171)。

コンブは一九〇五年一月に失脚する。新しく公教育・宗教大臣になったジャン＝バティスト・ビヤンヴニュ＝マルタンは、コンブ案を再び取りあげることはなく、委員会案を議会に提出した。

ここで、下院での審議の流れを簡単に見ておくことは有益である。それは、自由主義的な政教分離への道がどう切り開かれていったのかを示している。

審議は一九〇五年三月二一日、先決動議で幕を開けた。フィニステール県の代議士でカトリック共和主義者を自称するゲロー神父は、国交の断絶したヴァチカンとの関係修復が急務だと訴えつつ、「私たちの理想は、市民社会と宗教社会の結合だ」と述べ、政教分離の原理自体を否定した（Bruley éd. 2004: 213）。だが、法案撤回要求は大多数で否決され、これ以降は政教一致の理念が議会の場で唱えられることはなくなる。

他方、共和派のなかには、自由主義的な分離に踏み切ることは危険で、教会に規制を加える権限を国家は保持すべきだと考える者がいた。シャルル・ブノワは、カトリック教会に自由を与えれば、共和国の内部に厄介な敵を抱え込むことになると述べている（三月二七日）。モーリス・アラールもまた自由主義的な政教分離に反対し、教会への敵意を剝き出しにしている（四月一〇日）。アラールは宗教破壊を目指した対案を提出しているが、これはほとんど賛同を得られなかった。

自由主義的な政教分離を支持する共和派は、共和派内部の急進的な左派を安心させようとしている。宗教大臣ビヤンヴニュ＝マルタンは、「自由主義には限度があり、国家の独立性と安全が脅かされるような地点は越えない」と述べている（四月四日）。ブリアンもまた、教会に自由を与えることと国益を守ることは両立すると主張している。

自由主義的な分離への道はこのようにして開かれていった。しかし、「信徒団体」結成をめぐる大きな山がまだ残っていた。「信徒団体」（association cultuelle）とは、コンコルダ体制における「宗教公施設法人」に代わるもので、そこに教会財産を帰属させることになっていた。法案の第四条は、信徒が自由に――つまり上層部の意向に関係なく――この会を結成することができると定めていたが、階層制を敷くカトリックはこれを自分たちへの挑戦と受け止めた。修正案（四月一九日）では、信徒団体の結成は「宗派の一般組織の規則」にしたがうものとされたが、今度は自由思想家や社会主義者の反発を招いた。事態を収束に向わせたのは、教会の組織化の原理を尊重するように述べたジャン・ジョレスの演説（四月二一日）である。政教分離に反対し続けてきた右派も、法案支持に回るようになる。

法案は七月三日に下院を、一二月六日に上院を通過、一九〇五年一二月九日法として発布される。同法は、「共和国は良心の自由を保障する。また、公共の秩序のために以下に定める制限のみを設けて、自由な礼拝（culte）の実践を保護する」（第一条）と自由主義的な性格を打ち出しながら、「共和国はいかなる宗派（culte）も公認せず、俸給の支払い、補助金の交付を行なわない」（第二条）と教会の国家の分離を明確に謳っている。また、宗教施設の動産ならびに不動産は、一年以内に「宗派の一般組織の規則」に準拠したアソシエーション（信徒団体）に譲渡されると定められている（第四条）。

したがって、一九〇五年法には自由主義的な特徴がある。この法律を支えているのは、コンブの精神ではなく、プレサンセ、ブリアン、ジョレスの精神である。もっとも、法律発布直後のカトリックは、共和国の論理に沿って即座に同法を受け入れたわけではなく、二つのフランスが一定の「和解」に至るには、さらに二〇年ほどの歳月を必要とした(11)。ただ理論上は、一九〇五年法（あるいはそれに一九〇七年法や一九〇八年法を加えたもの）の段階で、すでに合意の枠組みは用意されていたと考えられる。つまり政教分離法は、表向きは教権主義と反教権主義の争いが熾烈を極めていた時期に制定されているが、構造的には自由主義的な路線への転換はすでになされていたのである。

では、教会と国家の分離によって、政治（的なもの）と宗教（的なもの）の関係には何が起こったのだろうか。宗教概念はどのように変化したのだろうか。自由主義的な政教分離の論理がコンブの市民宗教の論理から区別されることは、一九〇五年法によって確立された国家のライシテには宗教的なものが皆無であるということなのだろうか。

コンコルダに体現されていた「複数型公認宗教体制」の解体は、宗教の私事化と連動している。これは宗教的なものを私的な領域に封じ込めることを表わしているように見えるかもしれないが、実際には、それぞれの宗教団体には礼拝の自由が保障され、信徒団体と呼ばれるアソシエーションの形式を取ることができたのだから、当然そこには公的な側面（公共的・社会的な性格）も認められる。それでも次のような言明は妥当である。宗教制度はこれ以降、政治的な正当性を喪失し、国家の将来を導きえなくなった。そして宗教は権利上、取捨選択が完全に自由なものとなった。旧公認宗教と他宗教、さらには無神論や不可知論などの世俗主義的な思想——これらはいずれもアソシエーションの形式を取ることもあれば、個人レベルで表明されることもある——は、みな「精神的オプション」としては原則的に対等ということになった。

ジャン・ボベロは、この変化をライシテへの第二段階としてとらえている。それは、一八八〇年代よりはじまり、一九〇五年法によって構造的に確立されたという。彼はこの段階を特徴づける要素を三つ挙げ、ライシテへの第一段階（大革命からコンコルダ体制成立まで）との比較を可能にしている。まず、「第一段階」において見られた制度のうえでの断片化がさらに進展し、「第二段階」では制度上の分離が起きている。つまり、コンコルダ体制において、宗教はすでに生活の全領域にわたって影響力を振るうものではなくなっていたが、少なくとも社会生活を構成する重要な一角であるとは見なされていた。それがいまや、社会的に「完全に選択的なもの」となる。二番目の要素は、宗教の社会的正当性にかかわっている。一般に宗教は、一九世紀を通じて道徳的社会化を担うものと見なされてきたが、いまやこのような認識は持たれなくなる。宗教は「私的なもの」となり、道徳的社会化は別の制度——学校など——によって担われるようになる。最後に、宗教は公認されなくなり、良心の自由と礼拝の自由が確立される。「市民は宗教の選択と拒否において自由である」（Baubérot [2000, 2005] 2007: 89–

九〇＝二〇〇九・一二三―一三四）。

本質的なことはすでに言われているが、少なくとも二つの問いを立てる余地が残されている。ひとつは、道徳的社会化の新たな担い手――特に学校――が、宗教に取って代わったという事実により、道徳的社会化装置としての学校を宗教的と見なすことが妥当かどうかである。このテーマは次章で扱いたい。もうひとつは、宗教的自由の発展にかかわる問いである。良心の自由はすでにライシテへの第一段階で保障されていた（一七八九年の人権宣言）とすれば、ライシテへの第二段階では何が起こったのか。[12]私たちは一九〇五年法の自由主義的な性格を強調しているのだから、この法律を自由主義の発達のなかに位置づけて考えてみよう。

フランス革命が提示した社会統合モデルには、中間集団を排して、個人と国家を二極構造でとらえる傾向がある。労働者による結社を禁じた一七九一年法を作成したル・シャプリエの有名な定式によれば、「もはや個々人の個別的な関心と一般的関心しかない」。この図式では、一方に「私」的な「個人」の権利の領域、他方に「公」や「政治」の領域はあるが、いわばそのあいだに位置する「民間（としての私）」や「市民社会」――集団や団体の個別的な関心によって構成される――の場所はない。

マルセル・ゴーシェの指摘によれば、一九世紀の本質的な新しさとは、自由の名において、個人と国家の二極構造のあいだに位置するような市民社会の建設が進んだ点にある。こうして集合的なものが「政治国有の領域と市民の領域」もしくは「公的生活の領域と私的な利害関心の領域」とに分かれるようになった。この観点に立つと、第三共和政において定められた以下の諸法は、アソシエーションの形式を取るものに対して権利を与えていく過程として理解できる。すなわち、認可申請なく集会を開くことを認めた一八八一年六月三〇日法、労働組合を合法化する一八八四年三月二一日法、そして結社の自由を定めた一九〇一年七月一日法である。一九〇五年法も例外ではない。これは、一連の自由化の「仕上げ」として、教会という最も厄介な相手を対象としたものなのだ（Gauchet 1998: 53–58 ＝二〇一〇・七二—七五）。以上から、礼拝の自由の保障は、ライシテの歴史のなかで大きな意味を持つものであったことが理解できよう。そしてそこには、教会に政治的領域で権力を行使することを断念させ、教会の持つ集合性はあくまで私的なものだと規定する力がはたらいていた。

したがって、政教分離法の要点は「自由主義的な封じ込め」にあったと言える。ではこれは、宗教概念の歴史という観点から見た場合、いかなる意味を持つだろうか。ポール・エリオは、共和国は「宗教的なもの（le religieux）を純粋に礼拝の側面（dimension purement cultuelle）に還元」しようとしたのだと書いているが、この指摘は核心を突いている（Airiau 2005: 187）。一九〇五年法には、「宗教」（religion）という語が一度も登場せず、「礼拝」（culte）という言葉で宗教が語られていることも、この指摘を裏づける。[13] 良心の自由と礼拝の自由を保障した同法の論理では、良心の自由は私的な個人の内面の自由に相当し、礼拝は私的な宗教集団に該当する。宗教概念の私事化とは、「宗教」の意味がこの二つのどちらかに還元されることを指している。ライシテ体制において、「宗教」という言葉は、個人の内面性か教団のどちらかを連想させると言ってもよい。そして、私たちがこの図式に規定されているからこそ、個人の内面性や教団に該当しない諸現象を「宗教的」と呼ぼうとすると、しばしばためらいを覚えるのである。

それゆえ、コンブの不寛容なライシテを「あれは宗教も同然だ」と評することは、市民宗教の観点からそのように分析することは十分可能であるにもかかわらず、けっして一般的ではない。ましてや、一九〇五年法に体現されている自由主義的なライシテを「あれも宗教のようなものだ」と評することは、普通は事実誤認の誹りをまぬかれない。それでもなおこう問いを立ててみたい。ライシテと宗教が峻別されているからといって、ライシテにはいかなる宗教性も認められないということになるだろうか。国家のライシテの宗教性が問題化されにくいのは、宗教的なものを個人の内面や礼拝の側面に還元する視点から、宗教とライシテの関係を考える構図になっているからではないのか。

この点、マルセル・ゴーシェの分析には、自由主義的なライシテを実現した共和国の宗教性を問いただす観点が含まれている。たしかにゴーシェは一方で、フランス共和国は「諸宗派」（confessions）との分離だけでなく、「宗教」（religion）自体との分離を果たしたと言って、合衆国モデルの「市民宗教」モデルは該当しないと明言している（Gauchet 1998: 69＝二〇一〇・一九〇）。だが、他方で彼は、共和国はまさに自由主義的な分離を行なうことによって、教会に対する精神的な優位を獲得したことにも注意を促している。「教会との分離の緊迫感がいわば梃子となって、国家は高い位置に持ち上げられた」（Ibid.: 62＝七九）。共和国は、宗教への服従を説く教権主義に対して、もうひとつの宗教を対置したのではなかったが、他律的なものに依拠していたカトリック教会が「引き立て役」として機能したため、自律的な政治を志向する共和国が威信を高めることになったのである。そのため政治は、「宗教の外部で宗教の高みに」達することになった（Ibid.: 85＝九九）。この観点から見ると、自由主義的なライシテもまた、宗教的なイメージを完全にまぬかれることはできない。

## 三　フェルディナン・ビュイッソンによる「宗教的なライシテの道徳」

本章ではここまで、フェリーの言動と政教分離法の成立過程の分析を通し、一八八〇年代のライシテと一九〇〇年代のライシテの宗教性を批判的に検討してきた。それはどちらかと言えば、表向きは宗教とされていないものに宗教性を探る試みであった。これに対し、プロテスタント出身のフェルディナン・ビュイッソンは、ライシテの道徳は宗教的なものだと明示的かつ積極的に述べている。「宗教」と「ライシテの道徳」のあいだに線を引く言説が支配的な政治の場で、「体制側」の政治家がそれを侵犯するような語り方をしているのは、考えてみれば驚くべきことであろう。

ここで、ビュイッソンとフェリーのあいだに葛藤が生まれなかったのかという疑問が生じる。これは、自由主義的プロテスタントの系譜に連なる前者のライシテの道徳と、実証主義に着想を得た後者のライシテの道徳の違いとつながりを問うことである。私たちは、ライシテの道徳が一枚岩的なものではなく、さまざまな思想潮流から構成されている事実を思い出すことになるだろう。ビュイッソンを検討することは、この道徳の形成に対する自由主義的プロテスタントの「貢献」をはかることにつながっていよう。

以下では、この問題意識を念頭に置きながら、ビュイッソンの思想形成をあとづけ、彼の唱えるライシテの道徳にいかなる宗教性が導き入れられているのかを明らかにしたい。この問題設定は、現在のビュイッソン研究の状況に照らせば(14)、とりたてて新奇なところはない。だがその先の分析は、完全に独創的なものではないにしても、私たちの研究の特徴をなすものかもしれない。それは、彼の「宗教的なライシテの道徳」をキリスト教――さらには宗教――の臨界に位置づけ、ライシテのなかにキリスト教の残響を聴き取ることにかかわっている。

ビュイッソンには、時局的な発言も多く、状況に応じて反教権主義の面が強く出たり、宗教の重要性が前面に押し出されたりするニュアンスの変化はある。だが、折に触れて繰り返されている基本的な態度や考えは、彼の活動が長期にわたっていたことを思うと、驚くほど一貫している（Tomei 2004: 27）。そこで、この人物の思想形成の背景と経緯を論じることからはじめたい。私たちの見立てでは、フェリーがさまざまな思想潮流をみずからの実証主義に組み込んでいったように、ビュイッソンも自由主義的プロテスタンティズムのなかにさまざまな思想を取り入れていくことで、自分の基本的な考え方や態度を形作っている。

◇自由主義的プロテスタントのライックな信仰

フェルディナン・ビュイッソンは、母親が改宗していた関係で、敬虔なプロテスタントの雰囲気のなかで育てられた。高等師範学校の試験を通過したが、健康状態を理由に入学を許可されず（当局が彼の信条を警戒したからとの説もある）、ほとんど独学で学士号を取得する。だが、当時フランスで教職に就くには皇帝への宣誓が必要だったため、自由主義的なプロテスタントとしての方向性を固めていた彼は(15)、スイスのヌシャテルに哲学・比較文学講座の教授の地位を得て亡命生活を送る。

このヌシャテル時代（一八六六—七〇年）が、ビュイッソンの基本的な考え方を決定づけたと言える。彼は一方で、同時代のスイスに、フランス第二帝政よりも自由で民主的な社会を見た。他方で、セバスティアン・カステリオンについての博士論文の準備を進めた（完成は一八九二年）。カステリオンは、宗教改革期に寛容の精神を唱えて、カルヴァンに追われた人物である。ビュイッソンは、カルヴァンの「戦闘的な教会」に「平和で科学的な進歩の教会」を対置したこの人物に、自由主義的プロテスタンティズムの起源を見ている（Chartier 2006）。ビュイッソンは、スイス各地の古文書館を訪れて一六世紀の世界に浸り、権威主義を退けた個々人の道徳の力によって社会が再生していくというモチーフでその時代をとらえながら、それを一九世紀のフランスの課題に重ね合わせている。

またビュイッソンは、ヌシャテルに「自由教会」——「キリスト教の道徳的実質を保持しながら、義務的な教義も、奇跡も、不謬の書物も、祭司の権威もない教会」（Buisson 1869: 9, cité dans Capéran 1957: 14）――の設立を企てている。彼は、自由主義的な信仰と教義を絶対視する信仰とを区別したが、理論レベルでは飽きたらず、それを実践に移そうとしたのである。[16] もっとも、この企ては、失敗に終わっている。その一因は、プロテスタントの分裂を恐れた者がいたことや、フランスのプロテスタント化に不安を覚えた共和派がいたことに求められよう。それでもビュイッソンの試みは、多くの自由主義的プロテスタントや（フェリックス・ペコー、ジュール・ステーグ、アルベール・レヴィユ、ティモテ・コラニ、アタナーズ・コクレルなど）、共和派の支持を集めている。

ヌシャテル滞在期のビュイッソンの人間関係で、特筆すべき人物が二人いる。エドガー・キネとジュール・バルニである（そもそも、すでにスイスに亡命していたこの二人が、彼にヌシャテルのアカデミーへの応募を勧めたのである）。ビュイッソンの自由主義的プロテスタンティズムは、キネの唱えるフランス革命の理念やバルニが紹介したカント的な唯心論をどう取り入れているのだろうか。

キネは革命的ロマン派の流れを汲み、啓蒙主義のユマニスムを宗教的な共和主義の精神に昇華させた人物である（第1章参照）。プロテスタント系の思想家で、一八五六年には、フランスが「ユニテリアン的なプロテスタント」に改宗するよう呼びかけている（Cabanel 2003: 54）。教育面では『民衆教育論』（一八五〇年）を著し、コンドルセに依拠しながら学校と教会の分離を唱えている。ところで、コンドルセの教育案が子どもの理性に訴えるものであるのに対し、キネはこれにロマン主義の宗教的な調子を加えている。ビュイッソンについても似たようなことが言える。コンドルセに学校のライシテの源泉を見出しつつ、子どもの心情と直感に訴えることの重要性を強調しているからだ（Coutel 1996）。いずれにせよ、ビュイッソンはコンドルセとキネという二人の革命の思想家から強い影響を受けており、一八八〇年代の教育改革は彼らの計画をそのまま実行に移したものとまで述べている（Buisson 1912: 157）。

他方で、ビュイッソンは、一七八九年の人権宣言を『近代の福音書』と呼ぶなど（Tomei 2004: 744）、キリスト教とフランス革命をむしろ連続的にとらえている。この視点も、キネのそれに連なっている。キネはビュイッソンの「自由教会」の試みを支援しているが、ヴィクトール・ユゴーは、プロテスタントの布教活動ではないかと疑いを抱いている。この偉大な共和派の作家の反応を受けて、ビュイッソンは自分の主張を「脱プロテスタント化」し、ライシテに近づいていったとも推測される（Cabanel 2003: 59, 63–64）。

バルニはクザンの弟子で、カントの著作の多くを仏訳している（第3章参照）。ビュイッソンはこのバルニ経由でカントを学んでいる(17)。ビュイッソンの書いたもののなかに、カント哲学のモチーフの変奏を見出すことは難しくない。宗教のなかの合理的側面と非合理的側面の区別、宗教の教義から独立した道徳の確立、科学の限界の設定などがそれである（cf. Béguery 2006）。バルニは当然ビュイッソンに惜しまぬ支援を送っているが、ほかにもクザンの弟子筋では、エティエンヌ・ヴァシュロー、ポール・ジャネが自由教会を支持している。

実を言うとビュイッソンは、スイスに亡命する前、ソルボンヌでジャネの講義を聴講していた。そしてヌシャテルでは、「あらゆる体系のなかで最も排他性が低く、最も包括的」な哲学として、唯心論哲学を重視する講義を行なっている（Loeffel 2003: 19）。ここで注目したいのは、自由主義的プロテスタンティズムと折衷主義という二つの唯心論の親和性だ。後年、ビュイッソンとジャネは、道徳教育のプログラム（一八八二年）に「神に対する義務」を書き入れるべく、互いに一致協力することになるだろう(18)。

一八七〇年に第二帝政が崩壊すると、ビュイッソンはフランスに戻り、学校におけるライシテの確立のために尽力する。一般に、第三共和政とプロテスタントの関係は良好だった(19)。ワディントン内閣では、九人の閣僚のうち五人がプロテスタントだった。教育行政の分野では、ビュイッソン、ステーグ、ペコーの三人の自由主義的プロテスタントが指導的な役割を果たした。

初等教育統計委員会に入ったビュイッソンは、ウィーン（一八七三年）やフィラデルフィア（一八七六年）の万国博覧会に参加し、他国の学校制度を研究している。目を引くのは、学校のライシテはキリスト教的な価値と両立すると主張していることだ。最も世俗化が進んだ国の小学校教師が、「基本的にキリスト教的な教育により、生徒の道徳感覚と宗教感覚を発達させる」ことは可能である（Buisson 1875: 145）。フランスでは「宗教的信仰と〔……〕あらゆる意見の自由をきちんと尊重することの緊密な結びつき」は理解しにくいかもしれないが、両者は密接に関連している。アメリカの公立校は「本質的に非宗派的」だが、けっして「非宗教的」ではない（Buisson 1878: 454–456）。

また、ビュイッソンが編集を担当した『教育学・初等教育事典』（第一次＝一八七八―一八七年）には、反宗教的な調子を帯びた項目はほとんど見られない。むしろ「宗教的なものに満ちて」いて、「宗派的な教育とライシテによる教育、宗教的な道徳教育とライシテに基づく道徳教育との境界は見えにくい」。「境界があるにしても、それは揺れ動いており、豊かで多様な宗教思想が表現されている」（Loeffel 2006: 126–127）。

ビュイッソンの追求するライシテが、このようにはっきりと宗教的なものだったとすれば、彼はライシテを非宗教的な方向で理解していた者たちに対して、いかなる態度を取ったのか。実証主義者や自由思想家、さらには社会学者とどのような関係を結んだのだろうか。

ビュイッソンが特に実証主義者の著作に親しんだ形跡はない。彼はむしろ、実証主義の「科学的な道徳」は感情を過小評価する傾向があると警戒していた。それでも、ジュール・フェリーとの関係は良好だった。一八七九年に初等教育局長（一八九六年まで）に任命されたビュイッソンは、実証主義者を自任する公教育大臣の右腕となって働いた。なるほど、二人のあいだにニュアンスの違いはある。不可知論者のフェリーは、新しい道徳を建設するのに宗教的な語彙を積極的に用いようとはしないが、プロテスタント出身のビュイッソンは、むしろ道徳と宗教の新たな接点を求めている。ビュイッソン自身、フェリーは最初「リトレの宣伝活動によって通俗化されていた「実証主義」というややあいまいな名前をした観念」に執着していたと指摘している（Buisson éd. 1911: 614）。だが、フェリーの実証主義は、実際にはさまざまな思想流派との妥協を許す包括的なものであり、道徳教育のプログラムには「神に対する義務」が含まれた。結局ビュイッソンは、フェリー（および彼のライシテ）を批判していない[20]。

　自由思想家との関係を見てみよう。戦闘的な自由思想家は、宗教そのもの破壊を目指していた。だとすれば、ビュイッソンは自由思想家を敵視したと考えるのが道理である。ところが彼は、自由思想を唯心論化するという戦略を取っている。フランスに反教権主義が吹き荒れていた一九〇三年という時期に、彼はこう書いている。「人は、私がかつて自由主義的プロテスタンティズムに深い愛着を抱き、現在でもそうだと言っておきながら、自由思想家たちの会合で居心地よくしているのに驚いている」。それは、プロテスタントが宗教であるのに対し、自由思想は「あらゆる宗教的思想からの解放」だと普通は考えられているからだ。けれども「真の自由思想と真のプロテスタンティズム」は一致するものなのだ。プロテスタントには二種類あって、ひとつは「正統」の観念を持った「準カトリック」と言うべきもの、そしてもうひとつは「自由な思考と自由な議論」を育むものである。後者は、「自由思想の方法そのものをはじめて適用したものにほかならない」。それゆえ、プロテスタンティズムは「すでに自由思想なのだ」（Buisson et Wagner 1903: 7, 16–18）。ビュイッソンの狙いは明らかである。戦闘的なライシテ強硬派が宗教破壊にまで突き進まないよう目を光らせながら、ライシテ理念の中核に宗教的自由の護持を据えているのだ。

社会学者との関係はどうだったのか。ビュイッソンは、「社会学的研究」という副題を持ったジャン＝マリ・ギュイヨーの『将来の非宗教』（一八八七年）を好意的に評価している。この本は「非宗教」（irréligion）という言葉を明示的に用い、自由主義的プロテスタントの「一貫性のなさ」も指摘しているだけに（Guyau [1887] 1900: 131, 144–147）、興味深い事実である。だが、ギュイヨーが「非宗教」という言葉で意味しているのは、宗教とのつながりを断ち切るものというより、「宗教の高次の段階として考えられうる」代物である（Ibid.: XV）。ビュイッソンは、自分の著作のなかでこの一説を引用しながら、それならば果たして「非宗教」という言葉が適切かと問うている（Buisson 1900: 116–117）。ロランス・レッフェルによれば、ビュイッソンはギュイヨーの議論に全面的に賛同していたわけではなく、既存宗教の解体は必然であるという見解や、教義や党派根性を退けている点を評価していた。またレッフェルは、ビュイッソンがこの頃から明示的な「キリスト教への参照」をやめ、「共和国と民主主義の理念に合致する新宗教」を唱えるようになっていったとも指摘している（Loeffel 2000: 63–65）。

デュルケムについて言えば、彼はビュイッソンの後任として、ソルボンヌの教育学講座を担当しており、また『新教育学・初等教育事典』（一九一一年）では、「教育」（éducation）や「教育学」（pédagogie）などの重要項目を執筆している。けれどもビュイッソンは、デュルケム社会学が新たな合理的「教義」として個人の自由を抑圧することになるかもしれないと心配している（Loeffel 1999: 54）。他方デュルケムは、ビュイッソンの個人主義に対して批判的な態度を取っている。それでも、同時代のライシテの道徳を不十分なものと見て、新たな宗教性を吹き込もうとしている点は、立場の違いを超えて共通している（デュルケムについては本書第9章で詳述）。

以上、ビュイッソンの自由主義的プロテスタンティズムと他の思想潮流との関係ついて述べてきた。やや圧縮した記述のなかから浮かびあがりつつあるのは、教条主義——宗教的か合理的かを問わない——を退け、自由の精神を称える彼の一貫した姿であろう。他方、彼のプロテスタンティズムとライシテの関係は、やはり両義的であいまいなところが拭いきれないだろう。以下ではまず、一貫したところから攻めることにして、ビュイッソンの唱える「宗教的なライシテの道徳」の内実を明らかにしよう。

## ◇道徳と宗教の関係

ビュイッソンは、学校のライシテを「宗派上の」(confessionnelle) 中立性とは理解しているが、「政治的」または「宗教的」(religieuse) な中立性とは理解していない。『教育学・初等教育事典』(以後『事典』) の「ライシテ」の項目で、彼はこう述べている。

小学校教師は職務の遂行にあたり、自分自身、生徒、それから国家に対して、次の義務を負う。それは、いかなる宗派、教会、宗教的教義であれ、それに賛成の立場も反対の立場も取ってはならないということだ。この領域は、神聖な良心の領域でなければならない。だが、善と悪、義務と遊蕩、愛国主義と利己主義のあいだでも教師に非決定の立場を取るよう要求するとしたら、〔……〕それは馬鹿げている。(Buisson éd. 1887: 1-2: 2020)

このように、ビュイッソンの言う中立性とは価値中立性ではない。少なくとも、かなり政治的な価値を帯びている。それでもこれを「宗教的」と断定するには不十分だろうか。では、『事典』の「祈り」の項目を参照しよう。公立校における特定宗派の祈りは、生徒の良心の自由と学校の中立性に反するので排除しなければならないと述べつつ、ビュイッソンはこう主張する。「超自然的で粗野なものを完全に取り除いたとしても、祈りには何かが残る。祈りの良いところがすべて残ると言うべきかもしれない。それは、ある程度の純度と道徳的な高揚に達した宗教が、必ず提示するような祈りである」。こうした「祈りが自然に口をついて出る」のは「宗教的な瞬間」であり、このような祈りは「道徳教育の付属物ではなく、道徳教育の中核にある」(Ibid.: 2432–2433)。

このように、ビュイッソンの唱える道徳教育は宗教的である。しかしそれは、啓示宗教の絶対的価値には依拠していない。では、この道徳はいかなる基礎づけを持っているのだろうか。この点は、実は師範学校で教えられる道徳と小学校における道徳とで異なっている。ビュイッソンは『事典』の「道徳」の項目で、「道徳教育は、師範学校では、哲学的な基礎を持たなければならない」と述べ、心理学を理論的な枠組みとして個人的・社会的義務が教えられると書いている。これに対し、小学校では、理論を教えるのではなく実践的であること、柔軟な応対と多様性に飛んだ言葉で、生徒の心に直接訴えることが重要だとしている (Ibid.: 1969–1971)。つまり、子どもの良心のなかに道徳を求めていくことそのものが、道徳を保障する (Loeffel 1999: 50)。この道徳の基盤を実体的なものとして取り出すことはできないが、そのぶん道徳が教義の枠に閉じ込められる危険性を回避することができる。また、子どもの道徳的直感に基づいた超越性の領域を確保しながら、合理的であることができる。

ビュイッソンは、子どもの自発性に信頼を寄せており、教育を大人にとっての有用性や効率性の観点だけでとらえてはいけないと主張している。カトリックの教理問答は言うまでもないが、教える内容が科学的であっても、詰め込み教育は有害だと考えている。ビュイッソンによれば、子どもに概念や知識を与える知育では不十分で、何よりも子どもの道徳心を呼び覚ましていく徳育が重要である。一八七八年の教育者会議で、彼は道徳教育の実例として、子どもたちに星空を見上げさせることを提案している。

天文学は知らないとおっしゃる？　よろしい、別に何でもよいのです。科学が大事だと言っているのではありません。大事なのは、子どもたちの魂のなかに皆さんが感じたことを伝えることです。皆さんが生徒たちに何を言うのか、私は知りません。けれども、皆さんがどんな調子で話をするのかはわかります。これが重要なのです。〔……〕ずっと時間が経ってから、生徒たちは教師が言っていたことを考えるようになります。そしてその日から、皆さんは生徒たちにとって、たんなる綴りや計算の先生ではなくなるのです。(Buisson 1912: 3-4)

子どもの内発的自発性を重んじるビュイッソンの考えは一貫している。ただ『新事典』の「道徳」の項目で目を引くのは、二段階的な基準が設けられている点である。道徳は、まずは「殺人、窃盗、不正、詐欺、嘘、他人の人格や財産の侵害」などを禁じるもので、「初歩的で基本的な率直さを形成するための形式的な命令と禁止」からなる。これは「消極的」な道徳である。しかし、「道徳教育が十分なものであるためには、個々人の内部に、たんなる行為を支えるだけでなく、思考・感情・意志、あらゆる行ないや人生の方向づけをも統括するような、一種の内なる力が創造されなければならない」(Buisson éd. 1911: 1348)。この「積極的」な道徳の力は、いかなる説明原理にも還元されず[21]、可能性に対して開かれている。原理的に言って、消極的な道徳は、有無を言わせぬ強制力を持った「ひとつ」のものであろうが、積極的な道徳は、生徒に応じた「多数」の開花の仕方をするであろう。

このように、ビュイッソンの道徳論は価値序列的な二元論によって特徴づけられる。宗教論についても同様である。ビュイッソンは宗教の「非本質的」な部分を削ぎ落とし、その「本質」を抽出しようとしている。彼が批判するのは、外面的な形式の部分（教義、経典、神学、教団、制度、儀式など）、そして非理知的な部分（奇跡、迷信、狂信など）である。積極的に擁護しようとするのは、理性的・内面的な精神力の部分（理性や良心に訴えることによって得られる理想、心や魂の衝動、想像力の自由な運動など）である。

この二元論的な宗教論は、かなり早い段階より、ビュイッソンに見出すことができる。『自由主義的キリスト教』（一八六五年）では、教義の権威や奇跡の威光に頼った宗教を厳しく批判し、信仰とは自由討究によって勝ち取られるものだと述べている（Buisson 1865）。この頃は、プロテスタント的ないしキリスト教的な調子がかなり前面に出ているが、ビュイッソンの宗教観がライシテの理念と融合していくにしたがって、それは控えられていく。それでも、宗教の「有害」な部分を批判し「本質」に純化するという姿勢は一貫している。「たしかに宗教は、とりわけ神秘的に啓示を下そうとするときには〔……〕この世界がどんなものか、私が何者か、世界がどこから来てどこに行くのか、存在の普遍性と私の関係がどんなものか、一切教えてくれない」（Buisson 1900: 111）。だが余計なものを脱ぎ捨てれば、宗教は本来の輝きを取り戻すであろう。

部分的で一時的な装飾をすべて剝ぎ取れば、宗教的な精神は、知識の領域をめぐって科学と争うことも、実生活上の権威をめぐって良心と衝突することも、美をめぐって芸術と権威争いをすることもない。〔……〕宗教が語ってやまないのは、完全な真とは運動と生命のことであり、体系は一時的ゆえ必然的に不十分な表現にすぎず、それを超えたところに実在性の権利を保持しておかねばならず、すべての体系もそこから生まれてくるということである。〔……〕宗教が不変だというのは、ずっと存続している点にあるのではなく、つねに成長している点にある。（Ibid.: 127–130）

ここで指摘しておくべきは、ビュイッソンが想定している宗教の本質は、高次の道徳に対応しているということだ。彼が「ライシテに基づく道徳には宗教的な基盤がある」と言うとき（Buisson 1917: 354）、語られているの

は当然、「消極的」な道徳と「形式的」な宗教ではなく、「積極的」な道徳と「本質的」な宗教である。(22)

ビュイッソンは次のように言っている。「宗教をライシテにすることが残されているのであって、宗教を破壊するのではない」(Buisson 1912: 188)。課題は、宗教の本質を純化し、より人間的にしていくことだ。このとき宗教は、理念的な道徳とぴったり重なり合う。もはや道徳と宗教の区別はない。「ライシテの道徳」すなわち「ライシテの宗教」(religion laïque) である。「もしライシテの道徳が〔高度な〕理念と〔内的な〕力を創造することができるなら、いかなる宗教的道徳をも羨む必要がない。なぜなら、それはそれ自身、道徳のなかで最も宗教的で、宗教のなかで最も道徳的だからだ。このライシテの道徳をその真の名で呼ぼう。それは「善」の宗教である」(Buisson 1917: 355)。

ここで注目したいのは、ビュイッソンの宗教的なライシテの道徳が、プロテスタントに根ざしつつ、そこから抜け出ようとしていることだ。この道徳はキリスト教、ひいては宗教の臨界に位置している。それは宗教の内と外のどちらにあるのか。

この微妙さは、「人類《ユマニテ》」という概念についても言える。この概念は、「宗教的なライシテの道徳」と往々にして同義で用いられているからだ。たとえばビュイッソンは、ライシテと化した宗教のことを「人類に対する崇高な希望の飛翔そのもの」だと言っている (Buisson 1902, dans Bouglé 1933: 103)。そして「人類」は、キリスト教(史) を超えた人類の普遍的な宗教(史) を総括しつつ、そこから脱け出すようなものとして思い描かれている。これは、宗教の内と外のどちらにおくべきなのか。それはやはりキリスト教的なのか、もはやキリスト教的ではないと言うべきなのか。

実際にビュイッソンが宗教史・人類史理解の概略をたどっている箇所を引いてみよう。

太古の時代より人間は、自分を超えた無限な力が存在すると認識していた。〔……〕まだ半ば野蛮な状態にあった人間は、この世界には自分たちよりも強い存在、精霊たちや神々が住んでいて、この世界を支配していると考えたが、その観念はまったく粗雑なものだった。文明が発達するにしたがって、より先進的で啓蒙的な人びとがこの最初の宗教を完成した。〔……〕人類は遂に完全に唯一神の概念に行き着いたのである。〔……〕しかし人間の精神は不完全で限られている。それゆえ、神というこの共通の観念についての解釈が、異なった宗教のあいだで、あるいはキリスト教のあいだでさえも、多様だということは当然である。〔……〕しかしフランス革命以来、わが国では良心の自由が宣言されている。〔……〕カトリック、プロテスタント、ユダヤ教徒、自由思想家、彼らは同じやり方で神を思い浮かべはしない。しかし誰もが別の名のもとに信じているのである。「正義」、「真理」、「善意」、「理性」、「愛」といったものを。彼らは、同胞への奉仕、国家の防衛、進歩や正義、権利や人類に身を捧げるとき、それぞれのやり方でそれを崇拝している。(Buisson 1926, dans Bouglé 1933: 179–182)

このように、ビュイッソンの宗教史は、私的領域で信仰の自由が保障されるとともに、宗教が公的領域で道徳的な理念に昇華されていく過程として理解されている。「人類」は、このような宗教史を貫き、それが行き着く観念であり、宗教の臨界に位置している。

当時のライシテの一般的な考え方に対し、ビュイッソンの独自な点は、理念的な宗教と道徳を一致させることにより、公的領域に明示的に宗教（性）を持ち込んでいることだ。「教義上の信念」に対置される「ライックな信仰」(foi laïque) は、個人の内面のみを領分とするのではなく、政治的な射程も有している。「個人の経験として了解されたライックな宗教は、こうして第二の顔を得て、宗教的なライシテの相貌で立ち現われる。すると問題は、教会内部で自由討究の実践を発達させて、宗教を俗人のものにすることだけではなくなる。ビュイッソンの課題は、ライシテのための行動に宣教の精神を響かせて、宗教的なライシテを構想することでもあるのだ」(Hayat 1999: 63–64)。

## ◇キリスト教の臨界における宗教的なライシテの「普遍性」

ここまで議論を進めてくる過程で、キリスト教ないし宗教の臨界という論点に触れる機会が一度ならずあった。ただし、それはビュイッソンの思想を内側から読むうちに出てきた論点であった。以下では、むしろ周囲や外部との関係という角度からこの点を指摘したい。すなわち、彼のライックな宗教が同時代人の目にどう映ったのか、実際に実践に移されたときにどのようなものとして立ち現われたのかという観点から論じたい。

明晰な理性と深い感情の力を頼りに、道徳的・宗教的な生を生きる。ビュイッソンのこの基本的主張は、一見明快である。しかし、同時代人が彼のことを理解するのは、なかなか容易ではなかった。実際、彼の言動をさまざまな立場から眺め、その位置を割り出そうとすると、どうしても彼のイメージは明確な像を結ばないのだ。

思想と行動のあいだに矛盾があったというのではない。むしろ同時代人は、自分の信念に即して行動する彼の人柄に惜しみない賛辞を送っている。たしかに、ビュイッソン寄りの賞賛者が美化して語っている事情はあるにちがいない。だが、たとえば敵対する立場にあったトゥールーズ神学校校長ルイ・カペランも、ビュイッソンの「真摯な理想主義」や「高貴な無私無欲さ」については評価している。ところがそのカペランが、他方ではビュイッソンのことを「創意に富み、大胆でつかみにくく、妥協したかと思えば裏切り、それらしく真似る天分を備え、状況に応じて変幻自在」な人物と評している（Capéran 1935: 265, 269)。おそらくこのカトリック神学者は、ライシテは反宗教的ではないと言いながらカトリックを巧みに排除しているビュイッソンの手口に、我慢ならなかったのだろう。

ビュイッソンはあいまいだと感じていたのは、カトリックにかぎらない。彼は、プロテスタントや共和派にとっても謎の人物であったのだ。彼は「福音主義的なプロテスタントにとって謎であった。彼らは、ビュイッソンを背教者・転向者と見ていた。自由主義者にとっても謎だった。彼らからすると、ビュイッソンは多くの点で福音主義にとどまっていた〔……〕。共和派にとっても謎だった。彼らは、ビュイッソンの類型化できない自由主義をほとんど理解できなかった」(Gueissaz-Payre 1998: 477)。このように、ビュイッソンの思想は、内側から分析すれば明快に見えることでも、外側から規定していこうとすると、なかなかうまく位置づけられない。

別の例を挙げよう。ビュイッソンが世を去ったとき、『二〇世紀のキリスト教』誌は、彼はいわゆる教会からは離れていたが、それでもプロテスタントの価値観には浸っていたと評している。だが、三週間後の同誌には、彼のなかにキリスト教はまったく残っていないという、別の論者の手になる記事が掲載されている(Lalouette 2002: 59–60)。

いったいビュイッソンは、自由主義的なプロテスタントと規定できるのだろうか。彼はキリスト教の枠内に留まっていたと言うべきか、それとも枠をはみ出ていたと言うべきなのか。この問いに真正面から答えようとしても埒があかない。むしろ、彼の思想がいわばキリスト教の臨界に位置しているがゆえに、その色合いが、見る側の立場に応じて変わってくるというからくり自体を指摘することが重要である。

ビュイッソンは第三共和政を根幹で支えた中心人物の一人でありながら、他方ではかなりマージナルな位置にいる。このためか、彼は体制の中心にいながら、しばしば体制に批判的な態度を取っている。たとえば、市民権をめぐる男女の不平等に関しては、時代に先駆けて婦人の参政権を検討している（Buisson 1911）。また教育については、教育の機会平等を達成すべく「統一学校」の構想を練っている。

ビュイッソンを支えているのは、普遍主義の理念である。この理念がライシテの発展を導いたことは間違いないだろう。それでもこう問いただしてみたい。ビュイッソンには、現場固有の状況を構造的に精密に把握する前に、普遍主義的な理念を盾にしてしまうことがなかっただろうか。

ここで取りあげたいのは、シャルル・ペギーのビュイッソン批判である。『ジャン・コスト』という、アントナン・ラヴェルニュの作品がある。その筋書きは、村の小学校教師が追い詰められ、最後は家族とともに自殺してしまうというものだ。ペギーは、ここには真の悲惨が描かれていると賞賛するが、この筋書きは共和派には都合が悪い。ビュイッソンもこの作品には否定的だったようだ。ペギーは書いている。

尊敬すべきビュイッソン氏は私にこう言ったものだ。「ジャン・コストに欠けているもの、恐らく彼をわずかながら支え、彼の悲惨を照らし、彼に再び起ち上がるための支点さえ与えることができたかもしれないもの、それは自己の使命の偉大さの観念だ。彼はそれを持つべきだったのだ。〔……〕多くの小学校教師は不幸だが、この観念で自分を支えている。実際、ジャン・コストは天職を持たなかったのだ」。（Péguy［1902］1987: 1028＝一九七九・七五）

ところがペギーはこう反論する。献身や天職に希望が見出せたのなら、ジャン・コストはすでにそうしていたはずだ。そうできなかったところに真の悲惨があるのに、ビュイッソンはそれを認識していない。献身や天職に訴えることは、問題の隠蔽である。

ペギーの筆は、初等教育政策の批判にまで及ぶ。「初等教育特有の影響を無抵抗に被った小学校教師は、民衆として話すことを忘れ、しかもよいフランス語を話すことをまだ学んでいない」。「普遍的」な理念による政策が、民衆出身の小学校教師を「国家的な訓練」にさらし、自然な文化から遊離した中途半端な言葉を話させることになっているというのである。こうしてペギーは、小学校教師を作り、彼らのことをよく知っているはずのビュイッソンが、実は彼らを知らないと批判している（Ibid. : 1046＝一〇六―一〇八）。

ビュイッソンの普遍主義の落とし穴について、もうひとつ取りあげておかなければならないのは、西欧世界の「外部」への視線である。ビュイッソンの思い描く人類は普遍的なものであるだけに、それはイスラーム世界に対しても有効だという論理が導かれてくる。

> 道はすでに敷かれ、方法にも疑いの余地はない。あとは適用するだけだ。私たちは今日、どのようにイスラーム世界に入っていくべきかを知っている。もはや鉄と火を携えて、人種と宗教の戦争をもたらすためではなく、永遠の真理を輝かせるために毅然としてそこに入っていこう。この真理は、あらゆる時代のあらゆる空のもとで同じように輝く。ユダヤ教徒、キリスト教徒、イスラーム教徒、いずれの占有物でもない。それは人類《ユマニテ》に属しているのだから。（Buisson 1887 : 512）

これは当人にしてみれば、いわゆる帝国主義の護教論、植民地での利権拡張の正当化のつもりではなく、真摯に人道的な見地からの発言なのだろう。だが、今日の目から見ると、植民地支配に構造的に加担していると言われておかしくない態度表明になっている。

もちろんビュイッソンを、いわゆる帝国主義者たちと混同すべきではない。それに彼の普遍主義は、画一主義的な押しつけではなく、多様な開花のあり方を想定するものであった。アラブ世界はヨーロッパから見れば「劣っている」かもしれないが、ひとつの独自な文明であることをビュイッソンは尊重している。チュニジアでは、入植者の子どもたちと現地の子どもたちが相互交流を通してよい効果が生まれてくることを期待している（Buisson 1893）。アルジェリアでは、初等教育修了証書を携えた若いみすぼらしい現地人たちが、ラ・マルセイエーズを歌い、「自由・平等・博愛」を唱えているのを見て異和感を覚えたのか、自分たちのしたことは本当によかったのだろうか、非難されるべき点はなかったかと自問している（Buisson 1887: 493）。このような感受性は、当時の為政者としては、例外的に貴重なものだ。またビュイッソンは、人権同盟会長として（一九一三―二六年）、植民地における暴力を廃し、民主政を打ち立てる努力をしている（Buisson et al. 1927）。

以上の点を考え合わせ、私たちとしては、ビュイッソンに探り当てられる植民地主義のイデオロギーを暴露することよりも、むしろ脱キリスト教化のパラドクスに焦点を当てたい。彼の唱える「宗教的なライシテの道徳」ないし「人類」は、旧来のキリスト教から脱け出そうとしているものだ。しかし、それがイスラーム世界という「外部」に適用されようとするとき、逆説的にも、大いにキリスト教的と形容すべき態度が現れてくるように思われる。

自分がして欲しくないことを他人にしないという道徳がある。この道徳が知られた時点では、それはひとつの啓示であって、人間の意識に多大な進歩をもたらした。しかし、人類がいまだこの基本的な理念を十全に実現するには程遠いとしても、人類はこれに満足できず、あまりに不十分で凡庸で狭いものだと感じている。これは利己主義の修正形態に他ならないのだ。もうひとつ別の道徳があって、これは他人に自分がして欲しいことをする道徳である。いや命じられているのはそれ以上のことだ。奉仕の態度でいるだけでなく、真の正義は隣人愛のことであると信じ、自分のことと同じように同胞のことを思い、自分のために望むのと同じことを彼らのために望まなければならない。(Buisson 1923: 4)

もちろんこの態度にキリスト教の本質を還元するつもりはないし、これを西欧文明における宗教性の本質だと言うつもりもない。しかし、キリスト教の伝統によって育まれたこの態度が、西欧の文脈では脱キリスト教的な時代に、キリスト教文明の外部をいわば鏡として、多分にキリスト教的と映るものとして顕現したと言うことは妥当だろう。この現象も、ライシテの道徳の宗教性を物語っている。

そもそも私たちがビュイッソンについて論じようと思ったのは、彼の推奨する道徳の宗教性を検証するためであった。まとめてみよう。ビュイッソンは、教条主義に自由主義を対置し、道徳を宗教の教義から引き離したうえで、純化された自由な宗教に再び結びつけている。この意味で、彼が唱えるライシテに基づく道徳は、それ自身で宗教的である。これは、自由主義的プロテスタンティズムの臨界点に位置しており、「外部」を鏡としたときには、キリスト教的なものとして現われる。ここには、ライシテと化した宗教的な道徳のパラドクスがある。伝統的なキリスト教から抜け出しつつ、なおキリスト教的と感受されるからだ。ビュイッソンのライシテの独自性も強調しておこう。ライシテの標準モデルでは、個人は、信者としては私的領域で自分に固有の信仰を持ち、ある教団に加入することができるが、市民としては公的領域で諸宗教に対して中立であることが求められる。ビュイッソンはこのモデルを裏切っているわけではないが、市民であることに宗教的な彩りを添えることで、独自のアレンジを加えている。

私たちは、ライシテにまつわる諸価値の宗教性を求めつつ、本章では、政治の世界という流通経路の「上流」に留まってきた。次章では、川を「下流」に下って、学校の世界に足を踏み入れることにしよう。

（1）ただし、フェリーとルナンの「実証主義」が重なる興味深い例がある。第三共和政下でフェリーの学校を支えた小学校教師たちは、しばしばルナンの『イエスの生涯』を読むことによって、幼い頃の信仰から「解放」されているのだ。「このような若人たちが師範学校でルナンの教えとフェリーの教えを結びつけることで、それまで出会うことのなかった二つの思想の和解が、事後的かつ逆説的に実現されている」（Ozouf et Ozouf 1992: 236）。

（2）政教分離を諦めてコンコルダに解決策を見出すという変化は、特にフェリーに固有のものではない。ガンベッタもまた、第二帝政から第三共和政への移行期には、政教分離を望んでいたが、遅くとも一八七七年以降はコンコルダ維持の姿勢を鮮明にする（Antonmattei 1999: 159）。

（3）この措置によって、二七一の宗教教育施設が閉鎖された。もっとも、残った教育施設について言えば、表向きは俗人によって運営されるようになったが、一般的に教育内容はもとのままだった。また、一度は施設を追われた宗教者たちも、徐々に元の場所に戻ってくるというのが実情だったようである。このときフェリーは、新たな強硬措置を講じていない。

（4）とはいえ、植民地における共和国とカトリックの蜜月関係は永続的なものではない。実際、一九〇〇年代初頭に反教権主義が再び活性化すると、植民地の修道会は困難な状況に立たされる（たとえば一九〇四年七月の法律――修道士による教育を禁じたもの――は、アンティル諸島やアフリカの植民地の大部分にも適用されている）。

（5）ただしこの時期には、ユダヤ教徒とプロテスタントに対する差別感情が再燃した。かつて敵対的だった教権主義者と労働者の接近が、反ユダヤ主義の進展に関係していると言われている。プロテスタントに対する差別については、Baubérot et Zuber（2000）を参照。

（6）ただし五月の選挙の段階では、左翼も反ユダヤ主義的な言辞を吐いていた（Birnbaum 1998）。

（7）もちろん例外となる人物はいる。たとえば、カトリックの歴史家ポール・ヴィオレはドレフュス派で、人権同盟の設立（一八九八年二月）にかかわっている。

（8）コンブ案の第八条では、県境を越えた信徒団体の結成が禁じられているが、これは特にプロテスタントやユダヤ教のようなマイノリティ宗教にとって厳しい措置であった。他県の信者と連携しなければ信徒団体の維持が困難な宗教共同体は、消滅への道が運命づけられたからである。

(9) 彼は、一八八四年に政教分離法案を執筆した牧師、エドモン・ド・プレサンセの息子である。

(10) もっとも、プレサンセ案には、施設付き聖職者の廃止などの厳しい措置や、宗教施設を国民の祭典に利用できるよう定めるなど、国家主義的な側面も有していた。

(11) その経緯を簡単に説明しておこう。政教分離法の適用に際してまず必要となったのは、教会財産を信徒団体に移譲する都合上、財産目録を作成することであった。多くのカトリックはこの措置を、公権力による聖なる空間の冒瀆だと受け止めた（プロテスタントとユダヤ教徒の反発はほとんどなかった）。その背景にあるのは、ピウス一〇世が発した回勅である（一九〇六年二月）。教皇はこの法律を激しく非難し、信者がしたがうべきは司教であるとして、信徒団体の結成を禁じた。この回勅は暴力的な抵抗を勧めるものではなかったが、官憲とカトリック聖職者の衝突は流血の惨事を招くこともあった。このような状況で、当時内務大臣だったクレマンソーは、目録作成の延期を提案している。宗教大臣のブリアンは、次のように考えた。教皇が信徒団体の結成を禁じたからには、カトリックにそれを強いることは難しい。かといって、カトリックが国の法律にしたがわない状況を作り出すのはよくない。そこで必要なのは、信徒団体なしでも国内のカトリックの礼拝の実践が「合法的」であること、カトリックがどうあがいても共和国の法律の枠組みに収まることである。こうして、信徒団体を結成しないカトリックであっても、公的な集会に関する一八八一年の法律、もしくは一九〇一年の結社法によって、その存在が「合法化」された（一九〇七年一月二日法）。さらに、政教分離法のいくつかの条項は修正された（一九〇八年四月一三日法）。共和派とカトリックが接近するようになるのは、第一次世界大戦の時期である。開戦とともに、修道会に教育を禁じていた一九〇四年法が廃止され、亡命中の修道士たちが帰国の途について祖国のために戦うなど、いわゆる「神聖同盟」が実現される。そして戦後、アルザス・ロレーヌを奪回すると、一九〇五年法発布時点ではドイツ領だった同地の政教関係を再定義する必要が生じ、ヴァチカンとの新たな折衝がはじまった（ちなみに、一九〇五年法をアルザス・ロレーヌに適用しようとする左翼連合の試みは、住民の反対に遭って失敗しており、同地では今でもコンコルダ体制が敷かれている）。

一九二四年、ピウス一一世は回勅により「司教区信徒団体」(association diocésaine) の設立を認める。これによって、フランスのカトリックの制度的に不安定な状態は解消され、政教分離はかなり協調的な内実を有することになる。

(12) この問いに対しては、純粋に個人的な次元とアソシエーション的な集団の次元とで答えることができると思われるが、ここでは議論を後者の次元に限定している。前者については、本書の第Ⅳ部で「個人的な宗教性」として扱う。

(13) ちなみに「教会」(Église) という言葉も法文中には一度も出てこない――ただし法律全体は「諸教会と国家の分離に関する法律」(loi concernant la séparation des Églises et de l'État) と呼びならわされている。さらに言えば、同法はライシテを確立した法律と誰もが認めるものであるが、肝心の「ライシテ」という言葉は一度も使われていない。

(14) ビュイッソンについての研究は長いあいだ停滞していたが、近年は活況を呈している。彼の編集した『教育学・初等教育事典』は、ピエール・ノラ、ピエール・ハヤット、パトリック・デュボワ、ダニエル・ドゥニ、ピエール・カーンらが研究しており、プロテスタントの側面はミレイユ・ゲサス＝ペイルによって研究されている (Gueissaz-Peyre 1998)。サミュエル・トメイは、ビュイッソンの多様な側面を一貫性のもとにとらえようとしている (Tomei 2004)。教育学の立場から日本語でなされた業績としては、尾上 (二〇〇七) を参照。

(15) もともとビュイッソンは、福音主義的な信仰復興運動の流れのなかにあったが (パリのテブ教会の執事だった)、コクレル師追放事件 (アタナーズ・コクレルがテブ教会内の自由派を前にして説教したのが正統派の反感を買い追放された) をきっかけに、自由主義に転身する。

(16) 本書の視点から言えば、このことは、一九世紀後半という時代状況でビュイッソンが選んだ道が、科学的研究や哲学的思弁の方向ではなく、行動と政治の方向だったことを指している。ピエール・ノラも、ビュイッソンは理論的な著述家というより、むしろ日々の行動によってみずからの考えを制度のなかに浸透させるタイプだったと述べている (Nora 1984b: 362)。

(17) ビュイッソンのカント解釈については、プロテスタント神学者オーギュスト・サバティエの存在も無視できない。サバティエは、カントに依拠して宗教の非理性的な部分を批判するが、同時にシュライエルマッハに拠りながら個人の感情を重視する。彼は宗教を「形式」と「魂」を分け、前者を批判し後者を擁護するが、ビュイッソンの立場もこれにかなり近い。

(18) またビュイッソンは、クザンの唯心論の系譜に連なるアンリ・マリオンの後任として、一八九六年から一九〇二年までソルボンヌで教育学を講じている。マリオンの合理主義的心理学に比べると、ビュイッソンには感情重視の傾向が強い（Dubreucq 2004）。

(19) フランスのプロテスタントの大部分は、第二帝政の崩壊を「歓迎」した。だが細かく見ていくと、福音派のなかには王党派の「道徳秩序」の支持者もいた（ギゾーやコンラ・ド・ウィットなど）。もっとも、福音派が政治的に保守的とは限らず、ワディントンやエドモン・ド・プレサンセは共和主義者だった。逆に上院議員パジェジのように、自由主義でありながら政治的に保守ということもあった（Encrevé et Richard éd. 1979）。

(20) ビュイッソンは、やがて急進社会党の代議士になるなど左傾化しているが、このとき、フェリーの国家主義路線や植民地政策を批判してはいない。また左傾化と言っても、宗教から距離を取ったわけではなく、彼の社会主義は「キリスト教をライシテの形式に合わせたもの」というべき代物である（Tomei 2004: 251）。他方、コンブの不寛容な「市民宗教」に関しては、自由を擁護する立場から、これは反教権主義の「逸脱」だと批判している（Buisson 1903）。

(21) 先に示唆したように、ここには当時躍進中の社会学に対する彼の警戒感が込められている。

(22) もっともビュイッソンは、否定的な意味での宗教においても、積極的な道徳は潜在的には存在していたと解釈している。「歴史をひもとけば、あらゆる時代において道徳は、部分的には〔……〕宗教から自由になりながら、本来の道徳として構成されていた」。そして宗教史は、非本質的な部分を削ぎ落としていく歴史として認識されている。それは「人間的な道徳が、伝統的な宗教的道徳を漸次的・部分的に征服していく」過程である（Buisson 1900: 32, 36）。宗教を歴史のなかにおくこの態度は、歴史を超越した場所に絶対的な真理を想定することを拒む姿勢の表われである。ここにはまた、宗教のあり方は時代や地域によって異なるという相対主義の態度が見て取れる。他方、ここには宗教の本質の漸次的顕現という史観がはっきりと見られ、宗教の本質をいっそう明らかにしていくことが、同時代および将来の課題に据えられる。

# 第6章　小学校におけるライシテの道徳

前章では、政治家の言説に注目しながら、ライシテの道徳の宗教性について論じた。本章では、この道徳が公立小学校で実際にどのように教えられていたのかを、やはり宗教性に注目しながら検討する。時期は、第三共和政初期（一九一四年まで）に限定する。

以下ではまず、フェリー法を受けて学校のライシテがどのように進んだのかについて、地域差を考慮しながら概略をたどる。このプロセスは、ライシテに基づく道徳の中身の変化にもかかわっているので、押さえておく必要がある。このように、学校のライシテを時代状況のなかに位置づけたうえで、次に、この道徳の内容を具体的に検討する。当時の道徳の授業を再構成するにあたっては、おもに教科書と生徒の学習ノートを用いる。共和主義的な道徳の特徴を浮き彫りにするために、修道会系の学校（「自由学校」と呼ばれた）や第三共和政以前に教えられていたカトリックの道徳との比較を随時行なう。他方、狭義の道徳の授業の分析にとどまらず、学校文化全体が道徳的な規律を志向していた点についても論じる。(1)これらを通して、ライシテの道徳が、旧来の宗教的道徳から切断をはかりながらも、いくつかの面を受け継ぐようなものであること、それ自身が重層的な意味において宗教的と言えることが明らかになってくるだろう。

## 一　ライシテの推進と一般的な地域差

一八八〇年代以降、フランスにおける公立小学校の数とその生徒数が大幅に増加したこと、そして修道士の経営する公立校が窮地に立たされたことは間違いない。これをいわば法的に担ったのは、言うまでもなく、教育のライシテを唱えたフェリー法（一八八二年）であり、そしてまた、教員のライシテを定めたゴブレ法（一八八六年）である。けれども次の点を見落としてはならない。それは、まさにこうしたライシテを推進する動きのなかで、宗教的な私教育もまた躍進している事実だ。(2) したがって、「共和派が勝者でカトリックが敗者」といった単純な図式を先取りしないようにしよう。まさしくそれは、「二つのフランスの争い」であったのだ。それでいて、カトリックは完全な守旧派の立場を守りきれたわけではない。カトリックも、多かれ少なかれ、フェリー法の論理に巻き込まれていたからだ――とりわけ教育の義務化を意識せざるをえなくなった点において。ここから次のような疑問が生じよう。ライシテのフランスとカトリックのフランスは、まったく相容れない敵対の仕方をしたのだろうか、それともある程度は互いに歩み寄る余地があったのだろうか。この問いに対する答えは、実はライシテの道徳の宗教的な側面を明るみに出すことにつながっている。

男女差にも注意しておきたい。修道会は、一九世紀を通じて、男性よりも女性をターゲットにしてきた（Langlois 1984）。「信心深い女性」は、当時の「あるべき女性像」だった。修道会系の学校に通う女子生徒の数は、一九世紀末まで右肩上がりを続けた。それだけに、二〇世紀初頭に反教権主義の嵐が吹き荒れたとき、修道会系の学校に通う女子児童の減少数（約七二万）は、男子児童の減少数（約三五万）よりも目立っている。(3) とはいえこのことが示すのは、共和派は長いあいだ女性の教育は教会に任せておけばよいと考えていた、ということではない。共和派は最初から、男女双方を教会の影響力から引きはがすことを狙っていたのである。

ライシテの論理に即した道徳教育とカトリック的な道徳教育の関係をとらえるためには、フェリー法以前のいわゆる宗教教育の輪郭を押さえておく必要があるだろう。一八三三年のギゾー法（第一条）と一八五〇年のファルー法（第二三条）には、初等教育は「道徳・宗教教育」を含むとある。第二帝政期に頒布された校則には、「キリスト像は教室内の生徒の目に見えるところに置かれる」、「授業は祈りをもって始まり祈りをもって終わる」、「〔小学校教師は〕日曜日、子どもたちをミサに連れていく」などとある。「小学校教師の主要な義務は、子どもたちに宗教教育を施し、その魂に神、両親、他者、自分自身に対する義務の感情を深く刻み込むことである」とも書かれている。なるほど、宗教的な色彩は非常に濃い。だが、連帯の精神や人間の尊厳などの考え方も、すでに窺えることに注意しよう。すると共和派の道徳は、旧来の宗教的道徳を丸ごと棄却したものではなく、アクセントの置き方を変えたものということになるだろう。

## ◇衝突か平和裏の進行か——フェリー法の浸透の度合い

一八八二年のフェリー法が、教育を大きく転換させたことは疑いない。それでも、この法律はかなりの柔軟性をもって適用された点を強調しておく必要がある。政治指導者、各県知事、大学区の役人たちの多くは、慣習を一変させて人びとに動揺を与えることのないよう気をつけている。ブルターニュのようにカトリックの影響が非常に強い地域では、フェリー法によって何かが変わったわけではない。相変わらずキリストの磔刑像が教室を見下ろし、祈りが授業の始まりと終わりに唱えられ、教師は子どもたちを教会まで引率した(4)。共和派は、カトリックとの「全面戦争」を避けようとしたのだ。この時期に学校のライシテが進展したのは、すでにその素地ができていた地域であった。その意味でフェリー法は、従来の傾向に拍車をかける結果をもたらしたのであって、できるかぎり穏便な適用が求められた。それでも当然、小競り合いや衝突は見られる。パリでは、初等教育局長のビュイッソンが柔軟な対応を指示していたにもかかわらず、知事のフェルディナン・エロルドが公立校から磔刑像と聖母像を取り除こうとして騒動が起きている。衆目の注意は、往々にして目立つ事件のほうに集まりがちだ。そこで、ここではむしろ法律のゆるやかな適用を物語る、ある小学校教師（ユール・エ・ロワール県、一八八一年生まれ）の回想を紹介したい。

私は〔一八〕八七年四月二〇日に入学しました。授業の最初の祈りが何年か続いたのを覚えています。それからある日、祈りはなくなり、歌の授業になりました。〔……〕キリスト像は教壇の後ろの壁のかなり高い所にずっとかかっていました。ある日先生は「これをかけたのは私じゃない。やった人がはずしに来るだろう」と言いました。その後も何年かそのままになっていましたが、壁を塗り替える作業の際に撤去されると、それきり戻ってきませんでした。(Ozouf éd. 1967: 150)

要するに、フェリー法を適用する際にいくつかの事件が起こったのは事実だが、原則自体は平和志向であった。ここで指摘しておきたいのは、紛争の面を強調するにせよ、妥協の面を強調するにせよ、どちらにしても、ライシテ陣営の宗教的な側面が見えてくるということだ。ライシテとカトリックを敵対的にとらえるなら、両者は同じ争いの土俵に立つことになり、カトリックが政治的に見えてくるのと同じように、共和派の反教権主義が宗教的に映る。逆に、一定の協調性を見出す視点からは、公立校が宗教教育の名残に対して寛容で、宗教色を留めていた事情が見えてくる。

## ◇ゴブレ法から世紀転換期まで

学校のライシテを推進する最初の措置が一八八二年三月二八日法だったとすれば、第二の措置は一八八六年一〇月三〇日法（ゴブレ法）である。これは、教員のライシテを定める法律で、「公立校ではすべて、教育は非聖職者（personnel laïque）のみに委ねられる」（第一七条）とある。同法はまた、私立校への補助金を禁じている。けれども、この法律の精神は、フェリー法の精神から隔絶したものではない。自由教育はつねに保障されており、同法の適用にも時間的余裕が設けられている（男子校は五年間、女子校はほとんど無期限）。のちにコンブが修道士に対してあらゆる教育を禁じたとき、ゴブレは憤慨したと伝えられているが、その理由がここに窺えよう。

このように、ゴブレ法の精神は比較的穏健なものであったが、それでも同法が目覚ましい変化をもたらしたケースもあった。スーラン（ヴァンデ県）の公立男子校では、一八八六年にカトリックの司祭に代わって非聖職者の小学校教師が着任した。この教師は、学区の家庭を精力的に回り、子どもを学校に通わせるよう親たちを説得した。その結果、就学率が数年で三倍に伸びた。王党派・カトリックの影響が強いこの地域の名士や司祭たちは危機感を抱き、公立校に対する闘争を開始するようになる（Peneff 1987: 95–98）。

県知事が強硬的な政策方針を取ることもあった。ノール県では、知事に就任したばかりのセセ・シュネデルが、一八八九年までに二五四あった修道会系の学校のうち一六四校を宗教から切り離した。これにより、公立男子校はすべてライシテの学校となった（ADN 1N 159）。

このような変化は、地域社会にどのような反応を引き起こしたのだろうか。カトリック陣営から発される情報と、知事に報告される内容が同じとはかぎらない。アゼブルックのウィンゼール地区（ノール県）では、地元評議会のメンバーは、公立女子校の脱宗教化に反対していた。ブリエフ司祭は、アウグスティヌス修道会によって運営されているこの学校に出入りし、修道女たちを励まして、初等視学官に対決するよう説いていた。こうしたなか、県知事は同校の脱宗教化を断行する。地元の保守系新聞『アンディカトゥール・ダゼブルック』は、修道女たちが学校から「追い出された」日を次のように描いている。「怒りまじりの悲しみが村を覆う〔……〕。〔修道女の〕出発の時間がやってくると、一堂に会した人びとすべてが胸を痛め、すすり泣きの大合唱となった」。住民の反応は次のように描かれている。「ほとんど毎日、討論、けんか、小競り合いがある。〔……〕水曜日の夜は、石で村長の家のガラスが割られた」。ところが、アゼブルック副知事の報告書によると、今回の措置にともなう「騒乱や示威行動は、いかなる時点でも、一切起こらなかった。すべてことは穏便に進んだ」とある。知事宛ての電報には、「ウィンゼールに由々しき事態は何もなし」とある。たしかに誰かが石を投げたようだが、標的は村長の家ではなかった（ADN 1T 68-8）。

リヒテンベルジェが編んだ視学官報告集（一八八九年）によれば、ある地域は平穏そのものであり、別の地域ではライシテ陣営とカトリック陣営のあいだに一触即発の緊張が漂っている。「オート＝アルプやアルデーシュでは、聖職者が頑強で、道徳教育はとても難しい状況にある」（Lichtenberger 1889: 52）。紛争状態が収束に向かった地域もある。サン＝ミシェル（ロレーヌ地方ミューズ県）の視学官は、和平がもたらされたのは新たな道徳教育のおかげであると喜んでいる。「一八八四年の時点では、隣接するライシテ側の男子校と修道会系の男子校は、木曜日と日曜日になるとそれぞれ徒党を組んで、ときには激しく争っていた。警察は、この馬鹿げた争いを止めようとしたが、無駄だった。それに成功したのは、道徳教育を行なった小学校教師である。子どもたちは今、平穏な状態にある」(Ibid.: 42)。

この時期までに学校の脱宗教化が問題なく「成功」した地域では、理神論的な唯心論が衰退していく様子が窺える。道徳の授業の最後に出てくる「神への義務」を教えない小学校教師も珍しくなかったようだ。このような場合であれば、「神なき学校」というイメージは正しいが、別の学校では、神への言及が続けられていた(Goyau 1899: 99)。いずれにせよ、道徳の授業は「純粋に唯心論的なものであって、まったく宗派的なものではなかった」ようだ(Ibid.: 39)。とはいえ、当時の一般の人たちにとって、唯心論的なものと宗派的なものの区別は困難であっただろう(cf. Lichtenberger 1889: 56)。

このように、ライシテの道徳の唯心論的側面は、相対化されつつも存続していたというのが一般的な傾向だ。同じように、一八八〇年代に強調された「個人の人格の尊厳」は、一八九〇年になると若干相対化される。レオン・ブルジョワに代表される「連帯」の概念が登場してくるからだ。もちろんこれは傾向の問題であって、個人の人格の尊厳は、一八九〇年代のライシテの道徳にとっても相変わらず重要な構成要素であるし、博愛的な連帯の観念は、一八八〇年代の道徳にも見出すことができる。それに、もし個人重視の観念論《イデアリズム》の相対化が唯心論《スピリチュアリズム》的な宗教性の衰退につながるように見えるとしても、連帯のなかにも宗教的な要素が見られる。実際、連帯の精神は神学的概念である「愛徳」(charité)の言葉で語られることがある。

### ◇学校をめぐる争いの再燃

一八九〇年代後半になると、反教権主義的闘争が再び活発化する。ドレフュス事件が国を二分し、共和派とカトリックはかつてないほど激しく衝突した。共和派は、もはやフェリーのライシテに見られる妥協の精神では甘いと感じるようになった。「ライシテの学校から宗教を取り除こう」が合言葉となり、宗教そのものを退けようとする自由思想とライシテはしばしば同義語になった。

このようなライシテの左傾化は、ナショナリズムの相対化をもたらした。もっとも、急進派や社会主義者は祖国愛を否定したわけではなく、ドレフュス事件を受けて、軍部と教権主義の結びつきを批判したのである。共和派左派は、平和主義的で人道主義的な面を強調する。一方、カトリック側は、共和国の学校を「神なき学校」、「祖国なき学校」とこきおろす（Ozouf [1963] 1982: 195–217）。

要するに、一九〇〇年代の学校のライシテは、一八八〇年代のそれとは違う。自由思想家たちは、もはや公立校に磔刑像があることや、教師が生徒を教会まで引率することに我慢できなくなった。教育連盟は、道徳教育のなかの「神への義務」を廃止し、「宗教学の諸概念」に置き換えるよう提案している（第7章第三節を参照）。この流れは、公立校から宗教的側面が消えていくことと解釈してよいだろうか。たしかに、宗教からの距離は開いていると言えよう。この変化は、正当に評価されなければならない。だが、そのことによって何が新たにもたらされたのかを見逃すべきではない。ライシテの道徳は、従来のような宗教との関係を乗り越えながら、新たな包括的な論理を構成している。この論理は、それまでとは違った形ではあるが、やはり宗教的なのではないか。具体的な分析は次節で行ないたい。

いずれにせよ、ライシテ陣営はこの段階において、修道会が運営している学校（公立および私立）を標的にする。一九世紀を通じ、修道会系の学校は成長を続け（フェリー法以降もしかり――これは同法に教育の義務が含まれていたことに関係している）、一九〇一年から一九〇二年にかけて、男子校の七、五パーセント、女子校の一九、九パーセントは修道会系であった。ところが、宗教者による教育を禁じる一九〇四年の法律を受けて、一九〇六年から一九〇七年の時期の修道会系学校は、男子で〇、〇四パーセント、女子で〇、六九パーセントにまで激減した（Lanfrey 2003: 90）。けれども「修道会系の学校」の閉鎖は、しばしば「自由学校」（宗教系）の開設をともなっていた。ブルターニュでは、「学校におけるライシテの推進の波が襲ったあと〔……〕カトリック教育が多数派となり」、「モルビアン県では、一九〇六年から一九〇七年という短い期間を除いて、公教育が多数派を占めることはなかった」（Peneff 1987: 15）。

一九〇五年の政教分離法は、自由主義的性格を持ち、紛争を収めるだけの射程を有していたが、学校をめぐるカトリックと共和派の対立は、同法の採択によって、かえって激しくなった。カトリックは、新聞、雑誌、パンフレットなどを用いて、共和国の学校を批判した。一九〇九年には、枢機卿や大司教らが、公立校で用いられているおよそ一二の教科書を使用禁止処分にした。興味深いことに、カトリックのなかには、このときフェリーのライシテの精神に沿って（つまりフェリーのライシテならば受け入れるという地平に立って）、一九〇〇年代の反教権主義の「行きすぎ」を咎める者もいた（cf. Amalvi 1979: 375）。フェリーの故郷ヴォージュ県では、タオネ神父が、かつての公教育大臣の甥に当たる代議士アベル・フェリーに対し、次のように訴えている。「ジュール・フェリーが学校の義務とライシテを提案し、下院の同意を勝ち得たのは、両親の権利に基づく〔……〕中立的な教育を約束したからにほかならない」。ところが、一九〇九年、タオン＝レ＝ヴォージュでは、一八三人の子どもが両親にしたがったために「規律を乱す重要な行為に責任がある」として放校処分にされた。タオネ神父によれば、この措置はフェリー法の精神に背いている（ADV 1T 85）。

ライシテの学校や共和国当局に対する反対運動の規模や頻度は、地域によって異なっている。およそ三〇の県では、司教団がいきりたっても、住民はついてこなかった。逆に二〇ほどの県では、さまざまな事件や小競り合いが起きている。ヴァンデの女子公立校の小学校教師は次のように嘆いている。「宿題がほとんどできていない、授業が理解できていない、汚い口をきく。そんな子どもを叱らなければならないのでしょうか。そんなことをしたら、子どもはにやりと笑って小声でつぶやくのです。「じゃあシスター様のところへ行くわ」」(cité dans Déloye 1994: 199-200)。学校をめぐるカトリックと共和派の激しい対立は、第一次世界大戦がはじまるころまで続く。

## ◇地域的特色

フェリー法から第一次世界大戦までの時期、公立校とライシテの道徳は、ある地域においては抵抗なく受け入れられ、別の地域では激しい反発に出会った。共和派は、一定の合意を模索することもあれば、断固たる態度で臨むこともあった。いかなる選択が取られたかは、時期と場所による。それが複雑なものであることは、いくら強調してもしすぎることはない。それでも、地域の全体的な特色について概括的なイメージを持っておくことは有用であろう(5)。

一九〇一年から一九〇二年にかけて、公立校にいた修道女の数を出発点にしてみよう。**図6**の地図に示されるように、色の濃淡が教師数の大小を表わしている。一〇〇人を超える地域は、西部（とりわけブルターニュだが、ノルマンディーやメーヌ、アンジュも該当）、マシフ・サントラルに沿った地域（アヴェロン、アルデシュ、ロワールの各県）、ロレーヌ地方である。東部（イゼール県からムーズ県まで）と北部（フランドル、アルトワ、ピカルディー）の多くは、五〇人から一〇〇人の範囲に収まる。地中海沿岸地域（オード、エロー、ヴァールの各県など）、中部の一〇あまりの県（ヨンヌ県、ニエーヴル県、アリエ県、コレーズ県、カンタル県など）、そして首都パリにおけ

**図 6　1901〜02 年の公立校における修道女の教師数**

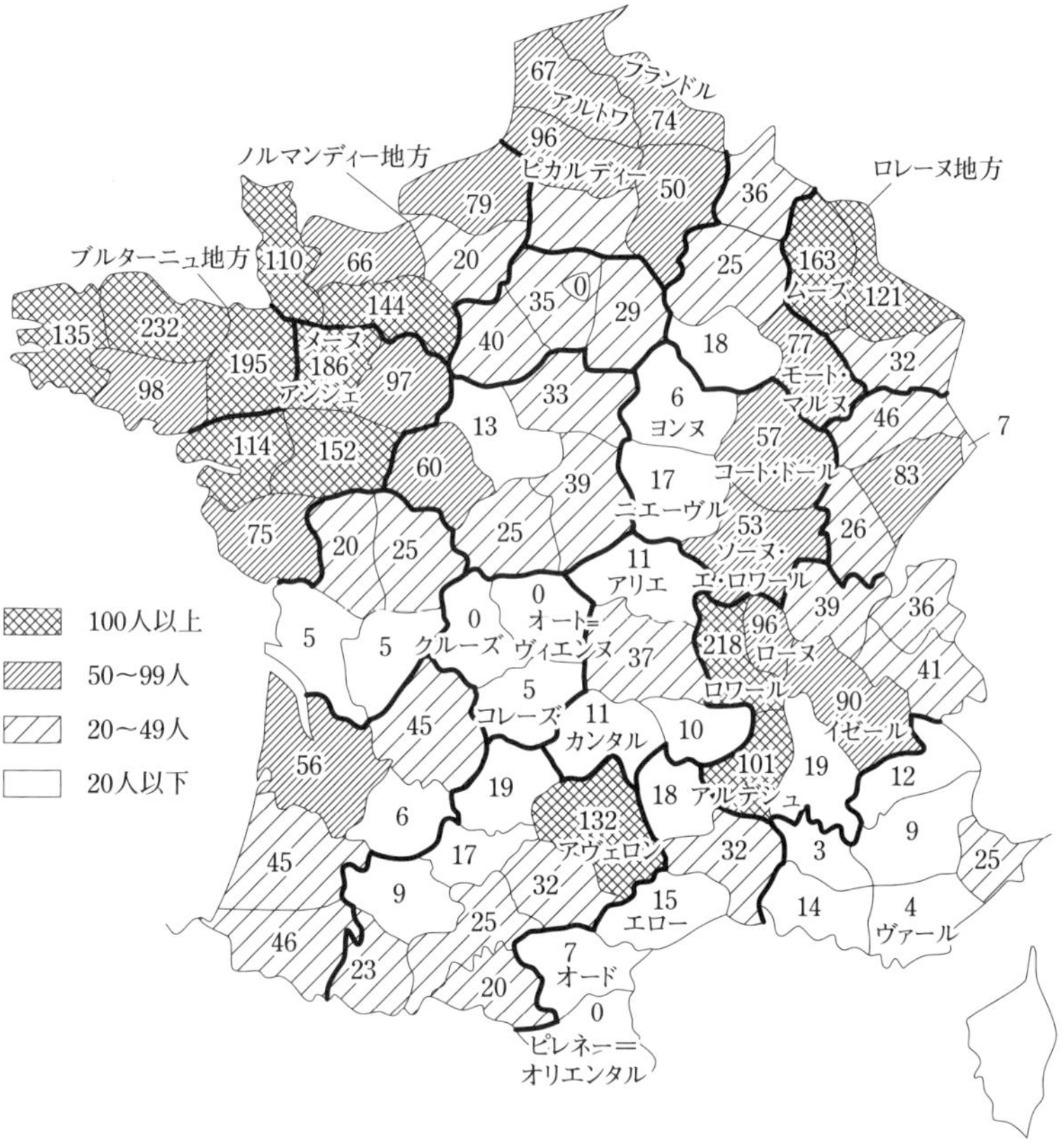


る公立校内の修道女教師の数は、二〇を下回る。オート＝ヴィエンヌ県、クルーズ県、ピレネー＝オリエンタル県にいたっては、公立校における修道女の教師は皆無である（Lanfrey 2003: 78–79）。

　このように色分けされた地図は、もちろんいくつかのずれはあるが、一九〇〇年代に学校をめぐる争いがどれだけ盛んだったかという地図、一九〇六年の教会財産調査の際にどれだけの抵抗があったかという地図と、大体重なる。さらに言えば、教会財産調査に激しく抵抗した地域は、革命期に聖職者民事基本法への宣誓拒否僧を多く輩出した地域と重なってくる。また、二〇世紀の半ばにどれだけ宗教的実践が行なわれているかというデータとも重なり合うところが多い（Cabanel 2005: 102; Vovelle 1991: 216）。歴史家がしばしば指摘するように、地域の心性はかなり持続性があるということだ。

できればもっとニュアンスをつけた詳細な説明をすべきところだが、その作業に深く立ち入ることは、私たちの本来の目的から外れることになると思われるのでやめておく。注意を喚起しておきたかったのは、かなりはっきりした地域差があるということである。

## 二　ライシテの道徳の諸相

今述べたことと一見矛盾するようだが、地域的な多様性を見落とさないよう注意しつつ、全国レベルの視点に立つこともまた重要である。実際、各県の公立校で用いられていた道徳の教科書や、さまざまな地域から集められた生徒の学習ノートの内容を検討してみると、地域的な差よりも、全国的な類似性のほうが際立っている。(6)時期的な違いについても、似たようなことが言える。フェリー法から第一次世界大戦までの時期のあいだに、ライシテの道徳自体が発展を遂げ、内容に変化が見られることは事実だが、それでもこの時期をひとまとまりでとらえることは妥当である。というのも、「対独復讐」に燃えた唯心論的なライシテの道徳から、自由思想の影響を受けた国際協調路線のライシテの道徳への移行は、傾向の変化の問題であって、不可逆的な質的転換とまでは言えないからだ。むしろ、第三共和政の最初の三、四〇年をひとつの時期としてとらえ、そこに個人主義と連帯主義、ナショナリズムと普遍主義などの葛藤を見るべきだろう。

以下では、いわゆる宗教的道徳と対比しながら、(7) ライシテの道徳の（宗教的な）特質を明らかにしていきたい。ここでの課題は、道徳の内容を項目別に列挙していくことではなく、特に重要な側面をいくつか積み重ねて、ライシテの道徳の全体的な構造とその宗教性を浮かびあがらせることである。これらの側面のひとつひとつは、他の側面と有機的に絡まりあっている点にあらかじめ注意を促しておきたい。

## ◇神から人へ――道徳の基礎

神と人の関係について、旧来の宗教的道徳と新たな共和主義の道徳を比較した場合、前者は神の偉大さをたたえ、後者は人間の尊厳を謳っていることが想像されよう。実際、キリスト教の道徳は、神を前にした人間の存在がいかに無力であるかを強調している。一九世紀前半のカトリックの教科書から引用する。「人間の人生は、どんなに長くても、せいぜい一〇〇年だ。このわずかな年月は、永遠と比べれば、たかだか海の水の一滴か砂粒にすぎない」(Mésenguy s.d. : 511)。神の偉大さは、人間に謙虚さを要求する。「何事にも謙虚であること。〔……〕そうすれば、神の恵みがあるだろう」(Ibid. : 493)。

これに対し、ライシテの道徳の人間観は、謙虚を美徳のひとつに数えはするが、人間の矜持と尊厳を前面に押し出している。ニエーヴル県のある小学校教師は、次のように述べている。「司祭は、自らを卑下しなければならないと教えている（『ネヴェール教区の公教要理』）。だが、私たちが若者たちに伝えたいのは、自分自身の尊厳にきちんと配慮することだ」(cité dans Goyau 1899: 17–18)。

さらに、新たな道徳においては、「人間の尊厳は無条件である」(Baubérot 1997: 120) とされ、人間が神に代わって神聖化されている。ある生徒は、教師が次のように言ったのを丁寧にノートに書き写している。「人間の人

図7　道徳の掛図（部分）

部屋の換気＝よい　　よどんだ空気＝悪い

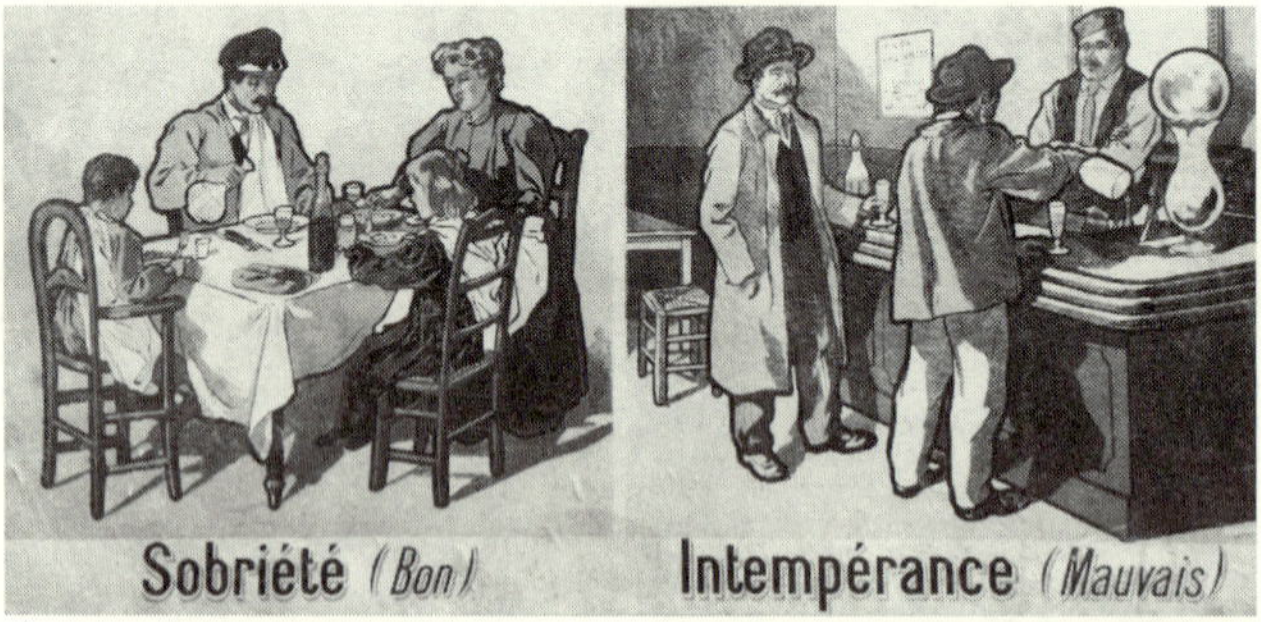


節制・制酒＝よい　　暴飲・暴食＝悪い

屋外での運動＝よい　　運動不足＝悪い

公立小学校の教室の壁面には，フランス地図，人権宣言，メートル法の図表などがかけられた。道徳の掛図もあった。この図は「衛生」の観念を説くもの。絵入りで「善行」と「悪行」が一目でわかるようになっている。

図8　アルコールの「脅威」を説く掛図

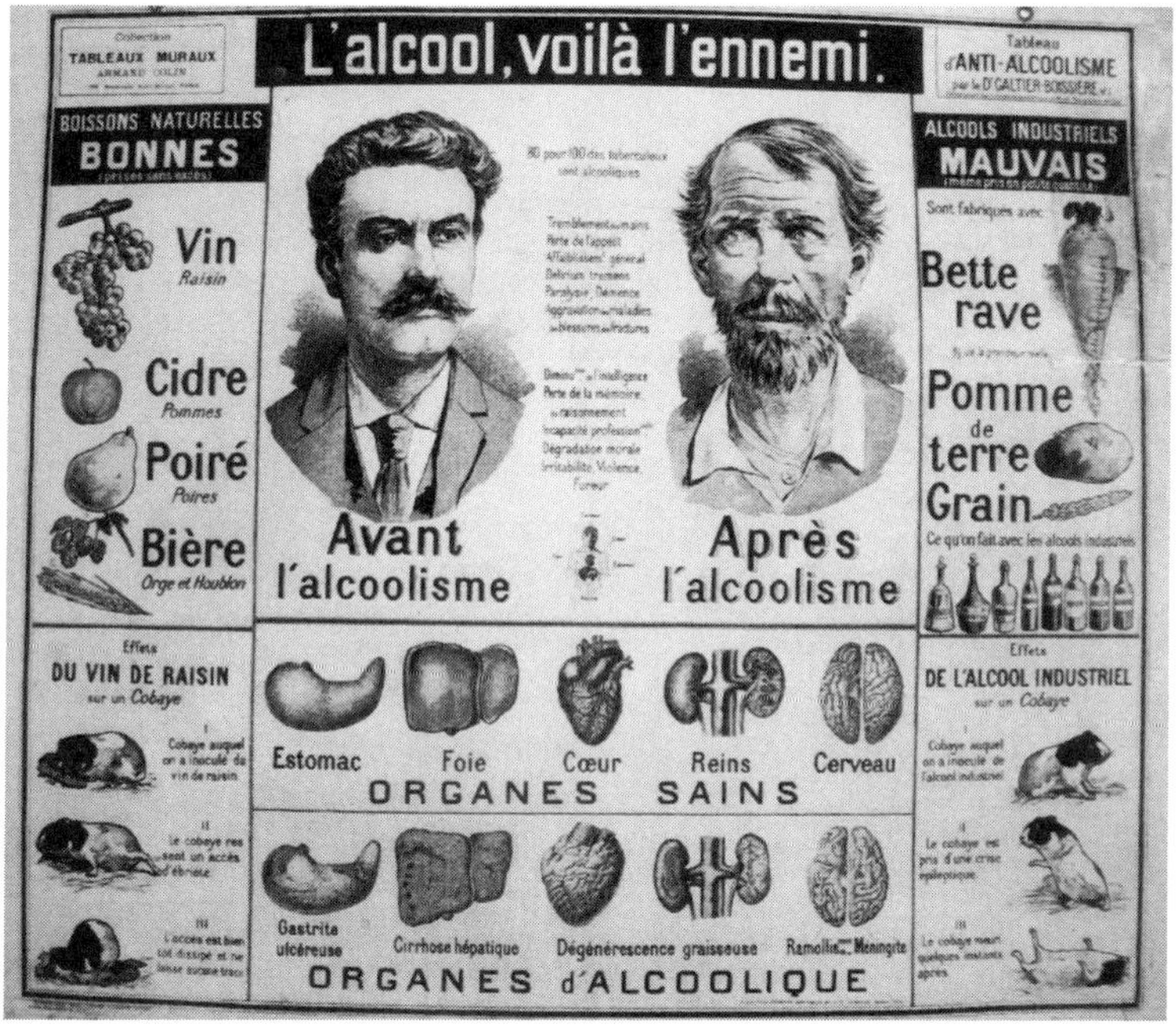


「反アルコール」も「道徳」の一項目だった。眼光鋭く威厳のある男性の風貌が「アルコールの影響」で一変する様子が視覚的に示されている（左が「使用前」，右が「使用後」）。中央下部は，健康な臓器とアルコールを摂取した臓器の対比。左端上段には，アルコール飲料の原料として「よい」ものが並ぶ。ワイン，シードル，ポワール酒，ビールがむしろ推奨されているのは，国内の酒造業振興のためか。右端上段には，ビート酒，イモ酒，穀物酒など，「悪い」お酒が並ぶ。両端下段部分は，モルモットにワインと工業用アルコールを接種したときの違いを示すもの。実験結果によれば，ワインを飲ませたモルモットは酩酊状態に陥っただけ（！）だが，工業用アルコールを打ったモルモットは，数分後に死んだとある。

なお，タイトルの「アルコールこそ敵だ」（L'alcool, voilà l'ennemi）は，「教権主義こそ敵だ」のパロディ。共和国の学校の子どもたちは，当時の仮想敵国ドイツ，国内のカトリック，さらにはアルコールと闘うことを期待されたわけである。

間らしい生活は、聖なるものである。「汝、殺すなかれ」という掟は、法典にも良心にも刻まれている」（Cahier de F. Dorey (?) s.d.）。

このように、新旧の道徳の人間観は対照的だ。だが、すでにキリスト教の道徳も、神の創造物のなかでは人間を特権化している点を見逃すべきではない。ある公教要理には次のようにある。


（問い）最も完璧な神の創造物とは何か。

（答え）天使と人間なり。

（問い）天使と人間は神に忠実だったか。

（答え）否、天使の一部は神に挑み、人間は神にしたがわなかった。

（問い）神は天使と人間を許され給うたか。

（答え）神は反抗する天使を地獄に追い立て悪魔とした。人間にはご慈悲をかけられ救うことにした。（Belmas, 1824: 13–14）


すでに引用したカトリックの道徳の教科書によれば、神が人間を造ったのは、「人間が創造物に対して命令を与えるためである。世界を公正さと正義において支配するためである」（Mésenguy s.d.: 485）。他の動植物に対する人間の優位という考えは、もちろんライシテに基づく道徳に受け継がれている。違いは、人間はもはや神を前にしてではなく、自分自身の尊厳にかけて誓いを立てることができるようになったということだ。

神への依存から自律へ。この変化は、道徳の基礎づけの問題と密接に関連している。宗教的道徳を基礎づけているのは、神にほかならない。「神は地上の人間を創造し、自分の似姿に合わせた。〔……〕神は人間に理性を与え、知性の光で満たし、善悪の区別がつくようにし、守るべき行ないを定めた」(Ibid.: 510)。人間が道徳的であるには、父なる神と「母なる教会」にしたがえばよい (Fleury 1833: 99)。

では、ライシテの道徳の基礎はどこにあるのだろうか。神を参照しなくとも成り立つ道徳に、人間がしたがう根拠はどこにあるのだろうか。

私たちは第5章において、ライシテの道徳がそれ自身で成り立つものでありながら、「神への義務」を含んでいること (法文中ではなくプログラムのレベルで) をすでに確認している。この義務は、道徳の教科書ではどのように扱われているのだろうか。この点は、公立校で用いられていた道徳の教科書を三つのカテゴリーに分類しているイヴ・デロワの研究を参考にしながら見ていこう (Déloye 1994: 65–75)。

まず、小数派ながら、公立校向けの教科書のなかにも、神を道徳の基礎に据えているものが何冊か存在する。Th・H・バローの手になる教科書は、第二帝政期に初版が出て、第三共和政になってからも特に大きく改定されることなく使われていたものだが、この教科書の前書きには、道徳は神に由来することが明言されている (Barrau, [1849, 1877] 1879)。この場合、伝統的な宗教的道徳との違いは見えにくい。

第二のカテゴリーに属すのは、「神への義務」を理神論的な視点から扱った教科書である。道徳教育のプログラムに最も忠実なタイプであって、ジュール・ステーグ『道徳・市民教育』、ガブリエル・コンペイレ『道徳・市民教育の初歩』などが該当する。これらの教科書において、神は道徳の基礎に据えられるのではなく、道徳を最終的に完成する存在として登場する。神は「無限」や「理想」とほぼ同義である。コンペイレの教科書に出てくる教師ジョルジュは、夏の夜に生徒たちを村の外れに連れ出し、星で輝く夜空を見上げさせ、空を支配する不変の秩序と無限の空間を作り出したのは誰だろうと問いかける。そこで彼は、神の名を持ち出すのである。

道徳の法則を決めているのは彼なのです。胸に手を置けばわかります。だから義務の声に耳を傾けて、彼にしたがうのです。義務の掟は、人格の尊厳の感覚を持ったすべての人間にとって、敬うべき神聖なものです。でも、感情に駆られてそれが見えなくなるようなことがあれば、そのときには義務を超えたところに至高の存在（Être suprême）があることに思いを馳せなさい。すべての人が義務を負うことが、至高の存在の意志なのです。もし、神が存在していることを忘れるようなことがあれば、そのときには今晩のように、星で輝く空を見上げてごらんなさい。（Compayré 1883: 138–139）

第三の型に分類されるのは、「神への義務」に対する言及を全面的に控えた教科書である。ピエール・ラロワ『はじめての市民教育』、ポール・ベール『学校における市民教育』、F・デュビュス『道徳・市民教育概論』などがこれに該当する。

それにしても、何が道徳的な行為の遂行を担保しているのだろうか。神が道徳の基礎にあるときは、神が人間の行ないを見ているということでよいだろう。問題は、もはや神が道徳の基礎になりえなくなったときである。理神論の傾向を持った教科書の著者たちは、個人の道徳的良心に訴えている。ガブリエル・コンペイレは、カントを下敷きにしながら、良心の照らし出す道徳にしたがうべきだと説いている。しかるのちに、神の観念や不死の希望へと至ることもあるかもしれない。しかし、悪い行ないを禁じるには、良心で十分だ。

子どもの心に、よくない欲望が生まれたとする。たとえば、自分のものでないのに、隣の庭のおいしそうな果物を取りたくなったとしよう。何がこの子を止めるのか。欲望に屈しないようにするものは何か。他人の所有権を尊重させるものは何なのか。〔……〕家のなかも村じゅうも、すべてが寝静まった夜だとする。月だけが庭を照らしている。親もいなければ、通行人も目撃者もいない。この子ひとりっきりである。それでも私は黙っていよう。誰かこの子を見ている者がいるのだ。この子の行くところ、どこへでもついていき、こう叫んで止めに入る者がいるのだ。「きみのしようとしていることは悪いことだぞ！」これが、道徳的良心である。(Ibid.: 109–110)

神について一切言及しない教科書の著者たちにとって、道徳の基礎づけは、道徳がうまく機能していれば別に問う必要のない問題である。説明されているのは、道徳の根拠ではなく、道徳の有用性や必要性だ。ある生徒の学習ノートにはこうある。「道徳は、私たちを幸せにするよい行ないとは何か、私たちを不幸にする悪い行ないとは何かを教えてくれる。道徳を守ることによって、私たちは幸せであることに確信が持てる。だから道徳を学ばなければならない」(Cahier de Joseph Plagelet 1908)。エミール・ブートルーは、ピエール・ラロワの道徳の教科書に記されている行動方針が「定言命法」的なものだと指摘している (*Revue pédagogique*, t. II, n°4, 1883: 319)。この観点――これまたカント的なものである――に立てば、義務を守らなければならないのは、それが義務だからだ。守らなければ、罰が待っている。

あなたを愛し、養い育ててくれるご両親を愛さなければならない。敬わなければならない。友だちに対するように、馴れ馴れしくしてはならない。言うことを聞き、口答えをしてはならない。議論は対等な相手とするものであって、父親や母親とするものではない。法は両親の権威を認め、罰する権利を与えている。(Laloi s.d.: 3)

では、道徳は形の上で表面的に守られていればよいのか。いや、共和主義的な道徳は、個々人が道徳を内面化し、自分自身を統御できるようになることを目指している。「道徳的尊厳」が重視されるのも、そのためだ。もし、人間の尊厳が無条件だとしても、道徳的尊厳はその人の行ないや人格によって変わってくる。そこで、共和主義的な道徳は、善悪を知って行動することを奨励する。

## ◇善行と悪行、労働の価値

ライシテの道徳は、善悪をきっぱりと分け、善行を子どもたちに説いている。「人間はみな、知性と理性を備えており、「善」と「悪」の二つの対極的な観念、「善行」と「悪行」を区別することができる。人間は、前者が賞賛すべきもので、後者が非難されるべきものであることを感じている」(Dubus 1906: 5)。

ところで、このような区別は、いきなりはじまったわけではない。キリスト教の道徳も、かなりはっきりと善(行)と悪(行)を区別している。「私の気に入る三つのことがある。兄弟仲睦まじくすること、隣人を愛すること、夫婦が心をひとつにすること。これには、神も他の人間も賛成する。私の魂が憎み、耐えがたく感じる三つの種類の人間がいる。それは、傲慢な貧乏人、嘘つきの金持ち、下品で非常識な老人だ」(Mésenguy s.d. : 518)。

実を言うと、何が好ましく何が好ましくないかは、道徳の新旧を問わず、ほとんど同じなのである。子どもは親や教師を尊敬すること。兄弟姉妹を愛し、他人に親切にすること。困っている人がいれば、助けること。馬鹿なことを言うくらいなら、口を慎むこと。欲望に流されず、それに打ち勝つこと。キリスト教の定める七つの大罪――高慢、嫉妬、吝嗇、色欲、貪食、憤怒、怠惰――は、そのままライシテの道徳の悪徳に数えあげられる。暴飲暴食を控え、節制を心がけよ。謙譲は美徳、傲慢は悪徳。倹約はよいが、ケチはいけない。これらは、新旧の道徳に共通する。

ただ、同じ道徳的行為を説くのに、説明の仕方が違うということはある。困っている人を助けるべきことにつ

**図9 「施し物を与えなさい」**
（カトリックの道徳の教科書より）

「敵対」するはずのカトリックの教科書と共和派の教科書が，表現のニュアンスの違いはあれ，まったく同じと言ってよい内容の道徳を説いていることに注意したい。

**図10 「慈悲を施しなさい」**
（公立校の道徳の教科書より）

いて、ある公教要理は次のように述べている。

　第七の戒律は、他人のものはその人に返し、他人の財産に損害を与えた場合はそれを償うよう命じている。〔……〕〔だが〕隣人に損害を与えないというだけでは不十分である。必要に応じて助けなければならない。収入によって、あるいは隣人が置かれている必要性の大きさによって、施しをしなければならない。(Le catéchisme complet 1887: 144)（図9参照）。

同じテーマについて、公立校の道徳の教科書はこう説明している。

　慈悲を施さなければならない――レオンは、学校で習った道徳の授業を応用した。おやつを分け合うという、よい行ないをした。彼は他人を幸せにし、そのことによって、義務を果たしたという深い喜びを自分も味わった。(Petit 1905: 76)（図10参照）。

二つの引用文の叙述の調子や、その背景にあるものは同じではない。それでも、カトリックの道徳とライシテの道徳が同じ行為を勧め、一定の連続性があることは明らかである。ここにおいて、ライシテの道徳に宗教性が感じられるとしたら、それはこのような連続性があるからである。ライシテの道徳は、カトリックの道徳から切断をはかりつつも、実はカトリックの道徳を受け継いでいる。根強いカトリックの道徳に、ライックな要素が加わって再構成されたわけだから、「カトライックな道徳」と言ってもよいだろう。

このような安定性のなかに、新たな方向性をもたらした別の例として、「労働の価値」を検討しよう。労働は長いあいだ美徳とされてきたが、近代社会に適合的な価値として彫琢し直されているように思われる。次の文章からは、すでにカトリックの道徳も、労働をたたえ、怠惰を戒めていることがわかる。

> 怠け者よ、蟻のところへ行け。その振る舞いをよく見て、賢くなれ。〔……〕怠け者よ、いつまで寝ているつもりだ。いつその眠りから覚めるのか。ちょこちょこ眠るから、眠くなるのだ。腕組みして眠っているうちに、素寒貧になってしまうぞ〔……〕。よく働けば、家は尽きぬ泉のごとくに富み、貧乏はどこかへ行ってしまうだろう。（Mésenguy s.d.: 451）

これは、労働の勧めであって、蓄財の勧めではない。カトリックの道徳にとって、蓄財は卑しむべきものだ。人間が地上で築く財産は、神の前では無である。財産は、持ち主の魂を損なう。「金を愛することは大罪である」（Ibid.: 527）。

このような金銭観は、近代的な道徳においては、かなり弱くなる。たしかにそれは、贅沢を勧めるものではない。だが、倹約や貯蓄は、むしろ肯定的にとらえられる。G・ブリュノの教科書に出てくるマルセル軍曹は、ある日ヴァランタン氏の負傷を見舞って、夫人のもとを訪れる。軍曹は夫人にそれとなく、お金に困っていないかと尋ねる。幸いにも、ヴァランタン氏は共済組合に月々お金を納めていた。

〔マルセルは〕思った。〔ヴァランタン氏は〕みんなが言うように「その日の分だけ努力すればいい、その日のパンがあればいい」という考えに満足せず、明日のことを見据えていたのだ。来るべき日に備えて努力し、翌日のために前の日のパンを取っておいたのだ。彼は労働者の鏡だ。(Bruno 1893: 116)

近代の道徳にとって、正しい仕事を熱心に行ない、稼いだお金をよい目的に使うのであれば、蓄財は恥ずべきことではない。ある生徒は、ベンジャミン・フランクリンの言葉をノートに書き写している。「朝から晩まで労働に励むこと。正直な心を持つこと。そして支払いをすべて終えてから、残ったお金をためるのを忘れないこと。そうすれば、とても幸せになれる。独立して生きることができる。〔……〕富を築いても、顔を赤くすることはない」(Cahier d'Albert Buche 1910)。

このように、蓄財は道徳的に正当化される。だがこれは、道徳的であれば富も得られるという論理のため、貧困にとどまることが道徳的に非難されるという論理も生む。ある教科書によれば、「多くの労働者の悲惨な条件の原因のひとつ」は、彼らの「怠惰」にある。彼らは「自らのあやまちによって貧しい状態にあるのだ」(Primaire 1911, cité dans Jeury et Baltassat 2000: 89)。この論理に沿うと、貧しさから脱するには、頑張ればよいことになる。なるほど、英雄的な努力によって、あらゆる困難を乗り越える人物も出てくるかもしれない。だが、貧しさに非道徳のレッテルを貼られ、苦しみの悪循環にはまるケースも想像されよう。

いずれにせよ、勤勉と努力は美徳とされ、それはきっと報われるというメッセージが送られている。「もしきみがクラスでビリでも、頑張れば一番になれる」(Cahier de Joseph Plagelet 1908)。ここには、教育を受ければ社会的な上昇を遂げることができるという「メリトクラシーの神話」が生きている。農民の子どもは小学校教師となり、自分の子どもがグランド・ゼコールに入ることを夢見ることができた。G・ブリュノの教科書に出てくる勤勉な若者ルイは、サン＝シールの士官学校に入ることを望んでいる。だが、「もしもうまくいかなかったら、という恐怖にしばしば襲われる」と胸の内を明かしている（Bruno 1893: 182）。成功か失敗かで、その人の道徳性も判定されかねないのだから、このような恐怖を抱いてしまうことも当然かもしれない。

生徒たちのあいだに、社会的な上昇志向があったことは、初等教育修了試験を受ける人数が大きく伸びている点からも窺うことができる。(8) ただし、今日に比べれば、初等教育後も勉強を続ける割合はずっと低かった。高等小学校に進む者の数より、そのまま仕事に就く子どもの数のほうが多かった。ここで指摘しておきたいのは、ライシテの道徳は、子どもたちの立身出世欲を焚きつける一方で、その欲望を鎮めようとする面も持っていたことだ。

あなたの親が百姓なら、百姓のままでいればよい。自分の畑を耕す人間は、独立独歩の人間だ。きれいな空気を吸える。早く結婚できる。子どもも概して健康だし、養育費もあまりかからない。失業もない。（Laloi s.d. : 48）

このように、与えられた状況に満足することも重要だと説かれるのである。フランス市民として、誠実かつ責任感を持って働くかぎり、職業に貴賤はない。

ライシテの道徳にとって、人間の尊厳は無条件だ。だがその先には、その人が道徳的か否かを選別するシステムが機能している。怠け者や大酒飲みは、道徳的人間の名には値しない。

ある生徒は書いている。「習慣は、頻度によって形成される。私は、よい仲間としかつき合いたくない」（Cahier d'Alice Plagelet 1913)。平等の原理の裏には、差別化と排除の論理が見え隠れしている。これはナショナリズムの問題とも無縁ではない。

### ◇個人主義と市民精神、ナショナリズムとユマニスム

ここで、道徳教育は市民教育とセットになっていたことを確認しておこう。フェリー法に見られる「道徳・市民教育」は、ギゾー法、ファルー法の定める「道徳・宗教教育」に置き換わるものである。法文を見比べれば、「市民教育」が「宗教教育」に取って代わるものであることは明らかだ。だが、そこから、ライシテの道徳はそれだけ非宗教的になったという結論をすぐに引き出してよいものだろうか。むしろそれは、市民的であると同時に宗教的であるような道徳ではないのか。このような問題関心から、ライシテの道徳の持つナショナリズムの側面を検討したい。

道徳教育が、自分自身を統御することのできる個人の育成を目的としていたとすれば、それと対をなす市民教育は、道徳を内面化した個人を土台に、社会的・政治的な知識と規範を植えつけようとするものであったと言える。要するに、独立と共同の精神を持った個人の意志をもとに、国民統合を成し遂げることが目指されていた。カトリックの道徳が、従順な主体を作ることを目的とし、感情を抑えることを説いていたとしたら、共和国の道徳は、むしろ感情をうまく利用して、個人の意志形成と集合的な目的のために役立てようとした（Déloye 1994: 88–111）。

ところで、個人と国家の利害関心は、ときに矛盾するのではないか。その際、個人の自由は国家の価値よりも尊いという主張がなされる場合もあるが（とりわけドレフュス事件以後の数年間）、道徳の教科書をあれこれめく

り返してみるかぎり、国家を私的な自由に優先させるものが目立つ。ある市民教育の教科書に登場する「偉い」博士は、夫にとって妻より大事なもの、父親にとって子どもより大事なものがあるかという問いにこう答えている。「あります——博士は急に厳粛で真面目になった。祖国がありますとも」(Ganneron 1913: 13)。ただし、個人の利益と国家に対する義務は、基本的には両立するものなのだと博士は言う。いずれにせよ、個人はみな市民として国家のことを知らなければならない。この博士は、政治のことは自分には関係ないと考えているある女性に対し、それは違うと責めている。「もしもあなたの暮らす地域の行政がうまく機能せず、道路の整備と維持がなされず、治安が保障されていなかったらどうしますか。学校の運営がめちゃくちゃで、お金の使い方がでためだとしたらどうですか。あなたが苦しむのは個別的な関心のなかであって、一般的な関心は関係がないと言えますか」(Ibid.: 15–16)。

そこで、将来のフランス市民はみな、国や県、市町村が何をしているのかを知っておく必要がある。女の子であっても(当時女性には普通選挙が認められていない)、男の子と同じように、市町村議会、税金、徴兵制の仕組みなどを学ばなければならないのだ。

ところで、市民教育で学ぶいくつかの概念は、小学生には抽象的すぎないだろうか。祖国の観念は、子どもたちの心に響くだろうか。教科書作成者たちは、まさにこの点を心配し、子どもたちの関心を引くことができるよう、話の組み立てに工夫を凝らしている。G・ブリュノは、第三共和政の最も有名な読本『二人の子どものフランス巡歴』のまえがきで、「子どもの心を打つためには、祖国を生き生きと目に見えるものにしなければならない」と述べている。ブリュノは実際、この本のなかで、身近な人に抱く自然な愛着を国民全体に拡大すべきことを、主人公アンドレとジュリアンが学ぶエピソードを紹介している。二人の小さな主人公は旅行中、亡き父の旧友エティエンヌの世話になる。この木靴職人は、二人の子どもたちにこう教え諭す。

おまえさんたちは、わしの親友の息子だからな、助けるのは当然だ。こうやって、フランス人どうし、みんなが助け合うべきじゃなかろうか。おまえさんたちも——と言ってエティエンヌは真剣な口調になった——、困っているフランスの子どもに出会ったら、わしがしてやったように助けてやるのだよ。(Bruno s.d. : 14)

このような感情的なきずなが国民全体にまで広げられると、今度は国全体がひとつの家族として表象される。「私たちは、父や母を愛するように、祖国を愛さなければならない」(Cahier de Baud Céen 1898)。神が依然として私たちの父かどうかはともかく、私たちの母はもはや教会ではなくフランスである〔フランス語で「神」は男性名詞、「教会」「フランス」は女性名詞〕。フランスはしばしば非常に崇高なものとして描かれる。次のくだりは、マルセルの連隊がスイス国境からフランス入りしたときの叙述である。

連隊は何時間も歩き続けていた。突然、狙撃隊の先頭にいた士官が立ち止まり、剣を突きあげて叫んだ。「フランスだ、フランスだ」。実際、一行は国境を踏み越え、フランスの大地に足を踏み入れたところだった。すると突然喜びが湧き起こり、連隊全体を駆け抜けた。マルセルは〔……〕帽子を脱いでルイを胸に抱えた。親子は心のなかで、神とフランスを結びつけていた。(Bruno 1893: 76)

祖国愛をむき出しにしたこのような言説は、もちろん普仏戦争で辛酸を舐めた経験に基づいている。道徳・市民教育は、しばしば軍国主義的な調子に満ちている。「同じ祖国の子どもたちは、同じ母親から生まれた子どものように愛し、助けあわなければならない」(Cahier de Suzanne Corber 1900)。「三色旗が通り過ぎるときは、必ず帽子を脱いで、祖国の象徴に敬礼すること」。「戦争が起こり、敵が国境線に押し寄せ、祖国が危機にあるときには、市民は全員これを防衛〔しなければならない〕」(Bert 1882: 15–16, 30)。

愛国主義は、いわゆる道徳・市民教育だけではなく、他の科目、とりわけフランス語、歴史、地理、体育などによっても教えられた。フランス語は国の公用語として、人びとが言葉を交わし、一体感を持つために要となる媒体であった(9)。歴史は、現に生きているフランス人を祖先に結びつけるもので、フランスの栄光と悲惨を共感とともに学ぶことが目指された。地理は、フランス国土の輪郭と、植民地帝国の「偉大さ」を目に見えるようにした。これらの科目は、フランスを「想像の共同体」(ベネディクト・アンダーソン)として表象するものであった。体育の授業は、一種の軍事訓練の形を取ることがあった。

ところで、ライシテの道徳における愛国主義的な要素と、普遍的・人道主義的な要素はいかなる関係にあるのだろうか。祖国が外国の挑戦を受けているときは、守るべきは祖国であり、敵を殺すことは正当化され、フランスのために死んだ兵士はたたえられる。だが、このような状況でなければ、ナショナリズムとユマニスムは調和すると考えられている。F・デュビュスの教科書には、クザンの言葉が引かれている。「フランスの国益は人類の利益と一致し、フランスの偉大さは世界の希望である」(Dubus 1906: 22)。

けれども、フランスの発展が人類の発展と一致するというとき、それは人類を形作るさまざまな文化や文明がそのままの形で花開くというよりも、フランス発の価値観を広め、世界をその規格に合わせることが想定されている。フランスは「寛大」な心を持って、「野蛮」な人びとの習慣や道徳性を文明化するのだ。このような「人道主義」の観点から正当化された植民地主義は、その暴力的な側面を隠す習性を持つ。

ある生徒のノートには、フランス人が息子に教育を与えてくれたと「感謝」しているアルジェリアの母親の様子が描かれている。ある日、息子は学校で習った「両親に対する義務」を母親に読み聞かせてやる。すると彼女は、「イスラームでは知られていないこの教え」（果たして本当にそうだろうか？）に「ほろりと涙ぐんだ」。生徒は次のようにノートを結んでいる。「〔この話は〕進むべき道を指し示している。〔……〕この道徳は、私たちの公的および私的生活のまさに基礎をなしている〔……〕。私たちの道徳教育の優越性によって、〔アルジェリアの〕人びとの信頼を勝ち得よう」（Cahier de Marguerite Lamblin s.d.）。

予想されるように、このような「人道主義的植民地主義」の「善意」の裏には、しばしば「原住民」への軽蔑的な態度が隠されている。それに当時は、人種理論が「科学的事実」と考えられていた。「人間のなかでは、白人種が最も完璧である」（Bruno s.d. : 184）。「卓越した知力、高邁な道徳性、純粋で高貴な宗教、創造の精神、完成された武力と知恵ある機械の力。これらを極めた白人は、世界の王者なのだ」（Compayré vers 1900: 231, cité dans Jeury et Baltassat 2000: 125）。たしかに、ここまで露骨ではなく、もう少し穏やかな物言いがなされることもある。「私の考えでは、スーダンの黒人とヨーロッパの白人のあいだに人種の優劣はない。教育が劣っているだけだ」（Cahier de Marguerite Lambin s.d.）。それでも、この「遅れ」は、フランスの介入を正当化するのに十分な理由となるだろう。

ところで、ライシテの道徳の普遍志向は、キリスト教の宣教師の態度を思わせないだろうか。ある公立校の小学校教師は、一八六四年の授業の準備ノートにこう書いている。

> 焼けつく砂も、砂漠も、山も、嵐も、果てしない距離も、いくつもの海も、暗礁も〔……〕、野蛮人の住む海岸地帯も、神が試練を与えた者を止めることはない。〔……〕南と東の国々が、知らない島々が、彼らが遠くからやってくる

のを見守り、待ち受けている。山の高みからやって来くる男たちの足は美しい。彼らは平和と永遠の財産をもたらし、救済を説く。(Dictée à l'école de Boussières-sur-Sambre 1864, ADN J 1367–192)

宣教師の布教を思わせるこのイメージは、キリスト教にも共和派にも共通のものだ。この態度は、西洋文明のなかで何度も繰り返し現れ出てくるモチーフのひとつではないだろうか。その意味で、「人道主義の宣教」は、西洋人の思考と行動を潜在的に規定するような宗教性をなしていると言えるかもしれない。

もうひとつの問題に移ろう。ライシテの道徳の説く市民精神は、一定の宗教性を満たしているのだろうか。市民教育は「市民宗教」の一形態なのだろうか。

ある教科書は、祖国とは「感情と意志の共同体」だという。「感情の共同体とは、同じ祖先と同じ偉人を祭り、過去については同じ喜びと同じ悲しみ、未来については同じ希望を分かち合う点に存する。〔……〕意志の共同体とは、先人が先鞭をつけた事業を一致団結して継続し、私たちに残された偉大な遺産を増大させるよう励む点に存する」(Dubus 1906: 20)。この共同体は、まさにルソーの市民宗教の鍵となる「純粋に市民的な信仰告白」に依拠していると言えるだろう。

それでもなお、ライシテの道徳と市民宗教を重ねることは、ためらわれるかもしれない。フランスの市民宗教は、ロベスピエールに見られたように、教義を押しつけるイメージが強いからだ。しかるにライシテの道徳は、個人の自由に十分な価値を置く。

それでも次の二点を指摘しておきたい。第一に、「共同体主義的な共和派」(républicains communautaires) にとっての緊急の課題は、まさに「真の国民の礼拝」を打ち立てる点にあったということだ (Ihl 1996: 82)。市民教育についてポール・ベールは次のように述べている。過去の戦争の記憶、国旗と対独復讐の礼拝が、「過去と将来にわたって独自の聖人と殉教者を持つ宗教」を形成している。この宗教は「いかなることがあっても理性を犠牲にすることを求めない」(Bert 1883: 16, cité dans Ihl ibid.)。

第二に、宗教はいつでも明示的な教義の形で示されるとはかぎらないことだ。宗教とは、当事者にとっても十分に意識化できない全体的な構造をつかみ出すための操作概念でもある。ここで今一度強調しておきたいのは、市民精神はライシテの道徳の単なる一側面ではなく、その全体と結びついていたということだ。またそれは、単に学校の授業で教わるだけでなく、共和派の祝祭行事とも結びついた包括的なものだった。以上の点に留意すれば、ライシテの道徳を市民宗教の観点から批判的に分析することを妨げるものはないはずである。

## ◇男女の役割分担、道徳の英雄

先に見たように、子どもは男女を問わず市民精神を学ぶべきだとされていた。だが、教育の内容は男女で異なっており、そこに一種の役割分担が認められることも事実である。この点は、教育プログラムでも明確にされている。小学校は、男児をゆくゆくは「労働者や兵隊」にし、女児が「家事や針仕事」をできるように準備をする場所なのだ（Ministère de l'instruction publique et des beaux-arts 1883: 246)。教科書や読本のなかには、男子専用のもの、女子専用のものがある。男児向けの本は、冒険譚や軍隊もの、産業や商業の話が多く、女児向けの本には、衣類、洗濯、料理など家事一般の話題が多い。男子が体育で軍事訓練の初歩（隊列を組んだ行進など）を学ぶあいだ、女子は裁縫を習っていた。

今日に比べれば、一九世紀の性差は歴然としていた。男性が教会から離れていくにつれて、教会は女性に対する影響力を強めていった。すでに見たように、女子校におけるライシテの推進が遅れたのも、これに関係している。女子の公立校では、一九〇〇年代に入ってからも神がたたえられている場合がある。「神は私たちの創造主であるだけではない。あらゆる物事を組織した立法者である」(Cahier de Gabrielle Lagarde 1903)。

たしかに共和派の指導者たちは、女性を教会の影響力から解放しようとした。だが、彼女たちに男性と同じような役割を期待したわけではない。女子のリセの創設者として知られるカミーユ・セーは、女性が科学と民主主義に目を開くよう望んでいたが、男性の職場への女性進出は望まなかった。「新たな女性」は一八九〇年代より少しだけ社会に登場してくるが、好意的には迎えられなかった。女性の居場所は家庭というのが相場だった。

女性は家庭にいて、夫を支え子どもを育てるべきだという道徳は、キリスト教以来のものである。「よき妻を持つ者は幸せである。〔……〕分別があっておとなしい女性は、神の贈り物である」(Mésenguy s.d. : 519–520)。共和国の道徳にとっても、理想の女性像は――神への言及を除けば――同じようなものだ。女性は「家庭の天使、家族の中軸」であるべきだ (Delabassé s.d. : 20)。「母親を手伝い、家をきれいに感じよく整理整頓したり、家族のためによい食べ物を用意したりするのは、とりわけ若い娘の仕事です。役に立てるというのは、何という喜びでしょう」(Cahier d'A. Laurent 1909)。女の子にとって、ある種の知識は「不要」であるばかりか、「危険」でさえある。「女は、人が教えたいと思うものしか学んではならない」(Cahier d'une fille (Anonyme) 1901)。

女性に要求されたのは、従順さであった。けれどもひとたび祖国が危機に見舞われたなら、女性にも勇敢な行為が求められよう。G・ブリュノの教科書によれば、「フランスの若い娘はみな、ジャンヌ・ダルクを輩出した国にふさわしくあるよう、心がけなければならない」。教科書の登場人物リュシーは、普仏戦争の際に命がけでプロシアの軍事情報に関する電報を打った、若くて勇敢な女性の話を子どもたちに聞かせ、こう結んでいる。

図11　男女別の教科書

(1)

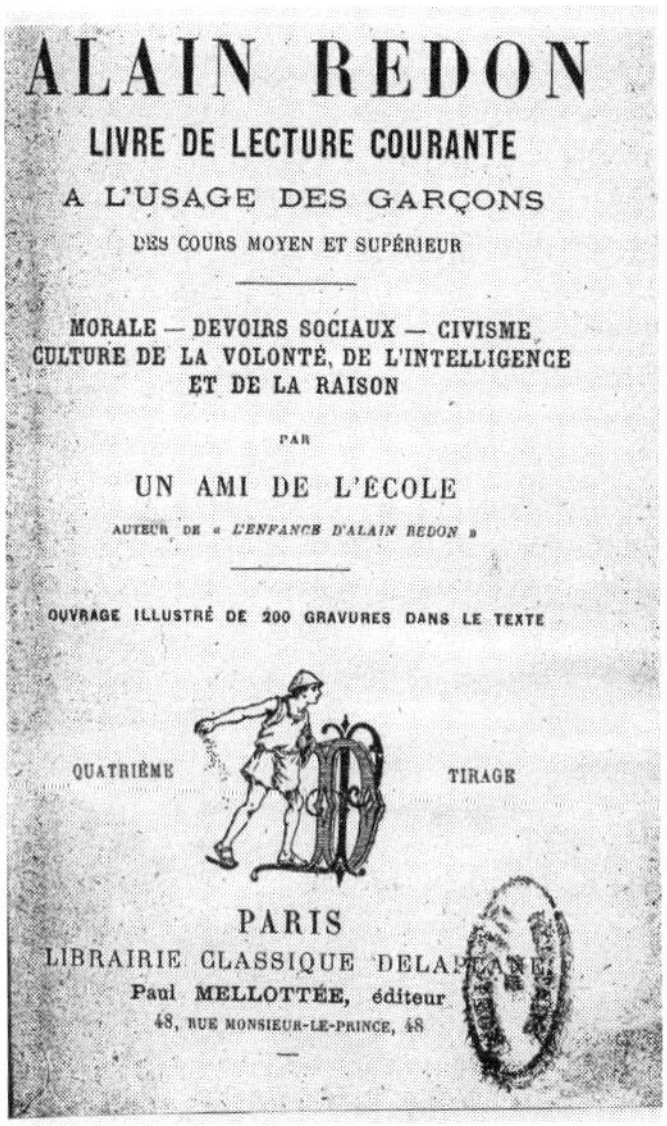

ALAIN REDON
LIVRE DE LECTURE COURANTE
A L'USAGE DES GARÇONS
DES COURS MOYEN ET SUPÉRIEUR
MORALE — DEVOIRS SOCIAUX — CIVISME
CULTURE DE LA VOLONTÉ, DE L'INTELLIGENCE
ET DE LA RAISON
PAR
UN AMI DE L'ÉCOLE
AUTEUR DE « L'ENFANCE D'ALAIN REDON »
OUVRAGE ILLUSTRÉ DE 200 GRAVURES DANS LE TEXTE
QUATRIÈME TIRAGE
PARIS
LIBRAIRIE CLASSIQUE DELAPLANE
Paul MELLOTTÉE, éditeur
48, RUE MONSIEUR-LE-PRINCE, 48

(2)

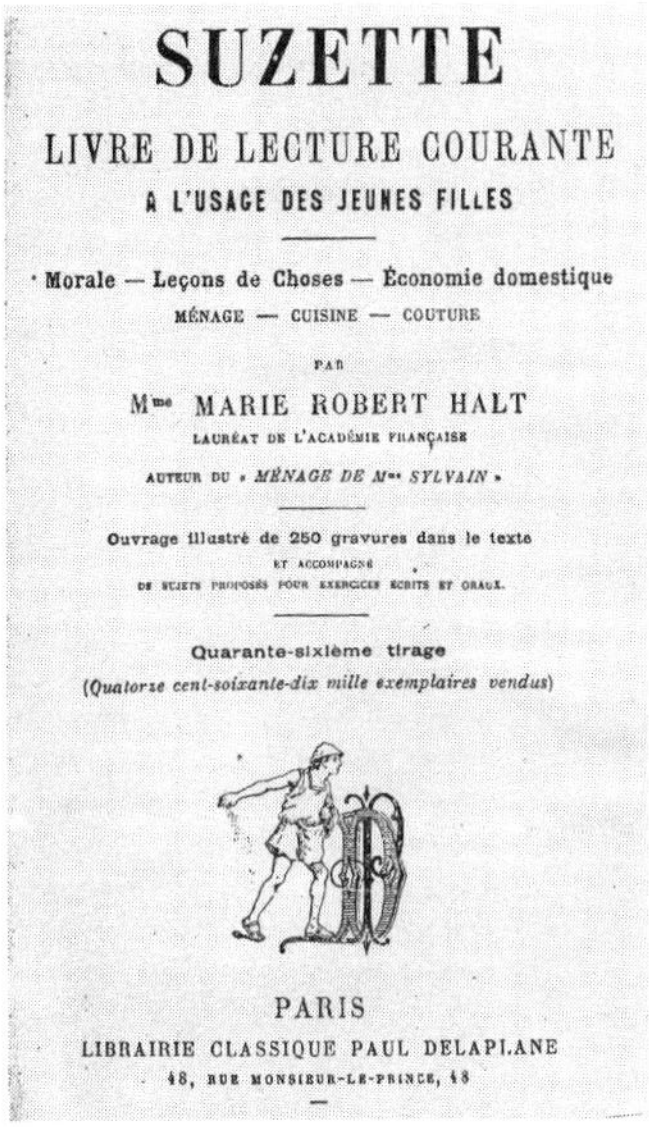

SUZETTE
LIVRE DE LECTURE COURANTE
A L'USAGE DES JEUNES FILLES
Morale — Leçons de Choses — Économie domestique
MÉNAGE — CUISINE — COUTURE
PAR
Mme MARIE ROBERT HALT
LAURÉAT DE L'ACADÉMIE FRANÇAISE
AUTEUR DU « MÉNAGE DE Mme SYLVAIN »
Ouvrage illustré de 250 gravures dans le texte
ET ACCOMPAGNÉ
DE SUJETS PROPOSÉS POUR EXERCICES ÉCRITS ET ORAUX.
Quarante-sixième tirage
(Quatorze cent-soixante-dix mille exemplaires vendus)
PARIS
LIBRAIRIE CLASSIQUE PAUL DELAPLANE
48, RUE MONSIEUR-LE-PRINCE, 48

同じ出版社（ドラプラーヌ社）から別々に，男児向けの読本「アラン・ルドン」（左側）と，女児向けの読本「シュゼット」（右側）が出ている。「シュゼット」とプレノム（下の名）だけなのは，女の子の姓はいずれ結婚で変わることが前提とされているからか。男児が学ぶ道徳は「社会の義務」や「市民精神」と結びつけられ，「理性」「知性」「意志」の涵養が目標とされている。これに対し，女児が学ぶ道徳は「裁縫」「炊事」「清掃」といった日々の具体的な家事に結びつけられており，典型的な「良妻賢母」の育成が目指されていた様子が窺える。

「フランスの若い娘はみな、フランス軍をみすみす全滅させるくらいなら、死を甘受すべきだと思うわ」(Bruno 1893: 185–186)。

このような「英雄的行為」はむしろ稀だけに、いっそう貴重なものとされ、共和国は偉人や英雄に対する礼拝を発達させた。道徳的行為が「完璧に」遂行されるとき、人はそれを神聖化する。これもまた、ライシテの道徳の宗教的側面のひとつに教えあげられよう。ガブリエル・コンペイレはこう述べている。「節制と倹約を重んじ、勤勉で、あらゆる義務を意識的かつ熱心に遂行すれば、ほとんど聖人と同様になれる」(*Revue pédagogique*, t. LII, n°4, 1908: 307)。

ある道徳の読本から、そのような「聖人」の例を二つほど挙げてみよう。バタイユ夫人は貧しい未亡人である。「彼女は七〇歳だが、この長い人生の一日さえも無駄にすることなく、慈善に励んできた。〔……〕自分の子ども八人を育てあげたあと、亡くなった息子に残された孤児を二人引き取って育てた〔……〕。それから、長男の八人の子どもも、母親がいなかったので面倒を見た。さらに、麻痺にかかった娘の二人の子ども、兵隊になった三男の息子も引き取って育てた」。ついにアカデミーはこの「聖なる女性」の行為をたたえ、二〇〇〇フランの賞金を与えることを決めた（Françcais s.d.（vers 1910）: 153–155）。

今度は盲目の炭坑夫の話である。「アルデンヌの採掘工、シプリアン・ラルギリエールは、炭鉱の爆発事故で一八七五年に視力を失った。八か月は、ベッドにはりつけだった。眼球は飛び抜け、眼窩は二つのくぼみがぽっかりと開き、世にも恐ろしい形相になった。立つこともままならず、体の自由もきかず、激痛が何日も続いたが、ラルギエールは施しを求めるどころか、自分を立て直し、家族を養っていく決心をした。彼は、炭鉱の奥深くに入って仕事を再開する。〔……〕その仕事ぶりは、目の見える労働者よりも出来がよいと上司たちは口をそろえている。〔……〕視察に来た技師たちも、この尋常ならざる事実に心を動かされたと述べている」（Ibid.: 8–9）。

この二つの例に見られるような「英雄的行為」は、最低限の道徳の遵守を大きく上回るもので、このような規範的な美徳に対して頭が下がる思いがする人は少なくないだろう。だが、こうした行為そのものと、教科書がそれをフランス人にふさわしい道徳の実例として示すことは、本来は別のことであるはずだ。実地に生きられるライシテの道徳は、多くの場合、具体的な生活に根差し、大いなる単純さをもって守られる。だが、それを利用し、管理しようと待ち受けているものがある。すると今度は、周りからの評価をまったく度外視して純粋な道徳的行為を考えることが困難になってしまう。つまるところ、個人の美徳と国家の道徳は混ざり合ってしまって、もはや両者を明確に区別することはほとんど不可能である。

### ◇科学と理性、教育方法

ライシテの道徳の人間（中心）主義的な側面については、これまですでに述べてきたが、以下では特に科学的・合理的な特質に注目し、別の角度から光を当ててみたい。これは、子どもに対する大人の態度、教育方法の問題にもかかわっている。

第三共和政の初等教育は、「自然科学、物理化学、数学の基礎」を重視している。一見、これは知育の問題で、道徳教育とは関係ないと思われるかもしれない。だがこれは、人間の自発的な科学的思考に価値を置くもので、道徳的な要素を含んでいる。「ものによる教育」（実物教育）とは、子どもに科学的知識を鵜呑みにさせるものではなく、観察と考察の習慣をつけさせるものである（Gaulupeau 1992: 94）。

キリスト教の道徳は、「賢くなればそれだけ痛みも増える」など、しばしば「科学の虚しさ」を強調している。「人間の上にあるものを見つけようとしたり、人間の力を超えるものに足を踏み入れたりしないこと。いつでも神が命じられたことを深く考え、神が作られたものを興味本位で詮索しないこと。これらは秘密であって、人間が自分の目で見る必要のないものなのである」（Mésenguy s.d. : 469, 493）。

それでも、すでにキリスト教の道徳においても、人間は神の創造物のなかでは特権的な存在であり、理性と知性を兼ね備えている。この意味で、宗教から科学が生まれてくるのは、必然とも言える。そして科学は、キリスト教の普遍主義的な志向を受け継いでいる。「人間は科学によって、自然が限界づけていたと思われていた狭い境界から足を踏み出した」。こうして「世界全体」が科学の「祖国」となった（dictée à l'école de Boussières-sur-

Sambre 1864, ADN J 1367–192)。科学には道徳的な効用もある。科学は「地上に幸福を広め、狂気への歯止めとなった」(Cahier d'A. Laurent 1909)。

ただし、このような科学は拡張主義的で、植民地主義の問題にもつながってくる。ある生徒のノートでは、「フランス人がこの半世紀で達成した事績」と「ローマ人の七世紀にわたる占領の結果」が、かなり素朴に比較され、前者に軍配があげられている。それは、フランス人が「古代人には欠けていた科学の力」を手にしているからだというのである (Cahier d'A. Grandordy vers 1914)。

また、当時の科学は楽観的な人間観・世界観を持っている。それまで神にとっておかれた信仰は、科学の進歩と人間の可能性へと向けられる。そして、科学的知識を持ち合理的であることは道徳的に善だとされる。「科学は人間に必要である。人間に守るべき義務があるなら、科学を知ることが重要である。〔……〕無知にはよいところがまるでなく、すべてを台無しにする。〔……〕人間に教養を与えず、無知のままに放っておけば、義務に対しても無関心となる。臆病で迷信深くなり、おそらく残酷になる。善を教えなければ、きっと悪をなすようになる」(Cahier de Marguerite Lamblin s.d.)。したがって、子どもの理性に訴えて、科学的な知識を身につけさせ、合理的な判断ができるようにしなければならない。

ところで、子どもを理性的な存在と見なすようになったのは、比較的新しいことである。キリスト教の道徳は、むしろ子どもを叱りとばして、悪に染まらないようにすることを勧めている。「狂気は子どもの心に巣食っている。けれども鞭と罰で〔追い出すことができるだろう〕。子どもは鞭で叩いても死にはしない。叩いて叩いて、子どもの魂を地獄から救い出すのだ」(Mésenguy s.d. : 462)。このような子ども観は次第に変化し、子どもはもともと善良で、その権利と意志を尊重しなければならないと考えられるようになってくる。「親は、できるだけ子どもを叩かないようにするべきだ。まずは子どもたちの良心に訴えること」(Laloi s.d.: 88)。

このような子ども観の変化は、教育方法の変化にもかかわっている。新たな教育は、抽象的な知識の詰め込みではなく、子どもが自分の力で考えることを狙っている。これに対し、キリスト教の教育は子どもたちの記憶力に頼っていた。カトリックの教義は、理性を排除はしなかったが、あくまで補助的な役割しか与えなかった。考え疑うことではなく、とにかく信じることが重要であった。子どもが内容を全部理解しているかどうかは問題ではなかった。公教要理に代表されるように、問いに対する答えははじめから決まっていた。次のような具合である。


(問い) 信者とは誰のことか。

(答え) 真の宗教を奉じる者なり。

(問い) 真の宗教とは何か。

(答え) 神自身が教えを示された宗教なり。

(問い) 真の宗教のしるしは何か。

(答え) 使徒伝来の聖なるカトリックがそれなり。(Fleury 1833: 80)


しかも、これらの答えは丸暗記すべきものであったから、机の上には本も紙も置かれていなかった (Zind 1971: 76)。宗教的な道徳の授業は、特別な祈りを唱えることからはじまり、讃美歌を歌う。そして、前の日の公教要理の内容を繰り返させてから、新たな内容を学ぶ。授業を締めくくるのもまた祈りである。

第三共和政の公立校における道徳の授業は、これとは大きく異なっている。教師は生徒に道徳の教科書を読ませ、黒板に書いた格言や道徳的な要素を含んだ文章をノートに書き取らせながら、内容を生徒たちの日常生活に引きつけて説明する。公教要理がもっぱら口頭による教育の枠にあるとすれば、ライシテの道徳は読み書きを重視する。


（問い一）自律とは何か。いかに自律を獲得することができるか。

（問い二）自律精神と反抗精神はしばしば混同される。違いを説明せよ。

（答え一）自律とは、自分と似た存在に対して自由であることである。自律するには、賢く、勇敢で、勤勉で、正直でなければならない。

（答え二）自律した人は不正に対して立ち上がるが、反抗精神はすべてに反抗する。正義か不公正かの違いである。

(Cahier d'Albert Buche 1910)


ここには、生徒が内容をよく理解できるようにする配慮が窺える。質問に対する答えは、暗記されるべきものではなく、行動指針の提示である。生徒は質問と答えをノートに丁寧に書きつけながら、意味をよく考えるだろう。価値はそのようにして内面化されるだろう（おそらくは口先だけの返答ができるようにする訓練よりも効果的に）。

本節では、ライシテの道徳のさまざまな特徴を明らかにすることに努めてきた。その結果、この道徳がかなり両義的なものであることが浮かびあがってきた。それは、カトリックからの独立を謳いながら、その名残を宿していた。普遍主義を志向しつつ、差別の論理を隠し持っていた。義務を遂行することで自由になる道を開くとともに、それを国家が利用する面が多分にあった。私たちはまた、ライシテの道徳を支える基本精神が、道徳の内容だけでなく、教育方法にも表われていることを確認した。その精神は、狭義の道徳の授業の枠組みを越えて、他の科目や学校文化にも見て取ることができる。以下では、学校文化全体を「生徒の道徳化を促す装置」ととらえ、それを宗教性の観点から検討したい。

## 三　道徳装置としての学校文化

第三共和政の公立小学校には、さまざまな道徳的な装置が仕掛けられ、子どもたちの生活を規律づけていた。これは宗教性と無縁ではない。規律＝訓練《ディシプリン》の目的とは、対象となる人間の行動を細かいところまで監視することにより、自分自身を律することのできる主体に変えていくことである。これは、宗教を機能主義的に考える宗教社会学者たちの宗教の定義と重なるところがある。それだけではない。ミシェル・フーコーによれば、規律とは政治権力の企てであり、「細部の政治的解剖学」もしくは「政治の原子物理学」である。そして、この細部へのこだわりのルーツは、おそらく宗教の禁欲主義にある。「あらゆる細部が重要だ。なぜなら、神の目から見て、細部よりも巨大なものは何もないからだ」。この綿密さは、近代社会では軍隊や病院、工場、そして学校に取り入れられる。そこでは、「微小と無限の神秘の解析に、経済的ないし技術的な合理性」が与えられつつ、内容は「脱宗教化《ライシゼ》」される（Foucault 1975: 142＝一九七七・一四六）。

では、第三共和政の公立小学校に通っていた子どもたちの行動は、どのように「監視」されていたのだろうか。この問いに答えるために、まずは道徳化の観念がどのように発達してきたのかを、教授法や学校空間の変化と絡めながら論じよう。それと同時に、生徒たちの日常生活の様子も示したい。次いで、生徒たちの能力や道徳的な行ないを評価するためにどのような体系が整備されていたのかを明らかにしよう。

## ◇教育方法と学校空間の発達

知識を伝達するにはどのようなやり方があるのか。一九世紀のフランスでは、三つのやり方が順に現われた。個人教授法、相互教授法、同時教授法である（Giolitto 1983: 17–23）。

個人教授法（図12(1)参照）は、アンシャン・レジームの「小さな学校」（プティット・ゼコール）以来のもので、年齢も学力も異なる子どもたちが、十分な採光もままならない薄暗い大きな部屋に集められ、順々に教師のもとで読み・書き・計算などを習う。残りの待ち時間は自習する。ところで、ベンチさえ整然と並べられていない薄暗い部屋では、いくつもの「死角」ができ、自習中の生徒たちが遊びに興じることも珍しくない。その場合、教師は個人教授をいったん中断し、遊んでいる生徒を鞭やへらで叩きにやってくる。知育の面でも徳育の面でも明らかに非効率的だが、それでも当時はこのやり方しかなかった。小学校は義務ではなく（多くの家庭にとって子どもは安価で貴重な労働力だった）、通学日数に応じて生徒の学力はまちまちで、教師は個々のケースに対応するほかなかったからだ。

個人教授法は、性道徳の観点から批判されることもあった。「倒錯」した教師が、子どもに性的ないたずらをすることもあったようだ。一八六二年、リールの修道会系の学校で教えていた修練士は、七歳の児童を授業中自分のもとに呼び寄せ、「書き物を読ませているあいだに、キスし、ズボンのなかに手を入れ、おちんちんをいじりまわした」かどで、四年の禁固刑を受けている（Caron 1999: 239）。

個人教授法の欠点は、一八二〇年代ごろから指摘されていた。一八三七年一一月の政令は、「個人教授法がまだ用いられている場所では、速やかに同時教授法へと切り替えること」と定めている（ADN J1367–185）。それでも、個人教授法が用いられなくなるのは、フェリー法が施行されてからのことである。

同時教授法について説明する前に、相互教授法（図12(2)参照）のことを紹介しておく必要がある。これは、王政復古期の一八一五年から一八三〇年に一定の広がりを見せた教授法で、教師はすべての子どもを順々に教える代わりに、何人かの優秀な生徒を「モニター」として教育内容を吹き込み、この選び出された生徒が残りの生徒に知識を伝えた（ただし、モニターに選ばれた生徒は、教えるべき内容を自分で自由に説明できたわけでなく、教師から教わったことをそのまま繰り返すだけだった）。こうした生徒のあいだの相互教育により、教師の側も生徒の側も無駄な時間が減り、またひとりの教師で非常に多くの子どもたちの面倒を見ることが可能になった。ここには、相対評価による生徒の序列化や監視体制の整備など、教育の合理化と効率化を見て取ることができる。それは教室の空間的構成にも表われていて、教室の前には高い教壇が設けられ、ベンチは整然と並べられた。これによって、教室空間の透明度は増し、授業中の生徒の振る舞いがよく見えるようになった。

同時教授法（図12(3)(4)参照）は、私たちが経験上おそらく最もよく知っているものである。教師は教壇に立ち、同時に四、五〇人の生徒を相手に授業を行なう。この教授法を用いるためには、生徒のレベルがほぼ同じである必要がある。この条件は、フェリー法によって教育が義務になったことにより満たされた（同時教授法自体は一八三〇年代より用いられていたが、しばしば相互教授法と組み合わされていた）。

同時教授法の主眼は、少数の生徒がその知的能力を開花させることより、生徒全員が一定の知識を獲得することに置かれている。これは初等教育の目的に適っている。それでもこの方向性は、個々の生徒が自分の能力を伸ばすことと矛盾しない。読み書き重視の教育は、自分の頭で考えることを生徒に要求するからだ。子どもたちは

の歴史的展開

（5）公教要理の個人教授法

教授法の歴史的展開がわかるよう，5枚の絵や写真を並べてみた。

（1）の「個人教授法」では，教師は生徒を一人一人自分のもとに呼び寄せ，順番に教えていく。そのあいだ，残りの生徒はもっぱら自習。騒がしくしたり「悪さ」をすると，教師の注意はそちらに向かうことになる。教師が手に持っているのは，子どもを叩く道具。教室空間が，採光・換気のよくない乱雑な部屋であることにも注目。

（2）の「相互教授法」に特徴的なのは，「優秀」な「モニター」役の生徒がいること。この図では，生徒に文字を書かせる役と授業の進行役とがおり，教師が全体を見渡している。生徒は概してまじめで，「監視」が行き届いていることがわかる。

（3）の「同時教授法」は，私たちにとっても，お馴染みのものだろう。これは，19世紀末のある公立小学校での授業風景。男女別であること，（1）に比べ教室空間が広々としていること，掛図のある壁などに注目。この写真では，教師が生徒の後ろに回っている。「後ろから先生に見られている」という意識で「ものを書く」ことは，道徳の内面化に「効果」を発揮するだろう。

「同時教授法」のもうひとつの例として（4）も紹介しておこう。今紹介した写真と同時期に撮影された，女子クラスの授業風景である。当時，裁縫は女子の「たしなみ」であった。写真からは，教師が教室を歩き回るなか，規律正しく静かに手を動かす生徒の様子が伝わってくる。

なお，共和国の学校における教授法の特徴は，公教要理（カテキスム）との比較において明らかになるだろう。（5）に見られるように，司祭は「個人教授法」によって，子どもに公教要理の問答を丸暗記させていた。

総じて言えば，教育効果を上げるための監視がより効率的になっており，体罰は縮小傾向にある。口頭重視から筆記重視の教授法へという流れも窺うことができる。

同じ内容の教育を受けることで、画一性に染めあげられながらも、自分の個性を見出していく。

同時教授法は、監視効率の面でも優れている。四、五〇人の生徒が相手であれば、教壇から一度に見渡すことができる。ベンチは一定の間隔を空けて整然と並んでおり、生徒たちは、おいそれとお喋りに興じるわけにはいかない。教師は教室内を歩き回ることもでき、生徒の様子を後ろから監視することもできる。背後から先生に見られていると意識する子どもたちは、いっそう規範を内面化しやすい状態にあると言える。さらに言えば、ひとつのクラスに四、五〇人という人数制限は、監視上のみならず、衛生上の問題にも対応している。教室空間を健康的かつ快適に保つことも、道徳の一要素をなしている。

図12　教授法

(1) 個人教授法

(2) 相互教授法

(3) 同時教授法

(4) 同時教授法，女子クラス

教授法の発達にともない、学校も増設された。第二帝政下の市町村議会は、学校建設に予算を割くことをしばしばためらい、教室は薄暗く換気の悪い状態に放置されがちであった。一八七八年に学校建設のための基金が設立されると、学校は新築・改築ラッシュを迎えた。豊かな装飾を凝らした校舎は「宮殿」や「城館」と呼ばれ、カトリックの妬みや批判の的となった(Gimard 1997: 22)。

学校はまさに規律に適した場所であった。教授法の変化にともない教室の空間構成が変わったことについてはすでに触れたが、学校の空間的特質を道徳的規律の観点からもう少し掘り下げて論じておこう。まず、学校そのものが「閉じた空間」をなしていた。学校建設の規則を定めた一八八〇年の政令によれば、校舎は「うるさく、健康に

**図 13　セメリ＝ゾレ地区の学校（ノール県）の図面**

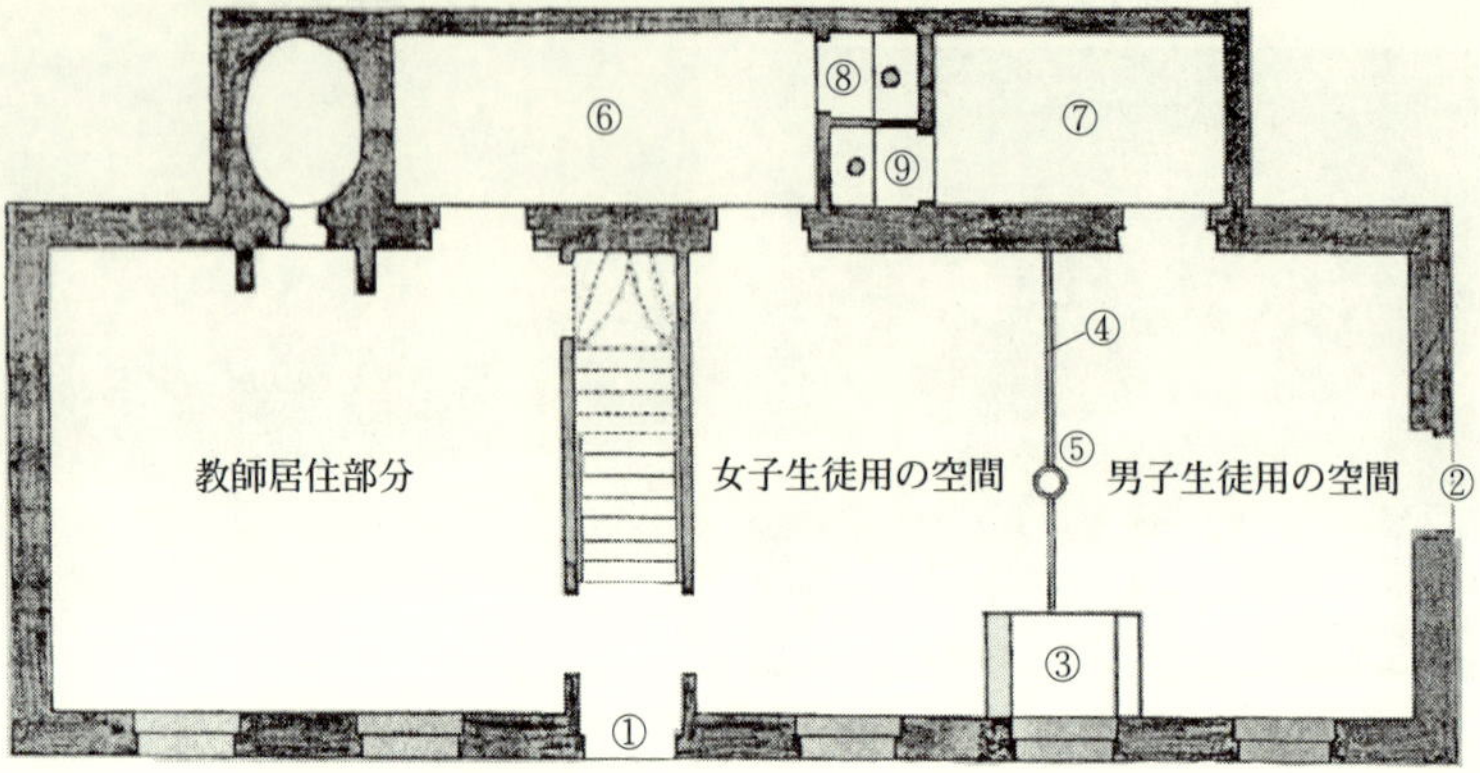


図面は，1880 年以前の共学の小学校（1 階部分）。男女を分ける仕切り壁があったことを示している。校庭も男女別だった。また，学校の一部が教師の住居だったこともわかる。

① 女子生徒の出入り口（教師の住居の出入り口も兼ねる）
② 男子生徒の出入り口
③ 教壇
④ 仕切り壁
⑤ 暖房（ストーブ）
⑥ 女子用の校庭
⑦ 男子用の校庭
⑧ 女子トイレ
⑨ 男子トイレ

悪く、危険な建物から離れた」場所に、「壁か柵」で仕切って建てられなければならない (Ministère de l'instruction publique et des beaux-arts 1883: 346, 358)。たしかにこの「仕切り」は、修道院のそれに比べればずっと緩やかなものだ。それでもジュール・フェリーは、小学校教師が「学校という平静な場所」に身を置いて、特別な雰囲気を作り出すよう勧めている（一八八一年四月一九日の演説）。外部から一定の独立性を保った空間を作り出すことは、教育を効率化し、生徒を独自の文化に染めることを容易にする。

「一定の距離」は、男女のあいだにも設けられた。道徳教育の内容が男女で異なることはすでに見たが、実は男女の接触自体に対しても、注意が向けられていた。第三共和政以前の共学校では、教室のなかに男女を分ける仕切り壁が設けられていた（**図13**参照）。

男女の児童を受け入れる学校では、男児と女児が一緒になって同じ活動をしてはならない。男女は、一メートル五〇センチ以上の高さの仕切り壁で分けられる。この仕切りがあっても、教師は教室の両方を見渡せるようにすること。登下校の時間を男女でずらし、一五分以上の間隔を空けること。（Règlement pour les écoles primaires publiques 1856, ADN 1T67–11）

この仕切り壁は、一八八〇年六月の政令によって撤廃されたが、それは仕切り壁が教室を暗くし、空気の循環を邪魔しているという衛生上の理由によるものであった。実際、共学校の男女は、教室内では相変わらず分かれて座っていた。男女のあいだは、八〇センチメートルの間隔を空けるものと決められている（Ministère de l'instruction publique et des beaux-arts 1883: 335）。校庭も、柵や生け垣などで男女別とされたし、男女が合同で体育の授業を受けることはなかった。それに、学校の建設ラッシュが進むと、共学校の割合は減少する。人口五〇〇人を超える市町村は、男子校と女子校を少なくとも一校ずつ備えるものとされた。

以上、学校の空間構成の大枠を提示してきた。以下では、第三共和政の公立小学校の典型的な教室に入り、生徒たちの日常生活を垣間見ながら、いかなる道徳的装置が張り巡らされていたのかを観察してみよう。

もはや中央に仕切り壁のない教室は、天井も高く、開放感のある空間である。毎日掃除され、長期休暇の際には白く塗り直されるなど、清潔に保たれている。窓も大きく、十分な採光が得られる。また窓の上部は、換気のため、開閉できるようになっている。窓は生徒の左側にあって、これは子どもに右手で字を書かせようとするものである。実際、左利きの生徒は右手で書くよう矯正された（Combes 2002: 119）。壁には、フランスの地図や人権宣言やメートル法の図表などがかかっている。戸棚には、試験管や動物の剝製、人体の模型など「ものによる

**図14　マリアンヌ像**

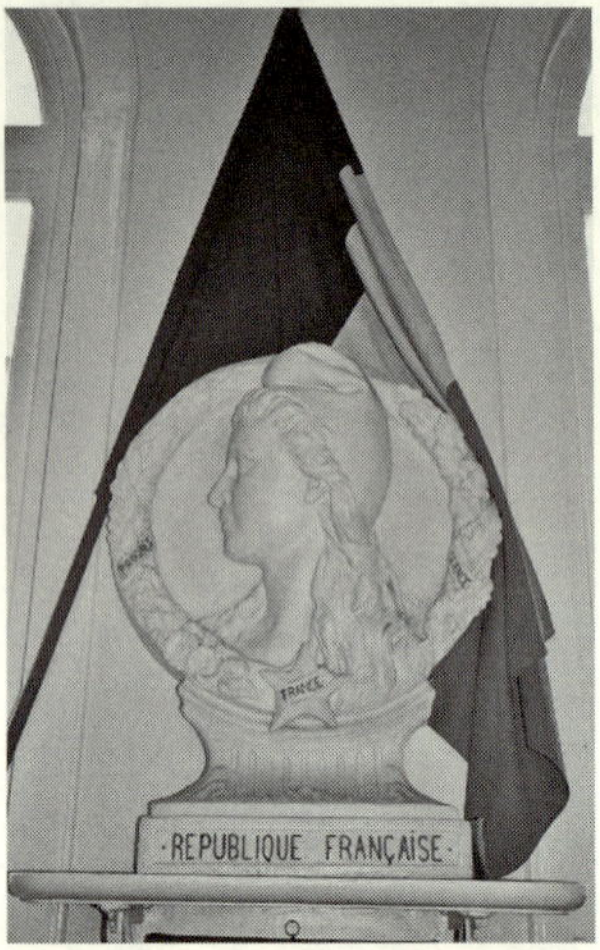


マリアンヌは，フランス革命と共和国を象徴する女性像。フリジア帽と呼ばれる帽子をかぶっている。マリアンヌ像は，キリストの磔刑像に代わって設置された。これは「カトリック」から「ライック」への移行を含意している。

教育」に必要なものが収められている。キリストの磔刑像はマリアンヌの胸像（図14）に置き換えられ、教室を高いところから見守っている。

子どもたちは、色の濃い上っ張りを着て学校にやってくる。汚れの目立たないこのスモックは、よく服を汚す子どもたちに着せるには便利である。小学生の制服とも言えるこの服は、平等と慎しやかさの美徳の象徴でもある。さらに、この服は後ろで止まるようになっていて、着るには人の助けが必要だった。子どもたちは早速「連帯」の精神を発揮して、道徳の義務を果たすのだった。生徒たちは教室に入ると、服装検査、身だしなみ検査を受けた。顔や手や歯や爪が汚れていれば、注意を受けた。

衛生の観念は、一九世紀を通じて少しずつ人びとの心性に浸透していった。小学校に入るには、予防接種を受けなければならなくなった。小学校は、衛生の観念を教えることを使命のひとつとした。

学校は普通、朝八時から午後四時までで、子どもたちは午前と午後それぞれ三時間の授業を受けた。すでに触れた通り、道徳の観念はあらゆる科目に浸透していた。フランス語で動詞の活用を習うにしても、しばしば道徳的な例文が選ばれている。「きみはペン先を拭うだろう。私は正直者であり続けるだろう〔単純未来〕。裁かれたくないなら、裁かないようにしよう。時間を有効に使え。やってごらん、たぶん成功する〔命令法〕」(Cahier de Flore Caulier 1887)。歴史は「心のなかに愛国主義を涵養するものでなければならない」(Lavisse 1882: 2; cf. Nora

1984a: 247–289)。地理は、フランスの国土に愛着を抱かせ、広大な植民地帝国の国民としての誇りを持たせるものであった。体育は、衛生と愛国主義の高揚に役立つものだった。歌の授業でも、道徳的な歌詞が口ずさまれることがあった（**図15**参照）。

よく学ぶ生徒は／喜んで勉強する／でも意気地のない子は／目に涙を浮かべる
さあ静かにしよう／遊びは終わりだ／わが友よ／先生がやってきた
時間を無駄にせず／席に座ろう（Augé s.d.（fin du XIXe siècle）: 73）

**図15　「授業が始まる」**

歌の内容もしばしば道徳的だった。
2, 静かに歩いて入っていこう／音を立てずに着席だ
過ぎ去る時間は上手に使おう／さあ張りきって勉強だ
（くりかえし）
3, 授業はしっかり受けなくちゃ／文字もきれいに書かなくちゃ
書き間違いのないノート／インクのしみのないノート
（くりかえし）
4, われらの務めを果たすこと／義務こそわれらの生きる道
思い出すのだ　わが国は／われらに希望を託している
（くりかえし）

算数にも道徳的な側面を窺うことができる。「お父さんは毎日四フラン五〇セント稼ぎます。一年間で二五〇フラン貯めたいと考えています。日曜日と八つの祝祭日は仕事を休みます。一日どれくらい使えますか」（Leyssenne et Cuir 1907: 7）。

これらの授業のあいだ、子どもたちはインクとペンでノートを取る。これは、単なる技術の問題で

**図16 「書き方」指南書**

師範学校・高等小学校・小学校で授業を受け持っていた著者による「書き方」の指南書。「正しく書く」ことは，公立小学校の教育到達目標のひとつであった。インクとペンでノートを綺麗にとることは，いわば身体技法の規律＝訓練（ディシプリン）をともなうもので，「道徳」の一環をなす。この本には、ノートをとるときの注意事項が記されている。大意は以下の通り。「まっすぐ自然体で坐ること。そして，左側を机のほうにやや近づけ，足も左右をやや前に出す。頭は傾げすぎないように。左手はしっかり机の上において紙を押さえ，右手は机の端に置き，肘の可動範囲を確保する。ペンは親指，人差し指，中指で支え，薬指と小指は軽く曲げて紙の上にそっと置く。親指の端が人差し指の第一関節の正面に来るように持ち，ペンの頭は少なくとも１センチは出しておく。柄は，つねに肩のほうを向いているように。子どもは右に傾けがちなので注意。ノートは机の上にまっすぐ置くが，やや左側に傾けてもよい」。

はなく、身体的・道徳的なしつけの要素をも含んでいた。背筋を正し、右手でペンを持ち、ノートにしみをつけないよう気をつけながら、丁寧に書かなければならない（図16参照）。とりわけ書き方の授業では、ひとつひとつの文字の大きさや傾き具合まで注意しなければならない。しかも書き写す文章は、道徳的な内容であることが多い。「善をなさなければならない。なぜならそれは善だから」(Cahier de Paul Marnot 1900)（図17参照）。「したがうことのできない者は、命令する者となるに値しない」(Cahier de Suzanne Corber 1899)。「熱心に励むこと。真面目に働く気持ちがあれば、何でも容易になるだろう」(Cahier de Flore Caulier 1888)。さらに、ペンには「ゴロワーズ」（「ガリア人の」を意味する）や「曹長」など、愛国主義的・軍国主義的な名前がついていた。

授業と授業の合間は、休み時間によって区切られていたが、この休み時間も道徳教育と無縁ではなかった。教師は、子どもたちの遊びがエスカレートしないよう目を光らせていた。ときには、教師が率先して子どもの遊戯を取り仕切った。「おつかいたくさん」は、子どもにしてみれば、ただ頭の上に物を載せてできるだけ早く動くという遊びだが、その真の目的は、子どもの姿勢の矯正にあった

(Ministère de l'instruction publique, 1910: 236)。

こうして「ライシテの学校の生徒の一日は、すっかり道徳的な雰囲気に浸かっていた」(Crubellier 1993: 85)。

### ◇懲罰と褒章、監視の体系

小学校の道徳が、善悪をはっきり区別していたことはすでに述べた。「よい生徒」は、清潔で、時間に正確で、勤勉で、熱心で注意深く、他人に対して優しく、礼儀正しい。「悪い生徒」は、学校を休みがちだったり遅刻してきたりして、熱意に欠け、授業中はお喋りをし、規則にしたがわない。「よい生徒」は褒められ、「悪い生徒」は罰せられた。

図17　ある生徒のノート

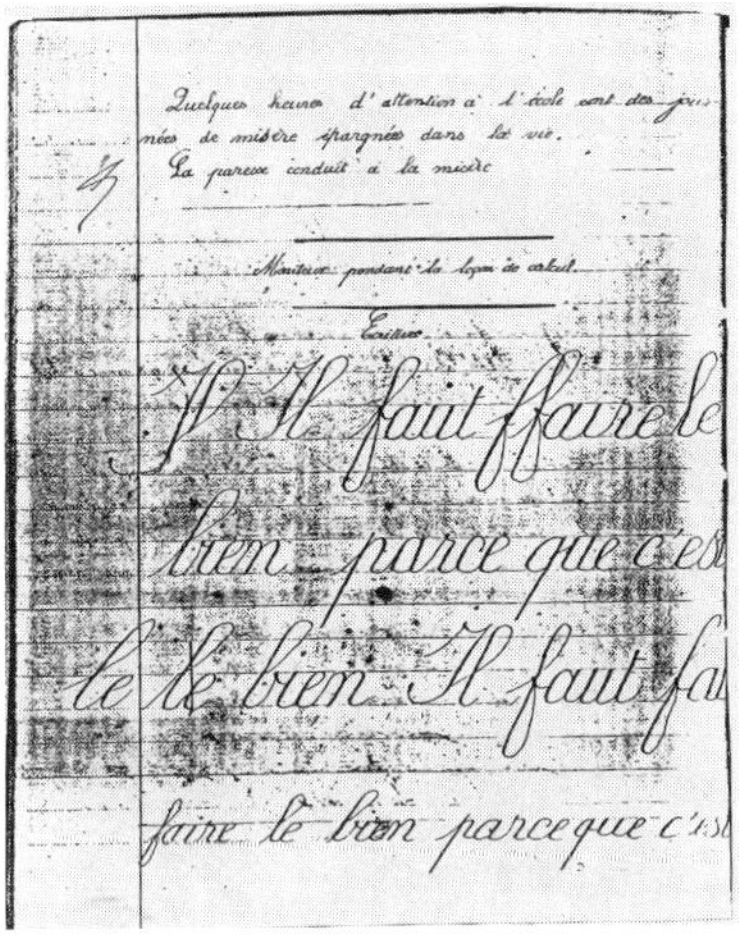


「書き方」の授業より。《Il faut faire le bien parce que c'est le bien》は，「善をなさなければならない，なぜならそれは善だから」の意。このように書くのだという，教師のチェックも入っている。

規則に外れた行ないは、すべて懲罰の対象となった。学校の秩序を乱すほどのひどい振る舞いは言うまでもなく、どんなに細かいことでも、それが教師の目に止まり、とがめるに値すると判断されれば、罰を受けた。この意味で、懲罰とは権力の具体的表現だと言えるかもしれない。

生徒はどのような罰を受けたのだろうか。カトリックの道徳では、子どもの肉体を痛めつける罰はタブーではなかった。これに対し、ライシテの道徳は、体罰よりも精神的な罰を勧奨している。視学官エミール・

**図 18　ロバの耳がついた帽子（ボネ・ダヌ）**

(1)

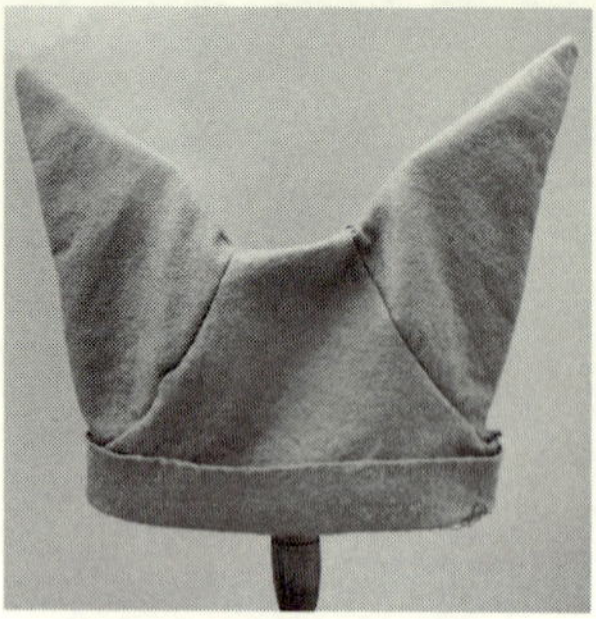

「悪いこと」をすると，この帽子を被らされ，周りの生徒から囃（はや）したてられた。フランス語の「ロバ」(âne) には，「馬鹿」「間抜け」の意味もある。

(2)

アントワーヌは述べている。懲罰は、「道徳を持たない生き物に対しては肉体的であるほかない」が、「道徳的本性を涵養し洗練することのできる」存在に対しては「純粋に精神的なものでありえる」。「自分の小さい頃を思い出すに、罰されたという思いが一番こたえた」(Anthoine 1887: 17)。

もちろん、共和国の学校で完全に体罰が廃されたわけではない。尻を叩いたり、腕を上げたままにさせたり、耳や髪の毛を引っ張ったり、定規でひっぱたいたり、平手打ちを食わせることもあった。だが、精神的な罰のほうが――その使用が正当なものと認められていたこともあり――気兼ねなく用いられた。悪いことをした生徒は、「うそつき」「おしゃべり」「なまけもの」などの語が書かれたパネルを首から下げたり、ロバの耳がついた帽子（ボネ・ダヌ）を被らされたりし、周りの生徒の揶揄の対象となった（**図18**参照）。ノートに何度も同じフレーズを書くという罰もあった。「ぼくは文法ができない」、「パパが望んでいるのは、ぼくが礼儀正しくあること」といった具合である。

罰というものは、第一義的には「悪行」をした生徒当人を対象としているが、当然これは他の生徒に対する見せしめでもある。みんなの前で罰が加えられれば、子どもは何が非道徳的な振る舞いなのかをいやでも知る。それは子どもの精神的発達にしたがって内面に植えつけられ、監視は外からだけでなく、内からも行なわれるようになるだろう。

「悪い」生徒を指弾し、規範に合わせるのが懲罰なら、「よい」生徒をほめあげ、他の生徒の模範にするのが褒章である。品行方正な生徒は、ポイント・カード（図19参照）をもらう（このカードに刻まれていた言葉もしばしば道徳的なものであった）。優秀な生徒の上着につけられる名誉の勲章（図20参照）は、他の生徒たちの羨望の的となり、子どもの親たちを喜ばせた。学年度の終わりには、賞品授与式（図21参照）が行なわれた。この式は、一八三〇年代頃から各地でぽつぽつと開催されていたが、第三共和政になると、全国規模の学校行事として、体裁が整えられた。この行事は、学校や町の広場で行われ、教師と生徒はもちろん、生徒の家族や地元の有力者たちが参加した。それは、しばしば大がかりなもので、いわばライシテ陣営の祭典のひとつであった。優秀な生徒には、教科書よりも豪華な装丁の本（図22参照）が送られた（内容はもちろん道徳的なものである）。

生徒は以上のような褒章と懲罰の体系のなかで、たえず監視され、その態度と振る舞いが善悪の判断にかけられていた。ところで、生徒を直接的に監視する立場にあった教師もまた、監視の体系に組み込まれ、視学官からその能力を問われていた。視学官は抜き打ちで授業の様子を見にやってくる。ある女の子は、視学官がやってきた日のことを作文としてノートに

**図19　ポイント・カード**

**図20　名誉の勲章**

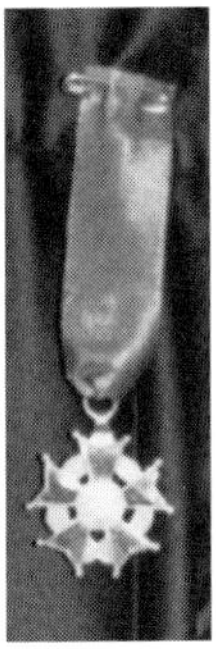

図22　賞品授与式で配られた豪華な装丁の本

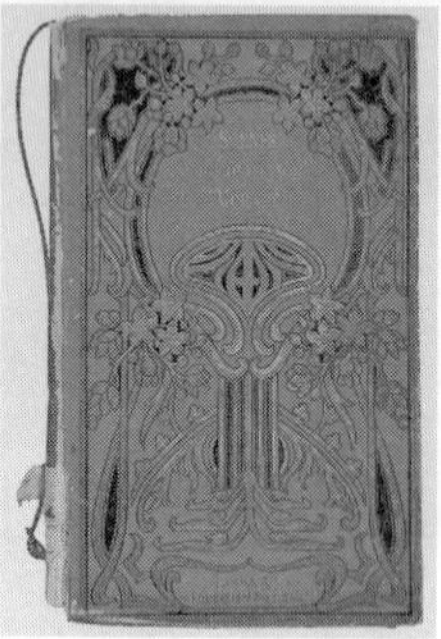

図21　賞品授与式

書いている。

今日は水曜日。午後一時。私たちは学校に戻りました。先生が氷についての授業をはじめたとき、視学官が学校にやってきました。先生は彼の前に行き、私たちは立ち上がりました。彼は私たちを座らせ、授業を続けるようにと先生に言いました。授業の前半、視学官は私たちのノートを見ました。それから、私たちにいくつか質問をして、きちんと授業を理解しているかを確認しました。私は全神経を集中して、できるかぎりうまく視学官の質問に答えました。

休み時間が終わると、視学官は前の歴史の時間で習ったことについて質問してきました。〔……〕視学官は、ルイ一四世についてどう思うかと言って、ご自分の考えを述べられました。ルイ一四世は、悪い王様だったに違いないとのことです。戦争で国を荒廃させ、プロテスタントの良心の自由を侵害したからです。それから視学者は、女の子も男の子と同じように国の歴史に興味を持たなければいけませんよと言いました。大きくなったら国を心から愛し、夫や子ども、親たちを励まして、彼らが国を守り愛するようにならなければいけません。私は、視学官のくださったアドバイスがとても気に入りました。それを実行に移したいと思います。(Cahier d'Anonyme 1904)

このように、視学官の訪問は、子どもたちの学習進度をチェックするためのものでもあるが、子どもたちに共和国の価値を再注入するための機会でもある。この女児は、教えられたことを素直に受け取るという模範的な反応を示している。彼女の意志は自発的に見えるが、それは巧妙に水路づけられている。このことから、監視の体系は、共和主義的価値の効率的な内面化に一役買っていると言ってよいだろう。

最後に、試験に言及しておこう。出来不出来によって生徒を選別するこの制度は、褒章と懲罰の観念を含むと同時に、監視システムの一環をなしていた。初等教育の最後には、初等教育修了証書の試験があった。これに通るには、表面的な従順さでは不十分で、規範を内面化しながらしっかり勉強しなければならなかった。試験の課題作文にも、道徳的見解を問うものが多く含まれていた。例を挙げよう。「フランクリンは「怠惰はさびに似ている。怠けて仕事をだめにするのはあっという間である」と述べている。この考えを発展させよ」。「次の格言を説明せよ。「助け合わなければならない。これは自然の法則である」。〔……〕〔そして〕子どもがこの法則を家庭や友人たちのあいだでどのように実践できるかを示せ」（Vaillant 1887: 81–84）。試験に通ることは、もちろん子どもや両親、教師の喜びであっただろうが、それは共和国の喜びでもあったろう。子どもたちは、いやでも権力の評価軸に沿って判断された。

たしかに、規律と監視の体系があまりにきっちり整っていて、子どもたちは権力の規定する規範から一歩も外に出ることができなかったと結論づけるのは行き過ぎだろう。それよりはむしろ、子どもの自然な活力は、巧妙にしつらえられた装置をある程度逃れていたと考えるべきであろう。それでも、子どもたちの日常生活を支配していた文化の構造の特徴をつかみ出すことの重要性はいささかも減じない。

このような生徒の道徳化を促す学校文化は、果たして宗教と呼べる代物なのだろうか。この問いに一〇〇パーセントの自信を持って然りと答えることは難しい。それでも子どもたちは、人生の基礎となる決定的な時期を、ここまで描き出してきたような学校文化の大きな影響のもとで過ごし、かなりの一貫性を有した包括的な価値観に馴染んでいった。だとすれば、学校文化には一切宗教性が見られないと断言することも難しいと言うべきだ。しかも、学校文化はそれだけで完結するものではなく、地域社会にも影響を与えていた。[10] つまり公立小学校は、包括的なライシテの要となる場であった。そこを支配していたライシテの道徳は、かなり明確な価値志向性を持ち、厚みのある実質的な内容と強制力を備えていた。旧来の宗教的道徳と質的に区別されることは疑いを入れないが、それはかつての道徳を完全に破棄するものというよりは、それを近代社会の論理に合わせて再編したものであった。そしてこの道徳は、当時のフランス人ほとんど全員を何らかの形で巻き込み、その思考と行動を規定していたと言っても過言ではない。

私たちの結論はこうである。キリスト教の道徳から共和国の道徳への移行は、非宗教性の勝利ではない。宗教性は残っているからだ――ただし変貌を遂げながら。ライシテの道徳は、宗教と完全に同義ではないが、それは巨大な体系をなしており、さまざまな観点からその宗教性を指摘することができる。

（1）第三共和政の小学校を「文化人類学的」に対象化し、その構造を批判的に分析した研究は、すでに一九六〇年代にはじまっている（とりわけ、Ozouf [1963] 1982; Ozouf éd 1967)。教科書の批判的分析としては、Mainguenau (1979) が文法の教科書と歴史教科書を用いながら、道徳的言説のイデオロギー性を暴いている（カトリック系の学校で用いられていた歴史教科書の分析については、Freyssinet-Dominjon 1969)。また、Déloye (1994) は、教科書を用いながらカトリックの教育と共和派の教育の違いを明らかにし、Jeury et Baltassat (2000) は、教科書からの豊富な引用によってライシテの道徳の多様な姿を描いている。当時の道徳教育を再構成するのに生徒たちの学習ノートに注目した研究としては、Baubérot（1997）がある。Bukiet et Mérou（2000）の本は、学術的な研究ではないが、児童のノートを通じて当時の学校生活が非常に道徳的に組織されていたことを再現している。

（２）『教育学雑誌』（*Revue pédagogique*, t.XIX, n°10, 1891: 335-336）のデータによれば、フランス全土における一八七八―七九年時点での小学校数は七万二八六〇、児童数は約四八七万である。同じ数字を一八八九―九〇年で見ると、学校は八万一八五七校を数え、児童数は五六〇万を超えている。この間、非宗教系の小学校の増加数は一万二〇〇〇を超え（内訳は、男子校が二万一七〇八から二万四三〇〇、女子校が一万一四七から一万六七七一、共学が一万五五〇九から一万八五五二）、一〇〇万以上の生徒数を新たに獲得している。これに対し、修道会系の公立校は五〇〇〇以上も減り（内訳は、男子校が二〇八四から五九五、女子校が九七七五から六五五一、共学が一一二五から六二〇）、五五万人以上の生徒を失っている。他方、修道会系の私教育について言えば、学校数は三七九〇増え（内訳は、男子校が八二七から二〇二五、女子校が六〇三〇から八五五八、共学が二一六から二五〇）、およそ四一万四〇〇〇人の子どもが新たに通うようになっている。

（３）一九〇一―〇二年における修道会系の学校（私立）の生徒数は、男子が四〇万一〇〇〇人、女子が八五万六〇〇〇人である。一九〇六―〇七年には、男子が五万人、女子が一三万八〇〇〇人である。修道会系の公立校はほとんど皆無となる（Prost 1968: 218）。

（４）もっとも、カトリックの影響力の強い地域においても、伝統的な慣習を大目に見る裏では、非宗教系の公立校の新たな建設が進行していた（Chanet 1996: 62）。

（５）ここではフランス本土に話を限定している。海外県や植民地における公教育の問題については、さしあたり Léon（1991）を参照。

（６）どの県でどの教科書が用いられていたかは、「公立校で使用されている教科書一覧」（AN F[17] 11652-11656）などから窺い知ることができる。ノートについては、どの県で用いられていたものかが判明しないケースも珍しくない。匿名のノートもあり、どの時期に用いられていたのかを正確に同定することが難しい場合もある。

(7)　宗教的道徳については、各教区で用いられていた公教要理集、修道会系の学校で用いられていた教科書などを参照した。たしかにフェリー法以前は、生徒が教科書を自分で持つということは少なかったため、生徒と教科書の関係は、フェリー法以後の公立校と同じではない。ただ、その点に注意したうえで教科書の内容を質的に比較することは十分に意義がある。

(8)　たとえばノール県では、一八七八年の受験者は男子一七九三人、女子一〇二三人だったが、一九〇八年にはそれぞれ七二七五人、五三六一人まで伸びている（Marchand 1984: 175, 188）。

(9)　フランス語教育の「成功」により、地域語はしばしば大きなダメージを受けた。特にベルギー国境のフラマン語は、バスク語やブルトン語の場合に比べて、大きく後退した。

(10)　本書のもととなったPh. D論文では、バタイヨン・スコレール（学童部隊＝軍事色の強いボーイ・スカウトのようなもの）、市民の祭典、師範学校などについても論じている。

## 第Ⅱ部の結論　ライシテの道徳はいかなる意味で宗教的か

ライシテの道徳は、一九世紀の宗教批判の文脈で発展を遂げ、第三共和政において確立され、おもに初等教育を通じて広められた。それは、宗教から区別され、独立したものである一方で、いくつかの宗教的側面を有していた。この道徳がいかなる意味で宗教的と言えるのかをまとめておこう。

まずは、連続性の観点から、ライシテの道徳は宗教的だと感受されうる。キリスト教の道徳とライシテの道徳とのあいだには、はっきりとした質的な違いが存在するが、それでも後者は前者から出てきたものであり、共通する道徳の内容も少なくない。

断絶のなかの連続性は、宗派と唯心論の区別がつくと、理解しやすいかもしれない。ライシテの道徳は、宗派的な教義とは手を切りながら、唯心論的な傾向を有していた。このことが、この道徳に宗教性を与えている。フェリー自身は不可知論者だったが、フェリー法によって導入された新たな道徳は「神への義務」を含んでいた。ビュイッソンは合理的なものと唯心論的なものを結びつけ、宗教的なライシテの道徳を唱えた。小学校教師が唯物論者や無神論者であることはほとんどなく、多くの場合は宗教的伝統にライシテに基づく新たな「信仰」が接木された（Ozouf et Ozouf 1992: 264）。

また、キリスト教の道徳とライシテに基づく道徳は、しばしば完全に両立可能だと見なされた。フェリーは二つの道徳を鋭く対立させるのではなく、それらが相互補完的であることを強調している。公立小学校に通う子ども多くは、公教要理を受けるために教会にも通っており、子どもの精神はいわばこの二つの道徳を源泉として形成された。二つの場所で教えられる道徳は、ほとんど同じだと感受されることさえあった。いずれにせよ、公私がきっぱりと分離されたために、何らかの宗教を信じることと共和国の価値にしたがうことは両立できるし、そうすべきであると考えられた。

もちろんこのような協調性だけでなく、二つのフランスの争いという現実も存在した。だがこの場合も、ライシテの道徳は宗教性と無縁ではない。実際、ライシテ陣営とカトリック陣営との争いにおいては、同じような手段と戦略が用いられた（新聞・雑誌を利用したキャンペーン、学外の青少年クラブへの勧誘など）。同じ戦いの土俵に立つことで、カトリックが政治的に、反教権主義的なライシテが宗教的に映るという効果が生じた。このような観点から、ライシテの道徳は宗教的だと感受されうる。

なお、こうした過激な反教権主義は、革命期のルソー＝ジャコバン主義やロベスピエール的な意味での「市民宗教」の論理に連なる。エミール・コンブの政策は、この系譜に位置づけることができる。

もっとも、「市民宗教」という言葉を、良心の自由を無視して市民に押しつけられる国家の教義という意味で用いるなら、もしくはアメリカのように、諸宗派に通底する道徳が明示的に宗教的な形で政治の領域に現われたものという意味で用いるなら、この概念とライシテの道徳を近づけることは難しい。ライシテの道徳は、良心の自由を尊重しているし、フランスとアメリカでは政教関係のモデルが異なっているからである。だが、この道徳を樹立した第三共和政の政治指導者たちが、当時「市民宗教」という言葉を意識的に避けていたことに注意すべきである。また、この道徳は、愛国主義的な教育や市民の祭典——それらは宗教的機能を持つ——とも結びついていた。このような観点に立てば、公立小学校で教えられていた道徳は、規律＝訓練《ディシプリン》を通して将来の市民を作り出すイデオロギー装置だったと言える。これまた宗教性とは無縁ではない。

当時の政治指導者たちが、どのように共和主義の伝統を解釈し、組織し直したのかと問うことも重要だ。ここでは、政治的正統性の調達と構築という次元で、宗教性の問題とかかわりあうことになる。フェリーは革命の遺産を受け継ぐ際、ジャコバン主義と手を切ろうとしている。記憶の選択によって、共和国の価値体系を再編し、正当化しているわけだ。政治的正統性という点では、一九〇五年の政教分離法が自由主義的であったことも、国家の信用を高めることに一役買っている。国家は、諸宗教を私的なものと規定することにより、宗教に対して優位な位置に立ち、それによって——ある意味で宗教的な——卓越性と正統性を獲得したのである。

したがって、ライシテを基盤とした一大システムが導入され、定着したことは、宗教的なものの再編にかかわっているのであって、宗教の排斥や消滅を意味するのではない。政治的正統性と結びついたライシテの道徳は、実質的な内容を備えた包括的なもので、それによって子どもたちは精神形成を遂げた。この包括性を踏まえるなら、二〇世紀初頭以降、共和国の道徳が左傾化し、唯心論的な傾向が弱くなっていったとしても、宗教性が減じたとは言えないはずだ。

共和国の道徳が、特殊な学校文化と結びついていたことについても一言しておきたい。文化とはこの場合、ある集団の成員がそれに沿って精神形成をするような観念と実践の体系である。規律＝訓練を通じた社会化は、機能主義の観点に立つ宗教社会学者たち（バーガーやルックマン）の宗教の定義に重なってくる。たしかに私たちは、学校文化そのものが宗教の条件を満たしていると断言する地点までは行っていない。ただ、この独自の文化

が一種の宗教のようなものとして受けとめられ、分析が加えられることには、それなりの理由があるのだという
ことは、はっきりと述べておきたい。

さらに、「他者」や「外部」との出会いが、ライシテの道徳の宗教的側面を照らし出している。フランス本土で学校のライシテが推進された時期は、植民地化が進められた時期でもあった。この拡張的な企てには、宣教師たちも参加していた。フランス本国が脱キリスト教化を遂げ、ライシテの国になりつつあった頃、逆説的にも、外国人の目には、フランスはカトリックの国として映るような構図になっていたのである。

最後に、ライシテの道徳は、世俗的な世界のただなかに「聖人」を産み出す可能性を持っていた。高次の道徳的生活を送る者は、「宗教的」な人物として尊敬された。ここにあるのは、近代的な地平における個人の宗教性である。もっともこの場合、個人の美徳は権力の説く規範的な道徳と混ざりあい、偽善に堕したり報われることを期待したりせずに道徳的であることは難しくなる。それでも、なかには自分固有の美徳を掘り下げ、真に宗教的な次元に達した者もいたことは否定できないだろう。

# 第Ⅲ部　宗教学の制度化と展開

## ――宗教学の「宗教」概念

宗教学は、ひとつの知の領域、学問的ディシプリン、科学の部門であって、それ自身歴史的な現象である。つまりそれは、ある時期（一九世紀後半）にある場所（西洋）で起こった。ある限定された状況のなかで生まれたということだ。そこには、かなりはっきりとした性格が表われているので、その最も目立った側面を見つけ出し、描き出すのがよいだろう。

ダニエル・デュビュイッソン

「科学と信仰」――両者は歴史のなかで争い、徹底的に対立したが、もしかしたらそこには根本的な調和もあるのかもしれない。

エミール・プーラ

当時の学者の研究の様子を観察すると、宗教という概念は、国民国家（ネーション）という概念と同じような構造をしていたことがわかる。一九世紀の歴史家は、さまざまな国の政治的な過去を国民国家の歴史として描いていた。それは彼らが自分たちの属している国民国家の発展に期待をかけていたからだ。〔……〕国民国家という概念は、過去の状況を指示するだけのものではなく、その現在における意味をも含んでいた。宗教という概念についても同じことが言える。〔……〕歴史的な概念である宗教が生まれ説得力を持つようになった文脈とは何かと言えば、それはこの近代化という現象なのである。

ハンス・ゲルハルト・キッペンベルク

ここまでの本書の議論を強引に一言でまとめるならば、私たちはライシテの道徳を宗教史および宗教学（histoire religieuse）のなかに位置づけてきたと言うことができる。実際、第Ⅰ部では、道徳の脱宗教化を一九世紀の宗教史（あるいは宗教批判史）の文脈で取り扱い、第Ⅱ部では、新しい道徳を宗教学の観点から分析した。次のように言うこともできよう。第Ⅰ部では、宗教批判の展開を思想史的にたどり、道徳と宗教研究の二つの領域の関係が一九世紀の半ばで大きく変化したことを明らかにした。第Ⅱ部では、道徳の領域に焦点を当てて、第三共和政の道徳教育を分析した。そこで第Ⅲ部では、宗教研究の領域を取りあげて、ルナン以降から世紀末までの流れを示したい。

ところで、第Ⅱ部で扱った道徳の領域と、これから論じる宗教研究の領域の関係は、ほぼ初等教育と高等教育の関係に対応している。ライシテの道徳は、公立小学校において伝統的な宗教的道徳に取って代わる野望を抱いていた。同じように、宗教学はカトリック神学を追い落とし、高等教育を脱宗教化しようとするものだ。共和派は初等・高等教育の両面で、カトリックのヘゲモニーを切り崩そうとしたと言うことができる。

第Ⅲ部の目的は、制度化された宗教学の基本的な特徴を明らかにすることにある。それは、一九世紀前半の宗教研究とどう異なっているのだろうか。カトリック神学との違いはどこにあるのだろうか。この問題に対して私たちは、第Ⅱ部で伝統的な宗教的道徳とライシテの道徳の断絶性と連続性の両方に注目したように、差異と類似の双方を考慮に入れる。すると、神学からの切断をはかったはずの宗教学が、なお神学的であるという逆説も見えてくるはずだ。そのような宗教学の宗教性とは何だろう。そのようなことも考えてみたい。

第7章では、おもに制度的な面に注目する。カトリック神学部を廃止し、高等研究院（ＥＰＨＥ）の第五部門として宗教学を設けたことが、ひとつの切断を示していることは確実だが、その反面、二つの機関が共有している前提のようなものも認められる。高等教育機関で研究される「宗教学」と初等教育で教えられる「神への義務」の関係も明らかにするつもりだ。

第8章では、一九世紀末の代表的な宗教学者の方法論を比較検討する。その際、彼らが宗教研究のなかで道徳――とりわけ同時代の道徳――をどのように位置づけたか（位置づけることができたか）を検討する。これにより、当時の宗教学者がライシテの道徳と宗教学の関係をどのように考えていたか、そして当時流通していた宗教概念にどれだけ批判的であったかが見えてくるはずだ。

# 第7章　宗教学の制度化

　フランスでは、一八三〇年代に宗教の科学的研究がひとつの活況を呈した。本書の第1章で見た通りである。新たな史料が発見され、文献学が発達し、珍しいものや異教的なものに対するロマン主義的な感性が高まる一方で、多様なものに秩序を与える歴史的な視点が導入された。そして七月王政という比較的自由な時代の雰囲気のなかで、宗教の科学が生まれた。

　ところが、フランスにおける宗教学の「制度化」は、一八八〇年代を待たなければならない。一八七九年にコレージュ・ド・フランスに「宗教史」(histoire des religions) 講座が新設され、翌年からアルベール・レヴィユが担当した。同じく一八七九年、ギメ美術館がリヨンにできた(1)。一八八〇年には、モーリス・ヴェルヌを編集長として『宗教史雑誌』(*Revue de l'histoire des religions*) が創刊された。そしてとりわけ、一八八六年にパリの高等研究院（ＥＰＨＥ）の第五部門として、「宗教学」(sciences religieuses) 部門ができた。

　一八三〇年代と一八八〇年代のあいだには、半世紀の隔たりがある。宗教の科学的研究が制度化されるのに、どうしてこれだけの時間がかかったのか。そこにはいかなる歴史的条件があるのか。実を言えば、私たちはこの問いに対する答えの鍵をすでに握っている。実際、本書の第Ⅰ部では、特にコントとルナンを比較しながら、一九世紀の半ばを境に宗教の科学的研究の意味が変わることを確認した。一九世紀後半の宗教の科学的研究は、「脱政治化」される一方、「文献学的手法」を必須のものとして要求するようになった。宗教学が制度化されるのも、この流れにおいてである。

本章では、制度化された宗教学の諸特徴を明らかにしたい。強調しておきたいのは、宗教学の制度化は、非常に「政治的」な意味を帯びているということだ。誤解を生まないようにすぐに言い添えておこう。というのも、私たちは宗教の科学的研究の「脱政治化」と言いながら、その「政治的」な意味を探ろうとしているからだ。だがこれは矛盾ではない。ここで「脱政治化」というのは、宗教の科学的研究が直接的に政治的な教説を提供するものではなくなったということだ。これが、一九世紀前半と後半の宗教研究の大きな違いである。とはいえ、宗教学を新たな学問分野として制度化することは、「政治的」な対立や騒動を引き起こさずにはおかない。この意味では、科学はいかに客観的であろうとしても、政治的に完全に中立というわけにはいかない（cf. Nicolet 1982: 309）。

本章の第一節では、宗教の科学的研究を指し示す言葉の問題を検討し、宗教学者たちが新たな学問の制度化に向けてどのような運動を展開したかを論じ、コレージュ・ド・フランスに「宗教史」講座が設立されるまでの様子を追う。

第二節では、高等研究院に宗教学部門が設立された経緯について論じ、この研究機関とカトリック神学部を比較しながら、両者の相違点と類似点を浮き彫りにする。

そして第三節では、宗教史を初等教育に導入しようとした宗教学者たちの試みを紹介し、ライシテの道徳と宗教学がいかなる関係にあったかについて考察する。

# 一　一九世紀後半における宗教の科学的研究

## ◇呼称の問題——宗教学（sciences religieuses）と宗教史（histoire des religions）

すでに示唆していることを改めて明示的に述べておく。コレージュ・ド・フランスの講座と一八八〇年創刊の宗教研究の雑誌は「宗教史」（histoire des religions）という言葉を用いているのに対し、高等研究院の第五部門は「宗教学」（sciences religieuses）部門と呼ばれている。(2) この違いは何なのか。この問いに完全に答えることは難しいが、それぞれの言葉の含意を一九世紀フランスの文脈に即して読み解いてみよう。

一、宗教学（sciences religieuses）。一九世紀のフランスを特徴づけていた共和派とカトリックの「二つのフランスの争い」という言葉に照らすと、「宗教的な科学」（science(s) religieuse(s)）という表現は、不遜の輩が挑発的に二つの語を結びつけたものという印象を与えるかもしれない。

ところが、この言葉をはじめて用いたのは、実は信仰者の側であった。もっとも、この場合の「科学」とは、いわゆる「近代科学」ではなく、「神学」——「神の科学」（science divine）——を指している。神学部や神学校には、「聖なる科学」（sciences sacrées）という科目があったが、「宗教の科学」（science(s) religieuse(s)）は、その同義語であった。(3)

なお、カトリックにはもうひとつの「科学的」な流れがある。七月王政期の自由主義的カトリックは、科学の発達に対応する動きを見せ、ラムネーの周囲には「カトリック科学」（science catholique）が形成された。ただし、これは新たな科学の地平において信仰を鍛え直そうとするもので、護教学の色合いが濃かった（Langlois et

Laplanche éd. 1992)。

一九世紀が進むにつれて、科学はますます教会の支配の及ばないところで発達を遂げていった。とりわけ、古生物学や先史時代についての研究が進み、ダーウィンの進化論が知られるようになると、科学と宗教の両立は困難になっていった。

これにともない「宗教の科学」の意味も変容する。「科学」という言葉に含まれる「神学」のニュアンスが次第に弱まっていくのである。象徴的な例を挙げよう。プロスペル・ルブラン神父は、一八五二年に「諸宗教の科学」(science des religions) という言葉を用いている。エミール・ビュルヌフは一八六四年に同じ言葉を用いているが、まったくルブランを参照していない。どういうことか。「科学」の意味あいがすっかり変わっているのだ。ルブランの「科学」はキリスト教の神をたたえるものであるのに対し、ビュルヌフの「科学」は観察された事実に基づくものである (Poulat 1987: 288–291)。

こうして宗教は、信仰の対象から、研究の対象へと移っていく。それまでの神学の領分に、批判的な方法が持ち込まれるようになったと言ってもよい。ルナンの例を想起しよう。

要するに、最初は「神学」(sciences sacrées) という言葉の単なる置き換えだった「宗教学」(sciences religieuses) は、「反神学」的になったのである。

なお、この転換を担った重要な一角に、自由主義的なプロテスタントたちがいる。ストラスブールの神学部教授フレデリック・リヒテンベルジェ（のちパリに移る）は、フランスのプロテスタント神学者の一部を集め、『宗教学百科事典』(*Encyclopédie des sciences religieuses*) を刊行している（全一三巻、一八七七―八二年）(4)。リヒテンベルジェは、「神学」(sciences théologiques) という言葉の代わりに「宗教学」(sciences religieuses) という言葉を用いることによって、「いわゆる神学よりも広範な」研究領域を開拓し、「聖職者身分以外」の人たちの関心を集めることができると述べている（Lichtenberger éd., t. 1, 1877: II）。

もうひとつ、高等研究院の第五部門が「宗教学」（sciences religieuses）と名づけられた理由が考えられる。それは、先行する他の部門が「物理科学」（sciences physiques）、「自然科学」（sciences naturelles）、「歴史学・文献学」（sciences historiques et philologiques）のように、複数形の「科学」に形容詞をつけていたことだ。複数形で語られる科学は、神学のような唯一の真理というより、さまざまなアプローチを想定させる。

二、宗教史（histoire des religions）。一九世紀は「歴史の世紀」と呼ばれ、宗教史は人類史の鍵を握っていると考えられた。東洋への関心がいっそう高まり、多くの宗教関連史料が西洋にもたらされるなかで、「歴史」は膨れあがった多様な知識に対し――多かれ少なかれ進歩の観点から――ひとつの統一性を与える役割を担った。

この点から言えば、コントの三段階の法則も、キネの人類の歴史も、ウジェーヌ・ビュルヌフの比較神話学も、ルナンのキリスト教の誕生の歴史も、互いに異なる内実であるにもかかわらず、みな「宗教史」という枠で括ることができる。ただし、世紀半ば以降は「思弁的な歴史哲学」と「文献学に基づく歴史」がかなりはっきりと区別され、科学の名に値する宗教史は後者のみとなっていった(5)。一九世紀後半の宗教研究者が自分たちの先達と仰いだのは、ウジェーヌ・ビュルヌフ、シルヴェストル・ド・サシといった文献学者・東洋語学者であって、クザンやコントではなかった。

一九世紀半ばの「宗教史」（histoire des religions）は、「文献学」や「比較神話学」を母胎として発展する。そうするなかで、やがて独自の学問――制度化にふさわしい学問――としての体裁を整えてくる。

大まかな経緯を提示しておこう。一九世紀前半のロマン主義者は、言語が宗教史・人類史の鍵を握っていると考えた（ドイツのシュレーゲル、フンボルト、シェリング、ヘルダーなどが有名だが、キネやミシュレと同世代のフランスのロマン主義者についてもある程度当てはまる）。自然によって与えられた言語は、神の啓示の跡を残しているると見なされ、神話と結びつけて解釈された。

ウジェーヌ・ビュルヌフは、文献学の立場から、ヴェーダの宗教とイランの宗教の類似点を見出した。彼の弟子のなかで、この比較の観点をもっと前面に押し出し、比較神話学をもとに宗教学を作りあげたのが、「宗教学の父」ことマックス・ミュラーである。ミュラーは、比較文献学は神の名づけ方の比較研究であり、比較神話学は人類の起源を明らかにすると考えた。フランスでは、ミシェル・ブレアルやアルフレッド・モリーが、文献学と比較神話学に依拠した宗教史研究を進めている。ほぼ第二帝政期に当たる時期のことである（Laplanche 1987）。

ところが、一八八〇年頃になると、言語と神話の比較によって宗教にアプローチするやり方が廃れてくる。それは第一に、言語学が言語そのものを扱う厳密な科学を志向し、宗教史とのつながりが切れてきたからである。第二に、宗教史家たちが基本語の比較よりも、ある時代の人間の宗教生活を再構成する方向に重心を移すようになったからである(6)。

それでもミュラーの評判が急落したわけではない。オランダのコルネリス・ペトルス・ティーレは、宗教の「二つの原始状態」（神が自然のなかに現われる「アーリア人の宗教」と神が歴史のなかに現われる「セム人の宗教」）というミュラーの説を、「諸宗教の発達の二つの異なる傾向」と読み替えている。こうしてティーレは、「自然宗教」の次に「道徳的な宗教」の段階が来ると主張する（Kippenberg 1999: 103–105＝二〇〇五・七六―七九）。ティーレの宗教進化論は、フランスの「宗教史」叙述にも大きな影響を与えることになる。

要するに、一八八〇年頃のフランスの宗教史研究には、二つの大きな流れがあった。ひとつは、ミュラー流の比較神話学から手を切り、ある限定された時代の人びとの宗教生活を再構成しようとするもの、もうひとつは、ティーレ流の宗教進化論によって、人類の宗教的発達をたどろうとするものである。前者の代表がモーリス・ヴェルヌ、後者の代表がアルベール・レヴィユである。

## ◇宗教学者のプロパガンダ

フランスで宗教学が独立した学問として確立されつつあったとき、当の宗教学者たちはどのような活動を展開していたのだろうか。この観点から、アルベール・レヴィユとモーリス・ヴェルヌの経歴と、制度化に向けてのキャンペーン活動を見ておこう。

アルベール・レヴィユは、一八二六年、プロテスタント牧師の家庭に生まれた。ジュネーヴやストラスブールに学び、聖書釈義のやり方を身につけた自由主義的プロテスタントで、福音主義には批判的な態度を示した。一八五一年にオランダのロッテルダムの牧師となり、そこで一八七三年まで過ごした。これは、フランス第二帝政期に亡命状態にあったことを示している。

この間レヴィユは、フランスの自由主義的プロテスタントと親交を結んだ。ドイツの聖書釈義に親しみ、批判的な歴史研究に目を開かれた彼は、自由主義的プロテスタントの機関誌『ストラスブール雑誌』に論文を寄稿し、エドモン・シェレルやティモテ・コラニを支援した。一八五八年にはルナンと知り合い、彼の勧めで『両世界評論』に論文を寄せ、宗教の科学的研究の必要性をフランスの読者に訴えている。一八六九年には、ビュイッソンがヌシャテルに作った自由主義教会を支持している。

またレヴィユは、アブラハム・クーネン、ジャン・ショルテン、ティーレなど、オランダの自由主義的な神学者たちと交わった。当時のオランダは、科学的宗教研究の最先進国のひとつであった。レヴィユは、フランスにおける「宗教学への独特の無関心」（Réville 1860: V）を嘆きつつ、オランダの研究成果を精力的に吸収した。ショルテンの本を数冊訳し、ティーレの『古代エジプトの宗教とセム族の比較史』の仏語版には序文を寄せている。

一八七三年にフランスに帰国したレヴィユが、再び聖職者の地位につくことはなかった。それはルナンのように、科学的な立場が信仰の維持を不可能にしたからではなく、「祖国に仕えたかった」からだという（Storne 1993: 413）。実際、フランスに「ナショナルな宗教学」を作ることが彼の長年の夢だった（Réville 1860: 375）。ところで、一八七〇年代のフランスは、政体こそ第三共和政であったが、「道徳的秩序」と呼ばれる反動の時期であり、科学的な研究活動は脅かされる危険があった。第二帝政期に亡命状態にあり、「権威体制の悲惨な結果」をよく知っている彼は、研究の自由を政治の自由と重ね合わせ、「政治的闘争」に乗り出していく（Marty 1912: 123–124）。ここでの「政治的闘争」とは、自由な研究の保障を求める戦いであって、宗教学者が政治家に転身したという意味ではない。別の言い方をすれば、レヴィユは「科学」も「政治」も自由に基づくべきだと主張したが、「科学的自由」と「政治的自由」を別々のものとして認識していた。

一八四五年生まれのモーリス・ヴェルヌもまた牧師の子で、モントーバンとストラスブールのプロテスタント神学部に学び、聖書を批判的に研究する手法を身につけた。この生い立ちと経歴は、レヴィユとかなり重なるように見えるが、ヴェルヌの批判的方法の適用はより先鋭的だった。そのため、普通は自由主義的プロテスタントと言われる者たち（ティモテ・コラニやエドゥアール・ルス）でさえ、ヴェルヌからは、福音書を扱う態度がなお「神学的」だと見なされた（おまけにルスはヴェルヌの指導教官であった）。ヴェルヌは、ガブリエル・モノー（『歴史学雑誌』を主宰したプロテスタント出身の歴史家）の厳密な歴史的手法を宗教に適用することで、宗教史を独立した学問にすることができると考えた。

ヴェルヌは一八六〇年代末から一八七〇年代にかけて、ドイツ、ベルギー、オランダ、イギリスを回り、いわば各国の宗教研究の最前線を視察しながら、文学部で宗教史を教えるべきだと主張した。[7] のちに見るように、これは共和派の有力議員ポール・ベールの見解とほぼ一致していた。ヴェルヌが訴えたのは、批判理論を宗教史に厳密に適用し従来の神学を実証科学として扱うこと、この研究の場をきちんと高等教育のなかに設けることの二点である（*Revue scientifique*, février 1879, repris dans Vernes 1880: 301–313）。[8]

ヴェルヌの主張は、エミール・リトレから好意的に迎えられた。リトレによれば、神学は実証科学ではないが、ヴェルヌの言う「実証神学」（théologie positive）であれば、実証科学の範疇に入るという。師であるコントの「実証宗教」を退けたリトレが、ヴェルヌの「実証神学」を支援しているのだから興味深い。リトレにしてみれば、コントの人類教は絶対主義への回帰であるのに対し、ヴェルヌの提案する新しい学問は十分に実証主義的であった。ここにも、「実証主義」の意味がコントと弟子の世代で変わっている様子が見て取れよう。ヴェルヌの第二の提案、すなわち高等教育機関における「実証神学」の研究の推進については、リトレは全面的に賛同している（*Philosophie positive*, mai-juin 1879）。

以上見てきたレヴィユとヴェルヌについて、共通点と違いを指摘しておこう。この作業は、制度化されたフランス宗教学の特徴を明らかにすることにもつながるだろう。

まず、レヴィユもヴェルヌも、自由主義的プロテスタントから出立して宗教史研究者となっている。両者とも、ドイツの聖書釈義を学べる場所であったストラスブールで一時期を過ごしている。そして、レヴィユはオランダに長期間滞在し、ヴェルヌはプロテスタント各国を回った。要するに彼らは、フランスは宗教研究の「後進国」

だという意識を持ちつつ、宗教史の方法を外国で学んだ。制度化されたフランスの宗教学はいわば「輸入もの」なのだ。さらに言えば、二人とも聖書の宗教に一番の興味を持ち、ドイツ語の研究を熱心に吸収しており、イギリス系の人類学的研究についてはやや関心が薄い(9)。

次に、これはフランスが宗教の科学的研究の後進国だと見なされていたことに関連するが、レヴィユもヴェルヌも、一九世紀前半に盛りあがりを見せたフランスの宗教研究は、科学的にほとんど見るべきものがないと感じていた。彼らは、シャトーブリアンやコンスタン(10)、コントやミシュレを参照しない。かろうじてレヴィユが、プロテスタント的な着想を得たキネの一般史を評価しているくらいのものである（Réville 1860: 367）。ヴェルヌにいたっては、一九世紀前半の宗教史研究はなかったも同然である。

それだけに、ルナンの存在は大きかった。レヴィユは後年ルナンを偲んで述べている。「外国の一都市に暮らす若き神学徒であった私は、フランスの宗教研究が貧しくて、祖国愛を満たすことができずに苦しんでいた。勉強するにはほとんどドイツ語の本しかなかった。〔……〕ある日私は何気なく『両世界評論』の頁をめくっていた。〔ルナンの書いた〕ある論文に目がとまった。最初の数行からぐいと引きこまれた」（*Revue de l'histoire des religions*, t. 26, 1892-2: 222）。

ところで、レヴィユとルナンの年はたった三つしか違わない。レヴィユは、一時期のルナンのように言語研究や比較神話学に凝ったりしないし、ミュラーよりもティーレに近いが、それでもルナンと同世代の人間である。これに対し、ヴェルヌはルナンよりも四半世紀近く若かった。ヴェルヌはルナンに負うものがあることを認めつつ、科学的検証に耐えない文学的歴史叙述のスタイルに手厳しい批判を加えている。ヴェルヌから見ると、レヴィユの宗教史も厳密な歴史的方法に忠実だとは言えなかった。

## ◇宗教史講座の設置――コレージュ・ド・フランス

共和派の有力議員ポール・ベールは、各大学に宗教史の講座を設置すべきだと考えていた。一八七九年、コレージュ・ド・フランスにケルト語の講座を新設する計画が持ちあがると、ベールはすかさずそれを宗教史の講座という案に書きかえた。

ベール案は下院は難なく通過したが、上院でエドゥアール・ド・ラブレーユの激しい反対にあう。コレージュ・ド・フランスには、すでにエジプトの宗教（マスペロ）、アッシリアの宗教（オッペル）、近東の宗教（ルナン）、インドの宗教（フコー）など、宗教研究のための講座がいくつも設けられている。これで十分ではないか。これらの講座では、個別的な宗教が忍耐強く専門的なやり方で研究されている。もしさまざまな宗教を扱う一般的な宗教史という講座を設けたら、それは科学の基準を満たすことが難しいのではないか。このようにラブレーユは、自分が科学に対して開かれていることをアピールしてみせる。だが彼が恐れていたのは、実は、宗教の一般史によってキリスト教にも科学のメスが入れられ、他宗教と同列に並べられてしまうことであった。「ある国で実践されている宗教の研究は、どうしても偏ってしまう」。フランスでは、キリスト教を科学的なやり方で研究することはできないというのである（Poulat 1987: 308）。

これに対し、ジュール・フェリーは、昔からコレージュ・ド・フランスは新興科学を支援してきたと答弁した。ドイツやオランダやイギリスを見れば、諸宗教の科学的研究が十分可能であることがわかる。この分野でフランスが他国に大きく後れを取るわけにはいかないのだ（DOJF III: 233, 237）。フェリーは、マックス・ミュラーやエミール・ビュルヌフの名を挙げ、宗教学者は宗教の破壊者ではなく宗教を尊重する人間だと述べている。宗教史講座は「戦争機械」ではない。政府が講座の担当者に任命するのは、「論争家」ではなく、信頼できる「科学者」だ（Ibid.：237, 241）。

フェリーは道徳を脱宗教化したことで有名だが、宗教史の制度化の面でも大きな役割を果たしていることがわかる。彼は、どちらにおいても同じような議論の組み立て方をしている。ここではプロテスタント諸国の例を参照しているが、フェリー法制定の際には、イギリスのフォスター法やベルギーのファン・ハンベック法を参考にしている。道徳を脱宗教化するときに、唯心論的な側面を組み込んだように、ここでは、宗教に価値を与えることのできる研究者の名前を挙げている。

フェリーの演説のあと、反対派は、宗教史講座は「あらゆる宗教に対する軽蔑」を生むと反論したが、結局上院は法案を可決した（賛成一四〇、反対一二〇）。そして、一八八〇年一月一〇日の政令により、正式にコレージュ・ド・フランスに宗教史講座が設置された。講座を担当することになったのは、アルベール・レヴィユである。この人選には、ルナンの後ろ盾もあったと言われている。それに、諸宗教を比較しながら一般史を描く企ては、あまりに厳格な史料の解析を要求するヴェルヌにとっては困難だったに違いない。

アルベール・レヴィユは、コレージュ・ド・フランスでどのような宗教史を講じたのだろうか。彼は、歴史のなかに見られる宗教の本質を探究すると言っている。なるほど、これは啓示宗教を信仰する態度とは異なる。だが彼は、最初から宗教とは何かを定義してしまう。それはおのずと本質主義的で心理学的なものになる。

宗教とは、人間の精神を神秘的な精神に結びつける場の感覚によって、人間の生活が規定されていることである。人間は、その神秘的な精神が世界と人間を支配していることを認め、その精神と一体だと感じることを好む。（Réville

1881: 34)

レヴィユはこの基準に沿って、人類の歴史のあらゆる段階にさまざまな宗教を見出す。一世代前の研究者であれば、セム系の宗教とアーリア系の宗教を互いに還元不可能と見なし、一神教のユダヤ教と多神教のエジプトの宗教のあいだに断絶を設けていた。レヴィユはティーレの影響を受けて、この二分化の前段階を想定している。「これらの宗教は〔……〕もともとつながっていたと言ったら、人は驚くであろう。〔……〕しかし、ユダヤ教自体が原初的事実であるとは到底言えない。それは何らかの結果としてもたらされたのであって、その諸要素はユダヤ教以前に求められなければならない」（Réville《Préface》in Tiele 1882: XIV）。

こうしてレヴィユは、唯一の宗教（定冠詞つきの宗教）から、（歴史上の）諸宗教が生まれ、発展すると考える。このような観点から、宗教は次の六つに分類される（Réville 1881: 126 sq.）。①擬人化された自然物に対する原初的崇拝、さまざまな動物崇拝を通した自然主義、②それに由来するアニミズムとフェティシズム、③自然を劇的に表象する神話、④律法に基づく多神教――中間形態、⑤贖罪の宗教としての仏教――ただし民衆宗教としては未開宗教に近い、⑥一神教――ユダヤ教（律法に基づく民族宗教）、イスラーム教（律法に基づく世界宗教）、キリスト教（贖罪の宗教かつ世界宗教）。

このようなレヴィユの分類に対し、モーリス・ヴェルヌは次のように反論している。まず、そこには原初的な宗教が想定されているが、この仮説は何ら史料に基づいておらず、検証不可能であるから科学的には疑問である。次に、この分類は宗教を政治的・社会的な文脈から切り離している。たとえば、この分類に沿うと、ヴェーダ教は民族神話であるから第三段階、バラモン教は律法の観念を持った多神教だから第四段階、仏教は第五段階となるが、インド固有の文脈がまったく無視されている。要するに、レヴィユの分類は哲学的で、十分に歴史的ではない（*Revue de l'histoire des religions*, t. 3, 1881–1: 359–367）。この批判は妥当だが、だからといってヴェルヌは、代案となる比較の方法を提起しているわけではない。史料に即した厳密な歴史研究が必要だと主張するだけで、自分自身は聖書の宗教の研究から一歩も外に出ていない。

これに対し、アルベール・レヴィユはコレージュ・ド・フランスの講座を担当することで、さまざまな宗教に関心を向けていく。一八八三年の『非文明人の宗教』では、「アフリカ人」、「両アメリカ大陸の原住民」、「オセアニア人」の宗教などが論じられている。また、タブー、トーテミズム、供犠などの民族学的な概念が扱われている（Réville 1883）。これは、エドワード・タイラーをはじめとするイギリスの民族学的研究の成果を、わかりやすく紹介したものと言ってよい(11)。一八八五年には『メキシコ、中央アメリカ、ペルーの宗教』、一八八九年には『中国の宗教』を出版している。これら三つの本は、先ほどの分類でいくと、第二、第三、第四段階の宗教にそれぞれ対応している。他にもレヴィユは、コレージュ・ド・フランスの講義で、インド、エジプト、アッシリア、ペルシア、ギリシア、ローマの宗教、それからユダヤ教、キリスト教の歴史（イエスの生涯から一六世紀の宗教改革まで）を扱っている。

レヴィユは宗教を進化論的に見ているので、人類の宗教史の展開は、人間の道徳性の発達と結びつけられる。彼は臆面もなく「非文明人」の宗教には道徳性がないと言う。アメリカ大陸の原住民の宗教において、道徳性は少しずつ浸透してくるが、やはり「宗教的原理が優勢である」。たしかに「道徳の要素」が認められるにしても、それは「意志的な愛」ではまったくない（Réville 1885: 394）。レヴィユの描く宗教史において、道徳の一大転機を画すのは、キリスト教にほかならない。このように、一九世紀後半における宗教の「一般史」は、きわめてキリスト教中心主義的な進化論の図式に支配されていた。

## 二　カトリック神学部と高等研究院第五部門

高等研究院の宗教学部門創設は、コレージュ・ド・フランスの「宗教史」講座にも増して、「二つのフランスの争い」を象徴的に示している。それはまさに、カトリック神学部の廃止にともなう措置だったからだ。これは、一八八〇年代の一連の脱宗教化の動きのなかで講じられた措置だが、一九世紀全般における高等教育と神学部の状況も踏まえておく必要がある。

### ◇一九世紀フランスにおける高等教育の一般的状況

そこでまず、ナポレオンのユニヴェルシテ体制において大学が果たしていた役割と、高等研究院設立の経緯について簡単に述べておこう。

大学の神学部はフランス革命期に一度廃止されたが、ナポレオンは一八〇六年五月一〇日の法律と一八〇八年三月一七日の政令によってそれを復活させた。こうして神学部は、法学部、医学部、文学部、理学部と並び、ナポレオンの「帝国ユニヴェルシテ」(Université impériale) のなかに位置を占めた(12)。

この「ユニヴェルシテ」は、今日の「大学」のイメージとはやや異なったものである。それは、教員が高度な研究を進めながら学生を教育・指導する機関というより、全国の教育機関をまとめあげる行政組織であった。

ナポレオンは、社会秩序を安定させるためには、このような中央集権的な組織が必要と考え、その観点からカトリックを重視した。実際、ナポレオンの政令は、「帝国ユニヴェルシテの学校はみな〔……〕カトリックの教えをその教育の基礎に据えること」（第三八条）と定めている。その一方、皇帝は同じ条文に、「神学部の教師はみな、一六八二年の勅令の定めるところにしたがうこと」と付け加えることを忘れなかった。これは、カトリック神学部がガリカニスム（フランス教会独立主義）の伝統に沿うべきことを定めたものだ。こうしてナポレオンは、教皇庁の権威から独立した聖職者の機関を作りあげた。このため教皇庁は、フランスのカトリック神学部を教会法に適った正規の機関とは認めなかった。このことは、神学部の教員たちの悩みの種であった。

ユニヴェルシテに聖職者を抱え込むことは、社会秩序の安定化には役立ったかもしれないが、近代科学の発展は阻害された。これは神学部のみの問題ではない。理学部や文学部の基本的役割は、バカロレア（大学入学資格試験）の受験者を審査し、学位を与えることにほぼ限定されていた。

ナポレオンは、近代科学が産業社会に必要であることを十分認識していたが、同時に科学的合理主義が社会秩序を脅かすことを恐れていた。そこで、社会の管理職を育成するグランド・ゼコールと大学の役割をきっぱりと分け、大学からは科学的探究の精神を取り除き、帝政イデオロギーを従順に受け入れる若者たちを育成しようとした（Tuilier 1994: 266）。このような構造的条件のため、大学は長いあいだ近代科学に対して門戸を閉ざしていた。

そうはいっても、一九世紀が進むにつれ、科学的研究の必要性はますます高まっていった。一八六〇年代の「自由帝政」期に公教育大臣を務めたヴィクトール・デュリュイは、こうして高等教育改革に着手する。ところがデュリュイは、ほどなくして、ユニヴェルシテの体質を改めることは、政治的にも構造的にも無理であることを理解し、大学の学部が新しい学問を受け入れることはできないと結論づける。

デュリュイの解決策は、大学とは別の高等教育・研究機関を創設することであった。こうして一八六八年七月三一日の政令により高等研究院が設立され、数学、物理学、自然科学、歴史学・文献学の四部門が作られた。[13] これら四つは、本来ならば理学部、文学部で教えられるべき科目であることに注意したい。なお、この時期の改革では、神学部の科目に科学的な方法を持ち込むところまでは進まなかった。

## ◇カトリック神学部の状況

一八〇八年のナポレオンの政令は、「神学部は大司教区の数だけ設けられる」（第八条）と定めている。けれども、一〇ある大司教区のうち、実際にカトリック神学部ができたのは六つだった（パリ、エクス、ボルドー、リヨン、ルーアン、トゥールーズ）。[14] カトリック神学部はいくつかの構造的問題を抱えていた。すでに述べたように、それはナポレオンの肝いりで作られたもので、教皇庁が認めたものではなかった。司教の関心は研究よりも聖職者集団の再編にあり、神学部の学生には知識や科学よりも従順な敬虔さが求められた。全体的に勢いに欠け、トゥールーズの神学部は自然消滅した。パリの神学部だけが一定の影響力を誇った。

カトリック神学部ではどのような教育が行なわれていたのだろうか。一八〇八年の政令によれば、神学部は「少なくとも三人の教授によって構成され」、「ひとりは教会史、もうひとりは教義、三人目は福音書の道徳を教える」ことになっていた（第八条、第九条）。一八一〇年以降、パリの神学部ではこれにヘブライ語、説教術、聖書の三つの講座が加わり、さらに一八三八年には教会法の講座が設けられた（Jacquin 1954）。一九世紀半ばのパリの神学部では、以下の科目が開講されていた（一八四八―四九年大学年度）。

一、聖書。概論、聖書釈義、聖書と関連する自然科学。
二、教義神学。A、教義神学一般。B、教義神学各論。実証神学、スコラ神学。C、宗教哲学。啓示宗教の原理を哲学的に説明する。
三、道徳神学。
四、儀礼・典礼論。聖書考古学を含む。
五、教会法。A、公法、B、私法。
六、教会史。
七、説教術、教父学。
八、東洋語。A、ヘブライ語、B、シリア語、C、カルデア語、D、アラビア語。(Neveu 1998: 211-212)

確認しておきたいのは、神学部で教えられていた科目が、近代科学を積極的に取り入れるものではなかったということだ（たしかに「聖書」の講座には「自然科学」の語が見えるが、これは自然科学に権威を与えるものではなかった）。一九世紀のカトリック神学部で見られた「最も目覚ましい教育上の革新」は、七月王政期にパリの大司教ドニ・アッフルが、ラテン語に代えてフランス語の使用を一般化させたことだ。とはいえ、神学部の教員たちは、一九世紀が自由と進歩の時代であることを完全に無視したわけではない。むしろ時代の風潮を踏まえたうえで、それに抗しながら信仰を守ろうとしている様子が窺える。

一八五三年から一八八四年までパリのカトリック神学部長を務めたアンリ・マレは、神学部存続のためにさまざまな努力をした。一方では、第二帝政期のネオ・ガリカニスムの路線に沿って、教皇の無謬性の教義に反対した。他方では、個人的にはこの教義に親しみを覚えると表明し、教皇ピウス九世から神学部を公式に認めてもらおうとした。マレは知的にはリベラルで、理性を重視しながらそれを信仰に結びつけるトマス主義の立場に立っていた。

マレは、一八六五年に執筆した報告書のなかで、カトリック神学部の構造上の問題点を指摘している。「司祭職に就くにあたって、いや高位聖職者になる場合でも、神学部を卒業している必要はないのである」。要するに、誰もわざわざ神学部で学んで学位を取得する必要がないのだ。学位取得者は、フランスのカトリック神学部全体で、年間平均わずか七、八人であった。パリの神学部には、正規の学生が二二人しかいないところへ、二〇〇名ほどの自由聴講生が詰めかけていた。おのずと教師たちの講義は、学位を必要としない多数派相手のものになってしまう。マレはこのような状況を前にして、もしローマから正式に認めてもらえば状況が打開できるかもしれないと期待を抱いている（Ibid.: 377–380）。

以上見てきたように、一九世紀のカトリック神学部は、比較的リベラルではあったが、十分に科学的とは言えなかった。それは聖職者を養成する機関でありながら、その機能をあまり果たしていなかった。ローマから正式に認められることのないまま、国家によって維持されていた。

当然、カトリック神学部の存在は次第に疑問視されていった。ポール・ベールは一八七九年、神学部の廃止を提案している。これに対してアンリ・マレは、ジュール・フェリーに手紙を書き、神学部こそがカトリック教会と近代社会の橋渡しをしているのだと訴えている。手紙が功を奏したのか、このとき神学部の予算は守られた。非認可修道会による教育を禁じる措置を講じようとしていた時期のフェリーが、カトリック神学部の存続を認めたことは、彼の敵は教権主義であってリベラルなカトリックではなかったことを示している。

とはいえ、カトリック神学部の苦しい状況には変わりがなかった。最後の希望は、ローマからの正式な認可であった。だが教皇庁は、ガリカニスムの色濃いフランスの神学部を最後まで認めなかった。象徴的なことに、マレの死がカトリック神学部の終焉に重なった。

### ◇カトリック神学部の廃止と高等研究院第五部門の創設

神学部廃止の試みは過去にも何度か見られたが（一八七六年、一八七九年、一八八一年）、一八八四年に新たに法案が提出された。報告者アントナン・デュボストは、カトリック神学部はまったく公益にかなっていないと述べている。

> 私の手元にある数字によれば、五つの〔カトリック神〕学部には全部で三七人の学生しか登録しておりません。パリの学部にひとり（左翼から皮肉の声）、エクスはゼロ、ボルドーにひとり、リヨンはゼロ、そしてなぜかルーアンに三五人おります。〔……〕これらの学部は実際に役に立っているのでありましょうか。少なくとも学位を発行しているのでしょうか。みなさん、これらの学部は一八〇八年の創設以来、年間平均で一〇の学位も出していないのです。
> (*Journal Officiel*, 15 décembre 1884, Chambre. Débats parlementaires: 2799)

このように「まったく役に立たない」学部に対し、毎年一六万二七〇〇フランの公的資金をつぎ込むのは「無駄遣い」以外の何物でもない。

これに対し、ソルボンヌで説教術を講じたこともあるアンジェの司教フレッペルは、神学は諸学の中心であり、これを廃止することは天体から太陽を取り除くようなものだと反論する。興味深いのは、彼が次のように訴えている点だ。「聖書釈義がドイツやイギリスの大学においてかくも大きな位置を占めているとき、どうしてフランスの高等教育においてそれを完全に無視することができるでしょうか」（Ibid.: 2800）。つまり、フランスのカトリック神学部においても、聖書釈義や文献学を取り入れた科学的な研究は可能だというのである。こうしてフレッペルは、精一杯リベラルな役回りを演じている。

だが、これで共和派を納得させることはできなかった。シャルル・ボイセは、フランスのカトリック教会が、教皇庁から認められていないカトリック神学部をしばしば扱いかねてきた点に注意を促す一方で、「神学部の教育は〔……〕近代社会の一般的な状況や物の見方とまったく食い違う」と述べている（Ibid.: 2802）。

こうして下院は、カトリック神学部への予算の廃止を決定した。上院では逆に予算の復活が決められたが、下院はそれを退けた。最終的に一八八五年三月二一日の法律により、カトリック神学部への予算が正式に廃止された(15)。

この経緯のなかで、それまでカトリック神学部につぎ込まれていた予算を、科学的な宗教研究のために用いることが検討された。アントナン・デュボストは、次のように述べている。「どのような観点から扱うにせよ、宗教が人類の歴史の重要な部分を構成していることは明らかである。そこで、歴史の手法を取り入れて、さまざまな宗教を比較と批判にかけ、それらのあいだのつながりと関係を明らかに〔すべきである〕」。そして、高等研究院に「宗教学部門」を設けるために、同院に対する予算を三万フラン増額するよう提案している（Toutain 1911: 9–10）。

フレッペルは応戦する。カトリック教育と同じような形で宗教を検討するというなら、何も神学部を廃する必要はなかったではないか。逆にカトリックに反するような研究が行なわれるなら、それは国家が宗教的中立性を侵害することを意味する（*Journal Officiel*, 30 juin 1885, Chambre. Débats parlementaires: 1255）。

公教育大臣ルネ・ゴブレは、高等研究院で行なわれるのは「教義についての論争」ではなく「テクストの検討」だと答弁している（Ibid.: 1256）。高等教育局長ルイ・リアールは、信仰者による護教論か、不信仰者による宗教破壊かという両極端の議論を避けるよう求めている。「歴史的・批判的方法を用いつつ、大いなる共感——これは知性に必要な補佐役である——を持って、宗教現象それ自体を検討することのできる優秀な者や真摯な学生たちを集めること」は可能である。

こうして、一八八六年一月三〇日の政令により、高等研究院に宗教学部門を設置することが決められた。

## ◇カトリック神学と宗教学のあいだ

制度化された宗教学は、どんな特徴を備えていたのだろうか。カトリック神学部と高等研究院第五部門のあいだには、いかなる断絶があるのか、もしくは一定の連続性が認められるのか。

まず、この制度改革が「二つのフランスの争い」の文脈で遂行されたことを確認しておこう。高等研究院の宗教学部門は、まさにパリのカトリック神学部があった場所に設けられた。つまり、一八八五年まで神学者の声が響いていたソルボンヌの教室で、宗教学者は講義を行なったのだ。[16]そしてソルボンヌの建物は、一八九〇年代に改装される。新旧の教室のコントラストは、いやがおうにも宗教学の勝利を告げるだろう。

別の観点から言えば、第五部門の創設は、一八八〇年代における教育の脱宗教化を完成するものであった。『ル・タン』紙によれば、神学部を廃止して宗教学部門を設けたことは、「宗教的思考に関する教育の世俗化」である。これによって、「小学校からはじまった進歩」はその「最終段階」を迎えた（*Le Temps*, 18 février 1886）。

一般的な指摘はこれくらいにとどめて、もっと具体的にカトリック神学部と高等研究院第五部門における研究・教育の相違点と類似点を検討していこう。パリの神学部では、次のような講義が行なわれていた（一八五七―五八大学年度）。

・教義神学。マレ神父（教授）。聖トマス・アクィナスの「神義論」を説明し、それを教父や教会の著述家、哲学者たちの神義論と比較する。
・道徳神学。ボタン神父（名誉教授）。古代の道徳法が、福音の法が加えられて完成したことを説明する。
・教会史。ラヴィジュリ神父（教授）。キリスト教の起源の歴史を講じる。
・教会法。イカール神父（市民法学士）、ジャクメ神父（講師）。とりわけフランスにおける「教会司法制度」を扱う。
・聖書。レニエ神父（講師）。聖書解釈の歴史について講じる。
・ヘブライ語。バルジェス神父（教授）。「詩編」と「小預言者」について説明する。
・説教術。フレッペル神父（講師）。最初の二世紀における教会のキリスト教雄弁術を学習する。とりわけ教父たちのテクストを参照する。（AN F[17] 13116）

一方、高等研究院の第五部門（一八八六年）における講座と担当教官は次の通りである(17)。

・インドの宗教。アベル・ベルゲーニュ（教授）。
・キリスト教の諸起源の歴史。エルネスト・アヴェ（教授）。
・キリスト教の教義の歴史。アルベール・レヴィユ（部門長、教授）。
・セムの宗教。モーリス・ヴェルヌ（助教授）。

・イスラーム教とアラビアの宗教。アルトウィッグ・ドゥランブール（助教授）。
・極東の宗教。レオン・ド・ロスニー（助教授）。
・キリスト教文学。オーギュスト・サバティエ（助教授）。
・キリスト教文学。ルイ・マスビオー（准教授）。
・エジプトの宗教。ウジェーヌ・ルフェビュール（准教授）。
・ギリシアとローマの宗教。アンドレ・ベルトロ（准教授）。
・教会法の歴史。アデマール・エスマイン（准教授）。
・キリスト教教会の歴史。ジャン・レヴィユ（事務局長、准教授）。

二つのリストの対照から、何が読み取れるだろうか[18]。

まず気づくのは、カトリック神学部ではすべての講座がキリスト教学の範疇に入るのに対し、第五部門では聖書の宗教以外の宗教も扱われていることだ。

ただし、カトリック神学部はキリスト教以外の宗教には見向きもしなかったと想像してはならない。たとえば、リヨンのカトリック神学部で教義神学を教えていた教授は、一八七五―七六大学年度の講義で、「科学の最近の成果」を取り入れながら、「カルデア、エジプト、インド、中国、ギリシア、北欧の神学体系」を「キリスト教の真理」と比較している（AN $F^{17}$ 13159)。

もうひとつ注意したいのは、高等研究院に宗教学部門が作られたことを受けて、カトリック側の「科学的研究の水準」も上がったことだ[19]。ジャン＝バティスト・ジョゲー神父の『カトリック科学』（一八八六年）、ゼフィラン・ペイソン神父の『宗教雑誌』（一八八九年）などの学術雑誌が相次いで刊行されている。カトリックの研究者がキリスト教以外の宗教を扱う手際は、宗教学者のそれと大差ない。なるほど、カトリックの研究者が科学の成果を取り入れる場合、その目的はキリスト教信仰の維持と刷新であった。だがそれは、宗教学者の一部にとっても似たようなことが言えるのではないか。

今述べたことに関連して、第五部門におけるユダヤ＝キリスト教関連の七つの講座は、五人のプロテスタントによって占められている（A・レヴィユ、ヴェルヌ、サバティエ、マスピオー、J・レヴィユ）[20]。彼らの宗教的信仰は、しばしば科学的研究に対する信仰と溶け合っている。フランスの宗教学がマイノリティの「プロテスタントの企て」ではないかと目されるのも故なしとしない（Cabanel 1994）。宗教学は「プロテスタント神学の嫡出子である」とは、サバティエの言葉である（cité dans Marty 1912: 55–56）。

ここで注意を促しておきたいのは、カトリック神学部が廃止されても、プロテスタント神学部は維持されたということだ。第5章で見たように、フェリーは自由主義的プロテスタントに好意を示し、パリのプロテスタント神学部で国家の支援を約束する演説を行なっている。一八八一年にポール・ベールがカトリックとプロテスタントの神学部をともに廃止するよう提案したとき、パリの神学部長リヒテンベルジェはプロテスタントがライシテの価値を受け入れていることを強調している。おそらく、共和派の目から見て、プロテスタント神学部で行なわれている教育と研究は十分科学的に映ったのだろう。パリとモントーバンの二つのプロテスタント神学部は、一九〇五年の政教分離法が制定されるまで、国家によって維持された。

また、一八八五年に消滅したのは国立のカトリック神学部であって、私教育の枠組みではパリ、リヨン、リール、アンジェ、トゥールーズに「カトリック学院」が設けられたことにも注意したい[21]。

神学的研究が続いていたということは、科学的な宗教研究はむしろマイノリティだったのではないかということを含意している。このことは、宗教学は近代フランス社会においてどれほどの影響力を発揮することができたのかという問いにつながる。

第五部門に登録するには、年齢も国籍も取得学位も関係がなかった。これはきわめてオープンな印象を与える。だが、実際には、ある程度の文献学的な知識と手法をあらかじめ身につけておかなければ、とても講義についていくことはできなかった。「教授は十分に準備ができてないと思われる者を排除することができる」との内規もあった（AN F$^{17}$ 13618）。かなり高度な専門性が要求されたと言える。たしかに第五部門に登録する者の数は年々増大していくが、それでも当時高等教育にまで進んだ者の数全体と比べれば、ごく少数である(22)。研究成果は、もっぱら専門家のあいだで共有され、一九世紀前半のような形で宗教研究が広く社会の関心を集めることは、ほとんどなくなった。

## 三　「神に対する義務」と「宗教学」

では、宗教学者たちは、自分たちの研究成果を専門家のあいだだけで共有することに満足していたのだろうか。いや、むしろ彼らは自分たちの研究成果を社会に還元することを望んでいた。小学校でも宗教についての基礎的な知識を教えたい、と考えていた。この事実は、ライシテの道徳と宗教学の関係を解き明かす手がかりになる。

### ◇聖史に代わる宗教史？

一八七九年、共和派が共和政の実権を握ると、モーリス・ヴェルヌは全教育階梯において宗教教育の場を設けるよう提言している。

一、宗教批判から得られた結果は、高等教育において大きな部位を占めるべきである。
二、宗教史の基本的事実（そこにはユダヤ教とキリスト教も含まれる）は、公立中等教育の歴史において取り扱われるべきである。
三、宗教史の基本的概念（特にユダヤ人の歴史）は、初等教育のプログラムの一部をなすべきである。（Vernes 1880: XIV–XV）

ヴェルヌは、初等教育で「宗教史」を教えるには、「聖史」（histoire sainte）の廃止によってできた空白の場所を利用すればよいと考えた。この提案は、とりわけ当時初等教育局長を務めていたフェルディナン・ビュイッソンに向けられたものだ。ビュイッソン自身、すでに一八六八年より聖史の科目の廃止を唱えていた。

ビュイッソンによれば、聖史は子どもたちの知性の発達にとっても、道徳意識の発達にとってもよくない。知性の発達という面から見ると、聖史は出来合いの知識を説明もなく叩き込むので、子どもの頭のなかは「幻想や空想」でいっぱいになる。その結果、子どもたちは「原因について何も知らず、規則に無頓着」となり、「観念を抱く代わりに恐怖を抱き、信じるだけで知性を身に着けることがない」。道徳意識の発達という面から見ると、聖史は「血なまぐさい殺戮」や「神権的な社会状態」を「神が望まれたこと」として教える。「神は不寛容を命じ、個人を社会に絶対的に従属させ、一夫多妻制や奴隷制を認め、そして研究や討議の自由、懐疑や議論の自由を一切禁止する」（Buisson 1869: 45）。そこでビュイッソンは、聖史（公教要理、祈りも同様）を公立小学校のプロ

グラムから削除すべきだと主張している。(23)

ビュイッソンは、聖史の代わりに「人類の歴史《ユマニテ》」の導入を提案した。これに対しヴェルヌは、聖史を「脱宗教化《ライシゼ》された聖史」にするよう求めている。高等教育における神学教育を宗教の科学的研究に変更することが可能なら、初等教育において聖史を脱宗教化することも可能なはずだとヴェルヌは考えた。

ヴェルヌの提案は、ガブリエル・モノーの『歴史学雑誌』、シャルル・ルヌーヴィエとフランソワ・ピヨンの『宗教批評』などの各誌から、好意的に迎え入れられた。ベルギーの宗教学者ウジェーヌ・ゴブレ＝ダルヴィエラも賛意を示した。だが、とりわけヴェルヌを支持したのは、ボルドー出身でベルギーの大ラビも務めたエリー＝アリスティッド・アストリュックであった（Vernes 1887: 187–213）。ヴェルヌがユダヤ人の歴史を重視していたからだろう。

どうしてヴェルヌは、宗教を公立小学校で教えるにあたって、ユダヤ人の歴史が重要だと考えたのか。まず、ヴェルヌ自身がユダヤ教史の専門家だったということがあるだろう。研究の過程で、この宗教を尊敬と共感のまなざしで眺めるようになっていったものと考えられる。また、従来の聖史が旧約聖書を大きく取り扱っていたという事情もあるだろう。聖史の脱宗教化は、扱う視点の変更を要求するが、対象はそのままというわけである。さらにヴェルヌは、苦悩の歴史を背負ったユダヤ人について学ぶことは、普仏戦争後のフランス人に勇気を与えるものだと考えていた。それは「市民的・国民的な教育」に適しており、「子どもたちの心のなかに感激と献身の力を作り出すことができる」。そして、当時の宗教史叙述を支配していたルナンの反ユダヤ主義を修正しようとの思いもあっただろう。「私たちはギリシア人・ローマ人の精神的継承者であると同じく、〔ユダヤ人の〕精神的継承者でもある」（Vernes 1880: 321–325）。

しかしビュイッソンは、公立小学校でユダヤ人の歴史の教育を重点化することには反対だった。もちろんこれは、ビュイッソンが反ユダヤ主義者だったということではない。聖史に容赦ない批判を加える彼も、モーセの十戒が人類の道徳的発達にとって根本的に重要だった点は進んで認めている（Buisson éd. 1878–1887, partie 1, t. 1: 1283）。けれども、初等教育局長としては、さまざまな宗教のなかからユダヤ教だけを特権化するわけにはいかなかった。自由主義的プロテスタントとしては、ユダヤ教の「選民思想」が「カルヴァンの予定説」に似ていて気に入らなかったという節もある（Cabanel 2003: 50）。

それから、ビュイッソンには、「脱宗教化された聖史」を小学校で実際に教えることは難しく思われた。教師は新たな知識と教授法を身につけなければならないし、生徒は批判的な研究手法に馴染む必要がある。初等教育においてそれは必ずしも適当ではない。ヴェルヌは、教科書を編むことによって、その困難を克服しようとした。だが、すぐに書きあげることはできなかった。一〇年ほどたって出版に漕ぎつけたものの（Vernes 1892）、その教科書は、子どもたちの心に愛国主義を吹き込み、道徳教育に役立てることのできる内容ではなかった。ジャン・レヴィユはこの本を次のように批判している。「そこにあるのは、イスラエルの人びとの運命とテクストについての外側からの歴史である。イスラエルの魂の歴史については触れられていない」（*Revue de l'histoire des religions* 1892–1: 127）。ヴェルヌが文献学に即した厳密な歴史的方法を守ったことにより、子どもたちの魂に呼びかけることができなかったのだとしたら、それは皮肉な結果と言うべきである。

結局、一八八二年の初等教育のプログラムは、聖史を廃止したが、それに代わって「脱宗教化された聖史」や「宗教史」という科目が導入されることはなかった。聖史の代わりに設けられたのは、フランスの国史を中心にした「歴史」である。これは、「知的教育」の科目として、「道徳教育」から権利上区別された――実際には道徳的な側面を多々含んでいたとしても。そして、道徳教育には「神に対する義務」が設けられたが、プログラムを執筆したポール・ジャネは、公教育高等評議会において、この教育項目を「宗教史」と結びつけることのないよう求めている。神の観念は、子どもの道徳意識の発達にとって重要だが、それが文化や歴史に応じてどのような宗教となったのかを学ぶことは、初等教育の課題として適切ではないというのである（Ognier 1992: 257）。

こうして、ヴェルヌの希望はむなしくも聞き届けられず、宗教史が小学校の教育科目となることはなかった。コレージュやリセ、大学の文学部でも同様であった。要するに、宗教学の成果を一般の人びとに還元しようとする宗教学者の努力は、完全な失敗に帰した。政府は、宗教についての科学的研究を推進することには進んで手を貸したが、この分野で獲得された新たな知識を伝播する教育には消極的であった。一八八〇年代という時代の状況を考えると、宗教についての科学的な研究の成果を一般的な知識として社会に広めることは、カトリック教会との全面対決を招く恐れがあった。研究成果は、もっぱら専門家のあいだで共有されるだけだった。

一九〇〇年の万国博覧会の際、ジャン・レヴィユは、宗教学が「公教育において正当かつ必要な位置を獲得したとは到底言えない」と嘆いている（*Revue de l'histoire des religions* 1901-1: 63）。宗教を知識として教えることは、第三共和政のライシテにとって実現不可能な課題だったのだろうか。

### ◇神に対する義務に代わる宗教史？

二〇世紀初頭、小学校に「宗教史」を導入しようとする動きが見られた。それは、道徳教育に含まれる「神に対する義務」が疑問視されるようになっていった過程と連動している。[24] ドレフュス事件から政教分離にいたる政治的紛争のなかで、それまで寛容に扱われてきたライシテの道徳の唯心論的な側面が、批判の対象とされるようになったのである。

フランス教育連盟は、一九〇一年にカーンで開かれた大会で、「神に対する義務」の廃止を提案している。初等視学官Ｈ・ベルトノによれば、神に対する義務はカトリックの公教要理と混同されており、他の宗教を信じている家庭の信教の自由に抵触する。「神の定義」の代わりに、「宗教的な観念の歴史」を教えたらどうか。そうすれば、生徒たちは「ライシテに基づく道徳が、あらゆる概念に共通する原理からできていて、普遍的な性格を持つ」ことを理解するだろう。これは「道徳的・宗教的な寛容について学ぶ素晴らしい授業」となるはずだ（cité dans Martin 1992: 479）。

カーン大学の哲学教授エドモン・ゴブロは、もっとあけすけに、神に対する義務を教えることは無駄であり、危険であると述べている。それは「狂信」にいたる道である。教育連盟は、これらの議論の決算として、「神に対する義務の項目を公式プログラムから削除し、代わりに宗教史という特殊講義を導入する」よう提案している。

一九〇四年にアミアンで開かれた大会では、この提案が再び取りあげられ、より拡張的に論じられている。実際、「一九〇一年の要望が関係していたのは小学校だけだった」が、一九〇四年の提案は「高等初等教育（初等教育の第二段階）、中等教育、師範学校をも包括」している（Ognier 1992: 261）。

急進党や社会急進党の党員たちも、リヨン（一九〇二年）とマルセイユ（一九〇三年）の大会で、「歴史」の授業のなかに「宗教史の諸概念」を組み込むよう提案している。そうすれば、子どもや若者たちがもっと宗教についての知識を身につけるはずだと期待したのである。

これらの要求は、宗教を知識として学ぶことで寛容の精神を育成しようとするものであった。当時の政治状況では、強硬的なカトリックと不寛容な共和派の対立が深まる恐れがあり、宗教史教育は、両陣営に調停をもたらすものとして期待されたのである。だが、この宗教史教育をカトリックに対する攻撃の道具にしようとした者もいた。ブランキ派の社会主義者モーリス・アラールは、公立校に「宗教史」を導入することで、「教会に対する戦争」を仕掛けようとしている（*Journal Officiel*, 26 janvier 1903, Chambre. Débats parlementaires）。

一九〇五年の政教分離法制定後、学者たちは、宗教史教育の実現に向けて動いている。彼らのなかには、モーリス・ヴェルヌ、フランス革命史のアルフォンス・オラール、ルナンの孫のエルネスト・プシカリなどがいた。請願書には、初等教育から高等教育までの教育内容や、財源についての計画も記されていた。ヴェルヌは、一九〇六年にパリの文学部に「ヘブライ語聖書とイスラエルの歴史、キリスト教の起源、教義と教会制度の発達を扱う教育」が組織されたことを喜んでいる。そして、「フランスの主要な大学に「一般宗教史」を設けるために必要な予算」を盛り込んだ法律の制定を求めている。

当時急進社会党の代議士で、教育連盟会長（一九〇二―〇六年）だったビュイッソンは、この提案に好意的に応じている。彼は「宗教史教育のために」（一九〇八年）という論文のなかで、次のように書いている。「歴史、哲学、文学の教授資格を取得する者たちが、古代や近代の宗教――古代のインドやペルシア、今日のキリスト教、すなわちカトリック、プロテスタント、ギリシア正教――について何も知らないのに、それでも第一級の大学で輝かしく申し分のない研究ができるとしたら、それは嘆かわしい」(Buisson 1912: 224)。『新教育学・初等教育事典』でも、次のように述べている。「旧約聖書という聖なる伝説の宝庫」を知らなければ、さまざまなテクストや建造物のことを理解できないだろう。「そのような無知は〔……〕許されない」(Buisson éd. 1911: 800)。

しかしビュイッソンは、かつて初等教育局長の立場にあったとき、ヴェルヌの提案に耳を貸さなかったのではなかったか。一八八〇年代には宗教史教育に反対し、一九〇〇年代には賛成しているビュイッソンは、首尾一貫していないように見えるかもしれない。ただ、この間の政治状況の変化に注意したい。

一八八〇年代のビュイッソンは、教権主義との戦いに集中していた。一九〇〇年代初頭のビュイッソンは、コンブのような極端な反教権主義を警戒している。ビュイッソン自身、状況の変化を認識しながらこう述べている。コンコルダ体制下で宗教教育の問題を扱えば「教会の機嫌を損ねる」こと必至であった。けれども「政教分離がなされ、強硬路線のライシテが見られる」現状では、むしろ宗教についての「欠落」を埋めたほうがよい（Buisson 1912: 224–225）。

また、ビュイッソンは、「神に対する義務」に代えて「宗教史」の導入を提案したのではなかった。つまり、「神に対する義務」を維持すべきだという考えはぶれていない。ビュイッソンは、いきなり宗教史を小学校に導入することは難しいと考えていた。まずは大学からはじめ、様子を見ながら徐々に中等教育、初等教育へと降りてくるべきだと述べている（Ibid.: 225）。

一九一〇年、今度はアルフレッド・ロワジーが、宗教教育の普及運動の先頭に立った。ロワジーは、「科学的研究」によりカトリック信仰に危機を招いたとして、一九〇八年に教皇から破門された「近代主義者」（モデルニスト）で、一九〇九年よりコレージュ・ド・フランスの宗教史講座を担当していた。彼は「宗教史教育の普及について」（一九一〇年）のなかで、宗教学はまだ若い学問だが、「一般人への普及の試みを妨げるものはない」と述べている。現に、教育のライシテが確立され、政教分離によってそれがいっそう確固たるものとなり、もはや「公教育はいかなる意味においても教会の道具ではありえない」状態になっている。それに国家は、いかなる宗教も公認しない代わりに、「諸宗教を根絶やしにするつもり」もない。このような状況にあって、共和国の教師たちは、いかなる宗教の弁護もしてはいけない代わりに、いかなる宗教も攻撃してはならない。科学的・歴史的な「真実」を教えるべきで、そこには宗教史の知識も含まれる（Loisy 1911: 106, 115－116, 121）。だがロワジーは、宗教史教育に反対する人びとのためらいは、簡単には払拭できまいとも述べている。初等教育はもちろん、中等教育においても、この科目の導入は難しいだろう。宗教史教育が「公教要理に真っ向から反対するものではないことを、多くの人はすぐには理解できないだろう。法に規定されている中立性の原理が、学校において侵害されているとの騒ぎが、どうしても起こってしまうだろう。この偏見のために〔宗教史教育は〕難しいのだ」（Ibid.: 107）。

一九〇〇年代から一九一〇年代にかけて、宗教史教育が導入される可能性は、けっして低くなかった。普及運動の担い手は、一握りの宗教学者だけではなかった。ライシテの理念に基づくアソシエーションや、教育学者たちが関与しており、有力政治家の後押しもあった。ジャン・ジョレスは「宗教は人類の歴史の本質的な事実の一角をなしているのだから、宗教史の一般的な観念は、必ずや小学校のプログラムに組み込まれるだろう」と述べている（*Revue sociale*, 11 octobre 1908）。

けれども、結局そうはならなかった。宗教教育の専門家ミレイユ・エスティヴァレズによれば、それは政教分離以降もカトリック教会と国家のあいだに抗争の火種が残り、宗教史教育は「偽装された公教要理」か「戦闘的な無神論」として利用される危険性が高かったからだという（Estivalèzes 2006: 169）。一九二三年に「神に対する義務」がプログラムから削除されたとき、それを「宗教史」で置き換えようとする議論は起こらなかった。こうして、フランスの学校のライシテは、いわゆる宗教的事実からどんどん遠ざかっていくことになる。(25)

要するに、宗教研究の成果を一般社会に還元する道はほとんど開拓されなかった。これを評してミシェル・デプランは、フランスでは宗教学は「〔高等教育機関で〕研究されるが〔初中等教育の現場で〕教えられない」と言っている（Despland 2001）。

本書の問題関心からすれば、ここにはライシテの道徳と宗教学の関係が暗示されている。第三共和政の政治指導者たちは、キリスト教的道徳と神学的研究の双方において脱宗教化を企てた。ただし彼らは、ライシテによる道徳を構築し、子どもたちに共和国の価値を教えることに全力を尽くす一方、宗教に関する新たな知見を広く社会に伝えることに、同じくらいのエネルギーを傾けることはなかった。ライシテの支配する近代社会においては、宗教を科学的に研究することは必要だが、それはごく少数の学者の関心しか集めないだろう――あたかも彼らはそう推論していたかのようである。ライシテの道徳の領域と、宗教研究の領域は、ほとんど混同されなかった。

宗教学が高等教育の枠を越えて広がることは、考えにくかった。

（1）同館のコレクションは一八八五年より国家に帰属し、それにともないパリに移転、一八八九年に改めてオープンした。

（2）他にも、「宗教史」に相当する語としては《histoire religieuse》、「宗教学」については《science de la religion/des religions》などがある。さらに、よりアプローチを明確にしたものとして「宗教哲学」（philosophie de la religion）や「宗教心理学」（psychologie de la religion）などの語も用いられた。一九世紀末から二〇世紀になると、「宗教社会学」（sociologie religieuse/sociologie des religions）や「宗教現象学」（phénoménologie des religions）などの言葉も出てくる。

（3）一八四五年、アルザスの牧師イジドール・ゲシュラーは、ジャン・アルゾッグの『世界教会史』の翻訳の前書きにおいて、「宗教の科学」（science religieuse）の語を用いつつ、これが「つねに教会の権威」にしたがうべきだとしている。カトリックでは、ルイ＝フランソワ・ゲランが『世界教会史事典』（一八五三―七三年）のなかで、「キリストの王国を地上に打ち立て」ようとするローマ・カトリック教会の歴史が、「宗教の科学」（sciences religieuses）の「最も重要な研究領域」だと述べている（Laplanche éd. 1996: V）。

（4）この流れのなかで一八七三年に「神学自由学派」（école libre des sciences théologiques）が結成され、その名称はほどなくして「宗教学自由学派」（école libre des sciences religieuses）に改められた。これが、パリのプロテスタント神学部の母胎となった。初代学部長は、リヒテンベルジェである。

（5）本書第Ⅰ部を参照。

（6）宗教学の比較神話学からの脱却については、一八六〇年代以降の英国人類学（タイラーやラングなど）の発展も無視できない――もっとも、フランスではその導入がやや遅れた。いわゆる「未開社会」の宗教の研究は、比較神話学にとって重要な「インド＝ヨーロッパ語族の宗教」と「セム語族の宗教」の二分法を相対化したからである。

（7）当時のドイツやオランダでは、大学で宗教史が教えられていた。特にオランダでは、一八七六年四月二八日の法律により、ライデン、ユトレヒト、グローニンゲン、アムステルダムの四つの国公立大の神学部が教会から独立し、「純粋に科学的な宗教哲学および宗教史」が教えられることになった。ヴェルヌはこのオランダの例を非常に高く評価しながら、それをそのままフランスに当てはめて神学部そのものを脱宗教化することは難しいと判断した。そして、神学部の枠組みのなかで宗教史を教えることも不可能である以上、文学部に宗教史の講座を設けるのが望ましいと考えた。

（8）さらにヴェルヌは、中等・初等教育でも宗教史を教えるべきだと主張している。これについては、本章第三節で検討する。

（9）もっともレヴィユは、コレージュ・ド・フランスの宗教史講座を担当するようになってからは、イギリス系の人類学的研究の成果を取り入れ、いわゆる未開社会の宗教も扱っている。

（10）アルベール・レヴィユによれば、シャトーブリアンの『キリスト教精髄』は「文学作品であって、科学的価値はまったくない」。コンスタンの『宗教論』は「むしろ歴史の政治哲学である」（Réville 1880: 25）。

（11）もっともレヴィユは、「非文明人」が自分たちや世界を認識する「哲学」を持っていたとするタイラーの説には反対で、「非文明人の知的受動性」を強調している（*Revue de l'histoire des religions*, t. 6, 1882-2: 96）。

(12)　旧体制下の大学は、神学部、人文学部、法学部、医学部の四学部から成り立っていた。
(13)　一八六九年一月三〇日の政令は、「第五部門」として「経済学」の創設を見込んでいるが、実際に「第五部門」として成立したのは「宗教学」である。
(14)　プロテスタントについては、同じ政令に基づいて、二つの神学部がストラスブール（ルター派）とジュネーヴ（カルヴァン派）に作られた。一八一四年以降、ジュネーヴがスイスに帰属すると、ジュネーヴの神学部はモントーバンに移転した。ストラスブールの神学部は、普仏戦争でアルザス・ロレーヌが併合されると、パリに移転した。
(15)　その代わり、一八八五年六月二七日の法律により、カトリック神学部の教員たちには手当金が支払われた（Beauchamp 1889: 89–90）。
(16)　宗教学部門はソルボンヌに設けられたが、その枠はあくまで「グランド・ゼコール」であって、「文学部」ではなかった。ここには、宗教学はひと握りの専門家が研究するものであって、多くの学生を対象とするものではないということが暗示されている。
(17)　ここでは、《directeur adjoint》を「助教授」、《maître de conférences》を「准教授」と訳した。
(18)　個々の学者たちの経歴や代表的な著作については、Laplanche éd.（1996）を参照。高等研究院の講座でどのような授業が行なわれていたかについては、*Revue de l'histoire des religions* の《chronique》や、*Annuaire de l'École Pratique des Hautes Études*（*section des sciences religieuses*）から知ることができる。第五部門の講座がどのような発展をたどったかについては、École Pratique des Hautes Études（1968: 293–295）および Puiseux（1987: 163–171）を参照。
(19)　ロワジーに代表される「モデルニスムの危機」も、この文脈で理解する必要があるだろう（cf. Poulat［1962］1996; 1987: 327–269）。宗教学と神学の相互関係は、今日の宗教学・神学にとってもアクチュアルな問題である（Gisel 1999）。
(20)　全体で一二人の教授陣のうち、カトリックはただひとり（エスマイン）。ユダヤ教徒については、シルヴァン・レヴィ（一八八七年から）とイスラエル・レヴィ（一八九六年から）が「インドの宗教」と「タルムード＝ユダヤ教、ラビ＝ユダヤ教」を担当している。

(21)　一八七五年七月一二日の法律により、高等教育の自由が定められた。これを受けて、パリ大司教ギベールの主導のもと、五つの「カトリック大学」(Université catholique) の設置が決められた。ところで、最初にできたのは法学部、文学部、理学部で、神学部は設けられなかった。これは、司教たちが優秀な人材を大学に送るよりも司教区の神学校に確保しておきたいと考えていたためである。だがローマは、やはり神学部を中心に大学をまとめあげるよう要請する。そこで一八七八年に「神学専門コース」(École de théologie) ができた。「学部」(Faculté) と言わなかったのは、当時はまだ国立のカトリック神学部があり、ローマの認可を求めて最後の努力をしていたからだ。その後、一八八〇年三月一八日の法律により、私教育の枠組みにおける高等教育機関が「大学」を名乗ることができなくなり (Beauchamp 1884: 388)、カトリック大学は「カトリック学院」(Institut catholique) となった。そして、国立のカトリック神学部が廃止されたのを受けて、カトリック学院の神学専門コースは「神学部」と名称を改めた。このカトリック学院の神学部は一八八九年、教皇レオ一三世によって正式な教会の機関として認められた (Bressolette 1992: 20–63)。

(22)　一八八六年には七五名、一八九〇年代前半は一〇〇名から一五〇名、後半には三〇〇名に達し、一九〇六―〇七大学年度には六三五名を数えている。これらの学生のなかには、ナータン・ゼーデルブロム、ファン・ジュネップ (高等研究院第四部門で研究していたが第五部門の授業にも出ていた)、マルセル・モース (第四部門と第五部門の両方で学ぶ)、アンリ・ユベールなど、のちに著名な宗教学者となる者たちが含まれている。

(23)　ビュイッソンは、『教育学・初等教育事典』でも、聖史の道徳性を疑問視している。「女中に妻の代用をさせる」アブラハムや、「反抗的な悪だくみ」をはたらき「ほとんど盲目の父親を裏切る」ヤコブの話から、子どもたちはいかなる道徳的な教訓を引き出せるというのか、というのである (Buisson éd. 1887, partie 1, t. 1: 1282)。

(24)　フランス大東方会 (フリーメーソン) は、一八九四年より「神の存在証明についての授業」の廃止を求め、一八九六年の大会では「神なき道徳」を唱えているが、「神に対する義務」を何か別のものによって置き換える提案は行なっていない (Goyau 1899: 293)。

(25)　この傾向は長く続いたが、現代のフランスでは「宗教的事実の教育」の重要性が認識されている。

# 第8章　宗教学の展開——高等研究院第五部門の場合

前章では、第三共和政初期の宗教学の特徴を、制度化の経緯に注目しながら検討した。本章では、このアカデミックなディシプリンの内容が、二〇世紀初頭までに、どのような展開を見せたのかについて論じる。具体的には、高等研究院（ＥＰＨＥ）第五部門（宗教学部門）で行なわれていた研究の方法論と認識論を分析対象とする。講座を担当したすべての研究者の研究内容を詳細にわたって取りあげることはせず、方法論的な自覚を持って同部門のカラーを作り出した研究者について論じる。モーリス・ヴェルヌの方法論とレヴィユ父子（アルベールとジャン）の方法論を対比的にとらえ、第五部門におけるデュルケム社会学の衝撃を再構成する（アンリ・ユベールとマルセル・モース）。

これら三つの「学派」は、学問内部の「政争」を繰り広げることになるが、本章では、それぞれの方法論・認識論の特徴を分析することによって、当時の宗教学が持っていた「批判力」の度合いをはかってみたい。それはおもに二つの観点からなされる。

第一に、宗教学がカトリック神学からどれだけの距離を取ることができたのか（あるいはできなかったのか）という観点である。たしかに、宗教を科学的に扱おうとする態度は、神学的な態度と手を切ろうとするものだ。だが、そこにはいわば想定外の連続性も存在しているのではないか。第五部門においてプロテスタント研究者が圧倒的な存在感を示し、おもな関心をユダヤ＝キリスト教に向けていたことを考慮に入れると、宗教学とは「洗練」された「隠れプロテスタント信仰」とも言えるのではないか。

第二に、宗教学は道徳をどう位置づけたのか、という観点である。カトリック神学部には道徳神学の講座が存在し、神学者は道徳と宗教が不可分であると主張していた。けれども第五部門には、道徳を主題として扱う講座はない(1)。この事実は、当時の共和派が「道徳」と「宗教」を概念的に切り分けていたことに関係していよう（道徳は宗教から独立したものとして共和国を支える支柱と見なされ、宗教は個人の意識や私的な礼拝に還元される傾向にあった）。このような状況にあって、道徳を宗教学の研究対象とすることは自明ではなかったはずだ。当時の宗教学者たちは、容易ではないこの企てに、どの程度成功しているのだろうか。彼らは、政治的に規定された宗教概念とは別の宗教概念を提出しているのだろうか。もしそうなら、その宗教概念は、同時代のライシテの道徳の宗教的側面を分析しうるような批判力を秘めていたのだろうか。

## 一　方法論をめぐる論争

以下では、モーリス・ヴェルヌの歴史主義、レヴィユ父子の宗教進化論、デュルケム学派の社会学的方法論を順に検討する。カトリック神学の方法論と宗教学の方法論を比較するために、必要に応じて神学的なものの見方についても喚起する。

## ◇モーリス・ヴェルヌの「宗教史」

モーリス・ヴェルヌの努力は、何よりも、宗教学・宗教史学をひとつのディシプリンとして確立することにささげられた。科学の一部門としての独立性を有し、その守備範囲と限界を明確にすることが、一九世紀後半に制度化された科学の特徴である。ヴェルヌは、宗教史の研究領域をどのように画定したのだろうか。

まずヴェルヌは、宗教史を神学から切断しようとする。彼の目には、神学は厳密な批判的方法を聖書の宗教に適用することを拒んでいると映った。

とはいえ、神学者たちも神学者たちなりに、科学の成果を取り入れようとしていたことは意識しておくべきだろう（cf. Langlois et Laplanche éd. 1992）。パリのカトリック神学部では、一八四〇年頃より、スコラ哲学の方法に代わって、歴史の視点が導入されている。マレ神父は、一八五〇年代後半に、「フランス、ドイツ、英国の最新の研究成果を取り入れた」教義神学の講義を行なっている。もっとも、この講義の目的は、「モーセの宗教と古代宗教の比較によって、モーセの受けた啓示の神性を確立」し、聖書の宗教があらゆる点において「インド人、ペルシア人、アッシリア人、エジプト人、ギリシア人、ローマ人の神学」よりも「優れている」ことを証明することにある。そしてこの「優越性」は、「超自然的な栄光に包まれた神」がもたらしたものだとされている（AN F$^{17}$ 13159）。要するに、歴史と比較の視点があるとしても、護教論の立場を抜け出していない。

ヴェルヌが問題視したのは、まさにこのような態度である。「歴史批判の規則の名のもとに知られる精密な方法は、インドやエジプトの宗教に対してなら、躊躇なく用いられている。〔……〕ユダヤ教の歴史や、キリスト教の起源に関する情報を持った歴史の遺産は、違ったやり方で扱われるべきなのか」（*Revue de l'histoire des religions*, t. 1, 1880–1: 3）。この問いに対し、ヴェルヌはすべての宗教を同じやり方で扱うべきだと主張する。たしかに聖書は、信者にとっては「教義の源泉」かもしれない。だがそれは、「歴史の書物」、「史料の集積」でもある。歴史の観点に立つのなら、「聖なる宗教」と「俗なる宗教」という二分法は不適切だ。

ヴェルヌは、聖書の宗教であるか否かを問わず、あらゆる宗教を「俗化」しようとする。これは、研究対象を完全に人間の地平でとらえるということだ。この観点から見ると、神学は人間の世界だけでなく、神の世界をも相手にしようとしていた。パリのカトリック神学部で教会史を講じたアドルフ・ペロは、次のように述べている。「聖なる科学は、ひとつの世界を完全に覆うとともに、無限の世界でもある。というのもそれは、神の科学にして人間の科学であり、自然の科学にして恩寵の科学であり、時間の科学にして永遠の科学だからだ」(Perraud 1865: 483)。

ヴェルヌはまた、神学者の論争的な傾向を批判する。実際、科学の発展を前に劣勢に立たされた神学者たちは、防衛の牙をむくことがあった。そのとき彼らの議論の支えとなったのは、レトリックや雄弁術であった。これは、神学者が史料を直接扱うことにあまり長けていなかったこと、往々にして他人からの間接的な情報で満足していたことを示唆している(Aubert 1975: 189＝一九九七・三六八)。

以上から、ヴェルヌは神学が「本質的に否定的」な性質を持つと述べ、それを「真に実証的」な歴史批判に置き換える必要があると主張する。神学は「論争的」で「不寛容」だが、宗教史の批判的態度は「不偏的」で「寛容」だという(2)。宗教史は神学に対して戦いを挑む「戦争機械」ではなく、利害関心を離れて事実を明らかにする「科学」である。それに、宗教史の特徴である「不偏性」は、「懐疑的で尊大な無関心」ではない。「諸宗教の歴史というこの広大な領域を扱おうとする者が最初に感じるのは、驚きの感情であろう。そして第二に感じるのは、きっと尊敬の念であろう」。したがって宗教史家は、「共感に満ちた好奇心」を持ち、それを育てていかなければならない（Vernes 1887: 18）。

神学の次にヴェルヌが批判するのは、宗教哲学である。宗教哲学には、規範的な評価を下すところがあるため、神学的な状態を脱していないというのである。宗教史家が扱うのは「事実であって、単なる可能性や蓋然性ではない」（Ibid.: 21-22）。ヴェルヌによれば、宗教はつねに具体的な歴史状況のなかにある。したがって、宗教史家の仕事とは、具体的な史料に歴史の事実を語らせることである。こうすることによって、はじめて研究は確実なものになり、科学の名に値するものとなる。

神学や宗教哲学のアプローチに警戒を抱くヴェルヌの態度は、自由主義的なプロテスタント神学に対する彼の両義的な姿勢を反映している。一方でヴェルヌは、自由主義的プロテスタントが聖書に科学の光を当てている点を評価している。だが他方では、それがいまだプロテスタントの教義にとらわれていると感じている（Ibid.: 27）。

これが、ヴェルヌをティーレやアルベール・レヴィユから隔てる点である。ヴェルヌはティーレの『宗教史概論』を仏訳しているが（Tiele 1880）、原著者の宗教進化論の観点を共有していない。レヴィユが諸宗教を分類するやり方にも異議を唱えている。諸宗教の「一般史」において、「比較の方法」が「濫用」されてはならないというのだ。ヴェルヌによれば、ティーレもレヴィユも心理学的な偏向――さらには神学的な偏向――にとらわれている。

さらに、ヴェルヌは宗教史を比較神話学から区別する。比較神話学は、キリスト教以外の宗教を対象とし、キリスト教に批判的方法を適用することをためらっている。また、神々の名や気象に関する言語を比較するだけで宗教を解明しようとする「嘆かわしい誇張」に陥っている（Vernes 1887: 33）。だが、言語の違いは必ずしも民族や文化の違いには対応していない。インド＝ヨーロッパ系の宗教の源とされる「ヴェーダ以前の宗教」の設定は、空想の域を出ておらず、科学的とは言えない。ヴェルヌは、宗教の起源の探究をやめ、確実な史料をもとに研究を進めるよう提案している（Laplanche 1991: 94）。

最後に、ヴェルヌは宗教史を民族学から区別する。ヴェルヌによれば、民族学は「非文明的」な人びとの実践や観念を研究対象にするが、宗教史は史料を用いて宗教的組織を検討する。したがって、明確な宗教的組織を持っていない未開人の宗教は、本当の意味では「宗教」の名にふさわしくない（Vernes 1887: 34）。なるほど、宗教史に史料が不可欠と考えるヴェルヌにとって、史料の少ない「未開人」の宗教が特権的な研究対象とならない点は理解できる。だが、辛辣な神学批判を展開するヴェルヌも、ここでは彼らの宗教を低く見ている点において「神学的」なのではないだろうか。

いずれにせよ、ヴェルヌは神学、宗教哲学、比較神学、民族学と違った場所に宗教史のフィールドを確保しようとする。彼がこの学問のために必須と見なす方法は、文献学である。「文献学がなければ、歴史研究の名に値するものはなく、したがって宗教史研究もない」。ヴェルヌによれば、文献学者と宗教史家のあいだにあるのは方法論の違いではなく、「単なる分業」の違いである。文献学者は言語研究で知識欲を満たすが、宗教史家はさらに一歩進めて、宗教的観念と実践を提示するところまで行こうとする（*Revue de l'histoire des religions*, t. 1, 1880–1: 1–2）。

ガブリエル・モノーは、形而上学的な歴史解釈を拒否し、文献学と史料に基づく歴史を唱えているが、これはヴェルヌに深い影響を与えている（両者には親交があった）。このようなタイプの歴史学は、一八八〇年前後に最盛期を迎えている（Leroux 1998）。

ヴェルヌは、モノー流の歴史研究「全体」の「一章」をなすものとして、宗教史を考える。この意味において、ヴェルヌは宗教の「一般史」をまったく想定していないわけではない。ただし、ここで得られる宗教史の全体像は、何人もの研究者の地道な研究成果の積み重ねによって構成されるべきものであって、ひとりの宗教史家の哲学的な解釈によって思い描かれるものではない。

これに関連して、ヴェルヌの宗教史研究における基本的な作業は、宗教現象を解釈的に構成することではなく、ある特定の集団が残した史料の年代を同定することであった。ヴェルヌは、人びとと宗教のかかわり方は民族によって異なると考え、比較を自制した。そして彼自身が関心を抱いたのは、インドの宗教でも中国の宗教でもなく、「近代文明の発展を導いた宗教」(Vernes 1887: 18–19) としてのユダヤ＝キリスト教であった。

要するにヴェルヌは、聖書の宗教に文献学のメスを入れた点においてはキリスト教中心主義を抜け出しているが、研究対象の選択において聖書の宗教を脱することはできなかった。

### ◇アルベール・レヴィユにおける「宗教」と「諸宗教」

アルベール・レヴィユは、進化論の観点から複数の宗教を取り扱う。このような立場を取る背後には、宗教に対するロマン主義的な姿勢がある。実際レヴィユは、宗教的な霊感は人間の本性に内在し、各人に潜んでいると考える。彼に言わせると、一八世紀の宗教批判は表面的なものにすぎなかった。なぜなら、それは宗教の外形を攻撃するだけで、精神的本質を認識していなかったからだ。同時代においても、宗教が社会生活に占める比重は低下している。レヴィユはこのことを嘆いている。宗教は「人間の生活の花であり、宗教がなければ万物は色あせ死に瀕する」(Réville 1860: VI)。

レヴィユは、宗教が人間にとって不可欠だと主張する。重要なのは、これを科学的に研究することだ。というのも、宗教が人間にとって必要不可欠なものなら、科学は一九世紀という時代にとって必要不可欠なものだからだ。一見相反する両者のあいだに、調停をもたらさなければならない。

この調停を哲学的・文学的にもたらす試みは、十分に科学的ではないとレヴィユはいう。そのため彼は、一九世紀前半の宗教研究の大部分を退けている。宗教研究が科学的であるためには、具体的な史料を備えた「歴史学」の手法に訴えなければならないのだ。たしかにこの原則は、ヴェルヌとレヴィユに共通している。だが、彼らの「歴史」概念は同じではない。次のレヴィユの文章は、ヴェルヌ批判と読むことができる。

　歴史とは、多少なりとも信憑性のある事実や、検証された日付を単に寄せ集めたものではない。歴史とただの年代記に違いがあることは明らかだ。〔……〕骸骨が肉体ではないように、単に事実を年代順に並べたものは歴史ではない。真の歴史とは〔……〕まさに人類の生きざまをその複雑さにおいてとらえたものなのだ。(Réville 1880: 8)

レヴィユは宗教を、人間精神と神秘的存在の関係と見なし、それを人類に普遍的なものだとする。そしてこの関係が、歴史のなかでさまざまな具体的な形を取ると考える。逆に言えば、歴史のなかに現われるさまざまな宗教を普遍的な宗教に結びつけ、それを人間の他の活動から区別される独自の領域と見なして研究するのが、宗教史家の仕事である。

宗教（la religion）は精神の事実である。諸宗教（les religions）は、宗教的感情の表現として、かわるがわる組み合わされて現われてきたさまざまな形態であって、精神現象のカテゴリーのなかに入る。それは、政治学、法学、文学、

哲学と同じように、それ自身として研究されるべきものである。（Réville 1860: 382）

「宗教」と「諸宗教」の関係に注目しよう。「宗教」はいわゆる自然的宗教のようにとらえられ、それが（「諸宗教」の）歴史を横断している。「宗教」は、さまざまな形で歴史のなかに現われるが（＝「諸宗教」）、それ自身はいわば歴史の外、もしくは将来に据えられている。そのため、この「宗教」は、神中心の啓示の概念を脱却しているように見える一方で、一種の規範的な超越性を維持している。

レヴィユは、この「宗教」と「諸宗教」の区別に基づき、さまざまな宗教を分類する。別の言い方をすれば、規範的な「宗教」を軸にしながら「諸宗教」に序列をつけていく。レヴィユの宗教史が宗教進化論として描かれるのは、理の当然である。一神教が原始宗教や多神教よりも「優れている」のは、彼にとっては自明の事実だ。「神の人格性」を「宗教の本質的な要素」と見なす発想が根底にあるとき、さまざまな宗教を正当に評価することは難しい。たとえば、彼から見た仏教は、「将来に対して希望を抱くことのない、古く老いさらばえた民族の宗教」である（Ibid.: XXXI-XXXII, XXXVI）。

たしかにレヴィユは、進化の「低い」段階にある宗教に対しても、人間の精神の発達を証言するものとして、「好意的」な眼差しを注いではいる。だが、そこには「侮蔑」の念も混じっている。レヴィユは、宗教史を研究することで、人間が「嘲笑」すべき「崇高」な存在であることがわかるという。過去の宗教を振り返ることは、大人が自分の子ども時代に「恥ずかしさ」と「魅力」を同時に発見するようなものである（Ibid.: 383, 388）。こうして彼は、過去の宗教をノスタルジーの眼差しで眺めながら、自分の宗教を正当化する。

レヴィユは明言している。「人類の宗教とは何か。〔……〕それはキリスト教である」。「キリスト教はひとつの宗教（*une* religion）以上のものだ。それは定冠詞つきの宗教（*la* religion）の実現である」（Ibid.：XLV, LVI）。このとき彼は、研究者というよりも（あるいはそれと同時に）信者である。彼は、キリスト教の「最も近代的な形態」であるプロテスタンティズムをたたえている。また、自分自身が従事する「科学的な宗教研究」を、人類の宗教史の最先端に位置づけている（Ibid.：XXI）。このようにレヴィユの宗教史研究は、科学的であるとともに宗教的な営みである。

以上から、モーリス・ヴェルヌとアルベール・レヴィユの宗教史の違いがかなりはっきりしてきたはずだ。宗教史は史料と批判的な方法に依拠し、一般史の一部を構成するという考えは両者に共通している。だが、ヴェルヌが文献学に固執し、哲学的な歴史解釈を差し挟むのを拒むのに対し、レヴィユは進化論的な宗教史を描こうとする。ヴェルヌは諸宗教の比較を自制しているが、レヴィユは逆に比較の観点の喪失は極端な専門化につながると危惧している。

高等研究院第五部門に設けられた講座は、いずれも個別的な宗教を対象としている。それぞれの研究者がみずからの宗教研究の領域に限定を加え、それを専門的な知識と技術によって研究するという形が取られている。そのため、ひとりの研究者が複数の宗教を扱うことは困難になっている。レヴィユはこの問題点に気づいている。「これらの講義からは、確実に専門家が生まれる。これはもちろん必要なことだ。けれども〔……〕行き過ぎた専門化がもたらす大いなる弊害も予想される。隣接領域で何が行なわれ、何が明らかになっているのか、ほとんどまったく知らない〔ことがありえる〕」（Réville 1889: XII）。このような状況では、ヴェルヌのような態度でひとつの宗教のみを研究する者は、文献学の手法さえ身につけていればよく、宗教とは何かという問い――宗教学のアルファとオメガをなすはずの問い――をやりすごすことさえ可能である。

### ◇ヴェルヌからレヴィユ父子へ――ジャン・レヴィユの「宗教史」

このように、ヴェルヌとレヴィユのあいだには、方法論をめぐってかなりはっきりとした違いがある。この宗教学内部の覇権争いに勝利したのは、アルベール・レヴィユとその息子ジャン・レヴィユであった。コレージュ・ド・フランスの講座をA・レヴィユに奪われたヴェルヌは、一八八二年にはパリのプロテスタント神学部の講義で人格神の存在に疑問を差し挟み、物議を醸して職を追われた（Encrevé 1990）。また、高等教育から初等教育まで、すべての教育階梯に宗教史教育の場を設けようとする企てに失敗した。[3]一八八三年の末には、『宗教史雑誌』の編者の座をJ・レヴィユに明け渡した。レヴィユ父子が高等研究院第五部門の主任と事務局長になったのに対し、ヴェルヌはそこでは一介の助教授にすぎなかった。

ヴェルヌの運命は皮肉に満ちている。彼は、過激な歴史主義を宗教に適用することによって、宗教学を独立した学問として成立させることに大きな役割を果たした。だが、彼の方法では、広範で奥の深い宗教現象を包括的に扱うことはできない。ヴェルヌの影響力が後退した一因はこの点に求められよう。そして、いわばこの「恨み」が、彼の研究態度をいっそう硬化させていったものと考えられる。

いずれにせよ、フランスの宗教学は今やレヴィユ父子を中心として回りはじめる。A・レヴィユは、一八八四年にオックスフォードのヒバート講座に招聘され、一九〇〇年にパリで宗教学の国際大会が開かれた際には基調講演を行ない、一九〇六年に世を去るまでコレージュ・ド・フランスで宗教史を講じた。息子のJ・レヴィユは、第五部門の事務局長と『宗教史雑誌』の編者を務め、パリのプロテスタント神学部で宗教の一般史を担当し、父親の死後はコレージュ・ド・フランスの講座を引き継いだ。

J・レヴィユも、父親同様、宗教進化論を支持している。文献学に依拠した個別の宗教についての研究と諸宗教の一般史を両立させることが必要だと考え、一般性なき専門化の傾向を戒めている。「対象領域を狭く限定して専門的に研究することは、もちろん近代科学の生産条件のひとつである。だが、それだけでは科学、とりわけ精神科学は不十分である」。したがって、「一次資料に直接当たる詳細な研究」と並んで、「専門的研究の成果を互いに関係づける」ような「総合的研究」も必要である。それによって、個々の研究成果をしかるべき全体のなかに位置づけることができる（*Revue de l'histoire des religions*, t. 55, 1907–1: 194–195）。

J・レヴィユに言わせると、ヴェルヌはいかなる体系も措定しない歴史的事実が存在するとあまりに素朴に信じている。だが実際には、厳密な文献学の手法を適用することが可能となるのも、ある種の体系が措定されているからなのだ。ヴェルヌはこのメカニズムに気づいていない。それゆえヴェルヌは、哲学的態度を忌避しながら、それと知らずにある哲学的な前提のとりこになっている。

歴史家が事実を分類し、目録を作成したところで、それは歴史にはならない。〔……〕ある宗教の歴史を書くには、その宗教に関する一定の実証的な事実を分類するだけでは不十分なのだ。それらに再び生命を与え、それらの事実がその宗教の信者にとってどんな意味を有していたかを示さなければならない。〔……〕そのためには、史料を扱う人間は、心理学者でもなければならない。どうしてこれを言わずに済ますことができようか。宗教史を書く者は、経験によって、宗教的感情や宗教的思考がどのようなものであるかを知っていなければならない。（*Revue de l'histoire des religions*, t. 14, 1886–2: 359）

したがって、J・レヴィユによれば、儀礼や教義や宗教組織の外形しか研究しない歴史家は、「宗教的なものの本質」を理解していない。それを知るには、人間の魂に直接訴えるしかない。共感能力こそ、宗教史家に必要不可欠な資質だというのである。

レヴィユ父子の方法論的立場は基本的に同じだが、そこには一世代の差があり、おもに四つの点において、ある種の洗練を見て取ることができる。

第一に、ルナンと同世代に属する父親のレヴィユに比べ、息子のレヴィユはルナンの宗教史叙述の「欠点」を意識している。実際Ｊ・レヴィユは、ルナンが「歴史叙述と個人的な信念、あるいは批判的な議論と道徳的な考察をたえず混同し、過去を現在に近づけている」と指摘し、それが「万人の気に入るものではない」と認識している。それでも、「私はこのような歴史の書き方をきわめて高く評価する」と述べてはいる（*Revue de l'histoire des religions*, t. 29, 1894-1: 83）。

第二に、息子のレヴィユには、人類学的研究に対するよりオープンな姿勢が認められる。Ｊ・レヴィユは、『宗教史雑誌』の編集に当たるようになるとすぐ、未開宗教の専門家レオン・マリリエを共編者に起用し[4]、ヴェルヌの重視しなかった「非文明人の宗教」により多くの重要性を与えている（たとえそれが宗教進化論の図式を強化するにすぎなかったとしても）。

第三に、Ｊ・レヴィユは歴史的研究と心理学的研究をより意識的につなごうとしている。ところで、彼の宗教心理学的アプローチは、やや特異なものである。それは、史料に依拠している点で、クザンのような一九世紀前半の心理学とは一線を画している。宗教を病理と見なす傾向のあった、一九世紀後半の一般的潮流からも区別される。それは、ウィリアム・ジェームズの宗教心理学がフランスに紹介される前の時代にあって、科学的理性を越えるところに宗教の場を確保する「心理学的歴史研究」である。

たとえばJ・レヴィユは、「エラスムスとルター」（一八九五年）という論文において、エラスムスを「賢者」、ルターを「預言者」と規定した、「宗教と社会の改革は、預言者の仕事であって賢者の仕事ではない。信仰の人の仕事であって学知の人の仕事ではない」と述べている（*Revue de l'histoire des religions*, t. 32, 1895–2: 171–172)。J・レヴィユは、合理主義に傾きすぎた近代という時代に批判的で、近代的な地平において宗教を刷新することが必要だと考えているのである。

これに関連して第四に、J・レヴィユのプロテスタント信仰は、より慎ましやかで洗練されたものになっている。父親のレヴィユは、コレージュ・ド・フランスの開講講義において、自分が「有神論者」で「キリスト教徒」であることを宣言しているが、四半世紀後に同じ経験をする息子のレヴィユは、宗教学の「中立性」と「不偏性」を強調している。そのうえで、宗教学は「精神の自由」を否定するものではないと、さりげなく述べている。宗教史家は、科学的研究を通じて、宗教的なものの核心に達しようとする。「宗教はさまざまな民族においてさまざまな形を取る。私がしようとしているのは〔……〕、これを生んだ心情や感情に迫り、親密な経験をとらえることである」（Réville 1909: 28)。

なるほど、このような熱心な科学的態度をプロテスタント信仰に還元することは不適切かもしれない。プロテスタント信者がみなこのような科学者になるわけではないからである。だが、このような態度を作る素地は、やはりプロテスタント信仰のなかにあるのではないだろうか。

この問いかけが重要なのは、J・レヴィユが宗教進化論の立場に立っているからだ。たしかに彼がその重要性を強調するように、研究対象となる宗教に共感を寄せ、宗教的感情の本質に迫ろうとすることは、今日の宗教研究にとっても貴重な態度だと言えよう。それは、多様で深い宗教現象の解明に近づくために欠かせないし、研究者の理解の地平を広げ、視点とアプローチを洗練するためにも必要だろう。それはさらに、高邁な人格の形成にもつながるかもしれない。しかし、「人間には宗教的な本能があり、その歴史の発展をたどることができる」というJ・レヴィユの見解に対しては、注意と警戒が必要である。

レヴィユが「宗教的なもの」と呼ぶものは、彼自身の経験によって規定されている。もちろんそれが「個人」としての彼の信仰の問題に限定されているのであれば、批判すべき理由はない。だが、彼が「研究者」として、その「宗教的なもの」が万人に内在すると述べるとき、そして彼自身の経験からは（まだ）理解することのできない「宗教的なもの」のあり方を、彼自身の経験の地平に引きつけて解釈してしまうとき、西洋キリスト教中心主義的な序列化が起こってしまう。彼が一八八九年のパリの万国博覧会の際に書いた文章には、この問題点がよく出ている。

> 宗教学と〔フランス革命〕一〇〇周年の万国博覧会。これら二つの事象のあいだには、いかなる共通点もないように見える。機械や産業製品の目覚ましい発達と、人類の宗教的信念や実践の科学的研究のあいだに、いかなる関係があるというのか。〔……〕最初にこのような印象を抱いたとしても、それはすぐに消えてなくなるだろう。〔……〕経験豊かな案内人にしたがって、訪問者は諸宗教の歴史の流れを完全にたどることができる。〔……〕いかに宗教が人びとの精神生活に密接に結びついているか、文明を貫く宗教を考慮に入れずに文明を理解することがいかに不可能であるかが、ありありとわかるだろう。宗教史と文明史は互いに支えあい、両者の発展はしばしば並行していることが見えてくるだろう。人間の精神に内在する宗教的感情の根本的な統一性と単純性をきっと理解するだろう。この自然の性向は無限の多様性のもとに現われるが、ほとんど同じものである。（*Revue de l'histoire des religions*, t. 20, 1889–2: 91–92）

ここには、人間に普遍的に内在する感情としての「宗教」と、それが歴史のなかでさまざまな形態を取って現われるものとしての「諸宗教」という図式が見て取れる。この図式を採用する者が、キリスト教信仰を持ち、進化論の観点に立つかぎり、結局は西洋キリスト教文明とそれが生んだ近代性の称揚に帰着するほかない。

博覧会には、最も未開の小部族の粗雑な偶像〔……〕から最新の世界システムの一覧表まで――これは近代的な宗教的思考の持ち主によってもたらされたものだ――、ありとあらゆるものがある。そこにないのは、宗教の最も完成された形態、精神と真実に対する畏敬の念、完全に道徳的で霊的な福音書の信仰のみだと思われる。なぜならそれは、何らかの象徴や偶像によって表現することはできないからだ。しかしこの点においても、見た目に騙されてはならない。なぜならその精神は、作品によって、そして近代的な愛徳の無数の慈善行為によって表現されているからだ。(Ibid.：92)

このように、J・レヴィユによれば、宗教は単に過去に属するものではなく、人類の歴史の最先端にも現われている。この観点に立てば、科学技術の進歩の成果も、近代的な政治や社会のシステムも、実は宗教の作品である。たしかに、一見宗教とは見えない近代のさまざまな作品の背後に宗教的なものを見出そうとするこの視点は、なかなかの慧眼と言うべきである。だがそれを「宗教の最も完成された形態」だと断言し、「未開の小部族の粗雑な偶像」を低く見るとき、「普遍的な科学」の看板を掲げるJ・レヴィユの「宗教史」が、実はかなり強力な「心理学的偏向」を持っていることが明らかになる。そこには、「宗教学」という装いを施したプロテスタント神学の名残が感じられる。モーリス・ヴェルヌを苛立たせたのは、まさにこの点である。そして、一九世紀末に宗教学に参入してきたデュルケム学派もまた、こうしたプロテスタント的な偏向を是正しようとするだろう。

### ◇デュルケム学派の参入――ユベールとモース

エミール・デュルケムは、『社会学年報』に発表した論文「宗教現象の定義について」(一八九九年)のなかで、マックス・ミュラーとアルベール・レヴィユを名指しで批判している。心理学的でアプリオリな宗教の定義は科学的とは言えない。科学的な宗教の定義に至るためには、まずは外から観察可能な「宗教的現象」や「宗教的事実」の検討からはじめるべきである。デュルケムは、宗教史から宗教社会学への転換をはかっているのである。(5)

もっともデュルケム自身は、高等研究院の第五部門に身を置くことはなかった。宗教現象の研究に興味を抱きながら、「制度的な宗教学」の外部に立っていた。この事実は、一方で、宗教の科学的研究が高等研究院の第五部門という狭い世界を抜け出したことを示唆している。一九世紀後半は実証主義・合理主義の時代で、世紀末から二〇世紀の初頭にかけては、政教分離の法制化に見られるように、政治的・社会的に規定される宗教の範囲はますます小さくなっていった。だがそれと同時に、批判的・解釈的な観点から宗教(的なもの)という対象を構成しようとする動きが新たに生まれてくる。社会学はその代表で、必ずしも文献学に基づくことのない「科学的な宗教研究」を可能にした。他方で、忘れてはならないのは、デュルケムが高等研究院の第五部門にアンリ・ユベールとマルセル・モースの二人の弟子を送り込んでいることだ(モースはデュルケムの甥である)。

ユベールもモースも高等研究院の第五部門に学び、文献学の手法を身につけたうえで、社会学的なものの見方をしている。二人の論文は、『宗教史雑誌』に発表されることもあれば、『社会学年報』に載ることもあった。(6)

一九〇一年より、ユベールは「ヨーロッパの未開宗教」、モースは「非文明人の宗教」の講座をそれぞれ担当した。これは同年四月にオーギュスト・サバティエが、一〇月にレオン・マリリエが死去したことにともなう人事だった。

「キリスト教文学」を担当していたサバティエの後任をめぐっては、アルフレッド・ロワジー、ポール・モンソー、シャルル・フォセー、そしてユベールの四人の名前があがった。「キリスト教文学」の講座がそのまま維持されるならば、ロワジーとモンソーの争いになるはずであった。ロワジーはヴェルヌやJ・レヴィユの支持を得たが、すでに「モデルニスト」としてカトリックの世界で問題視されていたこの人物の選出には、疑問符がつけられた。このとき、宗教学部門長のA・レヴィユは、部門の幅を広げようと講座の新設に意欲を示した。彼はマリリエとともに、アッシリアとバビロニアの宗教の専門家フォセーを推したが、シルヴァン・レヴィやイスラエル・レヴィは、ヨーロッパの未開宗教に造詣の深いユベールを支持した。投票の末、僅差でユベールが選ばれた。

それから数ヶ月後、今度は「非文明人の宗教」の講座を担当していたマリリエがこの世を去ると、モースが後任に名乗りをあげた。モースはかつてマリリエのもとで学び（一八九五―九八年）、一九〇〇年からは非常勤講師としてインドの宗教を教えていた。モースがA・レヴィユとの面談に臨む前に、デュルケムは甥にこう助言している。「このご老人が首を傾げたり、驚いたりすることを、うっかり言わないように」。モースはきっとこの忠告を守ったのだろう。この人選に反対意見は出なかった（Fournier 1994: 179–189）。

こうして高等研究院の第五部門に足場を得たユベールとモースは、「個人の自律性と尊厳」という大義を振りかざす「自由主義的プロテスタントの神学的伝統」と戦うことになる（Strenski 1991: 117–118）。ユベールの講座の開設自体が、そのことを象徴している。実際、新講座の設置にともない、「キリスト教文学」と「キリスト教会史」は、「キリスト教文学と教会史」というひとつの講座に縮小された。また、モースがマリリエを引き継いだことは、いわゆる未開社会の宗教を扱う方法が心理学から社会学に移ったことを示している。

マリリエは、未開社会におけるさまざまな事実を集め、それらの確実性を検証し、互いに似ているものをまとめ、他の諸事実と関係づけるという方法を採用した。これは、二重の意味で神学からの切断を成し遂げていると言うことができる。第一に、超自然的なものを排除し、第二に、聖書の宗教を中心的な研究対象から外しているからだ。モースは一九〇二年の開講講義において、この点で自分が前任者に多くのものを負っていることを進んで認めている。だがその一方で、かつての師と自分の違いを強調している。マリリエは「宗教心理学」の観点に立ち、「人類に普遍的に存在するという一般的な心理学の法則に還元することで、宗教的事実を説明したと考えていた」。だが「宗教的事実は、他の宗教的事実や社会的事実によって説明されなければならない」(*Revue de l'histoire des religions*, t. 45, 1902-2: 38, 54)。

それからモースは、諸宗教を分類し序列化する宗教進化論の考え方を退けている。そして「非文明人の宗教」という講座名自体を疑問視している。「非文明人などいない。異なる文明の人びとがいるだけだ」。心理学的なアプローチで「非文明人」の心に迫れるという考え方は、彼らの感情をあまりに素朴に解釈している。実際には、「野性人」の思考と行動ほど正確に知ることが困難なものはない。そもそも彼らが自分たちの宗教的事実をどれだけ意識化しているかもわからない。そこで、彼らが伝統のなかで生きているという「外から観察できる事実」を研究の出発点にすべきである（Ibid.: 43, 52-53）。

このモースの批判は、一般にデュルケム学派が社会学以前の民族学や人類学を批判するやり方に連なるものだ。デュルケム学派から見ると、エドワード・タイラーやジェームズ・フレーザーは、最初から確定している自分の主張に合致する事例ばかりをかき集めて自分の理論を正当化している。これは科学的に事実を確立する手続きではない（Tarot 1999: 151-164）(7)。代わりにデュルケム学派は、ロバートソン・スミスの『セム族の宗教』を参照する。スミスは、心理学的なアプローチを批判し、宗教的なものが社会に埋め込まれていることを示した。これは、フランスの宗教研究に大きなインパクトをもたらした。

モースは、それまで影響力を誇っていたプロテスタントの宗教学者たちをどのように批判したのだろうか。彼はティーレの『宗教学入門』を取りあげて、キリスト教中心主義的な宗教進化論をこきおろしている。「ティーレ氏にとって、宗教学は宗教哲学から区別されていない〔……〕。仮説的なものであれ最終的なものであれ、氏の著作のなかに合理的な宗教の定義を探しても無駄である。同じように、彼の方法は、さまざまな事実と諸宗教の全体を相手に、きわめて一般的な思弁をめぐらすというものだ。このような諸宗教の一般的分類は、研究の道しるべにはなるかもしれないが、科学的に確かなところはない」(Mauss [1899] 1968: 544)。モースは、宗教現象についての研究が科学的であるためには、研究の進め方を逆にする必要があると主張する。すなわち、思弁からはじめるのではなく、観察可能な事実から出発すべきである。社会学の長所はここにある。

宗教的事実は、社会学の方法により、あまりに具体的もしくは抽象的にすぎる視点とは別の観点から観察し比較することができ、かなりの一貫性と客観性を備えることができる。〔……〕〔宗教の社会的側面〕から出発することにより、さまざまな事実の連鎖をたどり、最も外側に表われたものから、最も深遠で親密な宗教生活の諸条件へと進むことができる。だが、奥深い部分に最初から到達しようとすると、単なる内観に頼ることになり、ものを置く代わりに、自分の偏見や個人的で主観的な印象を投影することになってしまう。(Mauss [1900] 1968: 547–548)

ユベールもまた、宗教的事実を扱うためには社会学の方法が必要だと主張している。ユベールがシャントピー・ド・ラ・ソーセーの『宗教史概論』のフランス語版に付した序文は、「ライデン大学教授の思想を導入的に解説するものというより、社会学派のマニフェストである」(Cabanel 1994: 63)。「宗教的事実を扱うには、結局のところ心理学的に説明されてしまうような人間の事実としてだけでなく、社会的事実としてとらえる必要がある。すなわち、それは必然的にさまざまな社会において生じるのであって、個々人の行動は共同生活に条件づけられている」(Hubert 1904: XIII)。そして、マックス・ミュラーとアルベール・レヴィユ（さらにはモリス・ジャストロー）の宗教の定義を批判している。

攻勢を強める社会学派に対し、J・レヴィユはみずからの立場を死守している。彼は、個人が社会的環境から切り離せないことを認めながらも、宗教は社会的現象以上のものだと主張している。「このような外側からの研究はもちろん必要だ。〔だが〕それだけでは十分でない。宗教的現象を最終的に解明し、真に説明するためには、それを人間の魂、想像力、心、理性、意識、本能そして情熱のなかに求めなければならない」(*Revue de l'histoire des religions*, t. 55, 1907–1: 203)。

レヴィユの応戦にもかかわらず、社会学派は躍進を遂げ、宗教研究における自由主義的プロテスタントの影響力は後退していった。一九〇七年には、プロテスタントのラウル・アリエを担当教授とする「宗教現象の心理学」という講座をコレージュ・ド・フランスに新設する計画が持ちあがったが、デュルケム学派は力を合わせてこれを阻止している。

デュルケム学派の台頭は、宗教研究の中心的な対象の変化をもたらした。それまでは、聖書の宗教が「高等宗教」と考えられ、ヴェルヌやレヴィユ父子のような自由主義的プロテスタントの関心を引きつけてきた。これに対し、デュルケム学派が第一に関心を向けるのは「未開宗教」である。彼らは、宗教進化の歴史をたどりながらキリスト教を頂点に位置づけるやり方を相対化し、より複雑でない宗教を対象に選んで、宗教現象を構成している（と思われる）要素の分析を進めていった。

この転換を示すものとして、あまり目立つものではないが象徴的な例を紹介しておく。それは、J・レヴィユの死後、『宗教史雑誌』の新刊文献目録の順番が入れ替わっていることだ。「聖書の宗教」に関する文献は、それまでは宗教史一般のリストの直後に掲げられていたが、これが一番後ろに回され、代わりに「非文明人の宗教」が冒頭に掲げられるようになった。

一九〇六年にA・レヴィユが、一九〇八年にJ・レヴィユが相次いで世を去ると、プロテスタント神学を背景に持つ心理学的な宗教研究は、急速に衰えていく。そしてフランスの宗教心理学は、これ以降「制度」的な足がかりを失ってしまう（Deconchy 1970: 145）。

だがこれは、高等研究院の宗教学部門でデュルケム学派が独り勝ちを収めたことを意味するのではない。というのも、レヴィユ父子の宗教進化論が退潮した機をとらえて、ヴェルヌの歴史研究が復権してくるからだ（Strenski 1998）。私たちは、ヴェルヌがレヴィユとの「政争」に敗れたことが、彼の極端な歴史主義をいっそう過激なものにしたのではないかと示唆しておいたが、彼はまさに第五部門の部門長となった頃から（一九一三―二三年）、次第にその研究態度を軟化させるようになる。[8] それでも、史料に依拠した文献学的研究という彼の基本的なスタンスは変わらない。

これ以降、高等研究院の第五部門の宗教研究を支配していくのは、史料をもとにした厳密な歴史研究と、人類学的・社会学的な研究の二つの大きな柱である。この傾向は二〇世紀半ばころまで続くだろう。[9]

以上、文献学的歴史主義（ヴェルヌ）、心理学的進化論（レヴィユ父子）、社会学的人類学的研究（ユベールとモース）の順に検討を加えてきた。それぞれの学派の特徴を際立たせるために、相互の影響関係についてはあまり触れてこなかった。ここでそれを簡単に述べておきたい。

ヴェルヌはレヴィユ父子の哲学的な「一般史」を忌避したが、彼なりに宗教の「一般史」――それは数多くの辛抱強い研究の末に形を取るだろう――を思い描いてはいる。レヴィユ父子は、デュルケム学派の「外側からの観察」を不十分だと主張しているが、社会学的研究の成果を否定しているわけではない。モースもまた、第五部門において社会学至上主義を唱えたわけではなく、歴史研究を尊重している[10]。それにモースは、研究対象となる人びとの「感情」から出発しようとすることを戒めたのであって、そこに到達しようとする研究の必要性は全面的に認めている[11]。

これら三つの学派が宗教研究の中心的な対象として選んでいるのは、それぞれユダヤ教（ヴェルヌ）、キリスト教および宗教史一般（レヴィユ父子）、そして未開宗教（ユベールとモース）である。この選択は、宗教をどのように定義するか、宗教研究の対象をどのように規定するかという問題と深くかかわっている。ヴェルヌは宗教の定義の問題にはあまり関心を抱いていないが、それでも研究対象の画定において前提とされているものはあるはずだ。レヴィユ父子は、心理学的な観点から宗教を定義している。そしてユベールとモースは、社会学的な観点から、宗教現象を構成するものをとらえようとしている。

これらは、政治的・社会的に定義された同時代の宗教概念に対して、いかなる批判力を持っているのだろうか。この問いに答えるにあたって、私たちは、それぞれの学派の宗教研究における道徳の位置に注目したい。当時の政治や社会の文脈において、「道徳」概念と「宗教」概念は、単純化すれば「公的なライシテ」と「私的な信仰」という形で振り分けられている。では、高等研究院第五部門の宗教学者たちは、「道徳」と「宗教」の関係をどのように考えていたのだろうか。前章末尾では、宗教史が道徳教育のなかに組み込まれたかどうかを論じた。以下では、宗教学が同時代のライシテの道徳を研究対象に組み込みえたかどうかを検討したい。

## 二　ライシテの道徳の位置

道徳と宗教の関係は、一九世紀を通じて、神学者や宗教学者が繰り返し論じてきた主題である。神学者は、道徳と宗教は分離できないと主張し、宗教学者は、歴史的事実を観察するよう主張した。神学者が道徳と宗教の不可分性をアプリオリなものとしているのに対し、宗教学者は両者の分離可能性をアプリオリなものとしているように思われる。

いずれにせよ、宗教学における道徳の位置は、神学における道徳の位置よりもあいまいである。(道徳と宗教が不可分と考えられている) 神学においては、道徳は中核的な位置を占めているが、(道徳の宗教からの独立可能性が想定されている) 宗教学においては、道徳は周辺化されてしまうからだ。たしかに、宗教学においても、道徳と宗教の歴史的な結びつきを正面から論じることは十分に可能であろう。だが、道徳と宗教の分離可能性が想定されているとき、同時代のライシテの道徳を宗教学の対象と見なすことは認識論的に困難であることが予想される。フランスの宗教学者たちは、はたして同時代の道徳を自分たちの研究対象に組み込むことができたのだろうか。

### ◇モーリス・ヴェルヌの場合

ヴェルヌの研究スタンスは、文献学的な歴史批判の方法をあらゆる個別的な宗教に対して厳密に適用しようとするものだ。たしかに彼の態度は、この点においては高度に「批判的」である。だが、ひとたび宗教研究の対象を定めたら、それを史料に即してただひたすら詳しく調べあげようとするだけで、研究者と対象の関係を改めて考察したりはしないという点では、根本的に「批判的」な態度に欠ける。要するに彼は、宗教とは何かという問いにあまり興味を抱いていない。少なくとも、この問いを常々意識しているわけではない。

では、ヴェルヌの宗教史のなかに、道徳は位置を占めているだろうか。すでに論じたように、彼はある時期、公教育の全階梯に宗教史教育を導入しようとしていた。そのときに彼は、ビュイッソンをはじめとする政治家たちに向けて、ユダヤ教の道徳的性格を強調し、公立校での道徳・市民教育にこの宗教を利用するよう提案している。この意味においてなら、ヴェルヌの研究対象に道徳が含まれていると言うことは可能である。ただしヴェルヌは、この政治的キャンペーンに失敗すると、文献学的な歴史批判の方法を先鋭化する方向に向かったのであって、道徳と宗教の関係を問い直すことはしていない。このテーマは、彼にはあまりに哲学的だと思われたはずだ。科学的な宗教史家という役割をみずからに課したヴェルヌの目に研究対象として映るのは、過去の宗教のみである。同時代のライシテの道徳が宗教史の対象となることはない。

もっとも、このように今日の視点から一〇〇年以上も前の方法論を振り返り、ヴェルヌの宗教史にはさしたる面白みがないと言うことはあまりにも容易である。むしろ彼の研究態度のなかに、レヴィユ流の神学的・心理学的宗教概念に疑問符をつける契機を見出し、その意義を積極的に評価することはできないだろうか。実際ヴェルヌは、レヴィユ父子がさまざまな宗教を貫くような宗教一般を前提する態度を批判している。そして、個々の宗教はそれぞれ固有な歴史や社会の状況に対応する形で存在しているのだから、それ自身によって説明されなければならないと主張している。

このような慎重な姿勢は有益で、今日の私たちにとっても示唆的なところがある。現代の宗教学は実際、西欧のキリスト教に由来する「宗教」(religion)概念が、近代化の過程で他の文明社会に押しつけられてきたことに対して批判的な眼差しを注いでいる。西欧のキリスト教史と密接に関わりながら作りあげられてきた「宗教」概念の特徴をいくつか挙げるなら、それはまず、聖なるものの領域と俗なるものの領域を分けようとする傾向がある(これは近代法の枠組みでは諸教会と国家の分離として理解されるのが一般的だが、世俗的権力の外部に精神的権威を位置づける発想は古くからある)。第二にそれは、普遍化の使命と結びついていて、宣教によってこの世の精神状況を刷新しようとするところがある。第三に、この野望は、正しい教義と異端とを分ける傾向につながっている。第四に、西欧キリスト教と結びついた宗教概念は、神を前にした人間の無力さを強調してはいるが、人間にかなり特権的な地位を与えている(Dubuisson 1998)。

一九世紀の西欧で生まれた宗教学が、このような一定の偏りを有した宗教概念に依拠したまま、世界のさまざまな宗教を理解することは可能だろうか。いや、西欧キリスト教の伝統のなかで作りあげられてきた宗教概念を自明のものとするならば、かえってそれは西欧キリスト教の外部にある宗教現象を正当に評価することの妨げとなる。そして、西欧キリスト教の価値観にしたがって、諸宗教を序列化するほかなくなる。この観点から見ると、宗教学とは、「客観的」で「普遍的」な「科学」の名において、西欧キリスト教的な宗教概念をその外部に「布教」しようとする新たな戦略だと言うことができるかもしれない。

西欧キリスト教的な宗教概念から脱却して、この概念をより柔軟で豊かなものにするには、さまざまな文明や文化に見られる宗教現象をできるかぎりその内部の理解の地平においてとらえつつ、宗教という一般概念を鍛え直していかなければならないだろう。この作業は容易ではない。もし、それぞれの文明や文化に世界の表象にかかわる象徴体系が見出せるとしても、それを「宗教」と言ってよいかは自明ではないからだ。いずれにせよ必要なのは、研究者が最初から自分のなかにある見方を押しつけて判断を下すのではなく、観察される宗教的な現象がそのまま当該社会のなかでしかるべき位置づけを占めるような理解を与えていくことである。

宗教史のモノグラフィーを書こうとしていたヴェルヌが、当時ここまでの洞察を持っていたと考えることは事実に反するだろう。このような想定はアナクロニズムにほかならない。それでも彼の態度は、西欧キリスト教概念の一般化に抗している点において、現代宗教学の視点につながってくる一面がある。

## ◇レヴィユ父子の場合

A・レヴィユとJ・レヴィユは、宗教のアプリオリな定義から出発する。その宗教概念は心理学的であり、さらには——彼ら自身は神学からの脱却をはかっているにもかかわらず——ほとんど神学的でさえある。その原因は、自由主義的プロテスタントから宗教の科学的研究にすんなりスライドしていった点に求められよう。

レヴィユ父子自身が、自分たちの宗教の定義の前提となっているキリスト教的なものに批判的な視線を注ぐことはない。これは、彼らのアプリオリな宗教の定義に、解釈学的な契機が欠けているということではない。むしろ彼らは自分たちの経験に基づいて宗教の定義を行なっているのだから、そのかぎりにおいては十分に解釈学的である。しかし、彼らの立場からは、キリスト教中心主義的な宗教概念を乗り越えることは困難である。

では、レヴィユ父子の宗教概念は、当時の社会にあって、どのような批判的な意義を有していたのだろうか。最も有力な答えとして考えられるのは、宗教の影響力の後退という近代社会の一般的傾向への抵抗である。彼らは、人間には宗教的な本性があり、宗教は人間の生活にとって必要不可欠だと主張した。近代生活においても宗教が必要であると訴え、宗教と科学的合理性のあいだに新たな関係を打ち立てようとした。

そのためレヴィユ父子は、キリスト教史を専門としながら、宗教の一般史にも大きな関心を注いでいる。その宗教史は、近代社会の宗教的現象をも記述の対象に据えている。本書の関心に引きつけて言うならば、宗教学とライシテの道徳の宗教史的理解がある。

もう少し具体的に述べてみよう。一方で、彼らは宗教の科学的研究自体を人類の宗教史の突端に位置づけている。A・レヴィユによれば、宗教の科学的研究とは、人間の本質的な欲求としての宗教と、時代の必要としての科学を融合したものなのだ。「真実への愛のために真実を希求することのうちには何か宗教的なものがある」(Réville 1860: 387)。これは、熱心な科学的探究は宗教的と言えると彼が考えていることを示している。J・レヴィユもまた、宗教学をはっきりと宗教史のなかに位置づけている（Réville 1909)。

他方で、彼らは道徳と宗教の関係を歴史的にとらえている。彼らによれば、宗教には道徳に欠けるものと道徳を備えたものとがあり、宗教史は前者から後者への移行として描かれる。宗教進化論は道徳進化論でもあるのだ。実際、A・レヴィユは次のように述べている。「宗教は道徳的である場合にのみ正当」であり、「非道徳性は誰が何と言おうと非宗教的である」。

歴史的に見ると、道徳と宗教は「文明以前の時代においてそれぞれ別々のものとして」発達し、それから「社会が組織されていくにしたがって、近づき結合しはじめるようになる」。そして「両者が親密に結びつくのは、最も高次の宗教においてのみである」(Réville 1885: 395)。はっきり言ってしまえば、キリスト教が最も道徳的な宗教だということである。「道徳は、宗教と結びつくこと〔によって〕魅力を増し、力を強め、堅固なものになるのである」(Réville 1881: 284)。

ところが、近代に入ると、道徳と宗教は分離していく。「今日において、個人と社会の道徳は、あらゆる具体的な宗教の形態から独立して存在していることは疑いを入れない」。

A・レヴィユはこの状況をどのように評価しているのだろうか。彼は、自分はアカデミックな科学者であるから、道徳についての政治的議論には関心がないとし、「いわゆる独立した道徳に対する賛成者と反対者のあいだで今日起こっている議論」に参加するつもりはないと述べている。しかしながら、そう断ったうえで、道徳と宗教は「分離されうるが〔……〕最終的には必ず合流するようにできている」と示唆している。

ここで彼は、宗教から道徳を切り離すことで満足している近代の傾向に、批判的な態度を取っているように思われる。しかしながら、政治的に規定された近代的な宗教概念に対し、根本から異議を唱えるところまでは行っていない。実際、彼が道徳と宗教の新たな融合の地平として想定しているのは私的領域であって、公的領域においては道徳と宗教の分離を追認している。

> もはや社会生活の基礎や原理を、宗教の教義に求めることはできない。〔……〕したがって、社会の観点から見た場合、道徳は〔宗教から〕独立している〔……〕。しかし個人の観点から見た場合、〔……〕精神の偏狭さや功利主義を脱し、迷信から解放された宗教的信念を持ち、そこから自分自身の道徳生活の気力と魅力と活力を得ている人間をたたえてはいけないのか。(Réville 1885: 288–289)

要するに宗教は、もはや社会的な道徳からは分離されるが、個人の道徳と結びついてそれを強化しうるということだ。だとすれば、A・レヴィユが同時代の道徳と宗教を関係づけるやり方は、ライシテに基づく共和国が二つの概念を切り分けるやりかたと構造的には変わらない。したがって、彼の視点からは、公的領域において機能しているライシテの道徳の宗教性を批判的に問うことは難しい。

J・レヴィユの場合は、同時代の「個人生活および社会生活における宗教の必要性」〔強調引用者〕を訴えており、「この宗教が効果を発揮するのは〔……〕道徳生活全体にインスピレーションを与える」ときだと述べている。つまり息子のレヴィユは、父親とはやや異なって、宗教が個人と社会の双方のレベルにおいて道徳的な役割を果たすことを望んでいる。こうして彼は、新しい道徳的な宗教を提唱している。これは、宗教的なライシテの道徳を唱えたフェルディナン・ビュイッソンの立場を思い起こさせる。「近代の自由主義的プロテスタントの使命は、人種や宗教に関係なく、あらゆる条件のもとにある人間に呼びかけ、生まれがカトリックである者にも、プロテスタントやユダヤ教徒にも〔……〕ひとつの宗教を提案することにある。それは、理性に適い、経験によって証明され、高度な文化の社会における意識と心の要求に応じた宗教である」。この宗教は「伝統に連なるものであるとともに――なぜならそれは何よりもキリストの福音に連なっているからだ――持続的な進歩を導くもので、文明の新たな条件と新たな要求に〔応じている〕」(Réville 1903: 167–169)。

この新たな宗教的道徳は、ビュイッソンの唱えた道徳と同じように、プロテスタント的なルーツを持ちながらライシテを主張している。ここには、この道徳を宗教史のなかに組み込もうとする視点が窺える。つまり、J・レヴィユの宗教学において、ライシテの道徳は一定の位置を占めている。ただし、この主題への言及は、正面からのものというよりは暗示的なものにとどまっている。それに、この主題を展開するにあたっては、どうしても彼のプロテスタント信仰が混在してきてしまう。

### ◇デュルケム学派の場合

社会学の立場に立つデュルケムとその弟子たちは、レヴィユ父子の宗教のアプリオリな定義と宗教進化論に異議を唱えている。これは、宗教史の展開と道徳の発達に並行関係を見ることを拒むということである。そもそもキリスト教の登場とその後の展開を特権化する歴史観を採用しているのだから、キリスト教の道徳的卓越性が導き出されるのは当然ではないか。道徳的に優れた宗教と劣った宗教があるように感じるのは、主観的で心理学的な見方をしているからだ。これに対して、宗教社会学はできるかぎり客観的な視点を構築しようとする。そこでデュルケムとその弟子たちは、外から観察できる「宗教的事実」や「宗教的現象」から出発すべきだと提案する。そうすれば、あらゆる社会において、その社会に固有の道徳があることが分かるだろう。実際デュルケムは次のように述べている。「社会の型と同じだけの道徳がある。そして、劣った社会の道徳も、文明社会の道徳と同じ資格において、道徳なのである」(*Revue philosophique de la France et de l'étranger*, 1887-2: 142)。

　このように、デュルケム学派は視点をひっくり返している。これによって、宗教の歴史の歩みのなかで道徳が発達してきたという考えは、かなり根本的なところから相対化されている。またこの見方に立つと、道徳と宗教の関係を社会のレベルにおいて問うことができる。すると、次の問いが正当な問いとして成り立つ。すなわち、いわゆる未開社会が文明社会と同じように道徳的であるとすれば、近代社会も未開社会や古代社会と同じように宗教的なのではないかという問いである。このような社会学の視点は、政治によって規定された近代的な宗教概念——それは宗教的なものを個人の良心と私的な領域で実践される礼拝に還元しがちである——に疑問を投げかけ、社会レベルで流通しているライシテの道徳を宗教性の観点から問い直すことを可能にするだろう。

　特にこの点を掘り下げて論じたのは、デュルケムその人である。デュルケムにとって道徳は、周辺的な主題ではなく、社会学的探究の中核に位置している。彼は社会学者としてのキャリアを歩みはじめた時点からその生涯を閉じるまで、一貫して道徳の問題に取り組んだと言っても過言ではない。さらに彼は、道徳を次第に宗教的なものと密接に関連づけていく。これは彼が研究対象としての宗教を、学問的に構築していく過程に対応している。しかもデュルケムは、未開宗教の道徳的側面を明らかにするだけでは飽き足らなかった。彼は、未開社会についての研究と同時代的な考察を関連づけようとし、ライシテの道徳の宗教的な側面についても正面から検討を加えている。たしかにレヴィユの宗教史においても、ライシテの道徳は暗示的な研究対象として一定の位置を占めていたが、デュルケムの宗教社会学におけるライシテの道徳の位置は、比較にならないくらい大きい。それゆえ次章では、この社会学者に焦点を当て、彼の宗教社会学とライシテの道徳の関係を明らかにしたい。

本章を終えるにあたって付記しておくべきは、二〇世紀初頭のフランスでは、デュルケムのほかにも少なくとも三人の社会学者（あるいは人類学者）が、道徳と宗教の関係に関心を抱いていたということだ。マルセル・モース、リュシアン・レヴィ＝ブリュール、アルベール・バイエである（しかもモースとバイエは高等研究院第五部門の講座を担当している）。デュルケムについて詳述しようとしている本書が、どうしてこれら三人については簡単な言及で済まそうとするのか、説明を加えておかなければなるまい。

デュルケムが同時代の道徳の問題に正面から取り組んでいるとするなら、モースの道徳の扱い方はやや間接的である。デュルケムは、「聖」概念はあらゆる人間の文化に適用できると考え、未開社会についての考察を大胆にも同時代の社会に直接的に応用しようとしている。これに対し、モースは学問的により慎重で、性急な一般化を自制しているところがある。たしかにモースの関心は、未開社会の事象には限定されておらず、それどころかあらゆる知の領域に及んでいた。また、組合活動に関与するなど社会運動の実践にも熱心で、同時代の社会と行動的な関係を築こうとしていた。それでも彼は、同時代のライシテの道徳を明示的な形では研究していない。このことは、モースのテクストとデュルケムのテクストを読み比べてみれば明らかである。

もちろんこれは、モースに独自の道徳論がないという意味ではない。それどころか、彼はその代表的な論文のひとつである「贈与論」（一九二三―二四年）において、「贈与の道徳」と「商人の道徳」という二つの対比的な概念を提出している。そこには、気前のよい利他的な贈与の論理によって、近代社会を支配する功利主義的な道徳を批判的に乗り越えようとする問題意識が窺える（Mauss [1923-24] [1950] 1991: 258）。また、社会運動に熱心であった彼は、社会保障の法制化に賛意を示しており、「蓄積された富の再分配を保証するような〔市民〕相互の敬意と寛大さ」に基づく新たな道徳を提唱している（Fournier 1994: 521-522）。この点に注目して、モースの道徳を掘り下げていく研究は意義深いと思われる。そうだとしても、やはり彼のライシテの道徳についての言及は暗示的なものにとどまっている。さらに言えば、この人物の道徳論を深く研究しようとすれば、一九二〇年代や一九三〇年代という第一次世界大戦後の知の文脈に分け入っていかなければならないが、本書は広義の一九世紀という時代設定を設けている。すでにモースは一九世紀末より活発な学究活動を繰り広げてはいるが、一八七二年に生まれた彼は、やはり二〇世紀の社会学者ないし人類学者として位置づけるのが妥当だと思われる。

一九二二年の著作『未開人の心性』で知られるレヴィ＝ブリュールも、二〇世紀の民族学・人類学の地平を思わせる。ただし、彼の生年はデュルケムよりも一年早く、一九〇三年には『道徳と習俗の社会学』を著して、道徳の社会学を樹立しようとしている。社会的事実の科学を道徳の領域に応用したことで、彼はデュルケム社会学の擁護者として知られることになった。彼はこの本のなかで、普遍的な道徳というものはなく、社会によってさまざまな習俗があるだけだと主張している。そして、道徳を思弁に基づいて打ち立てるやり方を批判し、これまでの道徳理論を「習俗の科学」という実証科学に置き換えようとしている。しかも彼は、この観点から同時代の道徳のあり方にも関心を抱き、ライシテの道徳を研究対象に組み込んでいる（Lévy-Bruhl［1903］1953）。

しかしながら、レヴィ＝ブリュールの関心は、さまざまな道徳を「理性」を尺度として分類することにあり、同時代の道徳に見られる宗教的側面の解明にはなかった。これに対してデュルケムは、道徳的事実と他の社会的事実の関連を宗教性という観点から明らかにしようとしており、この態度は同時代の社会の分析にも及んでいる。要するにレヴィ＝ブリュールは、同時代の道徳は合理的であり、それは「神秘的な表象」に依拠していた未開社会の道徳とは質的に違うと考えている。実際『未開人の心性』では、近代人の合理的な心性が未開人の「前論理的」な心性と対比されている（Lévy-Bruhl［1922］1960）。一方に「宗教的な未開社会」があり、他方に「ライシテに基づく文明社会」があるという図式は、ライシテにまつわる諸価値を宗教性の観点から分析するのには適していない。

アルベール・バイエもまた――おそらくはレヴィ＝ブリュール以上に――ライシテの道徳の宗教性を問うという観点は持ち合わせていない。デュルケムの社会学を合理主義の方向に先鋭化したバイエは、同時代のライシテの道徳に見られる唯心論的側面を厳しく批判し、社会学の力を借りてライシテの道徳を理性のみに基づかせようとしている。また、彼は一九〇五年に弱冠二五歳にして『科学的道徳』を著しているが、ライシテの有力な論客として頭角を現わしていくのは第一次世界大戦後である（Bayet 1905; 1925）。たしかに道徳を完全に合理主義的に扱う社会学的研究を確立したのはバイエの功績で、彼は高等研究院の宗教学部門で「道徳的諸観念の歴史」という講座を担当しているが（一九二三―四八年）、そこにはライシテの道徳の宗教性を問う姿勢は見られない。バイエが唱導するライシテの道徳は合理主義的で、あらゆる宗教的な側面と手を切ろうとするものであった。次章で検討するデュルケムは、これとはかなり違った態度を示している。

（1）　第五部門に「道徳的諸観念の歴史」という講座が創設されるのは、一九二三年になってからのことである。しかも講座担当者のバイエは、のちに述べるように、道徳を完全に合理主義の観点から扱っており、ライシテの道徳の宗教的側面を問う観点には立っていない。

（2）　もっとも、このヴェルヌの見方をそのまま受け入れてよいかは別問題である。神学者を辛辣に批判する宗教学者も「論争的」でありえたはずだし、論争的な姿勢を括弧に入れた神学者もいたはずだからである。たとえばエクスのアカデミーの視学官は、カトリック神学部の教授たちが研究「熱心」で、そこでは「政治や党派の精神」が「排除」されていると指摘している（Ministère de l'Instruction publique et des Beaux-arts, 1885: 9）。

（3）　前章第三節を参照。

（4）　レオン・マリリエは、高等研究院第五部門において、「非文明人の宗教」の講座を担当した。これは最初、正規の講座ではなかったが（一八八八―九〇大学年度）、「キリスト教の起源の歴史」を担当していたエルネスト・アヴェの死（一八八九年）にともない、一八九〇年から正式な講座となる。マリリエはレヴィユ流の宗教進化論の立場に立ち、心理学的な方法を用いて「非文明人の宗教」にアプローチした。のちに見るように、この研究態度はマリリエの講座を継承したマルセル・モースから厳しい批判を受けることになる。

（5）　この論文におけるデュルケムの宗教（および宗教的現象）の定義は、次章で詳細に検討する。

（6）　モースは、『社会学年報』における「宗教社会学」の部門を担当した。

（7）　ここでは、この批判の妥当性をめぐってタイラーやフレーザーのテクストを詳しく検討することはしない。ただ一言述べておくなら、とりわけ『金枝篇』におけるフレーザーの方法は、デュルケム学派の批判が全面的に該当するほど単純なものではないだろう。

（8）　かつてヴェルヌは、ヘブライ人の歴史において信頼に足る史料は出エジプト以降に限られるとし、旧約聖書の大部分はひとりの作者によって紀元前四〇〇年から二〇〇年の時期に書かれたと主張するとともに、ヘブライ人が次第に多神教から一神教に移っていったとする説に異議を唱えていた（Vernes 1889; 1890; 1891）。これには、クーネンやルナンが猛反発し、ヴェルヌの方法に着想を与えたモノーでさえも支持をためらった。だが、ヴェルヌはのちにこの見解を修正し、旧約聖書の一部が出エジプト以前に書かれていることを認めている（Vernes 1914）。

（9）この二本の軸に沿って分類を試みるなら、ジュール・トゥタン（「ギリシアとローマの宗教」＝一八九八―一九三四年）、シャルル・フォセー（「アッシリア・バビロニアの宗教」＝一九〇六―三七年）、ウジェーヌ・ド・ファイユ（「キリスト教文学と教会史」＝一八九四―一九二九年）などは、厳密な歴史研究の側に位置づけられよう。これに対し、ユベールやモース、マルセル・グラネ（「極東の宗教」＝一九一三―四〇年）、ジョルジュ・デュメジル（「比較神話学」＝一九三五―六八年）らは、人類学的・社会学的研究の系譜に属すると言えるだろう。もちろんそこに相互交流がなかったわけではない。また、レヴィ＝ブリュール流の宗教心理学は潰えたとしても、神秘主義に積極的な価値を認めるアンリ・ドラクロワやジャン・バリュージの研究——これはベルクソンにまでつながる系譜である——が、制度的な宗教学にも一定の刺激を与えていくだろう。第五部門の研究者のなかでは、とりわけモースやエティエンヌ・ジルソンが、複合的なアプローチを洗練させている。

（10）実際モースは後年こう述べている。「非文明人の宗教の歴史という講座を担当するにあたって、私はこの古めかしい講座名と高等研究院の精神に忠実であった。私の研究対象に対して比較の観点からしか興味を抱けないようなときでも、私はそこでは厳密に歴史的で批判的な観点からしか教育を行なわず、比較の視点には立たなかった。戦闘的な社会学を講じた覚えはまったくない」（Mauss 1930, cité dans Fournier 1994: 193）。

（11）モースは一九二三年に心理学協会において社会学と心理学が協力すべきことを訴えている。

## 第Ⅲ部の結論　宗教学の認識論的限界？

宗教学は、方法論と認識論の両面にわたって神学からの切断を果たそうとした。信仰の対象と考えられていた宗教は、今や科学の視点から扱われるものとなる。説教の言説を紡ぐ代わりに史料の詳細な検討が行なわれるようになり、キリスト教の護教論に代わって諸宗教の並列化が進められた。このような観点から見るならば、神学的研究と宗教の科学的研究の違いは、明らかに程度問題ではなく、質的なものだ。

だが、別の観点から眺めることも忘れてはならない。カトリック神学部の教授たちも、ある意味ではリベラルで、キリスト教以外の宗教を扱う際には、批判的な歴史学の方法を取り入れていた。その点、彼らも宗教学の動向には無関心ではなく、宗教学の進展に対していかに対峙するかという課題に取り組んでいた。

他方、キリスト教中心主義の傾向は、カトリック神学だけでなく宗教学にも窺える。たしかに、神学部の講座がすべてキリスト教学の範囲に収まるものであったとすれば、高等研究院第五部門に設けられた講座の半数は、ユダヤ＝キリスト教の伝統の外部にある宗教を研究対象に据えた。この事実から、一定の脱キリスト教化が成し遂げられたと言うことはできる。だが、創設期の第五部門は、プロテスタント出身の学者の影響を強く受けていた。宗教学は、科学の装いを施したプロテスタント神学の趣さえあった。A・レヴィユは、プロテスタント信者であることを公言しながら、自分が手がける研究の普遍性と客観性を主張した。文献学の手法を用いつつ、宗教進化論の立場に立つことによって、当時の科学の水準を満たしながら、キリスト教（とりわけプロテスタント）を特権化することができた。A・レヴィユは、批判相手の神学的研究を（正当にも！）次のように評している。それは対象を「あらかじめ確立されている教義の主張に適うように」分類しているだけだ、と（*Revue de l'histoire des religions*, 1884-2: 362）。しかしこの批判は、ほとんどそのまま彼自身にも当てはまるのではないだろうか。世紀転換期には、デュルケム学派が宗教進化論を相対化するが、宗教学はなかなかキリスト教中心主義の図式から抜け出すことができなかった。

もうひとつ、宗教学者が神学者と共有していたことがある。それは、宗教の私事化と副次化が進む時代にあって、宗教的なものの意義を強調する姿勢である。そのため、当時の宗教学者は、科学の最前線に位置しているはずなのに、時代の趨勢に逆行している印象を与えることがある。宗教学と近代はしばしば両義的な関係にある。この両義性は、宗教学者が宗教（的なもの）と近代の価値を調和させようとする関心に表われている。たとえば、モーリス・ヴェルヌはユダヤ教の近代的な性格を強調し、この宗教に見られる愛国主義的な要素を対独復讐に燃えるフランスの道徳教育に利用しようとしている。A・レヴィユとJ・レヴィユは、キリスト教以前の宗教に対して共感の眼差しを向ける一方で（もっともそこにはしばしば軽蔑の視線も混ざっている）、自由主義的プロテスタントに体現されている近代的な宗教を推奨している。それから、モースの唱えた「全体的人間」は、近代における人間の断片化と功利主義的な傾向に対する批判と読める。要するに、高等研究院第五部門の宗教学者たちは、カトリック神学とは手を切ろうとしているが、そのために反宗教的な態度を取ることはほとんどなかった。彼らは、宗教の破壊者であるとの評判を懸命に退けている。

どうか誤解のないように。高等研究院に宗教学部門を設置することは、いかなる意味においても反宗教を目指す改革ではないのだ。〔……〕各種教会や、残存する神学部〔プロテスタント神学部のこと〕に対する敵意は、これっぽっちもない。それは宗教的な喧伝行為でも、反宗教的な喧伝行為でもない。(*Revue de l'histoire des religions*, 1886–1: 103)

この主張から逆に読み取れるのは、フランスの文脈では、カトリック神学からの切断をはかる宗教学の姿勢は、反宗教的と受け取られがちだったということだ。これに対し、宗教学者たちは、伝統的カトリックか共和主義的ライシテかという二項対立を乗り越えようとしている。そして、リベラルで近代的な地平で宗教を刷新しようとしている。

このような状況で、宗教の科学的研究自体が「宗教学者の宗教」になる現象がしばしば起こる。これはとりわけレヴィユ父子の態度に見られ、彼らの科学的な研究への「献身」とプロテスタント信仰は、もはや見分けがつかない形で混ざりあっている。研究対象への取り組みがそのまま信仰になるという図式は、同じようにヴェルヌに当てはまるかは自明ではないが、極端な歴史主義をさらに先鋭化させていく彼の情熱を動機づけているものは何かと考えると、この観点は案外有力な理解の補助線となるかもしれない。では、社会学者たちはどうだろうか。研究対象としての宗教現象を「構築的」にとらえようとする彼らの態度は、観察者である彼ら自身の自己理解にも跳ね返ってくる。客観的な対象の構築に主観が折り込まれると言ってもよいし、この客体化のなかで主観からのある程度の脱出が可能になると言ってもよい。社会学者の研究態度そのものの宗教性を問題にするのなら、このプロセスを意識しておくことが重要だ。必然的にそうなるとはかぎらないが、宗教社会学的研究に従事するうちに、自己理解が宗教的になっていくことは起こりうる。この論点は、デュルケムについて論じるときにまた出てくるだろう。

先ほどの引用文に戻れば、フランスの宗教学者たちは、宗教学はいわゆる宗教的な喧伝行為をするものではないと主張しているが、それでも自分たちの研究している宗教が、できるだけ多くの人たちの関心を引くものであってほしいとは願っていた。だが、制度化された宗教学は、政治的な関心を括弧に入れ、厳密な文献学に依拠しなければならなかった点において、一九世紀前半に見られた宗教の科学的研究とは趣を異にする。一九世紀後半の宗教学は、一握りの専門家のみを相手にする「秘教的」な学問で、研究成果を社会に還元しようとした一部の宗教学者の努力にもかかわらず、一般人の関心を引きつけるにはいたらなかった。

この意味で宗教学が「失敗」したとするなら、それはライシテの道徳の「成功」と対照的だ。宗教学もライシテの道徳も、一八八〇年代の脱宗教化の潮流のなかで正当性を獲得したが、ライシテの道徳が多くの人を巻き込んだのに対し、宗教学の影響は少数の研究者にかぎられた。この違いは、一方では初等教育と高等教育の格差を示しているが、他方では当時の共和政が道徳と宗教の二つの概念を峻別しようとしていたことにも関係している。道徳教育のプログラムのなかには「神への義務」が含まれていたが、共和派はライシテの道徳と宗教（的事実）を近づけることを好まなかった。

このように、共和派が道徳概念と宗教概念を分けて規定しようとしていたとき、共和派が制度化した宗教学は、同時代のライシテの道徳を宗教研究の対象としえたのだろうか。

宗教学者は、第三共和政の指導者とともに、教権主義に対する闘争を挑んだ。政治家たちは政治の領域で、宗教学者たちは宗教研究の領域でという違いはあったが、クロード・ニコレが指摘するように、「共和主義的な科学」と「科学的な共和国」のあいだには親近性があった（Nicolet 1982: 309-311）。反教権主義という同盟を結んでいるとき、宗教学者が政治権力に批判的な距離を取ることは必ずしも容易ではない。だが、共和国は宗教学者に研究の自由を保障していたのだから、研究者が政治的に定義された道徳と宗教の関係とは別の規定の仕方をする余地はあった。ここには、バシュラールの言う「認識論的障害」の問題が立ち現われている（Bachelard 1938: 14-19）。すなわち、ライシテにまつわる諸価値の宗教的側面を認識することは構造的に困難である。しかし、まさにこの困難に立ち向かいながら、宗教学者は自分たちに与えられた研究状況を認識し、学問を発展させていこうとする。

一八八〇年代のフランス宗教学では、道徳と宗教の関係という問題は無視されるか（ヴェルヌ）、二つの概念のアプリオリな定義から出発して道徳的宗教の優越性が打ち出されるか（レヴィユ父子）のどちらかだった。前者の場合、ライシテの道徳が宗教研究に位置を占めることはなかった。後者の場合でも、ライシテの道徳は周辺的に扱われる可能性を有していただけだ。しかもそれは、自由主義的プロテスタントを正当化する関心に支えられていた。

ところが世紀転換期になると、社会学の見方が出てきて、宗教研究からプロテスタントの色を除こうとする。デュルケム学派は、道徳と宗教をアプリオリに定義せず、それぞれの社会に固有の道徳と宗教があると考える。おもな研究対象に選ばれているのは未開社会だが、同時代に対しても批判的な視線が向けられている。ここからは、未開社会の道徳が近代社会の道徳と同じように道徳的であるように、同時代の道徳は古代の道徳と同じように宗教的な側面を持っているはずだという論理が出てくる。この論理こそ、ライシテの道徳を宗教研究に組み込む視点につながるものである。

# 第Ⅳ部　道徳と宗教の新たな合流点
## ――「宗教のあとの宗教性」

宗教のなかには何か永遠なものがある。それは、宗教思想が次々とその身を包んできたあらゆる特定の象徴の寿命がつきても、なお残存すべく定められている。

エミール・デュルケム

宗教的な感激に満たされた魂は真に高揚し、どこか別の場所へと向かう。どうしてそのような魂が、科学の実験におけるように、移動させ持ち上げる力を、私たちにありありと実感させないことがあるだろうか。

アンリ・ベルクソン

私たちは、第Ⅲ部の最後で、ライシテの道徳が宗教学の研究対象となりえたかという問いに行き着いた。答えは否定的だった。宗教を私的な領域に閉じ込め、道徳を公的なものと位置づける政治体制のもとで営まれる宗教学には、ある認識論的な限界がつきまとっていた。だが、一九世紀末頃より、政治的に規定された道徳と宗教の切り分け方を乗り越えるような宗教研究が生まれてくる。第Ⅳ部では、このような観点からデュルケムの社会学とベルクソンの哲学を検討する。

互いに立場を異にしながら、デュルケムもベルクソンも、ある社会において流通している概念は、実在を表象するひとつの手段であって、実在そのものではないことを見抜いていた。彼らは、宗教研究における「批判」の規準を深化させている。ヴェルヌやレヴィユのような宗教史家にとって、この言葉は「テクストの批判」――テクストを超越的な真理を宿したものと見るのではなく史料として扱う――を意味していた。デュルケムやベルクソンにおいては「主体の批判」――あらかじめ確立されたものの見方をそのまま受け入れることに抵抗する――を意味している。

デュルケムとベルクソンは、宗教学の制度化の時代（一八八〇年代）よりも遅れて宗教研究に参入し、また狭義の制度的な宗教学から距離を保っていた。この時間的・空間的要因は小さくない。彼らはそれぞれ違った立場から、宗教概念を洗練し、道徳と宗教の新たな合流点を探っている。これはもちろん、保守的なカトリックによる道徳と宗教の不可分性の主張とは異質なものだ。デュルケムとベルクソンは、いわばライシテが確立された近代的な地平に立ちながら、道徳的な宗教性を探っている。私たちが目指すのは、この「宗教のあとの宗教性」（Gauchet 1985; Gauchet et Ferry 2004）の輪郭をとらえ、分節化し、そうして分節化された諸要素の内的連関をできるかぎり明示的に示すことである。そしてまた、デュルケムとベルクソンが、ライシテの道徳と宗教研究の展開にどのように関与したのかを示すことである。

このような問題関心からすれば、デュルケムが正面から論じるべき相手であることは言を俟たない。これに対し、ベルクソンをこのような形で取りあげることは必ずしも自明ではない。そもそもこの哲学者はライシテの道徳を直接的には扱っていないし、宗教研究の歴史のなかでどのような位置を占めているのかも今ひとつはっきりしない。また、本書の守備範囲である「一九世紀」の枠組みで、彼の道徳論と宗教論を扱ってよいかという問題もある。これらの点については、第10章の冒頭で筆者なりに議論を尽くすよう努めたつもりである。

# 第9章　デュルケムの宗教社会学とライシテの道徳

本章では、エミール・デュルケムの社会学において、道徳研究と宗教研究がいかなる関係にあったのかを解明する。この社会学者が全キャリアを通じて道徳の問題に関心を抱いていたと指摘する研究者は少なくない（Bellah 1973, etc.）。他方、彼の社会学は宗教社会学に傾斜する形で発展していく。一見したところ、未開社会の研究を中心とした宗教社会学と、道徳を科学的に取り扱う道徳社会学は別物のように映るかもしれない。だが私たちの考えでは、これら二つは密接に関連している。デュルケムは、まさに彼が構築しようとした宗教社会学によってライシテの道徳を扱おうとしている。

デュルケムの事績が、宗教研究の領域と道徳の領域の双方に及んでいることに注意したい。これによって彼は、二つの領域の関係の組み替えに関与している。つまりこういうことだ。ライシテの道徳は政治的ないし教育的なものとして、宗教学はアカデミックなものとして確立された。そのため、政治家は宗教研究とは基本的に無縁だったし、宗教学者はなるべく政治にまみれないようにしていた。これに対してデュルケムは、宗教研究を刷新すると同時に、道徳教育を通じて社会をよりよい方向に導くことを企図している。

この点を明らかにするために、以下では、デュルケムの打ち立てた社会学の基本的な性格を検討することからはじめよう。彼が新しい社会科学の「父」となったのは、いかなる知的・認識論的な地平においてなのか。いかにして彼は、科学的な研究を政治的な行動につなげる道筋をつけたのか。

最初の問いに対しては、歴史学と社会学の違いを明らかにすることによって、ひとつの解答を示唆したい。科学的な宗教研究の刷新は、「宗教史」から「宗教社会学」への移行に対応しているからである。デュルケムは社会学を確立するために隣接諸科学を批判しているが、心理学、哲学、生物学などと並び、歴史学も批判の対象となっている。本書では、すでに二つないし三つの「歴史学」の像を提示している。ひとつはコントが描くような哲学的な歴史であって、社会の観点から人間の精神の歴史的発展をたどろうとする。それは政治的な行動とも関連を有していた。もうひとつは一九世紀半ば以降のもので、史料に依拠しながら厳密さを追求する一方、政治的な教説を直接的に唱えることは差し控えようとする。このような歴史学は、モノーやヴェルヌの史料絶対主義と、ルナンやレヴィユの心理学的な進化論とに分けることができた。デュルケムは、これらの「歴史学」すべてと手を切りながら、歴史学の成果を「社会学」に統合するよう訴えている。

第二の問いに対しては、現実社会に介入するデュルケムの論理を明らかにすることによって答えたい。彼は、社会学的理論と社会的実践のあいだ――「科学」と「政治」のあいだとも言える――につながりをつけようとしている。ある研究者の指摘によれば、「デュルケムの計画が科学的であることは否定すべくもないが、この社会学者の政治参加を考慮すると、彼の企ては政治的・教育的なものでもある」(Loeffel 2000: 167)。デュルケムは、科学は当為や政治的行動を導かないという一九世紀後半の「常識」に抗して、新しい科学のあり方を提示しようとしている。彼は、「健康な状態と病的な状態を科学的に区別」する「客観的な基準」が事実そのものに属していると考える。そうであれば、「望ましいこと」と「望ましくないこと」を「科学的」に規定することができ、そこから社会的な実践を導き出すことができるはずだ（Steiner 2005: 64）。この「正常―異常」図式は、デュルケム社会学が宗教現象の解明を志向するようになるにしたがって、「聖―俗」図式へと変貌していくだろう。

このように、デュルケム社会学の基本的特徴を二つ指摘したあとで、デュルケム社会学がどのように発展し、宗教社会学に行き着いたのかをあとづけよう。この展開は、社会学的な宗教の定義の洗練に対応している。デュルケムは宗教を定義するにあたり、教義と礼拝の要素をともに重視する。これは、理論と実践という彼の社会学の二つの方向性を反映している。またデュルケムの定義は、歴史的な視点、とりわけ宗教進化論を相対化している。デュルケムは、「聖」という概念に依拠しながら、社会生活と宗教的なものとを結びつける。デュルケムによれば、この「聖」という概念は、あらゆる社会に見られる普遍的な現象である。したがって、未開社会の研究は、それ自身では完結せず、近代的な「聖」のあり方の考察と分かちがたく結びついている。

このとき宗教社会学は、ライシテの道徳を改善する試みに合流する。デュルケムは、いわゆる宗教的な道徳とライシテの道徳をきっぱりと切断する一方で、ライシテの道徳に宗教的なものを（再び）導入している。彼によれば、ライシテの道徳がきちんと機能するためには、この宗教的なものが絶対に欠かせないという。ここにおいて、ライシテの道徳と近代における宗教性はほとんど同じものとしてとらえられる。私たちはこの点を、道徳の二元性と聖の二元性の対応関係に注目しながら示したい。

最後に、デュルケムにおける「宗教のあとの宗教性」を三つの側面から指摘したい。この「宗教の残余」は、ライシテに適合的でありながら、なお宗教的なものである。

## 一　社会学の成立

それでは予告しておいたように、デュルケムが歴史学と社会学をどのように区別したのか、科学と政治のあいだにどのような連絡をつけたのかを検討することからはじめよう。

### ◇コント社会学の遺産の両義性

社会学をひとつの独立した学問分野として打ち立てようとしたデュルケムは、この企てにおける「前任者」であるコントの業績をどう受け止めていたのだろうか。コントは、「社会的事実」を心理学や生物学の枠組みで説明することを批判し、それを社会学の水準で扱うべきだと述べている。デュルケムの主張も、この点では同じである。(1)また、社会学は観察可能な現象の説明に限られ、現象の「起源」や「本質」は追求しないという態度も、コントとデュルケムに共通している。

だが、デュルケムの目には、コントの社会学はなお心理学的・形而上学的な地平にとどまっているように見えた。真に科学的というよりは哲学的で、事前にこしらえた観念にとらわれていると思われた。デュルケムがコントを批判する語り口は、興味深いことに、かつてコントが神学者や形而上学者を批判した語り口ととてもよく似ている。「なるほどコントは、社会現象は自然的事実であり、自然法則にしたがうと言明はした。〔……〕しかしながら、いったんこの哲学的一般論から離れて、みずからの原理を適用してその一般論のなかに含まれていた科学を取り出そうとするとき、コントがその研究対象として据えたのは、さまざまな観念にほかならなかった」

(RMS: 19＝七八)。

さらにデュルケムは、コントが人間社会の多様性と異質性に十分な注意を払っていないと批判する。コントは、人類全般の精神史を扱おうとして、かなり性急に人間の精神を単一性へと還元しているというのである。コントをよく読めば、この批判はあまり当たっていない。コントはコントなりに、人間社会が多様性に富んだ豊かなものであることを示しているからだ。だが、ここでの目的はコントの擁護ではない。問うべきは、なぜデュルケムの目にはコントの社会学が使い物にならないと映ったのかということである。端的に言えば、デュルケムはみずから「社会学の父」を任ずるために「父親殺し」を行なったのであろう。だが、そこには個人的な野心だけでは説明のつかないもの、もっと時代に内在した構造的な理由があるように思われる。

一九世紀後半の歴史家がコントの歴史叙述の仕方を批判したのは、それが史料に依拠していないからだった。デュルケムは、史料の欠如の点でコントを責めるというよりも、コントの歴史観が観念的に構築されている点を問題視している。これは、デュルケムが反進化論者だという意味ではない。たしかにデュルケムは進化論の図式を相対化しているが、最終的にはむしろ発展史観の立場に立つように思われるからだ。実際デュルケムは、歴史上の変化を説明する際に、コントが用いた「社会動学」という考えを受け入れている。デュルケムが強く批判するのは、コントの「社会静学」だ。

コントが提唱する社会静学とは、ある社会を取りあげて、その社会を構成しているさまざまな要素（経済的、知的、道徳的、政治的要素など）がどのように編成されているかを観察することを指す。コントは、これらの要素が全体的な調和のなかで互いに規定しあっていることを重視し、全体からひとつの要素だけを取り出すことを戒めている。だがデュルケムによれば、「この理論はコント哲学の根本的な誤りである」。コントの「社会静学」では、雑駁とした総合の立場から抜け出せず、厳密な分析に進むことができない。デュルケムは、社会的事実がそれぞれ異なった秩序をもち、固有の機能を果たしていると主張する。「〔コント〕の語る総合的な視点というものは、実はあいまいな諸表象にすぎない。それでは科学は満足しない。〔……〕社会現象を分解してみれば、それらは経済的、芸術的、知的、道徳的、法的、政治的事実などに分割されることがわかるだろう」(T1: 39)。

コントとデュルケムを時代的に隔てているのは、専門化の進展である。社会の分化が進み、それにつれて個々の学問分野の独立性も高まった。もはやディレッタントの時代は終わっている。「何物にも専心せず、すべてのものに興味を持ち、すべてを味わい、すべてを理解し、文明の精華を一身に集約することのできる人が、完全な人間であるかのように見えた時代は、過ぎ去っている」(DTS: 5＝上八五)。またデュルケムは、コントが「常識」に訴えて、哲学者と民衆を接近させている点に対して否定的である。これは必ずしもデュルケムがエリート主義者だという意味ではないが、彼は社会学者として、世間一般の観念を持つのではなく、むしろ世間一般とは違った見方をしようとしている。いずれにせよ、「デュルケムは一般性の時代に終止符を打とうとしている」(Heilbron 1993: 64)。

要するに、デュルケムから見ると、コントの社会学は単純にすぎ、常識にとらわれ、観念的な歴史哲学と結びついている。だが、この評価を鵜呑みにするのではなく、両者を隔てている時代を考慮しながら、両者の類似性にも注目することが重要である。というのも、デュルケムはコントの社会学を批判する一方で、あるときは密かに、あるときは表立って、その遺産を取り入れているからだ(Petit 1995)。特に類似点で興味を引くのは、「科学」と「政治」、または「理論」と「実践」の関係だ。デュルケムはコントと同じように、両者をひとまず区別するが、両者を有機的に結びつける方途も模索している。そして、のちに見るように、道徳や宗教の役割もこの接合点にかかわっている。

### ◇自然主義的モデルの拒否、進化論の相対化、歴史学批判

ロラン・ミュキエリは、「生物学的なものからの切断」にデュルケム社会学の誕生の契機を見ている。一九世紀後半の科学的な知の風景においては、生物学的な「自然主義的モデル」が支配的で、それは「人種学」や「優生学」のように、人文社会科学にも適用されていた。こうした傾向に対してデュルケムは、社会的現象は「人種」や「遺伝」によっては説明されず、あくまで社会学的な視点を必要とすると主張した（Mucchielli 1998）。デュルケムから見ると、生物学のモデルで社会的現象を説明する態度は「心理学的」である。社会の特性をそれ自身において観察するのでなく、個体の組織の特性から類推によって導き出そうとしているからだ。デュルケムに言わせると、人体とのアナロジーで社会をとらえようとする「有機体説」は、いくら社会学の風貌をしていても、実際には心理学的な生物学でしかない(2)。

この点について喚起したのは、生物学的な「自然主義的モデル」が、決定論やアプリオリな社会的ダーウィニズムつながることを示唆したかったからだ。デュルケムが「自然主義的モデル」を拒否したことは、進化論的な歴史観――これは一八七〇年代から一八八〇年代半ばまでのフランスで非常に強力だった――を相対化したことを含意している。もちろんこれは、先に示唆したように、デュルケムが発展史観を完全に放棄したという意味ではない。彼は彼なりに、「歴史」における「社会の発展」を論じているからだ。実際、『社会分業論』では、機械的な連帯と有機的な連帯を対比しながら、社会集団が歴史のなかで単純なものから複雑なものへと「発展」していく様子が示されている。ただし、この図式は目的論的な原理によって前もって構想されていたものではなく、

集積された歴史的事実に切れ目を入れていく過程において得られたものである(3)。

デュルケムが「自然主義的モデル」を拒み、進化論を相対化したことは、本書の問題関心に引きつけて言えば、宗教史を道徳の進化の歴史としてとらえるレヴィ゠ブリュル流の心理学的な観点からの脱却を意味している。デュルケムによれば、もし歴史のなかで一定の道徳的な発展が実際に見られるとしても、それは議論の前提ではなく、社会学的な研究の結果として導き出されるものでなければならない。道徳のあり方が歴史のなかで発達するとしても、それはいわゆる未開社会における道徳性の欠如を意味しない。私たちが私たちの社会の道徳にしたがうのと同じように、未開社会の成員も彼らの社会の道徳にしたがっている。

ではデュルケムは、モノーやヴェルヌのように、史料を絶対視する過激な文献学的歴史主義に対してはいかなる態度を取ったのか。次のような一節に彼の考えを窺うことができる。「歴史学者は一般化を目指してはいない。歴史学者のまったく特殊な役割とは、諸法則を見出すことではなく、それぞれの時代、それぞれの民族に、その固有の個性と独自の相貌とを与えることである」(SSA: 107)。

社会学と歴史学は違った役割を担う。「一般性と比較は社会学に、個別性と偶然性は歴史学に属している」(Leroux 1998: 164)(4)。デュルケムは、実証的な歴史学そのものを否定するわけではない。彼が提案しているのは、歴史学に比較の視点を持ち込むこと、そして社会学と歴史学が協力すべきことだ(JS: 32–33)。だがデュルケムは、社会学と歴史学を対等と考えるよりも、むしろ歴史学に対する社会学の優位を主張している。歴史学から知的なヘゲモニーを奪おうとしている(5)。

歴史学を社会学によって乗り越えようとするデュルケムの態度は、宗教史を宗教社会学で塗り替えようとする姿勢に通じている。これは、宗教学の方法論・認識論の発展にとってとても大きなことである。進化論の相対化により、いわゆる「未開宗教」のなかに道徳性を探ることが可能になると同時に、近代社会における宗教的なものを鋭く問う地平が開けてくる。

ここまで述べてきたような社会学的な宗教研究は、知的な認識の問題にかかわることだが、デュルケムの（宗教）社会学は実践的な側面も備えていて、とりわけ新しいライシテの道徳の構築に関心を注いでいる。つまりデュルケムの（宗教）社会学は、宗教学だけでなく、ライシテの道徳にもかかわっていた。では、これらの二つはどのような関係にあったのだろうか。この点を掘り下げて考えるには、デュルケムがどのように理論と実践の関係を理解していたかを探る必要がある。

## ◇社会学と政治の関係

デュルケムは、社会学を学問的に構築するだけでなく、それを社会の改善に結びつけようとしていた。『社会分業論』の第一版序文には、「もしも私たちの探求が、思弁的な関心しか持ち合わせていないなら、それは一時間の苦心を注ぐだけの値打さえない」と書かれている（DTS: XXXIX＝上七三）。だが、観察された事実を互いに関係づけることを目的とする科学が、実践や規範的なものにかかわることができるのか。この問いに対してデュルケムは、事実を「健康なものと病理的なものとに分類する手段」を、事実そのもののうちに求めることができれば可能だと考える。この区別によって、「思考とともに行為をも律する」ことができるという（RMS: 74, 142＝一六四、二六五）。

たとえば、「有機的社会」の社会的連帯は分業を前提としているが、分業が連帯を生み出すとはかぎらない。デュルケムによれば、それは「諸器官の諸関係が規制されていないからであり、それらの諸関係が無規制（アノミー）状態にあるからである」（DTS: 360＝下二一八）。社会学は、これが分業の「異常形態」のひとつであることを指摘するとともに、社会的連帯の「正常」なあり方を指し示す。このことが、必要な改革の提言につながるというのである。

このように、理論と実践のあいだに理路を見出そうとするデュルケムは、「政治」にまみれることを潔しとしなかった一九世紀後半の科学のあり方を拒否して、一九世紀前半の科学の伝統を再発見しているように思われる（このときデュルケムはコントに近づいていると言ってもよいだろう）。一九世紀後半の科学の質が「脱政治化」によって担保されていたとすると、デュルケムは「政治」への通路を新たに求めている。

どうしてこのような変化が起こったのかについては、一九世紀末の政治的な文脈を考慮する必要がある。国家から制度的な恩恵を受けていた一九世紀後半の「学者」が、この構造を批判的に吟味することが少なかったとすると、ドレフュス事件に際して誕生した「知識人」は、国家権力のあり方を疑い、政治的な議論に積極的に参加するようになる（Ory et Sirinelli [1987] 2004; Charles 1990＝二〇〇六）。ドレフュス派についたデュルケムは、被告が国家と軍部から嫌疑をかけられ、申し開きの機会さえ奪われようとしているときに、はたして科学者は政治から離れていてよいのかと問いかけている。

これは実践道徳の問題であり〔……〕何人もそれについて無関心ではいられない。そこで最近、かなりの数の芸術家や特に学者たちが、その正当性に疑問がもたれる判決に対して同意を拒否すべきだと考えた。それは彼らが、自分は化学者、文献学者、哲学者、歴史学者だから特権を持っているとか、判決の出た事件を批判する卓越した権利を行使できるなどと思ったからではない。人としての権利を行使すべきだ、理性だけに属すべき事件を自分たちの問題だと受け止めたからだ。〔……〕彼らは科学的方法を実践して、自分自身の判断の留保を習慣としている。だからそう簡単に群衆に引きずられたり、権威の力に屈したりはしないのである。（SSA: 269–270）

こうしてデュルケムは、政治権力に対して批判的な距離を取る知識人たちを擁護する。みずからもその流れに加わり、共和主義左派の政治的立場を明確にする。もっとも、左翼政党に直接的にコミットすることはなく（ジャン・ジョレスとは友情で結ばれていたが）、その意味ではアカデミックな領域にとどまり続けた。

デュルケムは、社会学者の役割と政治家の役割を混同していない。実際彼は、「社会学者の仕事は政治家のそれではない」、社会改革が「どうあるべきかを詳細にわたって説明するにはおよばない」と述べている（DTS: XXVII＝上五七）。それでも彼は、社会学は政治家がなすべき社会改革の一般的な方向性を指し示し、共和国をよりよい方向へ導くことができると考えていた。社会学を道案内とすることにより、「政治家の義務は、もはや彼自身の目に魅力的に映るひとつの理想に向けて社会を無理やり動かしていくことではなく、医師の役割を引き受けることである。すなわち、よい健康法によってさまざまな病の発生を予防し、ひとたび発症したら治癒の努力をするということである」（RMS: 74–75＝一六五）。

社会にとっての「よい健康法」とは、机上の理論で完結するものではなく、社会化のプロセスにおいて効果を発揮すべきものである。そして、社会統合および社会の規制をその中心において担うのが、道徳教育である。デュルケムの社会学において、道徳はあるひとつの位置を占めているというだけでは足りない。それはまさにデュルケム社会学の核心にある。デュルケムの努力のすべては、ライシテの道徳の理論的・実践的確立にあったと言ってもおそらく過言ではない。理論的な課題は、道徳を科学的に研究するために、社会学的な観点を打ち立てることであった。実践的な課題は、規範性を有した道徳の伝達によって、社会をよりよく導くことであった。

ところで、初期のデュルケムは、理論と実践をつなぐ絆として「正常―異常」図式に依拠していたが、しだいに彼の社会学が宗教研究に重心を移していくにつれて、「聖―俗」図式を採用するようになる。デュルケムが宗教への関心を深めていったということは、社会学の一分野として想定されていた宗教社会学が部分的に肥大化していったことを意味するのではない。宗教研究の進展にともない、デュルケム社会学の方法そのものが深化し、社会学的体系の全体が問い直されたと見るべきである。これによって私たちが示唆しているのは、デュルケムの頭からけっして去ることがなかった道徳の問題が、ますます宗教社会学の観点から扱われるようになっていくということだ。したがって、デュルケムによって唱えられたライシテの道徳を検討する前に、デュルケム社会学がどのように発展し、宗教社会学に行き着いたのかを簡単にたどっておくのがよいだろう。

## 二　宗教社会学へ

以下では、デュルケムにおける宗教の社会学的研究の発展をいくつかの段階に分けて見ていくことにする。(6) それによって、宗教的事実の画定の仕方と道徳的事実を扱うやり方がいかに混ざり合っていくかについても、見通しを立てることができるだろう。

### ◇宗教の後退？

デュルケムはラビの家庭に生まれたが、思春期頃より不可知論者となった。ただし、宗教には生涯関心を抱き続けた。デュルケムの宗教に対する眼差しは、社会学的なものだ。一八八六年の段階で、彼はこう書いている。「社会学者は〔……〕形而上学的な思弁をすべて排除し、宗教をただ社会の規律としか見ないだろう」。もし「宗教を、超自然的な行為者に関する信念と実践の体系に還元し、人間の想像によって推定されたものにすぎないとすると、宗教を心理現象のかなり複雑な集合体以外のものとして見ることは困難になる」。デュルケムが、宗教の心理学的な定義から出発する宗教史家と手を切ろうとしている点に注意したい。

それからデュルケムは、宗教には何か永遠なものがあり、科学の発展によって消滅したりはしないと述べている。「おそらく科学は、私たちから馬鹿げた偏見や子どもじみた説明を取り除いてくれる。しかし、それにもかかわらず、不可知なものの残余、科学的知識を超えるものは残る。この永遠の神秘こそ、宗教の対象であり、存在理由である。〔……〕宗教は存続する運命にある」（SSA: 189, 192, 194-195）。

では近代において、宗教はいかなる姿で存続するのか。『社会分業論』においてデュルケムは、宗教が社会生活の全体を規制する「環節型社会」と、社会生活の機能分化によって宗教が社会生活の一部しか占めない「有機型社会」を対比的に論じている。

もし歴史に照らして疑うべくもない真理があるとすれば、それは宗教が包含する社会生活の部分がますます小さくなっているということである。最初、宗教は全体に広がっている。社会的なものはすべて宗教的で、二つの言葉は同義語である。それから少しずつ、政治的・経済的・科学的諸機能は宗教的機能から解放され、独立した立場を取り、ますますはっきりと世俗的（temporel）な特性を身につけるようになる。もしこれを神と言ってよいのなら、神は最初あらゆる人間関係に現われていたが、次第にそこから退き離れていった。神は、世界を人間たちに任せ、人間たちの議論に委ねている。少なくとも、神がこの世を支配し続けているとしても、それは高く遠いところからであり、神が行なう活動は、より一般的で不確定なものとなり、人の力の自由な活動により多くの余地を与えている。(DTS: 143-144＝上二八〇)

このような宗教の「後退」は、社会的な凝縮力の弱体化の問題と結びつけられている。そこで、分業と個人主義に基づいた「有機的連帯」を新たに構築する必要が生まれる。ここで重要なのは、有機型社会においては個人の重要性が高まるということだ。「あらゆる他の信念や慣行が宗教的特性を帯びることが少なくなるにしたがって、個人が一種の宗教の対象となってゆく」。しかしながら、人格の尊厳に対する崇拝は、かつての信仰と同じ効果を生み出しえない。なぜなら、この信仰はたとえ「共同体がそれを共有しているという意味においては共通」なものだとしても、「その対象において個人的」なものであるからだ (Ibid.: 147＝上二八四)。

この時期のデュルケムにおける宗教は、昔ながらの社会的な様態と、近代における個人的な様態とのあいだで揺れており、いわば二重化されている。ハンス・キッペンベルクの言い方を借りるなら、当時のデュルケムには「宗教と呪術の区別」が欠けている。それだけに、「公的な儀礼としての宗教」と「超自然的な力の私的で利己的な乱用としての呪術」という「ロバートソン・スミスによって設けられた区別」がデュルケムに与えたインパクトは大きかったと言える (Kippenberg [1997] 1999: 267＝二〇〇五・二三三)。

宗教は道徳や法などの観念の問題であるというテーゼを私が見出したのは、ヴントにおいてだろう言われている。私がヴントを読んだのは、一八八七年のことだ。ところで、社会生活のなかで宗教が重要な役割を果たしていることに私がはっきりと気づいたのは、ようやく一八九五年になってからのことだ。この年になって初めて私は、宗教研究を社会学的に扱う手段を見出したのである。それは私にとってひとつの啓示であった。この一八九五年の講義は、私の思考の展開にとってひとつの分水嶺を画すもので、それ以前の私の探求はすべて、新しい光のもとで再び取りあげられて、新しい視点と調和させられなければならなかった。(Durkheim 1907 in Deploige 1911: 402-403)

もっとも、このデュルケムの証言を鵜呑みにするわけにはいかない。これが書かれた当時のフランスでは、ドイツからの影響は「危険」だと見なされており、デュルケムがドイツの哲学者ヴントから受けた影響を極小化するなかで、英国の人類学者スミスが引き立てられたという事情が考えられるからだ(7)。ただデュルケムが、一八九〇年代にアングロ＝サクソン系の人類学者の著作を注意深く読んでいたことは確かなようだ。

いずれにせよ、一八九五年がデュルケム社会学の展開にとってひとつの重要な「分水嶺」になったというのなら、それはデュルケムのなかで、個人が選択した「私的な宗教」――呪術の系譜に属する――と個人の思考や行動を規定する力を持った「公的な宗教」の区別が次第にはっきりしてきたことを意味しているだろう。そして、宗教的なものと社会的なものは共通の外延を持つという観点から、宗教現象を正面に据えて研究するようになったということを指しているだろう。

このことから、二つのことが帰結するように思われる。ひとつは、未開社会の宗教が、それからのデュルケムの特権的な研究対象となったということである。未開社会では宗教と社会が互いに完全に重なり合っていたというのだから、この方向性はある意味で当然である。もうひとつは、デュルケムの唱えるライシテの道徳を理解する上でより重要なことだが、「宗教」が社会の内部に取り込まれ、もはや宗教と社会がぴったり一致しないように見える社会においても、なお「宗教的なもの」が社会のレベルで存在しているという思考に道を開いたことである。つまりデュルケムは、近代社会を構造化し、それを機能させている「宗教的なもの」はいかなるものか、いかなるものであるべきかの探求に向かうようになった。社会統合の具体的なあり方やそれを成り立たせているものの配分は千差万別だとしても、社会統合の原理としての宗教（的なもの）は、あらゆる社会に存在する。これがデュルケムのテーゼである。

## ◇宗教的事実から宗教へ

一八九九年の論文「宗教現象の定義について」において、宗教現象と宗教は次のように定義されている。

いわゆる宗教現象とは、義務的な信念と、それに結びついた実践から構成されている。つまり実践は、信念において示される対象に関係して定められている。宗教について言えば、それはこの種の現象が多少なりとも組織化され、体系化されたひとつの総体のことである。〔……〕補足的に言えば、類似の対象、前述のものに対応する対象にまつわる任意の信念や実践についても、同じように宗教現象と呼ぶことができる。（JS: 159–160, 165）

これはよく引用される定義だが、かなり抽象度が高い。そこで、この含蓄に富む定義をもう少し解きほぐし、デュルケムが従来の宗教史家が行なってきた定義をいかにひっくり返そうとしたのかを探ってみよう。

デュルケムによれば、宗教の源泉は「集合意識の状態」であって「個人の感情」ではない。この立場からデュルケムは、宗教を神秘や不可知なもの、理解不能なものによって定義する立場を退ける。彼は名指しでマックス・ミュラー、スペンサー、そしてアルベール・レヴィュを批判している。特にレヴィユの定義をおとしめたことは、フランスにおける宗教研究の知的ヘゲモニーを奪取する関心がこの社会学者のなかにあったことを窺わせる。(8) デュルケムが彼らの定義に疑問を抱くのは、それが「宗教生活の内容をはじめからいきなり説明してしまおうとしている」からだ。宗教を定義しようというのであれば、まずは「各人が宗教について多かれ少なかれ抱いている不確実な観念を完全に脇に置くことからはじめる」必要がある。「自分自身から脱却して、事実そのものに向き合わなければならない」のだ（Ibid.: 140）。(9)

これに関連して、デュルケムが宗教（現象）を構成する本質的な要素として、「信念」と「実践」の二つを挙げていること、換言すれば「思想」と「行動」、あるいは「信仰」と「行事」を密接に結びつけていることはたいへん重要である。実際にこのことは、一方で、宗教を思弁的・心理学的に定義する態度を拒むことにつながっている。内的な信仰とは異なり、実践は外側から観察可能である。「宗教現象の外面的・外見的な形態はそのまま観察によって接近できる」（Ibid.: 154）。これは、科学的な手続きにより適している。

他方でデュルケムは、「信念」と「実践」を結びつけることにより、「宗教的なもの」の固有性を示そうとしている。より具体的に言うと、論文「宗教現象の定義について」では、宗教と道徳（および法）は区別されている。実際デュルケムはこう述べている。もし宗教を実践の側面からのみ定義するならば、宗教は道徳や法と区別がつかない。「宗教的実践とは、一定の義務的な行為の仕方であって、それは道徳や法の実践と同じである。宗教的な実践が道徳や法の実践と区別されるのは、実践の対象によってのみである」（Ibid.: 158）。「実践の対象」とは、「信念」や「思想」の系譜に連なるもので、「義務的な信念は、義務的な実践とはまったく別物である」。つまり宗教は、「振舞い方」を義務づけるだけでなく「考え方」をも規定するのであり、その点で道徳や法と区別される。

この段階のデュルケムが、道徳と宗教の関係をこのように考えているということは、私たちの議論にとって重要なので、要点をまとめておこう。一、道徳と宗教は実践にかかわるかぎり、基本的に区別がつかない（したがって、ライシテの道徳は実践の側面において即自的に宗教的だということになるだろう）。二、諸宗教のあいだに道徳的な優劣はない（これは、いかなる宗教もそれぞれ実践の側面において道徳的だという点から帰結する）。三、宗教的なものの将来がいかなるものであるかを考える際には、実践の側面と思想の側面を等しく考慮に入れることが必要である。第一の点と第三の点については後述することとし、ここでは第二の点を掘り下げておく。

第二の点について本質的なことは、デュルケムは宗教研究に社会学的な視点を持ち込むことによって、宗教進化論を大きく相対化したということである。宗教的事実は、それが「高級な社会的種族に属しているとか、あるいは逆に文明の最も低い形態に属しているとかいった基準によっては、区別されない」。なるほど、「一部の人びと」は「未開民族の宗教」と「文明民族の理想主義的崇拝」とを近付けることを好まない。そのような人びとは、「本来の意味での宗教的なもの」は「未開民族」においてはまだ「初歩的な状態」でしかないと考えている。そして、「真の宗教」は「キリスト教の最も洗練された形態」に見出されると思っている。だが「いかなる特徴によって、ある宗教が他の宗教より高級であるということになるのだろうか」。キリスト教を諸宗教のなかで最も高い位置に置こうとする態度は「学者たちの宗派的な先入観」を表わすものにすぎず、それは「完全に科学的な価値を欠いている」（Ibid.: 141–142）。

最後に、この一八九九年の論文に関して注意しておきたいのは、デュルケムが宗教現象と宗教のあいだにグラデーションを設けていることである。デュルケムによれば、この差異が科学的な手続きを保障する。宗教をいきなり定義してしまうのではなく、宗教現象の境界をひとまず画定してから分析を進めること。そうすれば、研究の最終段階で、宗教現象のなかでもとりわけ一貫性を有した核心部分が宗教だということになる。

次のようにも言えるはずだ。核心部分に位置するもの（宗教）は、まったき意味において宗教的と言えるだろう。これに対して周辺的なもの（宗教的な現象）は、真に宗教的とは言いにくい。だが、それらもひとしく宗教研究の対象となる。現にデュルケムは、このようなグラデーションを導入することによって、たとえば個人的な宗教を宗教現象のなかに組み込んでいる。デュルケムの宗教社会学は宗教を社会に還元するものであるとの偏見があるが、実際には個人レベルの宗教も扱っているのである。ただ、デュルケムによれば、それらは「義務」をともなう実践ではなく、「任意」なものであるから、宗教現象としては「二次的」なものとして位置づけられることになる（Ibid.: 160–165）。

### ◇宗教から宗教性へ

デュルケムの宗教概念は、一八九九年の論文と一九一二年の最後の主著のあいだで確実な発展を遂げている。それは何よりも、「聖」の両義性の発見にかかっている（Isambert 1982: 217–218）。たしかにこの語はすでに一八九九年の論文においても使われているが、まだ宗教の定義そのもののために動員されてはいない。それにこの論文では、デュルケムは宗教現象を画定するのに、「義務」や「強制」の観念に依拠しすぎている。

これに対し、一九〇七年の「宗教生活の起源についての講義」においては、宗教の定義そのものに聖概念が用いられている。「宗教とは、聖なるものに関する信念と実践の体系であって、この信念と実践は一定の集合体に共通している」（T2: 70）。では、「聖なるもの」とは何だろうか。それは、それ自身のうちに何か実体を備えたものとしては提示されず、「俗なるもの」との対比においてのみ定義される。そして、聖なるものと俗なるものの異質性は絶対的で、そこから「両者の直接の接触に対する一連の禁止」が生まれてくる。デュルケムによれば、この一連の禁止が集合生活に一定のリズムと秩序を与える。これ以降デュルケムは、社会における思想と行動を関係づける際に、「正常―異常」図式を離れて「聖―俗」図式に依拠していくようになる。

また、一九〇七年の講義においてデュルケムは、社会生活の強制的な面だけでなく、魅力的な面についても語っている。

社会とその構成員との関係は、神と信者の関係と同じである。〔……〕社会は、私たちが望みも作りもしなかった振る舞いの規則や感情を押しつけてくる。そこから逃れようとしても、恐るべき制裁の打撃を受けるのが常である。〔……〕かくして私たちは、私たちよりも優れた道徳的な力が、私たちの外部に存在するのだと思い描くようになる。〔……〕しかし神は、私たちを従属させる力であるばかりではなく、私たちに自己超克をさせ、私たちの内部に力と生命を養う救いの力でもある。〔……〕社会は私たちに対して、これと同じような作用を及ぼすことができる。（T2: 94-95）

このような社会の力の二元性は、聖の二元性を反映したものである。聖こそは、社会の成員を畏怖させるとともに慰め力づけるものだからだ。のちに見るように、デュルケムはこうした二元性を道徳概念にも適用するだろう。

デュルケムは、このような聖の二元性を意識しながら、聖概念に依拠した宗教の定義を洗練させていく。その到達点が、『宗教生活の基本形態』の有名な定義である。(10)「宗教とは、聖なるもの――つまり分離され禁止されたもの――に関する信念と実践とが連動したひとつの体系である。この信念と実践は、同じ道徳的な共同体――教会と呼ばれる――に帰依するすべての者を、その共同体において結びつける」（FEVR: 65＝上八七）。

デュルケムがこの最後の主著で主要な研究対象として選んだのは、オーストラリアのトーテミズムである。それはこれが、宗教を発生論的に見た場合に最も原始的であるとともに、その後の複雑な宗教に比べれば単純な構造をしていると思われたからだ。デュルケムは、モデルとしてのトーテミズムから、宗教とは何かについての一般化可能な法則を引き出し、それを彼自身が生きている社会の宗教ないし宗教性を理解するのに応用することができると考えた。

実際デュルケムは、この書物の結論において、大胆にもこの企てを行なっている。彼は言う。近代の宗教（性）についていきなり議論をはじめることは難しいが、トーテミズムの詳細な分析を下敷きにしていれば、より妥当性のある議論が組み立てられるはずだ。「この種の帰納は、きちんと規定された実験を基礎にしているから」だ（Ibid.: 594＝下三三二）。こうしてデュルケムは、「宗教」の分析から得られた結果を、同時代のフランス社会における「宗教性」の分析へと応用しようとするのである。

以上、デュルケムの宗教社会学の展開の様子を駆け足でたどってきたが、宗教研究と道徳研究がどのように絡まっているのかについて、ひとまずここでまとめておこう。

一、デュルケムは、宗教的事実（信念と実践の連動）と道徳的事実（実践にかかわる）のあいだに区別を設けようとする一方で、(11)社会の成員の行為の規制が問題となるときには、両者が合流することを認めている。

二、デュルケムの宗教社会学は、いわゆる未開社会の宗教現象だけでなく、同時代の社会を構成する力としての宗教（性）に対しても並々ならぬ関心を注いでいる。むしろ、近代における宗教性の探求がデュルケムの主要な関心であって、その手段として未開社会の宗教現象を研究したのではないかとさえ思えるほどだ。いずれにしても、同時代の宗教性の解明ないし探求とライシテの道徳を改良しようとする態度とは、デュルケムのなかで密接につながっている。

三、社会生活を規制し、社会生活にリズムを与えているのは聖である。畏怖させ魅惑するという両義的な二面性を備えたこの社会的な力は、道徳的かつ宗教的な力でもある。

## 三　宗教社会学的なライシテの道徳

以上の議論を前提にしながら、この節では以下の問いに答えたい。デュルケムは道徳的な現象をいかなる観点から扱ったのか。同時代のライシテの道徳をどう見ていたのか。宗教的なものと道徳的なものをどのようにつなげたのか。

### ◇道徳の社会学的研究と相対主義

デュルケムはまず、道徳を研究するために社会学的な視点を導入することを説く。デュルケムによれば、道徳はまだ十分に科学的に扱われていない。人は道徳を研究すると称しては、観念をめぐらすことしかしていない。合理主義者は「人間は生まれながらにしてそれを完成されたものとして自分のなかに備えている」と考えており、経験主義者は反対に「それは歴史のなかで多少なりともゆっくり形成されてきた」と考えている（RMS: 23＝八四)。双方とも、道徳を観念的にしか扱っていない。科学的研究のためには、観念ではなくものを相手にしなければならない。

デュルケムはこのように主張することにより、一方で、一九世紀後半のアカデミズムで権勢を誇り、フェリー法にも影響を与えた折衷派のカント主義と袂を分かとうとする。ライシテの道徳の構築に大きな影響を及ぼしたこの学派に対抗して、デュルケムはもうひとつのライシテの道徳を築こうとする。この点についてはまたのちに論じる。

他方でデュルケムは、宗教史を道徳の進歩史として描こうとする宗教史家たちの見方を退けている。

観察者のなかには、未開人にはあらゆる種類の道徳性が欠如していると言ってはばからない者もいる。彼らは、今日の道徳こそが道徳だという前提から出発している。なるほど、たしかに未開民族には私たちの道徳は知られていないか、原初的な状態でしか存在しない。だが、このような定義は恣意的だ。〔……〕あるひとつの戒律が道徳的であるか否かを決めるには、それによって、道徳性が見える形で表現されているか否かを検討しなければならない。この外的な標識は、いたるところに散りばめられた禁止的制裁として成り立っている。〔……〕この種の規範は、下級社会にもあるというより、むしろそこにおいて文明社会以上に認められる。(Ibid.: 41＝一一一)

したがって、各々の社会と各々の宗教に固有の道徳があるということになる。ある社会の道徳体系と別の社会の道徳体系を優劣の観点から比較することはできない。「古代の諸宗教は没道徳的とか非道徳的であると言われているが、これは誤りである。実際には、そうした宗教も、それらに固有の道徳を持っている」(Ibid.: 41n＝一一二)。

このように、さまざまな社会を序列化するのではなく、並列的にとらえようとする見方こそが、ある社会の詳細な分析から得られたモデルを別の社会に応用しようとするデュルケムの企てを支えている。たしかに、ある社会における道徳的事実の配置の様態は、別の社会におけるそれとは異なってくる。だが、道徳的な力が社会生活ケムから後期デュルケムまで一貫している。(12)このように、道徳進化論を相対化する観点は、初期デュルケムから後期デュルケムまで一貫している。

を規律づけていることは、あらゆる社会に共通する。

## ◇道徳の歴史的発展——道徳の脱宗教化

もっとも、道徳進化論の相対化は、歴史における道徳の発展や展開の否定ではない。道徳が社会やその成員に応じて変わるのだとしたら、それが歴史のなかでいかなる方向性を目指してきたのかを認識することが重要だとデュルケムは論を進める。『道徳教育論』の冒頭には、道徳の歴史を非常にコンパクトにまとめている箇所がある。二ページにまたがるわずか一段落の文章だが、その密度は高い。

デュルケムは言う。「未開民族」の道徳を特徴づけているのは、「それが本質的に宗教的だということである」。彼らにとって「最も重要な義務」は、「人間が他の人間に対して負う義務ではなく、人間が神に対して負う義務である〔……〕。人間の道徳に関して言えば、それはごく少数の原理にすぎない。これを犯したとしても、軽い罰で済まされる」。だが次第に状況は変わる。「人間に対する義務が増大し、明確になり、全面に現われるにしたがって、逆に神に対する義務は後退していった」(EM: 5＝一・三九)。

デュルケムによれば、「何よりもこの結果に拍車をかけた」のはキリスト教である。「人類の救済のためにその神を死なせた」この宗教は、「本質的に人間的」である。もし今日においても「神が道徳のうちにおいて重要な役割を演じ続けている」としても、「もはや神は道徳の番人にすぎない」。道徳はもはや「神に対してではなく、人間に対して設定」されており、神は「道徳を効果的にするためにのみ介入してくる」。また「プロテスタントが確立すると、もっぱら礼拝の役割が減少して、道徳の自律性がさらに増大する」。そして「唯心論哲学がプロテスタントの仕事を受け継ぐ。今日においてもなお、この世を超えた裁きの必要性を信じている哲学者たちにあってすらも、道徳が神学的概念から完全に独立してできていることを認めない者は、まずいない」（Ibid.: 5-6＝一・三九―四〇）。

こうして、「もともと〔道徳と宗教〕を結合させ、完全に一体化させていた絆は、徐々に弛緩していった」。そして今や、この絆を一刀両断する日を迎えている。だがここで、デュルケムはこう問いかける。道徳と宗教の分離が歴史に照らして可能かつ必然だとしても、いかに道徳を脱宗教化すべきなのだろうか。宗教性を完全に排除して、合理主義的としか言いようのない道徳を作り出すべきなのだろうか。いや、道徳と宗教が長いあいだ分かちがたく結びついてきた歴史を軽視してはならない。

もし道徳および道徳教育を合理化しようとして、道徳の規律から一切の宗教的要素を取り除くだけで、それに代わるものを提示しないのなら、必ずや本来の道徳的要素までも同時に取り除いてしまうことになる。すると手元には、合理的道徳という名のもとに、みすぼらしい、色あせた道徳しか残らないということになる。それゆえ、この危険を避けるためには、外面的な分離を行なうだけで満足してはならない。宗教的概念の内奥に向かって、そこに見失われ隠されている道徳的実在を探り出さなければならない。そして、その所在を突き止め、その構成要素を見出し、その特質を明らかにして、これを合理的な言葉で表現しなければならない。（Ibid.: 7＝一・四一―四二）

デュルケムはこのように、ライシテの道徳はたんなる「除去」の手続きによっては機能不全に陥ると指摘する。必要なのは、かくも長いあいだ道徳の機能を助けてきた宗教的なものを「合理的」に見出し、道徳的なものと宗教的なものを総体的に組み替えるような「再編」の手続きである。

デュルケムがこのように道徳と宗教の密接な関係を強調するとしても、それはもちろん保守的なカトリックが支持するような宗教的道徳への回帰ではない。他方でデュルケムは、ジュール・フェリーの唱える「私たちの父祖の古き道徳」では満足できなかった。デュルケムはフェリーの道徳よりも高いところに照準を合わせ、ライシテの道徳が新しい「宗教的なオーラ」を持つべきだと考えている（Baubérot 1990: 154）。

## ◇道徳性の三つの要素

こうしてデュルケムは、合理的な言葉で表現できる「宗教的なもの」によって、ライシテの道徳を支えようとする。彼は『道徳教育論』において、道徳性を構成する三つの要素を見出している。

最初の要素は「規律の精神」である。デュルケムは、道徳を個人のうちに内在するものと見なすところからはじめるのではなく、事実として観察することを説く。すると道徳は、社会の成員を強制し支配する命令の体系として現われる。デュルケムによれば、この外的な権威の力は、人間が自分の目の前に無限にぽっかりと開いた空間を想像しないために不可欠である。もしも人間が自然の性向に従い、内的な衝動に身を委ねていたら、人間の欲望には際限がなくなり、たえざる苦悩にさいなまされる。そこで欲求を制御しながら満足を覚えることが重要である（EM: 36＝一・七五―七六）(13)。

ここからは、デュルケムが少なくとも二つの道徳理論と袂を分かとうとしている様子が読み取れる。ひとつは内的な思弁によって思い描かれた形而上学的な道徳であり、もうひとつは規制の基準を低くすることでアノミー的状態を招きかねない功利主義的な道徳である。

第二の要素は「社会集団への愛着」である。デュルケムによれば、個人において自己完結するような行為は道徳的とは言えない。デュルケムは利己主義の限界を指摘し、個人が社会との結びつきを強めれば強めるほど、その個人を生存へとつなぎとめる絆も強くなると強調する。「自己のみを頼りとし自分のためだけに生きるのではない人間、外に対して開かれていてそれを吸収する献身的な人間は、自己に閉じこもり、物事や人びとに対して無関心であろうとする孤独な利己主義者に比べて、たしかにより豊かで充実した生活を営む」(Ibid.: 62＝一・一〇八)。

第一の要素と第二の要素を統合するのは、「社会」にほかならない。デュルケムは、道徳の権威は社会に由来し、個人は社会を通して道徳的な存在になると考えている。もしこの説明が、経験的実在に正確に対応しているのなら、これまで人が神と呼んできたものは、事後的に考えると、社会の象徴的な表現だったということになる。デュルケムによれば、このように「神」を「社会」に置き換えても、道徳を貧弱にすることにも歪曲することにもならない。むしろ、道徳的なものの宗教的性質を合理的に表現したことになる。

デュルケムが道徳性の第三の要素として挙げるのは、「意志の自律性」である。実はこれこそが、「宗教的道徳」と「ライシテの道徳」の「差異をなす特色」である(Ibid.: 102＝一・一五八)。いわゆる宗教的道徳は、道徳を受け手に注入するような形で押しつけてくるが、ライシテの道徳は、規則の説明によって教えられなければならない。このような教育を受けることによって、子どもたちはその内面に道徳的意識を育て、また自分の意志による自由な選択ができるようになる。

このようにデュルケムは、宗教的な側面を本質的に有する道徳を合理的に説明する一方で、ライシテの道徳にも必然的に宗教的なものが含まれることを示唆している。たしかにデュルケムは、「既存の宗教から道徳を解放し、社会科学に基づくライシテの道徳を確立する」局面においては、道徳と宗教をきっぱり分離しようとする。

だが、「宗派の道徳に取って代わるこの道徳」は、キリスト教に匹敵する「宗教的な敬意」を集めている。「この意味において、〔ライシテの道徳〕は宗教になっている」(Isambert 1992: 447)。

### ◇道徳と聖

デュルケムの社会学が発展するにともない、道徳が今述べた三つの要素によって提示されることは少なくなり、代わりにその二元性が強調されるようになる (Isambert 1990: 134–139)。実際、一九〇六年の「道徳的事実の決定」では、「義務」と「善」という道徳の二つの特質が打ち出されている。

このような道徳の二元性の提示は、デュルケムのなかでは、カントの道徳論の批判につながっている。なるほど、カントは「義務」を中心に道徳を概念化し、道徳における行動の側面を明らかにした。だがそれは、「道徳的実在の一面」しか示しておらず「不十分で不完全」である。「道徳の目的は、義務的な性質を持つだけでなく、それが望まれると同時に望ましいものでなければならない。この望ましさが、あらゆる道徳的行為の第二の特質である」(SP: 63＝六五)。

だが、この点にもまして重要なのは、デュルケムが「聖」概念に依拠して、道徳的生活と宗教的生活を接近させていることだ。「〔道徳の二元性〕と同じ二元性を示すもうひとつの概念がある。それは、聖の概念である」。道徳が私たちを強制しながら望ましいものとされるのは、聖なるものが私たちを遠ざける一方でそれに近づくよう魅惑するのと同じである。「私が聖の概念と道徳の概念を比較するのは、たんなる興味本位の比較ではない。宗教生活と近づけることなく道徳生活を理解することは、とても困難だからだ」(Ibid.: 68–69＝六九―七〇)。

デュルケムは続ける。「道徳生活と宗教生活は何世紀ものあいだ、緊密に結ばれ、完全に一体化してさえいた。

〔……〕この二つの領域の事実がかくも深く、かつ長いあいだ結びついており、また双方のあいだにかくも長いあいだ密接な類縁関係が存在していたのなら、両者が完全に分離し、相互に無縁のものとなることは不可能である」。そしてこう結論づける。「したがって、宗教的なもののなかには道徳的なものがなくてはならず、道徳的なもののなかには宗教的なものがなければならない」(Ibid.: 69＝七〇)。

## ◇ライシテの道徳を宗教的にするということ

デュルケムは、同時代のライシテの道徳が不十分なものだと感じていた。そこには、あるべき宗教的なものが欠けていると思われたからだ（何度でも繰り返すが、これはライシテの道徳以前の宗教的道徳への回帰ではない）。一九一〇年頃、すなわちフェリー法が制定されてからほぼ一世代の年月が経過した時点において、デュルケムはライシテの道徳を確立する仕事はまだ終わっていないと述べている。

まもなく三〇年になるが、フランスでは、おそらくこれまで試みられてきた企てのなかでも最も大胆なもののひとつである教育改革が継続されている。私たちは意を決し、完全にライシテの用語で小学生に道徳を教えてきた。私は、この企ては必然的で可能なものであったと信じている者のひとりである。また私は、このような革命を成し遂げるには大きな困難があったと確信している者のひとりである〔……〕。〔だがこれまでの経過を評価すると〕、教師たちの熱意と献身にもかかわらず、獲得された結果はまだ物足りない。(Durkheim [vers 1908–1910] 1992: 611)

この診断は、『宗教生活の基本形態』の結論部分におけるそれと重なっている。「私たちは過渡期にいて、道徳的に凡庸な時代を経験している」(FEVR: 610＝下三四二)。なぜデュルケムの目に、当時のライシテの道徳が凡庸に映ったかと言えば、それはこの道徳がいわゆる宗教的道徳からの脱却を遂げるだけで満足していたからだ。このライシテの道徳に、残存すべき宗教的な実質を与え返してやる必要がある。

端的に言えば、ここにフェリーの道徳とデュルケムの道徳の違いがある。ここからは、当時の政治体制に対するデュルケムの態度が読み取れる。この社会学者は共和主義者だったが、共和国をよりよい方向に導くべく、現実の共和国を批判した(14)。道徳と宗教が分離され、宗教が私的なものと規定されていくなかで、デュルケムはこのような道徳と宗教の切り分け方に異を唱え、社会（学）的な宗教概念を打ち出し、改めて道徳と宗教を結びつけようとしたのである。

このことによってデュルケムは、宗教社会学の創始者たろうとすると同時に、ライシテの道徳の「真の」確立者たろうとした。デュルケムには、「社会学の発展」――その果実は宗教社会学としてもたらされる――と「ライシテの道徳の進歩」は「互いに結びついている」という確信があった（EM: 52=一・九六〔強調引用者〕）。デュルケムにおいて、宗教の社会学的研究を確立することと、ライシテの道徳をよりよいものにすることは切り離せない。デュルケムはライシテの道徳を宗教社会学的に扱おうとしているというのは、このことを指している。

## 四　近代における「宗教性」の三つの側面

以上、デュルケムにおけるライシテの道徳と科学的な宗教研究の関連を明らかにするよう努めてきた。その目的はひとまず達成されたはずだから、ここで議論を打ち切ってもよいはずである。だが、もう少し先まで進んでみよう。デュルケムが旧来の宗教的道徳に立ち戻ることなく道徳と宗教を再び結びつけようとしたのなら、「老いさらばえたか死んでしまった古い神々」と「〔まだ〕生まれていない〔新しい〕神々」のあいだには、いかなる違いがあるのだろうか（FEVR: 610–611＝下三四二）。従来のような「宗教」が復興しているのではなく、新たな「宗教性」が生成しているのだとしたら、この「宗教性」の特徴はどこに求められるのだろうか。

　こうした問いに答えるべく、以下ではまずデュルケムが「神」を「社会」に置き換えたことの含意を検討し、次いで聖によって秩序づけられる社会生活の二つの側面を明らかにする。この作業によって、近代における宗教の残余をいかに問うべきかの見通しが立ってくるはずである。私たちは「デュルケムにおける宗教性」を三つの側面から指摘する。

### ◇「神」から「社会」へ——宗教現象の合理的な説明

　社会とその成員の関係は、神と信者の関係と同じだとデュルケムは言う。したがって、煎じつめれば「神」も「社会」も同じということになる。これはたんなる記号の置き換えに見えるが、「神」は「社会」の象徴的な表現にすぎないと宣言したことの意味は小さくない。

　なるほど、宗教的な力は依然として社会の成員に対して「外在的」にはたらく。だが、それはもはや「超自然的」ではない。デュルケムが関心を抱くのは、社会がいかにその成員の信仰対象になるかというメカニズムであって、その神秘ではない。このように、言葉の置き換えは、科学的な手続きによる実在への接近を可能にしている。

　それから、「神」はそれを信じる者にとって人格的な存在だが、「社会」は非人格的ないし非人称的な存在であって、記述的に語ることができる。つまり、「神」の正体を「社会」と喝破することによって、宗教現象の合理的な説明が得られている。

デュルケムは言う。たしかに社会は私たちに対して外在的で、ある意味では神のように「超越的」でさえあるかもしれないが、実はその力は「私たちの近くに」あるいは「私たちのなかに」ある。したがって、社会はその成員に対して超越的であると同時に彼らに内在している。実際のところ、社会は諸個人の意識においてしか存在しえない。そして、諸個人は社会を意識することにより、外側からだけでなく内側からも「心的な力の横溢」(Ibid.: 603＝下三三四)を感じる。したがって、社会はその社会を構成する個人すべての集積以上のものだとしても、それは人間の世界の外にあるのではない。つまるところ、社会を成り立たせているのは、その内側に生き、それに参与している人間の意志の力である。

ここにおいて、道徳や聖の二元性が重要になってくる。先述したように、デュルケムの道徳は、義務と望ましさの両面を持つ。私たちは聖なるものから距離を取りつつ、それを求めてやまない。

## ◇聖によって秩序づけられる社会生活

このような聖の二元性は、社会生活のなかにどのように反映されているのか。ここでまず想起したいのは、聖を実体的に定義することはできず、聖は俗との関係によって規定される概念であるということだ。各々の社会は、各々のやり方で禁止の体系を持ち、それを俗なるものに適用して、聖なるものを保護し隔離している。ところで、一種の矛盾により——それが聖の本質でもあるのだが——聖は俗を排斥しながらも、ひとたび俗の世界に接近すると、これに流れ込もうとする(Ibid.: 454＝下一五二)。

聖はこのような性質を持つため、通常は俗界から距離を保つことで、日常の社会生活の秩序を維持し、さまざまな事物を分類し互いに関係づける力としてはたらく。こうして聖の力は、物事のカテゴリーと行動の規制する。これらの具体的なあり方は、それぞれの社会に特有で、当該社会の成員の思考様式（世界の表象の仕方）と振る舞い方に一定の枠を与えている。

他方、聖と俗が接近すると、集合的生活が一定の強度に達し、社会の成員は社会の力を受けて自分自身から抜け出し、自分自身を超えて高まろうとする。いわゆる「集合的沸騰」である。この状態においては、聖あるいは道徳の強制的な力と魅惑的な力とが互いに浸透しあい、社会の成員は変容し、普段の自分との差異を感じる。聖の力は、社会の成員の意識を凝縮し強化しながら、社会の統合や再生を実現しようとする。

聖はこのような二元性において社会生活を構成し、社会生活にリズムを与える。たしかに聖と俗がどのように配置されているかは、社会に応じてまことにさまざまで、「いかなるものも聖になりうる」。だがデュルケムは、聖と俗の「コントラストという事実そのものは普遍的だ」と主張する（Ibid.: 51-53＝上七二―七五）。

## ◇デュルケムにおける宗教性

聖が社会生活を秩序づけるということが普遍的なら、デュルケム自身が生きていた時代のフランス社会において、聖はいかなるあり方をしているのか。「宗教のなかには何か永遠なものがある。それは、宗教思想が次々とその身を包んできたあらゆる特定の象徴の寿命がつきても、なお残存すべく定められている」（Ibid.: 609-610＝下三四一）。この言明が事実なら、二〇世紀初頭のフランスには、いかなる形で宗教の残余が認められるのか。

一、宗教的なものはまず、「社会統合の力」として存続する。デュルケムは宗教を信念と実践の二つの側面からとらえるが、この第一の宗教性はおもに実践の側面にかかわる。

デュルケムの考えでは、社会の統合と再生を目指す儀礼行為は、社会にとってもその成員にとっても欠かすことができない。社会の成員は、儀礼行為を通して自分たちを超える力をみずからの内に感じ、「道徳的に立て直される」。そして「膨らんだ勇気と熱意をもって俗なる生活に立ち返る」（Ibid.: 547 =下二六二）。社会生活は、このような「集合沸騰」の期間を組み込むことによって維持されている。

したがって、「一定の期間ごとに、社会の統一性と人格性とを形成している集合的感情と集合的観念を維持し、強固にする必要性を感じない社会はありえない」。このときに行なわれる儀礼行為は、その「対象、生み出す結果、そこに用いられる過程」から見て、「宗教的」である。だとすれば、「キリストの生涯の主要な日付を祝うキリスト教徒の会合や、出エジプトつまり十戒の公布を祝うユダヤ教徒の会合と、新しい道徳的憲章の制定や国民生活の重大な出来事を記念する市民たちの集会とのあいだに、いったいどんな本質的な差異があるだろうか」（Ibid.: 610＝下三四一―三四二）。

なるほど、デュルケムの診断によれば、同時代のフランス社会は「道徳的に凡庸な時代」である。老いて死に瀕した「古い神々」に代わる「新しい神々」はまだ生まれていない。しかしこの「神の空位時代」は、宗教的なものの衰退を意味しない。むしろこのことが指しているのは、新たな宗教的な理念の創設が喫緊の課題だということである。(15) ぜひとも社会とその成員に、統合と再生をもたらす力を見出さなければならない。

ここで確認しておけば、この力はすぐれて宗教的であると同時に道徳的なものである。デュルケムは「宗教がおもに作用するのは道徳生活に対してである」とも述べている（Ibid.: 600＝下三二九）。それゆえ、デュルケムにおける宗教の残余の第一の側面は、宗教的なライシテの道徳の構築にかかわるものだと見てよいだろう。

この宗教的＝道徳的な力は、強制的であると同時に魅惑的で、聖の二元性に対応している。ここで指摘しておきたいのは、人が宗教経験（あるいは聖の経験）をするということは、「差異の経験」としてとらえられるということだ。実際、社会が日常性から抜け出して沸騰状態に入るとき、その社会の成員は高揚感を覚え、自分自身が変わったと感じる。これは日常生活における異質性の介入である。このとき社会の成員は、現実の世界にありながら、その上に重ねられた理想的な世界においても生きている。

二、集合沸騰が儀礼や行動にかかわるものだとすれば、宗教の残余の第二の側面は信念や思想にかかわっている。実際、デュルケムにとって宗教は、実践の体系であるばかりでなく、観念の体系でもある。

デュルケムによれば、「思考の根本的な範疇」（Ibid.: 598＝下三二七）は、先験的で分析不可能なものではない。それは社会的に規定されている。そして、社会的なものは宗教的であるから、この範疇には宗教的なものがある。

もう少し詳しく言おう。デュルケムが問題にしているのは、「認識の社会学的な条件」である（Ibid.: 617＝下三五〇）。人間は、概念を頼りに現実を認識し、世界を表象している。もし知覚やイメージに概念が欠けていたら、それはむき出しの実在を人間の側に屈折させることができず、そのまま流れ去るよりほかないだろう。したがって、概念こそが思考様式を枠づけ、実在の切り分け方を規定し、認識や表象を可能にしている。デュルケムが言っているのは、この概念は社会の範疇であって、社会の範疇というレベルにおいて宗教性が消えることはないということだ。社会的存在である人間が現実を認識し、世界を表象するというときには、どうしたって宗教的なものがつきまとってくるのである。この宗教性の残余の第二の側面は、実在を分割する社会的装置と表現できるだろう。

このような観点に立つデュルケムは、近代科学も宗教的なものであると理解している。宗教と科学はいかにも正反対の方向を向いているように見えるが、「ものとものを互いに結びつけ、そのあいだに内的な関係を打ち立て、それらを分類し体系化する」点は共通している。そう考えると「科学思想は宗教思想のより完全な形態にすぎない」(Ibid.: 613＝下三四五)。ではなぜ宗教は近代科学によって否定されているように見えるのか。それは、宗教思想が従来の教義に固執しているからだ。もし宗教思想が、科学によって明らかにされた事実を受け入れ、しかるべき変容を遂げていくならば、それは科学以上のものであるだろう。というのも、「科学は断片的で不完全であり、少しずつしか前進せず、またけっして完成することがない」からだ。「しかるに生活のほうはと言えば、それは待ってくれないのである」(Ibid.: 615＝下三四八)。

これを「科学的な宗教思想」と呼ぶとすれば、デュルケムの宗教社会学自体がそのようなものになることを目指している。それは科学的な手続きを遵守すると同時に、科学の領域から一歩踏み出す大胆さも備えている。こうしてデュルケムの宗教社会学は、思想と行動のあいだ、記述的なものと規範的なもののあいだ、科学的なものと宗教的なもののあいだに位置している。それは、究極的には社会学的な新宗教と呼ぶこともできるだろう。

この視点に立って、デュルケムがライシテの道徳を宗教社会学の観点から研究したことの含意を引き出すとすれば、彼はこの営みにおいて、研究対象(ライシテの道徳)と研究の枠組み(宗教社会学)の双方に「宗教的なもの」を知覚していたということになるだろう。デュルケムは同時代における「宗教性」を、おもに「ライシテの道徳」と「宗教社会学」の二つの方向で考えていたと言ってもよいだろう。

三、以上論じてきた「社会統合力としての宗教性」と「認識装置としての宗教性」はともに社会的なものにかかわっているが、宗教の残余の第三の側面は心理学的なもの、または個人的なものに関係する。

「デュルケムの心理学」という物言いには、人を驚かせるものがあるはずだ。実際この社会学者は、心理学に対する社会学の優越性を強調してやまなかったからだ。

だがこのことは、デュルケムの社会学が心理現象に関心を払わなかったことを指すのではない。事実はまったく逆である。セルジュ・モスコヴィッシは、デュルケムが心理学をけっして否定しなかったことを説得的に論じている（Moscovici 1988＝一九九五）。デュルケムは、社会学以前の心理学を退けたのであって、社会学が樹立された地平において発展させられるような心理学に対しては、むしろ好意的であった。

デュルケムの社会学は社会学主義で、個人の問題はきちんと扱われていないという先入見は根強い。だが、これは事実と異なっている。デュルケムは、社会の宗教性はアプリオリに与えられるものではなく、社会生活が宗教的になるのは、その社会を構成する個々人の内面においてであることを繰り返し述べている。個人が社会なしですますことができないように、社会にも諸個人が絶対に欠かせないのである(16)。

デュルケムは、同時代において宗教が可能であるためには、それを個人主義に基づかせる必要があると考えていた。『社会分業論』では、「個人が一種の宗教の対象となっている」との認識を示し、「人格の尊厳のための礼拝」について言及している（DTS: 147＝上二八四）。デュルケムがどこかでこの考えを破棄したとは思えない。一八九八年の「個人主義と知識人」では、いまや個人主義が「国の道徳的統一性を保障することのできる唯一の信仰体系」であり、「今日可能な唯一の宗教」は「個人主義的道徳をその合理的表現とする人類教」だと述べている（SSA: 270–271）。一九一二年の『宗教生活の基本形態』では、個人の意識が集合意識から差異化されつつ析出してくる様子をこう叙述している。

> 集合的理想は個人の内に具現されるとき、個人化される傾向がある。人はそれぞれ集合的理想を自分なりに解釈し、自分の刻印を押す。さまざまな要素をそこから削り取ったり、別の要素をつけ加えたりするのだ。こうして、個人的人

格性が発展して自律的な行動の源泉となるにつれて、個人的理想は社会的理想とは別のものとして出てくる。（FEVR: 605＝下三三五）

デュルケムはこのような過程は必然的だと言い、また「完全に内的で主観的な状態から成立しているような宗教、各人によって自由に構成されているような宗教」の可能性を認めている（Ibid.: 65＝上八六）。ただしこのような個人主義的な宗教は、二次的に析出してきたものだ。それは、社会的な宗教力の個別化によって生まれたもので、時間的にも遅れて登場してきている。やはり最初にあるのは社会的な宗教であって、その宗教的な力が個別化され「二次的な聖なる存在」に宿ることで、個人がそれに対して単独で礼拝を行なうことも可能になる。そして「個人がいっそう差異化するにつれて、また人格の価値が重要となるにしたがって、それに対応する礼拝は、宗教生活の全体のなかでより大きな地位を占めるようになっていったのである」（Ibid.: 606-607＝下三三八）。

つまりデュルケムは、心理学的な宗教性あるいは個人の宗教性についてはっきりと語っているが、それは発生論的に見てあくまで二次的なものだと主張している。したがってこの社会学者は、精神や意識の深い状態を宗教的と呼ぶことは認めているが、内的な実在感から出発して宗教の定義を行なうことには反対している。これが、当時の哲学者や心理学者との見解の違いである。一九一三年にデュルケムとジュール・ラシュリエのあいだで行なわれたやりとりは、この点をよく示している。ラシュリエによれば、「真の宗教」は「内的で孤独な努力」である。「真実に宗教的な精神」は稀有で、その精神は「社会集団を無視し、それに反対する」。これに対してデュルケムはこう反論する。なるほど、そのような深い精神の状態はたしかに存在する。しかしそれは「例外的」なものだから、それを宗教の本質とすることはおかしい。それに、個人がその内面において感じる意識の深い状態が「まったく社会に依拠していないとアプリオリに断言させるものは何もない」。むしろ個人主義的な信条の持ち者であっても、「世界と社会からの解放を可能にする力そのものを社会から受けている」ことが十分に考えられる（T2: 57–58)。

以上のように、デュルケムの議論からは、近代における宗教性の三つの側面を見出すことができる。なかでも第三の宗教性は、個人の実存ないし存在論的な問題にかかわっている。これを社会学的な観点とは異なる観点から扱うならば、また別の深め方ができるだろう。次章では、このような問題意識を持ちつつ、ベルクソンについて論じたい。

（1）　たとえば『社会学的方法の規準』の以下のくだり。「社会現象は、その極度の複雑性のゆえにしばしば科学的アプローチをはねつけるように見え、心理的ないし有機体的な諸条件の要素に還元されないかぎり、つまり社会現象としての固有の性質を剝奪されないかぎり、科学にはならないと思われてきた。しかし私たちは、それとは反対に、社会現象からその特性を何ら奪うことなく、それを科学的に取り扱うことができると証明することを企てた。〔……〕社会学は、他のいかなる科学の付属物でもない。それ自体、明白で自律的な一科学なのだ」(RMS: 142–143＝二六六―二六七)。

（2）　この論理によって、デュルケムは同時代の「疑似社会学」を批判する。スペンサーの『社会学原理』は、「変形された生物学」にすぎない（T1: 38)。エスピナスの『動物社会』は「比較心理学的」で、そこに見られる「社会学的性格」は「きわめて限定」されている（Ibid.: 90)。タルドの語る「社会学」は「間心理学的」だ（タルド自身は自然主義的なモデルから脱していたにもかかわらず)。ルネ・ウォルムスも「社会学」を創始しようとしているが、それは有機体説モデルにとらわれている。この点についてはClark（1973）を参照。

（3）　デュルケム（およびデュルケム学派）と社会進化論あるいは発展史観との両義的な関係については、Goudineau（1986）を参照。

（4）ちなみにデュルケムは、歴史家が社会の変化を叙述する際に、重要人物の「偶発的」な役割を強調する傾向がある点に難色を示している。歴史において決定的な役割を果たした人物も、当時の社会によって規定されていたはずだというのがデュルケムの考えである。

（5）デュルケムは、当時の歴史学の大家シャルル・セニョーボスに論争を挑んでいる。セニョーボスによれば、史料こそが社会科学における客観性を保障する。これに対してデュルケムは、それは表面的な客観性だと批判し、科学は諸事実の目録ではなく、それらを分類し体系化するものでなければならないと主張する（JS: 353）。当時の歴史学と社会学の知的ヘゲモニーをめぐる争いについては、Besnard（1986）を参照。

（6）デュルケムにおける宗教の社会学的研究の発達については、特にLukes（[1973] 1985）、Pickering（1984）、山﨑（二〇〇一）を参照。Pickering（1993）もコンパクトで示唆に富み便利である。

（7）ヴントは道徳を研究するのに形而上学的な思弁を退け、観察の手段の導入を訴えている。これは実際のところ、デュルケム社会学の誕生にとって重要な視角を提供している（T1: 297–331）。また、スミスからの影響は確かなものだとしても、一八九五年前後に書いたものにそれを認めることは容易ではない。このように、スミスからの「啓示」をめぐってはあいまいなところがあり、今日でも研究者の議論のひとつの争点となっている。

（8）デュルケムがレヴィユによる宗教の定義として引用するのは、『宗教史序説』（一八八一年）の一節である（本書第7章三三〇—三三一頁で紹介）。一九一二年の著作でも、一八九九年の論文とまったく同じ箇所を引いてレヴィユの定義を批判している（FEVR: 40＝上五九）。

（9）デュルケムは、さまざまな現象を科学的に研究するには、前もって拵えられた概念を退けなければならないと繰り返し述べている（ex. RMS: 31, 142＝九七・二六五）。宗教現象を研究するときにも、この規則は当てはまる（ex. T2: 66; FEVR: 32＝上五〇）。デュルケムの宗教概念がいかに驚くべきものであるかを十分に理解するためには、当時の政治体制が宗教を個人の意識や私的な礼拝に還元しようとしていた点を想起する必要がある。

（10）デュルケムの最後の主著 *Les formes élémentaires de la vie religieuse* は古野清人の翻訳以来『宗教生活の原初形態』

という訳が「定訳」となっている。筆者もこの慣習に倣うことについては必ずしも全面的に否定的ではない。だが、élémentaire の語義からしても、デュルケム自身の意図からしても（彼はこの書物において、いわゆる宗教起源論にコミットしたというよりも、トーテミズムに宗教の最も単純で基本的な形態を見ながら、それを一般化可能なものとして論じようとした）、『宗教生活の基本形態』という訳のほうがより適切だと思われる。この点については、山﨑（二〇〇一・一八三、二一五―二一八）が詳細に論じている。

(11) それにデュルケムは、一九〇九年の論文「社会学と社会諸科学」において、「宗教社会学」と「道徳社会学」のあいだに区別を設けようと努めているように見える。「社会生理学」に分類されるもののうち、「まず宗教的信念、宗教的実践、宗教的制度が存在する。〔……〕宗教の研究は社会学に属する。それは宗教社会学の対象となる。道徳的な観念や習俗は、この範疇とは区別された別の範疇を形成する」（SSA: 149)。

(12) デュルケムは、一八八七年の論文「ドイツにおける道徳の実証的科学」において、「社会の型と同じだけの道徳がある。そして、劣った社会の道徳も、文明社会の道徳と同じ資格において、道徳なのである」と述べている（本書第8章三八七頁を参照)。一九一四年の論文にも次のような一節が見られる。「劣等と言われる民族の道徳が私たちの道徳より劣っていると考えることを正当化するものなど何もない。どうしてそうした道徳とそれに続く道徳とのあいだに一種の序列関係を設けるようなやり方で比較できるのか、私にはわからない」(TI: 67)。

(13) ここでのデュルケムの議論は、『自殺論』のなかの「アノミー的自殺」と題された章における議論とたいへん似通っている（SU: 264-311)。

(14) この点に関し、たとえばデュルケムは中間集団の道徳的性格を強調していた。普遍主義的な共和国モデルにおいては、アトムとしての諸個人の私的な領域と政治の領域が強調され、市民社会における自由を与えることをためらう向きがある。これに対してデュルケムは、中間集団を道徳的連帯の担い手として高く評価した。

(15) ジャン＝ポール・ヴィレムは、ここでデュルケムは「市民宗教」の語を用いることなくその問題系に足を踏み入れていると指摘する（Willaime 1985: 13)。またベラーは、デュルケムを「第三共和政の市民宗教の大司祭にして神学者」と評している（Bellah 1990: 10）。

（16）一九六〇年代頃までは、デュルケムの社会学の「社会的強制」の側面が強調されるあまり、個人主義の側面が見過ごされてきたきらいがある。デュルケム社会学における「社会的なもの」と「個人的なもの」の浸透を明示した研究に、ジャン＝クロード・フィユーのものがある（Filloux 1977）。

# 第10章　ベルクソン哲学における道徳性と宗教性

ライシテの道徳の歴史が、ベルクソンを取りあげることはほとんどない。実際この種の書物は、デュルケムについては論じるが、ベルクソンには触れないというのが一般的である（Stock-Morton 1988; Loeffel 2000, etc.）。一方、ベルクソンが宗教学にいかなる寄与をもたらしたのかについても、評価は定まっていない。なるほど、宗教現象に対するさまざまなアプローチを提示する際に、『道徳と宗教の二源泉』が紹介されることはある。そして、この書物は宗教社会学の発展に貢献したなどと述べられる（Cipriani 2004: 61–66 etc.）。だが、宗教社会学者はベルクソン哲学の心理学的・存在論的な側面に十分な注意を払っているとは言いがたい。他方、ベルクソン研究者は、必ずしもこの哲学者を宗教研究の進展という文脈に位置づける関心を持っているわけではない。

ここまでライシテの道徳と宗教研究の相関的な歴史をたどってきた私たちは、この大哲学者を正面から論じることなくして本書の叙述を終えることはできないと感じている。というのも、第三共和政のフランスにおいて道徳と宗教について深く思索した者と言えば、ベルクソンの名はやはりデュルケムと並んで双璧をなすからだ。それにまた、みずからの「哲学的活動」を素朴な弁証法的操作に対する「抗議」と位置づけるベルクソンにあってみれば（PM: 98/1330＝一三三）、その道徳と宗教についての議論もきわめて独自性に富んでいると期待できる。

政治的に規定された道徳概念と宗教概念、さらには当時の一般的な科学の傾向に抗して、いかにベルクソンは道徳と宗教を提示したのだろうか。最後の主著『道徳と宗教の二源泉』は、タイトル自体がすでに示唆的だ。ライシテを原理とする政治体制が道徳と宗教の分離を前提とするのに対し、ベルクソンは両者を近付ける。また、道徳と宗教の源泉を二つ指示することにより、両者の源泉を「社会」に還元する傾向のあるデュルケムの議論に異議を唱えている（Vialatoux 1939）。

ライシテの道徳および宗教学の展開という視点に立つとき、このベルクソンの立場は何を含意しているだろうか。これは、本書の主題からしてまっとうな問いだ。だが、この問いに答えようとするとき、いくつかのジレンマや困難に直面する。

まず、ベルクソンが明示的に道徳や宗教の問題を扱うようになったのは比較的遅いということだ。『二源泉』が世に出たのは一九三二年である。第三の主著『創造的進化』が出たのが一九〇七年だから、二つの著作は四半世紀の期間で隔てられている(1)。

ここで、一九三二年の著作を一九世紀の枠組みで扱ってよいかという問題が生じるだろう（通常は第一次世界大戦が一九世紀と二〇世紀の境界をなす）。あえてこれを行なえば、両大戦間期の知的・政治的文脈を無視することになってしまう。では、ベルクソンが一九一四年までに書いたテクストだけを議論の対象とすればよいのか。いや、これが適切な手続きだとは思えない。たしかに一九一四年の段階で出揃っているベルクソンの三つの主著をそれ自身において読むことは可能だ（それは必要でさえある）。しかし、今日の私たちの手元にベルクソン哲学の到達点を示す第四の主著がある以上、さまざまな彼のテクストを読む際に、それらを結びつけているものやベルクソン哲学の全体像を意識しないことは不可能だろう。

次のような問題もある。第三共和政初期、ライシテの道徳をどう根拠づけるかという課題は、政界はもちろん哲学界においても重要であったが、当時ベルクソンがこれに積極的に取り組んだようには見えないことだ。たしかにこの哲学者は、一八九一年から一八九三年にかけてアンリ四世校で道徳論を講じ、古典的な哲学者と並んでポール・ジャネやジャン＝マリ・ギュイヨーら同時代人を取りあげ、功利主義的道徳や唯心論的道徳についても語っている。自分自身に対する義務、他者に対する義務、市民の義務について語り、神に対する義務についても示唆している（Cours II: 51–163, 195–202）。だが、この点からベルクソンがライシテの道徳を支持していたと結論づけることは困難である。そもそもベルクソンの書いたもののなかに、「ライシテ」や「ライシテの道徳」という言葉はほとんど見当たらない。

また当時の彼は、おそらく意識的に政治的な「二つのフランスの争い」から距離を取っていた。一九〇〇年にコレージュ・ド・フランス教授に就任するなど、すでに哲学者としての名声を博していた彼は、ユダヤ系の出自であるにもかかわらず、ドレフュス事件に際して沈黙を守っている。政治参加する「知識人」――そこには前章で論じたデュルケムも含まれる――が世紀転換期に登場した事実を思いあわせると、このときのベルクソンの態度は特筆すべきであり、この哲学者は「没政治的」なのだと思いたくなる。しかし彼は、第一次世界大戦に際して対米使節として同国の参戦を促すなど、徐々に政治的な影響力を行使する立場に置かれていく（Soulez 1989）。

一九二〇年代のフランスでは、師範学校で教えられる道徳を社会学的なものにするよう議論されたことがあったが、ジャック・シュヴァリエの証言を信じるなら、ベルクソンはこのときライシテの道徳の将来を心配し、公教育高等評議会において「社会学のプログラムを小学校〔師範学校の誤り?〕のプログラムから除く」よう努力したという。そして、「社会学は義務をたんなる強制に還元する」が、これでは「道徳が完全に捻じ曲げられてしまう」と語ったという（Chevalier 1959: 59–60＝一九六九・六九）。もしこの証言が事実なら、ベルクソンはその代わりにいかなる道徳のあり方を支持したのだろうか。それが具体的な形を取りはじめたのは、いつ頃からなのだろうか。第一次世界大戦前にまでさかのぼることができるのか、それともやはり両大戦間期を待たなければならないのか。

さらに、ベルクソン哲学と宗教学の関係をいかに語りうるかという問題もある。デュルケムが「宗教史」に抗する形で「宗教社会学」を樹立するという企ては、比較的早い段階から表明されているが、初期のベルクソン哲学――たしかにそれは「宗教心理学」と受け止められることはあった――が、制度的な宗教学に対抗意識を燃やしていたとは考えにくい。

おそらくベルクソンが制度化された宗教学との対抗関係を意識するようになったのは、コレージュ・ド・フランスの「同僚」アルフレッド・ロワジーの神秘主義解釈と自分のそれとの違いを意識するようになってから（一九〇〇年代後半以降）であろう（Poulat 1984: 234）。また、ベルクソン哲学が道徳と宗教の問題を正面から相手にするようになるにつれ、それはデュルケムの宗教社会学との差異を意識しつつ、宗教社会学の射程を獲得していく。ここにおいてジレンマが生じる。もし一九一四年以前のベルクソンのテクストを重視しすぎると、社会学的な射程を見落としてしまうおそれがある。逆に、社会学的な射程についてきちんと論じるのであれば、二〇世紀前半における宗教の科学的研究の一般的な状況を無視することはできず、一九世紀という本書の枠を越えてしまう。

おそらく、ここまで述べてきたジレンマはみな、ベルクソンはどの時点から道徳的・宗教的事実を扱うようになったのかという問いにかかわっている。

それは『創造的進化』の刊行後だろうか。そうかもしれない。実際ベルクソンは「哲学はそのつど新たな問題に対して新たな努力を要求する」と述べている（PM: 27/1272＝四五）。だとすれば、ベルクソンがその関心を道徳と宗教の領域へと集中的に傾けていくのは、やはり『創造的進化』が刊行された一九〇七年以降でなければならない。ある研究者は、この哲学者が「神秘的な現象により深く」のめり込んでいくのは一九〇九年以降のことで、アンリ・ドラクロワが一枚かんでいると指摘する（Cariou 1976: 99）。だとすれば、ベルクソンにおける道徳や宗教の問題を解明するためには、この時期以降に書かれたものを集中的に読み込んで、それを『二源泉』と関連づける必要がある。このような観点からベルクソンの宗教論を検討している最近の論者にブリジット・シトボン＝ペイヨンがいて、彼女の考えでは「ベルクソンが宗教性の問題を扱うのはかなり遅くなってからにすぎず、それは一九三二年に出た最後の著作『道徳と宗教の二源泉』においてである」（Sitbon-Peillon 2005: 5〔強調引用者〕）。

その一方で、ベルクソン哲学と宗教（性）との接点を早い段階に設定する見方もある。ルイ・ラヴェルによれば、ベルクソン哲学は一九〇〇年よりもずっと前の時点で読者を「宗教的な感情」でとらえていたというし、モーリス・プラディーヌによれば、「持続」の概念はすでに一種の「神秘的直観」だという（Vieillard-Baron 2000: 62）。ベルクソン哲学全体を「宗教哲学」と見なす者もいる（Sundén〔1940〕1947）。最近の研究者では、アンリ・ユードがこのような観点に立っており、ベルクソンは非常に早い段階で「自我の本質的に宗教的な性質」を認め、「この宗教性が道徳性の基礎をなす」ことを確信したと主張している（Hude 1989: 19–20〔強調引用者〕）。

このように、どの時点からかという問いに対する答えは研究者のあいだでも見解が分かれている。筆者の見るところでは、時期を遅く設定する研究者は「道徳」や「宗教」の輪郭を自明視し、その領域があたかも固定的であるかのように論じるきらいがある。逆に時期を早く設定する研究者は、みずからの宗教観や道徳観をベルクソンの初期の著作に投影する傾向がある。二つの立場を調停するためには、「宗教」と「宗教性」、そして「道徳」と「道徳性」の区別が有効ではないかと思われる。

なるほど、「持続」や「記憶」や「直観」といったベルクソン哲学の重要な概念を取りあげて、それらをそのまま宗教的とか道徳的と規定していくような議論はあまり説得的ではない。しかし、『二源泉』において明示的に扱われている「道徳」と「宗教」を戦略的な出発点にすれば、それ以前の著作にベルクソンの「道徳性」や「宗教性」と呼べるものを見出すことができるのではないか。このような観点に立つとき、いつベルクソンの思考のなかに宗教性や道徳性が生まれたのかを具体的な日付でもって確定する必要がなくなる（そもそもそれは不可能である）。

筆者としては、ベルクソンにおける道徳と宗教の問題は、ベルクソン哲学の進展につれて、暗示的で潜在的な地平から明示的で顕在的な地平へと移行したと論じたい。到達地点から事後的に見れば、ベルクソン哲学はその出発点から宗教的・道徳的であったと言明することも可能だろう。ただその際に注意すべきは、ベルクソン哲学が最初から道徳や宗教の問題に収斂するよう予定づけられていたわけではまったくないということだ。その展開は、予期せぬ出会いに満ちていたことを忘れてはならない(2)。

以上の考察に基づき、次の手順で議論を進めたい。まず、「誕生期」のベルクソン哲学が、当時支配的だったパラダイムに対して、いかなる「ノン」を突きつけたのかについて簡潔に述べる。この作業は、初期ベルクソン哲学がいかなる意味で「宗教哲学」や「宗教心理学」と受け止められたのかを示唆してくれるだろう。また、当時のベルクソンが「内的な自由」――これは「道徳性」に密接にかかわるものである――を見出しておきながら、なぜそれをもとに道徳理論の構築に向かわなかったのかを理解する手がかりになるだろう。

次いで戦略的に、両大戦間期の知的背景を括弧に入れつつ、『二源泉』の最初の読解を行なう。これによって、ベルクソンが語る「道徳」と「宗教」の二つの型を提示する。また、デュルケム社会学の道徳論・宗教論とベルクソン哲学のそれとの違いを示す。このとき、「閉じたもの」と「開いたもの」の質的な差異についても述べるが、『二源泉』の読解だけで「閉じたもの」から「開いたもの」への移行をきちんと説明することは難しい。そのためには、ベルクソン哲学全体の理解が欠かせない。

そこで、「静的宗教」と「動的宗教」のいわばあいだに「ベルクソンにおける宗教性」が見出されるのではないか、という仮説に立ちながら、第一の主著から第三の主著までの読解を行なう。あえて『二源泉』以前の著作に宗教性を探るのは、そこにこそ宗教ならざる宗教性（いわゆる宗教のあとの宗教性）がよく現われていると思われるからである。この宗教性の諸側面の提示が、本章の核心部である。そのうえで、『二源泉』のより深い読解を試みる。

## 一　ベルクソン哲学の新しさ

以下では、ベルクソンが「真の進化論」と呼ぶもの、そして彼の提唱する「実証的形而上学」の内容を確認する。あえて概説書の解説のようなことを行なうのは、この哲学者がいかに一九世紀後半のエピステモロジーと手を切ろうとしたかを示すためである。また、彼の宗教研究が、制度的な宗教学やデュルケムの宗教社会学とは違う地平で展開されていることを、あらかじめ示唆しておくためである。

### ◇進化論から「真の進化論」へ

かなり雑駁な言い方になるが、一九世紀の科学の発展は宗教的な世界観を切り崩していった。そのとき、二つの方向性があった。ひとつは、コントのように、科学の相対性を認識し、絶対的なものを諦めるという方向である。もうひとつは、テーヌのように、科学そのものを絶対化し、そこから科学的な決定論を導き出す方向である。

絶対を諦める第一の方向性についても、実は二つのモデルがある。アンリ・グイエはこの観点から、デカルトの時代と一九世紀を対比的にとらえている。グイエによれば、デカルトの科学観は単一的な数学モデルに依拠しているのに対し、一九世紀の科学観は諸科学——実証的な生物学、心理学、そして社会学など新興諸科学もそこに含まれる——の複数性を考慮に入れている（Gouhier 1959: XI–XII; 1989: 36–39; [1962] 1999: 33–34）。コントの科学哲学は、まさに諸科学を相互に関係づけるものであった（本書第2章参照）。ベルクソンは、このデカルト・モデルからコント・モデルへの転換を踏まえつつ、自分自身の課題を設定している。「数学的な枠組みを破り、生物学、心理学、社会学を考慮し、そしてこの広範な土台の上に形而上学を打ち立てなければならない」（Mélanges: 489–490）。

しかるにベルクソンの見るところ、多くの者はこの課題を無視して、ひとつの科学分野の独立性に固執するか、そうでなければ単純な科学において得られた法則を、そのまま複雑な科学に適用している[3]。すると、生物学や心理学は物理学に還元され、決定論的な図式ができあがってしまう。いわゆる進化論の下敷きには、このような還元主義がある。『創造的進化』のベルクソンの言葉を借りれば、「進化論哲学は、純粋な物質を相手にして成功した説明の手続きを、そのまま生命の事柄へと押し広げる」（EC: VI/490＝九）。若きベルクソンは、スペンサーを読んでいるうちに、この進化論者が「発生」をありのままにたどると約束しておきながら、実は「進化し遂げたものの断片によって進化を再構成している」だけだということに気がついたという（Ibid.: 363/802＝四二四）。そこには真の時間が欠けている。それゆえ、いわゆる進化論に代わる「真の進化論」を打ち立てなければならない。

このベルクソンの態度からすでに窺えるのは、彼の宗教史はいわゆる宗教進化論を脱却しているはずだということだ。たしかに『二源泉』で提示される宗教史は、多かれ少なかれ道徳の「発展」を語っているが、それは彼が「文明人」の立場から「未開人」に懐古的な視線を注いでいることの帰結ではなく、具体的な変化のなかに身を置く努力の結果として得られている。この点は、あとからまた論じる。

さしあたって指摘しておきたいのは、自然科学に実在的な時間を導入する企てが、ベルクソン哲学の出発点になったということだ。

## ◇「実証的形而上学」あるいはベルクソンの心理学

ベルクソン哲学の「誕生」を画す契機は、やはり生や意識の内部で持続する実在的な時間をとらえようとする試みに求められよう。この点においてベルクソン哲学は、当時の科学の一般的傾向のみならず、カント以来の哲学の伝統と手を切ろうとするものであった。

一九世紀の科学は、私たちの普段の生活と同様、外在化された表象に依拠している。それゆえ科学的概念は、実在を説明しようとするものでありながら、実在を内側からとらえるには大きすぎる。ベルクソンは実際の内的な生とそれを事後的に表象したものに区別を設け、科学的探究に正確さをもたらそうとしている。

彼のカント哲学に対する態度についても、同じようなことが言える。ベルクソンのカント批判は大きなテーマで、多くの言を費やすべき問題だが(4)、さしあたりここでは、物自体は認識できないと主張していたカントに対し、ベルクソンは「絶対」への道を再び開いたことを確認しておけばよい。ベルクソンは、理性によって絶対に近づくことはできないとするカントの主張の妥当性を認める一方で、カントがそのようにして哲学の領域を限定してしまうことを問題視する。ベルクソンの考えでは、哲学は理性以上の「直観」によって「絶対」を扱いうる。

これは、（実在に対して大きすぎる概念を操作する）超越的な形而上学への回帰ではない。そうではなく、人間の意識と内的な生から出発して、形而上学の新たな地平を開こうとするものである。この新しい形而上学は、私たちの経験にぴったり即しているものとされる。こうしてベルクソンは、「形而上学を経験の場に向ける」実証的形而上学を提唱する。「このように理解された哲学は、実証科学と同じ的確さを持つことができる。それは科学と同じように、ひとたび獲得された結果に別の結果を積み重ねていくことで、進歩し続けることができよう」(Mélanges: 1181–1182)。

一九世紀末の知的文脈に即して考えると、ベルクソン哲学が「宗教哲学」や「宗教心理学」として受け止められたことも納得できる。宗教哲学と感受されたのは、それが哲学のなかに再び絶対を導入しているからで、宗教心理学と感受されたのは、それが内的な生へと意識を向けるものだからだ。それでもベルクソン自身は、みずからの哲学に宗教哲学や宗教心理学の名を冠したりはしなかった。この事実は、この哲学者が『二源泉』にいたるまで、宗教の問題について実に慎重だったことを示している。

いずれにせよ、初期ベルクソン哲学を宗教心理学と見なす場合には、それが一九世紀後半に見られた宗教の心理学的な研究の二つの潮流とは異なるものである点を確認しておく必要がある。

第一の潮流は、宗教進化論と密接にかかわる宗教心理学だ。アルベール・レヴィユとジャン・レヴィユは、宗教史家は宗教的感情がいかなるものかをよく知る心理学者でもなければならないと主張していた。諸宗教は実際の歴史に属し、定冠詞つきの宗教は心理学に属すと考えていた。この宗教心理学はプロテスタント神学の名残をとどめている（本書第8章参照）。

第二の潮流は、宗教現象を病理の観点から扱おうとする心理学である。一九世紀後半以降、このような観点から宗教感情を説明しようとする試みが数多く見られた。フランスにおける実証的心理学の父テオデュール・リボーは、宗教を感情の論理とし、これに理性の論理を対置した。『ユダヤの預言者――病の心理学的研究』や『イエスの狂気』の著者ビネ＝サングレは、宗教感情の心理学を病の心理学として取り扱った。ジャン＝マリ・シャルコーは、実験科学の手法を用いてヒステリーを研究した。シャルコーの弟子で『苦悩から恍惚へ』を著したピエール・ジャネは、宗教現象を心理障害と見なしている。

ベルクソンの立場は、これら二つの宗教心理学の潮流に連なるものではない。それはむしろ、メーヌ・ド・ビランからフェリックス・ラヴェッソン、ジュール・ラシュリへと続くいわゆるフランス・スピリチュアリスムの流れを受けつつ（Janicaud 1969; 岩田 二〇〇一）、世紀転換期にアングロ＝サクソン諸国で生じた新たな研究動向と歩調をあわせるものだ。宗教を病理学的観点から扱う研究が、宗教経験や神秘体験を精神異常に帰す傾向が強かったとすれば、ウィリアム・ジェームズやジェームズ・リューバによってもたらされた新たな宗教心理学は、これらの経験をむしろ人間の道徳的・精神的な力を構成するものとして積極的に評価する。この観点はフランスの研究者にも影響を与え、アンリ・ドラクロワやジャン・バリュージは神秘主義研究へと向かっていく。

ベルクソンがこうした流れに位置するのなら、世紀転換期におけるフランス心理学を最もよく代表する人物と目されていたことも理解できよう（Nicolas 2002: 179）。

### ◇常識の哲学

ベルクソン哲学の特徴をもうひとつつけ加えるなら、それは常識重視の哲学である。常識がベルクソン哲学の中核をなすと考える研究者もいる（Mossé-Bastide 1955）。この点をよく理解するには、一九世紀後半が専門分化の時代であったことを考慮に入れる必要がある。宗教史家は普通の人が扱うことのできない史料を読んでいたし、社会学者デュルケムはディレッタントの時代の終焉を告げていた。

一八八二年、当時若干二三歳のベルクソンは次のような専門家批判を展開している。「専門家は、重要でもない事実を未公刊だからと引用する。書類やら史料やらをかき集める。〔……〕かつて人が古代の著作家たちを読んだのは、彼らについて知るためであり、哲学的・道徳的に偉大な教えを学ぶためだった。今日の専門家は、もはや修正点を見つけるためにしか読まない」（Mélanges: 261–262）。そしてベルクソンは最初の著作『試論』の結論部分で「常識への回帰」を説き、最後の著作『二源泉』の結論部分では「単純な生活への回帰の可能性」について述べている。

いずれにせよ、ベルクソンが史料至上主義を唱える一九世紀の歴史学者と一線を画していることは明らかだ。そのような学者はまさに専門家の典型と映ったに違いない。

以上の議論から、一九世紀末に生まれたベルクソン哲学が――たしかにそれはまだ宗教的事実を正面から扱うものではなかったが――いかに一九世紀後半の宗教学の動向と袂を分かつものであったかが読み取れよう。おそらくベルクソンは、宗教研究の科学性は史料と文献学によって保証されると考えていたモーリス・ヴェルヌのような宗教史には、一度も共感を覚えたことがないだろう。またベルクソンの目には、ルナンやレヴィユ父子のように、宗教史のクライマックスをキリスト教に置くことを前提としたうえで、その前史を回顧的に再構成するような宗教史は、真の進化をとらえていないと映ったはずだ。ベルクソンは、宗教をアプリオリに定義するプロテスタント的な宗教心理学をほとんど相手にしていない(5)。さらに、宗教的な現象に対するベルクソンのアプローチは、社会学派のそれと異なっている。内的な生をとらえようとする誕生期のベルクソン哲学と、社会の分析に従事するデュルケム社会学の調子の違いを見分けることは難しくない。だが、ベルクソン哲学とデュルケム社会学の違いをもう少しきちんと見極めるには、ベルクソンが『二源泉』において宗教社会学の成果をいかに取り込んだかを検討する必要がある。

## 二　道徳と宗教の二つの型、あるいはベルクソンのデュルケム批判

以下では、いささか図式的ながら、ベルクソンによる道徳と宗教の二つの型を説明しておく。それを通じて、ベルクソンによるデュルケム批判の要点を押さえたい。

### ◇開いた道徳と閉じた道徳

道徳は、まずは非人称的な社会的圧力として私たちに迫ってくる。個々人は、強制された義務の遂行を通じて、社会的な自我を形成する。ただしベルクソンは、この「閉じた道徳」を定義するにあたって、カントのように圧迫や義務の観念には依拠しない。なるほど、道徳的行為にはしばしば強制の感覚がともなう。だがベルクソンによれば、それはむしろ二次的なものだ。人は多くの場合、ただ社会的慣習にしたがって、道徳的行為であること

を意識せずにそれを遂行している。この社会的慣習に対して何らかの形で抵抗するとき、はじめて社会からの強制力を感じるのである。

他方、道徳はすべて社会に還元されるわけではない。社会的道徳に重なり合うような、もうひとつの道徳が存在し、それによって道徳は完成されるとベルクソンは考える。この第二の道徳の原動力は、義務というよりも憧れである。この道徳は、例外的な人間に具現され、たんに個人的というのでなく、人格的な特徴を備えている。この「開いた道徳」は、第一の道徳に取って代わるものというよりは、むしろそれを包摂するようなものである。二つの道徳のあいだには、たんなる程度の違いではなくて質的な差異があるが、どちらもその完全に純粋な状態というのは理論上でしか存在しない。実際には、二つの道徳は多かれ少なかれ混じり合っており、社会的圧力のなかにも憧れを呼び覚ますものが見出され、魅力的なもののなかにも強制力が潜んでいる。

ここには、デュルケムの議論を髣髴させるものがある。実際デュルケムは、聖の両義性に着目しつつ、道徳の強制的な側面と魅力的な側面とをきちんと指摘していた。しかし、類似ばかりに目を奪われてはならない。というのも、ベルクソンの言う「閉じた道徳」は知性以下のものとして社会の性質に根差しているのに対し、「開いた道徳」は知性以上のものとして人類の特質を示すものだからだ。ベルクソンから見れば、デュルケムは道徳的実在を知性の平面に投影したうえで解釈を加えているにすぎず、実在そのものの把握には失敗している。デュルケムが合理的な推論をしているとしたら、ベルクソンは生きられている道徳をそのままとらえようとしており、その道徳は社会学的というよりも生物学的なものである。実際、『二源泉』の最初の章は、「圧迫であれ、憧憬であれ、道徳はみな生物学的な本質のものである」（MR: 104/1061＝一二三）という文章で結ばれている。また、デュルケムもベルクソンも、道徳は上からの啓示として与えられるのではなく、いわば下から来るとする点では一致するが、デュルケムは道徳を「社会」に帰着させるのに対して、ベルクソンは「社会」を引き剝がしたところに「生」を措定し、圧迫が憧憬に深まる地点を見定めようとしている。こうしてベルクソンは、社会と生という道徳の二つの源泉――ただし社会が生に包摂されると考えれば源泉はひとつ――を指示している。

### ◇静的宗教と動的宗教

ベルクソンの考えでは、宗教は種としてのヒトと外延を等しくする。生物学的に見たとき、人間を特徴づけているのは社交性と知性という二つの特性である。社会の本質は、社会を支持し強化することを成員に求める点にある。昆虫の社会では、個体は自分自身の命を顧みることなく、共同体に仕えるようにできている。それは、本質的に不動の社会である。これに対し、人間の社会は変化を特徴とする。そこでは個人にもっと活動の余地が与えられ、個人が社会のためにできているのか、社会が個人のためにできているのか、判然としないこともある。まさにこのとき、知性と社交性が拮抗する。社会は社会の論理を貫きながら存続しようとするのに対し、知性はその社会の一貫性に切り込みを入れようとするからだ。

では、「生の意図」(intention de la vie) はいかにこの矛盾を調停しようとするのか。ベルクソンはこう考える。おそらく進化の起源において、本能と知性は互いに混ざり合っていたが、生が現実化して実際に形を取るためには、本能と知性は二つの異なる傾向として分化しなければならなかった。人間は、本能を犠牲にした知性のラインの突端にいるが、そこにはいわば本能の残り滓もある。宗教は、知性と釣り合いを取るものとして自然が望んだものと考えられる。ベルクソンはこれを「静的宗教」と名づけ、「想話」ないし「作話」の機能を果たすものと位置づける。この「想話機能」(fonction fabulatrice) は、知性の解体作用に対して社会を保持する役割を果たすと同時に、知性の行使――とりわけそれは死について考えることをもたらす――によって本来の生の動きを鈍らせてしまう個人にとっても有益である。このとき宗教は、失望に対する保障として、生への執着の欠損を埋め合わせてくれる。要するに、静的宗教とは「自然の防御反応」であって、それは「知性の行使によって、個人が意気消沈したり、社会が解体したりすることがないようにしてくれる」（Ibid.: 217/1150＝二五〇）。

静的宗教が、人間の生物学的な条件からそのまま帰結するありふれたもので、いわば知性以下のものだとすれば、他方には、自然の外に一歩跳躍するような、個人の超知性的な努力も例外的に存在する。そのような特権的な魂は、生の動きそのものと一体化する。ベルクソンは「神秘主義」という言葉をこの意味において用いている。神秘主義は生の源泉にじかに触れるもので、静的宗教とは質的に異なる。それは社会的というより内面的なもので、魂を「別の平面」に移すものである（Ibid.: 225/1156＝二六〇）。だが同時に、神秘主義がみずからを説き明かし、広まっていくためには、静的宗教を必要とし、それによって静的宗教が刷新される面もある。したがって、宗教の二つの源泉である社会と生は、質的に異なりつつも、互いに支えあっている。それゆえベルクソンは、質的に異なるものを同じように「宗教」と呼び、「神秘主義」を「動的宗教」という言葉で表現している。この生の動きは、内面性によって特徴づけられつつ、社会的な効果――あるいは普遍的な影響と言うべきかもしれない――も持つ。そのため、動的宗教が完全なものであるためには、観想や忘我（ギリシアの神秘主義や東洋の神秘主義）では不十分で、行動・創造・愛（キリスト教神秘主義）につながらなければならない。

ベルクソンが真の動的宗教をキリスト教神秘主義に同定したことは、結局のところ彼もキリスト教中心主義に陥っていると受け取られるおそれがある。実際には、これはいわゆるキリスト教中心主義ではないことをのちに示したいと思うが、さしあたりここで押さえておきたいのは、ベルクソンがどのように宗教にアプローチしているのかという点である。

特に目につく特徴は、反主知主義だ。ベルクソンは、宗教を表象の体系として見るより、行動の面を重視している。(6) そして、宗教のそもそもの成り立ちを生物学的・心理学的に探っている。すなわち、人間を生物の進化の流れに位置づける一方で、私たちの祖先が自然を前にどのような反応をしたかを推論している。たしかにベルクソンは宗教を人類学的・社会学的にも検討しているが、その視点はレヴィ＝ブリュールやデュルケムのそれとは異なっている。

レヴィ＝ブリュールは、「劣等人種」の前論理的で非合理的で情緒的な「未開心性」と、「私たち」の論理的で合理的で知性的な「文明人の心性」を対置している。ベルクソンは、このように二つの異なる心性を想定してよいのかと問うている。この説が成り立つためには、人間の知的・道徳的な獲得物が遺伝によって伝達され、習慣によって本性が変わるということを認めなければならない。だが、そのようなことはありそうもない。人間の精神構造は、「未開人」でも「文明人」でも変わらないのだ。もし「私たち」が、「非文明人」と呼ばれる人たちとは違った考え方をしているのだとしたら、それは長い世代にわたって獲得されてきた経験が、社会環境のなかに配置され、それを身につけることになっているからだ。異なるのは「社会の必要」であって、精神のはたらきは同じである。(7)「彼ら」は、「私たちが学んだもの」を知らないだけだ。今日でも「自然的なもの」は「かつてあった通りのもの」である。「文明の獲得物がそれを覆い隠している」だけだ（MR: 168/1111＝一九五）。

もはや明らかだろう。ベルクソンは、「人類」を分割するような下位分類を設けることに反対しているのだ。レヴィ＝ブリュールの「未開心性」に対する批判から窺えるのは、ベルクソンは「人種」概念に依拠したルナンのような宗教史には、はっきり異を唱えるはずだということだ。むしろここにおいてベルクソンは、人類の統一性を強調するコントの伝統を再び見出しているように思われる。

次に、デュルケムとの違いをはっきりさせておこう。先に述べたように、ベルクソンはデュルケムが道徳を知性の平面に投影しておきながら、道徳の正体を突きとめたと思い込んでいる点を批判している。ところで、デュルケムもまた反主知主義の流れを代表していたのではなかったか。実際デュルケムにとって、宗教はたんなる教義の体系ではなく、儀礼や行動と分かちがたいものであった。それでもベルクソンの目に映ったデュルケムは、個人的精神の合理性と集合的精神の非合理性を対置し、後者から宗教を導き出すことに躍起になっている。ベルクソンは言う。集合的表象の存在や、個人に社会的な目的があることは認めよう。だが、どうして集合的心性と個人的心性が調和を欠き、一方が他方に逆らうことになるのか（Ibid.: 108/1063＝一二八）。ベルクソンの考えでは、個体と社会は対立するのではなく、互いに包含しあう関係にある（Ibid.: 209/1144＝二四二）。

デュルケムとベルクソンは、トーテミズムの位置づけについても見解を異にする。デュルケムによれば、トーテミズムは個人に対して外在的な社会的実在の表現であって、到達可能な宗教のなかで「最も原始的かつ最も単純な宗教」である（FEVR: 135＝上一七一）。しかるにベルクソンにとって、トーテミズムは宗教の「そもそもの発端」から展開したいくつかの形態のなかのひとつにすぎない。なるほど、未開人の社会生活においてトーテミズムが占める位置は大きい。だがそれは、デュルケムが主張するようにトーテミズムが未開社会の政治組織の基盤にあるからではなく、ある部族のなかに氏族の違いを設けることによって、氏族内の婚姻を禁じる機能を果たしているからである(8)。

では、ベルクソンが考える宗教の「そもそもの発端」とは何か。それをありのままに取り出して見せることはできないが、私たちの遠い先祖が感じたはずのものを、たとえ一瞬でも垣間見ることができれば、それを手がかりに推論することは可能だろう。ベルクソンは言う。出発点において考えられていたのは、精霊や神々のようにすでに人格性を備えたものでもなければ、非人称的な力でもない。「ただたんに人間は、自然があたかもいたるところに目を持ち、それを人間に向けてでもいるかのように、事物や出来事には意図があると考えたのだろう」(MR: 185/1124＝二一四)。

それにしても、どうしてこのようなことが言えるのか。ベルクソンに即して考えると、次のようになる。他の動物たちと同じように、人間も行動して生きている。ところで、人間には知性が与えられているために、どうしても反省ということをしてしまう。とりわけ自分自身の死が不可避であることを考えてしまう。人間の知性は、起こりうる出来事を一定の範囲内で予想することができるが、必ずしも予期せぬ出来事にうまく対処できるとはかぎらない。そこで人間は、経験のなかには自分たちの思うに任せない部分があると感じるようになる一方で、何とかしてそれらと自分たちとのあいだに有効な関係を打ち立てようとして、事物や出来事には意図があると考えるようになる。このようにして、人間と没交渉であるはずの自然が人間的に解釈され、「部分的な擬人化」(anthropomorphisme partiel) が起こり、「人格的な要素」(élément de personnalité) が付与される (Ibid.: 159/1104＝一八五 ; 163/1108＝一九〇)。

ベルクソンはこのように議論を進めて、宗教起源論に決着をつけようとしている。宗教の始原にあるのは、アニミズム（タイラー）でも、プレアニミズム（マレット）でも、原始一神教（シュミット）でもない。「非人格的(非人称的) なものが人格的なものへと進化したのでも、純粋な人格性が最初に措定されたのでもない」(Ibid.: 187/1126＝二一七)。おそらく人間が最初に思い描いたのは「断片的な人格性」であって、そこから事後的に発展してきたのが精霊信仰であり、動物礼拝であり、トーテミズムであり、神々への信仰である。

同じ論理で、ベルクソンは宗教と呪術の同時性を主張する。「呪術と宗教は共通の起源から出発しながら別の方向をたどっている。宗教の起源を呪術に求めることは問題外である。宗教と呪術は同時的なのだ」(Ibid.: 184/1124＝二一三)。ベルクソンはこのように呪術と宗教を近づける一方で、呪術と科学の隔たりを強調する(Ibid.: 181/1121＝二一〇)。これは、呪術と科学の類似性を指摘したフレーザーの説に反対するものである。それはまた、呪術・宗教・科学の三者関係についてフレーザーに近い見方をしていたデュルケムへの批判と読むこともできる(Keck 2004: 13)。

さらに、ベルクソンの「社会」概念はデュルケムの「社会」概念をはみ出している。ベルクソンの用語で言えば、デュルケムは「閉じた社会」についてしか語っておらず、「開いた社会」の視点を持っていない。ベルクソンから見ると、デュルケムは静的宗教しか論じていない。ところが宗教は、自然に与えられた状態を越えて、「もっとずっと遠くまで行きうる」ものだ。「のちになって人間は、生じないこともありえた努力によって、同じ場所での旋回運動から脱け出し、今一度進化の流れのうちへ入り込み、この流れをさらに遠くまで推し進めた」(MR: 196/1133＝二二七)。この動的宗教は、「本質的に個人的だが、そのことによって、いっそう深く社会的になった宗教」(Ibid.: 210/1144＝二四二)である。つまり、閉じた宗教から開いた宗教への転換が起こるのは、例外的な個人においてであるが、それは社会――その個人を育んだ社会、さらには人類と呼ぶことができるような社会――にも恩恵を施すものなのだ。

ところで、このベルクソンの理論は、どのような回路で実践とつながるのだろうか。どうしたら人は、閉じた宗教から開いた宗教への道に入ることができるのだろうか。『二源泉』のベルクソンは、それは想話機能によって保障されている自動的な生活を断ち切って、生への別の執着のあり方を求めることによってもたらされるだろうと筋書きを示している。そしてまた、閉じているものを開こうとするには、個人の知性以上の努力が必要とされ、それには危険がともなうことも示唆している。

だが、この点をよりよく理解するためには、ベルクソン哲学全体についての理解が必要だと思われる。というのも、閉じたものから開いたものへの移行の契機は、社会的な外部性から個人的な内部性への転換と、内的な生の発展にあると考えられるが、これらはベルクソンの最初の主著から論じられていることだと思われるからだ。要するに私たちは、閉じたものから開いたものへの移行をより具体的にとらえるために、ベルクソンの著作を遡行し、静的宗教と動的宗教の「あいだ」に位置づけられるような宗教的状態の諸相を取り出したいと思っている。

この探求は、いわゆる達人よりも凡人にとって重要であろう。というのも、動的宗教への通路は、特権的なごくわずかの魂のみならず、よりよく生きようとするすべての者にかかわるものだからだ。「閉じた魂と開いた魂のあいだに、開きつつある魂がある」(Ibid.: 62/1028＝七七)。そして開いた魂は、他の魂を勇気づけ、みずからが切り開いた道を歩むようにいざなおうとする。したがって、動的宗教を体現する人間はきわめて稀だが、動的宗教への道の途上にある人間は大勢いる。そうした人たちの潜在的な状態を、「宗教的」という言葉でとらえてみたい。

## 三　心理学的・存在論的「宗教性」の三つの側面

ベルクソン哲学には、『創造的進化』に見られる宇宙論的な射程、『二源泉』で論じられる社会的・歴史的な射程もあるが、ここでは心理学的・存在論的な位相に注目して、ベルクソン哲学における「宗教性」の三つの様相をとらえてみよう。

◇差異の経験としての持続

ベルクソンは『意識に直接与えられたものについての試論』において、自由な行為は内的な時間の（再）発見にかかっていると主張する。彼はこの内的な時間のことを「持続」と名づけ、持続的に継起するものと、等質的な空間に配置されるものを厳密に区別する。

具体的な持続は、そのまま取り出して説明することができない。なぜなら、説明のためには既存の概念や表象に頼らざるをえず、それを用いてしまうと、もともとの持続は変質してしまうからだ。知性の性質とはそもそもそういうものであり、これは社会生活の必要にもかなっている。だが他方では、まさにこのメカニズムのために、人はなかなか自分自身に向き合うことができない。

ベルクソンは、このアンチノミーが私たちの意識生活あるいは自我の二つの側面を規定していると考える。通常私たちは、実在を表象に置き換え、意識の状態を空間的に外在化するようなことを行なっており、多くの場合はそれで満足している。これは等質的空間に投影されたいわば「自我の影」で、「屈折」させられ「細分化」された「表面的な自我」である。この対極にあるのが「根底的な自我」であり、それは純粋持続そのものとして内的な実在を生きる。そこでは、意識のさまざま事実は、数としては取り出せないような状態で互いに浸透しあい、その組織はたえざる運動のなかで組み替えられている。

このような「根底的な自我」は容易にはとらえがたい。「多くの場合、私たちは自分自身に対して外的に生きていて」、「私たちがこのように自分自身をとらえなおすのは稀である」（DI: 174/151＝二七八）。しかしながら、まさにこの把握にこそ私たちの「真の自由」――決定論にもいわゆる自由意志の考え方にも与さない自由――がかかっている。それゆえ、この「稀なる瞬間」を（再び）とらえることが、私たちの行動指針ともなる。

この「稀なる瞬間」は、「差異の経験」として知覚される。それは、空間的な表象体系に依存している日常の生に対する差異であると同時に、（それまでの）自分自身に対する差異でもある。実際、ベルクソンは次のように言っている。「深い心理学的事実は根本的に異質的なものであり、またそうした心理学的事実はひとつの生涯の異なる二つの瞬間を構成しているのだから、それらのうちの二つが完全に類似することはありえない」（Ibid.: 150/131＝二三九（強調引用者））。

この異質性の経験は、ある程度、デュルケムの言う「聖」の経験に対応させて考えることができよう。デュルケムによれば、社会の成員は集合沸騰のなかで自分自身の変容を感じる。一方ベルクソンは、自己を取り戻した深い心理的状態にあっては、「同じ対象はもはや同じ印象を生まず」、「すべての感覚、すべての観念が新鮮さを帯びて現われる」と述べている（Ibid.: 6/9–10＝二〇）。このように異質性は、日常生活のなかに介入してきて、実在の別の側面を見出させる。

もっとも、デュルケムの聖は社会学的事実であるのに対し、ベルクソンの持続は心理学的事実であるから、両者のあいだには大きな違いがある。にもかかわらず、デュルケムもベルクソンも、社会的生活や心理的生活を構造化するにあたって、差異や異質性を考慮に入れている。また、デュルケムの集合沸騰がとりわけ行動にかかわるものであるのと同様に、ベルクソンの持続もすでに行動に結びつけられる形で考えられている（行動の重視は動的宗教を理解するうえで欠かせない）。

要するに、個人は持続において自分自身を取り戻し、いわば普段よりも一段高い精神状態で、普段とは違ったあり方で生きる。筆者の考えでは、この差異の経験がベルクソンにおける宗教性の第一の要素をなしている。このような経験を宗教的ととらえることの利点は、近代における宗教性の解明という観点から二〇世紀初頭のフランスの大社会学者と大哲学者を関係づけることができる点に求められよう。おそらく差異の経験は、宗教が人間の生活にしっかりと根を下ろしていた時代にあっては、宗教の枠組みで説明されていたのだろう。このような状態を脱け出してみてはじめて、宗教に回収されない差異の経験が（宗教性として）意識化されることになる。だとすれば、デュルケムの宗教性とベルクソンの宗教性の同時代性に注目し、それらをライシテの進展と関連づけることは重要である。

そうであればこそ、デュルケムとベルクソンの類似点を数えあげていくことにも増して、違いをきちんと押さえておくことが欠かせない。すでに示唆しているように、デュルケムの聖は社会生活を秩序づけるものであるのに対し、ベルクソンの持続はむしろ一時的に社会生活から遠ざかることを可能にするものである（少なくとも『試論』の段階の「持続」概念はそうである）。また、デュルケムの聖は、強制的であると同時に魅力的という両義性を持つが、ベルクソンの持続は両義的で曖昧なものではなく、むしろ存在の総体をとらえなおす明晰さに触れさせるものである。さらに、デュルケムの集合沸騰は、社会の成員にとってみればよくわからない奇異な経験であり、それはたしかにある一定期間において社会の成員の行動様式を変えるものではあるが、必ずしも新たな習慣を生み出すことなくもとの日常に復する傾向があるのに対し、ベルクソンの持続は非常に親密な経験で、その経験は定義上、新しい生き方を創り出さずにはおかない。この意味において、持続は途中で分割したり、反復したりすることができないものである。(9)「本来の意味での持続は、本質的に自分自身に対して異質的で、分割されないのだから、そこには互いに同一的な瞬間も、互いに外的な瞬間もない」（DI: 89/80＝一四四）。要するに持続は、連続性のただなかにおける変化を導くもので、すでに生成変化や人格性の概念と結びついている。

## ◇知覚の拡張と認識枠組みの刷新――表象図式の生成変化

ベルクソンにおける宗教性の第一の要素がおもに行動にかかわるものだとしたら、第二の要素はむしろ思考にかかわっている。それは、実在を知覚し認識する「人類学的装置」とでも言うべきものだ。ここでもまた、デュルケムとの比較が役に立つ。デュルケムによれば、社会ごとに異なる「思考の社会的範疇」があって、それが成員による世界の表象の仕方を規定している。ではベルクソンは、知覚の枠組みや認識論についてどのようなことを述べているのだろうか。

ベルクソンは『物質と記憶』のなかで、対象である客体が感覚を刺激し、主体がそれに対応した観念を抱くといった知覚メカニズムのモデルを批判している。ベルクソンに言わせると、この主客モデルは「直線的」で、知覚の新しい要素が知覚の枠組み全体を更新することはない（それは古い要素に付け加わるだけだ）。これに対してベルクソンは、「再帰的」ないし「循環的」な知覚モデルを提示する。知覚は動的な「回路」をなしていて、そこでは知覚する主体と知覚される客体が「互いに緊張状態に保たれている」。知覚はたんに客体を受動する行為ではなく、客体に対応するようなイメージを反復的に投影していく行為であり、そこには創造的な差異が生まれうる。そのような知覚は、よりよい知覚へとつながるものであり、そのときには知覚の体系そのものが根本的に刷新される（MM: 112–114/248–250＝一一八―一二二）。

認識論についても同じようなことが言える。ベルクソンが批判するのは、あらかじめ存在する認識の枠組みを変更不可能で決定的なものと見なし、さまざまな事実をその枠組みに押し込むような態度だ。ベルクソンの提案は、認識論と生命論を結びつけることだ。知性を生の進化のなかに位置づけ直すことができれば、「認識の枠組みがどのようにして構築されたか」、「どうしたらこれを拡張し超え出ることができるか」もまた見えてくるだろう（EC: IX/492–493＝一二）。

ベルクソンによれば、科学はあらかじめ手元にある概念を用いるのに対し、哲学はむしろそうしたものを打ち破ることを課題としている。哲学が関心を抱くのは既存の枠組みではなく、「生成変化」である。それは「思考の習慣とぶつかり、言語の枠にうまく収まらない」（Ibid.: 313/760＝三六七）。論文「フランスの哲学」（一九一五年）では、次のように述べられている。哲学は「悟性（entendement）の枠組みを必要に応じて壊し、そうして悟性の枠組みを少しずつ広げ、人間の思考を無限に膨らませていくことを目指している」（Mélanges: 1182）。ベルクソンにとって哲学とは、手垢のついた観念や概念の体系ではなく、思考方法を刷新し、実在に接近するやり方を洗練させることなのだ。

思考の枠組みの洗練がもっぱら哲学者の仕事だとすれば、芸術家の関心は知覚能力の拡張にある。私たちは普段、脳が過去の総体に対して有用な思い出だけを選び出すように、物事の有用な面だけを取り出して満足している（MM: 90/230＝九九；162/287＝一六五 etc.）。ものを見ても、それは自分のために見ているのであって、もののために見ているのではない。だが、芸術家のように実用性から「遊離」し、ものを利用するためではなく、ただ見るために見ることができたら、知覚は卑近な行動に奉仕する代わりに、よりよい知覚へと向かうだろう。（PM: 150–153/1371–1373＝二一三―二一六）。

ここで、近代芸術が、既存宗教の外部で、私たちを高揚した状態に連れて行き、差異を経験させる力を持つものであったことを、ぜひとも想起したい。近代化の進展につれ、芸術家はしばしば現象の向こう側への通路を手にした最後の生き残りと目され、不可視のものを見えるようにし、感覚を超えたものを感覚可能なものにすることができる人間だと見なされていた。この意味において、芸術家の宗教性を語ることが許されよう（cf. Gauchet 1998: 33＝二〇一〇・五三）。

ベルクソンは、哲学者と芸術家を有機的に関連づけようとしている。一方でベルクソンは、「何人かの特権者」（芸術家）によって得られたものを、哲学者が媒介となって、万人のものにしようとしている（PM: 153/1373＝二一六）。芸術家は知覚能力は持ちあわせていても、必ずしも知覚のメカニズムは把握していない。ならば哲学者の仕事は、それを明らかにし、より多くの人たちに実践の指針を与えることにある。

他方でベルクソンは、芸術家と哲学者の共通点を指摘する。知覚を拡張するためであれ、悟性の枠組みを刷新するためであれ、要求されるのは、自動的な生き方に抵抗し、注意を転換させることである（Ibid.: 153/1374＝二一六）。それは、物質的な生活を脱け出し、「別の世界に身を移す」契機になる。ここでベルクソンは、プロティノスとは異なり、注意の仕方を変えることは必ずしも実生活に背を向けることにはならないと考える（Ibid.: 153–155/1374–1375＝二一七—二一九）。注意の転換が重要なのは、それが知覚と認識を洗練させ、よりよく生きることを可能にするからだ。実際、知覚と概念が磨かれれば、実在はあたかもそれ自身において変容を遂げたかのような姿で立ち現われてくるだろう。したがって、知覚と悟性の拡張は、差異の経験にかかわっており、また持続においてしか起こりえない。このように生成変化と持続は堅く結びついている。

ところで、知覚の能力が発展し、概念が鍛え直されるとき、その人の表象を可能にしている構造には何が起こっているのだろうか。ベルクソンに即して考えると、この表象図式構造は実在分割の様式に対応していて、それは個人によって異なるとともに、同一個人においても変化する。

これが、デュルケムとベルクソンを分かつ点である。デュルケムにしてみれば、表象図式が帰属するのは社会であり、社会の成員はそれを同化しようとする。その試みの巧拙は人によって異なるとしても、個人が表象図式をいかに豊かに生成変化させていくかという問いは立てられない。これに対してベルクソンは、個人が表象図式を発達させるのはまずは社会生活においてであることを認めつつ、この表象図式を個人に帰属させる。換言すれば、デュルケムは、個別的なやり方で世界を表象することを、聖の個別化ないし変質としてとらえているが、ベルクソンは、個別的な「動的図式」(MM: 121/255＝一二七)の構築と刷新のメカニズムに正面から関心を向けている。

ベルクソンによれば、この表象図式は、私たちに与えられたものがしかるべく分節化されるにしたがって、構築され発展させられる。それは、例外的な努力をともなわずに形成されることもあれば(たとえば普通の人が母語を修得する場合――もちろん母語であっても言語の習得に困難を覚える子どももいることは言うまでもない)、注意深い努力が必要な場合もある。いずれにせよ、自動的な運動に抗し、意志と努力によって洗練された図式は、デュルケムが集合表象と呼ぶところのものを乗り超えうる。つまりベルクソンにとって、世界を表象する図式構造は、社会の独占物ではなく、むしろ個人化されたもので、変化と洗練とに開かれている。(10)

## ◇人生の歩みを把握する存在論的直観

持続をとらえ、表象図式構造を発達させることは、人格の問題と深く結びついている。これは、デュルケムとの比較において重要な論点である。デュルケムの議論では、近代における「個人的な宗教性」は扱えても、「人格的な宗教性」をうまく扱うことはできないからだ。しかるに、人格は個人以上のものであって、動的宗教は人格にしか宿らない。

　では、ベルクソンの言う人格とは何か。それは、カントが語るような超越論的自我（アプリオリな統一性）でも、さまざまな精神状態の集積（統一なき多様性）でもない（Gilson 1985: 73）。それは、たえずなりゆく動きとしての持続であり、直観によってとらえられる質的多様性である。[11] 人格の統一性が意識されるのは、動的図式もしくは存在平面の変化が意識されることに対応している。

　ジャンケレヴィッチによれば、ベルクソンの持続は分割できない（Jankélévitch［1959］1989: 187＝［一九八八］一九九七：二五六）。しかし別の視点に立てば、持続は潜在的状態における多様な要素――それらはひとつふたつと数えていくことはできないが、互いに質的に異なっている――を内包しており、存在平面がすでに反復的に刷新されていることを前提としている。この点を指摘しているのがドゥルーズだ。「持続がたんに分割できないものと思い込むとしたら、それは大きな誤りであろう。〔……〕持続は分割し、分割してやまない。だからこそ、それは多様性なのだ。ただし、持続は分割されると必ず性質が変わる。持続は分割されつつ、性質を変えるのだ」（Deleuze 1966: 35–36）。持続を不可分と見なすと、「分析の及んでいない混合物」を持続と取り違えてしまうおそれがある。ところが実際には、持続は直観をともなっており、直観はこの混合物を異なる傾向に沿って分割する。

　ドゥルーズの考えでは、ベルクソンの持続は、連綿と続く継起というよりも、質的な差異が共存する場所である。そして直観は、差異が共存する場としての存在平面をその都度新しく創造することにかかわっている。しかもこの直観は反復的で、その人に固有な仕方でなされる。つまり、直観によって引き起こされるのは、同一平面における諸要素の組み換えではなく、平面それ自体の反復である（Ibid.: 56–57）。実際ベルクソンは、次のように述べている。「私の言う直観は、一回きりの行為ではなくて際限もなく続く一連の行為である」。そして、それらの「ひとつひとつはきわめて特殊な種（espèce）である」が、「おそらくそれらはみな同じ類（genre）に属している」（PM: 207/1416＝二八六）。こうした種における多様性と類における統一性とが、人格の唯一性ないし存在の一義性を特徴づけている。

ここで重要なのは、存在平面の反復を時間の蓄積と結びつけて理解することだ。その人と世界の関係の刷新にかかわるのが存在平面の反復だとすれば、時間の蓄積はその人の存在の重みにかかわっている。ジャン・グレイシュの表現を借りれば、記憶は「人格の守り主」なのだ（Greisch 2004: 342）。ベルクソンの時間論は、私たちの通常の思い込みをひっくり返している。普通私たちは、現在はあるが、過去はもはやないと考える。だがベルクソンの考えでは、現在は過ぎ去ってやまない（その都度すでにあったもの）のに対し、過去はあり続ける。過去は丸ごと生き残っていて、その都度現在の状態に応じて「現実化」してくる。

この観点は、一方において、道徳的苦悩のメカニズムをうまく説明づけてくれよう。実際、後悔や悲しみの念が現在を支配していると、そのような状態に対応する過去ばかりが現実化され、そのような思い出から逃れることが難しくなる。他方、過去が丸ごと生き残るということは、直観の瞬間が、その人が生きてきたことに対する存在論的な救済になることを示唆するものだ。

この救済は、超越者の介入によってもたらされるものではなく、その人の人格の内在性に即している。直観は、私たちの具体的な経験の総体にぴったり合う形で、「生の紆余曲折」（EC: 214/675＝二五四）を把握する。ベルクソンは言う。私たちは、思考の局面においては、私たちの過去のごく一部しか用いない。だが、欲望と意志と行動が問題となる場面では、私たちは「私たちの全過去を、魂の生まれつきの曲率までも含めて」用いるのである

(Ibid.: 5/498＝二六)。このように直観は、知性の限界を超えて、「私たちの人格や私たちの自由について、私たちが自然界全体のなかで占める位置について、そして私たちの起源やおそらくは私たちの運命について」光を投げかける（Ibid.: 268/722＝三一六)。

ここで「起源」や「運命」という言葉の意味を取り違えてはならない。それらは、アプリオリに与えられるものではなく、徐々に明らかになっていくほかないものだからだ。私たちが自分自身をしっかりととらえるようになるにしたがって、私たちの生もまた拡張され、強度を備えたものとなる。だから起源も運命も創造されるものであって、それらを前もって予期することはできない（PM: 111/1340＝一五三)。したがって、偶然がはたらく余地も大きいが、完全に脈略を欠いた偶発的なことが到来するわけではない。というのも、持続はすでに一定の方向性を備えているからだ。それは、非常に柔軟ではあるが、いわゆる自由意志によって恣意的に作り変えられるものではない。

自分自身を深めていくプロセスは、自分の内側に閉じこもっているだけでは、さほど遠くまで行くことができない。自分自身を知ることは、他者理解と同時的に進むからだ。この観点から言うと、直観とは「共感」であり、それによって私たちは「対象の内部に身を移し、その対象がもつ独特なもの、したがって表現できないものと一致する」(Ibid.: 181/1395＝二五三)。共感によって私たちは、自分自身の持続から脱け出し、別の持続と一致する。そして、まさにそのことによって、自分自身の持続を再認する。

他者の持続をいかに把握し、表象できるかは、その人の持続の質にかかっていよう。私たちは自分自身の持続を手がかりに、「他者の実在を思い浮かべなければならない」(Ibid.: 211: 1420＝二九二)。そうした対象は「私たちよりも劣った対象と優れた対象」として立ち現われてくるが、「それでいて、それらはある意味では私たちの内部にある対象」であって、「それらをみな難なく共存させる」（Ibid.: 206-207: 1416＝二八六）。このメカニズムによって、さまざまな対象は唯一性を持つ人格のもとで統合され、その人格は自分自身に固有な世界を表象する。たとえば「私たちが川のほとりに座るとき、水の流れ、船の滑走や鳥の飛行、そして私たちの深い生のたえまないつぶやきは、私たちにとって三つの異なるものであるが、お望みならば、ただひとつと言ってもよい」（DS: 67/Mélanges: 106）。大事なのは一か三かという数字ではなく、持続特有の精神力である。私たちは自分自身のすべてを用いて、別のリズムで脈打つ別の持続を明らかにし、その違いを自分の持続へと屈折させる。

ここにはすでに、ベルクソン哲学のコスモロジックな射程が現われている。[12] 私たちの持続もまた、宇宙の持続（大文字の持続）へと統合されるものだからだ。しかしここでは、人格の存在論的な発展の問題に議論を集中させておこう。

今見たように、他者理解と自己理解は表裏一体である。したがって、他者との差異を微に入り細をうがって認識すればするほど、自分自身の内部へと深く分け入っていくことができる。ベルクソンによれば、この相互的かつ発展的な動きによって、私たちは生そのものへと近づいていく。そして、生に近づけば近づくほど、そこから受け取る「はずみ」（エラン）もまた私たちを遠くへと運ぶものになる。「私たち自身の内部に降りて行こう。私たちが触れた点が深ければ深いほど、私たちを表面へ押し戻す勢いは強くなる」（PM: 137: 1361＝一九二）。内側へ沈潜していく動きと外側へ展開していく動きには、対応関係がある。

この対応関係をもう少し吟味してみよう。私たちは、直観によって差異を認識し、自分自身の持続――潜在的な質的多様性――を把握する。一方、「生のはずみ」（エラン・ヴィタル）は、この潜在性を現実化する。この創造において、「もともとの潜在的な全体性」は「差異化の線に沿って」分かれていき、しかもそれぞれの線は、もともとの潜在性の名残をとどめている（Deleuze 1966: 97）。要するに、内側から見れば、持続は分割されてやまず（潜在的多様性はたえず洗練されていく）、外側から見れば、持続は現実化されてやまない（現実化とは差異化の運動であって、潜在的多様性は質的に異なる線を創造しながら展開されていく）。ここには、「非対称的な対称性」とでも言うべきものがある。内部の潜在的多様性とそれが外部に繰り広げられたものは同じではないが、それでも対応関係にあると言えるからだ。

この点は、なぜベルクソンが『二源泉』において、内観にとどまる神秘家ではなく、行動する神秘家を高く評価したのかを理解する手がかりになるだろう。おそらくベルクソンの考えでは、生との接触を頻繁に行なうこと（さらには一体化すること）と創造を行なうことは表裏一体であるため、創造なき生との接触は運動として不十分なのだろう。

純粋な強度となることのできる稀有な魂だけが、真の動的宗教の運動を担う。たしかに極限においてはそうだろう。だが、もう少しありふれた人格に即して考えてみよう。進む道がどんどん繊細なものとなり、それでいて運動としてはますます単純化するということは、比較的多くの人に起こりうる。こうした歩みは、動的宗教につながる運動という意味において、宗教的だと言えるだろう。(13)

## 四　道徳性と道徳的生活

ベルクソンにおける心理学的・存在論的「宗教性」を探るには、ベルクソン哲学全体において宗教（性）がどのような位置を占めているのかについて考察する必要があった。道徳についても同様で、ベルクソン哲学全体における道徳の位置づけについて考える必要がある。

ベルクソンは一八九〇年代初頭の講義において道徳について語り、一九三二年の最後の主著では道徳を正面から扱う章をひとつ設けている。しかしながら、『試論』でも、『物質と記憶』でも、『創造的進化』でも、道徳の問題は少なくとも表立っては論じられていない。こう考えると、道徳という主題は、ベルクソンの著作のなかで部分的・断片的にしか扱われていないように見える。だが他方では、独自の「自由」概念を提出した『試論』以来、ベルクソン哲学は精神の力に価値をおく実践哲学と目されてきた。こう考えると、ベルクソン哲学はそもそも最初から「道徳的」なところがあるのではないか。

ところがベルクソンは、『試論』では、そこで打ち立てた自由の理論を基にして「道徳的・倫理的地平における明示的な結果」を導き出すことはしなかった（Soulez et Worms［1997］2002: 206）。当時は唯心論者から実証主義者まで、いわゆる哲学者がみな、ライシテの道徳を正当化しようとして道徳の合理的な基盤を打ち立てることに躍起になっていた時代である。このことを想起するなら、ベルクソンはやはり意図的に、自由の経験を道徳の問題に結びつけることを差し控えたのだろう。おそらく当時のベルクソンは、自由の概念を道徳の問題に結びつけると、自由を台無しにする道徳の教義になってしまうと考えたのではないだろうか。ここでもベルクソンは反カント的である。もしもカント（主義者）のように「道徳的配慮」から自由を尊重すれば、「時間は等質的環境に」なり、意識は法則に還元されて、自由は「物自体の非時間的な領域」に「追放」されてしまうだろう（DI: 179/155＝二八三）。

このようにベルクソンは、『試論』の段階では、道徳の理論化は行なっていない。その一方、当時流通していた道徳論については、かなりはっきりと批判的な態度を示している（Francotte 2004: 159–162）。実際ベルクソンは、一八九一年から一八九三年にかけての講義において、理念に訴える主知主義的な道徳は、義務の理由を説明していないと指摘する。「個人を完成させる道徳」から「他人の完成のために協力する必要性」を導き出すことに成功していないというのである。「道徳的理念と絶対的善を措定すること。私自身、このモデルに厳密に沿おうとすることはできる。〔……〕だが、いかにして、そしてなぜ、私は自分自身から抜け出し、他人に配慮するというのだろうか」(Cours II: 97)。同じような批判が、功利主義的道徳に対しても向けられている。功利主義の利己主義から、利他主義を導くことはできない。「別のもの、共感の感情が必要である」(Ibid.: 65)。もっともベルクソンは、ここでは自分自身の道徳理論を提示してはいない。道徳の問題を正面から相手にするのは、もっとあとになってからである。

二つのことを等しく考慮する必要があろう。ひとつは、ベルクソンは最初の主著から、持続とそれを空間に投影したものの質的な差異を強調しており、それは道徳の問題と無縁ではないということである。この点に関するフレデリック・ウォルムスの指摘を引いておきたい。「このように道徳の領域 (champ de la morale) は、それとして措定されるのに先立ち、ただちにベルクソン的な区別ないし二元論――一方には具体的な個人の自由があり、他方には抽象的で一般的な反省がある――の標的になっていると思われる」(Worms 1996: 146)。もうひとつは、だからといってベルクソンは、この区別に基づいて即座に「道徳の領域」を画定することはなかったことである。ウォルムスが正しく指摘するように、ベルクソンは『物質と記憶』でも「いわゆる道徳に関していかなる結果」も導き出していない。たしかに『創造的進化』では、「道徳哲学の構築に必要な人間の理論」が扱われているが、「それはまだ「道徳」ではない」。やはり道徳の問題がはっきりと現われるには、『二源泉』を待たなければならない (Ibid.)。

そこでもう一度『二源泉』をひもといてみよう。すでに指摘したように、ベルクソンは道徳を義務の観念によって説明するのではなく、むしろ社会的慣習の問題と考えていた。今やその理由がさらにはっきりするはずだ。カントは「私は何をすべきか」という問いによって道徳の領域を画定しようとするのだが、ベルクソンは「なぜ私たちはしたがうのか」という問いを立てる（MR: 1/981＝一一）。ライシテの道徳を確立しようとする者たちの関心が、道徳の合理的基盤を見出すことにあったとすると、ベルクソンの興味はそこにはない。ベルクソンは道徳の基本原理を合理性の手前と彼方、つまり（知性以下の）本能と（超知性的な）情動（l'émotionnel）に求めているのである（MR: 86–88/1047–1048＝一〇三―一〇五）。

ここでひとつの問いが浮かんでくる。もしベルクソンの道徳が、理性と別の原理に依拠しているのなら、それは「宗教的」と言うべきだろうか、それとも「ライック」と言うべきだろうか。これは宗教（性）とライシテの境界線にかかわる問いだが、宗教的という答えもライックという答えも可能だと思う。

一方で、ベルクソンの道徳はカントの道徳以上にライシテの考え方に近いと言うことができる。こう言明するときには、ベルクソンはつねに持続という具体的な経験から出発し、カント以上にラディカルに、超越的な宗教性を追い払ったことに強調点がおかれている。他方、ベルクソンの道徳は宗教的だと言うことも可能である。まさにそれは、知性以下と知性以上の平面、言うなれば「非合理的」な平面に位置づけられて説明が加えられているからだ。それにベルクソンは、閉じた道徳と静的宗教、開いた道徳と動的宗教をかなり重ね合わせている（ただしこれは、教権主義的な宗教的道徳への回帰を意味するものでは断じてない）。

それにしても、質的に異なる「閉じた道徳」と「開いた道徳」は、どのように関連し、同じ「道徳」の名のもとに語られるのだろうか。前者は、本能的・自動的に得られるもので、生物学的に説明される道徳であるのに対し、後者は、自分自身を乗り越えようとする個人の努力を想定するもので、起こらないこともありえた道徳である。つまり開いた道徳は、「自然」によって与えられた道徳ではなく、「歴史」や「出来事」の観点から検討されるべき道徳である。それは与えられた条件を乗り越えるという意味においてはメタフィジック（自然を超える）だが、超経験的な絶対をめぐる抽象的思弁という意味でのメタフィジック（いわゆる形而上学）ではない。開いた道徳は、つねに具体的な社会と接触を持ちつつ、その社会の道徳を内側から破ろうとする。それでいて、開いた道徳は閉じた道徳のうちに入り込んでいく性質も持つ。開いた道徳は閉じた道徳のうちに流れ込むからこそ道徳なのであり、閉じた道徳は開いた道徳の感化を受けたものであるからこそ道徳なのだ。このようにして、二つの質的に異なる道徳はひとつの道徳となる。社会の圧迫から英雄の呼び声を聞き分けることができたり、憧憬から義務の感覚を受けたりするのも、そのためである。

このように道徳を統一的に理解する観点に立ち、私たちの生活は基本的に二つの方向、すなわち持続の把握を通して自由を勝ち取っていく努力の方向とその停滞（の可能性）という方向によって特徴づけられている――これはベルクソン哲学に特徴的な二元論である――と理解するならば、私たちの生活にかかわることはみな道徳の問題として定位され（う）る。このことをベルクソン哲学自体に当てはめてみると、かなり驚くべき命題が導かれる。それは、最初の主著である『試論』においてすでに明白に看取することのできるベルクソン的な二元論が、事後的に見るならば、すでに道徳の問題として構成されているということである。これは、「一九三二年の著作のなかではっきりと表明された道徳から出発」することによって、はじめて「事後的に」現われるものだということをけっして忘れてはならない。だが、この条件においてなら、ベルクソン哲学は「すみずみまで道徳的」であり、「ベルクソンはその業績全体において「道徳家《モラリスト》」である」（Worms 1996: 150）。

私たちは、ベルクソン哲学における宗教（性）を論じる際に、「宗教」の潜在的な状態を示すために「宗教性」という言葉を用いた。同じように、ベルクソン哲学の道徳的な性格を論じるために、「道徳性」という言葉や「道徳的」という形容詞を用いてみよう。そうして『二源泉』以前の著作に見られる「道徳性」を具体的に探ってみよう。もっともここでの目的は、『二源泉』以前の道徳性を総合的に論じることではない。いくつかの道徳的な主題をベルクソンがどう扱っているかを確認し、その手法がベルクソン哲学全体の方法と照応関係にあることを示唆するにとどめたい。

以下では、道徳的な主題にかかわる次の三つの問いにベルクソンがどう答えるのかを見ていこう。一、個人が社会の道徳的規範や道徳的慣習から逸脱するとき、人びとや社会はその個人にどう反応するのか。二、人が道徳的苦悩や道徳的苦痛を味わうのは、どのようなメカニズムによるのか。三、人が行動するときの道徳的・精神的規準は、どのようにして設けられるのか。

社会にうまく順応できない者への社会的反応の一例として、「笑い」がある。笑いは、社会という「自然」が「善のために悪を利用」するもので、見事に道徳的機能を果たしている。それは、自分の性格のうちに閉じこもろうとする者の「社会生活に対する緊張」をとき、その人を社会生活の現実に連れ戻そうとする。ただしベルクソンは、「笑いは絶対的に正しいものではありえない」し、「必ずしもよいものだとはかぎらない」と述べている（R: 102–103, 151–152/451, 482＝一二五、一八〇―一八一〔強調引用者〕）。ここでベルクソンは、ニーチェと同じように、「善」（le bien）と「よい」（le bon）の違いを意識している。この点については、『二源泉』に次のような説明がある。自我は、まずは「社会的自我」として形成されるが、やがて「個人的自我」の発見にいたる（かもしれない）。この二つの自我が生じるとき、良心の葛藤が生まれるだろう。個人の自由と社会の規範のあいだに緊張関係が生じるとき、良心の葛藤が生まれるだろう。

自我の関係の混乱が、「道徳的苦悩」(angoisse morale) である (MR: 10/988=二一)。

このことは、人が「道徳的苦痛」(souffrance morale) を味わうのはいかなるメカニズムによるのかという二番目の問いにつながっている。私たちの精神生活において起こることは、持続の存在論的な重みを持つ。ベルクソンの記憶理論によれば、過ぎ去ったことはなくならず、いわばそこにとどまり続ける。それは、丸ごと純粋記憶 (souvenir pur) として保存されている。そのようにして過去が増大し続ける一方、流れゆく現在においては、そのつどさまざまな記憶心像 (souvenirs images) が形成されては解体され、また新たな像を結ぶといった運動が繰り返されている。そのような像の組織化は、今ここにおける効果的な行動という目的に対応していて、現在の意識状態に近いところで結ばれる記憶心像も、遠いところにあって像を結ばないものもある (MM: 147–198/276–316=一五〇—一九九)[14]。

このことを踏まえながら、ある過ちを犯したと想定しよう。その事実とそのときの思いは、他の過ぎ去った物事とともに保存されている。あるときふと、そのことを思い返すような意識状態になれば、過ちを犯したという記憶は、いわばその意識状態を利用して、現在の精神生活に流れ込んでくる。それは、私たちの意識を覆ってしまい、現に目の前で起こっていることをよりよく知覚することを妨げる。このメカニズムを踏まえながら、『二源泉』の次の一文を読んでみよう。「私たちの痛みは、それについて私たちがあれこれ考えることのために、際限なく長引き増大していく」(MR: 277/1197=三一九)。このような悪循環から抜け出すことは難しい。しかしこのメカニズムを理解しておくことは、よりよく生きるための行動指針を導き出すときにも役に立つだろう。

そこで三番目の問いである。行動のための道徳的規準はいかにして設けられるのか。持続の哲学は、あらかじめ拵えられた定型表現からこの規準を導くことはない。規準は、ある行動が道徳的に生きられることと同時的にしか与えられず、「創造的」にしか――同一の存在平面に落ち着こうとする意識状態を脱して別の存在平面を作り出すやり方でしか――設けられない。ドゥルーズにならって言えば、同一の存在平面における諸要素を反復するのではなく、存在平面そのものを反復するのである（Deleuze 1966: 56）。このように自分自身を超克していく努力は「骨の折れること」だが、「もともと自分が持っていた以上のものを自分のなかから引き出す」ことができたのだから「尊い」（ES: 22/832）。この「自己による自己の創造」は、たんなる喜び（plaisir）以上のものである。ベルクソンはそれを歓喜（joie）と名づけている。この歓喜によって特徴づけられるのが、道徳家《モラリスト》の生だ。このような「道徳的な生の創造者」は「自分の過去全体に訴えることによって、より強く未来にのしかかっていく」。強度のあるみずからの行動によって、他人の行動をも強度のあるものにする（Ibid.: 25/834）。ここには「開いた道徳」の萌芽があると言える。

## 五　心理学的存在論から宇宙論へ

「閉じた」から「開いた」への移行は、社会のなかに生まれおちた個人の精神の力にかかっている。このことをよく吟味するには、自然における人間の位置、さらには歴史の意味《サンス》＝方向を押さえておく必要がある。『試論』や『物質と記憶』の議論がおもに心理学的・存在論的なものだとすれば、『創造的進化』ではコスモロジックな議論が展開されている。

『創造的進化』では、持続の概念が個人の内的な生から生一般へ、自我から宇宙へと拡大されている。ベルクソン自身、こう述べている。「『創造的進化』の目的のひとつは、「宇宙の万物」（le Tout）が〔……〕自我と同じ性質であること、そして人は自分自身をより完全に掘り下げていくことによって、それをとらえるのだということを示す点にある」(Mélanges: 774)。

自我を宇宙に置き換えることによって得られる第一の帰結は、さまざまな持続が、もうひとつの包括的な持続の観点から、多かれ少なかれ調和したものとして眺められるということだ。すでに述べたように、人は自分自身の持続を用いながら共感によって他の持続を理解し、さまざまな持続を互いに関係づけようとする。自我を宇宙に置き換えるとき、自分自身の持続はいわば二重化し、宇宙という包括的な持続のなかにも組み込まれることになる。この宇宙論的な持続は、私の持続はもちろん、他のさまざまな持続を内含している。

これは第二の帰結とつながっている。それは、種としての人間の持続も宇宙の持続の内にあるということだ。では、自然のなかにおける人間の位置とはいかなるものか。もし自然が自我と同じように持続するなら、個人の生活が二つの方向性――生の強度を増していく創造的な方向と同じ場所で停滞する方向――を持っていたように、自然も二つの方向性を持っているはずだ。ベルクソンが描く自然の歴史は、生がその流れを阻む物質性に抗しつつ、それを素材としてみずからを実現していく過程である。この歴史は単線的なものではなく、人間に行き着く進化の線以外にも、さまざまな道を作り出した。生は、植物という形も取ったし、動物という形も取った。そして動物界の進化は、本能の方向と知性の方向に分かれる形で進んできた。人間は、この第二の道の突端に位置する。もっともこれは、知性が人間の本質だということではなく、知性の方向で生を実現した動物の最たるものが人間だということである。

人間が誕生するまでは、生はつねに新たな種を作り出すことによって、その創造を続けてきた。それらの種はみな、一時的には物質性に対する生の勝利だったかもしれないが、すぐに「その形態の囚人」となって、「機械的な自動運動」にはまり込んでしまった（Gouhier［1962］1999: 74）。これに対して人間は、この種の停滞を逃れうる存在として現われている。人間は、他の動物と同じように、自然に従属してはいるが、それと同時に、他の動物とは異なり、自然を自分たちの目的に従えることもできる。このような人間が出現したということは、生の進化の観点から見た場合、どのような意義があるのだろうか。ベルクソンの考えでは、それは生がさらに先に進む目的で新たな種を作り出す必要がなくなったことを示唆している。なぜなら、この「知的な存在は自分自身を超えるゆえんのものをみずからのうちに宿している」からだ（EC: 152/623＝一八五）。

しかし、人間が自分自身を超えていくためには、知性だけでは不十分である。知性は、生の流れとは逆の向きを志向するところがある。生の流れと同じ方向を向いているのは本能のほうだ。ベルクソンは言う。人間が生をさらに前に推し進めるためには、直観によって生そのものを再び見出す必要がある。この企ては、大変な努力を必要とするが、不可能ではない。人間はいわば生を分有していて、その生は、進化のさまざまな線に沿って現実化されるようなあらゆる傾向を含んでいる。生のはずみ（エラン・ヴィタル）を直接受け取る人間は、自分自身に固有の自由を発展させ、それによって生を前へと推し進めるだろう。

人間と生の関係についての省察は、ベルクソンを神の問題に向き合わせる。ただちに断っておくべきことは、ベルクソンの語る神は、世界の創造に先立ってある神ではないことだ。(15) ベルクソンが語っているのは、「巨大な花火から火があちこちに飛び散るように、そこからさまざまな世界が噴出すようなひとつの中心」である。その中心は、「もの」ではなく「湧出の連続」だという。このように定義される神は、「出来合いのものなど何ひとつ持たない。それは絶えざる生であり、行動であり、自由である」（Ibid.: 249/706＝二九五）。伝統的な神学や形而上学とベルクソン哲学の断絶は明らかだ。前者は、まず超越的なものを措定し、それと世界や人間との関係を論じる。後者は、自由の経験から出発し、創造的な生がひとつの原理を見出すとする。それを神と名づけている（だけだ）。「神はもはや宇宙の大時計師ではなく、進化の大花火師なのだ」（Greisch 2004: 348）。

ベルクソンの宇宙論的な神は、一元論とか汎神論といったあらかじめできあがった観念によっては説明されえない。それは「神」というより、「神的なもの」と言ったほうが適切かもしれない。とはいえこれも実体ではない。ポイントはやはり持続の論理に沿って考えることだ。マリ・カリウも、「神的なもの」はメタファーであって、ベルクソンの神概念を実体化しないよう注意を促している（Cariou 1976: 94）。

## 六　神秘主義、歴史、政治

『創造的進化』では、自然における人間の位置については論じられているが、重要な人格の出現という「歴史的な出来事」については語られていない。エラン・ヴィタルについての説明はあるが、例外的な英雄がどのようにしてそれを受け取るのかについては述べられていない。そこで『二源泉』をもう一度ひもときながら、次の三つの問いに答えたい。一、神秘家は静的宗教といかなる関係にあるのか。二、ベルクソンにおいて道徳と宗教はどう関係づけられているのか。三、ベルクソンの道徳論・宗教論に照らすと、ライシテの道徳はどのように位置づけられるのか。

### ◇神秘主義と想話機能の関係

「神秘」という言葉は、理解を超えた不確実なものや、ありえない奇跡を思わせるかもしれない。だが、ベルクソンの神秘主義はそのようなものではない。経験にぴったり寄り添う実証的形而上学の深化が、神秘主義なのだ。見誤ることのないようにしよう。たしかに『二源泉』のベルクソンは、「できるだけ事実の近くにとどまろうとしていた」『創造的進化』の結論を超えて、「真実らしい領域」にまで足を踏み入れている（MR: 272/1193＝三一三）。だがそれは、さまざまな「事実の線」が蓋然性をより強固なものにし、ひとつの確実性に達していると判断されたからだ。ベルクソンはこの方法を「交会測量法」と呼び、形而上学を前進させる方法として採用する。

ベルクソンは、中央アフリカが未知の土地であった時代の地理学が、探検家の報告に依拠していたことを引き合いに、神秘家の証言を、一定の信頼を寄せることのできる「事実」として扱おうとする。神秘家たちが語る「閉じた」から「開いた」への道は、驚くほど似通っている。それは達人の域に達していない凡人でも、「実際にとはいかなくても、権利においては再び行なうことができる」旅である（Ibid.: 260/1184＝三〇〇）。

「閉じた」から「開いた」への道をたどり直すには、人間を特徴づけている知性の役割と性質を改めて考えてみる必要がある。知性は、社会にとっても個人にとっても危険なところがある。それは、社会が維持している一貫性を解体しかねず、また自分自身の死の不可避性を認識した個人に、生への意気阻喪をもたらしかねない。想話機能は、まさにこの二重の危険を回避する役割を果たしている。静的宗教にしたがう人びとは、いわば自然が望んだ知性以下の枠組みにおいて生きている。これに対し、開きつつある魂は、それまで知性のはたらきを押さえていた社会の枠組みから逃れることによって、二重の危険に身をさらすことになる。一方では社会の抵抗に遭遇し、他方では（普段であれば生への意気阻喪を妨げてくれる）想話機能がうまくはたらいてくれないことで危機に陥る。開きつつある魂は、知性の「身代金」を払うために、知性以上の努力をしなければならない。

このため、閉じたものから開いたものへの移行は、「心の動転」をともなう。このとき起こっているのは、「より優れた均衡にいたるための組織的な再調整」である（Ibid.: 243/1170＝二八〇）。これが必ずしもうまくいくとはかぎらない。途中で破綻することもあるだろう。だが、もし生の全経験に調和をもたらす新たな地平に出ることができ、その人の生がより「単純化し、統一され、強度を増す」のであれば、歓喜はそれだけ大きくなる（MR: 268/1189＝三〇八）。神秘家とは、「個人の努力」によって、「道具のもたらす抵抗を打ち砕き、物質性に打ち勝ち、ついには再び神を見出す」ことに成功した人間である（Ibid.: 273–274/1194＝三一五）。

しかしベルクソンによれば、観想や忘我において神を見出したとしても、それは「真の神秘主義」ではない。この段階では、思考や感情の面では神との合一を果たしているかもしれないが、意志の面での合一はなされていない。「完全な神秘主義」とは、「行動、創造、愛」でなければならない。「真に偉大な神秘家」は、大いなる歓喜に包まれながらも「不安」を感じ、そこからさらに「闇夜」を経たうえでようやく意志を神のもとに置くことができるのだという。このとき神秘家は、エラン・ヴィタルの通り道として、「神のはたらきを継続し、それを先へと延ばしていくだろう」（Ibid.: 233/1162＝二六九）。

ここで、「持続」の哲学者ベルクソンが、初期から一貫してこの鍵概念を行動や意志と結びつけていたことを想起すべきかもしれない。そうすれば、完全な神秘主義に行動や意志の要素を盛り込んでいる点は理解できよう。むしろ問題は、ギリシアの神秘家、東洋の神秘家、イスラエルの預言者たちを「不完全」と見なし、「完全な神秘主義」とは「偉大なキリスト教神秘家たちのそれだ」と断定している点であろう（Ibid.: 240/1168＝二七七）。この一節を読むかぎり、ベルクソンはキリスト教を特権化しているように見えてしまう。取りようによっては、これは新手のキリスト教護教論とも映る。実際、『二源泉』が発表された当時、フランスのカトリックは、キリスト教神秘主義を高く評価しているこの書物を歓迎した。しかしこのような受容のされ方自体が、ベルクソンの神秘主義理解の独自性を正当に評価することを妨げたとも考えられる（De Belloy, 2001）。

ベルクソンの宗教哲学とキリスト教の教義はきちんと区別すべきである。たしかにこの哲学者は、晩年になるにしたがって、キリスト教への接近の度合いを強めていく。だがそれは、ベルクソン哲学がキリスト教に溶解したことを意味しない。ベルクソンが哲学者として書いたことと、個人的な意見は区別すべきである。『二源泉』の著者がキリスト教から受け取ったものは、ベルクソン哲学を深めるための「諸事実」にすぎない（Gouhier [1962] 1999: 135–136）。

また、ベルクソンが神秘主義と伝統宗教の関係を転倒させている点も見逃せない。キリスト教神学の観点から見ると、神秘主義は「信仰の熱を増したもの」で、「伝統宗教が情熱的な魂のうちで取りうる想像力の形象」である。しかるにベルクソンにおいては、神秘主義は「伝統宗教から同化できうるものをみな同化し、そこに確証を求め、またそこから言語を借用する」ものでありながら、「宗教の源泉そのものから直接汲み出した独自の内容」を持つ。それは「宗教が伝統、神学、教会に負っているものからは独立している」（MR: 265/1188＝三〇六）。だから「キリスト教が神秘主義を支えているというよりも、神秘主義がキリスト教を支えているのである」（Sitbon-Peillon 2005: 91）。

神秘主義が伝統宗教から生まれつつそこから独立しているというのなら、ライックな神秘主義というのも可能であるはずだ。もっとも、この点についてベルクソンは、明示的には語っていない。いずれにせよ、ベルクソンがキリスト教神秘主義を完全だと見なしたのは、キリスト教を擁護する関心がまずあって、しかるのちにそこへ行動・創造・愛という属性を与えたのではない。これらの三つの要素の重要性を認識することがまずあって、しかるのちにその最も完全な形態をキリスト教神秘主義に見出したのである。つまりベルクソン哲学は、ベルクソン哲学に固有の発展を遂げるなかで、いわばその源泉――キリスト教的な価値観が浸みこんだ源泉――を事後的に見出したのである。だからこそベルクソン哲学は、いわゆるキリスト教から抜け出しつつ、キリスト教のいわば本質を発見し、そこに近づいていくという筋道をたどっている。(16)

神秘主義といわゆる宗教の関係を逆転させたことは、他方では、宗教の再定義をもたらしている。静的宗教の保障する安心と平静さが、春になれば開く花の安らぎを思わせるとすれば、創造と行動と愛の神秘家は、古い樹木の樹皮を内側から破る新しい樹液の推力である。このとき宗教は「神秘主義が、燃えたままの状態で人類の魂のなかにおいていったものが、知的冷却の作用によって結晶したもの」である（MR: 252/1177＝二九一）。この観点から見ると、神秘主義こそが宗教的なものの根底にあり、静的宗教が生まれるのもそこからである。

とはいえ神秘主義は、まったくの無から生じるわけではない。それは、既存の宗教を環境とし、その養分を吸収しながら、異質なものに変貌する。それが広まるときには、既存の宗教の装置（神学、教会、言語など）を利用する。こちらの観点から見ると、神秘主義は想話機能に寄生しつつ、それを刷新する。このようにして、「性質上根本的に異なる二つの事象のあいだに、外見上の段階と見かけの程度の差が挿入され」、ひとつの「混合的宗教」ができあがる（Ibid.: 227/1157＝二六二）。

宗教がこのようにできていることは、あまり理解されていない。ベルクソンは言う。「人は宗教を批判したり擁護したりするとき、宗教が特に宗教的な要素を持つことをいつも考慮に入れているだろうか」（Ibid.: 286/1203＝三三〇）。この問いかけは、いわゆる宗教史家の研究態度にも向けられていよう。実際、次のようなくだりがある。「宗教史家は、人びとのあいだに広がっている漠然と神秘的な信仰の素材のうちに、神話的ひいては魔術的な要素をたやすく見つけるだろう。そして人間にとって自然的な静的宗教というものがあること、人間の本性は不変であることを証明するだろう。しかし、それだけなら、彼は何かを、おそらくは最も肝心なものを見逃すことになるだろう」（Ibid.: 228/1158＝二六三〔強調引用者〕）。もっとはっきり言ってしまおう。ベルクソンから見ると、宗教史家がやっているのは、ある混合的な宗教の回顧的・解剖学的な分析でしかない。彼らは、宗教のなかにある「特に宗教的な要素」をとらえ損なっている。しかるに、これをとらえなければ、宗教史の勘所はわからない。人類の歴史における創造の秘密を解明することはできないのだ。

ベルクソンにとって、完全な神秘主義の原型は、福音書のキリストに求められる。それはイスラエルの預言者たちの後継者であり、ユダヤ教の根本的な変革者である。こうしたイエスの特権化は、一見ルナンの宗教史を思わせるかもしれない。ドミニク・パロディは、一九三〇年の著作でベルクソンとルナンの類似点を指摘している（Parodi 1930: 198–225）。だが、ベルクソンとルナンを近づける解釈は不適切である。たしかに両者とも、人類の歴史における最も特権的な人物の位置にイエスを置いているように見える。だが、ルナンにとってのイエスは、外面的な権威に抗した内面的な理想主義者で、イエスの弟子たちが作った教会制度は「真のキリスト教精神」からの逸脱であった。これに対し、ベルクソンが語る福音書のキリストは、既存の宗教を破壊せずに吸収し、深いところで変革した人物である。この神秘主義の精神を物質に刻印した制度も原初の色香を残していて、のちの神秘家たちの着想の源泉となることができるだろう。ルナンはキリスト教をユダヤ教から切断し、ユダヤ教を歴史の不動性のなかに押し込めようとしたが、ベルクソンの動的宗教は、もともとの静的宗教をも刷新しようとする。

たとえベルクソンがキリスト教神秘主義を特権化しているとしても、それは他宗教に対してキリスト教を擁護する関心によって支えられているのではない。むしろ、静的宗教と動的宗教の関係を示す典型としてキリスト教神秘主義を参照している、と考えるべきである。

## ◇道徳と宗教の関係

ベルクソンは、道徳と宗教をパラレルに扱っているように見える。だが、『二源泉』の別の章立てで論じる――道徳は第一章、宗教は続く第二章と第三章――など、違いを見出しているようでもある。両者はいかなる関係にあるのだろうか。

ベルクソンの考えでは、道徳と宗教は「生まれたばかりの社会」においては一致する。「最初は、慣習がそのまま道徳である。そして、宗教は慣習からの逸脱を禁じるので、道徳と宗教は範囲を等しくしている」。したがってこの段階では、（閉じた）道徳と（静的）宗教は区別されない。ここでベルクソンが、デュルケムと同じように、一九世紀後半の宗教史家の多くに抗して、いわゆる未開社会における道徳の存在を認めていることに注意しておこう。「未開宗教は非道徳的だとか道徳に無関心だとか言えるのは、最初の状態の宗教を、のちに形成される道徳と比較するからにすぎない」（MR: 128/1079＝一五〇）。

このように道徳と宗教は、はじめのうちは一致する。だが、つねにその状態が続くわけではない。神が非道徳的な行為を命じることもあるではないか。「人びとはいつも神々を伝統から受け取ったが、その神々に道徳性の証明書の提示を求めたわけでも、道徳秩序の保障を求めたわけでもなかった」。それゆえ、「それを欠いてはおよそ共同生活が成り立たないような、きわめて一般的な性格を持った社会的義務」（＝道徳）と「ある共同体の成員をその共同体の維持に専念させる具体的な社会的紐帯」（＝宗教）とは区別される。習俗が純化され、一般化されたのが道徳だとすれば、宗教は社会の成員を相互に結合させ、その集団を他の集団から区別し特権化する伝統と必要と意志である（Ibid.: 217/1150＝二五一）。

このように、道徳と宗教には差異がある。ところでこの違いの見分け方は、ベルクソン自身が生きた第三共和政期のフランスが、道徳と宗教を公的なものと私的なものに切り分けたやり方と同じではない。ここで彼が語る閉じた道徳と静的宗教は、どちらも社会的なものであるからだ。ではベルクソンは、道徳と宗教の微妙な差異を見分けることで、何を言いたかったのだろうか。おそらくは、社会の存亡がかかっているときに宗教が示す不寛容で暴力的な側面を示唆したかったのだと思われる。これに対し、社会生活上の慣習が義務をともなう道徳規則として定式化されるときには、特に暴力をともなわない。もちろんこう言ったからといって、道徳と名づけさえすれば、不寛容な側面をまぬかれることができるという意味ではない。むしろ閉じた社会の道徳は、他の社会に対する戦争を正当化するとき、不寛容な静的宗教に合流する。それは、神々の名においてであっても、国民国家の名においてであっても同様だ。したがって、ライシテの道徳の国家主義的な側面は、静的宗教に通じるところがあるだろう。

ベルクソンが道徳と宗教のあいだに差異を見出すもうひとつの理由として、両者をパラレルにとらえる態度が往々にして主知主義的に見えたということが考えられる。「人は好んで宗教は道徳の補助者であると言う。宗教が罰を恐れさせ、報いを願うようにさせる点を見ているのだ」。だが、このように道徳と宗教を連関させるやり方は、「人間の正義」を「神の正義」なるもので補強しているだけである。「宗教」が語られてはいても、それは「教義」や「形而上学」に結びつけられた宗教で、「宗教が特に宗教的なものを持つ点において」とらえられているのではない（Ibid.: 100/1058＝121）。安易な主知主義的な表象に頼って、道徳の宗教的基礎を打ち立てたつもりになっているだけだ。

これに対してベルクソンは、「表象を下から支え、その表象に得体の知れない効果を伝える何か別なもの、まさしく特別に宗教的な要素」に注目し、そちらを軸にして考える。そうすると、「今やこの要素そのもの——この要素と結びついた形而上学ではない——が道徳の宗教的基礎となる」(Ibid.: 101/1059＝二二一〔強調引用者〕)。ベルクソンは、この「特別に宗教的な要素」(神秘主義)に基づく道徳を、「宗教的」なものであると明言している。

まとめておこう。ベルクソンは、道徳と宗教の原理的な違いを見分けているが、両者が一致する諸条件も検討している。それらは、未開社会においては重なり合い、また「開いた」ものが「閉じた」ものを補完するときにも一致するだろう。

## ◇ライシテの道徳の歴史的意味

すでに示唆しているように、ベルクソン自身が書いたもののなかに、「ライシテの道徳」という言葉はおそらく一度も出てこない。それでも、ベルクソンが同時代のライシテの道徳をどう評価していたかを——ベルクソンの思想を裏切ることなく——推し量ることはできないか。そのためには、ベルクソン哲学の「実践」の射程を歴史哲学や政治哲学の観点から検討することが、ひとつの手がかりになると思われる(17)。

ベルクソンの道徳論・宗教論が知性の平面にとらわれないものであることはすでに見たが、ここで注目したいのは、『二源泉』の最終章で、「閉じた」と「開いた」の理論的区別が道徳的ないし宗教的な実践の場に移されようとしていることだ(18)。ベルクソンは、そのことの歴史的意味と政治的含意を視野に入れている。

ここはベルクソンの歴史哲学を正面から論じる場ではないが、ライシテの道徳の歴史的意味を考えるための補助線として、最も本質的と思われることを述べるなら、「創造」の哲学者ベルクソンは、「歴史の運命」なるものを信じていないということだ。歴史の生成は、創造的努力という意志にかかっており、またしばしば予期せぬ出来事をともなう。歴史の方向性は前もって予見できず、あとからたどり直すことしかできない。だからといって、歴史の流れのなかで現状を認識することは無意味ではない。診断があってはじめて、実践すべき方向性も見えてくるからだ。

ベルクソンは、知性と本能――相補的ながら矛盾する人間の二つの性向――が、歴史のなかで代わる代わる支配的になると考える。両方を同時に進展させることはできず、歴史のある時期においては、一方の犠牲のうえに他方が発達する。ひとたびその方向が決まって歩みがはじまると、ほとんどその終局にいたるまで、なかなか方向転換が起こらない（二重狂乱の法則）。ベルクソンのメッセージは明らかだ。人類は数世紀前より産業と機械技術の時代に突入したが、その破局が目前に迫っている。今こそ道徳的な転換を遂げて、神秘精神を再評価する必要がある。

ところでこの転換は、前もって予見できる歴史の法則として定められているわけではない。それは自由と意志の領域に属している。何もせずに自然の動きに任せるならば、歴史は「物質の勝利によって定義づけられ、獲得への欲望が称揚されるほかない」。「歴史の運動」そのものは、「倫理的要求に適合しているわけではない」（Kebede 1995: 521）。歴史が道徳的なものになるためには、「開いた」精神の持ち主が必要なのである。

歴史の歩みとともに人間が道徳的になる保証はない。そのための意志と努力が欠けていると、むしろ逆方向に行ってしまう危険があるというのがベルクソンの考えだ。人類の歴史を、閉じた道徳から開いた道徳への漸次的移行ととらえることも間違っている。開いた道徳を体現した数少ない人間は、あらゆる時代にいたはずだからだ。

では、ベルクソンは歴史における道徳的発展を否定しているのだろうか。そうとも言えない。開いた精神の持ち主たちは、いわばその遺産をあとに続く者たちに残していくからだ。

このように考えると、歴史の発展というものは、出来事としての創造を通じて非連続になされる一方で、歴史のなかで実現されたさまざまな創造を保存しながら、それを新たな創造の土台としていく点では、連続的でもある。「道徳的な獲得物」は、「習俗、制度、言語」のなかに沈殿し、「不断の教育によって伝えられる」(MR: 289/1206＝三三四)。もっとも、道徳が遺伝することはありえず、あとから生まれた者がより道徳的であると生物学的に言うことはできない。むしろ「古い精神状態は、文明が成立するために不可欠なさまざまな習慣のもとに隠れて、存続している」(Ibid.: 293/1209＝三三八)。このことは、個人のレベルだけでなく、政治社会のレベルでも言える。いわゆる「文明社会」は、「開いた」性質を持つ「道徳的な獲得物」をその内部に有している一方で、外には敵対的、内には抑圧的という「自然社会」にいつでも逆戻りする可能性も持っている。

民主主義の歴史的意味も、この両義的な条件のもとで解読される必要がある。ベルクソンの考えでは、民主主義は一八世紀末のいくつかの革命によってもたらされたもので、歴史的にはかなりあとになってから登場してきた（彼は奴隷制に立脚した古代の都市国家を「偽の民主主義」と呼ぶ）。実際、民主主義は、「あらゆる政治思想のうちで、自然から最も遠くにあるもので、少なくとも意図のうえで唯一「閉じた社会」の諸条件を超え出ている」(Ibid.: 299/1214＝三四五―三四六〔強調引用者〕)。自然から距離を取ることができるようになったということは、閉じたものを打ち破る開いた精神があったということだ。自然社会の「権威、位階制、固定」に対して、民主主義は自由と平等を謳い、自由と平等の相矛盾する性質を博愛の精神によって調停しようとする。この意味でベルクソンは、「博愛」の理念こそが民主主義にとって最も根源的なものだと考え、「民主主義は福音書的本質のもの」であり「その原動力は愛だ」と示唆する（Ibid.: 300/1215＝三四六〔強調引用者〕）。

民主主義には「宗教的基盤」がある、民主主義の根底には「本源的に宗教的な性格」が感じられるというのである。もちろんここで「宗教的」というのは動的宗教のことであって、静的宗教のことではない。また、円環が打ち破られて一時的に開いた状態が実現されるとしても、それはやがて閉じられるほかないものなので、いったん成立した民主主義も、いずれ想話機能を果たすことになる。民主主義とは、いわばひとつの混合宗教なのだ。それは一方で神秘主義的な基盤を保存しており、開いた精神がそれを再発見することにより、宗教的な創造の炎が再燃するようなものとしてある。他方でそれは、物質的・精神的獲得物を鼻にかけ、自閉化して再び自然社会に近づく危険も持つ。

だからこそ、民主主義の精神をいかに実践的に翻訳するかが課題となる。根源において「開いた」性質を持つ精神も、「閉じた」形式を媒介としなければ伝えることはできない。しかるに根源的な精神は、その過程において捻じ曲げられ、見失われるおそれがある。ベルクソンは言う。

〔民主主義の公式〕は絶対的な性質を持ち、半ば福音書的なものである。それを純粋に相対的な道徳の言葉、もしくは一般的な利益の言葉に移さなければ、実際に用いることはできない。そしてこの置き換えは、個別的な利益の方向に捻じ曲げられるおそれがつねにある。（Ibid.: 301/1216＝三四八）

ここで私たちはこう問おう。民主主義の根底にある宗教的な精神を実践的な道徳に移しかえることを指して、道徳の脱宗教化《ライシザシオン》と呼ぶことはできないか。引用文中にある「相対的な道徳」のことを、ベルクソンにおける「ライシテの道徳」と考えることはできないか。ベルクソン自身が「ライシテの道徳」という言葉を用いていない事実に注意を喚起しつつ、ぜひとも積極的にこの問いに答えてみたい。

すでに論じたように、いわゆるライシテの道徳とベルクソンの道徳には、共通点と相違点がある。まとめ直すと、共通するのは形而上学的な超越性と道徳の結びつきを断ち切ろうとする点だ。ただし、ベルクソンの道徳論の独自性を見落としてはならない。いわゆるライシテの道徳が形而上学からの解放を果たすために依拠するのが理性であるのに対し、ベルクソンは道徳を知性以下の平面と知性以上の平面に位置づける。典型的なライシテの道徳は宗教からの分離を主張するが、ベルクソンは道徳と宗教の差異をつかみ出しながら両者が一致する地点も見定めている。

今やここにもうひとつのパラメーターが導入される。ベルクソンは、「民主主義における道徳」ないし「民主主義の道徳」について語っているのだ。この道徳は、福音書の精神とつながりを持ち、歴史的に生まれたのは比較的新しい。とりわけ一八世紀末以来と言ってよい。これはライシテの道徳の形成と時期的に一致する。またこの道徳は、「一般的な利益の言葉」に移されたものなので、宗教的な達人にしかわからないものではなく、民衆ないし市民の手に届くところにある。これまたライシテの道徳と共通だ。そうであれば、ベルクソンにおける民主主義的道徳の分析を通して、彼が同時代のライシテの道徳を宗教性の観点からどう診断していたかを垣間見ることができないか。

ベルクソンが語る民主主義の道徳は、その起源に神秘主義を有しているために宗教的であり、また人類の宗教史のなかに位置づけられている。

しかしこの道徳は、一般的な社会的義務を構成するという点においては、権利上、宗教の領域とは区別される。

宗教の目的は社会の保存にあり、それが非道徳的な現れ方をすることもあるからだ。とはいえ現実的には、（道徳の規律システムによる）社会生活の維持と（宗教による）社会の保存はかなり重複している。このとき、民主主義の道徳もまたある程度、静的宗教の想話機能を果たしていると考えられる。そして、もしこの道徳が他の社会に対する戦争を正当化するような場合には、ネガティヴな意味での静的宗教に堕することになるだろう。たしかに祖国愛は「神秘性」を帯びた「平時の美徳」ともなりうるが、好戦的なナショナリズムはどうしようもなく閉じている（Ibid.: 294–295/1210＝三四〇）。ユマニスムを掲げた植民地主義も同罪であろう。人類の名において国益を拡張しようとする野望は、「真の」人類愛からは程遠い。ベルクソンははっきり述べている。みずからを神秘化しようとする帝国主義は、神秘主義のまがいものであり、いくら動的宗教の貼札をつけてみても、実際には静的形態を脱していない（Ibid.: 331/1239–1240＝三八一）。たんなる「拡大の道」によって人類にいたることはありえないのである（Ibid.: 284/1202＝三二九）。

このように、ライシテの道徳の国家主義的な性格は、ネガティヴな意味での静的宗教に陥る危険性をはらんでいるが、他方で民主主義の道徳は、自然が与えた道徳から最も遠く離れている。ベルクソンは述べている。民主主義の道徳できちんとしつければ、個人を正直な人間にするには十分なのだ（Ibid.: 100/1058＝一一九）。だが、それ以上のことが起こりうる。民主主義の道徳の徳目は、いわば神秘主義の燃え滓であり、そこに再び火がつくことがある。民主主義社会に育つ子どもたちは、両親や教師たちによって与えられる道徳にしたがわされながら、社会的圧力を超えたところに何か憧れを抱かせる違ったものを感じ取りうる。「凡庸な教師が天才の創造した学問を機械的に教えているだけでも、この教師自身には与えられていない使命へと呼び覚まされる生徒が出てきて、無自覚のうちに例の偉大な天才と張り合うようになることがあるわけで、そのとき偉大な人物は教師が伝えるメッセージのうちに目に見えない形で現前している」(Ibid.: 228/1158＝二六二―二六三)。同じように、民主主義社会における道徳教育は、たとえそれが機械的になされても、生徒たちに偉大な道徳的人物への憧れを抱かせ、「閉じた」から「開いた」への転換を促し、規律ある生活から神秘的な生へと向かわせるようなものでありうる。このとき民主主義の道徳は、やはり宗教的なものになる。

本章を締めくくるにあたり、私たちとしては、「民主主義の道徳」を「ライシテの道徳」に置き換える思考実験をしたい。ベルクソンに即して考えたとき、ライシテの道徳の宗教史的な意味は、どのように解釈されうるであろうか。この道徳は、動的宗教の想い出を宿している点において、一種の混合宗教であると位置づけられるだろう。それはナショナルな静的宗教に変貌するかもしれないし、個人の精神に訴えかけて動的宗教への道を開くものであるかもしれない。

(1)　ベルクソンがジョゼフ・ド・トンケデックに宛てた一九一二年の書簡からは、新しく「道徳の問題」に取り組んでいる様子が伝わってくるが、それはまだ「人前に出せる」状態ではないという(Mélanges: 964)。ベルクソンは、自分が立てた問題に対して確実な答えが得られるまでは出版を控えることをみずからに課していたという(PM: 98/1330＝一三四)。この規則に加え、多忙や病気に見舞われたことが、道徳と宗教についての著作の完成を遅らせる要因になったと言えるだろう。

(2)　「宗教」と「宗教性」を顕在的か潜在的かで区別しようとする私たちの観点からすると、ブリジット・シトボン＝ペイヨンが用いる「宗教性」という用語は言葉の濫用であるように見える。彼女によれば、「宗教の理論」は一般的な観念を展開しようとするものであるのに対し、ベルクソンの「宗教性の理論」は実際の経験の背後にあるものをとらえ記述しようとする努力だという(Sitbon-Peillon 2005: 8)。しかし、ベルクソン自身が「宗教」について明示的に語っているときに、なぜあえて「宗教性」という言葉に置き換える必要があるのか。彼女の研究は『創造的進化』と『二源泉』をおもに扱っており、ベルクソン哲学が神秘主義と社会学をいかに包摂したかを示す点では有益だが、『試論』や『物質と記憶』に見られるベルクソン哲学の存在論的な側面――筆者の考えではここにも「宗教性」がある――についてはほとんど何も触れられていない。筆者が「宗教性」や「道徳性」という言葉で指し示したいものは、ルネ・ヴィオレットが「スピリチュアルになる手前の形而上学」(métaphysique préspirituelle) と呼ぶものに近い。この「形而上学」は、「みずからのうちに、潜在的な状態で、道徳や宗教を宿しており、それをわずかでも体系的に発展させれば、そこから道徳や宗教を取り出すことができるだろう」。そしてヴィオレットは、この措置を施すことによってベルクソン自身が「明示的に、熟慮しながら探求した」「領域の境界」を踏み越えてしまうことを自覚しつつ、この措置はベルクソンの「理論の直線上」に位置づけられると述べている (Violette 1968: 5)。

(3) ベルクソンはテーヌについてこう述べている。「テーヌは、博物学者や物理学者の方法を、文学・芸術・歴史などさまざまな形態を持つ人間の行動の研究に応用しようとしている。〔……〕ルナン同様、彼はコントに似てもいないし関係してもいない」(Mélanges: 1170)。

(4) ベルクソンとカントの対照性、そしてベルクソン哲学におけるカント哲学の両義的かつ逆説的な継承については、Philonenko (1994) の研究が包括的である。

(5) 一九〇五年六月一五日付、ポール・デジャルダン宛のベルクソンの手紙には (当時デジャルダンはコレージュ・ド・フランス教授で、「ロワジー事件に関する一無宗教者の省察」という副題を持つ論文を『半月手帖』に発表していた)、自分はこれまでロワジーの著作を「サバティエが書いているものとかなり似ている」ものだと思って「ほとんど何も読んでいない」と書かれている。この証言は、ベルクソンがプロテスタント流の宗教心理学を軽視していたことを示すとともに、ベルクソンがロワジーを読むようになった経緯にデジャルダンが関与していることを示唆するものと思われる (Poulat 1960)。

(6) 「宗教は主として行動である。〔……〕宗教が認識に関係するのは、ある種の知性の危険を防ぐために知的表象が必要であるかぎりにおいてでしかない。そうした表象だけを取りあげ、それを表象として批判することは、その表象が行動と混ざり合っていることを忘れることであろう」(MR: 211–212/1146＝二四四)。

(7) フレデリック・ケックは、ここでのベルクソンとレヴィ＝ストロースの距離は近いと指摘している。両者とも、情緒を「知性の代わり」(レヴィ＝ブリュール) と考えるのではなく、「知性をより広く完全に用いるもうひとつのやり方」としてとらえている (Keck 2004: 14)。

(8) ここでもベルクソンは、レヴィ＝ストロースに近い (Lévy-Strauss 1962＝二〇〇〇)。

(9) もっとも、持続は直観によって分割されるという見方も成り立つ。これについては後述する。

(10) 個人のなかで動的図式が新しく創造されたのなら、それは必ずやその人の作品に反映されるであろう。断っておけば、それによって新たな素材が生まれるわけではない。実際、ある個人が非常に独自なやり方で実在をとらえたとしても、その人が頼りにしなければならないのは、やはり万人に共通の素材である。偉大な彫刻家も素人と同じ大理石を用いるし、独創的な哲学者も普段私たちが用いる言葉で思考する。しかし、彼らがものを作るプロセスは、他人が完全に模倣することはできない。前もって準備された要素の再構成では、彼らの作品に到達することはできない。

(11)「私たちがみな内側から、たんなる分析によらず直観によって把握する実在が少なくともひとつある。それは、時間を通じて流れていく私たちに固有の人格である。持続する私たちの自我である」(PM: 182/1396＝二五四)。

(12) ベルクソン哲学の宇宙観に見られる宗教性については、『二源泉』に進む (立ち戻る) ためにも必要なので、第五節で取りあげる。なお、慧眼な読者はお気づきのように、本節は心霊主義を取り扱っていない (このことは本章全体についても言えよう)。消極的理由を率直に述べるなら、ベルクソンの心霊主義を宗教 (性) との関係においてどう位置づけるべきか、筆者に見通しが立っていない部分があるからだ。逆に、この言い落としを正当化するならば、本節が光を当てようとしているのは、潜在的な宗教性だからである。ベルクソンの宇宙観がそうであるように、心霊主義はすでにより明示的に宗教的であるように見える。

(13) 人格の宗教性については、死後の魂の存続という問題も重要だが、ここでは簡単な示唆にとどめておく。ベルクソンは「魂と身体」(一九一二年) のなかで魂の不死について詳しく論じているが、そこではこの問題を伝統宗教のように信仰の問題として考えるのではなく、経験に基づく蓋然性として主題化している。「身体が崩壊したのちに人格が保持され、さらに強化されるということは、可能であるばかりか、ありそうなことでさえある」（ES: 27/835)。

(14) このような「生活への注意」（MM: 7/166＝一一）が私たちの精神生活を規定しているからこそ、私たちが自分自身の過去全体を一挙に把握することは難しい。しかし、「生活への注意がなくなる瞬間」というのもある。これは注意が足りない状態を指すのではなく、たとえば死に直面して突然「生をありのままに見る」ことができるようなときに起こる。このような例外的状況において、普段は前を見るために無駄な記憶を退けるようにできている精神が、過去全体を振り返ることがあるとベルクソンは述べている（ES: 76–78/872–874)。

(15)『創造的進化』における神の記述は誤解のもととなっている。よく知られた誤解はトンケデックのものだ。「神に関する哲学はすべて、次の二つのどちらかでなければならない。すなわち、神をこの世から切り離してこの世とは疎遠なものとしてしまうか、神をこの世に〔完全に〕一致させてしまうか」どちらかである（cité dans Rideau 1932: 51)。ベルクソンはこのような論理では考えない。

(16) ここではこの点をこれ以上掘り下げることはできないが、メルロ＝ポンティやジャン＝リュック・ナンシーも、同じような問題に核心的に触れていると思われる。

(17) フレデリック・ケックが指摘するように、必ずしも明示的に語られていないベルクソンの歴史哲学と政治哲学は、コントのそれを髣髴させるところがある（Keck 2002: 210–211)。実際、コントとベルクソンには奇妙な共通点がいくつかある。両者とも、人類に分離をもたらすような人種概念を退け、人類を統一的にとらえている。伝統的な超越論的形而上学を退け、極度の専門化に警鐘を発して常識の復権を唱え、理論と実践の有機的連関を視野に入れ、知性のみでは道徳はとらえられないとする立場に立ち、「愛」を鍵概念のひとつとする。ベルクソン哲学のなかで語られる偉大な魂の模倣を通じた教育のあり方は、コントの唱える人類教の礼拝とさほど隔たっていないように見える。だが、次の二点における両者の大きな違いを見落としてはなるまい。第一に、進歩の概念である。コントにとって、進歩の行きつく先は実証的段階であり、それは三段階の法則によって予見可能なものであるが、ベルクソンにおいては、進歩は創造の努力にかかっており、それは予見不可能なものだ。第二に、同時代の診断と解決策の方向性である。コントが理論と実践の調和を模索しているとすれば、ベルクソンは意志によって精神を開いた状態に持っていくことを求めている。

(18)　ベルクソンが私たちに「閉じた」から「開いた」への移行を勧める背景には、もちろん両大戦間期という時代における危機意識がある。それゆえ、たとえば彼は単純な道徳的生活への回帰を呼びかけているが、もしこれを一九世紀的な思想史の枠組み――本書の立場――に引きつけて扱うとしたら、時代錯誤の誹りをまぬかれないだろう。しかし他方で、『二源泉』の冒頭のエピソード――両親と教師の道徳的権威――は、いかにも典型的な第三共和政の道徳教育を思わせる。このように、一九三二年刊の同書には、一八八〇年代以来の傾向の延長線上に位置づけられるような事例も見られることを指摘しておきたい。

## 第Ⅳ部の結論　デュルケムにおける宗教性とベルクソンにおける宗教性の関係

第三共和政のライシテ体制において、道徳と宗教の関係が新たに定式化され、宗教概念は個人の良心もしくは私的領域における自由な礼拝に還元される力学のもとにおかれた。逆説的にも、この「囲い込み」が条件となって、別の宗教概念が生まれてきた。あるいは「宗教性」という言葉を使ったほうがよいかもしれない。そのほうが、従来の宗教概念や政治体制によって規定された宗教概念との差異が喚起できるからだ。

私たちはこのような観点から、デュルケムにおける宗教性とベルクソンにおける宗教性を分析した。実際、デュルケムは、抽象的な神に代えて人間からなる具体的な社会を置き、伝統的な宗教概念を刷新しようとした。デュルケムの宗教性は、社会的なものに照準を定めており、時の政治体制が規定した私的な宗教というイメージを揺さぶっている。これに対し、ベルクソンは、人格の心理的・存在論的次元に照準を定めているところがある。一見するとこれは、宗教概念を私的な領域に追いやろうとした第三共和政の立場と適合的な印象を与えるかもしれない。だがベルクソンの宗教性は、宇宙論的、歴史的、政治的、社会的な射程をも持つものだ。またそれは、人間の内在的な経験に基づくもので、最初から超越性を持ち出す伝統的な宗教観とは大きく異なっている。

デュルケムもベルクソンも、宗教を研究や考察の対象とするに際して、いかに対象を構築するかという関心を強く有していた。二人は、当時流通していた宗教概念から標準的な意味を取り出す手続きは取らなかった。デュルケムは、宗教の定義に必要な要素は「私たちの偏見や情熱や習慣」にではなく「実在そのもの」に求めるべきだと述べている（FEVR: 32＝上五〇）。ベルクソンもまた、言葉と実在の正確な一致を目指して宗教の領域を画定すべきだと述べている（MR: 182/1122–1123＝二一二）。つまり二人とも、できあいの概念から出発せず、直接実在に赴こうとしている。その結果、道徳的なものと宗教的なものが新たに出会う事態が起こっている。政治体制としてのライシテが、道徳の領域と宗教の領域を分けたとすれば、デュルケムやベルクソンは、与えられた条件を踏まえつつそれを超え、近代的な地平において道徳的なものと宗教的なものを合流させている。

以上の観察に基づきながら、デュルケムにおける宗教的なものとベルクソンにおける宗教的なものを関連づけよう。それらは互いにコントラストをなすところもあるが、相補的なところもある。両方を組み合わせることによって、ライシテの時代における宗教的なものについて、その実質的な全体を汲みつくすところまではいかないかもしれないが、少なくともそれを構成しているいくつかの主要な要素とそれらの関係を明らかにすることができると思われる。

導きの糸として、マルセル・ゴーシェ『世界の脱魔術化』の最終章「宗教のあとの宗教性」を参照しよう。ゴーシェは、宗教から脱出した社会においても存続しうる「宗教の残余」を三つの側面から提示している。第一のものは、「実在的なものを把握する基本的なやり方にかかわり、原初的な二重化を与えるもの」である。「それを支えとしなければ、いかなる宗教的信念も構築されえなかったはずだが、それが本質的に信仰を生みだすとはかぎらない」（Gauchet 1985: 294）。要は「実在分割の基本図式」であり、これが私たちの考え方や世界の表象の仕方を規定している。第二の側面は、「美的な経験」もしくは「差異の経験」にかかわっている（Ibid.: 297）。この種の経験は、宗教が生活全体を包括していた時代には宗教的経験のなかに包摂されていたが、宗教から脱出した社会においては、日常生活における異質性の介入として受け止められ、それを通じて私たちはもうひとつの世界に目を開かれる。第三は、「私たちは私たち自身のために存在しているという問題の経験」である（Ibid.: 299）。これは実存的な問いにかかわっている。人生の意味を求め、宗教的と呼べるような領域の周辺を行ったり来たりする主体的な存在が喚起されている。端的に言えば、生きていく過程でできてくる個々人の歩みであり、これはさまざまな困難や「なぜ」という問いをともなっている。

今述べた三つの「宗教の残余」に対して、デュルケムの社会学的な宗教性とベルクソンの心理学的・存在論的な宗教性はどのように位置づけられるだろうか。

デュルケムにおいて「実在分割の基本図式」に相当するのは、「思考の根本的な範疇」であろう。「差異の経験」は、「聖の経験」と言い換えてよいだろう。そして「主体的な存在の問い」は、「個人の宗教性」の枠で扱うことができるだろう。

もっとも、デュルケムは認識を可能にする範疇を社会的なものに帰属させているのに対し、ゴーシェの議論は必ずしもこの還元を支持していない。また、デュルケムにおける聖の経験の典型は、集合沸騰という社会現象だが、ゴーシェはむしろ個人レベルの経験を語っていて、差異の経験は社会全体のレベルを参照しなくても成り立つことを示唆している。さらに、デュルケムが個人の宗教性を語る際には、その社会的起源の説明に終始している感があるが、ゴーシェが問題としているのは、実存的な紆余曲折である。要するに、デュルケムにおいて観察される三つの宗教的側面は、ゴーシェにおいてはより個人的・人格的な方向に引きつけられているように思われる。

ベルクソン哲学には「表象図式構造」というコンセプトがあり、これを「実在分割の基本図式」に相当させることができるだろう。また「持続」には、深い心理的事実にかかわる根源的な異質性を意味するところがあるから、これを日常生活における異質性の介入という「差異の経験」に近づけて考えることができるだろう。そして、直観によって固有の持続を反復的に把握し「生の曲率」をとらえようとするときに出てくる人格の問題は、「主体的な存在の問い」につながってくるだろう。

とはいえゴーシェに比べると、ベルクソンは知覚と悟性の拡張が表象図式を変えうることを強調している。またベルクソンは、この人類学的装置の変化を持続の直観に緊密に結びつけていて、この直観そのものが異質性の経験や実存的問題への答えを表わしている。要するに、宗教のあとの宗教性の三つの側面を区別可能なものとして見分けることに多くの意を用いているのがゴーシェだとすれば、ベルクソンにおける心理学的・存在論的な宗教性の三つの側面は、互いが互いにはたらきかける形で複雑に絡まり合っている。さらに付け加えるなら、ベルクソンにおける宗教性は心理学的・存在論的な位相だけで見られるものではなく、「自我」が「生全体」に置き換えられるときには、宇宙論的な射程も獲得する。静的宗教と動的宗教が語られる場面では、個人だけでなく、社会や政治や歴史も問題になる。このときベルクソンにおける心理学的・存在論的な宗教性は、いわば何事かをなしつつある運動として、「閉じた」と「開いた」の「あいだ」に位置づけることができよう。

まとめよう。ゴーシェが描き出した「宗教の残余」のトポロジーは、デュルケムのそれともベルクソンのそれとも完全には一致しないが、それでもデュルケムにおける宗教性とベルクソンにおける宗教性を関係づける役割を果たしてくれる。このトポロジーに沿って分類を試みるなら、表象を可能にする「人類学的装置」の系統には、デュルケム的な「聖」が思想の面で果たす機能（物事の分類）と、変更可能性を持つベルクソン的な「表象図式

図 23　デュルケムにおける宗教性とベルクソンにおける宗教性の関係

| | デュルケムにおける社会学的な宗教性 | ゴーシェによる宗教のあとの宗教性 | ベルクソンにおける心理学的・存在論的な宗教性「閉じた」と「開いた」の「あいだ」 |
|---|---|---|---|
| 人類学的装置 | 社会による実在の分割「思考の社会的範疇」（「聖」の思想的側面） | 宗教の残余①「実在分割の基本図式」 | 「表象図式」（可変的）知覚と悟性の拡張 |
| 異質性 | 社会の統合力「集合沸騰」（「聖」の行動的側面） | 宗教の残余②「差異の経験」 | 「持続」→一連の直観「深い心理的事実の根本的異質性」 |
| 実存的問題 | 個人の宗教性 心理学的な宗教性 | 宗教の残余③「私たちは私たち自身のために存在しているという問題の経験」 | 人格性 一連の直観を用いた「生の曲率」の把握 |

構造」とを組み入れることができるだろう。デュルケム的な「聖」が行動の面で果たす機能（社会の統合力）と、ベルクソンが「持続」という言葉で指し示す深い心理的状態は、「異質性」の系統に整理することができるだろう。「実存的問題」の系統には、デュルケムが見失うことのなかった個人的・心理学的宗教性と、ベルクソン的な人格の概念が入ってくるだろう。これらを図示すると、**図23**のようになる。

　このように三つの系統に整理された宗教性は、どれもみな人間の地平で、理性の言語で表わすことができる。それでいて、理性を超える事象を指している。ライシテの地平で問題が構成されていることは間違いないが、私たちはもはやライックなものと宗教的なものの境界線を明確に引くことができないところにいる。

# 結論

本書を結ぶにあたって、ここまでの議論を振り返り、いくつかの考察をつけ加えたい。私たちは、フランス一九世紀を横断しつつ、道徳と宗教研究の二重の脱宗教化の動きを再構成するよう努めてきた。この動きは、道徳と宗教研究の領域があらかじめ画定されているような状態において起きたのではなく、まさにこの動きの進展のなかで、二つの領域も動的に生成してきたのである。私たちはこのような観点から、ライシテの道徳と宗教学の歴史的条件を明らかにしようとしてきた。そして、この叙述のなかで、少なくとも三つの歴史的モーメントがあることを示しえたと思う。

そこでまず、これら三つのモーメントの本質的な特徴と、それぞれの時期に対応するライシテの道徳と宗教研究の関係をまとめておきたい。各時期と各時期のあいだには、明らかな変化が認められる一方、変わりにくい側面も指摘することができる。したがって、真の断絶をともなう変化と、変化のなかで持続するものとを両方視野に収める必要がある。

とりわけ重要なのは、道徳と宗教研究の脱宗教化のなかで「宗教」概念がどのように変化したかということだ。それは一方で、社会のなかのより小さな部分へと押しやられていく。しかしそれと同時に、そのように規定された宗教をはみだしながらも、やはり宗教的と形容できるような現象もまた生まれてくる。このような視点に立つと、宗教的な近代というイメージが浮かびあがってくる。ライシテの道徳と宗教学は、新たな宗教性の生成を証言する二つの重要な要素として位置づけられよう。

ところで、ライシテの道徳と宗教学の形成に歴史的条件があったように、近代における宗教性に関心を抱きながらライシテの道徳と宗教学を研究するという私たちの研究態度にも、歴史的な条件があるはずだ。その条件とは何だろうか。この問いは、現代と一九世紀の関係をどう考えるか、現在の私たちの歴史意識をどう認識するかという自己反省的な考察につながっている。このことはまた、本書で扱った何人かの哲学者の遺産をどう受けとめるのかということにも関係している。

## 一　ライシテの道徳と宗教学の歴史的条件

ポール・ベニシューの言葉を借りるなら、一九世紀前半は「預言者の時代」であった（Bénichou 1977）。このような時代の空気のなかで営まれた宗教の科学的研究は、脱政治化された一学問分野であるどころか、将来の政治体制を宗教的な調子で構想する傾向を強く持っていた。高度に専門的な文献学的研究はすでにはじまっていたが、それは専門家だけでなく、詩人や文学者たちを通じて、より多くの人たちの関心を引きつけていた。宗教の個人化と内面化は少しずつ進展していたが、宗教の政治的・社会的正当性が疑われることはなく、ライシテの要素をなす思考の持ち主たちも、多かれ少なかれ現実に適応した宗教によって、革命後の社会の混乱を収めようとしていた。道徳と宗教に区別を設ける場合にも、宗教を社会秩序の安定に利用しようとするか（ポルタリス、クザン）、新しい道徳を新宗教のなかに組み込もうとするのが一般的だった（サン＝シモン、コント）。コントのなかには、世俗的なものと精神的なものを分離する発想がはっきりと見られるが、この分離は世俗的権力と精神的権力がより高い次元で協力関係を結ぶために必要だとされている。また、この分離は公私の分離には対応していない。コントの宗教は、人間の内面と知性と振る舞いを律し、社会全体の目的に向かって協働を促すものである。宗教は、近代的な装いのもとで刷新されてはいるが、いまだ私事化されてはいない。

一九世紀後半になると、ライシテにつながる考えの持ち主たちは、宗教的なものと政治的なものの結びつきを有害だと見なすようになる。他方、科学的な研究は、愛国主義的な動機に支えられていることは多分にあるとはいえ、その内容は脱政治化されていく。ルナンは学者の資格で政治的発言もしているが、彼の宗教研究はそれ自体としては社会変革を目指すものではない。宗教と科学の関係の変化に注目しよう。かつては双方のあいだに有機的な関係があり、簡単には分離できなかったとすると、いまや両者は互いにはっきりと異なる領域へと分化を遂げている。このような条件において、おなじ宗教批判の流れに由来するライシテの道徳と宗教学が、一方は政治的領域、他方は学問的領域というように、互いに独自の領域において自分の位置を見出し、地歩を固めていこうとする。この現象を指して、脱宗教化の波が道徳と宗教研究の領域を等しく襲ったと断じるのではおそらく不十分だ。というのも、むしろこの波とともに二つの領域が「誕生」しているからで、このような歴史的条件において、ライシテの道徳が確立され、宗教学が制度化されたのである。

この一九世紀後半という時代を特徴づけるキーワードをあえてひとつだけ挙げるなら、おそらく「主知主義」という言葉がふさわしいだろう。ライシテの道徳に関して言うと、主知主義とは、教会の道徳を攻撃する梃子となるもので、それは理性というものを、道徳的生活に意味を与える本質的なものと位置づけている。政治と科学の関係について言えば、主知主義とは、知的理解と行動的意志を切り離す状態のことである。宗教学者の主知主義と言えば、科学的研究の枠に留まり、政治的行動を自制することを指す。かなり図式的ではあるが、当時の宗教学者がライシテの道徳を十分に宗教研究の対象としえなかったのは、このような構造があったからである。一九世紀から二〇世紀の転換期に、この主知主義は相対化される。政治をよりよい方向に導くことが知識人たちの関心になり、この条件のもとでライシテの道徳と宗教学は刷新される。政治が科学の関心になっているところは、一九世紀前半の状態に似ていなくもないが、大きな違いは、宗教がすでに私事化されており、ライシテを支持する者たちが、もはや政治の領域に宗教を再導入しようとはしていないことである。他方、道徳との関係について言えば、ライシテの地平において道徳と宗教が再び交わる地点を模索した者たちがいる（デュルケム、ベルクソン、さらにはビュイッソンも加えてよいだろう）。彼らの見るところでは、ライシテの道徳に宗教性を探り当てることは十分に可能である。この見方は、近代的な宗教概念に異議を唱えるものである。一九世紀後半の主知主義的な宗教学者たちが、宗教であることが自明とされているもののうちのひとつを研究していれば、必ずしも宗教とは何かという問いを発する必要がなかったのに対し、一九世紀末から二〇世紀初頭にかけての宗教研究の刷新は、研究対象をいかに構築することができるのかという関心をともなっていた。それでもライシテの道徳は、宗教研究の対象に明示的には組み込まれていないという印象を与えるかもしれない。しかし、少なくとも潜在的にはそうであるというのが、本書の主張である。私たちはデュルケムを読み返してそのことを明らかにしたし、さらにはライシテの道徳を積極的には語らないベルクソン——しかし道徳と宗教の問題を正面から扱っているベルクソン——をも取りあげて、そのことを示したつもりである。

## 二　キリスト教的な、あまりにキリスト教的な？

ライシテの道徳と宗教学は、それぞれキリスト教の道徳と神学から手を切るものとして構想されている。ところで、この断絶は全面的なものだろうか。そこには一種の連続性もあるのではないか。だとすると、変わらなかったものは何なのか。それはどのくらいの持続力を持つものなのだろうか。

本書では、いわゆる宗教的な道徳から新たな共和主義的な道徳への移行を具体的にとらえつつ、ライシテの道徳の宗教性を探求した（特に第Ⅱ部）。その際、新旧の道徳の質的違いを明らかにしながら、両者に共通点もあることを示した。ライシテの道徳は、カトリックの道徳をいわば「脱構築」したようなところがあり、カトリック的なところを完全にはまぬかれていない。しかし、だからといって、ライシテの道徳をカトリックの論理で全面的に解明するわけにはいかない。ライシテの道徳の実質は長いあいだカトリシズムのなかで育まれたと言うことは正しいが、具体化されたライシテの道徳はカトリックの論理をはみ出していると言うべきである。たとえば、ライシテの道徳の徳目である「愛国主義」や「連帯」は、カトリック的な「愛徳」の観念から養分を得ているところがあるとは言えるが、カトリックが自発的に「愛徳」の内容を豊かにして「愛国主義」や「連帯」の価値をつくりあげたのではない。それでも、ライシテの道徳のなかにカトリックの残響を聞き取ることは十分に可能である。カトリックとライシテを合わせた造語「カトライシテ」(catho-laïcité) を使いたくなるゆえんである。

自由主義的プロテスタントのフェルディナン・ビュイッソンが唱えるライシテの道徳にも、キリスト教の執拗低音が聞き取れる。つまるところ、それはプロテスタンティズムの枠内にあるのだろうか、それともキリスト教の境界を踏み越えているのだろうか。本書のなかでも述べた通り、答えは論者の視点に応じて変化する。たとえば他者に対する態度が、境界線上の例として挙げられる。ビュイッソンは、「自分がしてほしくないことを他人にしない」だけでは不十分で、「自分がしてほしいことを他人にもする」必要性を説いている。なるほど、これは一方では、「隣人愛」というキリスト教の道徳から、キリスト教の色を抜き、ライシテの精神に適合させたものと言うことができそうである。しかし他方では、ここでのライシテの道徳は、キリスト教の道徳の遺産にそのまま乗っかっていると言うこともできるだろう。

宗教学について言えば、それは超自然的なものについての探究を断念するという科学の公準にしたがって、神学の持つ超越性を否定している。だが、宗教の科学的研究も、人間の理性や悟性を超える問題への取り組みを禁じているわけではない。宗教学者は、超越性を退けたつもりでいて、別の超越性を保持していることがある。ルナンやレヴィユ父子の宗教研究には、彼らのキリスト教信仰が持ちこまれている。一九世紀の宗教学は、科学的精神によって刷新されたキリスト教信仰を生み出した、とも言えるだろう。

これに関連して、カトリック神学から宗教学へと移行したあとも、さまざまな宗教を分類するやり方はあまり変わっていないように見える。なるほど、宗教学は、神学に比べれば、ユダヤ＝キリスト教以外の宗教にもより多くの関心を示している。しかし、別の観点から見るならば、制度化された宗教学においてユダヤ＝キリスト教の占める位置はやはり大きく、一九世紀後半の宗教進化論は、キリスト教を最も正統的で近代的な高等宗教と見る向きが非常に強かった。

これに対し、デュルケムの未開社会についての研究は、宗教進化論を大きく相対化した。開かれた精神はあらゆる時代に見出せるとしたベルクソンも、宗教進化論を相対化する立場だったと言ってよい。両者とも、自明とされていたキリスト教の特権的な位置づけに対し、批判的な眼差しを持っていた。だが別の観点から言うならば、聖俗二元論的な発想はキリスト教的であり、そのような「聖」を普遍的なものと考えるデュルケムの思考の枠組みは、キリスト教的なものから抜け出ていないのではないか。結局のところはベルクソンも、キリスト教神秘主義を称揚して、他の神秘主義の価値を下げてしまっているのではないか。このような問い方をするならば、デュルケムの宗教研究もベルクソンの宗教研究も、西洋的なユダヤ＝キリスト教の伝統に乗っかっているように見えてくる。

この伝統と手を切ることはできるのか。そもそも、それは何としてでも手を切る必要のある伝統なのだろうか。大事なのは、私たちが今日知るような宗教の科学的研究は、ヨーロッパのかなり特殊な歴史的文脈のなかで生まれ、往々にしてユダヤ＝キリスト教中心主義的な観点を持っていることを意識しておくことであろう。この偏りから帰結する諸問題に鈍感であってはならないが、偏りを指摘するだけの批判は安易である。「産湯と一緒に赤子を流すな」の諺を思い出すべきだろう。

筆者自身は、無宗教を自称する日本人のいわば典型であり、本書で扱った事象とは一見かけ離れたところにいると言えるかもしれない。そしてこの条件が、いわば外からの視点でフランス一九世紀の宗教史を見直すことになっていることは事実であろう。しかし、これによって完全な距離を取ることができたとか、客観的な立場から事象を観察することができたなどと自惚れるわけにはいかない。むしろ私自身は、研究を進めていくうちに、今でも私たちを支配している西欧近代的な視点に巻き込まれていかざるをえなかった。こうして本研究では、ライシテの道徳と宗教学の展開を条件づけている、一九世紀フランスの力学的な場に注目し、外からの視点では変化しにくいものをとらえ、内からの視点では実際に生じた変化を追いかけようとしたのである。

## 三　近代における宗教と宗教性

ライシテの道徳と宗教学の展開は、宗教の再定義と連動している。道徳と宗教研究が脱宗教化されるなか、宗教そのものの意味が変化しているのだ。実際、共和国の道徳を公的なものとして確立することは、宗教の私事化を前提としている。研究者が宗教を新しく定義しようとするのも、おそらくは社会に流通している宗教概念との差異を意識するからだろう。宗教を個人の良心や私的な集団の礼拝に還元しようとする力学との関係において、そこに収まりきらない宗教的なもののゆくえが問題となる。

ここでの「宗教」と「宗教的なもの」の区別は、図式的かつ便宜的なものである。政治的に規定され、社会的に流通する一般概念が「宗教」だとすれば、この概念を溢れる宗教現象が「宗教性」である、としておこう。「宗教」が画定されようとするのと同時的に、そしてまさにこの動向との相関関係において、さまざまな場所にさまざまな形式で「宗教性」が拡散することになる。

この意味においてなら、近代における「宗教」の輪郭と内容を明らかにするのは、さほど難しくない。新しい「宗教性」が発生するメカニズム、そして近代における「宗教」と「宗教性」の関係も、今述べた通りである。ところが、近代における「宗教性」そのものを対象に据えて論じることは、やはり容易ではない。それは多様な形で散らばっており、その気になれば、あらゆる人間的な事象に見つかるかもしれない代物だからだ。そうなると、あまりにとらえどころがないし、宗教的なもののなかにすべてを放りこんでしまうことが可能になり、結果として何も論じていないということになりかねない。

それでも本書では、ライシテの道徳に見られる宗教性、宗教研究につきまとう宗教性を意識的に論じてきた。デュルケムとベルクソンのテクストを読み進めながら、宗教性を取り出すことに努めてきた。そこで以下では、「宗教」の外堀を埋め、対象としての「宗教性」を顕わにし、その諸相を描き出してみよう。

一九〇五年の政教分離法は、「宗教」の再定義をもたらした。法文中でもっぱら「礼拝」（culte）という言葉が使われているように、この法律は「宗教」を「礼拝」の水準で扱っている。これによって「宗教」は、個人の良心の自由にかかわる事柄として、また私的領域で自由を享受するアソシエーション型の集団として規定された。要するに、個人的信仰と宗教集団（諸教会）は、紛れもない「宗教」ということになった。これに対し、公的領域にかかわるものは、当然「宗教」の規定を逃れることになる。このような言説的磁場では、国家や政治や世俗権力は「非宗教的」とされているのだから、それらの範疇に属するものを「宗教的」と形容することは、まず不適切だと見なされるだろう。

しかし、道徳の問題を考えるならば、ことはそう簡単ではなくなる。というのも、公的領域において影響力を持つライシテの道徳は、まさに子どもの良心を育て、規範的な内的精神を形成することを狙っているからだ。このとき、国家や政治や世俗権力は、少なくとも「精神的」なものである。さらにそれは「宗教的」なものではないのか。

ライシテの道徳が宗教的と感受されるのには、複合的な理由がある。それについては第Ⅱ部の結論で総合的に論じているが、ここでの議論の文脈に合わせてポイントをまとめ直してみよう。ライシテの道徳がカトリックの道徳と対峙したこと、そしてカトリックの道徳を部分的に継承していることが、ひとまず関係的な要素として重要である。脱宗教的なヨーロッパのキリスト教的性格が（ヨーロッパ外部の宗教を鏡とすることで）逆説的に顕わになったことも、合わせて指摘しておこう。

だが、ライシテの道徳が実際問題として宗教的だというのであれば、宗教的に見えるからくりの指摘だけでは不十分である。もう一歩踏み込んで、この道徳がいかなる実質を備え、いかなる機能を果たしていたのかが問われなければならない。事実の重みを受けとめよう。ライシテの道徳は、それまで社会化を担っていた宗教に取って代わるような巨大建造物として構築されているのだ。このとき私たちは、もはやたんに関係項の操作によって、ライシテの道徳の宗教性を浮かびあがらせているのではない。信者にとっての宗教に匹敵するだけの、教義と実践の包括システムとして、ライシテの道徳を考えている。ただしそれは、それまでの宗教のあり方をはみ出しているし、同時代の一般的な宗教言説にも収まらないので、宗教の枠に括ることはできず、せいぜい宗教的と呼ぶほかない。

それでもやはり、この「宗教的と呼ぶほかない」代物を「宗教」の枠組みで考えようというのなら、今度は宗教の定義を押し広げて独自の考察を展開するほかない。デュルケムが行なったのは、まさにこのことである。デュルケムの「教会」概念は、いわゆる宗教集団に限定されず、社会全体にまで拡大されている。こうしてデュルケムは、宗教とは何かを集合的なレベルにおいて探求し、ライシテの道徳の宗教性を問題にしている。

なお、ライシテの道徳は、外から眺めれば、市民の社会化を促す（脱）宗教的建造物だが、もちろん個人の内側において生きられるものでもあった。ライシテの道徳を深く内面化した個人は、社会的に道徳であることを認められて報われるだけでなく、自分の生に意味を与えることもできた。（脱）宗教的な意味、と言い直してもよいかもしれない。

このような論点は、デュルケムにも見出すことができるが、ベルクソン的に言えば、その生が「閉じた」ものか「開いた」ものか（あるいは「開きつつある」ものか）の違いが決定的である。道徳の内面化はまずは知性以下の平面でなされるが、いずれ「自己による自己の創造」を通して、知性以上の平面でなされるようになるかもしれない。ベルクソンの主張にできるかぎり沿いつつ、ベルクソンが述べていること以上のことを引き出して言うならば、ライシテの道徳は自然状態から最も離れた民主主義の道徳として位置づけられるが、好戦的な静的宗教に陥ることをまぬかれているわけではない。他方、民主主義の道徳の根源には動的宗教の燃え滓があり、開いた精神はそれを再び見出すことができるかもしれない。そうだとすれば、ライシテの道徳の宗教性は、静的でも動的でもあるという、両義的な意義を持っていると言うべきだろう。

ライシテの道徳から宗教学に目を転じてみよう。宗教学の宗教性は、どのようなところにあるのだろうか。はっきり言ってしまえば、宗教研究の営みそれ自身に宗教的なところがある。ルナンやレヴィユ父子の科学的宗教研究は、従来の神学から手を切りつつも、神学の香りを残していた。それは、彼らのキリスト教信仰と融合していた。

だがこれとは異なる立場に立つコントやデュルケム、さらにベルクソンにおける「宗教研究の宗教性」については、どう考えればよいのだろうか。彼らの研究態度には、ひとつの共通点がある。それは、宗教現象という研究対象そのものを彼ら自身で構築し、その対象を扱おうとする態度だ。そこには、主観と客観の対応と交錯がある。たしかに、このような解釈学的循環は、宗教研究にかぎらず、他の学問においても見られよう。解釈学的な研究態度を、それ自身において宗教的と呼ぶことには無理があるかもしれない。それでも、コント、デュルケム、ベルクソンがみな、結果的に宗教研究に行き着いているのは、ただの偶然以上のものを暗示しているのではないか。

彼らは、従来の意味での宗教が信憑性を喪失していく時代を生きつつ、できるかぎり人間の経験の総体を研究対象に据えようとし、またそのような取り組み自体を宗教的・宗教史的に理解している。コントは、人間の精神の歩みを実証的段階までたどりながら、実証主義そのものを宗教史のなかに組み込んでいる。デュルケムは、宗教がこれまで担ってきた認識論的役割（観察されたものを関係的に体系化づける）と実践的役割（社会を規制し再活性化する）を引き継ぐものとして、宗教社会学を位置づけているところがある。ベルクソンは、神秘主義的な経験さえも研究対象とし、宗教が持つ「特別に宗教的なもの」によって、静的宗教の位置づけを確認し、歴史的出来事としての動的宗教の意義を評価している。

いずれの場合も、主観と客観が解釈学的循環におかれ、非決定的なものが残っている。このような解釈学的循環に付随する非決定的なものを「宗教的」と呼ぶことが、つねに妥当であるかはわからない。だが、少なくとも本書で扱ったフランス一九世紀を思想史的に見るかぎりは、そう呼んでもあまり問題はなさそうである。

では、今日においてはどうなのか。今日においても、部分的にはそうであろう。何らかの意味で信仰を持っていようと、そうでなかろうと、宗教研究者は——ややナイーブに——こう言うことができるだろう。宗教学の研究を続けていくことは、研究者の人間性の発達と不可分であり、何ならこのプロセスを宗教的と呼んでもらっても構わない、と。しかし、ここでの「宗教的」なものの正体を見極めることはとても難しいし、普通はそこまでは問い詰められない。

それでも、宗教的なものとそうでないものの境界をどのように認識しながら、研究対象を構築するのかという問いは、今日の宗教学（者）にとっても、相変わらず重要性を帯びている。こう言うと、一〇〇年以上経っても研究課題が変わっていないような印象を与えるかもしれない。だが、研究対象は明らかに変わっている。宗教的なものの境界が、歴史の展開につれて変化しているからだ（Lambert, Michelat, Piette éd. 1997）。歴史の変化によって、かつての解釈の枠組みではうまく対応できないことが生じてくる。そこで私たちは、再び歴史の素材に向きあい、従来の解釈を解釈するというダイナミズムにおいて、研究対象の構築を行なうことになる。このように構築される研究対象は、私たちに「では、あなたはいかなる地点に立っているのか」という問いを投げかけてやまない。

## 四　私たちの眼差しの歴史的条件

本書の企ては、ライシテの道徳と宗教学の歴史を一九世紀フランス宗教史に組み込むという形式の宗教学的研究の遂行であった。そしてこの企ての過程で、ライシテの枠組みに規定された近代における、いくつかの宗教的側面を指摘してきた。いかなる歴史的条件が、このような研究を可能にしているのだろうか。

私たちは今、いかなる時代を生きているのだろうか。それは近代のあとの時代であると言う者もいれば、近代そのものの延長線上にいると言う者もいる。それをポストモダンと呼ぶべきか、後期近代あるいは再帰的近代と呼ぶべきかといった議論には、ここでは立ち入らない。ここで指摘しておきたいのは、（フランスを含めて世界的に）一九七〇年前後にひとつの転換点を見ることは今日ではかなり一般的だということだ。

それ以降、多くの論者――とりわけ政治哲学者や宗教社会学者――は、いわゆる「宗教的なものの回帰」と呼ばれる現象に注目し、それを解明しようとしてきた。この現象は、理性に依拠した近代合理主義の行き詰まりや、世俗的な諸制度の機能不全などに起因する、生きる指標の喪失と大きな関係があると見なされている。この現象を担っている諸個人は、自分自身の周囲に見出される宗教的な素材を組み合わせて、比較的自由に自分の信念を作りあげている。もちろん集団的な宗教運動もあって、それらはときにグローバルな主張を掲げている。いずれにせよ、こうした新たな宗教現象が生じてきたために、近代を再検討する必要が出てきた。このことを理解するには、それまでは近代と宗教は相反するという図式が研究者や人びとの考えを支配していたことを想起するのがよい。もしこの図式を維持するのなら、宗教の潮流が引き潮になったり、満ち潮になったりすると考えなければならない。つまり、もともと支配的だった宗教が、近代のあいだは隠遁していたが、一〇〇年か二〇〇年ほどたって戻ってきたという話になる。このシナリオの欠点は、宗教が実体的なものであるかのように考えられており、それが歴史のなかでどのような具体的な変化を受けたのかがうまくとらえられない点である。そうであるならば、むしろ宗教的な近代というものを想定し、そのなかで宗教的なものが変容を遂げ、今日の姿になる準備をしていたと考えるほうが理に適っている。

このように、近代の読み直しによる「宗教的な近代」の発見は、近代を反省する一九七〇年以降の動向と相関的である。一九七〇年前後の転換が、一九世紀に起こったもうひとつの転換の大きさを和らげているように見えるのは興味深い。一九世紀においては、ライシテ陣営に属する者は、カトリックとの断絶を強調した。そしてこの傾向はかなり長いあいだ続いた。ライシテの歴史も、二つのフランスが互いに相容れないものであることを示すようなやり方で描かれてきた。ライシテ側の代表者がアルベール・バイエなら、カトリック側の代表者はルイ・カペランである（Bayet 1959=一九六〇；Capéran 1935; 1957）。ところが今日の歴史叙述は、共和派とカトリックの敵対関係を強調するだけでは飽き足りない。教権主義者と反教権主義者に共通する面もあったこと、ライシテが部分的にはカトリックの精神性を受け継いでいたこと、カトリック側もしばしばライシテの論理に合わせて自らを変容させようとしていたことなどに、注意が向けられている。ジャン・ボベロやエミール・プーラの研究を先駆として、一九八〇年代の後半頃から次第にはっきりしてきたと思われるこのような歴史叙述は、今ではさほど人を驚かせるものではなくなっている。

キリスト教の道徳とライシテの道徳、あるいは神学と宗教学の違いと共通点をともに浮き彫りにしようとする本書の立場も、まさにこのような流れのなかにあり、きわめて歴史的に条件づけられている。もし、カトリックとライシテの共通点を無視する傾向がいまだに続いているのなら、あるいは逆に、両者の質的違いを捨象するまでに類似点を強調しすぎることがあるのなら、本書が描く一九世紀のフランス宗教史は、いわばその中道を行くもので、人がすでによく知っていると思っていた一群の事実を、もうひとつの観点からとらえようとしている。

私たちは、「宗教的な近代」の相貌は、今日から近代を振り返る視点によって立ちあがってくるという趣旨のことを述べた。そして、本書において、脱宗教的な近代の中核にさまざまな宗教的側面が認められることを示してきた。しかし、そうした側面は今日的な状況の到来を待たずとも、すでにデュルケムやベルクソンが明らかにしていたことではなかったか。少なくとも私たちは、デュルケムとベルクソンにおける宗教性を論じることによって、この問いに肯定的に答えようとしている。

実を言えば、ここにおいて、デュルケムやベルクソンを読み直す試みと、宗教史的な現状認識とが交わっているのだ。なるほど、私たちは一九七〇年頃に起こったと思われるひとつの転換を契機として、一九世紀に構築されたライシテという一大建造物の全体像を相対化し、ライシテの諸価値の宗教性を問える位置にいる。だが、優れた批判的精神の持ち主は、その時代のまっただなかを生きながら、その時代から距離を取ることができる。私たちの読解によれば、これがデュルケムとベルクソンに起こったことだ。彼らは、宗教が私事化されていく状況のなかで、そのような宗教概念を溢れでる宗教的現象に迫るアプローチを編み出した。宗教的な近代の相貌をすでに探り当てていた。

デュルケムの読解から得られる宗教性は、社会学的なものである。ベルクソンの宗教論には、宇宙論的、歴史的、政治的、社会的な射程もあるが、私たちはむしろ心理学的・存在論的な宗教性の抽出に努めた。このことを踏まえつつ、前節で設けた「宗教」と「宗教性」の区別に立ち返るなら、「宗教性」は社会学的な方向と心理学的・存在論的な方向において「宗教」をはみ出そうとしている。少なくとも私たちは、そのように整理しようとしている。近代的な「宗教」概念を特徴づけるのは私事化であり、それは公私の分離を前提としている。この分離は、大ざっぱに言えば、社会的なものと心理的なものの二極化に重なっているだろう。だとすれば、「宗教」を溢れる「宗教性」が、社会的なものと心理的なものの二極に対応してくることは不思議ではない。

むしろ問題は、前節で指摘したように、近代的な宗教性が社会的なものと心理的なものに見出されるのであれば、社会的なものと心理的なものの二極化によって特徴づけられる近代的人間の全活動領域が、宗教的なものになってしまいかねないことだ。しかし本書では、第Ⅳ部の結論にあるように、近代的な宗教性の諸相を三つの軸に沿って分類し整理することを試みた。それに宗教性は、あちこちに散らばっているように見えても、いつでもそれを味わい嚙みしめることができるわけではない。集合沸騰（デュルケム）や持続の把握（ベルクソン）を特徴づける「異質性」や「差異」は、なかなか経験できないからこそ「異質性」や「差異」をなすものだ。「実在を表象するための人類学的装置」は、最終的には宗教性をまぬかれることが難しい代物だとしても、私たちが普段ものごとを認識する際に、いつでも認識枠組みのことを反省的に考えているわけではないし、つねにそれを宗教的と感受するとはかぎらない。また、私たちは、「実存的な問題」に直面して宗教のことを考えるかもしれないが、終始そのようにして暮らしている人は、稀な部類に属するだろう。

　要するに、宗教的なものは、それまで宗教の内部に囲い込まれていたとすると、宗教の枠そのものが縮小したことに連動して、その外に飛び出すようにして散らばったと考えられるが、それはおそらく、見つけようとしなければなかなか見つからないし、見つける気になってもいつでも見つかるとはかぎらない。こう考えれば、近代の宗教性とは、やはり脱宗教的な宗教性であって、全面的な宗教性ではないと言えるだろう。

　では、今日の私たちは、ライシテの道徳の宗教性といかなる関係にあるのだろうか。今日の宗教学は、宗教性というものをどう相手にしているのだろうか。今までの議論をもとに、このことを最後に簡単に示唆しておこう。

　フランスに議論を限定すると、ライシテの道徳の持っていた宗教性はずいぶん色あせたと言えるだろう。この道徳は徐々に形骸化していき、一九六八年以降は学校教育のプログラムからも外れた（現在では「市民教育」はあるが「道徳教育」はない）。これは、政治的集合体の宗教性が薄れていることにも関係していよう。「道徳」（morale）という言葉は権威主義的な印象を与えるのか、「倫理」（éthique）の語感のほうが好まれているようだ。デュルケムが切に望んでいた新たな集合沸騰の組織化は、うまくいっているだろうか。たしかに下位的な社会集団においては、しばしば集団の統合をもたらす機能を果たしているのかもしれないが、社会全体にかかわる政治統合の力となりえているかは疑問である。

　宗教学は宗教性をいかにとらえようとしているのか。この企ては、社会全体のなかでは目立たないが、漸進的に進められていると言えるだろう。宗教研究は、従来の宗教という枠組みではうまくとらえられない新たな現象や出来事を前にして、「宗教性」（le religieux）の観点から研究対象を構築しようとしている。なお、この「宗教性」という言葉は、宗教の本質なるものを仮構的に指示する記号としても使われている。一方はどちらかといえば宗教の周辺にあるもので、他方はむしろ宗教の中核にあるものだから、矛盾しているようにも見えるが、かつて影響力を持っていた宗教のあり方が変化したことで、一方では新しい宗教的現象が生じ、他方では宗教の本質が剝き出しにされてきたと考えれば、ともに「宗教性」という言葉で呼ばれるだけの理由はあるだろう。

しかし、最後の二つの段落で述べたことは、現段階ではたんなる示唆にすぎない。より説得的に論じるには、もっとさまざまな素材を集め、議論を仕切り直す必要があるだろう。

# あとがき

本書のもとになっているのは、リール第三大学より学位を授与された博士論文（パリ高等研究院との共同指導）《L'histoire religieuse au miroir de la morale laïque au XIX$^{e}$ siècle en France》, 2007, 641p. である。六名の審査員の先生方は全員一致で、très honorable avec félicitations という最高の成績をつけてくださった。さらにこの論文は、はからずも、パリのメゾン・ドーギュスト・コントより、二〇〇八年のオーギュスト・コント賞に選ばれた（同賞の対象は「コントと実証主義」「一九世紀の科学哲学」「一九世紀の政治哲学」のいずれかをテーマとしたフランス語の博士論文である）。

本書は、オリジナルを忠実に翻訳したものではない。全体の構成や核となる主張に変更はないが、序論で日本の研究の文脈を意識し、訳語について書いたくだりなどは、新しく付け加えた点である。その他、いたるところに加筆・修正を施しているが、全体の分量としては、七割ほどに圧縮している。日本語の文章として読みやすくなるよう推敲したつもりだが、ところどころ翻訳調が残っているかもしれない。

既発表の日本語の論文で、本書の一部と重なるのは、以下のものである。

・「フェルディナン・ビュイッソンにおける「道徳」と「宗教」、あるいは「人類」の逆説」『宗教研究』三四〇号、二〇〇四年、四五―六九頁（本書第5章第三節に相当）。

・「コントとルナン――実証主義的宗教史の今日的可能性と不可能性」市川裕・松村一男・渡辺和子編『宗教史とは何か【上巻】』リトン、二〇〇八年、一一―三六頁（本書第2章と第4章を宗教史叙述の観点から関連させて論じたもの）。

・「フランスにおける宗教学の制度化――宗教学と神学、歴史学、心理学、社会学のインターフェイス」『東京大学宗教学年報XXVII』二〇〇九年、六三―七六頁（本書第7章と第8章のエッセンスをまとめたもの）。

それから、本書第6章は、同じくリール第三大学に提出したDEA論文《La morale laïque comme problème de l'histoire religieuse（1870–1914）: La morale laïque scolaire à travers le cas du département du Nord》2003, 137p. がもとになっている。

多くの読者にとって、本書を手にしたときの第一印象は、「厚い」（！）ではないかと思う。この厚さは、普通は書きすぎの印象を与えるはずだが、書いた当人としては、破綻の契機も孕んだ拡散しがちな素材を、何とか束ねて大きな主題を提示しようとしているわけで、論じ足りないことも多い。第一印象をやり過ごしたあとの読者は、きっとそのことに気づかれよう。トクヴィルがほとんど登場しないことを訝る読者もおられよう。ギゾーやキネについてもっと論じるべきだという意見が出てくるかもしれない。モース、ロワジー、ブロンデル、ブランシュヴィックなどの名前が挙がるかもしれない。中等教育における道徳はどうだったのか、植民地の教育現場では何が起こっていたのか。他にも、テーマの示唆や論点の指摘だけで終わっている箇所がある。列挙すれば、穴ばかりにも思えてくる。宗教学、フランス地域研究、哲学、思想史、政治学、教育学、社会学――各方面の専門の方々に読んでいただければありがたいが、さまざまな批判の矢面にも立たされそうで、覚悟を決めなければならないとも感じている。妥当な批判はありがたく受け止め、今後の課題としたい。

他方、本書は本書でひとつのまとまりを持ち、それ自身で屹立しうるはずだということも主張しておきたい。ここには、最初の単著をおそるおそる世に送り出す、筆者の気負いのようなものがきっと反映されているだろう。その点を割り引いて受け取っていただければありがたいが、博士論文は終盤に差しかかったある時点より、自分自身の完成に向かいはじめ、私が書いているというよりも、私に筆を取らせて、自分自身の自己開示を行なっていくところがあった気がする。

これは、たんなる妄想や思い過ごしでなければ、私なりの一九世紀的な近代の追体験だったのかもしれない。自分の描く歴史のなかに自分たちの時代を書き込むことになった歴史家たち、また本書では対象としていないが、不特定多数と独自性のはざまで作品に完璧を求めた文学者や芸術家の焦燥と倦怠に、きっと私もあてられたのだろう。絶望感に駆られたり、論文を完成させなければ死ぬに死ねないという思いを味わったりもした。ただ、そんな息苦しい気持ちでは、けっしていいものは出てこないこともわかってはいた。それが呼吸を取り戻すきっかけにもなった。私にも持続の直観は訪れたと思う。これもまた、脱宗教的な宗教性の経験であったかもしれない。

いわゆる宗教とは異なる宗教性に注目しながら、近代という時代をとらえ返したいというのが、長いあいだ、私のなかで続いているメイン・テーマである。学部生の頃は、学問的な勉強はほとんどしなかったが、応援部という修養団体的・疑似宗教団体的（？）なところにいたことは、宗教ならざる宗教性を身近なところから考えるのに、案外適した環境だったかもしれない。研究生活をスタートした修士課程では、日本の明治期・大正期の修養主義・教養主義と宗教というテーマに取り組んだ。その過程で、宗教と道徳の関係に興味を抱くようになった。また、日本以外のことも詳しく知りたいという思いが強くなった。そのなかで、特にフランスを選んだのは、宗教ならざる宗教性に彩られた近代という逆説が、最もよく当てはまる国の筆頭だと思われたからである。昔のフランス人がライシテの道徳をどのように生きたのか、そこはかとない興味を抱いた。

今から振り返れば、このように比較的すっきりとした話になるが、ことは必ずしも順調に進んだわけではない。内面的な逡巡や彷徨があった。もちろんこれは多くの人がそうだと思うが、私の場合は明治期・大正期の「煩悶青年」に時代錯誤的な影響を受けたのかもしれない。博士課程に進むあたりから、このままではいけないという思いが沸いてきて、見切り発車でフィールドを移した面がある。フランス語も、もともと得意だったわけではない。相当無謀な企てだったと思う。

きっとこのような経緯も影響しているのだろう。自分の研究スタイルなど、まだまだ口にするのもおこがましいが、「この学問」の「この方法論」とかいうより、「手探り」とか「手作り」というほうが、流動的で危なっかしい感じはあるが、自分にはしっくりくる。かなり愚直なやり方で対象にぶち当たり、身の丈に合った切り取り方をし、その特徴と性質を自分で吟味してみる。ときに断片的な興奮を味わいつつも、これでいいのだろうかという思いや迷いにしばしばとらわれる。そうしたなかで、孤独な歩みを強いられてきたように感じている。とはいえ、これはずいぶん身勝手な思い込みかもしれない。というのも、このようなことを思うと同時に、他方では、まことに得がたい師や、友人たちに恵まれていたことにも気づかされるからだ。

学恩に感謝し、お礼を申しあげたい先生方は多いが、ここでは、博士論文および本書執筆までに、指導教官を引き受けてくださった四人のお名前だけにさせていただきたい。

まずは、修士課程以来ずっと面倒を見てくださっている島薗進先生。日本研究から出発した私が、フランスにフィールドを変える「暴挙」に出たのは、今にして思えば、守備範囲の広い先生のもとからいったん外に出なければならないという危機意識にも支えられていたのだろう。やんわり制止されたようにも記憶しているが、懐深く、温かく見守ってくださった。今も、さまざまな角度から啓発してくださっている。

次に、日本学術振興会特別研究員（ＰＤ）だったときに、受入教官を引き受けてくださった三浦信孝先生。フランスの知的状況に対する土地勘がまだまだ発展途上の私が、先生のもとで学んだこと、学んでいることはとても大きい。日本におけるフランス研究の第一人者が、ライシテに関心を寄せていることは、当然と言えば当然だが、その事実自体が本書執筆の大きな支えにもなった。

それから、ジャック・プレヴォタ先生。リール第三大学ＤＥＡ課程と博士課程にて、フランス留学の計五年間お世話になった。それまで古文書館に通ったことなどなかった私に、一次史料の意義を体得させてくださり、研究の方向性を探しあぐねているときには、親身に相談に乗ってくださった。先生は、私にとっては「慈父」と呼びたい存在で、面談の際にはいつも元気になれるような励ましをいただいた。

最後に、ジャン・ボベロ先生。二〇〇五年から博士論文の完成までご指導いただいた。特に二〇〇五年は政教分離法一〇〇周年で、先生は忙しく各地を飛び回っておられたが、書いたものの一部をお渡しすると、半月もしないうちに呼び出しがかかった。きっちりしぼられ、容赦なかったが、外国人扱いでないことが嬉しくもあった。断片的な原稿をお見せすると、「あなたが書いているものは百科事典的《アンシクロペディック》だから、もっと問題提起的《プロブレマティック》にしなさい」とよく言われた。全体像が伝われば、問題提起的な論文であることがわかってもらえるはずだと思っていたが、完成した論文を提出してからも不安は残っていた。審査直前に事務連絡でメールを送ったところ、返事に《belle thèse, intéressante et originale》の寸評があり、思わずジーンときた。

留学から本書執筆までの活動は、さまざまな機関によっても支えられてきた。ロータリー財団、フランス大使館、日本学術振興会、そして現在の本務校である東北福祉大学に、感謝の意を表したい。史料閲覧の便宜を図ってくださった、フランス国立古文書館、ノール県古文書館、ヴォージュ県古文書館、国立教育博物館、リール学校博物館、そして貴重なノートを見せてくださった収集家のアンリ・メルー氏にも感謝したい。

友人の具体的な名前を挙げることは、ここでは控えさせていただくが、随所で救ってもらったこと、大きな支えや励みになっていることに、心からお礼申しあげたい。研究面では、宗教学の先輩・同輩・後輩と、フランス関係で知り合った若い研究者の顔が思い浮かぶが、学問とは直接関係のない方々の存在も貴重である。別々の道を歩むことになった、すっかりご無沙汰の古い友人からも、昔のことを思い出しては、勝手に励ましを受け取ることがある。

気恥かしいことではあるが、また私事で恐縮だが、日々の暮らしを支え、困難なときに助けてもらっている妻と二人の娘にも、ありがとう、と言いたい。

最後に、学問的キャリアの浅い筆者のボリューム感ある単著を、この出版不況のなか、世に送り出すために骨を折ってくださった、勁草書房の関戸詳子さんに感謝の気持ちを伝えたい。あれこれ勝手に躊躇していた私に対し、彼女は、にこやかな笑顔と柔らかな物腰で、「この本は厚くていいです」、「ライシテはちゃんとタイトルに入れましょう」と、次々に大胆な決断を下してみせた。そんな同世代の編集者と、本書を世に問うという姿勢を共有できたことを、幸せなことだと感じている。

二〇一〇年一〇月一〇日
次女の二歳の誕生日に

伊達聖伸

**著者略歴**

1975年仙台生まれ．東京大学文学部卒．東京大学大学院人文社会系研究科博士課程単位修得退学．リール第三大学博士課程修了，Ph.D（パリ高等研究院との共同指導）．日本学術振興会特別研究員（PD）を経て，現在，東北福祉大学専任講師．専門は宗教学，フランス語圏地域研究．訳書に，ジャン・ボベロ『フランスにおける脱宗教性（ライシテ）の歴史』（共訳，白水社，2009），マルセル・ゴーシェ『民主主義と宗教』（共訳，トランスビュー，2010），ルネ・レモン『政教分離を問いなおす』（共訳・解説，青土社，2010），論文に「ライシテは市民宗教か」（『宗教研究』）など．

ライシテ、道徳、宗教学
もうひとつの19世紀フランス宗教史

2010年11月15日　第1版第1刷発行

著　者　伊《だ》達《て》聖《きよ》伸《のぶ》
発行者　井　村　寿　人

発行所　株式会社　勁《けい》草《そう》書　房

112-0005　東京都文京区水道2-1-1　振替　00150-2-175253
（編集）電話　03-3815-5277／FAX 03-3814-6968
（営業）電話　03-3814-6861／FAX 03-3814-6854
理想社・青木製本



ISBN978-4-326-10203-7　　Printed in Japan

# 人名索引

## ア 行

アヴェ，エルネスト　Ernest Havet（1813–99）　145, 341, 391
アサド, タラル　Talal Asad　（1933–　）　3, 4, 197
アッフル，ドニ　Denis Affre（1793–1848）　117, 118, 336
アラール，モーリス　Maurice Allard（1860–1942）　223, 226, 350
アラン（エミール・シャルティエ）Alain（1868–1951）　113, 141
アルチュセール，ルイ　Louis Althusser（1918–90）　147, 197
アンクティル＝デュペロン，アブラハム・ヒヤシント　Abraham Hyacinthe Anquetil-Duperron（1731–1805）　43
ヴァシュロー，エティエンヌ　Étienne Vacherot（1809–97）　121, 122, 134, 145, 146, 207, 235
ヴィーコ，ジャンバティスタ　Giambattista Vico（1668–1744）　62
ヴィユマン，アベル＝フランソワ　Abel-François Villemain（1790–1870）　44
ヴィヨー，ルイ　Louis Veuillot（1813–83）　137
ヴィレム，ジャン＝ポール　Jean-Paul Willaime（1947–　）　443
ヴェイユ，ジョルジュ　Georges Weill（1865–1944）　15, 35
ヴェルヌ，モーリス　Maurice Vernes（1845–1923）　17, 24, 106, 319, 325–328, 330–332, 341, 343, 345–348, 350, 354, 357, 358–364, 366–369, 372, 374, 377–381, 383, 391, 392, 394, 395, 397, 401, 404, 410, 456
ヴォルテール　Voltaire（1694–1778）　47, 200
ヴォルネー，コンスタンタン・ド　Constantin de Volney（1757–1820）　57
ウォルムス，ルネ　René Worms（1869–1926）　441, 479
ヴント，ヴィルヘルム　Wilhelm Wundt（1832–1920）　416, 417, 442
エスピナス，アルフレッド　Alfred Espinas（1844–1922）　441
エルヴュ＝レジェ，ダニエル　Danièle Hervieu-Léger（1947–　）　14, 216
オザナム，フレデリック　Frédéric Ozanam（1813–53）　117
オラール，アルフォンス　Alphonse Aulard（1848–1928）　350

## カ 行

カステリオン，セバスチャン　Sébastien Castellion（1515–63）　233

カバニス，ピエール　Pierre Cabanis (1757–1808)　57, 74
カバネル，パトリック　Patrick Cabanel (1961–　)　8, 234, 343
カペラン，ルイ　Louis Capéran (1884–1962)　245, 526
カルヴァン　Jean Calvin (1509–64)　83, 233, 347, 355
ガルニエ，アントワーヌ　Antoine Garnier (1762–1845)　153, 187
カルノー，イポリット　Hippolyte Carnot (1801–88)　67, 119, 147
カンギレム，ジョルジュ　Georges Canguilhem (1904–95)　111
カント，イマニュエル　Immanuel Kant (1724–1804)　21, 63, 122, 125, 132, 134, 145, 234, 235, 253, 272, 273, 425, 430, 453, 454, 457, 473, 478, 480, 502
ガンベッタ，レオン　Léon Gambetta (1838–82)　107, 109, 112, 129, 196, 204, 219–221, 251
ギゾー，フランソワ　François Guizot (1787–1874)　59, 70, 119, 212, 254, 257, 279
キッペンベルク，ハンス・ゲルハルト　Hans Gerhard Kippenberg (1939–　)　15, 316, 416
キネ，エドガー　Edgar Quinet (1803–75)　17, 60, 61, 75, 117, 120, 129, 130, 155, 205, 234, 235, 323, 324, 328
キャトルメール，エティエンヌ　Etienne Quatremère (1782–1857)　154, 155
ギュイヨー，ジャン＝マリ　Jean-Marie Guyau (1854–88)　238, 447
グイエ，アンリ　Henri Gouhier (1898–1996)　452
クザン，ヴィクトール　Victor Cousin (1792–1867)　17, 44, 54, 63–65, 68, 73, 76, 96, 116, 117, 121–125, 135, 144, 147, 155, 185, 207, 235, 254, 282, 323, 369
グレヴィ，ジュール　Jules Grévy (1807–91)　180
クレマンソー，ジョルジュ　Georges Clemenceau (1841–1929)　222, 252
ゲロー，イポリット　Hippolyte Gayraud (1856–1911)　225
ゴーシェ，マルセル　Marcel Gauchet (1946–　)　14, 39, 229, 231, 508–510
コクレル，アタナーズ　Athanase Coquerel (1795–1868)　234, 253
ゴビノー，アルチュール・ド　Arthur de Gobineau (1816–82)　187
ゴブレ，ルネ　René Goblet (1828–1905)　256, 259, 340, 346
コラニ，ティモテ　Timothée Colani (1824–88)　128, 129, 206, 234–326
コンスタン，バンジャマン　Benjamin Constant (1767–1830)　58, 59, 65, 70, 129, 167, 328, 354
コント，オーギュスト　Auguste Comte (1798–1857)　17, 21, 22, 30, 31, 32, 35, 53, 66–68, 71–113, 117, 125, 126, 130–132, 143, 144,

147, 151, 154, 167, 175, 177, 185, 186, 189, 190–194, 200, 202–204, 210, 218, 319, 323, 327, 328, 340, 404, 406–408, 412, 435, 452, 462, 502, 504, 505, 508, 515, 523, 524
コンドルセ，アントワーヌ・ニコラ　Antoine Nicolas Condorcet (1743–94)　17, 40, 41, 188, 205, 234
コンブ，エミール　Émile Combes (1835–1921)　220, 222–225, 227, 230, 251, 254, 259, 312, 351
コンペイレ，ガブリエル　Gabriel Compayré (1843–1913)　125, 271, 272, 287

**サ 行**

サイード，エドワード　Edward Said (1935–2003)　45, 172
サシ，シルヴェストル・ド　Silvestre de Sacy (1758–1838)　43, 44, 154, 323
サバティエ，オーギュスト　Auguste Sabatier (1839–1901)　148, 253, 342, 343, 373, 374, 502
サン＝シモン，アンリ　Claude Henry de Rouvroy Saint-Simon (1760–1825)　54, 64–68, 72, 76, 101, 118, 119, 125, 134, 147, 155, 168, 515
サント＝ブーヴ，シャルル・オーギュスタン　Charles Augustin Sainte-Beuve (1804–69)　67
ジェームズ，ウィリアム　William James (1842–1910)　369, 455
シェレル，エドモン　Edmond Scherer (1815–89)　128, 129, 206, 325
シモン，ジュール　Jules Simon (1814–96)　100, 123–125, 207, 211, 212
ジャック，アメデ　Amédée Jacques (1813–65)　123, 124
シャトーブリアン，フランソワ＝ルネ　François-René Chateaubriand (1768–1848)　38, 55, 56, 65, 328, 354
ジャネ，ピエール　Pierre Janet (1859–1947)　455
ジャネ，ポール　Paul Janet (1823–99)　235, 348, 447
シャルコー，ジャン＝マルタン　Jean-Martin Charcot (1825–93)　455
ジャンケレヴィッチ，ウラジミール　Vladimir Jankélévitch (1903–85)　473
シャンポリオン，ジャン＝フランソワ　Jean-François Champollion (1790–1832)　43, 44
シュトラウス，ダーフィト　David Strauss (1808–74)　102
シュライエルマッハ，フリードリヒ　Friedrich Schleiermacher (1768–1834)　127, 253
ジョレス，ジャン　Jean Jaurès (1859–1914)　133, 226, 227, 352, 413
スタール夫人　Germaine de Staël (1766–1817)　58
ステーグ，ジュール　Jules Steeg (1836–98)　127, 129, 130, 206, 234, 236, 271
スペンサー，ハーバート　Herbert Spencer (1820–1903)　418, 441, 452

スミス，ロバートソン　Robertson Smith（1846–94）　375, 376, 416, 417, 442
セー，カミーユ　Camille Sée（1847–1919）　286
セー，ジャン＝バティスト　Jean-Baptiste Say（1767–1832）　57
セニョーボス，シャルル　Charles Seignobos（1854–1942）　442
ゾラ，エミール　Émile Zola（1840–1902）　130, 141, 220

## タ　行

ダーウィン，チャールズ　Charles Darwin（1809–82）　142, 322
タイラー，エドワード　Edward Tylor（1832–1917）　332, 354, 375, 391, 463
タルド，ガブリエル　Gabriel Tarde（1843–1904）　441
ティーレ，コルネリス・ペトルス　Cornelis Petrus Tiele（1830–1902）　324–326, 328, 331, 361, 376
ティエール，アドルフ　Adolphe Thiers（1797–1877）　180, 208
テーヌ，イポリット　Hippolyte Taine（1828–93）　130, 143, 152, 452, 502
デカルト，ルネ　René Descartes（1596–1650）　452
デュパンルー，フェリックス　Félix Dupanloup（1802–78）　150
デュリュイ，ヴィクトール　Victor Duruy（1811–94）　142, 334, 335
デュルケム，エミール　Émile Durkheim（1858–1917）　17, 19, 24, 25, 106, 238, 357, 358, 372–375, 377–379, 386–391, 394, 396, 397, 400–451, 456–459, 461, 462, 464, 467–469, 472, 493, 507–511, 516, 518, 519, 521–524, 527–529
ド・ヴォー，クロチルド　Clotilde de Vaux（1815–46）　73
ドゥルーズ，ジル　Gilles Deleuze（1925–95）　473, 484
トクヴィル，アレクシ・ド　Alexis de Tocqueville（1805–59）　68, 70
ド・メーストル，ジョゼフ　Joseph de Maistre（1753–1821）　54, 55, 74
ドラクロワ，アンリ　Henri Delacroix（1873–1937）　392, 449, 455
トラシー，デステュット・ド　Destutt de Tracy（1754–1836）　43, 56, 57, 74
ドレフュス，アルフレッド　Alfred Dreyfus（1859–1935）　220, 412, 447

## ナ　行

ナポレオン　Napoléon Bonaparte（1769–1821, 在位 1805–05）　25, 43, 45, 52, 56, 57, 119, 172, 188, 333–335
ナポレオン3世（ルイ・ナポレオン）　Napoléon III, Louis Napoléon（1808–73, 在位 1852–70）　97, 112, 118, 123, 201
ナンシー，ジャン＝リュック　Jean-Luc Nancy（1940–　）　504
ニーチェ，フリードリヒ　Friedrich Nietzsche（1844–1900）　482

ニコレ，クロード　Claude Nicolet (1930-　) 396

ハ　行

バーリン，アイザイア　Isaiah Berlin (1909-97) 36
バイエ，アルベール　Albert Bayet (1880-1961) 388, 390, 391, 526
バシュラール，ガストン　Gaston Bachelard (1884-1962) 397
バランシュ，ピエール＝シモン　Pierre Simon Ballanche (1776-1847) 55
バルニ，ジュール　Jules Barni (1818-78) 122-124, 130, 134, 234, 235
ピウス7世（教皇）　Pie VII (1742-1823, 在位 1800-23) 52
ピウス9世（教皇）　Pie IX (1792-1878, 在位 1846-78) 137, 337
ピウス10世（教皇）　Pie X (1835-1914, 在位 1903-14) 223, 252
ピウス11世（教皇）　Pie XI (1857-1939, 在位 1922-39) 253
ビヤンヴニュ＝マルタン，ジャン＝バティスト　Jean-Baptiste Bienvenu-Martin (1847-1943) 225, 226
ビュイッソン，フェルディナン　Ferdinand Buisson (1841-1932) 23, 127, 129, 130, 134, 196, 199, 206, 225, 231-250, 253, 254, 258, 311, 316, 325, 345-347, 350, 351, 356, 381, 386, 516-518
ビュシェ，フィリップ　Philippe Buchez (1796-1865) 116-118
ビュルヌフ，ウジェーヌ　Eugène Burnouf (1801-52) 17, 44, 102, 154, 155, 323, 324
ビュルヌフ，エミール　Émile Burnouf (1821-1907) 17, 322, 329
ピヨン，フランソワ　François Pillon (1830-1914) 126, 346
ファルー，アルフレッド・ド　Alfred de Falloux (1811-88) 119, 212, 222, 257, 279
フーコー，ミシェル　Michel Foucault (1926-84) 19, 293
ブートルー，エミール　Émile Boutroux (1845-1921) 143, 273
プーラ，エミール　Émile Poulat (1920-　) 27, 316, 527
フーリエ，シャルル　Charles Fourier (1772-1837) 67, 118
フェリー，ジュール　Jules Ferry (1832-93) 5, 17, 22, 23, 43, 64, 91, 99, 105, 107-109, 112, 185, 199-219, 221, 231, 232, 236, 237, 251, 254-259, 261-264, 266, 279, 295, 298, 310-313, 329, 330, 337, 343, 424, 428, 431, 432
ブグレ，セレスタン　Célestin Bouglé (1870-1940) 133
プシカリ，エルネスト　Ernest Psichari (1883-1914) 350
フランクリン，ベンジャミン　Benjamin Franklin (1706-90) 277, 307
フランス，アナトール　Anatole France (1844-1924) 222
ブリアン，アリスティッド　Aristide Briand (1862-1932) 225-227, 252
ブリュノ，G（フイエ，オーギュステ

ィーヌ） G. Bruno（=Augustine Fouillée）（1833–1923） 276, 278, 280, 286
プルードン，ピエール＝ジョセフ Pierre-Joseph Proudhon（1809–65） 121, 132, 133, 145, 146
ブルジョワ，レオン Léon Bourgeois（1851–1925） 119, 133, 179, 201, 219, 261
ブルデュー，ピエール Pierre Bourdieu（1930–2002） 10, 11
フレーザー，ジェームズ James Frazer（1854–1941） 375, 391, 464
プレサンセ，フランシス・ド Francis de Pressensé（1853–1914） 225, 227, 252
フレッペル，シャルル Charles Freppel（1827–91） 139, 210, 338, 339, 341
フローベール，ギュスターヴ Gustave Flaubert（1821–80） 140, 141
ベール，ピエール Pierre Bayle（1647–1706） 33
ベール，ポール Paul Bert（1833–86） 208, 211, 219, 272, 285, 327, 329, 337, 343
ペギー，シャルル Charles Péguy（1873–1914） 247, 248
ペコー，フェリックス Félix Pécaut（1828–98） 127–130, 206, 234, 236
ベニシュー，ポール Paul Bénichou（1908–2001） 60, 70, 514
ベラー，ロバート Robert N. Bellah（1927– ） 214
ベルクソン，アンリ Henri Bergson（1859–1941） 19, 25, 26, 392, 400–402, 441, 445–474, 476–505, 507–511, 516, 518, 519, 521–524, 527, 528
ヘルダー，ヨハン・ゴットフリート Johann Gottfried Herder（1744–1803） 60, 324
ベルナール，クロード Claude Bernard（1813–78） 130, 142
ポアンカレ，レイモン Raymond Poincaré（1860–1934） 225
ボナルド，ルイ・ド Louis de Bonald（1754–1840） 54, 55, 65, 74
ボベロ，ジャン Jean Baubérot（1941– ） 8, 14, 53, 224, 228, 527
ポルタリス，ジャン＝エティエンヌ＝マリ Jean-Étienne-Marie Portalis（1746–1807） 52, 514
ボワッシー・ダングラ，フランソワ＝アントワーヌ François-Antoine Boissy d'Anglas（1756–1826） 51

## マ 行

マク＝マオン，パトリス・ド Patrice de Mac-Mahon（1808–93） 180, 208
マセ，ジャン Jean Macé（1815–94） 135
マッソル，アレクサンドル Alexandre Massol（1805–75） 134, 135
マリオン，アンリ Henri Marion（1846–96） 125, 254
マリリエ，レオン Léon Marillier（1842?-1901） 369, 373–375,

391
マレ，アンリ　Henry Maret（1805–84）　137–139, 336–338, 341, 359
ミシュレ，ジュール　Jules Michelet（1798–1874）　60–62, 75, 117, 144, 150, 155, 324, 328
ミュラー，マックス　Max Müller（1823–1900）　34, 85, 324, 328, 329, 373, 377, 418
ミル，ジョン・スチュワート　John Stuart Mill（1806–73）　112
メーヌ・ド・ビラン　Maine de Biran（1766–1824）　63, 264, 455
メルロ＝ポンティ，モーリス　Maurice Merleau-Ponty（1908–1961）　504
モース，マルセル　Marcel Mauss（1872–1950）　24, 356, 357, 373–376, 378, 379, 388, 389, 391, 392, 394
モノー，ガブリエル　Gabriel Monod（1844–1912）　326, 346, 362, 363, 392, 404, 410
モラス，シャルル　Charles Maurras（1868–1952）　113
モンタランベール，シャルル・ド　Charles de Montalembert（1810–70）　56
モンテーニュ，ミシェル・ド　Michel de Montaigne（1533–92）　33
モンテスキュー，シャルル・ド　Charles-Louis de Montesquieu（1689–1755）　46, 47

## ヤ　行

ユゴー，ヴィクトール　Victor Hugo（1802–85）　45, 60, 75, 120, 140, 141, 150, 235
ユベール，アンリ　Henri Hubert（1872–1927）　24, 356, 357, 373, 374, 376, 378, 379, 392

## ラ　行

ラヴィジュリ，シャルル　Charles Lavigerie（1825–92）　219, 341
ラヴェッソン，フェリックス　Félix Ravaisson（1813–1900）　455
ラコルデール，アンリ　Henri Lacordaire（1802–61）　56
ラシュリエ，ジュール　Jules Lachelier（1832–1918）　440
ラフィット，ピエール　Pierre Laffitte（1823–1903）　102, 106–110, 112, 130, 203, 204
ラマルティーヌ，アルフォンス・ド　Alphonse de Lamartine（1790–1869）　141, 150
ラムネー，フェリシテ・ロベール・ド　Félicité Robert de Lamennais（1782–1854）　54–56, 118, 321
ラルース，ピエール　Pierre Larousse（1817–75）　131, 132
ラロワ，ピエール（ラヴィス，エルネスト）　Pierre Laloi（＝Ernest Lavisse）（1842–1922）　272, 273
リアール，ルイ　Louis Liard（1846–1917）　340
リトレ，エミール　Émile Littré（1801–81）　44, 101–107, 109, 110, 112, 130, 131, 203, 204, 206, 237, 327
リヒテンベルジェ，フレデリック　Frédéric Lichtenberger（1832–

99)　206, 260, 322, 343, 354
リボー，テオデュール　Théodule Ribot（1839–1916）　455
リューバ，ジェームズ　James Leuba（1867–1946）　455
ル・イール，アルフレッド　Alfred Le Hir（1811–68）　153–155
ルイ＝フィリップ　Louis-Philippe（1773–1850）　44, 59
ルイ・ブラン　Louis Blanc（1811–82）　118
ル・シャプリエ　Isaac René Guy Le Chapelier（1754–94）　229
ルス，エドゥアール　Edouard Reuss（1804–91）　129, 145, 326
ルソー，ジャン＝ジャック　Jean-Jacques Rousseau（1712–78）　47–49, 51, 58, 63, 83, 112, 214, 215, 220, 221, 223, 224, 284, 312
ルター，マルティン　Martin Luther（1483–1546）　52, 83, 355, 370
ルナン，エルネスト　Ernest Renan（1823–92）　22, 30, 32, 110, 128, 130, 143, 145, 146, 149–194, 201, 251, 317, 319, 322, 323, 325, 326, 328–330, 346, 350, 369, 392, 404, 456, 461, 492, 502, 515, 518, 523
ルヌーヴィエ，シャルル　Charles Renouvier（1815–1903）　67, 125, 126, 134, 346
ルベ，エミール　Émile Loubet（1838–1929）　223
ルルー，ピエール　Pierre Leroux（1797–1871）　67, 101, 117, 118, 147
レヴィ，シルヴァン　Sylvain Lévi（1863–1935）　355, 374
レヴィ＝ストロース，クロード　Claude Lévi-Strauss（1908–2009）　503
レヴィ＝ブリュール，リュシアン　Lucien Lévy-Bruhl（1857–1939）　106, 388–390, 461, 503
レヴィユ，アルベール　Albert Réville（1826–1906）　17, 24, 128, 129, 206, 234, 319, 325–328, 330–332, 341, 343, 354, 357, 358, 361, 363–366, 367, 369, 371, 373, 374, 377, 378, 379, 381, 383, 384, 385, 392, 393, 394, 395, 397, 401, 404, 418, 442, 454, 456, 518, 523
レヴィユ，ジャン　Jean Réville（1854–1908）　17, 24, 342, 343, 347, 348, 357, 358, 367, 368, 369, 370, 371, 372, 374, 377, 378, 379, 381, 383, 384, 386, 388, 391, 392, 394, 395, 397, 404, 454, 456, 518, 523
レオ 13 世　Léon XIII（1810–1903, 在位 1878–1903）　217, 220, 223, 356
レミュザ，アベル　Abel Rémusat（1788–1832）　44, 107
ロビネ，ウジェーヌ　Eugène Robinet（1825–99）　102, 107, 108, 204
ロベスピエール，マクシミリアン　Maximilien Robespierre（1758–94）　42, 51, 214, 215, 222–224, 284, 312
ロワイエ，クレマンス　Clémence Royer（1830–1902）　142
ロワイエ＝コラール，ピエール＝ポール　Pierre-Paul Royer-Collard（1763–1845）　63
ロワジー，アルフレッド　Alfred

Loisy (1857–1940)　351, 352, 355, 374, 448, 502

## ワ 行

ワディントン，ウィリアム　William Waddington (1826–94)　235, 254
ワルデック＝ルソー，ルネ　René Waldeck-Rousseau (1846–1904)　220, 221

# 事項索引

## サ 行

## タ　行

## ナ　行



## ハ　行



## マ　行

# 図版一覧

**図 1〜5**　著者作成

**図 6**　André Lanfrey, 2003, p. 79.

**図 7**　Écomusée des écoles publiques de Lille.

**図 8**　Écomusée des écoles publiques de Lille.

**図 9**　*Le catéchisme complet illustré de 300 dessins*, Saint-Charles Borromée, 1887, p. 144.

**図 10**　Édouard Petit, *Scènes d'éducation morale et civique*, Librarie d'éducation nationale, 1905, p. 76.

**図 11**（1）*Lecture courante à l'usage des garçons*, Delaplane, vers 1905–1910.

（2）*Livre de lecture courante à l'usage des jeunes filles*, Delaplane, s.d.

**図 12**（1）Léopold Chibourg, *Scène de classe*, 1842, Musée national de l'Éducation, I.N.R.P., Rouen.

（2）*Une classe de l'école d'enseignement mutual à Paris*, 1818, Musée national de l'Éducation, I.N.R.P., Rouen.

（3）Archive départementales du Nord 31 Fi 195.

（4）Archive départementales du Nord 31 Fi 196.

（5）Jules Alexis Muenier, Le leçon de Cathéchisme, 1891, Musée des beaux-arts de Besançon.

**図 13**　Philippe Marchand, *École et écoliers dans le Nord au XIX^e^ siècle*, CNDP CRDP Lille, 1984, p. 115.

**図 14**　Écomusée des écoles publiques de Lille.

**図 15**　Claude Augé, *Les chants de l'enfance*, Larousse, fin du XIX^e^ siècle, p. 73.

**図 16**　Philippe Marchand, *École et écoliers dans le Nord au XIX^e^ siècle*, CNDP CRDP Lille, 1984, p. 146.

**図 17**　Collection Henri Mérou. 1900.

**図 18**（1）Écomusée des écoles publiques de Lille.

（2）Jean Geoffroy, Un future savant, 1880, Musée national de l'Éducation, I.N.R.P., Rouen.

**図 19**　Écomusée des écoles publiques de Lille.

**図 20**　Écomusée des écoles publiques de Lille.

**図 21**　Écomusée des écoles publiques de Lille.

**図 22**　La couverture d'Édouard Petit, *Scènes d'éducation morale et civique*,

# 引用資料・文献

## A. 手稿資料

### A-I. 生徒のノート

Musée national de l'Éducation（I.N.R.P.）と Écomusée des écoles publiques de Lille において約 50 冊，Henri Mérou 氏のコレクションとあわせて計 100 冊以上に目を通したが，ここでは本書で実際に引用したノートのみを掲げる．生徒の名，教育を受けた場所，年の順に記すが，必ずしもこれらの情報がすべて得られるわけではない．

Écomusée des écoles publiques de Lille
Flore Caulier（Nord), 1887–1888.
Suzanne Corbert（Normandie), 1899–1900, 2vols.
A. Laurent（Nord), 1909, 2vols.
Collection d'Henri Mérou
Anonyme, 1901.
Anonyme, 1904.
Albert Buche（Pas de Calais), 1909–1910, 5vols.
Baud Céen, 1898.
F. Dorey（?), s.d.
A. Grandordy（Apt), vers 1914, 2vols.
Gabrielle Lagarde, 1903.
Marguerite Lamblin, s.d.
Paul Marnot（Yonne), 1899–1900.
Alice Plagelet, 1913.
Joseph Plagelet, 1907–1908, 2vols.

### A-II. 教師の授業準備ノート

Archives départementales du Nord（ADN)
J1367: Boussières-sur-Sambre.
–192: Journal de classe（5 pièces: années 1863–1864（3), 1865–1866（1), s.d.（1)).

### A-III. その他の手稿資料

Archives nationales（AN)
F[17] 11652–11654: Liste des ouvrages scolaires, 1883–1887.

$F^{17}$ 11655: Question des livres scolaires, 1791–1892.
$F^{17}$ 11656: Livres scolaires en usage dans les écoles publiques, 1909.
$F^{17}$ 13116: Affiches des cours des facultés de théologie, 1854–1885.
$F^{17}$ 13159: Programmes détaillés des cours des facultés de théologie catholiques, 1855–1883.
$F^{17}$ 13618: École pratique des Hautes Études (5$^{e}$ section: sciences religieuses).
Archives départementales du Nord (ADN)
J1367–185: École primaire publique mixte de Boussières-sur-Sambre
1N159: Rapport sur la situation du service de l'instruction primaire dans le département du Nord pendant l'année 1912.
1T67: De la loi Falloux aux lois Jules Ferry
–11: (y compris le règlement pour les écoles primaires publiques)
1T68: Période 1880–1940
–8: Laïcisation effectuée depuis le 15 janvier 1890. Listes par communes 1890–1896.
Archives départementales de Vosges (ADV)
40 J 65: Correspondance de Jules Ferry à Philémon Deroisin, Charles et Emilie Ferry. 15 pièces, 1859–1862.
1T85: Campagne contre l'école laïque, 1909–1911.

## B. 一次資料

### B–I. 引用事典

LAROUSSE Pierre (éd.), *Grand dictionnaire universel du XIX$^{e}$ siècle*, Paris, Administration du grand dictionnaire universel, 20 vols, 1866–1876.
LICHTENBERGER Frédéric (éd.), *Encyclopédie des sciences religieuses*, Paris, Sandoz et Fischbacher, 13vols, 1877–1882.
PIERROT (l'abbé), *Dictionnaire de théologie morale*, Paris, Migne, 1849, 2 tomes.
PINARD Clovis (l'abbé), *Dictionnaire des objections populaires contre le dogme, la morale, la discipline et l'histoire de l'Église catholique*, Paris, Migne, 1858.

### B–II. 法令・政令・議会議事録・報告書

BEAUCHAMP Alfred de, *Recueil des lois et règlements sur l'enseignement supérieur*, Paris, Delalain frères, t III: 1875–1883, 1884; t IV: 1884–1889, 1889.
*Journal officiel de la République française*
LICHTENBERGER Frédéric, *L'Éducation morale dans les écoles primaires*,

Paris, Imprimerie nationale, 1889.

MINISTÈRE DE L'INSTRUCTION PUBLIQUE ET DES BEAUX-ARTS, *Décrets et arrêtés délibérés par le Conseil supérieur de l'Instruction publique*: Enseignement primaire, Paris, Imprimerie nationale, 1883.

MINISTÈRE DE L'INSTRUCTION PUBLIQUE ET DES BEAUX-ARTS, *Enquêtes et documents relatifs à l'enseignement supérieur*, T. XVI: Universités, Paris, Imprimerie nationale, 1885.

### B-III. 引用雑誌・新聞

*Année philosophique*

*Annuaire de l'École pratique des Hautes Études (section des sciences religieuses)*

*Assiette au beurre*

*Philosophie positive*

*Morale indépendante*

*Revue de l'histoire des religions (Annales du Musée Guimet)*

*Revue des Deux Mondes*

*Revue occidentale*

*Revue pédagogique*

*Revue philosophique de la France et de l'étranger*

*Revue sociale*

*Le Temps*

### B-IV. 教科書

<u>カトリック側</u>

BELMAS Louis (Mgr, Évêque de Cambrai, imprimé par ordonnance de), *Catéchisme du diocèse de Cambrai*, Cambrai, Veuve Hurez, 1824.

FLEURY Claude, *Catéchisme historique, contenant en abrégé l'histoire sainte et la doctrine chrétienne*, Lille, Vanackère, 1833.

*Le catéchisme complet illustré de 300 dessins*, Lille, Saint-Charles Borromée, 1887.

MÉSENGUY, *Abrégé de l'histoire et de la morale de l'ancien testament*, Paris, Jean Desaint, s.d. (première moitié du XIX[e] siècle)

<u>ライシテ側</u>

AUGÉ Claude, *Les chants de l'enfance*, Paris, Larousse, s.d. (fin du XIX[e] siècle)

BARRAU Th. H., *Livre de morale pratique ou choix de préceptes et de beaux exemples: destiné à la lecture courante dans les écoles et dans les familles*

[1849, 1877], Paris, Hachette, 1879. (nouvelle éd.)
BERT Paul, *L'instruction civique à l'école*, Paris, Librairie Picard-Bernheim, 1882.
BRUNO G., *Premier livre de lecture et d'instruction pour l'enfant* (morale et connaissances usuelles), Paris, Belin frères, s.d. (265e éd.)
BRUNO G., *Les enfants de Marcel: instruction morale et civique en action* (cours complet de lecture et d'instruction morale et civique), Paris, Eugène Belin, 1893. (54e éd.)
COMPAYRÉ Gabriel, *Éléments d'instruction morale et civique*, Paris, Librairie Paul Delaplane, 1883. (55e éd.)
DELABASSÉ Madame Paul, *La jeune fille après l'école: comment on devient bonne ménagère*, Paris, Émile Gaillard, s.d.
DUBUS F., *Résumés d'enseignement moral et d'instruction civique*, Lille, Camille Robbe, 1906. (16e éd.)
FRANÇAIS C., *La morale vécue: famille, patrie, humanité*, Paris, Ch. Delagrave, s.d. (vers 1910)
GANNERON Émile, *Tu seras citoyen: livre de lecture sur les droits et les devoirs du citoyen*, Paris, Armand Colin, 1913. (5e éd.)
LALOI Pierre (Ernest Lavisse), *La première année d'instruction morale et civique*, Paris, Armand Colin, s.d. (30e éd.)
LAVISSE Ernest, *La première année d'histoire de France avec récits et dissertations,* Paris, Armand Colin, 1882. (28e éd.)
LEYSSENNE P. et CUIR A.F., *Exercices et problème de deuxième année*, Paris, Armand Colin, 1907.
MINISTÈRE DE L'INSTRUCTION PUBLIQUE, *Manuel d'exercices physiques et de jeux scolaires*, Paris, Hachette, 1910.
PETIT Édouard, *Scènes d'éducation morale et civique*, Paris, Librairie d'éducation nationale, 1905.
VAILLANT A., *Nouveau guide des aspirants et des aspirantes aux brevets de capacité de l'enseignement primaire*, Paris, Delaplane, 1887.

**B-V. 一次文献**

①ベルクソンの主要著作は *Œuvres* (édition du centenaire: textes annotés par André Robinet, introduction par Henri Gouhier), Paris, PUF, 1959 を参照した．②コントの著作は *Œuvres d'Auguste Comte*, 12 vols., Paris, Anthropos, 1968–1971 に体系的にまとめられているので引用はこれに拠ったが，他の版も参照した．③ルナンからの引用は，*Œuvre complètes de Ernest Renan*, 10 vols., Paris, Calmann-Lévy, 1947–1961 に拠った．

ANTHOINE Émile, *À travers nos écoles* (souvenirs posthumes), avec préface de Jules Lemaître, Paris, Hachette, 1887.

BARNI Jules, *La morale dans la démocratie* [1868], présenté par Pierre Macherey, Paris, Kimé, 1992.

BAYET Albert, *La morale scientifique: Essai sur les applications morales des sciences sociologiques*, Paris, Alcan, 1905.

BAYET Albert, *La science des faits moraux*, Paris, Alcan, 1925.

BERGSON Henri, *Essai sur les données immédiates de la conscience* [1889]. [DI]（中村文郎訳『時間と自由』岩波文庫，2001年）

BERGSON Henri, *Matière et mémoire: Essai sur la relation du corps à l'esprit* [1896]. [MM]（田島節夫訳『物質と記憶』白水社，1965年）

BERGSON Henri, *L'Évolution créatrice* [1907]. [EC]（真方敬道訳『創造的進化』岩波文庫，1979年）

BERGSON Henri, *Les Deux sources de la morale et de la religion* [1932]. [MR]（平山高次訳『道徳と宗教の二源泉』岩波文庫，1977年）

BERGSON Henri, *Le rire: Essai sur la signification du comique* [1900]. [R]（林達夫訳『笑い』岩波文庫，1976年）

BERGSON Henri, *L'Énergie spirituelle: Essai et conférences* [1919]. [ES]

BERGSON Henri, *La pensée et le mouvant: Essai et conférences* [1934]. [PM]（河野与一訳『思想と動くもの』岩波文庫，1998年）

BERGSON Henri, *Durée et simultanéité: À propos de la théorie d'Einstein*, 1922 (2e éd. avec 3 appendices, 1923). [DS] in *Mélanges*.

BERGSON Henri, *Mélanges*, Paris, PUF, 1972.

BERGSON Henri, *Cours II*, Paris, PUF, 1992.

BUISSON Ferdinand, *Le christianisme libéral*, Paris, Cherbuliez, 1865.

BUISSON Ferdinand, *De l'enseignement de l'histoire sainte dans les écoles primaires*, Paris / Genève, Cherbuliez, 1869.

BUISSON Ferdinand, *Rapport sur l'instruction primaire à l'Exposition Universelle de Vienne*, Paris, Imprimerie nationale, 1875.

BUISSON Ferdinand (présenté par), *Rapport sur l'instruction primaire à l'Exposition Universelle de Philadelphie en 1876*, Paris, Imprimerie nationale, 1878.

BUISSON Ferdinand (éd.), *Dictionnaire de pédagogie et d'instruction primaire*, Paris, Hachette, 1878-1887, 4 volumes.

BUISSON Ferdinand, 《Nos pionniers en Afrique》, *Revue pédagogique*, 15 juin 1887, pp. 481-512.

BUISSON Ferdinand, 《En Tunisie》, *Revue pédagogique*, 15 juillet 1893, pp. 1-25.

BUISSON Ferdinand, *La religion, la morale et la science: Leur conflit dans l'éducation contemporaine*, Paris, Fischbacher, 1900.

BUISSON Ferdinand, 《La crise de l' 《anticléricalisme》》, *Revue politique et parlementaire*, octobre 1903, pp. 5–32.

BUISSON Ferdinand et WAGNER, Charles, *Libre-pensée et protestantisme libéral*, Paris, Fischbacher, 1903.

BUISSON Ferdinand, *La vote des femmes*, H. Dunod et E. Pinat, 1911.

BUISSON Ferdinand （éd.）, *Nouveau dictionnaire de pédagogie et d'instruction primaire*, Paris, Hachette, 1911, 2 volumes.

BUISSON Ferdinand, *La foi laïque: Extrais de discours et d'écrits* （*1878–1911*）, Paris, Hachette, 1912.

BUISSON Ferdinand, *Souvenirs 1866–1916*, Paris, Fischbacher, 1916.

BUISSON Ferdinand, 《Le fond religieux de la morale laïque》, *Revue pédagogique*, avril 1917.

BUISSON Ferdinand, *L'unité profonde de la morale religieuse et de la morale laïque*, Paris, Fischbacher, 1923.

BUISSON Ferdinand （et al.）, *Livre d'Or des Droits de l'homme. Hommage de la ligue à Ferdinand Buisson*, Paris, Imprimerie centrale, 1927.

COMBES Émile, *Une campagne laïque* （*1902–1903*）, Paris, H. Simonis Empis, 1904.

COMTE Auguste, 《Plan des travaux scientifiques nécessaires pour réorganiser la société》［1822］, *Appendice général du système de politique positive* （1854）, *Œuvres*, tome X.［Plan］（霧生和夫訳「社会再組織に必要な科学的作業のプラン」清水幾太郎編『コント スペンサー』中央公論社, 1980 年）

COMTE Auguste, *Cours de philosophie positive*［1830–1842］, 6 vols. *Œuvres*, tome I–VI.［CPP］（Hermann, 1975, 2 vols. も参照）

COMTE Auguste, *Traité philosophique d'astronomie populaire: Discours préliminaire sur l'esprit positif*［1844］, *Œuvres*, tome XI.（*Discours sur l'esprit positif*）［Discours］（Vrin, 1995 も参照）（霧生和夫訳「実証精神論」清水幾太郎編『コント スペンサー』中央公論社，1980 年）

COMTE Auguste, *Système de politique positive ou traité de sociologie instituant la religion de l'Humanité*［1851–1854］, 4vols, *Œuvres*, tome VII–X.［SPP］

CONSTANT Benjamin, *De la religion: considérée dans sa source, ses formes et ses développements*［1824–1831］, texte intégral présenté par Tzvetan Todorv et Etienne Hofmann, Arles, Actes Sud, 1999.

DURKHEIM Émile, *De la division du travail social*［1893］, Paris, PUF, 1998.

(5e éd.) [DTS] (井伊玄太郎訳『社会分業論』上下，講談社学術文庫，1989年)

DURKHEIM Émile, *Les règles de la méthode sociologique* [1895], Paris, PUF, 1999. (10e éd.) [RMS] (宮島喬訳『社会学的方法の規準』岩波文庫，1978年)

DURKHEIM Émile, *Le suicide: Étude de sociologie* [1897], Paris, PUF, 2005 (12e éd.). [SU] (宮島喬訳『自殺論』中公文庫，1985年)

DURKHEIM Émile, 《L'enseignement de la morale à l'école primaire》 [vers 1908–1910], *Revue française de sociologie*, octobre-décembre, 1992, XXXIII–4, pp. 609–623.

DURKHEIM Émile, *Les formes élémentaires de la vie religieuse* [1912], Paris, PUF, 1985. [FEVR] (古野清人訳『宗教生活の原初形態』上下，岩波文庫，1975年)

DURKHEIM Émile, *Sociologie et philosophie* [1924], Paris, PUF, 1967. [SP] (佐々木交賢訳『社会学と哲学』恒星社厚生閣，1985年)

DURKHEIM Émile, *L'éducation morale* [1925], Paris, PUF, 1992. [EM] (麻生誠・山村健訳『道徳教育論』1・2，明治図書，1964年)

DURKHEIM Émile, *Journal sociologique*, Paris, PUF, 1969. [JS]

DURKHEIM Émile, *La science sociale et l'action* (introduction et présentation de Jean-Claude Filloux), Paris, PUF, 1970. [SSA]

DURKHEIM Émile, *Textes* (1. Éléments d'une théorie sociale. 2. Religion, morale, anomie. 3. Fonctions sociales et institutions), Paris, Minuit, 1975. [T1, T2, T3]

FERRY Jules, *Discours et opinions de Jules Ferry* (publiés avec commentaire et notes par Paul Robiquet), Paris, Armand Colin, 7 tomes, 1893–1898. [DOJF]

FERRY Jules, *Lettres de Jules Ferry 1846–1893*, Paris, Calmann-Lévy, 1914.

FERRY Jules, *La République des citoyens* (présentation par Odile Rudelle), Paris, Imprimerie nationale, 2 tomes, 1996.

GOYAU Georges, *L'école d'aujourd'hui*, 2 séries, Paris, Perrin, 1899, 1906.

GUYAU Jean-Marie, *L'Irréligion de l'avenir: Étude sociologique* [1887], Paris, Félix Alcan, 1900. (7e éd.)

HUBERT, Henri, 《Introduction à la traduction française》, Chantepie de la Saussaye, *Manuel d'histoire des religions*, Paris, Armand Colin, 1904, pp. III–XLVIII.

JANET Paul, *Éléments de morale*, Paris, Delagrave, 1870.

JANET Paul, *Les problèmes du XIXe siècle: La politique, la littérature, la science, la philosophie, la religion*, Paris, Michel Lévy, 1872.

JANET Paul, *Morale* [1874], Paris, Delagrave, 1894. (4ᵉ éd.)
JANET Paul, *Victor Cousin et son œvre,* Paris, Calmann Lévy, 1885.
LÉVY-BRUHL Lucien, *La morale et la science des mœurs* [1903], Paris, PUF, 1953. (15ᵉ éd.)
LÉVY-BRUHL Lucien, *La mentalité primitive* [1922], Paris, PUF, 1960. (15ᵉ éd.)
LITTRÉ Émile, *Application de la philosophie positive au gouvernement des sociétés* et en particulier à la crise actuelle, Paris, Ladrange, 1850.
LITTRÉ Émile, *Auguste Comte et la philosophie positive* [1862], Paris, Hachette, 1864. (2ᵉ éd.)
LOISY Alfred, *À propos d'histoire des religions*, Paris, Émile Nourry, 1911.
MARET Henri, *Théodicée chrétienne ou comparaison de la notion chrétienne avec la notion rationaliste de Dieu*, Paris, J. Leroux et Jouby, 1850. (2ᵉ éd.)
MARET Henri, *L'Église et l'État: Cours de Sorbonne inédit* [1850–1851], avec introduction et présentation de Claude Bressolette, Paris, Beauchesne, 1979.
MARET Henri, *Philosophie et religion: Dignité de la raison humaine et nécessité de la révélation divine*, Paris, J. Leroux et Jouby, 1856.
MAUSS Marcel, 《Essai sur le don: Forme et raison de l'échange dans les sociétés archaïques》 [1923–1924], *Sociologie et anthropologie* [1950], Paris, PUF, 1991, pp. 143–279.
MAUSS Marcel, *Œuvres*, Paris, Minuit, 3 tomes, 1968.
PÉGUY Charles, *De Jean Coste* [1902], *Œuvres en prose complètes I*, Paris, Gallimard (pléiade), 1987.（長戸路信行訳「ジャン・コストについて」『悲惨と嘆願』，中央出版社，1979 年）
PERRAUD Adolphe, *L'oratoire de France au XVIIᵉ et au XIXᵉ siècle*, Paris, Charles Douniol, 1865.
PROUDHON Pierre-Joseph, *Jésus et les origines du christianisme*, Paris, Havard fils, 1896.
QUINET Edgar, *L'Ultramontanisme* [1844], *Œuvres complètes*, Paris, Pagnerre, 1857, t. II.
QUINET Edgar, 《Réponse à M. l'archevêque de Paris》 [1843], *Œuvres complètes*, Paris, Pagnerre, 1857, t. II.
RENAN Ernest, *Cahiers de jeunesse* [1845–1846, 1906–1907], tome IX. [CJ]
RENAN Ernest, *De l'origine du langage* [1848, 1858], tome VIII. [OL]
RENAN Ernest, *L'Avenir de la science* [1848, 1890], tome III. [AS]
RENAN Ernest, *Histoire générale des langues sémitiques* [1855, 1858, 1863],

tome VIII. [HLS]

RENAN Ernest, *Essais de morale et de critique* [1859], tome II. [EMC]

RENAN Ernest, *Vie de Jésus* (Histoire des origines du christianisme: livre premier) [1863], tome IV. [VJ] (*Histoire des origines du christianisme* については，Laudyce Rétat による Robert Laffont, 1995, 2 tomes も参照) (津田穣訳『イエス伝』岩波文庫，[1941] 1998年)

RENAN Ernest, *Questions contemporaines* [1868], tome I. [QC]

RENAN Ernest, *Saint Paul* (Histoire des origines du christianisme: livre troisième) [1869], tome IV. [SP] (忽那錦吾訳『パウロ——伝道のオディッセー』人文書院，2004年)

RENAN Ernest, *La réforme intellectuelle et morale* [1871], tome I. [RIM]

RENAN Ernest, *Mélanges d'histoire et de voyage* [1878], tome II. [MHV]

RENAN Ernest, *Marc-Aurèle et la fin du monde antique* (Histoire des origines du christianisme: livre septième) [1882], tome V. [MA]

RENAN Ernest, *Souvenirs d'enfance et de jeunesse* [1883], tome II. [SEJ] (杉捷夫訳『思い出』上下，岩波文庫，1953年)

RENAN Ernest, *Discours et conférences* [1887], tome I. [DC] (鵜飼哲訳（部分訳)「国民とは何か」ルナン他『国民とは何か』インスクリプト，1997年)

RENAN Ernest, *Histoire du peuple d'Israël* [1887–1893], tome VI. [HPI]

RENOUVIER Charles, *Science de la morale* [1869], Paris, Fayard, 2tomes, 2002.

RÉVILLE Albert, *Essais de critique religieuse*, Paris / Genève, J. Cherbuliez; Rotterdam, Kramers, 1860.

RÉVILLE Albert, *Leçon d'ouverture du cours d'histoire des religions au Collège de France*, Paris, Fischbacher, 1880.

RÉVILLE Albert, *Prolégomènes de l'histoire des religions*, Paris, Fischbacher, 1881. (3e éd.)

RÉVILLE Albert, *Les religions des peuples non civilisés* (Histoire des religions I), Paris, Fischbacher, 1883, 2 vols.

RÉVILLE Albert, *Les religions du Mexique, de l'Amérique centrale et du Pérou*, Paris, Fischbacher, 1885.

RÉVILLE Albert, 《L'enseignement des sciences religieuses à l'École des Hautes Études》, *Bibliothèque de l'École des Hautes Études Sciences religieuses*, vol 1, Paris, Ernest Leroux, 1889, pp. I–XXX.

RÉVILLE Jean, *Le protestantisme libéral, ses origines, sa nature, sa mission*, Paris, Fischbacher, 1903.

RÉVILLE Jean, *Les phases successives de l'histoire des religions; conférences*

*faites au Collège de France* (deuxième semestre 1907), Paris, Ernest Leroux, 1909.

ROUSSEAU Jean-Jacques, *Du contrat social* [1762], *Œuvres complètes III*, Paris, Gallimard (Pléiade), 1964. (桑原武夫・前川貞次郎訳『社会契約論』岩波文庫, 1954 年)

SAINT-SIMON Claude Henri de Rouvroy, *Catéchisme des industriels* [1823–1824], *Œuvre de Claude-Henri de Saint-Simon*, Paris, Édition Anthoropos, 1966, tome IV et V. (森博訳『産業者の教理問答』岩波文庫, 2001 年)

SAINT-SIMON Claude Henri de Rouvroy, *Nouveau christianisme* [1825], *Œuvre de Claude-Henri de Saint-Simon*, Paris, Édition Anthoropos, 1966, tome III. (森博訳「新キリスト教」『産業者の教理問答』岩波文庫, 2001 年)

SIMON Jules, *Dieu, patrie, liberté*, Paris, Calmann Lévy, 1883. (15e éd.)

TAINE Hippolyte, *Origines de la France contemporaine*, t. V: *Le régime moderne* [1890, 1893], Paris, Robert Laffont, 1986.

TIELE Cornelis Petrus, *Manuel de l'histoire des religions: Esquisse d'une histoire de la religion jusqu'au triomphe des religions universalistes* (tr. par Maurice Vernes), Paris, Ernest Leroux, 1880.

TIELE Cornelis Petrus, *Histoire comparée des anciennes religions de l'Egypte et des peuples sémitiques* (tr. par G. Collins), Paris, Fischbacher, 1882.

VACHEROT Étienne, *La Religion*, Paris, Charmerot et Lauwereyns, 1869.

VERNES Maurice, *Mélanges de critique religieuse*, Paris, Sandoz et Fischbacher, 1880.

VERNES Maurice, *L'histoire des religions; son esprit, sa méthode, et ses divisions, son enseignement en France et à l'étranger*, Paris, Ernest Leroux, 1887.

VERNES Maurice, *Précis d'histoire juive, depuis les origines jusqu'à l'époque persane*, Paris, Hachette, 1889.

VERNES Maurice, *Les résultats de l'exégèse biblique: l'histoire, la religion, la littérature*, Paris, Ernest Leroux, 1890.

VERNES Maurice, *Du prétendu polythéisme des Hébreux; essai critique sur la religion du peuple d'Israël, suivi d'un examen de l'authenticité des écrits prophétiques*, Paris, Ernest Leroux, 1891.

VERNES Maurice, *Histoire sainte, I: Éléments d'histoire juive, à l'usage des établissements d'instruction primaire et secondaire et de l'enseignement dans la famille*, Paris, Ernest Leroux, 1892.

VERNES Maurice, *Les emprunts de la Bible hébraïque au grec et au latin*, Paris, Ernest Leroux, 1914.

## C. 二次文献

以下の分類は目安であり，もちろん複数の領域にまたがる研究も存在する．


事典・一般史・アンソロジー

AUBERT Roger et al., *Nouvelle histoire de l'Église. 5 L'Église dans le monde moderne* (*1848 à nos jours*), Paris, Seuil, 1975.（上智大学中世思想研究所編訳『キリスト教史 9』平凡社，1997 年）

CARBONNIER-BURKARD Marianne et CABANEL Patrick, *Une histoire des protestants en France: XVI$^{e}$–XX$^{e}$ siècle*, Paris, Desclée de Brouwer, 1998.

CHOLVY Gérard et HILAIRE Yves-Marie (éd.), *Histoire religieuse de la France, 1800–1880. Entre raison et révélation, un XIX$^{e}$ siècle religieux ?*, Toulouse, Privat, 2000.

ENCREVÉ André, *Les protestants en France de 1800 à nos jours: Histoire d'une réintégration*, Paris, Stock, 1985.

PIERRARD Pierre, *Anthologie de l'humanisme laïque: De Jules Michelet à Léon Blum*, Paris, Albin Michel, 2000.

LAPLANCHE François (éd.), *Dictionnaire du monde religieux dans la France contemporaine, 9, Les sciences religieuses*, Paris, Beauchesne, 1996.

近代における宗教（性）に関する一般理論

ALTHUSSER Louis, *Positions, 1964–1975*, Éditions sociales, 1976.

ASAD Talal, *Genealogies of Religion: Discipline and Reasons of Power in Christianity and Islam*, Baltimore, Johns Hopkins University Press, 1993.（中村圭志訳『宗教の系譜――キリスト教とイスラムにおける権力の根拠と訓練』みすず書房，2004 年）

ASAD Talal, *Formation of the Secular: Christianity, Islam, Modernity*, California, Stanford University Press, 2003.（中村圭志訳『世俗の形成――キリスト教，イスラム，近代』みすず書房，2006 年）

BACHELARD Gaston, *La formation de l'esprit scientifique*, Paris, Vrin, 1938.

BELLAH Robert, "Civil Religion in America", *Daedalus*, 96, 1967, pp. 1–21.（河合秀和訳「アメリカの市民宗教」『社会変革と宗教倫理』未來社，1973 年）

BOURDIEU Pierre, *Méditations pascaliennes*, Paris, Seuil, 1997.

CHAMPION, Françoise, 《Entre laïcisation et sécularisation: Des rapports

Église-État dans l'Europe communautaire》, *Le débat*, n° 77, novembre-décembre 1993, pp. 46–72.

CIPRIANI Roberto, *Manuel de sociologie de la religion*, Paris, L'Harmattan, 2004.

DOBBELAERE, Karel, "Secularization: A Multi-Dimensional Concept", *Current Sociology*, vol. 29, no. 2, 1981.（ヤン・スィンゲドー／石井研士訳『世俗化の宗教社会学——宗教のダイナミックス』ヨルダン社，1992 年）

GAUCHET Marcel, *Le désenchantement du monde: Une histoire politique de la religion*, Paris, Gallimard, 1985.

GAUCHET Marcel, *La religion dans la démocratie*, Paris, Gallimard（folio）, 1998.（伊達聖伸，藤田尚志訳『民主主義と宗教』トランスビュー，2010 年）

GAUCHET Marcel et FERRY Luc, *Le religieux après la religion*, Paris, Grasset, 2004.

GEERTZ Clifford, *Negara: The Theatre State in Nineteenth-Century Bali*, Princeton University Press, 1980.（小泉潤二訳『ヌガラ——19 世紀バリの劇場国家』みすず書房，1990 年）

GUSDORF Georges, *Introduction aux sciences humaines: essai critique sur leurs origines et leur développement*, Paris, Les Belles Lettres, 1960.

HERVIEU-LÉGER Danièle, *La religion pour mémoire*, Paris, Cerf, 1993.

HERVIEU-LÉGER Danièle, *Le pèlerin et le converti: La religion en mouvement*, Paris, Flammarion, 1999.

LAMBERT Yves, MICHELAT Guy, PIETTE Albert（éd.）, *Le religieux des sociologues: Trajectoires personnelles et débats scientifiques*, Paris, L'Harmattan, 1997.

POULAT, Émile, *Critique et mystique: Autour de Loisy ou la conscience catholique et l'esprit moderne*, Paris, Le Centurion, 1984.

SCHMITT Carl, *Théologie politique: 1922, 1969*, tr. de l'allemand par Jean-Louis Schlegel, Paris, Gallimard, 1988.（田中浩・原田武雄訳『政治神学』未來社，1971 年）

WILLAIME Jean-Paul, 《La religion civile à la française》, *Autres Temps* 6, juillet 1985, pp. 10–32.

19 世紀フランス宗教史，ライシテの歴史

AIRIAU Paul, *Cent ans de laïcité française, 1905–2005*, Paris, Presses de la Renaissance, 2005.

BARBIER Maurice, *La laïcité*, Paris, L'Harmattan, 1995.

BAUBÉROT Jean, *Vers un nouveau pacte laïque?*, Paris, Seuil, 1990.

BAUBÉROT Jean, *La morale laïque contre l'ordre moral*, Paris, Seuil, 1997.

BAUBÉROT Jean, *Histoire de la laïcité en France* [2000, 2005], Paris, PUF (Que sais-je ?), 2007. (4éd.)(三浦信孝・伊達聖伸訳『フランスにおける脱宗教性（ライシテ）の歴史』白水社文庫クセジュ，2009年）

BAUBÉROT Jean, *Laïcité 1905–2005, entre passion et raison*, Paris, Seuil, 2004.

BAUBÉROT Jean, *L'intégrisme républicain contre la laïcité*, Paris, L'aube, 2006.

BAUBÉROT Jean, GAUTHIER Guy, LEGRAND Louis, OGNIER Pierre, *Histoire de la laïcité*, Besançon, CRDP de Franche-Comté, 1994.

BAUBÉROT Jean et MATHIEU Séverine, *Religion, modernité et culture au Royaume-Uni et en France 1800–1914*, Paris, Seuil, 2002.

BAUBÉROT Jean et ZUBER Valentine, *Une《haine》oubliée, 1870–1905*, Paris, Albin Michel, 2000.

BAYET, Albert, *Histoire de la libre-pensée* Paris, PUF (Que sais-je?), 1959.（二宮敬・二宮フサ訳『自由思想の歴史』白水社文庫クセジュ，1960年）

BOUSSINESQ, Jean, *Laïcité française: Mémento juridique*, Paris, Seuil, 1994.

BOUTRY Philippe,《Le triomphe de la liberté de conscience et la formation du parti laïc》, in Jacques Le Goff et René Rémond (éd.), *Histoire de la France religieuse*, t. 3, Paris, Seuil, 1991, pp. 156–175.

BRULEY Yves (éd.), *1905, La séparation des Églises et de l'État: Les textes fondateurs*, Paris, Perrin, 2004.

CABANEL Patrick, *Le Dieu de la République: aux sources protestantes de la laïcité 1860–1900*, Rennes, P. U. de Rennes, 2003.

CABANEL Patrick, *Les mots de la laïcité*, Toulouse, P. U. du Mirail, 2004.

CABANEL Patrick,《La révolte des inventaires》, in CHANTIN Jean-Pierre et MOULINET Daniel (éd.), *La séparation de 1905: Les hommes et les lieux*, Paris, L'Atelier, 2005, pp. 91–108.

CABANEL Patrick et DURAND Jean-Dominique (éd.), *Le grand exil des congrégations religieuses françaises 1901–1914*, Paris, Cerf, 2005.

CAPÉRAN Louis, *L'Invasion laïque: De l'avènement de Combes au vote de la Séparation*, Paris, Desclée de Brouwer, 1935.

CAPÉRAN Louis, *Histoire contemporaine de la laïcité française: La crise du Seize Mai et la revanche républicaine*, Paris, Rivière, 1957.

DUROSELLE Jean-Baptiste, *Les débuts du catholicisme social en France jusqu'en 1870*, Paris, PUF, 1951.

ENCREVÉ André, *Protestants français au milieu du XIX^e siècle: Les réformés de 1848 à 1870*, Genève, Labor et Fides, 1986.

KIRSCHLEGER, Pierre-Yves, *La religion de Guizot*, Genève, Labor et Fides, 1999.

LALOUETTE Jacqueline, *La libre pensée en France: 1848–1940* [1997], Paris, Albin Michel, 2001.

LALOUETTE Jacqueline, *La République anticléricale: XIX<sup>e</sup>–XX<sup>e</sup> siècle*, Paris, Seuil, 2002.

LALOUETTE Jacqueline et MACHELON Jean-Pierre (éd.), *Les congrégations hors la loi?: Autour de la loi du 1<sup>er</sup> juillet 1901*, Paris, Letouzey & Ané, 2002.

LANGLOIS Claude, *Le catholicisme au féminin: Les congrégations françaises à supérieure générale au XIX<sup>e</sup> siècle*, Paris, Cerf, 1984.

LARKIN Maurice, *L'Église et l'État en France. 1905: La crise de la séparation*, Toulouse, Privat, 2004.（英語の原書は 1974 年刊）

LOEFFEL Laurence, *La question du fondement de la morale laïque sous la III<sup>e</sup> République (1870–1914)*, Paris, PUF, 2000.

MACHEREY, Pierre, 《Philosophies laïques》, *Mots / Les langages du politique*, n°27, juin 1991, p.5–22.

MARCHAL Bertrand, *La religion de Mallarmé: Poésie, mythologie et religion*, Paris, José Corti, 1988.

MAYEUR Jean-Marie, *La séparation des Églises et de l'État*, Paris, Ouvrières, 1991.

MERLE Gabriel, *Émile Combes*, Paris, Fayard, 1995.

NICOLET Claude, *L'idée républicaine en France (1789–1924): Essai d'histoire critique*, Paris, Gallimard, 1982.

OGNIER Pierre, 《La 《Morale indépendante》 sous le Seconde Empire (1865–1870)》, in Alain Dierkens (éd.), *L'intelligentsia européenne en mutation 1850–1875: Darwin, le syllabus et leurs conséquences* (problèmes d'histoire des religions), Bruxelles, Éditions de l'université de Bruxelles, 9/1998, pp. 155–174.

PENA-RUIZ Henri, *Histoire de la laïcité: Genèse d'un idéal*, Paris, Gallimard, 2005.

POULAT, Émile, *Liberté, laïcité: La guerre des deux France et le principe de la modernité*, Paris, Cerf/Cujas, 1987.

POULAT Émile, *La solution laïque et ses problèmes: Fausses certitudes, vraies inconnues*, Paris, Berg International, 1997.

RÉMOND René, *L'anticléricalisme en France: de 1815 à nos jours* [1976], Bruxelles, Complexe, 1985.

STOCK-MORTON, Phyllis, *Moral education for a secular society: The devel-*

*opment of morale laïque in nineteenth century France*, New York, State University of New York Press, 1988.

VOVELLE Michel, 《Du serment constitutionnel à l'ex-voto peint: un exemple d'histoire régressive》, in Jacques Le Goff et René Rémond (éd.), *Histoire de la France religieuse, t. 3, Du roi très chrétien à la laïcité républicaine*, Paris, Seuil, 1991, pp. 208–234.

WEILL Georges, *Histoire de l'idée laïque en France au XIX*[e] *siècle* [1929], Paris, Hachette, 2004.

フランスにおける学校と教育の歴史

AMALVI Christian, 《Les guerres des manuels autour de l'école primaire en France (1899–1914)》, *Revue historique*, t. CCLXII–2, octobre-décembre, 1979, pp. 358–398.

BACZKO, Bronislaw (présentés par), *Une éducation pour la démocratie: Textes et projets de l'époque révolutionnaire* [1982], Genève, Droz, 2000.

BUKIET Suzanne et MÉROU Henri, *Les cahiers de la République: promenade dans les cahiers d'école primaire 1870–2000 à la découverte des exercices d'écriture et de la morale civique*, Paris, Alternatives, 2000.

CARON Jean-Claude, *À l'école de la violence: Châtiments et sévices dans l'institution scolaire au XIX*[e] *siècle*, Paris, Aubier, 1999.

CHANET Jean-François, *L'École républicaine et les petites patries*, Paris, Aubier, 1996.

COMBES Jean, *L'école primaire sous la Troisième République*, Luçon, Sud Ouest, 2002.

CRUBELLIER Maurice, *L'école républicaine 1870–1940: Esquisse d'une histoire culturelle*, Paris, Christian, 1993.

DÉLOYE Yves, *École et citoyenneté. L'individualisme républicain de Jules Ferry à Vichy: Controverses*, Paris, Presses de la Fondation nationale des sciences politique, 1994.

FREYSSINET-DOMINJON Jacqueline, *Les manuels d'histoire de l'école libre 1882–1959*, Paris, Armand Colin, 1969.

GAULUPEAU Yves, *La France à l'école*, Paris, Gallimard, 1992.

GIMARD Marie et Jacques, *Mémoire d'école*, Tours, Le Pré aux Clercs, 1997.

GIOLITTO Pierre, *Histoire de l'enseignement primaire au XIX*[e] *siècle: L'organisation pédagogique*, Paris, Nathan, 1983.

JEURY Michel et BALTASSAT Jean-Daniel, *Petite histoire de l'enseignement de la morale à l'école*, Paris, Robert Laffont, 2000.

JULIA, Dominique, *Les trois couleurs du tableau noir: La Révolution*, Paris,

Belin, 1981.
LANFREY André, *Sécularisation, séparation et guerre scolaire: Les catholiques français et l'école* (*1901–1914*), Paris, Cerf, 2003.
LÉON Antoine, *Colonisation, enseignement et éducation: Étude historique et comparative*, Paris, L'Harmattan, 1991.
MAINGUENEAU Dominique, *Les livres d'école de la République 1870–1914: discours et idéologie*, Paris, Le Sycomore, 1979.
MARCHAND Philippe, *École et écoliers dans le Nord au XIX*e *siècle*, Lille, CNDP /CRDP Lille, 1984.
MARTIN Jean-Paul, *La Ligue de l'enseignement et la République des origines à 1914*, Thèse pour le doctorat de l'Institut d'Études Politiques de Paris, 1992, 2 vols.
MÉLY Benoît, *La question de la séparation des églises et de l'école dans quelques pays européens: Allemagne, France, Grande-Bretagne, Italie, 1789–1914*, Page deux, 2004.
MICHAUD Stéphane (éd.), *L'édification: Morales et cultures au XIX*e *siècle*, Paris, Créaphis, 1993.
NORA Pierre, 《Lavisse, instituteur national: Le 《Petit Lavisse》, évangile de la République》, in Pierre Nora (éd.), *Les lieux de mémoire*, t. 1, *La République*, Paris, Gallimard, 1984 a, pp. 247–289.
OZOUF Jacques (éd.), *Nous les maîtres d'école: Autobiographies d'instituteurs de la Belle Époque*, Paris, Julliard, 1967.
OZOUF Mona, *L'École, l'Église et la République 1871–1914* [1963], Paris, Cana, 1982.
OZOUF Jacques et OZOUF Mona, *La République des instituteurs*, Paris, Seuil, 1992.
PENEFF Jean, *Écoles publiques, écoles privées dans l'Ouest, 1889–1950*, Paris, L'Harmattan, 1987.
PROST Antoine, *L'enseignement en France 1800–1967*, Paris, Armand Colin, 1968.
ZIND Pierre, *L'enseignement religieux dans l'instruction primaire publique en France de 1850 à 1873*, Lyon, Centre d'histoire du catholicisme, 1971.

宗教学の制度化に関する研究

BAUBÉROT Jean, BÉGUIN Jacques, LAPLANCHE François, POULAT Émile, TARDITS Claude, VERNANT Jean-Pierre, *Cent ans de sciences religieuses en France à l'École Pratique des Hautes Études*, Paris, Cerf, 1987.

BRESSOLETTE Claude, 《De l'École de Théologie à l'Unité d'Enseignement et de Recherche de Théologie et de Sciences religieuses: L'évolution d'un 《modèle》 à travers cent ans》, in Joseph Doré (éd.), *Les cent ans de la Faculté de théologie*, Paris, Beauchesne, 1992, pp. 20–63.

CABANEL Patrick, 《L'institutionnalisation des 《sciences religieuses》 en France (1879–1908): Une entreprise protestante ?》, *Bulletin de la Société de l'Histoire du Protestantisme Français*, t. 140, janvier-février-mars 1994, pp. 33–80.

DECONCHY Jean-Pierre, 《La psychologie des faits religieux》, *Introduction aux sciences humaines des religions*, Paris, Cujas, 1970, pp. 145–174.

DESPLAND Michel, *L'émergence des sciences de la religion, La Monarchie de Juillet: un moment fondateur*, Paris, L'Harmattan, 1999.

DESPLAND Michel, 《Les sciences religieuses en France: des sciences que l'on pratique mais que l'on n'enseigne pas》, *Archives de sciences sociales des religions*, 116, octobre-décembre 2001, pp. 5–25.

DUBUISSON Daniel, *L'Occident et la religion: Mythes, science et idéologie*, Bruxelles, Complexe, 1998.

ÉCOLE PRATIQUE DES HAUTES ÉTUDES, *Problèmes et méthodes d'histoire des religions*, Paris, PUF, 1968.

ENCREVÉ André, 《La première crise de la Faculté de théologie de Paris: la démission de Maurice Vernes (1882)》, *Bulletin de la Société de l'Histoire du Protestantisme Français*, t.136, janvier-février-mars 1990, pp. 77–101.

ESTIVALÈZES Mireille, 《Du XIX^e siècle à aujourd'hui: Le débat sur l'enseignement du fait religieux à l'école laïque》, *in* Jean Baubérot, Paul d'Hollander, Mireille Estivalèzes (éd.), *Laïcité et séparation des Églises et de l'État*, P. U. de Limoges, 2006, pp. 163–177.

GISEL Pierre, *La théologie face aux sciences religieuses: Différences et interactions*, Genève, Labor et Fides, 1999.

JACQUIN Robert, 《Les Facultés de Théologie catholique de L'Université de France (1808–1885)》, *La Documentation catholique*, t. LI, n° 1166, 1954, cols. 159–180.

KIPPENBERG Hans Gerhard, *À la découverte de l'histoire des religions: Les sciences religieuses et la modernité* [1997] (tr. de l'allemand par Robert Kremer et Marie-Lys Wilwerth-Guitard), Paris, Salvator, 1999.（月本昭男・渡辺学・久保田浩訳『宗教史の発見――宗教学と近代』岩波書店，2005年）

LANGLOIS Claude et LAPLANCHE François (éd.), *La science catholique: L'《Encyclopédie théologique》 de Migne (1844–1873) entre apologétique*

*et vulgarisation*, Paris, Cerf, 1992.

LAPLANCHE François, 《Philologie et histoire des religions en France au XIX[e] siècle》, in Jean Baubérot, Jacques Béguin, François Laplanche, Émile Poulat, Claude Tardits, Jean-Pierre Vernant, *Cent ans de sciences religieuses en France à l'École Pratique des Hautes Études*, Paris, Cerf, 1987, pp. 33–48.

LAPLANCHE François, 《La méthode historique et l'histoire des religions: Les orientations de la *Revue de l'histoire des religions*》, *in* Michel Despland (éd.), *La tradition française en sciences religieuses*, Québec, Presse de l'Université Laval, 1991, pp. 85–105.

MARTY Jacques, *Albert Réville: Sa vie, son œuvre*, Cahors, Alençon, 1912.

MOLENDIJK Arie L. and PELS Peter (eds.), *Religion in the Making: The Emergence of the Sciences of Religion*, Leiden / Boston / Köln, Brill, 1998.

NEVEU Bruno, *Les Facultés de théologie catholique de l'Université de France (1808–1885)*, Paris, Klincksieck, 1998.

OGNIER Pierre, 《Des devoirs envers Dieu à l'histoire des religions: Le devenir de la dimension religieuse à l'école primaire 1882–1923》, *Enseigner l'histoire des religions dans une démarche laïque*, Besançon, CRDP de Besançon, 1992, pp. 255–267.

PUISEUX Hélène, 《Tableaux des directions d'études de la section des sciences religieuses de l'EPHE (1886–1986)》, in Jean Baubérot, Jacques Béguin, François Laplanche, Émile Poulat, Claude Tardits, Jean-Pierre Vernant, *Cent ans de sciences religieuses en France à l'École Pratique des Hautes Études*, Paris, Cerf, 1987, pp. 163–171

POULAT Émile, *Histoire, dogme et critique dans la crise moderniste* [1962], Paris, Albin Michel 1996. (3[e] éd.)

SCHWAB Raymond, *La Renaissance orientale*, Paris, Payot, 1950.

STORNE Franck, 《Albert Réville》, in André Encrevé (éd.), *Dictionnaire du monde religieux dans la France contemporaine, 5, Les protestants*, Paris, Beauchesne, 1993, pp. 412–414.

STRENSKI Ivan, "The ironies of Fin-de-Siècle Rebellions against Historicism and Empiricism in the École Pratique des Hautes Études, Fifth Section", in Arie. L. Molendijk and Peter Pels (eds.), *Religion in the Making: The Emergence of the Sciences of Religion*, Leiden / Boston / Köln, Brill, 1998, pp. 159–180.

TOUTAIN Jules, 《La Section des Sciences religieuses de l'École pratique des Hautes Études de 1886 à 1911: Son histoire, son œuvre》, *Annuaire de*

*l'École Pratique des Hautes Études* (*section des sciences religieuses*), 1911, pp. 9–103.

TUILIER André, *Histoire de l'Université de Paris et de la Sorbonne, tome II: De Louis XIV à la crise de 1968*, Paris, Nouvelle librairie de France, 1994.

思想史・政治史・社会史

BÉNICHOU Paul, *Le temps des prophètes: Doctrines de l'âge romantique*, Paris, Gallimard, 1977.

BÉNICHOU Paul, *L'école du désenchantement: Sainte-Beuve, Nodier, Musset, Nerval, Gautier*, Paris, Gallimard, 1992.

BÉNICHOU Paul, *Le sacre de l'écrivain 1750–1830: Essai sur l'avènement d'un pouvoir spirituel laïque dans la France moderne* [1973], Paris, Gallimard, 1996.

BERLIN Isaiah, *The Roots of Romanticism* (The A. W. Mellon Lectures in the Fine Arts in 1965), London, Chatto & Windus, 1999.（田中治男訳『バーリン ロマン主義講義』岩波書店，2000 年）

BIRNBAUM Pierre, *Le moment antisémite: Un tour de la France en 1898*, Paris, Fayard, 1998.

BLAIS, Marie-Claude, *Au principe de la République: Le cas Renouvier*, Paris, Gallimard, 2000.

CHARLE Christophe, *Naissance des《intellectuels》1880–1900*, Paris, Minuit, 1990.（白鳥義彦訳『「知識人」の誕生——1880–1900』藤原書店，2006 年）

EAGLETON Terry, *Ideology: An introduction*, London / New York, Verso, 1991.（大橋洋一訳『イデオロギーとは何か』平凡社，1996 年）

FOUCAULT Michel, *Surveiller et punir: naissance de la prison*, Paris, Gallimard, 1975.（田村俶訳『監獄の誕生——監視と処罰』新潮社，1977 年）

GARNHAM B. G.,《Raison et superstition: Les idées religieuses de Jean-Baptiste Say et Destutt de Tracy》, in Jean Roussel (éd.), *L'Héritage des Lumières: Volney et les idéologues*, Angers, P. U. d'Angers, 1988, pp. 167–173.

GAUCHET Marcel (réunis et présentés par), *Philosophie des sciences historiques: Textes de P. Barante, V. Cousin, F. Guizot, J. Michelet, F. Mignet, E. Quinet, A. Thierry*, Lille, P. U. de Lille, 1988.

GIFFORD Paul, *Paul Valéry: Le dialogue des choses divines*, Paris, José Corti, 1989.

IHL, Olivier, *La Fête républicaine*, Paris, Gallimard, 1996.

KRAKOVITCH Odile,《La censure des spectacles sous le Second Empire》, in Pascal Ory (éd.), *La censure en France à l'ère démocratique* (*1848*…),

Bruxelles, Complexe, 1997, pp. 53–76.
LE BRAS-CHOPARD Armelle, *De l'égalité dans la différence: Le socialisme de Pierre Leroux*, Paris, Presses de la fondation nationale des sciences politiques, 1986.
ORY Pascal et SIRINELLI Jean-François, *Les intellectuels en France: De l'affaire Dreyfus à nos jours* [1987], Paris, Perrin, 2004.
POMMIER, Jean, *Les écrivains devant la Révolution de 1848: Lamartine, Hugo, Lamennais, George Sand, Michelet, Béranger*, Paris, PUF, 1948.
POYET Thierry, *Le nihilisme de Flaubert:* L'Éducation sentimentale *comme champ d'application*, Paris, Kimé, 2001.
SAID Edward, W., *Orientalism*, New York, Georges Borchardt Inc., 1978.（今沢紀子訳『オリエンタリズム』上下，平凡社，1993 年）

コント関連研究文献

ARBOUSSE-BASTIDE, Paul, *La doctrine de l'éducation universelle dans la philosophie d'Auguste Comte*, Paris, PUF, 1957. 2 vols.
ARBOUSSE BATSIDE, Paul, 《Auguste Comte et la sociologie religieuse》, in *Archives de sociologie des religions*, n° 22, juillet-décembre 1966, pp. 3–57.
BOURDEAU Michel, 《Auguste Comte et la religion positiviste: Présentation》, *Revue des sciences philosophiques et théologiques*, t. 87, Paris, J. Vrin, 2003, pp. 5–21.
CANGUILHEM Georges, 《Histoire des religions et histoire des sciences dans la théorie du fétichisme chez Auguste Comte》, *Étude d'histoire et de philosophie des sciences*, Vrin, [1968] 1989, pp. 81–98.
CHABERT George, *Un nouveau pouvoir spirituel: Auguste Comte et la religion scientifique au XIX^e siècle*, Caen, P. U. de Caen, 2004.
CHARLÉTY Sébastien, *Histoire du Saint-simonisme 1825–1864* [1931], Paris, Gonthier, 1965.（沢崎浩平，小杉隆芳訳『サン＝シモン主義の歴史』法政大学出版局，1986 年）
CHOLVY Gérard, 《Le mouvement des idées en France au XIX^e siècle: Des Lumières au renouveau spiritualiste》, in Annie Petit (éd.), *Auguste Comte: Trajectoires positivistes 1789–1998*, Paris, L'Harmattan, 2003, pp. 23–32.
FRICK Jean-Paul, *Auguste Comte, ou la République positive*, Nancy, P. U. de Nancy, 1990.
GRANGE Juliette, *La philosophie d'Auguste Comte: science, politique, religion*, Paris, PUF, 1996 a.
GRANGE Juliette (texte choisis et présentés par), *Politique d'Auguste*

*Comte*, Paris, Payot & Rivages, 1996 b.

GRANGE Juliette, *Auguste Comte: La politique et la science*, Paris, Odile Jacob, 2000.

GRANGE Juliette, *Le vocabulaire de Comte*, Paris, Ellipses, 2002.

GOUHIER Henri, *La vie d'Auguste Comte* [1931], Paris, Vrin, 1997.

HAAC Oscar, 《Auguste Comte et l'Orient》, *Revue internationale de philosophie*, n° 1 / 1998, pp. 111–126.

LAUBIER Jean（textes choisis par）, *Auguste Comte: Philosophie des sciences*, Paris, PUF, 1974.

MACHEREY Pierre, *Comte, la philosophie et les sciences*, Paris, PUF, 1989.

MUGLIONI Jacques, *Auguste Comte: Un philosophe pour notre temps*, Paris, Kimé, 1995.

PETIT Annie, 《Du catholicisme au positivisme》, in Michel Meyer（éd.）, *Auguste Comte 1789–1998*, *Revue internationale de philosophie*, vol 52, n°123, 1998, pp. 127–155.

PETIT Annie, 《Les disciples de la religion positiviste》, *Revue des sciences philosophiques et théologiques*, t. 87, 2003, pp. 75–100.

SUTTON Michael, *Charles Maurras et les catholiques français 1890–1914: Nationalisme et positivisme*, tr. de l'anglais par Geneviève Mosseray, Paris, Beauchesne, 1994.

WARTELLE Jean-Claude, *L'héritage d'Auguste Comte: histoire de l'église positiviste 1849–1946*, Paris / Budapest / Torino, L'Harmattan, 2001.

ルナン関連研究文献

ALLIER Raoul, 《La morale et la politique de Renan》, in Gustave Belot（et al.）, *Études sur la philosophie morale au XIXe siècle*, Paris, Félix Alcan, 1904, pp. 199–242.

BALCOU Jean, 《La sensibilité bretonne et celtique de Renan ou Renan romantique》, in Jean Balcou（éd.）, *Ernest Renan et les souvenirs d'enfance et de jeunesse: La conquête de soi*, Paris, Honoré Champion, 1992, pp. 21–36.

BARRET Philippe, *Ernest Renan: Tout est possible, même Dieu!*, Paris, Éditions François Bourin, 1992.

BONNEROT Olivier Henri, 《Renan et les études germaniques》, in Jean Balcou（éd.）, *Ernest Renan et les souvenirs d'enfance et de jeunesse: La conquête de soi*, Paris, Honoré Champion, 1992, pp. 79–92.

BUENZOD Janine, *La formation de la pensée de Gobineau et l'Essai sur l'inégalité des races humaines*, Paris, Nizet, 1967.

LAPLANCHE François, 《Deux maîtres sulpiciens dans la mémoire de Renan: Garnier et Alfred Le Hir》, in Jean Balcou (éd.), *Ernest Renan et les Souvenirs d'enfance et de jeunesse: La conquête de soi*, Paris, Honoré Champion, 1992, pp. 67–78.

LENOIR Raymond, 《La conception de la religion chez Renan》, *Revue philosophique de la France et de l'étranger*, vol. 83, janvier 1917, pp. 547–572.

OLENDER Maurice, *Les langues du paradis - Aryens et Sémites: un couple providentiel*, Paris, Seuil, 1989.（浜崎設夫訳『エデンの園の言語――アーリア人とセム人：摂理のカップル』法政大学出版局，1995 年）

RAGACHE Jean-Robert, 《Renan et la République》, in Jean Balcou (éd.), *Mémorial Ernest Renan*, Paris, Honoré Champion, 1993, pp. 459–463.

RÉTAT Laudyce, 《Dictionnaire》, in Laudyce Rétat (édition établie et présentée par), *Ernest Renan: Histoire des origines du christianisme*, Paris, Robert Laffont, 1995, pp. CXLIII–CDXLVI.

STRAUSS Gaston, *La politique de Renan*, Paris, Calmann-Lévy, 1909.

WHITE Kenneth, 《Un goût vif de l'univers: Renan et le monde celtique》, in Jean Balcou (éd.), *Mémorial Ernest Renan*, Paris, Honoré Champion, 1993, pp. 35–53.

フェリー関連研究文献

AGERON Charles-Robert, 《Jules Ferry et la colonisation》, in François Furet (éd.), *Jules Ferry, fondateur de la République*, Paris, Éditions de l'EHESS, 1985, pp. 191–206.

ANTONMATTEI Pierre, *Léon Gambetta: Héraut de la République*, Paris, Michalon, 1999.

BARRAL Pierre, 《Ferry et Gambetta face au positivisme》, *Romantisme*, n°21–22, 1978, pp. 149–160.

BARRAL Pierre, *Jules Ferry: Une volonté pour la République*, Nancy, P. U. de Nancy et Serpenoise, 1985.

CHAVE Isabelle, 《Né à Saint-Dié en 1832》, in Conseil général des Vosges, *Jules Ferry: Aux sources de la République laïque*, Archives départementales des Vosges, 2005, pp. 9–21.

CHEVALLIER Pierre, *La Séparation de l'Église et de l'École: Jules Ferry et Léon XIII*, Paris, Fayard, 1981.

COUTEL Charles, 《La Troisième République lit Condorcet》, *Revue du Nord*, t. 78, n° 317, octobre-décembre 1996, pp. 967–974.

FURET François (éd.), *Jules Ferry, fondateur de la République*, Paris, Édition de l'EHESS, 1985.

JOHNSON Douglas, 《Jules Ferry et les protestants》, in François Furet (éd.), *Jules Ferry, fondateur de la République*, EHESS, 1985, pp. 73–77.

LEGRAND Louis, *L'influence du positivisme dans l'œuvre scolaire de Jules Ferry: Les origines de la laïcité*, Paris, Rivière, 1961.

MAYEUR Jean-Marie, 《Jules Ferry et la laïcité》, in François Furet (éd.), *Jules Ferry, fondateur de la République*, Paris, Édition de l'EHESS, 1985, pp. 147–160.

NICOLET Claude, 《Jules Ferry et la tradition positiviste》, in François Furet (éd.), *Jules Ferry, fondateur de la République*, Paris, Édition de l'EHESS, 1985, pp. 23–48.

NIQUE Christian et LELIÈVRE Claude, *La république n'éduquera plus: La fin du mythe Ferry*, Paris, Plon, 1993.

OZOUF Mona, *Jules Ferry*, Paris, Bayard, 2005.

RECLUS Maurice, *Jules Ferry*, Paris, Flammarion, 1947.

RUDELLE Odile, *Jules Ferry: la République des citoyens*, I, II, Paris, Imprimerie nationale, 1996.

ビュイッソン関連研究文献

BÉGUERY Jocelyne, 《Kantisme et postérité kantienne dans le *Dictionnaire de pédagogie* de Ferdinand Buisson》, in Daniel Denis et Pierre Kahn (éd.), *L'École de la Troisième République en questions: Débats et controverses dans le* Dictionnaire de pédagogie *de Ferdinand Buisson*, Berne, Peter Lang, 2006, pp. 107–121.

BOUGLÉ Célestin (pages choisies précédées d'une introduction par), *Un moraliste laïque Ferdinand Buisson*, Paris, Félix Alcan, 1933.

CHARTIER Anne-Marie, 《À la recherche des origines du protestantisme libéral: Ferdinand Buisson, lecteur de Sébastien Castellion》, in Daniel Denis et Pierre Kahn (éd.), *L'École de la Troisième République en questions: Débats et controverses dans le* Dictionnaire de pédagogie *de Ferdinand Buisson*, Berne, Peter Lang, 2006, pp. 167–176.

DUBREUCQ Éric, *Une éducation républicaine: Marion, Buisson, Durkheim*, Paris, Vrin, 2004.

ENCREVÉ André et RICHARD Michel (éd.), *Les protestants dans les débuts de la Troisième République, 1871–1885*, Paris, Société de l'histoire du protestantisme français, 1979.

GUEISSAZ-PEYRE Mireille, *Image énigmatique de Ferdinand Buisson: la vocation républicaine d'un saint puritain*, Villeneuve d'Ascq, P.U. du Septentrion, 1998.

HAYAT Pierre, *Passion laïque de Ferdinand Buisson*, Paris, Kimé, 1999.

LOEFFEL Laurence, *Ferdinand Buisson: Apôtre de l'école laïque*, Paris, Hachette, 1999.

LOEFFEL Laurence, 《Instruction civique et éducation morale: entre discipline et 《métadiscipline》》, in Daniel Denis et Pierre Kahn (éd.), *L'école républicaine et la question des savoirs: Enquête au cœur du* Dictionnaire de pédagogie *de Ferdinand Buisson*, CNRS, 2003, pp. 17–44.

LOEFFEL Laurence, 《Conversion laïque, présence religieuse et religiosité dans le *Dictionnaire de pédagogie*》, in Daniel Denis et Pierre Kahn (éd.), *L'École de la Troisième République en questions: Débats et controverses dans le* Dictionnaire de pédagogie *de Ferdinand Buisson*, Berne, Peter Lang, 2006, pp. 125–139.

NORA Pierre, 《Le *Dictionnaire de pédagogie* de Ferdinand Buisson: Cathédrale de l'école primaire》, in Pierre Nora (éd.), *Les lieux de mémoire, I, La République*, Paris, Gallimard, 1984 b, pp. 353–378.

TOMEI Samuël, *Ferdinand Buisson (1841–1932): Protestantisme libéral, foi laïque et radical-socialisme*, Thèse pour le doctorat de l'Institut d'Études Politiques de Paris, 2004, 2 vols.

デュルケム関連研究文献

BAUBÉROT Jean, 《Émile Durkheim et la laïcité française》, à paraître. Cf. 《Notes sur Durkheim et la laïcité》, *Archives de sciences sociales des religions* 69, janvier-mars 1990, pp. 151–156.

BELLAH Robert N. (ed.), *Emile Durkheim on morality and society: Selected writings*, Chicago, 1973.

BELLAH Robert N., 《Morale, religion et société dans l'œuvre durkheimienne》, *Archives de sciences sociales des religions*, 69, janvier- mars 1990, pp. 9–25.

BESNARD Philippe, 《L'impérialisme sociologique face à l'histoire》, *Historiens et sociologues aujourd'hui*, Paris, CNRS, 1986, pp. 27–35.

CLARK Terry, *Prophets and Patrons: The French university and the emergence of the social sciences*, Harvard University Press, 1973.

DEPLOIGE Simon, *Le conflit de la morale et de la sociologie*, Louvain, Institut Supérieur de Philosophie; Bruxelles, A. Dewit; Paris, Félix Alcan, 1911.

FILLOUX Jean-Claude, *Individualisme, socialisme et changement social chez Émile Durkheim*, Thèse de doctorat de l'Université de Lille III, 1977.

FOURNIER Marcel, *Marcel Mauss*, Paris, Fayard, 1994.

GOUDINEAU Yves, 《Évolution sociale, histoire, et études des sociétés anciennes dans la tradition durkheimienne》, *Historiens et sociologues aujourd'hui*, Paris, CNRS, 1986, pp. 37–48.

HEILBRON Johan, 《Ce que Durkheim doit à Comte》, in Philippe Besnard, Massimo Borlandi et Paul Vogt (éd.), *Division du travail et lien social: La thèse de Durkheim un siècle après*, Paris, PUF, 1993, pp. 59–66.

ISAMBERT François-André, *Le sens du sacré: Fête et religion populaire*, Paris, Minuit, 1982.

ISAMBERT François-André, 《Durkheim: une science de la morale pour une morale laïque》, *Archives de sciences sociales des religions* 69, janvier-mars 1990, pp. 129–146.

ISAMBERT François-André, 《Une religion de l'Homme? Sur trois interprétations de la religion dans la pensée de Durkheim》, *Revue française de sociologie*, XXXIII–3, juillet-septembre 1992, pp. 443–462.

LEROUX Robert, *Histoire et sociologie en France: De l'histoire-science à la sociologie durkheimienne*, Paris, PUF, 1998.

LUKES Steven, *Emile Durkheim. His Life and Work: A Historical and Critical Study* [1973], California, Stanford University Press, 1985.

MOSCOVICI Serge, *La machine à faire des dieux: Sociologie et psychologie*, Paris, Fayard, 1988.（古田幸男訳『神々を作る機械——社会学と心理学』法政大学出版局，1995 年）

MUCCHIELLI Laurent, *La découverte du social: Naissance de la sociologie en France (1870–1914)*, Paris, La Découverte, 1998.

PETIT Annie, 《De Comte à Durkheim: un héritage ambivalent》, in Massimo Borlandi et Laurent Mucchielli (éd.), *La sociologie et sa méthode: Les Règles de Durkheim un siècle après*, Paris, L'Harmattan, 1995, pp. 49–70.

PICKERING W.S.F., *Durkheim's Sociology of Religion: Themes and Theories*, London / New York, Routledge and Kegan Paul, 1984.

PICKERING W. S. F., 《L'évolution de la religion》, in Philippe Besnard, Massimo Borlandi et Paul Vogt (éd.), *Division du travail et lien social: La thèse de Durkheim un siècle après*, Paris, PUF, 1993, pp. 185–196.

STEINER Philippe, *La sociologie de Durkheim*, Paris, La Découverte, 2005. (4e éd.)

STRENSKI Ivan, 《L'apport des élèves de Durkheim》, in Michel Despland (éd.), *La tradition française en sciences religieuses: Pages L'histoire*, Québec, PUL, 1991, pp.109–127.

TAROT Camille, *De Durkheim à Mauss: L'invention du symbolique*, Paris, La Découverte & Syros, 1999.

ベルクソン関連研究文献

CARIOU Marie, *Bergson et le fait mystique*, Paris, Aubier Montaigne, 1976.

CHEVALIER Jacques, *Entretiens avec Bergson*, Paris, Plon, 1959.（仲沢紀雄訳『ベルクソンとの対話』みすず書房，1969年）

DE BELLOY Camille, 《Bergsonisme et christianisme: *Les deux sources de la morale et de la religion* au jugement des catholiques》, *Revue des sciences philosophiques et théologiques*, tome 85, n°4, octobre 2001, pp. 641–667.

DELEUZE Gilles, *Le bergsonisme*, Paris, PUF, 1966.

FRANCOTTE Sylvain, *Bergson: Durée et morale*, Louvain, Bruylant-academia, 2004.

GILSON Bernard, *L'individualité dans la philosophie de Bergson*, Paris, Vrin, 1985.

GOUHIER Henri, 《Introduction》 in Henri Bergson, *Œuvres*, 1959, Paris, PUF, pp. vii–xxx.

GOUHIER Henri, *Bergson et le Christ des Évangiles* [1962], Paris, Vrin, 1999.

GOUHIER Henri, *Bergson dans l'histoire de la pensée occidentale*, Vrin, 1989.

GREISCH Jean, 《De la religion de l'espèce à la mystique (Henri Bergson)》, *Le buisson ardent et les lumières de la raison: L'invention de la philosophie de la religion*. t. III, *Vers un paradigme herméneutique*, Paris, Cerf, 2004, pp. 337–382.

HUDE Henri, *Bergson I, II*, Paris, Éditions universitaires, 1989, 1990.

JANICAUD Dominique, *Une généalogie du spiritualisme français. Aux sources du bergsonisme: Ravaisson et la métaphysique*, Hague, La Haye, 1969.

JANKÉLÉVITCH Vladimir, *Henri Bergson* [1959], Paris, PUF, 1989.（阿部一智・桑田禮彰訳『アンリ・ベルクソン』新評論，[1988] 1997年）

KEBEDE Messay, 《Remarques sur la conception bergsonienne de l'histoire》, *Les Études philosophiques*, 1995, n°4, pp. 513–522.

KECK, Frédéric, 《Bergson et l'anthropologie: Le problème de l'humanité dans *Les Deux Sources de la morale et de la religion*》, in Frédéric Worms, (éd.), *Annales bergsoniennes I: Bergson dans le siècle*, Paris, PUF, 2002, pp. 195–214.

KECK, Frédéric, 《Présentation générale de l'ouvrage》, in Arnaud Bouaniche, Frédéric Keck, Frédéric Worms, *Les deux sources de la morale et de la religion: Henri Bergson*, Paris, Ellipses, 2004, pp. 5–37.

LÉVY-STRAUSS Claude, *Le Totémisme aujourd'hui*, Paris, PUF, 1962.（仲

沢紀雄訳『今日のトーテミズム』みすず書房，2000年）

MOSSÉ-BASTIDE Rose-Marie, *Bergson éducateur*, Paris, PUF, 1955.

NICOLAS Serge, *Histoire de la psychologie française: Naissance d'une nouvelle science*, Paris, In Presse, 2002.

PARODI Dominique, *Du positivisme à l'idéalisme*, Paris, Vrin, 1930.

PHILONENKO Alexis, *Bergson ou de la philosophie comme science rigoureuse*, Paris, Cerf, 1994.

POULAT Émile, 《Index bio-bibliographique》, in Albert Houtin et Félix Sartiaux, *Alfred Loisy: Sa vie, son œuvre*, Paris, CNRS, 1960.

RIDEAU Émile, *Le Dieu de Bergson: Essai de critique religieuse*, Paris, Félix Alcan, 1932.

SITBON-PEILLON Brigitte, *La théorie du religieux chez Bergson: Mysticisme, philosophie et sociologie*, Thèse de doctorat de philosophie présentée à l'Université Paris I, 2005.

SOULEZ Philippe, *Bergson politique*, Paris, PUF, 1989.

SOULEZ Philippe et WORMS, Frédéric, *Bergson: biographie* [1997], Paris, PUF, 2002.

SUNDEN Hjalmar, *La théorie bergsonienne de la religion* [1940], Paris, PUF, 1947.

VIALATOUX Joseph, *De Durkheim à Bergson*, Paris, Bloud & Gay, 1939.

VIEILLARD-BARON Jean-Louis, 《La place de la religion》, *Bergson: philosophe de notre temps*, *Magazine littéraire*, n° 386, avril 2000, pp. 61–64.

VIOLETTE René, *La spiritualité de Bergson: Essai sur l'élaboration d'une philosophie spirituelle dans l'œuvre d'Henri Bergson*, Toulouse, Privat, 1968.

WORMS Frédéric, 《Henri Bergson》, in Monique Canto-Sperber (éd.), *Dictionnaire d'éthique et de philosophie morale*, PUF, 1996, pp. 146–151.

邦語文献

磯前順一『近代日本の宗教言説とその系譜――宗教・国家・神道』岩波書店，2003年.

岩田文昭『フランス・スピリチュアリスムの宗教哲学』創文社，2001年.

大石眞『憲法と宗教制度』有斐閣，1996年.

尾上雅信『フェルディナン・ビュイッソンの教育思想――第三共和政初期教育改革史研究の一環として』東信堂，2007年.

小山勉『教育闘争と知のヘゲモニー――フランス革命後の学校・教会・国家』御茶の水書房，1998年.

北垣徹「道徳の在処を求めて――19世紀フランス社会思想の探究（1）」『西南学

院大学フランス語フランス文学論集』46 号，2005 年.
工藤庸子『ヨーロッパ文明批判序説――植民地・共和国・オリエンタリズム』東京大学出版会，2003 年.
工藤庸子『宗教 vs. 国家――フランス〈政教分離〉と市民の誕生』講談社現代新書，2007 年.
小泉洋一『政教分離の法――フランスにおけるライシテと法律・憲法・条約』法律文化社，2005 年.
小関藤一郎編訳『デュルケーム宗教社会学論集』行路社，1998 年.
阪上孝編訳（コンドルセ他）『フランス革命期の公教育論』岩波文庫，2002 年.
清水幾太郎『オーギュスト・コント――社会学とは何か』岩波新書，1978 年.
島薗進・鶴岡賀雄編『〈宗教〉再考』ぺりかん社，2004 年.
伊達聖伸「ライシテは市民宗教か」『宗教研究』354 号，2007 年.
伊達聖伸「死者をいかに生かし続けるか」『死生学研究』9 号，2008 年.
谷川稔『十字架と三色旗――もうひとつの近代フランス』山川出版社，1997 年.
平野千果子『フランス植民地主義の歴史――奴隷制廃止から植民地帝国の崩壊まで』人文書院，2002 年.
松嶌明男「宗教と公共性」安藤隆穂編『フランス革命と公共性』名古屋大学出版会，2003 年.
三浦信孝編『自由論の討議空間――フランス・リベラリズムの系譜』勁草書房，2010 年.
山崎亮『デュルケーム宗教学思想の研究』未來社，2001 年.
山下雅之『コントとデュルケームのあいだ――1870 年代のフランス社会学』木鐸社，1996 年.

## 年表

| | 政治・社会 | | 思想・文化 |
|---|---|---|---|
| | ボローニャの政教条約 | 1516 | |
| | ナントの勅令 | 1598 | |
| | 四カ条の宣言 | 1682 | |
| | ナントの勅令廃止 | 1685 | |
| | | 1721 | モンテスキュー『ペルシア人への手紙』 |
| | | 1762 | ルソー『エミール』『社会契約論』 |
| | | 1771 | アンクティル＝デュペロン『アヴェスタ』仏訳 |
| | フォンテーヌブローの王令（プロテスタント容認） | 1787 | ヴォルネー『エジプトとシリアの旅』 |
| | フランス革命勃発／人と市民の権利の宣言／教会財産国有化 | 1789 | |
| | 聖職者民事基本法 | 1790 | |
| | 立法議会に公教育委員会を設置<br>ル・シャプリエ法 | 1791 | |
| | コンドルセ案／戸籍民事化・離婚法 | 1792 | |
| 第一共和政 | ロム報告 | 1792 | |
| 第一共和政 | ルペルティエの国民教育論／「非キリスト教化」／理性の祭典 | 1793 | サシ，ササン朝ペルシアの碑文を解読 |
| 第一共和政 | 最高存在の祭典 | 1794 | |
| 第一共和政 | 最初の政教分離（ボワッシー・ダングラ）／パリに東洋語学校が開設 | 1795 | |
| 第一共和政 | | 1796 | ボナルド『市民社会における政治的・宗教的権力論』／ド・メーストル『フランスについての考察』 |
| 第一共和政 | ナポレオン，エジプト遠征 | 1798 | **オーギュスト・コント誕生** |
| 第一共和政 | コンコルダ締結（ナポレオンとピウス7世） | 1801 | アンクティル＝デュペロン『ウパニシャッド』仏訳 |
| 第一共和政 | コンコルダ，付属条項つきで発効 | 1802 | シャトーブリアン『キリスト教精髄』 |
| 第一共和政 | ナポレオンの民法典 | 1804 | |
| 第一帝政 | ナポレオン1世，皇帝に即位 | 1804 | |
| 第一帝政 | 帝国ユニヴェルシテに関する法律 | 1806 | |
| 第一帝政 | 帝国ユニヴェルシテに関する政令<br>ユダヤ教公認 | 1808 | |
| | 王政復古／イエズス会の復権 | 1814 | |
| | 離婚禁止法 | 1816 | |

| | 政治・社会 | | 思想・文化 |
|---|---|---|---|
| 王政復古 | | 1817 | ド・メーストル『教皇について』<br>ラムネー『宗教的無関心についての試論』(1817-23) |
| | パリにアジア協会設立 | 1821 | キリスト教道徳協会設立 |
| | | 1822 | コント『社会再組織に必要な科学的作業のプラン』 |
| | | 1823 | **エルネスト・ルナン誕生** |
| | | 1824 | コンスタン『宗教論』(1824-31) |
| | 瀆聖禁止令/シャルル10世，ランスで戴冠 | 1825 | サン＝シモン『新キリスト教』 |
| | | 1828 | ギゾー『フランス文明史』 |
| | フランス軍，アルジェを占領 | 1830 | |
| 七月王政 | 七月革命/カトリックの非国教化 | 1830 | コント『実証哲学講義』第1巻<br>『アヴニール』創刊 |
| | | 1832 | **ジュール・フェリー誕生** |
| | ギゾー法 | 1833 | 『マヌ法典』仏訳/オザナム，聖ヴァンサン・ド・ポール会を設立 |
| | | 1834 | ラムネー，教会から決定的に離れる |
| | | 1841 | **フェルディナン・ビュイッソン誕生** |
| | | 1842 | キネ『諸宗教精髄』/コント『実証哲学講義』全6巻完結 |
| | | 1844 | コント『実証精神論』 |
| 第二共和政 | 二月革命/男子普通選挙法/六月蜂起 | 1848 | コント『実証主義総論』/ルナン『科学の未来』(刊行は1890年) |
| | ユゴー，議会で政教分離を提唱/ファルー法 | 1850 | プロテスタント自由派と福音派の対立深まる/キネ『民衆教育論』 |
| | ルイ・ナポレオンのクーデタ | 1851 | コント『実証政治体系』第1巻/リトレ，実証主義教会から離脱 |
| 第二帝政 | ナポレオン3世，皇帝に即位 | 1852 | |
| | | 1854 | コント『実証政治体系』全4巻完結 |
| | | 1856 | ミュラー「比較神話学」 |
| | | 1857 | **オーギュスト・コント没** |
| | | 1858 | **エミール・デュルケム誕生**/ルルドに聖母出現/プルードン『革命の正義と教会の正義』 |
| | | 1859 | **アンリ・ベルクソン誕生**/ダーウィン『種の起源』(仏訳は1862年) |
| | ナポレオン3世，パレスティナに派兵 | 1860 | ルナン，パレスティナ派兵軍に同行<br>A・レヴィユ『宗教批判試論』 |
| | | 1863 | ルナン『イエスの生涯』 |
| | ピウス9世「シラブス」(誤謬表)を発する | 1864 | ラルース『19世紀世界大百科事典』(1864-76) |
| | | 1865 | マッソル『独立した道徳』創刊 |

| | 政治・社会 | | 思想・文化 |
|---|---|---|---|
| 第二帝政 | マセ，教育連盟を設立 | 1866 | |
| | | 1867 | リトレ『実証哲学』創刊 |
| | 高等研究院の設立 | 1868 | |
| | 第一ヴァチカン公会議 | 1869 | ルナン，国会議員に立候補（落選）ビュイッソン，「自由主義教会」を設立／ルヌーヴィエ『道徳の科学』 |
| | 普仏戦争（1870–71） | 1870 | |
| 第三共和政 | パリ民衆蜂起，共和政宣言 | 1870 | |
| | パリ・コミューン／政教分離（短期で失敗） | 1871 | ルナン『フランスの知的・道徳的改革』／タイラー『原始文化』 |
| | | 1872 | ラフィット『実証政治』創刊 |
| | 道徳秩序期（1877年まで保守派が勢い強める） | 1873 | |
| | | 1874 | ジャネ『道徳』 |
| | 高等教育の自由についての法律 | 1875 | モノー『歴史学雑誌』創刊 |
| | | 1877 | G・ブリュノ『二人の子どものフランス巡歴』初版／リヒテンベルジェ編『宗教学百科事典』（1877–82） |
| | | 1878 | ラフィット『西洋評論』創刊 |
| | グレヴィ大統領就任（共和派の共和政）／コレージュ・ド・フランスに「宗教史」講座設置 | 1879 | ギメ美術館開設（リヨン） |
| | 修道会の活動を制限する政令／革命記念日を国民の祝日に，三色旗を国旗に制定／カミーユ・セー法（ライシテに基づく女子教育） | 1880 | 『宗教史雑誌』創刊 |
| | フェリー法（無償）／集会法 | 1881 | |
| | フェリー法（義務・ライシテ） | 1882 | ルナン講演「国民とは何か」 |
| | マルサ協定（チュニジア保護領化）教科書紛争勃発 | 1883 | 『宗教史雑誌』の編集，ヴェルヌからJ・レヴィユへ |
| | ナケ法（離婚再び合法化）／組合法 | 1884 | |
| | カトリック神学部の廃止 | 1885 | ユゴー没，国葬 |
| | ゴブレ法（教員のライシテ）／高等研究院に宗教学部門設置 | 1886 | |
| | | 1887 | ビュイッソン編『教育学・初等教育事典』全4巻／ギュイヨー『将来の非宗教』 |
| | パリ万国博覧会 | 1889 | ベルクソン『意識に直接与えられたものについての試論』／スミス『セム族の宗教』 |
| | アルジェの祝杯（ラヴィジュリ） | 1890 | |
| | ラリマン（レオ13世） | 1892 | **エルネスト・ルナン没** |
| | | 1893 | **ジュール・フェリー没**／デュルケム『社会分業論』 |

| | 政治・社会 | | 思想・文化 |
|---|---|---|---|
| 第三共和政 | 植民地省設置 | 1894 | |
| | | 1895 | デュルケム『社会学的方法の規準』 |
| | | 1896 | ベルクソン『物質と記憶』 |
| | | 1897 | デュルケム『自殺論』 |
| | ドレフュス事件の再審をめぐる「二つのフランス」の争い | 1898 | デュルケム『社会学年報』創刊 |
| | 「共和国防衛」内閣 | 1899 | |
| | パリ万国博覧会 | 1900 | |
| | ワルデック＝ルソー法（アソシエーションと修道会に関する法律） | 1901 | ユベール，モース，高等研究院宗教学部門に着任 |
| | コンブが首相に就任 | 1902 | ジェームズ『宗教的経験の諸相』（仏訳は1906年）／ソルボンヌの教育学講座，ビュイッソンからデュルケムへ |
| | ブリアン，下院の政教分離法委員会の報告者に | 1903 | レヴィ＝ブリュール『道徳と習俗の科学』 |
| | 修道士による教育の全面禁止法／ヴァチカンとの国交断絶 | 1904 | |
| | 政教分離法（諸教会と国家の分離に関する法律） | 1905 | バイエ『科学的道徳』 |
| | ピウス10世，政教分離法を糾弾 | 1906 | A・レヴィユ没 |
| | ピウス10世，モデルニスムを糾弾 | 1907 | ベルクソン『創造的進化』 |
| | 教科書紛争再燃（1910年頃まで） | 1908 | J・レヴィユ没／ロワジーの破門 |
| | | 1911 | ビュイッソン編『新教育学・初等教育事典』 |
| | | 1912 | デュルケム『宗教生活の基本形態』 |
| | 第一次世界大戦勃発（「神聖同盟」） | 1914 | |
| | | 1917 | **エミール・デュルケム没** |
| | 第一次世界大戦終結 | 1918 | |
| | ヴァチカンとの国交回復 | 1921 | |
| | | 1922 | レヴィ＝ブリュール『未開人の心性』 |
| | 小学校の道徳教育のプログラムから「神に対する義務」が消える | 1923 | モース「贈与論」（1923–24） |
| | ピウス11世，司教区信徒団体の結成を認可 | 1924 | |
| | | 1925 | バイエ『道徳的事実の科学』 |
| | | 1927 | ビュイッソン，ノーベル平和賞／ベルクソン，ノーベル文学賞 |
| | | 1932 | **フェルディナン・ビュイッソン没** ベルクソン『道徳と宗教の二源泉』 |
| | | 1941 | **アンリ・ベルクソン没** |